Physik und Technik

von

Dr. Adolf Heine
Stuttgart

und

Hans Prommersberger
Stuttgart

Handwerk und Technik – Hamburg

Vorwort

Dieses Lehrbuch orientiert sich an den Lehrplänen für die Technikerausbildung, Fachrichtung Maschinentechnik; es richtet sich somit hauptsächlich an Schüler von Fachschulen für Technik, die sich im Rahmen ihrer Ausbildung mit Technischer Physik befassen. Gleichzeitig kann dieses Buch Studierenden der Ingenieurwissenschaften an Fachhochschulen und Universitäten im Grundstudium hilfreich sein.

Neben den klassischen Inhalten der Physik wie Hydrostatik, Kinematik, Dynamik, Arbeit – Leistung – Energie, Wärmelehre und Optik wird besonderes Augenmerk auf Technische Mechanik, Festigkeitslehre und Energiebilanzen mit den Inhalten Schwingungen, Strömungen und Kreisprozesse gelegt.

Mit der neuartigen Konzeption des vorliegenden Buches werden physikalische Gesetzmäßigkeiten im Hinblick auf technische Anwendungen, ohne Zuhilfenahme höherer Mathematik in anschaulicher Weise hergeleitet und ausführlich beschrieben. Zahlreiche Beispiele und eine Fülle von Abbildungen unterstützen dieses Bestreben.

Jedem der zehn Kapitel ist ein spezielles praxisorient ertes Einführungsbeispiel vorangestellt, das sich wie ein roter Faden projekthaft durch das ganze Kapitel zieht. Die Vielzahl exemplarisch durchgerechneter Lehrbeispiele gestattet dem Studierenden Gelerntes nochmals in der technischen Anwendung zu erfahren. Zahlreiche Übungsaufgaben mit vorwiegend technischen Inhalten runden das jeweilige Kapitel ab.

Den Leserinnen und Lesern wünschen wir bei der Verwendung dieses Buchs viel Erfolg. Hinweise und Anregungen nehmen wir stets dankbar entgegen.

Die Verfasser

ISBN 3.582.0 **1128**.3

Verlag Handwerk und Technik G.m.b.H.
Lademannbogen 135, 22339 Hamburg
Postfach 63 05 00, 22331 Hamburg – 1999

Gesamtkonzeption, Computersatz und Grafiken: DSM+Partner Werbestudio GmbH, Aachen

1 Einleitung

1.1 Die Physik als Grundlage der Technik

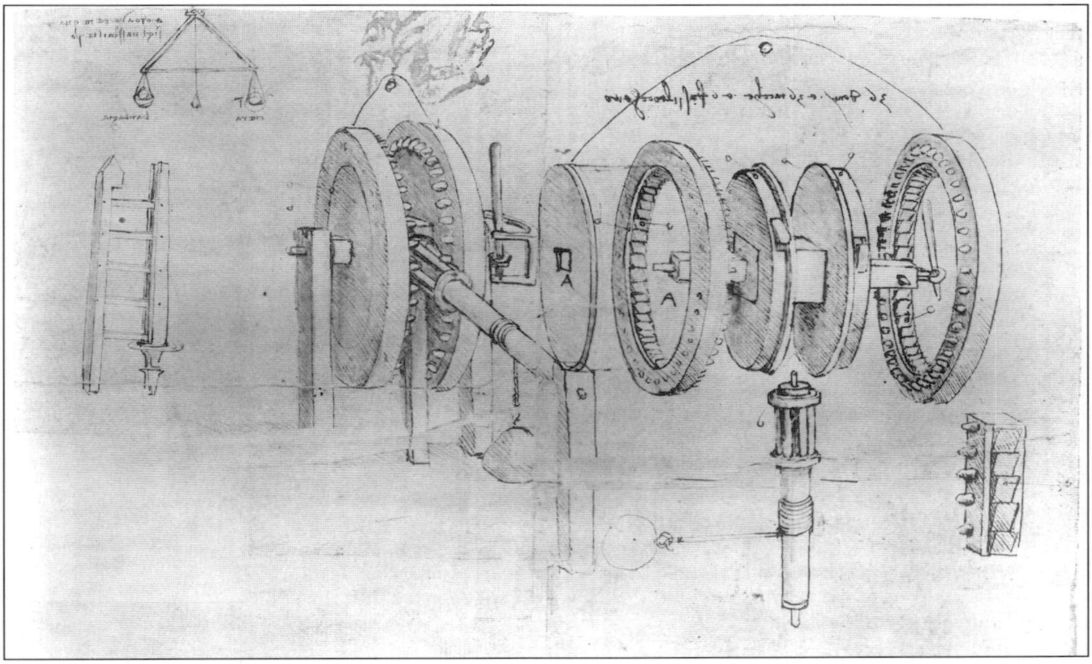

Winde zum Heben schwerer Gewichte. Links die Ansicht der montierten Winde, rechts die Einzelteile. Leonardo da Vinci um 1495 1.1–1

Physik befasst sich mit den Zuständen und Zustandsänderungen in der unbelebten Natur. Dies gilt für die kleinsten Teilchen, die Bausteine der Atome, bis hin zum gesamten Universum.

Schon vor tausenden von Jahren haben sich Menschen mit **Naturbeobachtungen** beschäftigt. Die genauen Kenntnisse des Wechsels der Jahreszeiten und das Verstehen von Wetterabläufen brachten beim Anbau von Feldfrüchten entscheidende Vorteile. Getragen vom Wunsch, die Natur zu verstehen, wurden die beobachteten Naturerscheinungen beschrieben, gedeutet und im Laufe der Zeit auch nach **Gesetzmäßigkeiten** untersucht.

Damit physikalische Gesetze aufgestellt werden können, müssen die Untersuchungsgegenstände, d.h. die physikalischen Begriffe zunächst definiert und dann quantitativ erfasst, also gemessen werden. **Messbare Begriffe** werden in der Physik als **„Größen"** bezeichnet.

Das Ziel der Physik ist es, die unbelebte Natur mathematisch zu beschreiben. Die Mathematik ist somit die Sprache der Physik und für den Physiker oder denjenigen, der sich mit Physik beschäftigt, von großer Bedeutung. Physikalische Gesetze lassen sich in den seltensten Fällen durch reine Beobachtung herausfinden. In der Mehrzahl der Fälle müssen gezielt Fragen in Form von **Experimenten** an die Natur gestellt werden. Einer der ersten bedeutenden Experimentatoren war der italienische Gelehrte **Galileo Galilei** (1564–1642), der als Begründer der **Experimentalphysik** gilt.

Physik schafft Erkenntnis.

Die Aufgabe der **Technik** ist es, diese Erkenntnis für den Menschen dienstbar zu machen. Die frühen Naturgelehrten waren nicht nur Forscher, sondern auch **Techniker**. Als Beispiel sei der mehr als hundert Jahre vor Galilei geborene Universalgelehrte **Leonardo da Vinci** (1452–1519) genannt. Leonardo da Vinci beschäftigte sich unter anderem mit der Konstruktion von Pumpen, Brennspiegeln, Fluggeräten, Fallschirmen und Schleudern.

Technik und Physik sind untrennbar miteinander verbunden. Dies wird auch daran deutlich, dass viele bedeutende physikalische Entdeckungen von Ingenieuren stammen.

Technik ist angewandte Physik.

1.2 Physikalische Größen

Physikalische Größen sind **messbare Eigenschaften** und **Zustände** von physikalischen Objekten. Eine physikalische Größe kann aber auch Vorgänge an physikalischen Objekten beschreiben. Unter dem **Messen einer physikalischen Größe** versteht man den **Vergleich** der zu messenden Größe mit einer speziellen, zuvor willkürlich festgelegten **Einheit**. Die Zahl, die das Vielfache einer gemessenen Größe, bezogen auf die Einheit angibt, heißt **Zahlenwert**.

Längenbemessung

Vergleich der Messlänge L mit einer Bezugsgröße l.

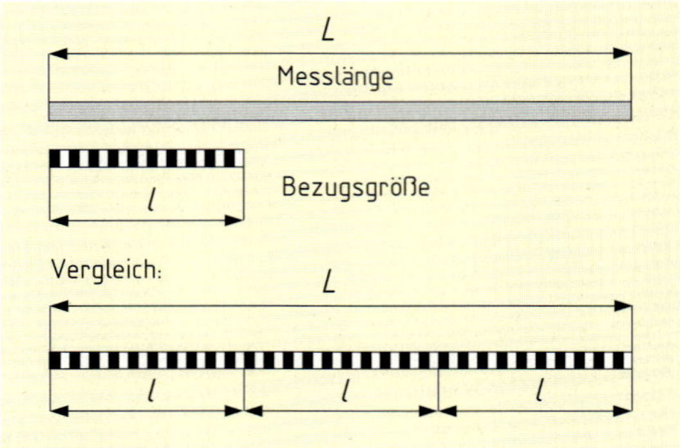

Messen ist Vergleichen **1.2–1**

Die Messlänge L ist das dreifache der Bezugsgröße l.

$\rightarrow \quad L = 3 \cdot l$

Der **Wert** einer **physikalischen Größe** ist das Produkt aus einem **Zahlenwert** und einer **Einheit**.

1.2.1 Physikalische Basisgrößen

Das internationale **SI-Einheitensystem** (Système International d'Unités) besteht aus sieben **Basisgrößen**. Die Verwendung dieser Basisgrößen ist nach einer EU-Richtlinie von 1971 seit dem 01.01.1978 zwingend vorgeschrieben.

Basisgröße	Beschreibungsgegenstand
Länge	Ausdehnung oder Abstand in einer Richtung
Masse	Materiemenge eines Körpers
Zeit	Ablauf von Ereignissen
Temperatur	Wärmezustand eines Körpers
Stromstärke (elektrisch)	Elektrizitätsmenge, die durch einen Leiter fließt
Lichtstärke	Lichtstrom, der von einer Lichtquelle ausgestrahlt wird
Stoffmenge	Teilchenzahl innerhalb eines Stoffs

Der Körperbegriff in der Physik

Die Physik bezeichnet alles, was aus Atomen und Molekülen zusammengesetzt ist, als Körper. Im Gegensatz zum täglichen Leben werden in der Physik auch Flüssigkeiten und Gase als **Körper** bezeichnet.

Definitionen der Basisgrößen Länge, Masse und Zeit

m **Meter**

Das Meter (m) ist die Basiseinheit der Länge. Das Meter ist die Länge der Strecke, die Licht in Vakuum während der Dauer von 1/299 792 458 Sekunden durchläuft.

Grundlage der Längenmessung war das Urmeter. Das Urmeter wurde als 40-millionster Teil des Erdumfangs definiert.

kg **Kilogramm**

Das Kilogramm (kg) ist die Basiseinheit der Masse. Ein Kilogramm ist die Masse des Internationalen Kilogrammprototyps.

Der Internationale Kilogrammprototyp ist ein Zylinder aus einer Platin-Iridium-Legierung. Er wird im „Internationalen Büro für Maß und Gewicht" in Sevres bei Paris aufbewahrt.

s **Sekunde**

Die Sekunde (s) ist die Basiseinheit der Zeit. Eine Sekunde ist das 9 192 631 770fache der Periodendauer der Strahlung, die dem Übergang zwischen den beiden Hyperfeinstrukturniveaus des Grundzustandes von Atomen des Nuklids ^{133}Cs entspricht.

Bis ins Jahr 1964 wurde die Sekunde astronomisch, d. h. über die bis dahin als konstant angesehene Drehung der Erde definiert.
Festgestellte Schwankungen der Erddrehung machten eine Neudefinition erforderlich.

Die **Mechanik** fußt auf den drei Basisgrößen **Länge**, **Masse** und **Zeit** (MKS-System). Folgende Tabelle gibt einen Überblick über die dazugehörigen **Formelzeichen**, **Einheiten** und **Einheitenzeichen**.

Basisgrößen der Mechanik und ihre Einheiten

Größe	Formelzeichen	Einheit	Einheitenzeichen
Länge	$l, s, x, \ldots$	Meter	m
Masse	m	Kilogramm	kg
Zeit	t	Sekunde	s

Formelzeichen sind Symbole für physikalische Größen. Eckige Klammern **[ ]** um Formelzeichen bedeuten **„Einheit von …"**.
Geschweifte Klammern **{ }** um Formelzeichen bedeuten **„Zahlenwert von …"**.

Beispiel zu Formelzeichen

$$L = 2{,}3\,\mathrm{m}$$
$$\rightarrow [L] = \mathrm{m};\ \{L\} = 2{,}3$$
$$\text{bzw. } L = \{L\} \cdot [L]$$

1.2.2 Abgeleitete Größen und Einheiten

Basisgrößen und deren Einheiten sind mit dem Zahlensystem vergleichbar. Wie aus den Ziffern 0 bis 9 Zahlen gebildet werden können, so lassen sich durch Kombination von Basisgrößen und Basiseinheiten weitere Größen und SI-Einheiten ableiten.

Abgeleitete Größen und deren abgeleitete Einheiten ergeben sich aus **Naturgesetzen** oder **Definitionen**. Abgeleitete SI-Einheiten erhalten oftmals besondere Einheitennamen wie beispielsweise Newton, Watt und Pascal.

Die Fläche als abgeleitete Größe

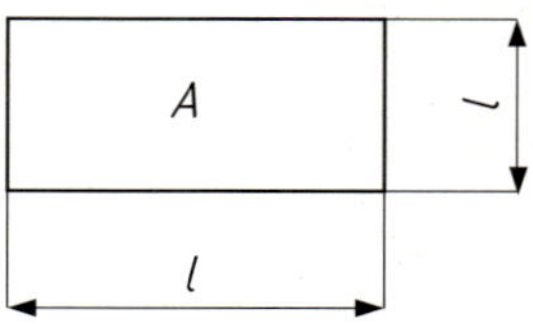

$$A = l \cdot b$$

Für die Einheit ergibt sich:

$$[A] = [l] \cdot [b]$$
$$= \mathrm{m} \cdot \mathrm{m}$$
$$\rightarrow [A] = \mathrm{m}^2$$

1.2.3 Größen- und Einheitengleichungen

Gleichungen, welche physikalische Zusammenhänge beschreiben, sind Größengleichungen. In Größengleichungen müssen die physikalischen Größen stets mit Zahlenwert und Einheit eingesetzt werden. Durch Größengleichungen erhält man den Wert und die Einheit der gesuchten Größe. Bei der Bearbeitung von Größengleichungen sind die **Rechenregeln der Algebra** sowohl für den Zahlenwert als auch für die Einheit einzuhalten.

Mithilfe von Einheitengleichungen lassen sich gegebene Einheiten in andere äquivalente Einheiten umrechnen. Die Richtigkeit einer bearbeiteten Gleichung kann durch eine Einheitengleichung überprüft werden.

Umrechnung von Einheiten

Beispiel: Geschwindigkeit $\boldsymbol{v}$

Umrechnung von $[\boldsymbol{v}] = \dfrac{\mathrm{m}}{\mathrm{s}}$ in $[\boldsymbol{v}] = \dfrac{\mathrm{km}}{\mathrm{h}}$

mit $1\,\mathrm{m} = \dfrac{1}{1000}\,\mathrm{km}$ und $1\,\mathrm{s} = \dfrac{1}{3600}\,\mathrm{h}$

$$\rightarrow 1\frac{\mathrm{m}}{\mathrm{s}} = 1\,\frac{\frac{1}{1000}\,\mathrm{km}}{\frac{1}{3600}\,\mathrm{h}} = \frac{3600}{1000}\,\frac{\mathrm{km}}{\mathrm{h}} = 3{,}6\,\frac{\mathrm{km}}{\mathrm{h}}$$

Überprüfung einer Größengleichung mithilfe einer Einheitengleichung

Beispiel: Geschwindigkeit $\boldsymbol{v}$

$$\boldsymbol{v} = \frac{s}{t} \rightarrow [\boldsymbol{v}] = \frac{[s]}{[t]} \quad \text{mit } [s] = \mathrm{m} \text{ und } [t] = \mathrm{s}$$

$$\rightarrow [\boldsymbol{v}] = \frac{\mathrm{m}}{\mathrm{s}} \quad \text{Einheit der Geschwindigkeit}$$

1.2.4 Vielfache und dezimale Teile von Einheiten

SI-Einheiten sind in der Anwendung vielfach zu klein oder zu groß. Durch besondere Vorsätze dürfen von diesen Einheiten dezimale Vielfache bzw. dezimale Teile gebildet werden. Dabei sind Vorsätze, die einer ganzzahligen Potenz von 10^3 entsprechen, zu bevorzugen.

Einheitenvorsätze

Dezimale Vielfache	Vorsatz	Zeichen
10^1	Deka	da
10^2	Hekto	h
10^3	Kilo	k
10^6	Mega	M
10^9	Giga	G
10^{12}	Tera	T

Dezimale Teile	Vorsatz	Zeichen
10^{-1}	Dezi	d
10^{-2}	Zenti	c
10^{-3}	Milli	m
10^{-6}	Mikro	μ
10^{-9}	Nano	n
10^{-12}	Piko	p

1.2.5 Skalare und vektorielle Größen

Die Physik unterscheidet skalare und vektorielle Größen. Eine skalare Größe, auch **Skalar** genannt, ist durch Zahlenwert und Einheit vollständig beschrieben. Bei einer vektoriellen Größe, kurz **Vektor** genannt, muss neben Zahlenwert und Einheit zur vollständigen Beschreibung zusätzlich Lage und Richtung angegeben werden. Zeichnerisch stellt man Vektoren durch Pfeile dar. Im folgenden Text werden Vektoren und Skalare durch die Art des Drucks unterschieden:

Vektoren sind im kursiven Fettdruck, Beträge von vektoriellen Größen und Skalare im kursiven Normaldruck dargestellt.

Für Vektoren gelten spezielle Rechenregeln. Nachfolgend sind einige für das Verständnis der weiteren Ausführungen notwendige Regeln aufgeführt.

Beispiele für skalare und vektorielle Größen

Skalare		Vektoren	
Zeit	t	Weg	$\boldsymbol{s}$
Masse	m	Geschwindigkeit	$\boldsymbol{v}$
Dichte	ρ	Beschleunigung	$\boldsymbol{a}$
Druck	p	Kraft	$\boldsymbol{F}$

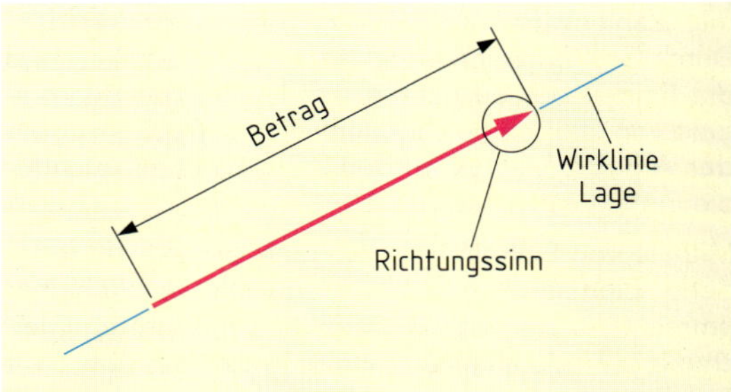

Darstellung eines Vektors **1.2.5–1**

Vektoren werden durch kursiven Fettdruck gekennzeichnet.
Beträge von Vektoren werden im kursiven Normaldruck dargestellt.

Beispiel:

$\boldsymbol{F}$ → Kraft als Vektor
F → Betrag der Kraft

Rechenregeln für Vektoren

Addition von Vektoren

Vektoren werden **geometrisch** addiert. Dabei werden die Vektoren unter Beibehaltung ihrer Richtung aneinander gereiht. Der Summenvektor $\boldsymbol{S}$ ist der Vektor, der vom Anfangspunkt des ersten bis zur Spitze des letzten Vektors reicht.

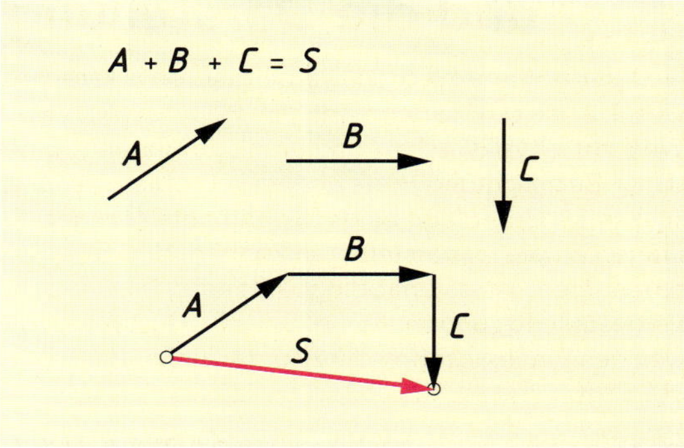

Vektoraddition 1.2.5–2

Subtraktion von Vektoren

Bei der geometrischen Subtraktion wird der entgegengesetzt gerichtete Vektor (Gegenvektor) addiert.

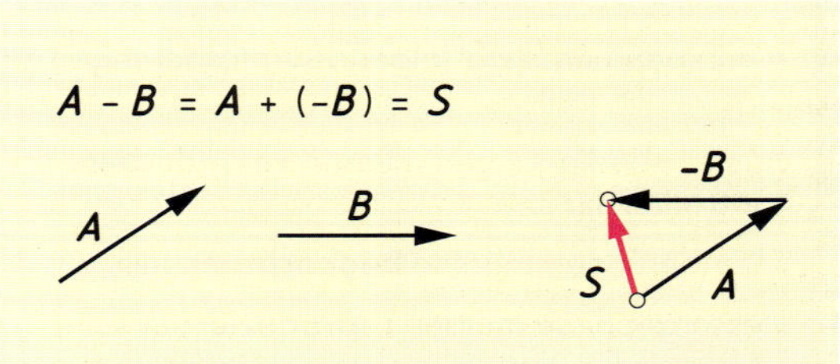

Vektorsubtraktion 1.2.5–3

Zerlegung von Vektoren

Ein Vektor wird in zwei Komponenten mit vorgegebenen Wirklinien zerlegt, indem man die durch den Anfangspunkt des Vektors gehenden Wirklinien durch die Pfeilspitze des zu zerlegenden Vektors verschiebt. Die Komponenten ergeben sich dann als Seiten des entstandenen Parallelogramms.

Wird ein Vektor im kartesischen Koordinatensystem in seine X- und Y-Komponente zerlegt, dann geht das Parallelogramm in ein Rechteck über.

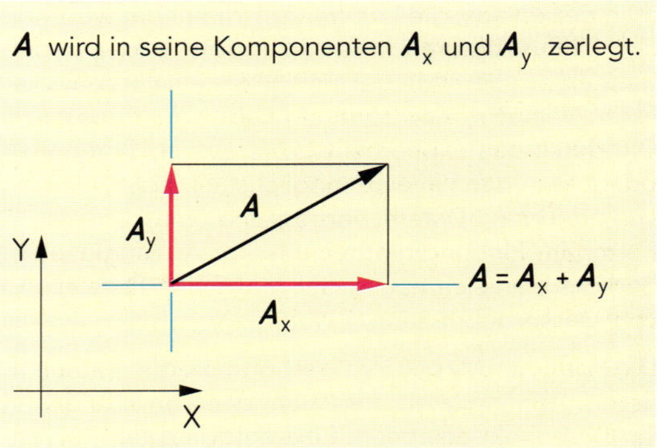

Vektorzerlegung 1.2.5–4

Multiplikation eines Vektors mit einem Skalar

Wird ein Vektor mit einem Skalar multipliziert, so ergibt sich wieder ein Vektor mit gleicher Richtung.

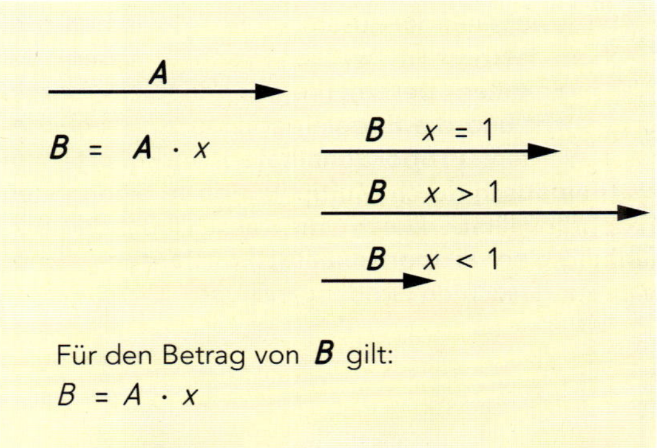

Produkt aus Vektor und Skalar 1.2.5–5

1.3 Das Experiment und die Darstellung physikalischer Gesetze

Neben der theoretischen Erarbeitung physikalischer Gesetze ist das Experiment ein weiterer wichtiger Weg zur physikalischen Erkenntnisgewinnung. Eine durch Beobachtungen gewonnene Problemstellung ist oftmals Grundlage eines Experiments. Um gezielt Fragen an die Natur stellen zu können, d.h. zu experimentieren, ist es unabdingbar, zuerst eine exakte Fragestellung zu formulieren. Es ist festzustellen, von welchen Einflussgrößen die zu untersuchende Größe abhängt.

Anschließend sind die Versuchsabläufe zur Untersuchung der einzelnen Abhängigkeiten festzulegen.

An ein Experiment sind folgende Anforderungen zu stellen:

- Versuchsbedingungen müssen **veränderbar** und **kontrollierbar** sein.
- Veränderungen müssen **beobachtbar** sein.
- Messergebnisse müssen **reproduzierbar** sein.

Alle das Experiment störenden Einflüsse schaltet man gezielt aus, d.h., es werden immer nur wesentliche Einflussfaktoren untersucht. Solche Idealbedingungen existieren in der freien Natur nicht; physikalische Versuche sind somit im **Labor** durchzuführen. Die durch das Experiment gewonnenen Ergebnisse bringt man dann in eine möglichst einfache, mit den vorliegenden Daten verträgliche mathematische Form. Zur Findung mathematischer Abhängigkeiten bedient man sich häufig der grafischen Darstellung von Messergebnissen.

Die Form der **Messkurve** lässt oftmals die mathematische Abhängigkeit zwischen zwei physikalischen Größen direkt erkennen. Eine aufgrund der Kurvenform gemachte Vermutung ist natürlich auf ihre Richtigkeit hin zu überprüfen. Da während eines Experiments jeweils nur der Zusammenhang zwischen zwei Größen festgestellt werden kann, müssen die Abhängigkeiten bei mehreren Variablen einzeln untersucht und die Einzelergebnisse zusammengefasst werden. **Proportionalitäten verknüpft man mathematisch durch Multiplikation** zu einer neuen Proportionalität. Durch die anschließende Einführung einer **Proportionalitätskonstanten** gelangt man zur gesuchten Größengleichung.

Grafische Darstellung physikalischer Gesetzmäßigkeiten

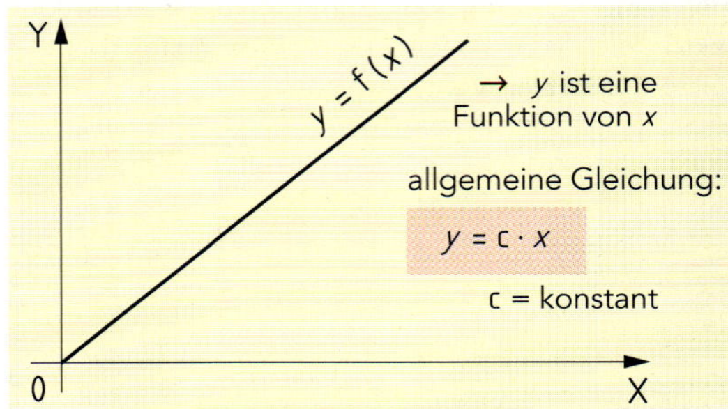

Lineare Funktion (direkte Proportionalität) 1.3–1

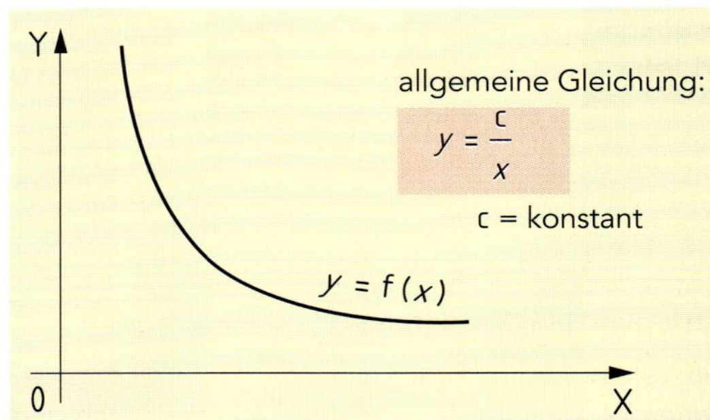

Umgekehrte Proportionalität 1.3–2

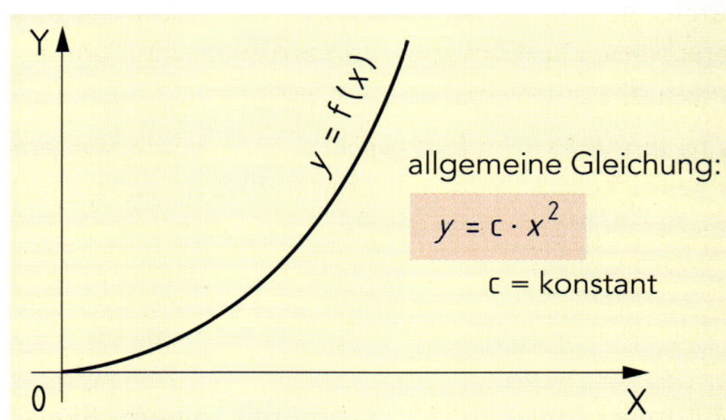

Quadratische Funktion 1.3–3

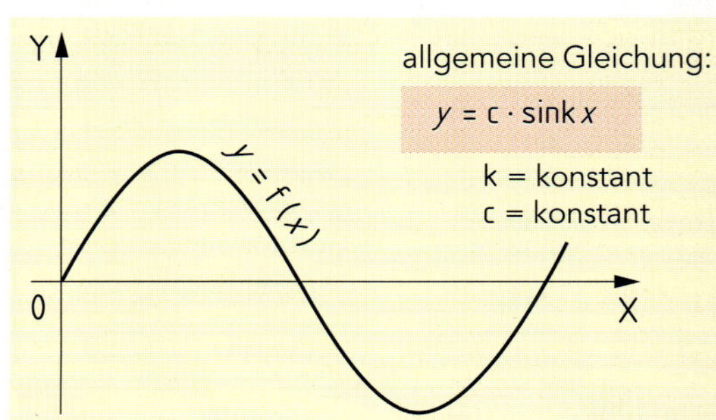

Trigonometrische Funktion 1.3–4

Experimentelle Bestimmung der Dichte

Beobachtung:

Verschiedene Körper aus gleichem Werkstoff besitzen bei unterschiedlichem Volumen unterschiedliche Massen. Die Masse eines Körpers ist somit eine Funktion seines Volumens.

$$m = f(V)$$

Fragestellung:

Welcher Zusammenhang besteht zwischen der Masse m eines Körpers und seinem Volumen?

Experimentelle Vorgehensweise:

Die Massen verschieden großer Körper aus gleichem Werkstoff werden durch Wiegen mit einer Balkenwaage, die Volumen durch Messen der Umrisse, durch Eintauchen in Überlaufgefäße oder indirekt durch Bestimmen mit Pyknometern (Lehrbeispiel) bestimmt.

Messergebnisse und Versuchsauswertung:

Die Messergebnisse werden sowohl in eine Messwerttabelle als auch in ein m-V-Diagramm eingetragen. Die Messwertkurve im m-V-Diagramm deutet aufgrund ihres Verlaufs auf einen linearen Zusammenhang, d.h. auf eine direkte Proportionalität hin.

$$m \sim V$$

Trifft dies zu, so muss der Quotient aus der Masse m und dem Volumen V für alle Wertepaare denselben Wert ergeben. Der Quotient erhält das Formelzeichen ρ und wird mit dem Begriff Dichte bezeichnet.

$$\rho = \frac{m}{V}$$

Für die Einheit der Dichte ergibt sich:

$$[\rho] = \frac{[m]}{[V]} = \frac{\text{kg}}{\text{m}^3}$$

Bei festen und flüssigen Körpern wird die Dichte meist in der Einheit $[\rho] = \text{kg/dm}^3$ angegeben. Die Dichte gibt also die Masse pro Volumeneinheit eines Stoffes an.

Erkenntnis:

Das Verhältnis der Masse m eines Körpers zu seinem Volumen V bezeichnet man als seine Dichte. Die Dichte ρ ist eine stoffspezifische Eigenschaft.

Bestimmumg von Massen → **Balkenwaage**

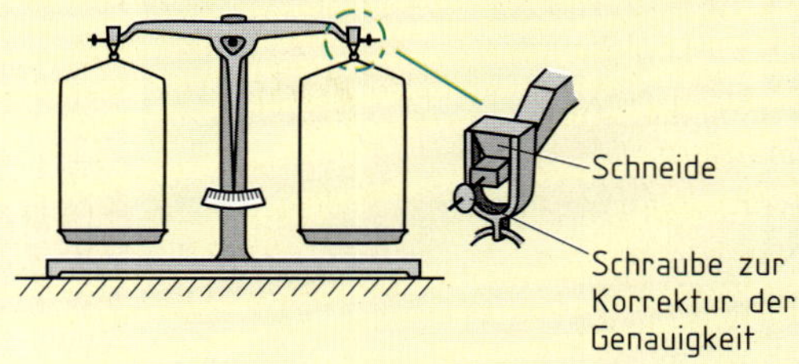

Mit Balkenwaagen vergleicht man Massen. Zum Vergleich verwendet man geeichte Wägestücke.

Massebestimmung **1.3–5**

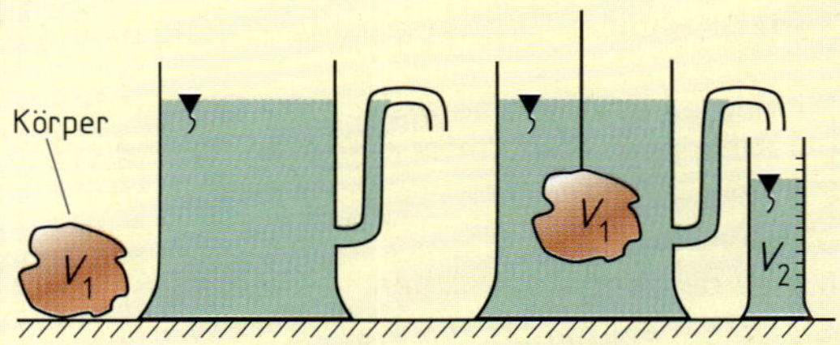

Der Körper verdrängt ein seinem Eigenvolumen entsprechendes Flüssigkeitsvolumen.

$$V_1 = V_2$$

Volumenbestimmung mit dem Überlaufgefäß **1.3–6**

m in kg	0,428	2,59	4,03	1,73	3,25
V in dm^3	0,055	0,33	0,52	0,225	0,42
$\frac{m}{V}$ in $\frac{\text{kg}}{\text{dm}^3}$	7,78	7,84	7,75	7,68	7,73

Messwerttabelle

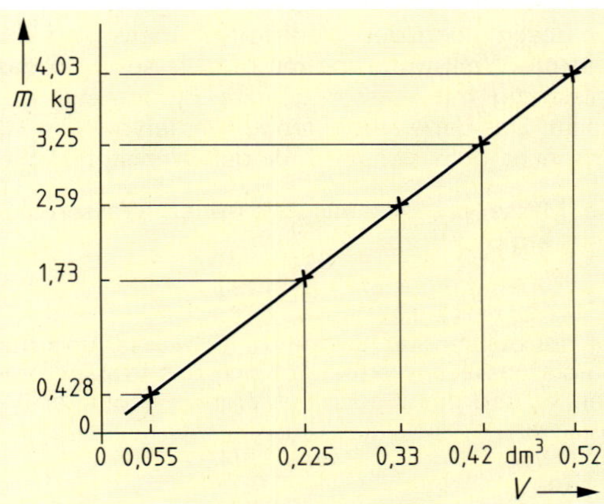

m-V-**Diagramm einer Dichtebestimmung** **1.3–7**

Dichte einiger Werkstoffe in kg/dm³

Platin	21,5	Ziegelmauerwerk	1,5 ... 1,8
Blei	11,3	Kunststoffe	1,0 ... 1,8
Kupfer	8,9	Eichenholz	0,8 ... 0,9
Cn-Zn-Legierung	8,4 ... 8,7	Kiefernholz	0,5 ... 0,6
Stahl	7,8	Wasser	1,0
Grauguss	7,2	Quecksilber	13,6
Aluminium	2,7 ... 2,8	Öl	0,9
Natursteine	2,4 ... 2,8	Benzin	0,7
Glas	2,5 ... 2,7	*Luft	0,0013
Porzellan	2,3 ... 2,5	*Wasserstoff	0,0001
Beton	2,2 ... 2,4	* bei einer Temperatur von 0° und einem Luftdruck von1013 hPa	

1.4 Übungen

Lehrbeispiel: Dichtebestimmung mit dem Pyknometer

Mithilfe eines Pyknometers soll die Dichte kleiner, unregelmäßig geformter Werkstoffteilchen bestimmt werden.

Messwerte:

Masse der Werkstoffteilchen: $m_1 = 6{,}78\,\text{g}$

Masse der vollständig mit Wasser gefüllten Pyknometer: $m_2 = 52{,}80\,\text{g}$

Werden alle Werkstoffteilchen in das mit Wasser gefüllte Pyknometer gegeben, dann besitzt dieses die Gesamtmasse $m_3 = 58{,}82\,\text{g}$

Welche Dichte besitzt der Werkstoff?

Um welchen Werkstoff könnte es sich dabei handeln?

Lösung:

Die Dichte eines Werkstoffs wird mit der Gleichung

$$\rho = \frac{m}{V} \quad \text{berechnet.}$$

Zur Bestimmung des Werkstoffvolumens wird die gesamte Werkstoffprobe mit der Masse m_1 in das vollständig mit Wasser gefüllte Pyknometer gebracht. Das dabei auslaufende Wasservolumen V_W entspricht dem Volumen V_1 der Werkstoffprobe.

Die Masse m_W des ausgeflossenen Wasservolumens ergibt sich zu

$$m_W = m_1 + m_2 - m_3.$$

Mit der bekannnten Dichte ρ_W für Wasser und der Wassermasse m_W errechnet sich das Wasservolumen V_W und damit auch das Werkstoffvolumen V_1 zu

$$V_W = V_1 = \frac{m_1 + m_2 - m_3}{\rho_W}.$$

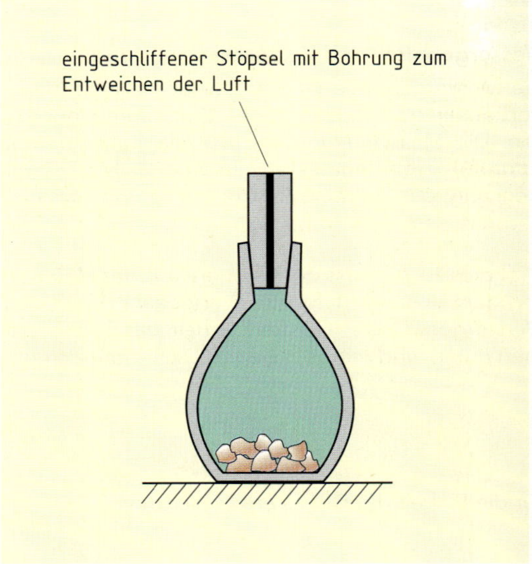

Pyknometer **1.4–1**

Für die Dichte ρ_1 der Werkstoffprobe gilt:

$$\rho_1 = \frac{m_1}{m_1 + m_2 - m_3} \cdot \rho_W$$

$$= \frac{6{,}78\,\text{g}}{6{,}78\,\text{g} + 52{,}8\,\text{g} - 52{,}82\,\text{g}} \cdot 1\frac{\text{kg}}{\text{dm}^3}$$

$$\underline{\underline{\rho_1 = 8{,}92\frac{\text{kg}}{\text{dm}^3}}}$$

Aufgrund von Aussehen (rötlich) und Dichtewert handelt es sich bei der Werkstoffprobe vermutlich um Kupfer.

Aufgabe 1

Berechnen Sie die Masse eines 2,2 m langen Stahl-U-Profils mit $h = 100\,mm$ Höhe.

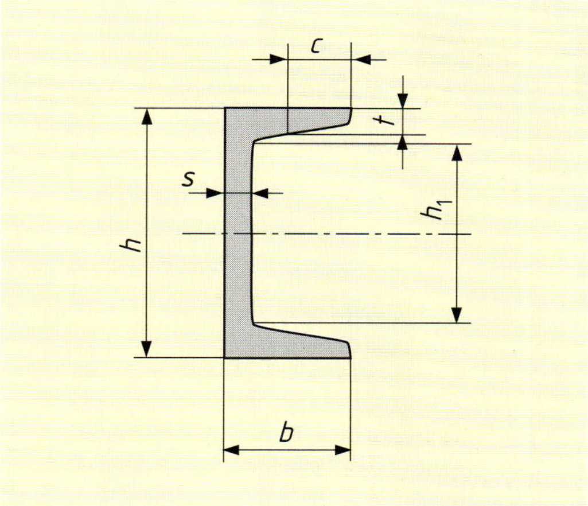

U-Profil **1.4–2**

Kurz-zeichen	Abmessungen in mm					Quer-schnitts-fläche S
U	h	b	s	t	h_1	cm^2
60	60	30	6	6	35	6,46
65	65	42	5,5	7,5	33	9,03
80	80	45	6	8	46	11,0
100	100	50	6	8,5	64	13,5
120	120	55	7	9	82	17,0
140	140	60	7	10	97	20,4

Aufgabe 2

Um die Dichte einer Holzprobe zu bestimmen, wird diese an einem Bleistück befestigt und dann in ein Überlaufgefäß getaucht. Dabei fließen 98 ml Wasser aus.

Holzprobe: $m_H = 45\,g$

Bleistück: $m_B = 380\,g$ $\rho_B = 11{,}3\,g/cm^3$

Welche Dichte ρ_H besitzt die Holzprobe?

2 Statik starrer Körper in der Ebene

2.0 Leitbeispiel Statik

Gabelstapler

Ein Gabelstapler hat die Aufgabe, Lasten anzuheben, zu transportieren und zu stapeln, ohne dass es zu gefährlichen Kippsituationen kommt.

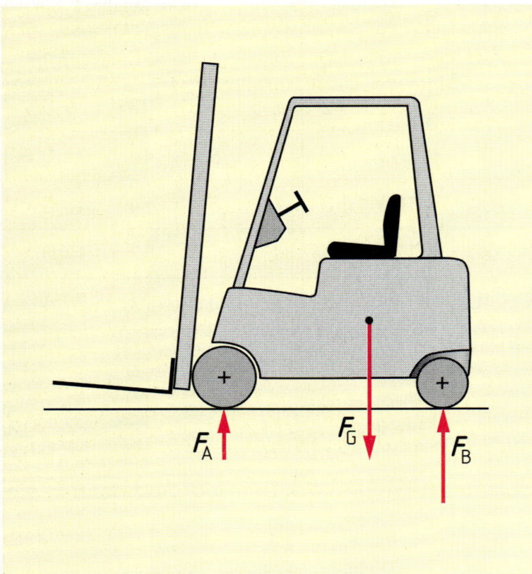

Gabelstapler im Stand **2.0–1**

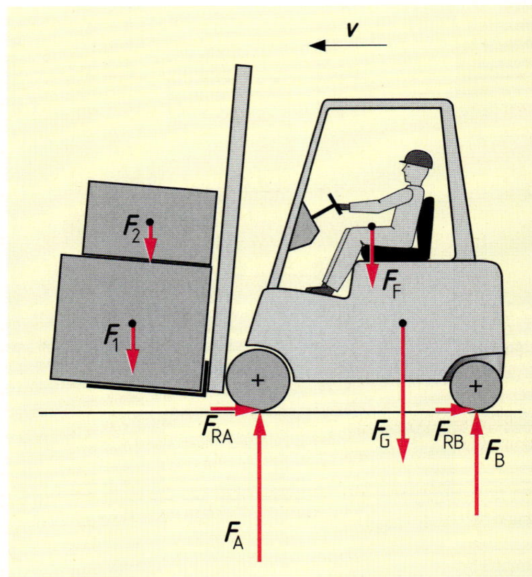

Gabelstapler mit Last und Fahrer in Fahrt **2.0–2**

F_G	Gewichtskraft des Staplers
F_F	Gewichtskraft des Fahrers
F_1	Gewichtskraft der Last 1
F_2	Gewichtskraft der Last 2
F_A	Stützkraft der Vorderräder
F_B	Stützkraft der Hinterräder
F_{RA}	Rollwiderstandskraft der Vorderräder
F_{RB}	Rollwiderstandskraft der Hinterräder

Fragestellungen:

1. **Um welches Kräftesystem handelt es sich bei einem Gabelstapler?**
   → Kapitel 2.1.5: Kräftesysteme
2. **Wie groß ist die resultierende Kraft aller Gewichtskräfte beim belasteten Gabelstapler, und welche Lage hat die Resultierende zwischen den Achsen?**
   → Kapitel 2.2: Ermittlung resultierender Kräfte
3. **Wo hat der Gabelstapler seinen Schwerpunkt?**
   → Kapitel 2.3: Schwerpunktbestimmung
4. **Wie groß ist die Standsicherheit des Gabelstaplers ohne bzw. mit Belastung?**
   → Kapitel 2.3.6: Standsicherheit
5. **Welche Achslasten hat der Gabelstapler ohne bzw. mit Belastung?**
   → Kapitel 2.4: Ermittlung unbekannter Kräfte
6. **Wie groß ist der Fahrwiderstand eines Gabelstaplers ohne bzw. mit Belastung?**
   → Kapitel 2.5.6: Fahrwiderstand

2.1 Grundlagen

Einführungsbeispiel: Lastkraftwagen

Man stelle sich einen Lastkraftwagen mit der Gewichtskraft F_G und einer ebenen Ladefläche vor, dessen Räder nicht gebremst werden. Auf ihn wirken – unabhängig voneinander – einzelne Lasten oder Kräfte.

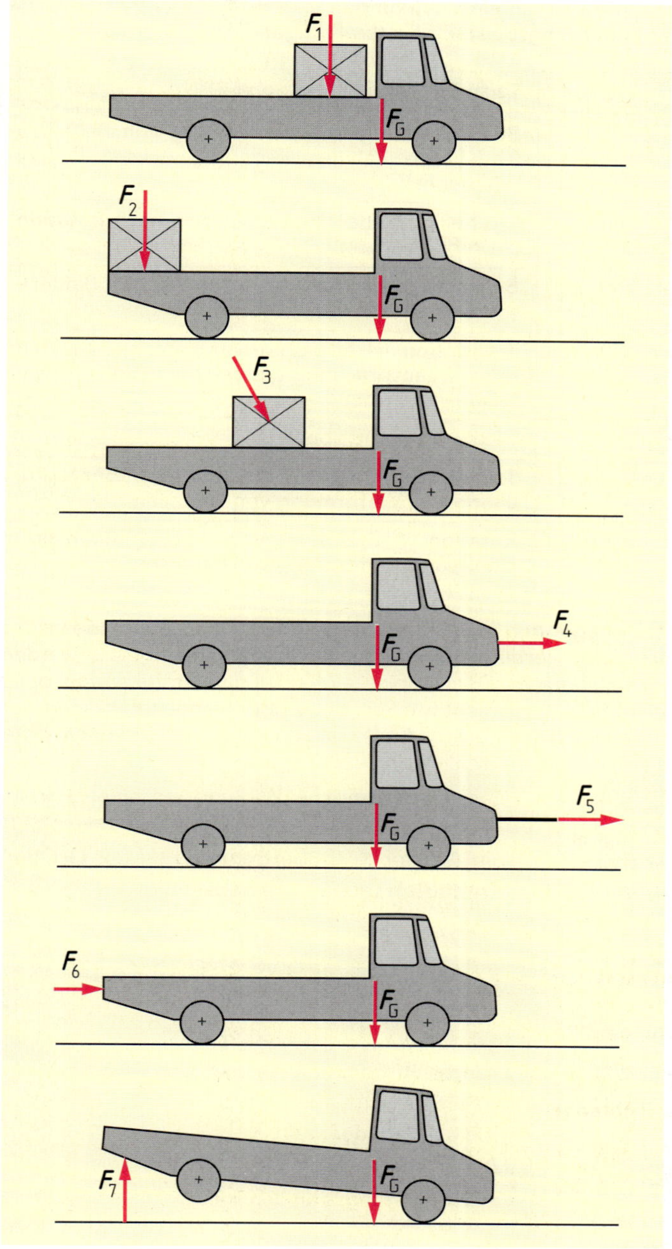

1. Eine Last F_1 wird vorn auf der Ladefläche abgestellt.
2. Eine Last F_2 wird am Ende der Ladefläche abgestellt.
3. Eine Last F_3 wird durch einen Verladekran von schräg oben auf die Ladefläche aufgesetzt.
4. Der Lastkraftwagen wird gezogen (Kraft F_4).
5. Der Lastkraftwagen wird über ein Abschleppseil, eine Abschleppstange oder eine Kette gezogen (Kraft F_5).
6. Der Wagen wird von hinten geschoben (Kraft F_6).
7. Der Wagen wird hinten angehoben (Kraft F_7), um an der Achse eine Reparatur vornehmen zu können.

2.1–1

Fragestellung:
Welche **Auswirkungen** hat jede einzelne Last oder Kraft auf den nicht gebremsten Lastkraftwagen?

2.1.1 Die Kraft

Den meisten Menschen fällt es leicht auszudrücken, was eine Last, eine Belastung oder eine Bewegung ist. Was soll man aber antworten, wenn man gefragt wird, was eine Kraft ist?

Wirkungen einer Kraft

Da Kräfte selbst nicht sichtbar sind, kann man sie nur an ihren **Wirkungen** erkennen. Die unterschiedlichen Wirkungen von Kräften können mithilfe des **Einführungsbeispiels Lastkraftwagen** gezeigt werden.

Kraft	Wirkung	Technische Ausdrucksweise
F_1	Druckbelastung auf das Fahrzeug	**Beanspruchung** und **Verformung** von Bauteilen (Ladefläche, Rahmen, Federung, Achsen, Reifen) und der Fahrbahn
F_2	Druckbelastung und Drehbewegung des Lastkraftwagens um die Hinterachse	wie bei F_1 (siehe oben), zusätzlich noch **Rotation** (= Drehbewegung)
F_3	Druckbelastung und Längsverschiebung des Lastkraftwagens	**Beanspruchung** und **Verformung** der Bauteile sowie **Translation** (= Längsbewegung)
F_4	Verschiebung des Fahrzeugs und Zugbelastung an der Kraftangriffsstelle	**Translation** (= Längsbewegung) infolge Zugkraft sowie **Beanspruchung** und **Verformung** von Bauteilen
F_5	Verschiebung und Zugbelastung	wie bei F_4 (siehe oben)
F_6	Verschiebung des Fahrzeugs und Druckbelastung an der Kraftangriffsstelle	**Translation** infolge Druckkraft sowie **Beanspruchung** und **Verformung** von Bauteilen
F_7	einseitiges Anheben und Druckbelastung auf das Fahrzeug	**Rotation** (= Drehbewegung) sowie **Beanspruchung** und **Verformung** von Bauteilen

Kräfte können demnach **als Ursache von Bewegungen (→ dynamische Wirkung), von Bauteilbeanspruchungen (→ statische Wirkungen) und den damit verbundenen Bauteilverformungen** aufgefasst werden, wobei diese Kraftwirkungen häufig gleichzeitig auftreten. Das Beispiel zeigt auch, dass Kräfte sowohl durch unmittelbaren Kontakt als auch durch ein Verbindungselement wie Seil, Kette oder Stange übertragen werden können. Gravitationskräfte sowie elektrische und magnetische Kräfte sind dagegen **Fernwirkungskräfte**.

Die Kräfte F_4 (Zugkraft), F_5 (Zugkraft) und F_6 (Schubkraft) im **Einführungsbeispiel** haben die gleiche Richtung und liegen auf einer Wirklinie. Die Kräfte greifen jedoch an verschiedenen Stellen an. Da alle drei Kräfte – trotz unterschiedlicher Kraftangriffsstellen – die **gleiche Wirkung** haben, kann man daraus folgern:

Für die **dynamische Wirkung** auf einen Körper sind bei gleicher Wirklinie und Richtung der Kräfte die **Art der Kraftübertragung** und der **Ort der Kraftübertragung** ohne Bedeutung!

Bestimmungsgrößen einer Kraft

Das Beispiel des Lastkraftwagens macht deutlich, dass die **Größe** einer Kraft nicht ausreicht, um ihre Wirkung auf einen Körper zu beschreiben. Es sind zusätzlich noch die **Lage** der Kraft und ihr **Richtungssinn** anzugeben.
Als richtungsgebundene physikalische Größe ist die Kraft somit ein **Vektor**. Siehe auch Kapitel **1.2.5 Skalare und vektorielle Größen.**

Um die **Wirkung einer Kraft** auf einen Körper vollständig zu beschreiben, sind drei Angaben notwendig:

1. die **Größe** der Kraft,
2. die **Lage** der Kraft,
3. der **Richtungssinn** der Kraft.

Hinweis:

Die Lage einer Kraft und ihr Richtungssinn werden auch unter dem Begriff „Wirkungsrichtung" zusammengefasst.

Kräfte **können** durch einen über dem Formelbuchstaben liegenden Pfeil als Vektoren gekennzeichnet werden. Aus Vereinfachungsgründen wird im Folgenden das **Pfeilsymbol** über dem Formelbuchstaben weggelassen. **Stattdessen werden Kräfte (Vektoren) mit fett gedruckten Formelbuchstaben geschrieben, um sie von Skalaren zu unterscheiden.** Siehe Kapitel 1.2.5.

Darstellung einer Kraft

Kräfte werden wie alle Vektoren zeichnerisch durch einen in der Wirklinie liegenden **Pfeil** dargestellt. Die **Wirklinie** WL gibt die **Lage** der Kraft innerhalb eines Bezugsystems an. Die **Länge des Kraftpfeils** L ist ein Maß für die Größe der Kraft. **Schreibweise**: Betrag der Kraft $|\vec{F}|$, $|\mathbf{F}|$ oder F (normal dünn gedruckt, wie Skalare). Die **Pfeilspitze** kennzeichnet den **Richtungssinn** der Kraft auf der Wirklinie.

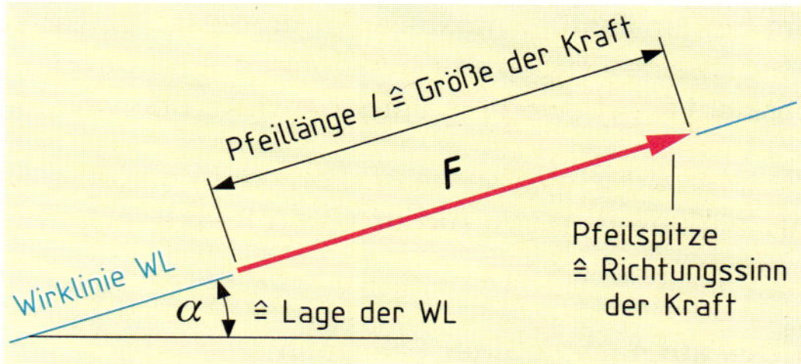

Kraftdarstellung **2.1.1–1**

Der Zusammenhang zwischen der Pfeillänge und der Kraftgröße wird durch einen **Kräftemaßstab** KM hergestellt.

$$\mathrm{KM} = \frac{|\mathbf{F}|}{L} = \frac{F}{L}$$

Beispiel:

Eine Kraft der Größe $F = 20\,\mathrm{kN}$ soll durch einen 5 cm langen Pfeil dargestellt werden.

$$\rightarrow \quad \mathrm{KM} = \frac{F}{L} = \frac{20\,\mathrm{kN}}{5\,\mathrm{cm}} = 4\,\frac{\mathrm{kN}}{\mathrm{cm}}$$

d.h. $4\,\mathrm{kN} \triangleq 1\,\mathrm{cm}$ Pfeillänge

Definition der Kraft

Unter einer Kraft versteht man eine richtungsgebundene physikalische Größe, die nur an ihren Wirkungen (Bewegungsänderungen, Beanspruchungen, Verformungen) erkannt werden kann. Zur vollständigen Beschreibung einer Kraft ist die Angabe der Größe, der Lage und des Richtungssinns notwendig.

Die Einheit der Kraft ist das Newton:

$$[\mathbf{F}] = \mathrm{N}$$

Die Einheit Newton ergibt sich aus dem **zweiten Newton'schen Gesetz**, siehe Kapitel 6.1.

Beispiel:

Zum langsamen Anheben der Masse $m = 1\,\mathrm{kg}$ ist eine Kraft von 9,81 N erforderlich.

Resultierende Kraft F_{res}

Soll die Wirkung von mehreren, gleichzeitig auf einen Körper einwirkenden Kräften bestimmt werden, so muss die **resultierende Kraft** F_{res} ermittelt werden. Die **Resultierende** F_{res} hat die gleiche Wirkung wie die Einzelkräfte zusammen und stellt somit eine Ersatzkraft für die Einzelkräfte dar.

Die Resultierende F_{res} ist die gedachte Ersatzkraft für mehrere Einzelkräfte.

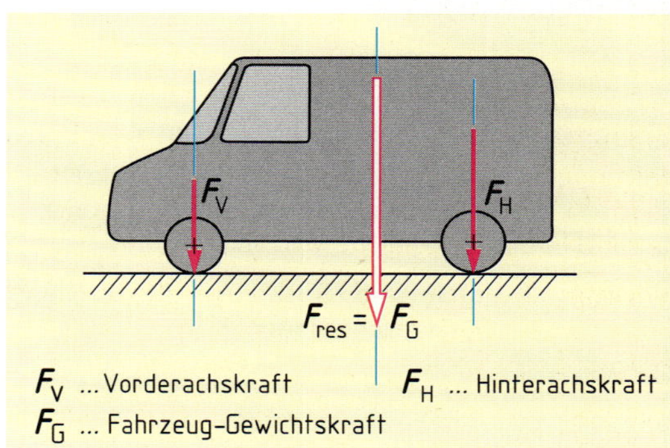

Stehender Lieferwagen **2.1.1–2**

2.1.2 Lehrsätze der Statik

In der Statik basieren alle Arbeitsverfahren und Problemlösungen auf einigen wenigen grundlegenden Überlegungen, hier **Lehrsätze der Statik** genannt. Diese Lehrsätze der Statik formulieren einfache Tatsachen, die aus unmittelbarer Einsicht als richtig anerkannt werden.

Reaktionssatz (Wechselwirkungsgesetz)

Um den im **Einführungsbeispiel** dargestellten Lastkraftwagen mit konstanter Geschwindigkeit fortzubewegen, ist eine Längskraft (→ Aktionskraft) notwendig, damit vor allem der Rollwiderstand (→ Reaktionskraft), der der Längsbewegung entgegenwirkt, überwunden wird.

Weitere Beispiele verdeutlichen das prinzipielle Zusammenwirken von **Aktions-** und **Reaktionskraft:**

- **Lkw auf nachgiebiger Fahrbahn**
  Auf einer weichen, nachgiebigen Fahrbahn muss zur Fortbewegung des Lastkraftwagens eine sehr viel größere Längskraft aufgebracht werden, weil im Vergleich zu einer starren Fahrbahn ein wesentlich größerer Gesamtrollwiderstand überwunden werden muss.

- **Zugversuch mit Federkraftmessern**
  Das Beispiel mit den zwei Federkraftmessern zeigt ebenfalls sehr anschaulich, dass eine Kraft (→ Aktionskraft) ohne eine gleich große, entgegengesetzt wirkende Kraft (→ Reaktionskraft) nicht auftreten kann.

- **Start auf Kunststoffbahn**
  Nach dem Startschuss übt ein Läufer mit seiner Beinmuskulatur eine Kraft (→ Aktionskraft) auf die Laufbahn aus. Als Gegenkraft wirkt die Haftreibung des Bodenbelages (→ Reaktionskraft). Dadurch rutscht das Bein des Läufers nicht nach hinten, sondern der Läufer kann sich beschleunigt in Bewegung setzen. Auf einer **Eisbahn** dagegen fehlt eine ausreichend große Gegenkraft. Dort kommt der Läufer mit normalen Laufschuhen nicht vom Fleck.

Kräfte treten **immer** paarweise auf! Man bezeichnet sie als Aktions- und Reaktionskräfte. Beide sind gleich groß, entgegengesetzt gerichtet und haben die gleiche Wirklinie.

Wichtig: Aktions- und Reaktionskraft werden immer von **zwei** verschiedenen Körpern aufgebracht.

Siehe auch Kapitel 6.1:
Die Newton'schen Grundgesetze

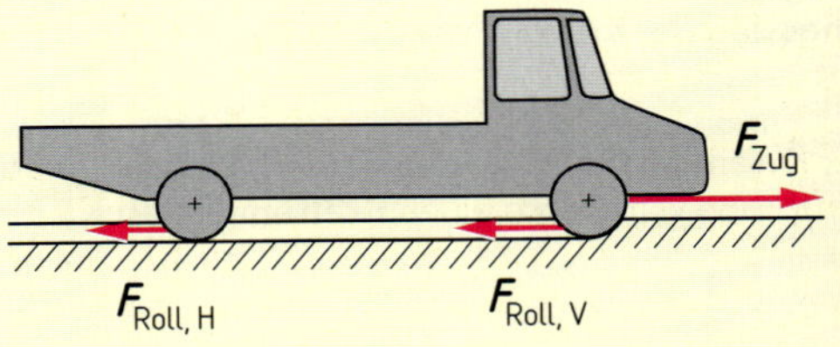

Lkw auf nachgiebiger Fahrbahn 2.1.2–1

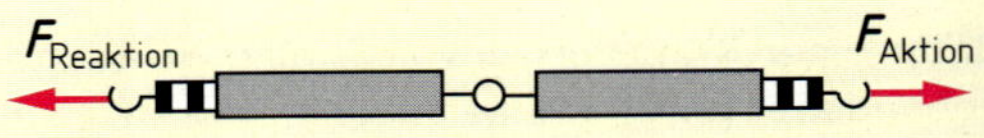

Es ist nicht möglich, nur einen der beiden Kraftmesser zur Anzeige zu bringen. Die notwendige Gegenkraft belastet zwangsläufig auch den anderen Kraftmesser.

Zugversuch mit Federkraftmessern 2.1.2–2

Start auf Kunststoffbahn 2.1.2–3

Gleichgewichtssatz

- **Beim Tauziehen** mit **zwei** Teilnehmern ist das Seil im Gleichgewicht, wenn beide Teilnehmer am Seil mit gleich großer, aber entgegengerichteter Kraft ziehen.

- **Beim Tauziehen** mit **mehr als zwei** Teilnehmern herrscht dann Gleichgewicht, wenn die beiden resultierenden Kraftwirkungen sich gegenseitig aufheben.

Hinweis zum Tauziehen:

Die Kraft, die ein Teilnehmer als Zugkraft (→ Aktionskraft) aufbringt, ist nur dank der Abstützkraft am Boden (→ Reaktionskraft) und der Gegenkraft des Seilzuggegners möglich!

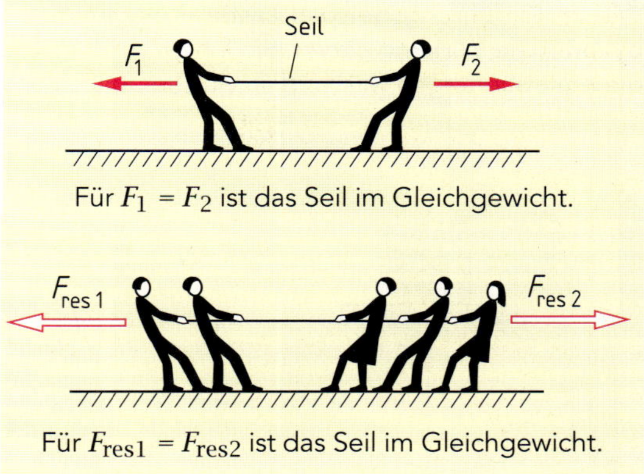

Tauziehen 2.1.2–4

- **Ein Körper schwimmt an der Wasseroberfläche,** wenn die Auftriebskraft F_A gerade so groß wie die Gewichtskraft F_G ist.

> Greifen zwei gleich große, aber entgegengesetzt gerichtete Kräfte auf einer Wirklinie an **einem** Körper an, so befindet sich dieser Körper im Gleichgewicht.

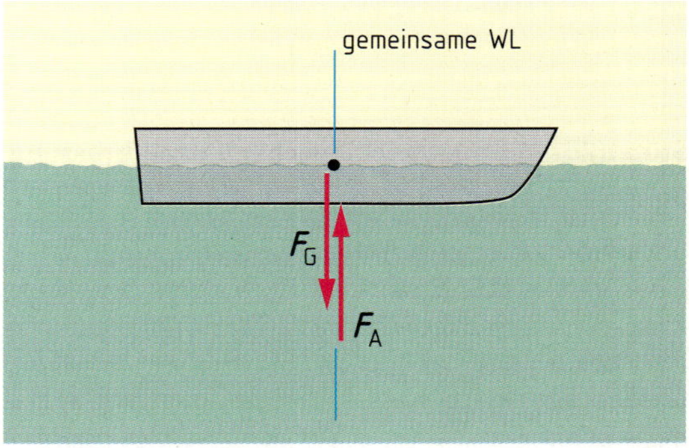

Schwimmender Körper 2.1.2–5

Trägheitssatz

Das **erste Newton'sche Gesetz** (siehe Kapitel 6.1: Die Newton'schen Grundgesetze) lautet:

> Ein Körper verharrt im Zustand der Ruhe ($v = 0$) oder der gleichförmigen geradlinigen Bewegung (v = konst.), wenn er nicht durch **einwirkende Kräfte** gezwungen wird, diesen Zustand zu ändern.

Beispiele für Kräfte, die den Gleichgewichtszustand ändern, sind:

- Antriebskräfte, die ein Fahrzeug beschleunigen
- Bremskräfte, die ein System verzögern
- Kräfte, die einen Körper auf eine Kreisbahn zwingen.

Voraussetzung sowohl für den **Ruhezustand ($v = 0$)** als auch für eine **gleichförmige geradlinige Bewegung** (v = konst.) eines Körpers ist, dass die einwirkenden Kräfte im Gleichgewicht sind, d. h., dass sie sich gegenseitig aufheben. Bei beiden Zuständen herrscht ein **statisches Gleichgewicht.**

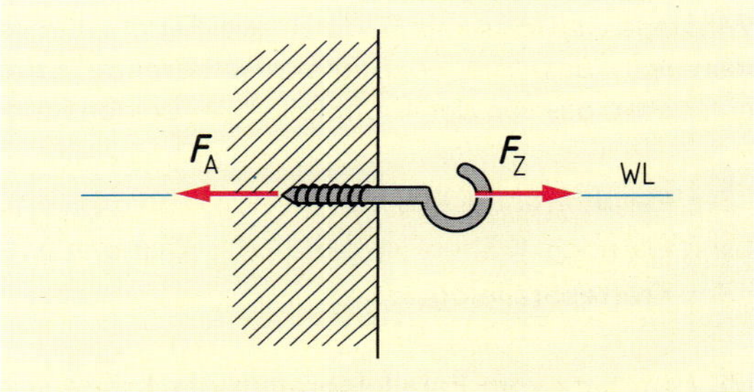

Zieht man am Wandhaken, kann nur dann eine Zugkraft F_Z aufgebracht werden, wenn die Wand den Haken mit der gleich großen, entgegengerichteten Kraft F_A festhält (Reaktionssatz, Gleichgewichtssatz). Gelingt dies der Wandbefestigung nicht, wird der Haken herausgerissen, d. h. er führt eine beschleunigte Bewegung aus (Trägheitssatz).

Wandhaken im Kräftegleichgewicht 2.1.2–6

Längsverschiebungssatz

Wie im **Einführungsbeispiel Lastkraftwagen** zu erkennen ist, rufen die Kräfte F_4, F_5 und F_6 die gleiche **dynamische Wirkung** hervor. Sie führen zu einer Verschiebung des Lastkraftwagens, unabhängig davon, wie die Kraft übertragen wird und an welcher Stelle der Wirklinie sie auf den Körper einwirkt.

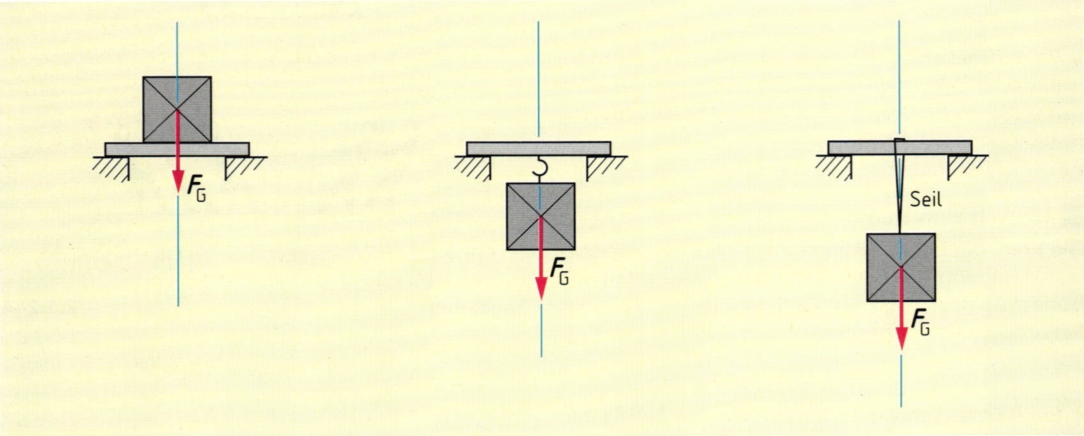

Stützträger mit unterschiedlicher Lastaufbringung **2.1.2–7**

Bei dem skizzierten **Stützträger** entsprechen die dargestellten unterschiedlichen Lastaufbringungsarten einer Verschiebung der Last F_G entlang ihrer Wirklinie. Die unterschiedliche Lastaufbringung kann hier zwar keine Verschiebung des Stützträgers bewirken, sondern führt dazu, dass der Stützträger seine Auflager – unabhängig von der Art der Lastaufbringung – gleich belastet.

Kräfte dürfen auf ihrer Wirklinie verschoben werden, ohne dass sich ihre **äußere Wirkung** auf einen starren Körper verändert.

Parallelogrammsatz

Wird eine Gewichtskraft F_G durch zwei Federkraftmesser mit unterschiedlichen Wirklinien abgestützt, so stellt man fest, dass die benötigte **resultierende Stützkraft** genau der **Diagonalen des Parallelogramms** entspricht, das von den Kraftpfeilen der beiden Stützkräfte gebildet wird.

Die **Resultierende** F_{res} von **zwei** in einem Punkt angreifenden Kräften ist gleich der **Diagonalen des Kräfteparallelogramms.**

Mit dem **Satz vom Parallelogramm der Kräfte** lassen sich **zwei** gegebene Kräfte zeichnerisch zu einer resultierenden Einzelkraft zusammensetzen (→Kräfteaddition) sowie umgekehrt eine gegebene Kraft in zwei Einzelkräfte zerlegen (→Kraftzerlegung).

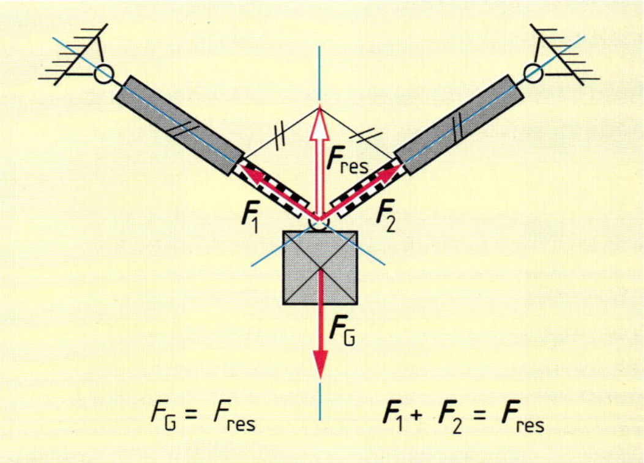

Kräfteparallelogramm **2.1.2–8**

Kräfte müssen – wie alle Vektoren – stets geometrisch, d. h. unter Berücksichtigung ihrer Beträge und ihrer Wirkungsrichtungen addiert werden.

- **Parallelogrammkonstruktion:**

Dazu ist es erforderlich, zuerst die gegebenen Kräfte auf ihren Wirklinien in den Schnittpunkt beider Wirklinien zu verschieben. Anschließend werden die Wirklinien der Kräfte parallel bis zur Spitze der jeweils anderen Kraft verschoben, um das „Kräfteparallelogramm" zu erhalten. Die Diagonale mit dem gemeinsamen Anfangspunkt ist die gesuchte Resultierende F_{res}.

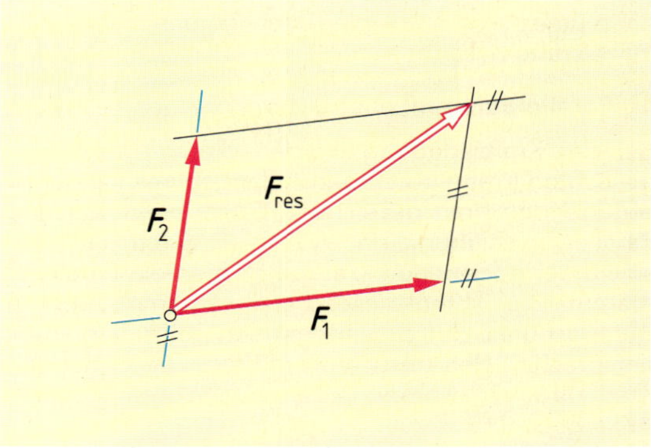

Parallelogrammkonstruktion **2.1.2–9**

- **Kräftezugverfahren:**

Werden die beiden gegebenen Kräfte ihrem Betrag und Richtungssinn entsprechend maßstäblich aneinander gesetzt (→Kräftezug), so kommt man zum gleichen Ergebnis wie bei der Parallelogrammkonstruktion. Die Reihenfolge bei der Addition der Kräfte ist beliebig.
Der Vorteil dieser Methode ist, dass auch mehr als zwei Kräfte sehr übersichtlich zur Resultierenden addiert werden können.

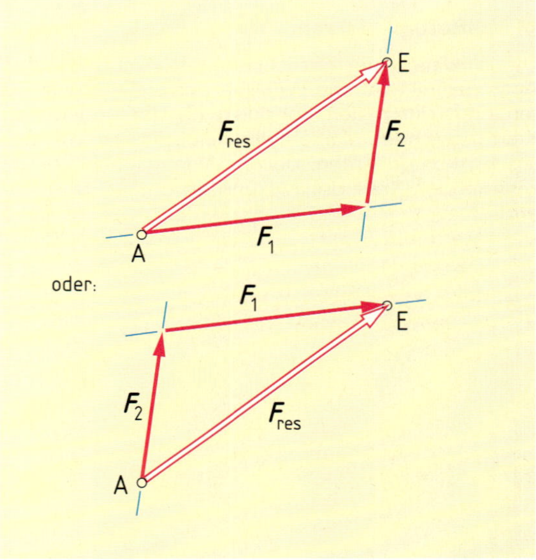

Kräftezugverfahren **2.1.2–10**

Die **Resultierende F_{res} eines Kräftezuges** erhält man, indem man den Anfangspunkt (A) des ersten Kraftpfeiles mit dem Endpunkt (E) der zuletzt gezeichneten Kraft verbindet. Ihr Richtungssinn weist vom Anfangspunkt zum Endpunkt des Kräftezuges.

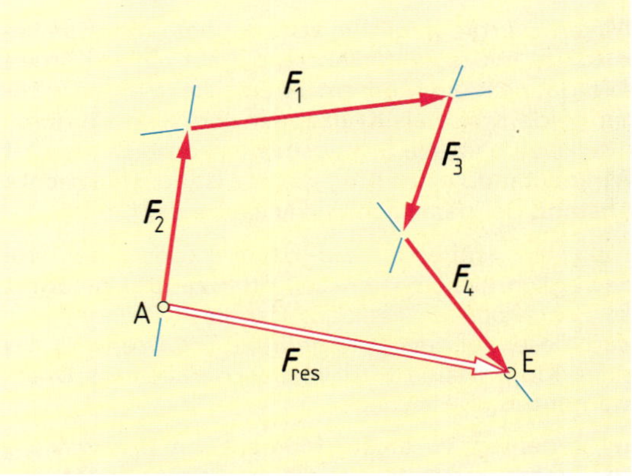

Kräftezugverfahren mit 4 Kräften **2.1.2–11**

Kraftzerlegung

Soll **eine** Kraft in **zwei Einzelkräfte** zerlegt werden, so müssen die Wirklinien der beiden gesuchten Einzelkräfte bekannt sein.

- **Parallelogrammkonstruktion:**

Bei der Kraftzerlegung werden die Wirklinien der gesuchten Kräfte durch den Anfangspunkt (A) der zu zerlegenden Kraft gezeichnet. Durch anschließende Parallelverschiebung der Wirklinien durch die Pfeilspitze der gegebenen Kraft erhält man ein Parallelogramm. Die Seiten dieses Parallelogramms, die im Anfangspunkt der zu zerlegenden Kraft beginnen, entsprechen den gesuchten Kräften. Die gegebene Kraft und ihre Komponenten haben den gleichen Anfangspunkt.

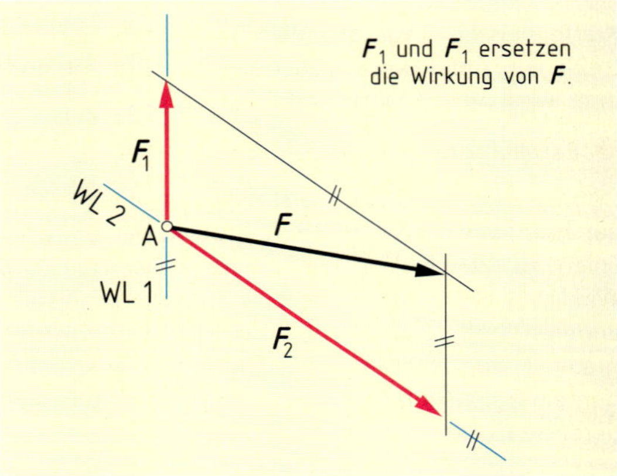

Parallelogrammkonstruktion **2.1.2–12**

- **Kräftezugverfahren:**

Die Wirklinie einer gesuchten Kraft wird durch den Anfangspunkt (A), die Wirklinie der zweiten gesuchten Kraft durch den Endpunkt (B) der gegebenen Kraft gezeichnet. Man erhält einen Kräftezug der Zerlegungskomponenten, der im Anfangspunkt der zu zerlegenden Kraft beginnt und an deren Pfeilspitze endet.

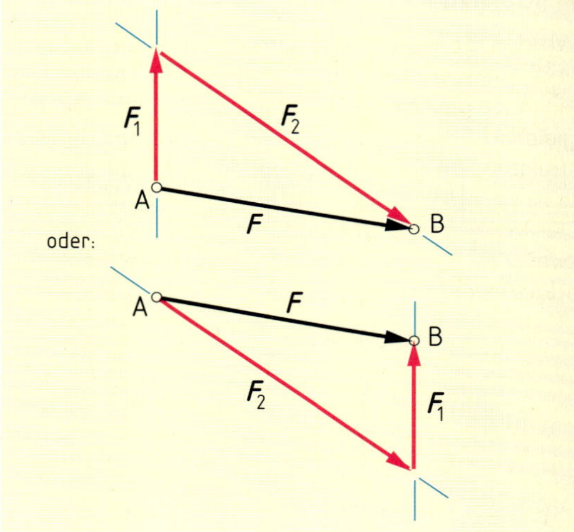

Kräftezugverfahren **2.1.2–13**

2.1.3 Das Moment

Wirken zwei gleich große, aber gegensinnige parallele Kräfte mit dem Wirkabstand l auf einen Körper, wird dadurch ein **Moment** M erzeugt. Man bezeichnet beide Kräfte als **Kräftepaar** und kann sie durch zwei kurze parallele Schrägstriche kennzeichnen. Der **Wirkabstand** l eines Kräftepaares ist der **senkrechte Abstand** der parallelen Wirklinien beider Kräfte.

Wirkt ein Kräftepaar auf einen Körper, der **frei beweglich** (Scheibe, Kreisel) oder **zentral gelagert** ist (Fahrradlenker, Lenkrad, Handrad, Drehgriff), so wird dieser auf der Stelle gedreht. Die **Drehwirkung** eines Kräftepaares wird in diesen Fällen als **Drehmoment** M_d bezeichnet.

Im Gegensatz zu einem Moment mit Drehwirkung (→ **Drehmoment** M_d) nennt man ein Moment, das Biegung verursacht, **Biegemoment** M_b. Ein Mo-

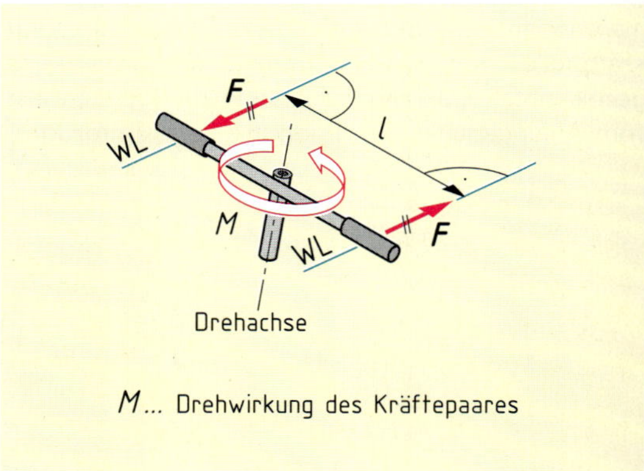

Fahrradlenker beim Lenkvorgang **2.1.3–1**

ment, das Verdrehung (Torsion) bewirkt, wird mit **Torsionsmoment M_t** bezeichnet.

Mögliche Wirkung eines Kräftepaares	Bezeichnung des Momentes
allgemein	Moment M
Drehwirkung	Drehmoment M_d
Biegewirkung	Biegemoment M_b
Verdrehwirkung (Torsion)	Torsionsmoment M_t

In vielen Fällen sieht es auf den ersten Blick so aus, dass ein Drehmoment M_d nur durch **eine** Kraft, die mit senkrechtem Wirkabstand l zur Drehachse wirkt, erzeugt wird. In allen diesen Fällen bildet jedoch die **Reaktionskraft** die für das Kräftepaar notwendige zweite Kraft. Typische Beispiele, in denen das Kräftepaar durch eine Aktionskraft **und** die dazugehörige Reaktionskraft gebildet wird, sind

- Anziehen einer Schraube
- Drehen einer Handkurbel
- Treten eines Pedales
- Rollen eines Rades oder einer Walze
- Zahnradtrieb u.v.a.

Unabhängig davon, welche Art von Moment vorliegt, hängt die **Größe eines Momentes** von der Größe der Kraft F des Kräftepaares und von der Größe des Wirkabstandes l ab.

$$M = F \cdot l \qquad (F \perp l)$$

Einheit: $[M] = \mathrm{Nm}$

Der **Drehsinn eines Momentes** wird durch das Vorzeichen angegeben.

+ (positives Moment) = Linksdrehsinn ↶
– (negatives Moment) = Rechtsdrehsinn ↷

Da ein Moment immer eine ganz bestimmte **Lage** hat (Lage der Drehachse/Biegeachse/Torsionsachse), zudem einen **Richtungssinn** aufweist und durch einen bestimmten **Betrag** gekennzeichnet ist, kann man erkennen, dass auch Momente zu den **Vektoren** zählen.

Hinweis:

Die Vorzeichenregelung von Momenten mit + und – ergibt sich aus der Definition von Momenten im rechtwinkligen Koordinatenbezugssystem (siehe Abschnitt 2.1.4).

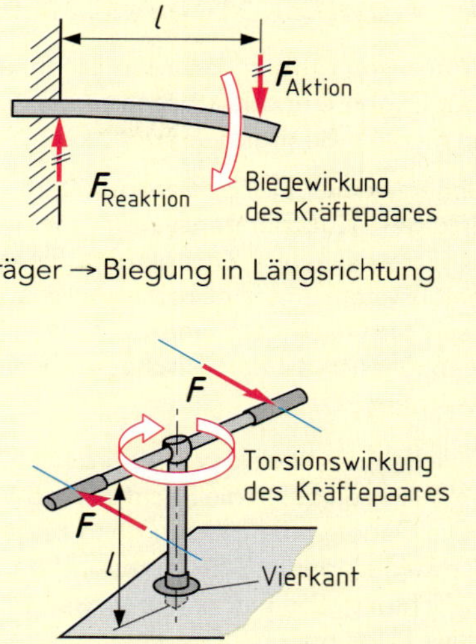

Biegeträger und Torsionsstab 2.1.3–2

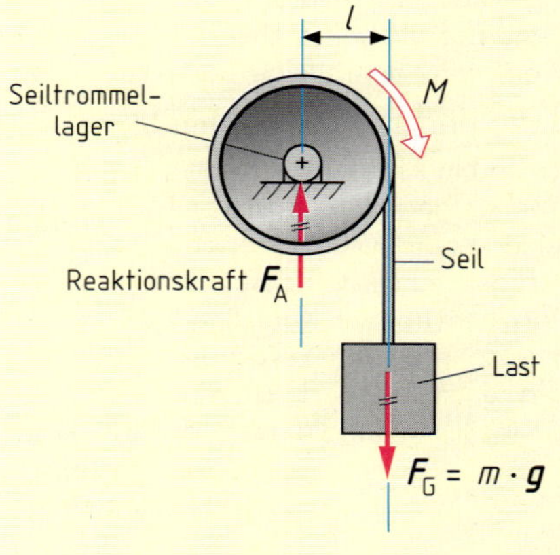

Das auf die gerade stillstehende Seiltrommel wirkende Drehmoment wird nicht, wie vielfach angenommen, nur durch die Gewichtskraft F_G der Masse m erzeugt. Die neben der Gewichtskraft F_G erforderliche zweite Kraft des Kräftepaares ist die Reaktionskraft F_A der Seiltrommellagerung.

Kräftepaar an stillstehender Seiltrommel 2.1.3–3

Definition des Momentes

Als Moment bezeichnet man die **Wirkung eines Kräftepaares**. Ein Moment ist eine **richtungsgebundene Größe**, zu deren vollständiger Beschreibung die Angabe

- der **Größe** (der Betrag $|M|$ bzw. M),
- der **Lage** (im Bezugsystem) und
- der **Richtung** (↶ oder ↷) notwendig ist.

2.1.4 Koordinatensysteme

Um die Lage von Kräften und Momenten, aber auch um Bewegungen eindeutig beschreiben zu können, benötigt man ein **Bezugssystem.**

Als allgemein verständliches Bezugssystem wurde ein **rechtwinkliges Koordinatensystem** mit den Achsbezeichnungen **X, Y** und **Z** eingeführt. Ein räumliches Koordinatensystem mit drei rechtwinklig angeordneten Achsen wird nach dem Franzosen René Descartes (1596 – 1650) auch als **kartesisches Koordinatensystem** bezeichnet.

Bei räumlichen, rechtwinkligen Koordinatensystemen werden die Achsen durch die **Rechte-Hand-Regel** festgelegt. Der Daumen der rechten Hand zeigt in X-Richtung, der Zeigefinger in Y-Richtung und der Mittelfinger in Z-Richtung. Die Fingerspitzen weisen jeweils in die positive Richtung.

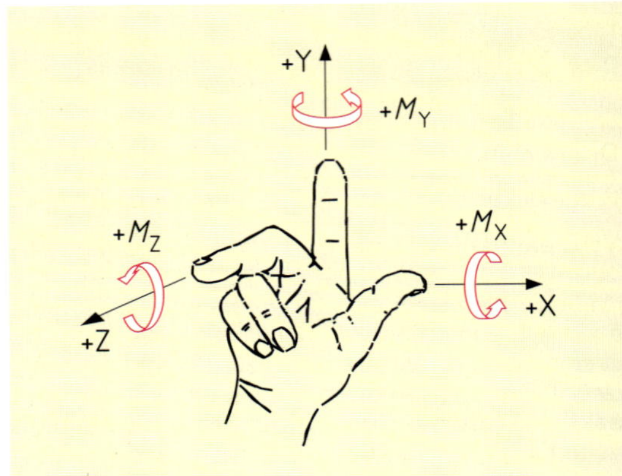

Rechtshändiges, rechtwinkliges Koordinatensystem 2.1.4–1

Momente in Richtung der jeweiligen Koordinatenachsen werden mit M_X M_Y und M_Z bezeichnet. **Vom Koordinatenursprung aus rechtsdrehende Momente sind positiv**. Linksdrehende Momente erhalten demzufolge ein negatives Vorzeichen.

Betrachtet man ein kartesisches Koordinatensystem entgegen der positiven Richtung einer Koordinatenachse, so reduziert sich das räumliche Koordinatensystem zu einem **ebenen Koordinatensystem.** Das ebene **X-Y-Koordinatensystem** entsteht so durch die Projektion in Richtung auf die positive Z-Achse.

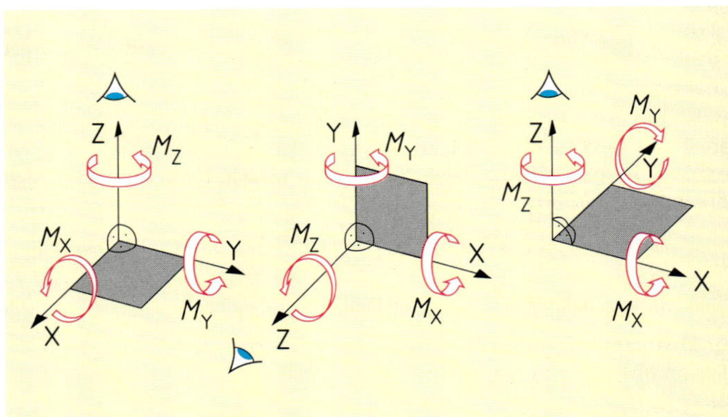

Verschiedene Lagen des kartesischen Koordinatensystems in technischen Darstellungen (◁ ... Blickrichtung entgegen der positiven Z-Achse auf die X-Y-Ebene) 2.1.4–2

Momente im X-Y-Koordinatensystem sind der Art nach **Momente bezüglich der Z-Achse.** Aus diesem Grund werden **linksdrehende Momente** im ebenen Koordinatensystem mit **positivem Vorzeichen** definiert.

Auch **Winkelangaben** erfolgen im X-Y-Koordinatensystem, ausgehend von der positiven X-Achse, **mit Linksdrehsinn** für **positive Winkel.**

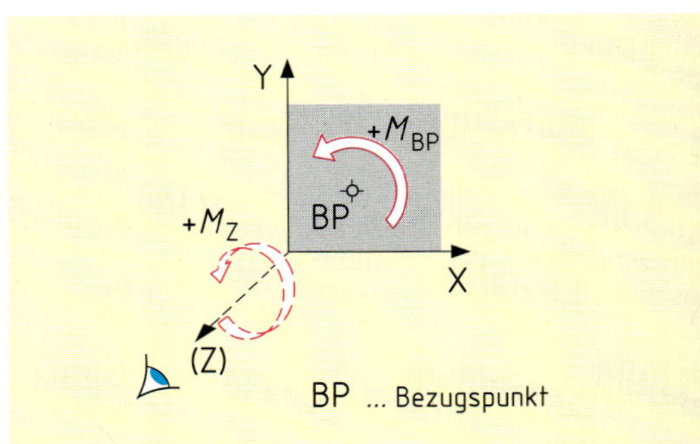

Positives Moment im X-Y-Koordinatensystem 2.1.4–3

Durch die Einführung eines Koordinatensystems kann die **Lage** von Kräften und von Bewegungen im Raum oder in einer Ebene eindeutig beschrieben werden. Eine schräg im Raum liegende Kraft lässt sich **zeichnerisch und rechnerisch in ihre Komponenten** in Richtung der Koordinatenachsen zerlegen.

Kraftzerlegung im ebenen Koordinatensystem

Beispiel:

Im X-Y-Koordinatensystem wirkt eine Kraft $\boldsymbol{F}_1$ unter dem Winkel α_1. Durch Spiegelung der Kraft $\boldsymbol{F}_1$ an der Y-Achse erhält man die Kraft $\boldsymbol{F}_2$. Wird die Kraft $\boldsymbol{F}_2$ an der X-Achse gespiegelt, ergibt sich die Kraft $\boldsymbol{F}_3$. Durch nochmalige Spiegelung von $\boldsymbol{F}_3$ an der Y-Achse erhält man die Kraft $\boldsymbol{F}_4$.

Die Komponenten der Kräfte $\boldsymbol{F}_1$ bis $\boldsymbol{F}_4$ in Richtung der Koordinatenachsen können **zeichnerisch** durch Ausführung der Parallelogrammkonstruktion ermittelt werden.

Wird der Winkel α_n, ausgehend von der positiven X-Achse, entgegen dem Uhrzeigerdrehsinn gemessen, erhält man **rechnerisch** mithilfe der **Zerlegungsgleichungen vorzeichenrichtig** die Kraftkomponenten F_{nx} und F_{ny}.

$$F_{nx} = F_n \cdot \cos\alpha_n$$

$$F_{ny} = F_n \cdot \sin\alpha_n$$

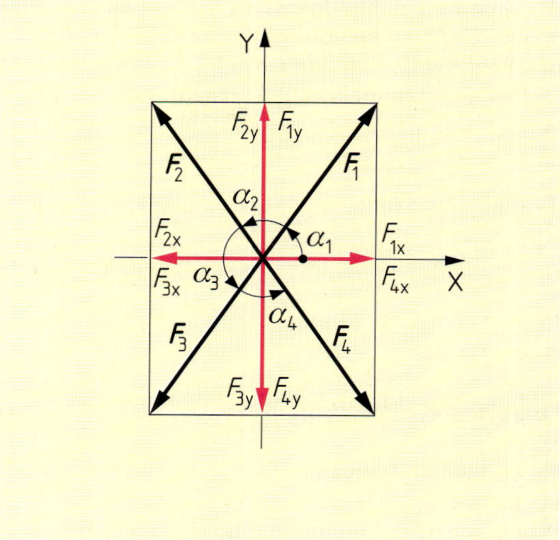

Zeichnerische Kraftzerlegung mit der Parallelogrammkonstruktion **2.1.4–4**

Gegebene Daten:

$F_1 = F_2 = F_3 = F_4 = 300$ N

$\alpha_1 = 55°$

$\alpha_2 = 180° - 55° = 125°$

$\alpha_3 = 180° + 55° = 235°$

$\alpha_4 = 360° - 55° = 305°$

Rechnerisch ermittelte Kraftkomponenten:

n	F_{nx}	F_{ny}
1	172,07 N	245,75 N
2	-172,07 N	245,75 N
3	-172,07 N	-245,75 N
4	172,07 N	-245,75 N

2.1.5 Kräftesysteme

Unter einem Kräftesystem versteht man beliebig viele Kräfte, die gleichzeitig an einem Bauteil wirken.

Zentrales Kräftesystem

Schneiden sich die Wirklinien aller Kräfte in einem gemeinsamen Punkt, dem Zentralpunkt **Z**, so liegt ein **zentrales Kräftesystem** vor.

Nach dem **Längsverschiebungssatz** kann man alle Kräfte des Systems auf ihren Wirklinien in diesen Zentralpunkt verschieben.

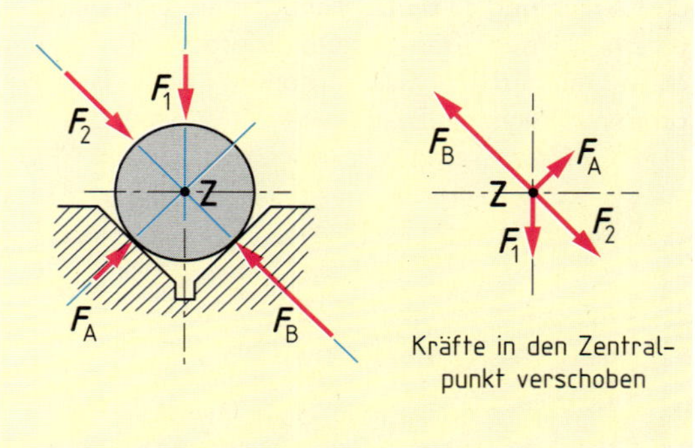

Rundmaterial in 90°-Prisma **2.1.5–1**

Allgemeines Kräftesystem

Ein **allgemeines Kräftesystem** besteht aus Kräften, deren Wirklinien **keinen** Schnittpunkt bilden, da nur **parallele Kräfte** vorkommen oder die Wirklinien der Kräfte **keinen gemeinsamen** Schnittpunkt besitzen.

F_Z	Zahnkraft
F_R	Riemenkraft
F_A, F_B	Lagerkräfte

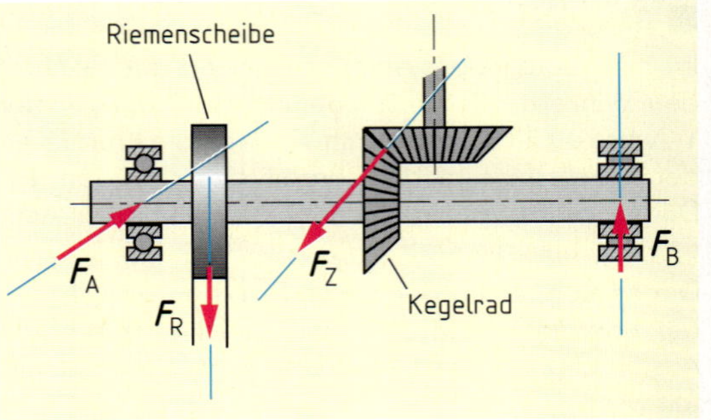

Getriebewelle **2.1.5–2**

Ebenes Kräftesystem

Ein **ebenes Kräftesystem** liegt vor, wenn man die auf ein Bauteil oder technisches System wirkenden Kräfte aus einer Richtung betrachtet und in dieser Projektion darstellt. Als Basis der Beschreibung führt man im Allgemeinen das **rechtwinklige Koordinatensystem** mit X- und Y-Achse ein.

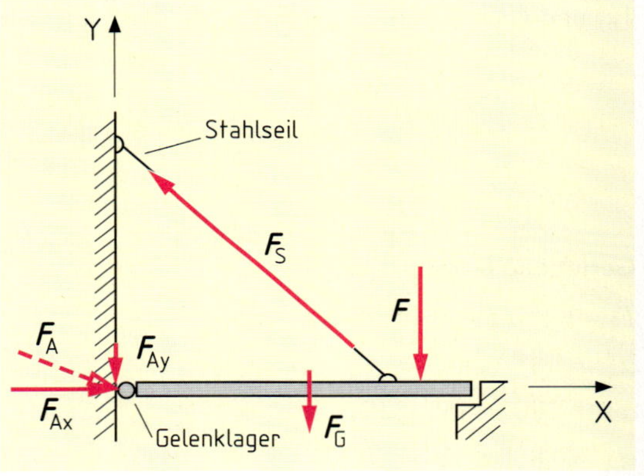

Zugbrücke **2.1.5–3**

Räumliches Kräftesystem

Für viele grundlegende Anwendungen der Statik ist das ebene Kräftesystem vollkommen ausreichend. Muss zur Lösung einer Statikaufgabe das **räumliche Kräftesystem** verwendet werden, wird es notwendig, die Wirkung der Kräfte und Momente in X-, Y- und Z-Richtung zu berücksichtigen. Im Gegensatz zu einem ebenen Kräftesystem erfordert die Lösung eines räumlichen Kräfteproblems deshalb einen größeren Rechenaufwand.

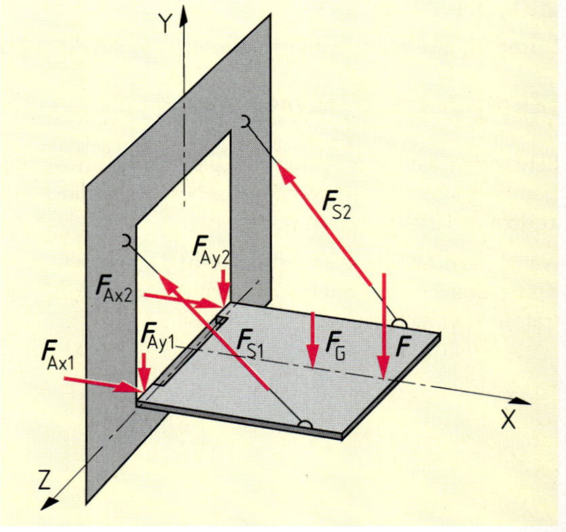

Zugbrücke **2.1.5–4**

2.1.6 Gleichgewichtsbedingungen

Gleichgewicht im ebenen Kräftesystem

Ein Körper befindet sich im Zustand der Ruhe oder der gleichförmigen Bewegung (v = konstant), wenn sich alle auf den Körper wirkenden Kräfte gegenseitig aufheben (→ **Gleichgewichtssatz**). Da Momente als die Wirkung von Kräftepaaren aufzufassen sind, gilt dies demzufolge auch für Momente.

Ein Körper ist im Gleichgewicht, wenn sich alle auf ihn wirkenden Kräfte und Momente gegenseitig aufheben.

$\Sigma F = 0$ $\qquad$ $\Sigma M = 0$

Werden alle Kräfte, die an einem Körper angreifen, **in ihre Komponenten in X- und Y-Richtung zerlegt und durch diese ersetzt**, so können in einem ebenen Kräftesystem folgende Gleichgewichtsbedingungen aufgestellt werden:

Ein Körper ist im Gleichgewicht, wenn

- **die Summe aller Kräfte in Richtung der X-Achse gleich Null ist,**
- **die Summe aller Kräfte in Richtung der Y-Achse gleich Null ist**
- **und die Summe aller Momente bezüglich eines Bezugspunktes BP gleich Null ist.**

Die Gleichgewichtsbedingungen lauten in Kurzform:

$\Sigma F_X = 0$ $\qquad$ $\Sigma F_Y = 0$ $\qquad$ $\Sigma M_{BP} = 0$

$(\Sigma M_Z = 0)$

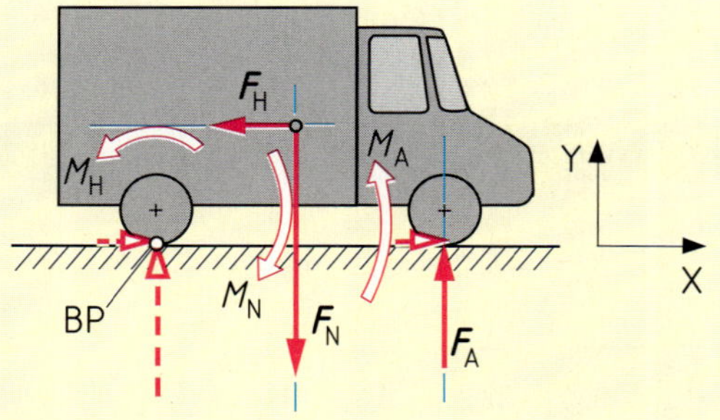

$\Sigma M_{BP} = 0$: $\quad M_H + M_A - M_N = 0$

F_B, $F_{B,Br}$ und $F_{A,Br}$ haben keine Momentenwirkung bzgl. BP, da sie keinen Wirkabstand zu ihm haben.

Momentengleichgewicht bzgl. BP **2.1.6–4**

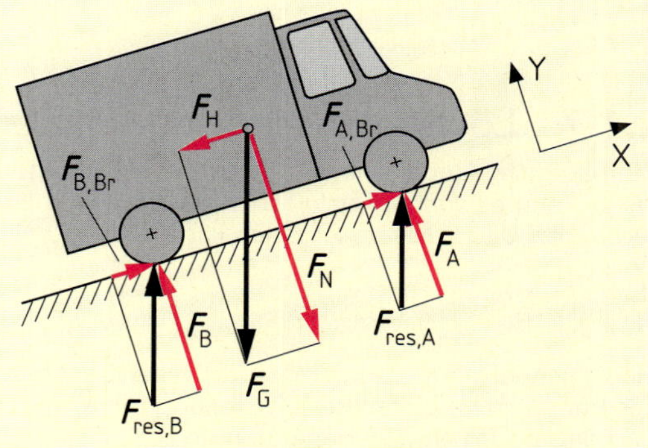

Lkw steht gebremst auf schiefer Ebene **2.1.6–1**

Lkw um den Steigungswinkel der schiefen Ebene gedreht dargestellt.

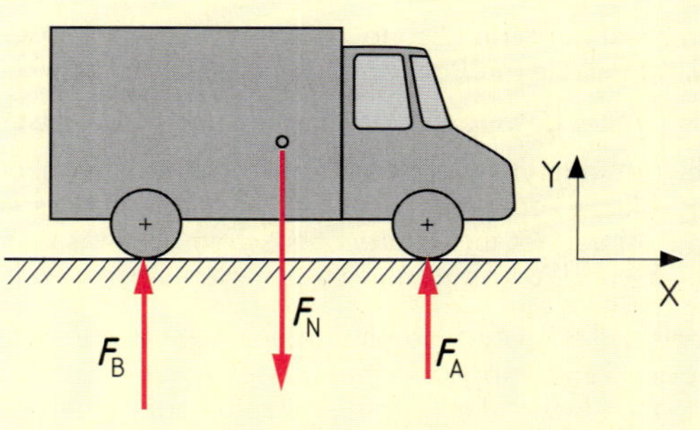

$\Sigma F_y = 0$: $\quad F_A + F_B - F_N = 0$

Kräftegleichgewicht in Y-Richtung **2.1.6–2**

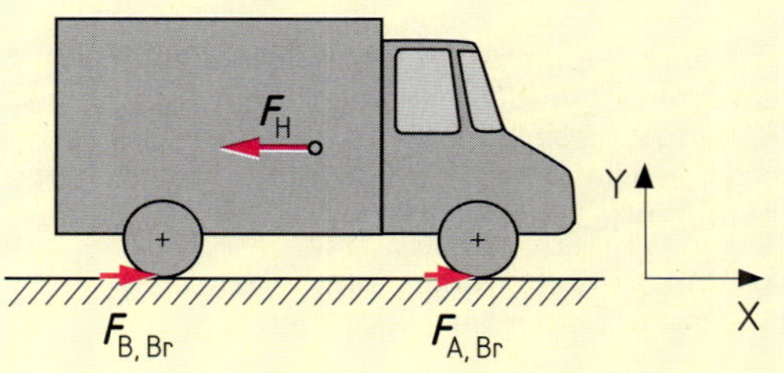

$\Sigma F_x = 0$: $\quad F_{A,Br} + F_{B,Br} - F_H = 0$

Kräftegleichgewicht in X-Richtung **2.1.6–3**

Gleichgewicht im räumlichen Kräftesystem

Für ein räumliches Kräftesystem lauten die Gleichgewichtsbedingungen in Komponentenschreibweise:

$$\Sigma F_X = 0 \qquad \Sigma M_X = 0$$
$$\Sigma F_Y = 0 \qquad \Sigma M_Y = 0$$
$$\Sigma F_Z = 0 \qquad \Sigma M_Z = 0$$

2.1.7 Lösungsmethoden für Statikaufgaben

Die häufigste Aufgabe in der Statik besteht darin, unbekannte Kräfte bestimmen zu müssen. In besonderen Fällen kann es auch erforderlich sein, die Gesamtwirkung mehrerer Kräfte durch die Resultierende F_{res} auszudrücken. Jede dieser Aufgaben kann in der Statik sowohl **zeichnerisch** als auch **rechnerisch** gelöst werden.

Zeichnerische Lösung

Eine zeichnerische Lösung erfordert als ersten Lösungsschritt einen maßstäblich gezeichneten **Lageplan**, der das Bauteil in vereinfachter Darstellung mit allen lagerichtigen Kräften darstellt. Alle eingezeichneten Kräfte sind dabei sorgfältig zu benennen.

Als zweiter Lösungsschritt ist mithilfe eines **Kräfteplanes**, der alle Kräfte maßstabs- und lagerichtig enthält, die Aufgabe zu lösen. Hierbei wird der Kräfteplan durch Parallelverschiebung der Wirklinien aus dem Lageplan in den Kräfteplan entwickelt. Lage- und Kräfteplan sollten immer getrennt und möglichst auf einem Blatt gezeichnet werden.

Zeichnerische Lösungen sind in vielen Fällen der Statik anschaulicher und übersichtlicher als die rechnerische und gestatten, Fehler leichter zu erkennen. Zu Übungszwecken ist es sinnvoll, beide Lösungsverfahren anzuwenden, wobei das eine Verfahren zur Kontrolle des anderen Verfahrens dienen kann.

Rechnerische Lösung

Eine rechnerische Lösung erfordert als ersten Lösungsschritt eine unmaßstäbliche **Lageskizze**, die alle Kräfte als Kraftpfeile mit Benennung und alle ihre Lage kennzeichnenden Längen- und Winkelmaße enthalten muss.

Als zweiter Lösungsschritt ist mit einem **rechnerischen Ansatz** die Aufgabe zu lösen.

Bei der **analytischen Methode** unterlegt man der Lageskizze ein rechtwinkliges Koordinatensystem und verwendet für den rechnerischen Lösungsansatz die X- und Y-Komponenten der beteiligten Kräfte.

Bei der **trigonometrischen Methode** werden unmaßstäblich dargestellte Kraftecke mithilfe trigonometrischer Funktionen ausgewertet.

Rechnerische Lösungen liefern sehr genaue Ergebnisse, bergen für den Statikanfänger in der Durchführung jedoch Fehlermöglichkeiten. In vielen Fällen ist eine sehr genaue Lösung nicht unbedingt erforderlich, insbesondere wenn die Belastungskräfte auf Annahmen mit großer Unsicherheit beruhen oder wenn bei der Dimensionierung von Bauteilen mit ausreichend großen Sicherheiten gerechnet wird.

2.1.8 Übungen

Lehrbeispiel 1: Einseitig angehobener Lastkraftwagen

Für eine Reparatur an der Hinterachse muss der Lastkraftwagen durch eine Hubkraft F_7 (siehe Einführungsbeispiel) hinten angehoben werden, so dass die Hinterräder gerade den Boden nicht mehr berühren.

a) Welche Kräfte wirken auf den einseitig angehobenen Lastkraftwagen?

b) Welches Kräftesystem liegt vor?

c) Wie groß sind die Stützkräfte F_A und F_7 in Abhängigkeit von Maß a und der Gewichtskraft F_G?

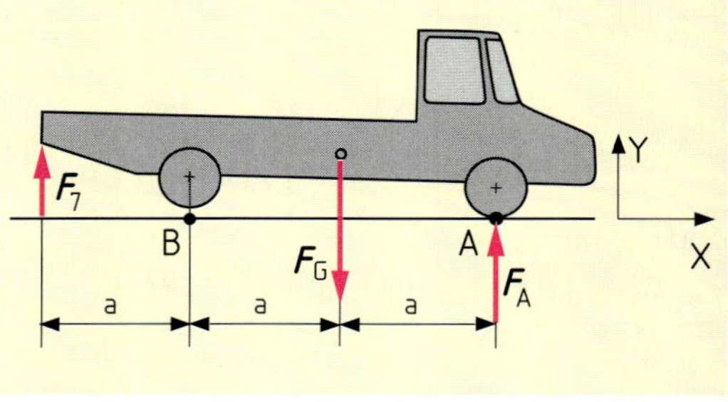

Einseitig angehobener Lkw 2.1.8–1

Lösung:

a) F_A und F_7 sind für den Lastkraftwagen Stützkräfte und stellen somit Reaktionskräfte dar. F_G ist die Aktionskraft. Die Radstützkraft F_B der Hinterräder ist null, da die Hinterräder durch das Anheben gerade entlastet sind.

b) In der Seitenansicht wird das vorliegende räumliche Kräftesystem in ein **ebenes Kräftesystem** vereinfacht. Der Seitenansicht des Lastkraftwagens kann deshalb ein X-Y-Koordinatensystem unterlegt werden. Weil die Wirklinien der Kräfte keinen Schnittpunkt haben (nur parallele Kräfte), handelt es sich um ein **allgemeines Kräftesystem**.

c) Bezüglich des Vorderradaufstandspunktes A haben F_G und F_7 jeweils eine **Momentenwirkung**:

$F_G \rightarrow \overset{\frown}{M_G} = F_G \cdot a$

$F_7 \rightarrow \overset{\frown}{M_7} = F_7 \cdot 3a$

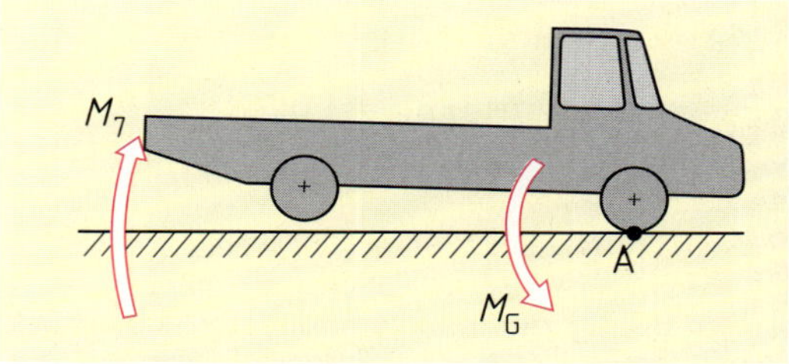

Momentenwirkung um den Bezugspunkt A **2.1.8–2**

Für den Gleichgewichtszustand gilt:

- Summe aller Momente um den Bezugspunkt A ist gleich null.

$$\Sigma M_A = 0$$
$$+M_G - M_7 = 0$$
$$\underline{M_G = M_7}$$
$$F_G \cdot a = F_7 \cdot 3a$$
$$F_7 = F_G \cdot \frac{a}{3a}$$
$$\underline{\underline{F_7 = \frac{1}{3} F_G}}$$

d. h. das linksdrehende Moment ist so groß wie das rechtsdrehende Moment.

- Summe aller Kräfte in Y-Richtung ist gleich null.

$$\Sigma F_Y = 0$$
$$F_7 + F_A - F_G = 0$$
$$F_A = F_G - F_7$$

d. h. F_A ist so groß wie die Differenz von F_G und F_7.

$$F_A = F_G - \frac{1}{3} F_G$$
$$\underline{\underline{F_A = \frac{2}{3} F_G}}$$

Lehrbeispiel 2: Kraftzerlegung

Eine Kraft $F = 250\,\text{N}$ soll in ihre Komponenten F_x und F_y zerlegt werden. Die Wirklinien von F und F_x schließen einen Winkel von $\alpha = 120°$ ein.

Zeichnerische Lösung:

1. Gegebene Kraft maßstäblich in das Koordinatensystem einzeichnen (Lageplan).
   Kräftemaßstab:
   $KM = F/L = 250\,\text{N}/5\,\text{cm}$ (gewählt) $= 50\,\text{N/cm}$
   d. h. $1\,\text{cm} \triangleq 50\,\text{N}$
2. Gegebene Wirklinien der gesuchten Kräfte parallel durch die Pfeilspitze von Kraft F verschieben.
3. Kraftpfeile F_x und F_y einzeichnen und benennen.
4. Länge der Kraftpfeile F_x und F_y abmessen und den Betrag der Kräfte ermitteln:
   $F_x = L_x \cdot KM \cong 2{,}5\,\text{cm} \cdot 50\,\text{N/cm} = 125\,\text{N}$
   $F_y = L_y \cdot KM \cong 4{,}3\,\text{cm} \cdot 50\,\text{N/cm} = 215\,\text{N}$
5. Ergebnis:
   $F_x = -125\,\text{N}$ (negative X-Richtung)
   $\underline{\underline{F_y = 215\,\text{N}}}$

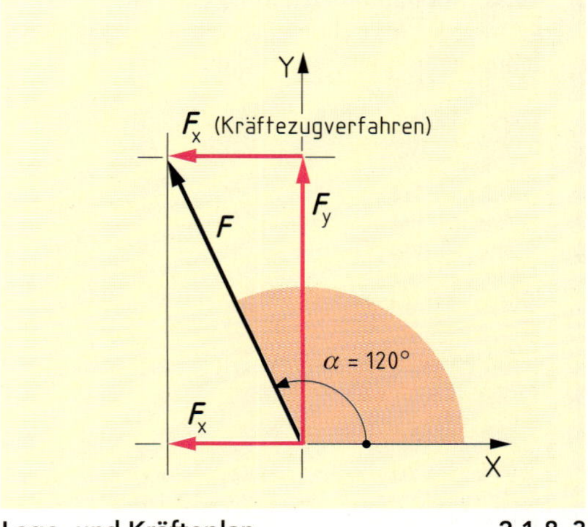

Lage- und Kräfteplan **2.1.8–3**

Trigonometrische Lösung:

1. Unmaßstäbliche Lageskizze der gegebenen Kraft zeichnen.
2. Kraftzerlegung wie bei der zeichnerischen Lösung durchführen.
3. Richtungswinkel der Kraft eintragen.
4. Mit den Zerlegungsgleichungen von Seite 27 vorzeichenrichtig die Größe der gesuchten Kraftkomponenten berechnen:

$F_x = F \cdot \cos\alpha$

$\underline{\underline{F_x}} = 250\,\text{N} \cdot \cos 120° \quad \underline{\underline{= -125\,\text{N}}}$

$F_y = F \cdot \sin\alpha$

$\underline{\underline{F_y}} = 250\,\text{N} \cdot \sin 120° \quad \underline{\underline{= 216{,}5\,\text{N}}}$

Der Betrag der Kraftkomponenten kann auch mit dem Winkel $\beta = 30°$ aufgestellt werden:

$\underline{\underline{F_x}} = F \cdot \sin 30° \underline{\underline{= 125\ \text{N}}}$

$\underline{\underline{F_y}} = F \cdot \cos 30° \underline{\underline{= 216{,}5\,\text{N}}}$

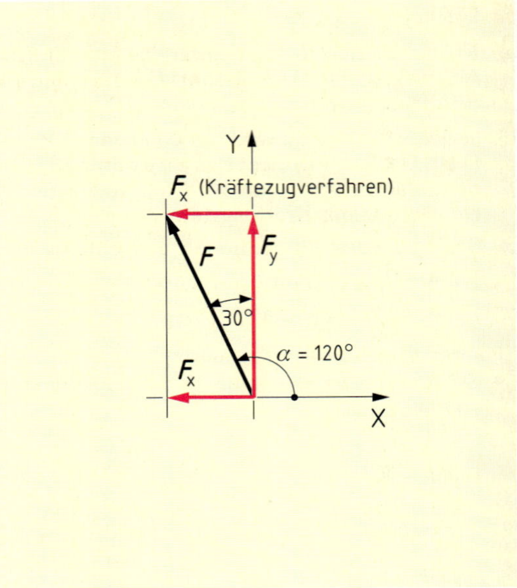

Lage- und Kräfteskizze **2.1.8–4**

Lage und Richtung der Zerlegungskomponenten sind in diesem Fall in der Lage- und Kräfteskizze zu erkennen.

Aufgabe 1

Die Gewichtskraft F_G des Fahrzeuges mit der Masse $m = 12\,\text{t}$ auf der schiefen Ebene mit dem Steigungswinkel $\alpha = 4°$ soll in die Hangabtriebskomponente F_H und die Normalkraftkomponente F_N zerlegt werden.

a) Die Komponenten F_H und F_N sind mit der zeichnerischen Lösungsmethode zu bestimmen.

b) Die Komponenten F_H und F_N sind mit der trigonometrischen Lösungsmethode zu ermitteln.

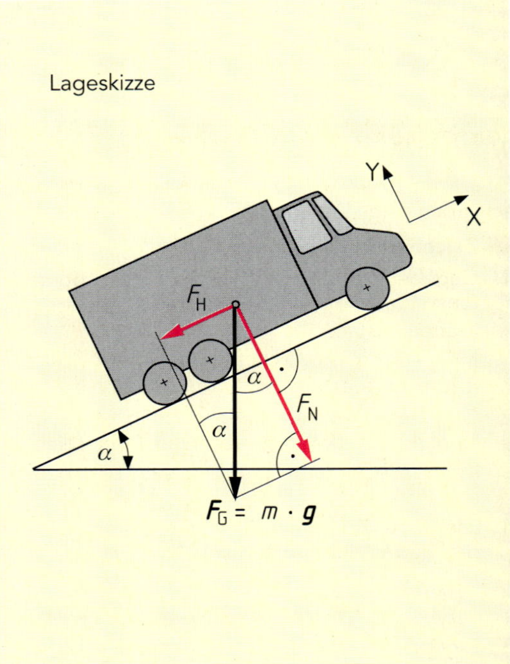

Zerlegung der Gewichtskraft F_G **2.1.8–5**

Aufgabe 2

Eine Seilwinde hat den Trommeldurchmesser d_T = 200 mm. Der Seildurchmesser beträgt d_S = 10 mm. Die Masse der Last ist m = 180 kg.

a) Welches Antriebsmoment $M_{d\,Antrieb}$ ist zum Anheben der Last erforderlich?

b) Wie groß ist die Lagerbelastung durch den Hubvorgang?

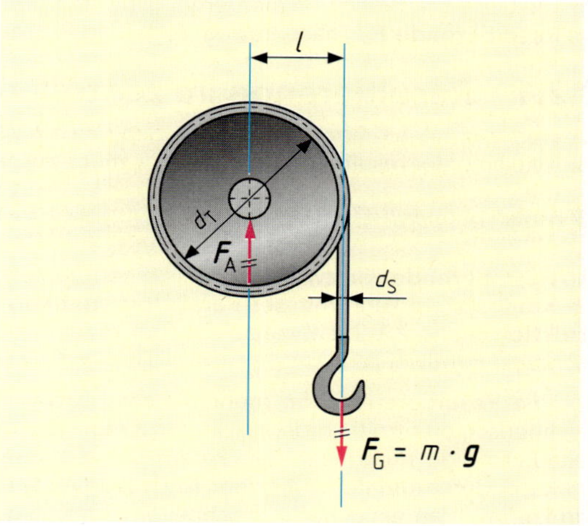

Seilwinde **2.1.8–6**

Aufgabe 3

Auf die Tretkurbel eines Fahrrads wirkt eine Fußkraft F = 100 N.

Wie groß sind die Drehmomente in den Kurbelstellungen 1 bis 5?

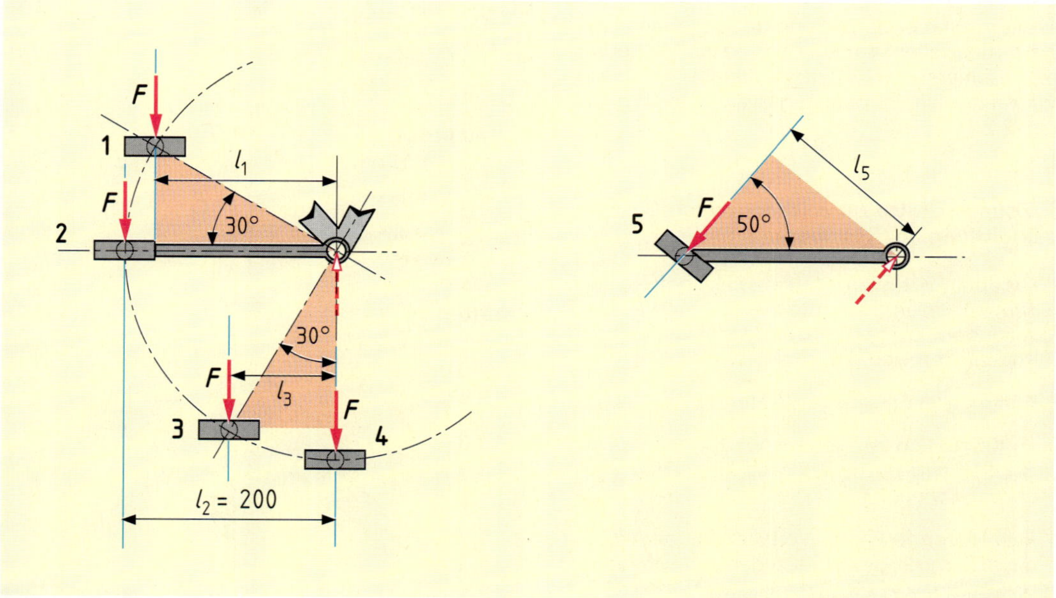

Pedalstellungen **2.1.8–7**

2.2 Ermittlung resultierender Kräfte

Um die Gesamtwirkung von mehreren, gleichzeitig wirkenden Kräften beurteilen zu können, ist es erforderlich, die **Resultierende** F_{res} nach Betrag, Lage und Richtung zu ermitteln.

2.2.1 Resultierende im zentralen ebenen Kräftesystem

In einem zentralen Kräftesystem schneiden sich die Wirklinien aller Kräfte in einem Punkt, dem Zentralpunkt Z. Die Wirklinie der resultierenden Kraft F_{res} muss deshalb auch durch diesen Zentralpunkt verlaufen.

Zeichnerische Ermittlung

Die **Resultierende** von **zwei Kräften** in einem zentralen Kräftesystem kann mit der **Parallelogrammkonstruktion**, siehe 2.1.2: Lehrsätze der Statik, zeichnerisch bestimmt werden.

Soll die **Resultierende von mehr als zwei Kräften** zeichnerisch ermittelt werden, ist es umständlich und zeitaufwendig, mehrmals die Parallelogrammkonstruktion durchzuführen. Mit dem **Kräftezugverfahren** kommt man einfacher und schneller zum Erfolg. Alle Kräfte werden dabei **im Kräfteplan vektoriell addiert**, indem die maßstäblich gezeichneten Kraftpfeile lagerichtig zu einem Kräftezug aneinander gereiht werden. (Abb. 2.2.1–2)

Die gesuchte Resultierende F_{res} ergibt sich nach Betrag und Richtungssinn als Verbindung vom Ausgangspunkt zum Endpunkt des Kräftezuges. Die Lage der Resultierenden ist durch den Zentralpunkt Z festgelegt.

Um die resultierende Wirkung der gegebenen Kräfte besser beurteilen zu können, ist es angebracht, ihre Resultierende F_{res} durch Parallelverschiebung vom Kräfteplan in den Lageplan zu verschieben. (Abb. 2.2.1–3)

Lösungsschritte zur zeichnerischen Ermittlung der Resultierenden:

1. **Lageplan** mit allen Kräften winkelgetreu zeichnen. Wirklinien der Kräfte bis zum Zentralpunkt Z verlängern, um sicherzustellen, dass ein zentrales Kräftesystem vorliegt.
2. Kräftemaßstab festlegen: KM = F/L.
3. Im **Kräfteplan** die gegebenen Kräfte in beliebiger Reihenfolge maßstäblich lagerichtig aneinander zeichnen.
4. **Resultierende** F_{res} als Verbindung von Anfangs- und Endpunkt des Kräftezuges einzeichnen und beschriften. Den Richtungssinn (Pfeilspitze) eintragen.
5. Betrag und Richtungswinkel der Resultierenden durch Abmessen ermitteln.
6. Resultierende F_{res} durch Parallelverschiebung in den Zentralpunkt Z des Lageplans verschieben.

Beispiel: Knotenblech

Auf das Knotenblech einer Stahlkonstruktion sind drei Druckstäbe und ein Zugstab (F_2) angeschweißt.

$F_1 = 20$ kN, $F_2 = 12$ kN, $F_3 = 20$ kN, $F_4 = 6$ kN.

Es ist zeichnerisch die resultierende Kraftwirkung F_{res} mit Betrag, Lage und Richtungssinn zu bestimmen.

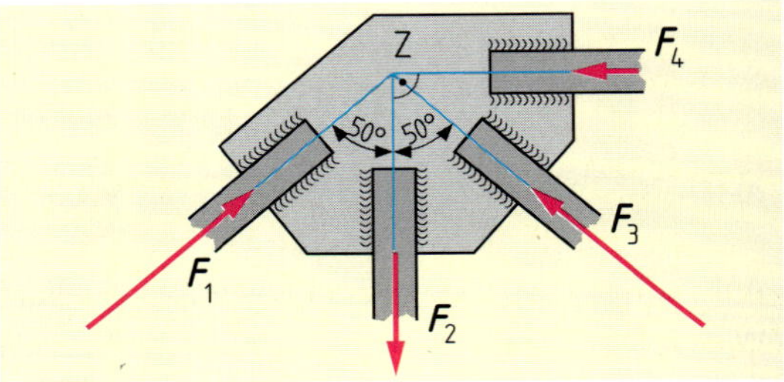

Lageplan 2.2.1–1

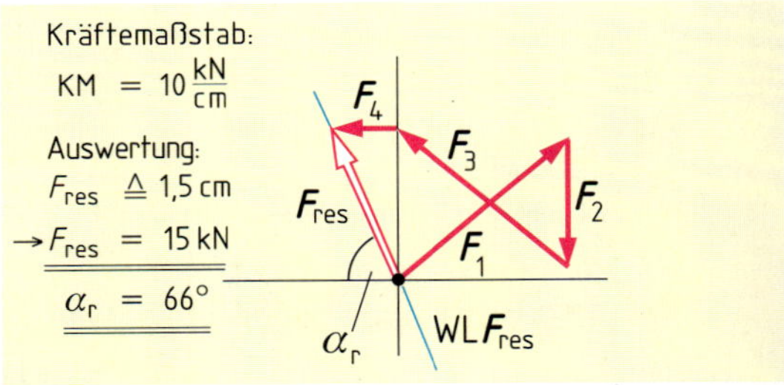

Kräfteplan 2.2.1–2

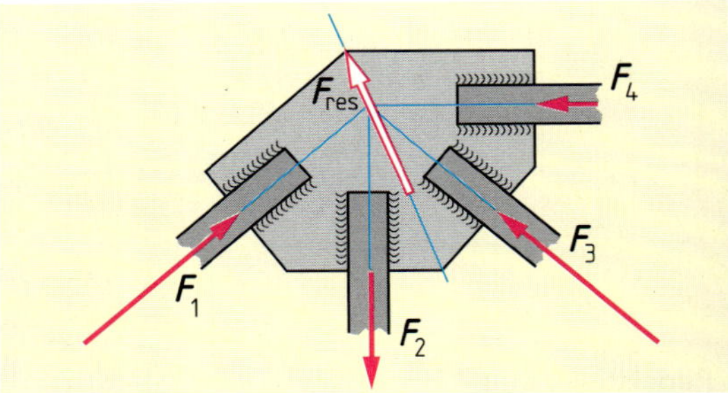

Lageplan mit F_{res} 2.2.1–3

Als Ergebnis erhält man eine Resultierende F_{res}, die unter ca. 66 Grad zur Waagerechten nach links oben wirkt. Der Betrag der Resultierenden beträgt ca. 15 kN.

Rechnerische Ermittlung

Trigonometrische Methode

Bilden **zwei** Kräfte ein zentrales Kräftesystem, können mithilfe **trigonometrischer Funktionen** die Größe und der Richtungswinkel der Resultierenden berechnet werden.

- **Kräfte F_1 und F_2 stehen senkrecht aufeinander.**

Wendet man den **Satz des Pythagoras** auf die Kräfteskizze an, erhält man den **Betrag** der Resultierenden:

$$F_{res} = \sqrt{F_1^2 + F_2^2}$$

Mithilfe der **Tangensfunktion** $\tan \alpha_r = F_2 / F_1$ erhält man den **Richtungswinkel** der Resultierenden:

$$\alpha_r = \arctan \frac{F_2}{F_1} \qquad \text{(bzgl. } F_1\text{)}$$

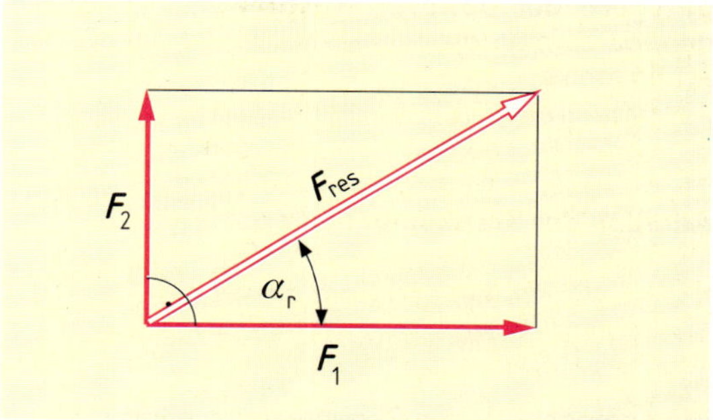

Kräfteskizze: F_2 senkrecht zu F_1 **2.2.1–4**

- **Kräfte F_1 und F_2 bilden einen beliebigen Winkel α miteinander.**

Der **Kosinussatz** für den Winkel β der Kräfteskizze liefert den **Betrag** der Resultierenden:

$$F_{res} = \sqrt{F_1^2 + F_2^2 - 2\ F_1\ F_2 \cos\beta} \qquad (1)$$

In der Kräfteskizze ist der Winkel β der Nebenwinkel von Winkel α. Mit $\beta = 180° - \alpha$ gilt:

$$\cos\beta = -\cos\alpha \qquad (2)$$

Mit (2) kann (1) umgeschrieben werden, sodass der **Betrag** der Resultierenden mit dem Winkel α berechnet werden kann:

$$F_{res} = \sqrt{F_1^2 + F_2^2 + 2\ F_1\ F_2 \cos\alpha}$$

Aus dem **Kosinussatz** für den Winkel α_r

$$F_2^2 = F_1^2 + F_{res}^2 - 2\ F_1\ F_{res} \cos\alpha_r$$

kann der **Richtungswinkel** der Resultierenden gefolgert werden:

$$\alpha_r = \arccos \frac{F_1^2 + F_{res}^2 - F_2^2}{2\ F_1\ F_{res}} \qquad \text{(bzgl. } F_1\text{)}$$

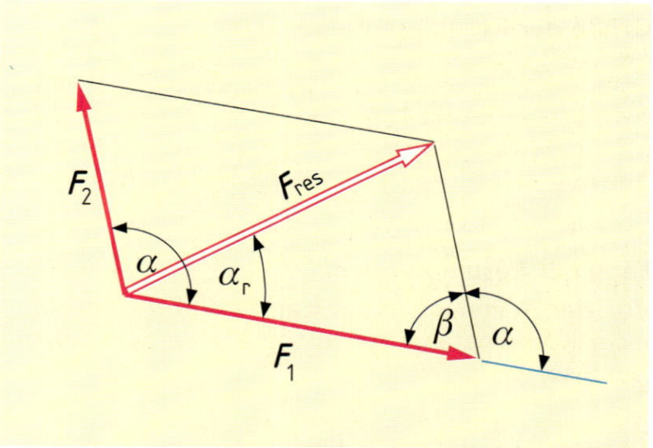

Kräfteskizze: F_2 unter Winkel α zu F_1 **2.2.1–5**

Analytische Methode

Unabhängig von der Anzahl der Kräfte kann zur Berechnung der Resultierenden in einem zentralen ebenen Kräftesystem die **analytische Methode** angewendet werden. Voraussetzung dafür ist, dass

1. alle gegebenen Kräfte auf ihren Wirklinien so längs verschoben werden, dass sie vom Zentralpunkt Z aus gerichtet sind, und
2. der Zentralpunkt Z im Ursprung des Bezugskoordinatensystems liegt.

Werden alle Kräfte in ihre X- und Y-Komponenten zerlegt, kann die **resultierende Kraftwirkung in X- und Y-Richtung** durch Addition der Kraftkomponenten festgestellt werden. Die Resultierende dieser beiden Komponenten F_{rx} und F_{ry} ist die gesuchte **Resultierende** F_{res}, deren Lage im Koordinatensystem noch berechnet werden muss. Besonders übersichtlich ist die Durchführung der Berechnung, wenn die gegebenen Daten und Zwischenergebnisse in **tabellarischer Form** dokumentiert werden.

Rechnerische Kraftzerlegung:

$$F_{nx} = F_n \cdot \cos\alpha_n$$
$$F_{ny} = F_n \cdot \sin\alpha_n$$

Dazu müssen die Richtungswinkel α_n der Kräfte **bezüglich der positiven X-Achse** verwendet werden, damit man die Kraftkomponenten vorzeichenrichtig erhält.

Addition der Kraftkomponenten:

$$F_{rx} = \Sigma F_{nx} = F_{1x} + F_{2x} + ... + F_{nx}$$
$$F_{ry} = \Sigma F_{ny} = F_{1y} + F_{2y} + ... + F_{ny}$$

Die Komponenten der Resultierenden erhält man mit den richtigen Vorzeichen.

Größe der Resultierenden:

$$F_{res} = \sqrt{F_{rx}^2 + F_{ry}^2}$$

Lage der Resultierenden:

Vor der Rechnung muss der Winkel α_r bezüglich einer Koordinatenachse festgelegt werden, z.B. zur X-Achse.

$$\alpha_r = \arctan \frac{|F_{ry}|}{|F_{rx}|} \quad \text{(zur X-Achse)}$$

■ **Beispiel: Knotenblech** (siehe Seite 34)

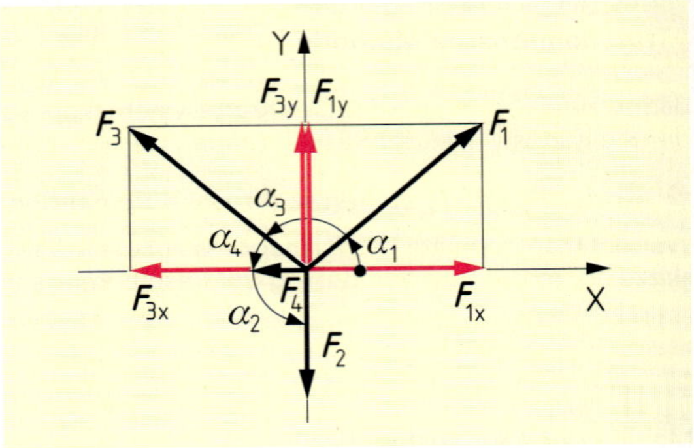

Lageskizze der längs verschobenen Kräfte mit zeichnerischer Kraftzerlegung **2.2.1–6**

n	F_n	α_n	F_{nx}	F_{ny}
1	20 kN	40°	15,321 kN	12,856 kN
2	12 kN	270°	0 kN	-12 kN
3	20 kN	140°	-15,321 kN	12,856 kN
4	6 kN	180°	-6 kN	0 kN
			F_{rx} = -6 kN	F_{ry} = 13,712 kN

Lösungstabelle

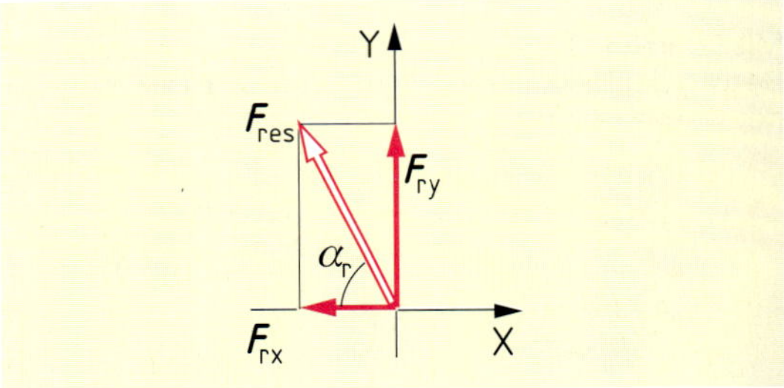

Lageskizze der Resultierenden zur Festlegung von α_r **2.2.1–7**

Ergebnis: F_{res} = 14,967 kN.
α_r = 66,367° (zur X-Achse)

■ **Lösungsschritte zur rechnerischen Ermittlung der Resultierenden:**

1. **Lageskizze** mit allen – in den Zentralpunkt längs verschobenen – Kräften unmaßstäblich in ein X-Y-Koordinatensystem zeichnen und beschriften.
2. Richtungswinkel der gegebenen Kräfte von der positiven X-Achse aus entgegen dem Uhrzeigerdrehsinn bestimmen.
3. Kräfte rechnerisch in ihre X- und Y-Komponenten zerlegen.
4. Komponenten F_{rx} und F_{ry} der Resultierenden durch Addition der X- und Y-Komponenten der gegebenen Kräfte bestimmen.
5. **Betrag** der Resultierenden F_{res} berechnen .
6. **Lage** der Resultierenden im Koordinatensysten mithilfe der F_{rx}- und F_{ry}-Komponenten klären. (Skizze)
7. **Richtungswinkel** α_r berechnen.

2.2.2 Resultierende im allgemeinen ebenen Kräftesystem

Ein allgemeines ebenes Kräftesystem ist dadurch gekennzeichnet, dass es **keinen** oder **keinen gemeinsamen** Schnittpunkt der Wirklinien der gegebenen Kräfte gibt. Aus diesem Grunde ist bei einem allgemeinen ebenen Kräftesystem – im Gegensatz zum zentralen Kräftesystem – von vornherein **kein geometrischer Ort für die Lage der Resultierenden F_{res}** vorhanden.

Rechnerische Ermittlung

Die Berechnung des **Betrages** und des **Richtungswinkels der Resultierenden F_{res}** erfolgt wie bei der rechnerischen Ermittlung der Resultierenden (analytische Methode) im zentralen Kräftesystem. Durch die rechnerische Addition der X- und Y-Komponenten aller Einzelkräfte erhält man die X- und Y-Komponenten F_{rx} und F_{ry} der Resultierenden F_{res}. Nach diesem Zwischenergebnis kann der **Betrag der Resultierenden F_{res}** mit dem Satz des Pythagoras und der **Richtungswinkel** α_r mithilfe der Tangensfunktion berechnet werden.

Kraftzerlegung:

$$F_{nx} = F_n \cdot \cos \alpha_n$$
$$F_{ny} = F_n \cdot \sin \alpha_n$$

Addition der Kraftkomponenten:

$$F_{rx} = \Sigma F_{nx} = F_{1x} + F_{2x} + ... + F_{nx}$$
$$F_{ry} = \Sigma F_{ny} = F_{1y} + F_{2y} + ... + F_{ny}$$

Betrag der Resultierenden:

$$F_{res} = \sqrt{F_{rx}^2 + F_{ry}^2}$$

Richtungswinkel der Resultierenden:

$$\alpha_r = \arctan \frac{|F_{ry}|}{|F_{rx}|} \qquad \text{(bzgl. X-Achse)}$$

Vor der Berechnung des Richtungswinkels α_r der Resultierenden muss anhand einer Kräfteskizze mit F_{rx}, F_{ry} und F_{res} der Richtungswinkel α_r der Resultierenden bezüglich einer Koordinatenachse (z.B. zur X-Achse) festgelegt werden, sodass α_r einen Wert zwischen 0° und 90° erhält.

Beispiel: Drehkran

An einem Drehkran wirken folgende Kräfte:

F_1 (Last),
F_2 (Gewichtskraft des Gegengewichts),
F_G (Krangewichtskraft).

Gesucht:

a) Betrag und Richtungswinkel der Resultierenden,
b) Lage der Resultierenden bezüglich dem Bezugspunkt BP.

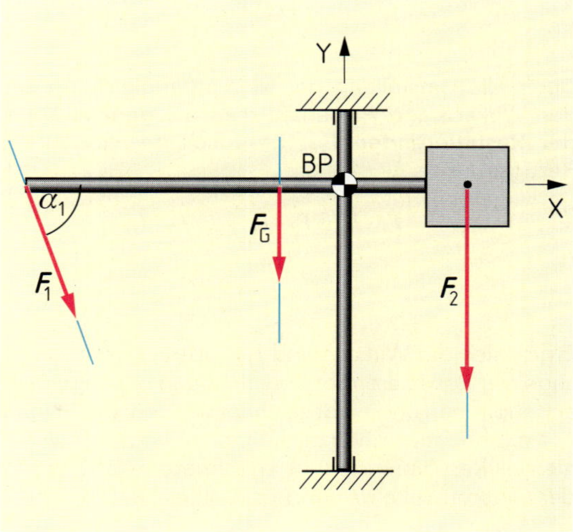

Lageskizze **2.2.2–1**

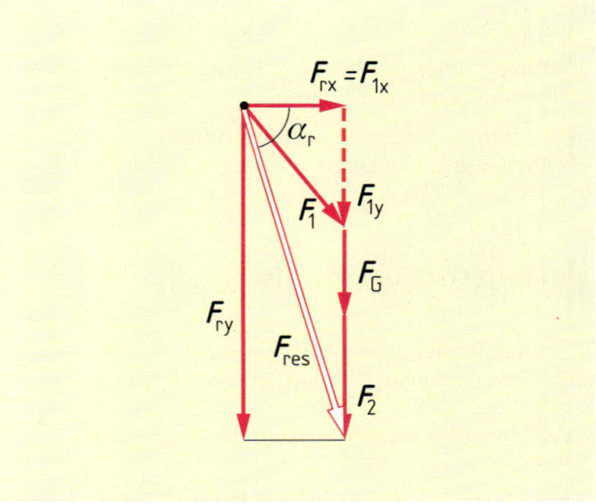

Kräfteskizze zur Festlegung von α_r **2.2.2–2**

Anschließend trägt man den Kraftpfeil der Resultierenden F_{res} mit der **geschätzten Lage** der Wirklinie in die Lageskizze ein. Die Resultierende F_{res} ersetzt gedanklich alle Einzelkräfte in ihrer Wirkung.

Die **genaue Lage** der Resultierenden F_{res} innerhalb des Kräftesystems kann nun durch die Überlegung ermittelt werden, dass die Resultierende F_{res} in Bezug auf einen frei wählbaren **Bezugspunkt** BP die gleiche **Momentenwirkung** wie das System der Einzelkräfte haben muss. Dies wird mit dem **Momentensatz** beschrieben.

Momentensatz:

Bezüglich eines gewählten Bezugspunktes ist das Moment der Resultierenden F_{res} gleich der Summe der Momente der Einzelkräfte.

$$M_{res} = \Sigma M_n = M_1 + M_2 + ... + M_n$$

$$F_{res}\, l_{res} = F_1\, l_1 + F_2\, l_2 + ... + F_n\, l_n$$

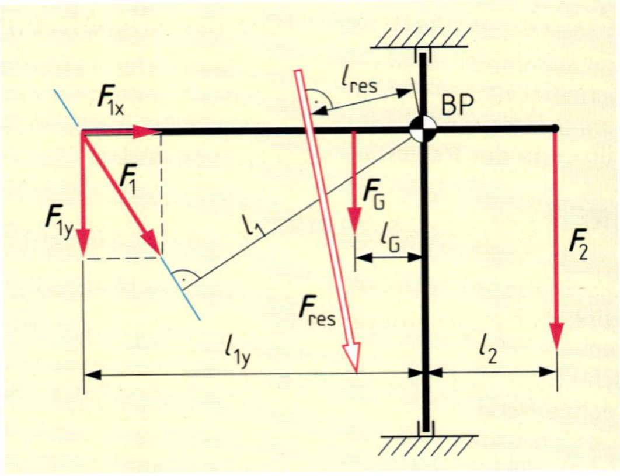

Lageskizze mit angenommener Lage der Resultierenden **2.2.2–3**

Hinweis:

Vorzeichen der Momente entsprechend dem Drehsinn einsetzen.

linksdrehend ↶ : positiv +

rechtsdrehend ↷ : negativ –

Durch die Umstellung der Momentengleichung auf den Wirkabstand l_{res} erhält man die **genaue Lage der Resultierenden** F_{res} bezüglich des gewählten Bezugspunktes BP.

$$l_{res} = \frac{F_1 \cdot l_1 + F_2 \cdot l_2 + ... F_n \cdot l_n}{F_{res}}$$

Beispiel: Drehkran

$$l_{res} = \frac{F_{1y} \cdot l_{1y} + F_G \cdot l_G - F_2 \cdot l_2}{F_{res}}$$

F_{1x} hat keine Momentenwirkung bzgl. BP, weil der Wirkabstand = 0 ist!

Weitere Möglichkeit:

$$l_{res} = \frac{F_1 \cdot l_1 + F_G \cdot l_G - F_2 \cdot l_2}{F_{res}}$$

Der Wirkabstand l_1 muss berechnet werden.

Ergibt sich der Wirkabstand l_{res} positiv, dann ist die Lage der Resultierenden F_{res} richtig in der Lageskize angenommen und eingezeichnet worden. Erhält man l_{res} mit negativem Vorzeichen, dann liegt die Wirklinie der Resultierenden im errechneten Abstand auf der anderen Seite des Bezugspunktes BP.

Lösungsschritte zur rechnerischen Ermittlung der Resultierenden:

1. **Lageskizze** mit den gegebenen Kräften zeichnen.
2. **Betrag** und gegebenenfalls **Richtungswinkel** der Resultierenden berechnen.
3. Resultierende mit **angenommener Lage der Wirklinie** in die Lageskize einzeichnen.
4. **Genaue Lage der Resultierenden** bezüglich eines gewählten Bezugspunktes mithilfe des **Momentensatzes** berechnen.
5. Bei Minusvorzeichen im Ergebnis die Lage der Resultierenden in der Lageskizze korrigieren.

Zeichnerische Ermittlung

Für die zeichnerische Ermittlung von Resultierenden können je nach Anzahl und Lage der Einzelkräfte verschiedene Lösungsverfahren angewendet werden.

Wiederholte Parallelogrammkonstruktion

Ist mindestens eine der gegebenen Kräfte **nicht** parallel, kann die Resultierende durch wiederholte Anwendung der **Parallelogrammkonstruktion** zeichnerisch bestimmt werden.

> In einem **kombinierten Lage- und Kräfteplan** werden immer zwei nicht parallele Kräfte zu einer Teilresultierenden zusammengefasst. Die Addition der zuletzt ermittelten Teilresultierenden mit der letzten Einzelkraft ergibt die Gesamtresultierende nach Betrag, Lage und Richtungssinn.

Voraussetzung für dieses Verfahren ist, dass nur solche Kräfte zusammengefasst werden können, deren Wirklinien sich auf dem Zeichenblatt schneiden. Das Verfahren der wiederholten Parallelogrammkonstruktion versagt jedoch, wenn parallele oder annähernd parallele Kräfte addiert werden müssen.

Um **parallele oder annähernd parallele Kräfte** zu einer Resultierenden zeichnerisch zusammenzufassen, können die folgenden Verfahren angewendet werden.

Hilfskräfteverfahren

Werden einem Kräftesystem **zwei Kräfte hinzugefügt, die sich in ihrer Wirkung gegenseitig aufheben**, weil sie gleich groß und auf der gleichen Wirkungslinie entgegengerichtet sind, so ändert sich dadurch die Gesamtwirkung des Kräftesystems nicht. Solche Kräfte werden als **Hilfskräfte** $+F_H$ und $-F_H$ bezeichnet.

Beispiel: Drehkran (siehe S. 37)

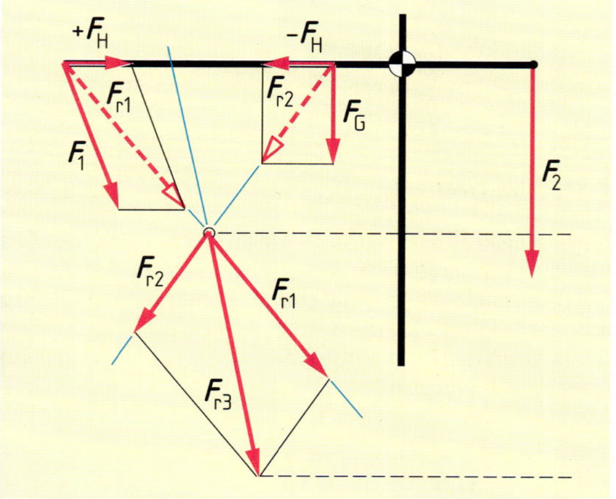

Lage- und Kräfteplan **2.2.2–4**

> Mit dem **Hilfskräfteverfahren** lassen sich in einem kombinierten Lage- und Kräfteplan **zwei** parallele bzw. annähernd parallele Kräfte zu ihrer Resultierenden zusammenfassen.

Jede Hilfskraft ergibt mit einer Einzelkraft durch Anwendung der Parallelogrammkonstruktion eine **Teilresultierende**. Werden beide Teilresultierende in den Schnittpunkt ihrer Wirklinien verschoben, kann die **Resultierende** der zwei parallelen bzw. annähernd parallelen Einzelkräfte durch nochmalige Parallelogrammkonstruktion gebildet werden.

Um die Gesamtresultierende von drei und mehr parallelen oder annähernd parallelen Kräften zu erhalten, muss das Hilfskräfteverfahren mehrmals durchgeführt werden. Die Zeichnung wird dann unübersichtlich, weil im kombinierten Lage- und Kräfteplan die aufeinander folgenden Hilfskräfteverfahren teilweise übereinander gezeichnet werden müssen.

Wegen der besseren Übersichtlichkeit wird das **Beispiel Drehkran** mit zwei nebeneinander liegenden Lage- und Kräfteplänen dargestellt.

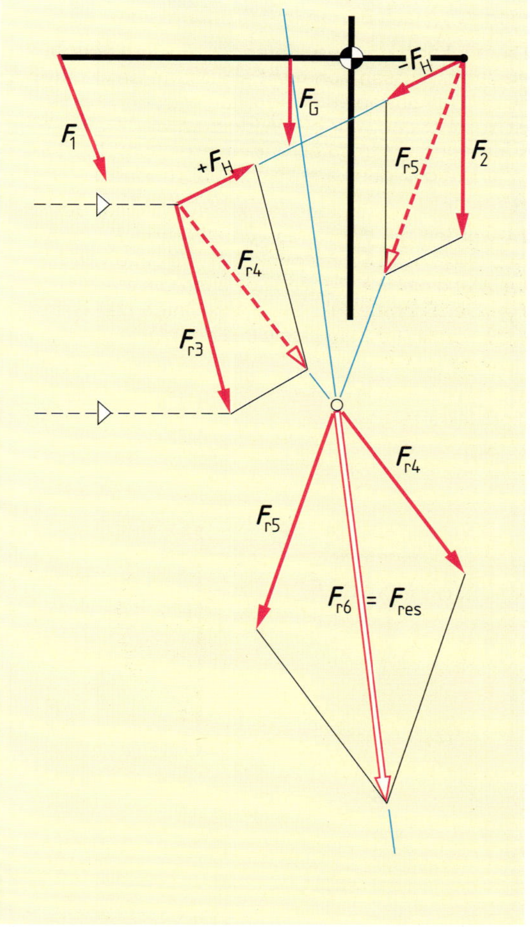

Lage- und Kräfteplan **2.2.2–5**

Für **drei und mehr parallele bzw. annähernd parallele Kräfte** wurde deshalb ein Lösungsverfahren entwickelt, bei dem Lage- und Kräfteplan getrennt gezeichnet werden.

Die **Größe** und der **Richtungswinkel** α_r der Resultierenden werden im **Kräfteplan** – wie bei einem zentralen Kräftesystem – durch geometrische Addition der Kraftpfeile ermittelt. Die **Resultierende** F_{res} ergibt sich nach Betrag und Richtung als Verbindung vom Ausgangspunkt zum Endpunkt des Kräftezuges. Im Gegensatz zu einem zentralen Kräftesystem muss die **Lage der Resultierenden** im Lageplan jedoch noch bestimmt werden. Dies geschieht durch die Weiterentwicklung des Hilfskräfteverfahrens zum Seileckverfahren.

Herleitung des Seileckverfahrens

Das **Hilfskräfteverfahren** zur Ermittlung der Resultierenden von F_1 und F_G wird zunächst mit einem separaten **Kräfteplan** dargestellt. Man erhält die Resultierende F_{r3} nach Betrag und Richtungssinn.

Um die **Lage** der Resultierenden F_{r3} im **Lageplan** zu erhalten, müssen nun nicht alle Kräfte des Kräfteplanes in den Lageplan übertragen werden, sondern es ist ausreichend, nur die **Wirklinien** der Kräfte, Hilfskräfte und Teilresultierenden aus dem Kräfteplan lagerichtig in den Lageplan zu übertragen.

Durch einen beliebigen Punkt der Wirklinie der Kraft F_1 werden die Wirklinien von $+F_H$ und F_{r1} gezeichnet. Durch den Schnittpunkt der Wirklinie von F_H mit der Wirklinie von F_G verläuft auch die Wirklinie von F_{r2}. Der Schnittpunkt **S** der Wirklinien der Teilresultierenden F_{r1} und F_{r2} stellt im Lageplan – ebenso wie beim Hilfskräfteverfahren – einen geometrischen Ort für die Wirklinie der Resultierenden F_{r3} dar. Die Resultierende kann nun durch Parallelverschiebung aus dem Kräfteplan in den Lageplan (durch den Schnittpunkt **S**) mit ihrem Betrag und Richtungssinn übertragen werden.

Beispiel: Drehkran (siehe S. 37)

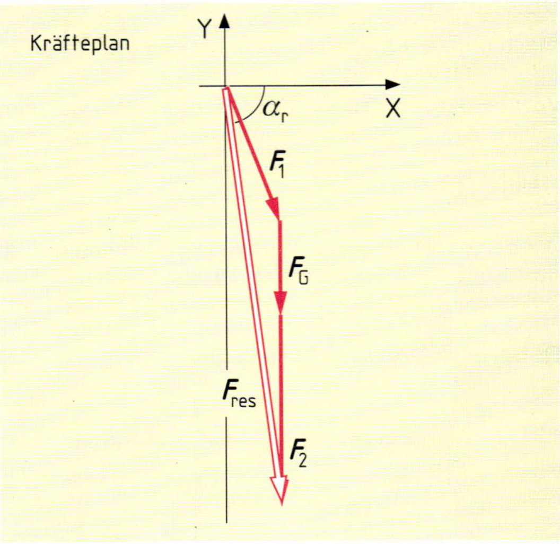

Kräfte am Drehkran **2.2.2–6**

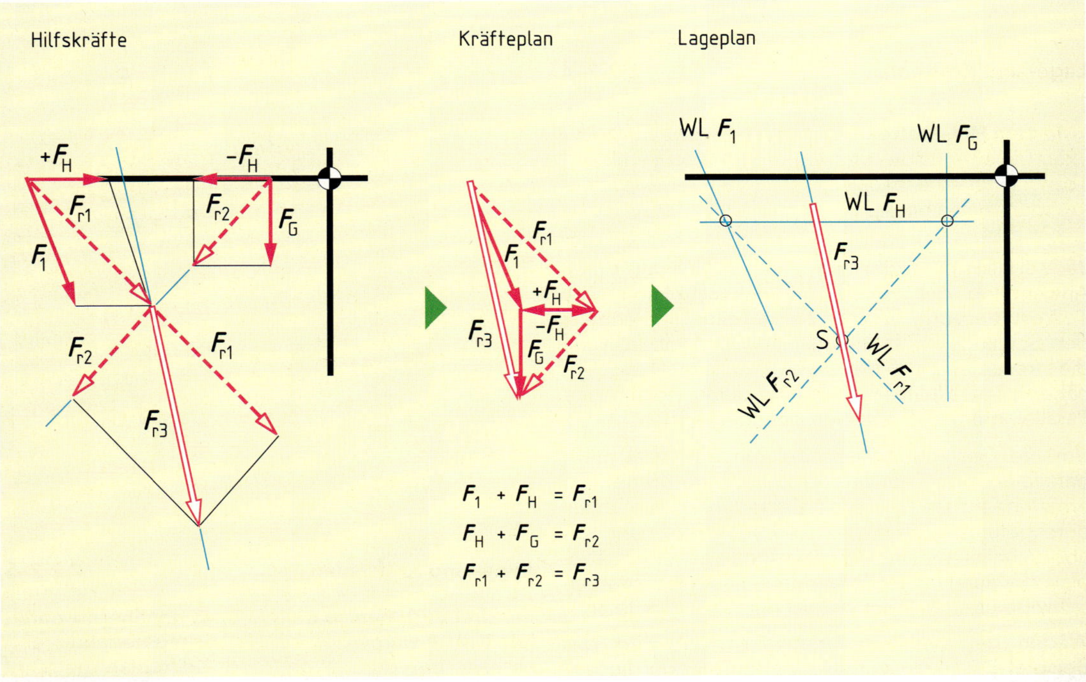

Hilfskräfteverfahren **2.2.2–7**

Um diese Vorgehensweise auch auf mehr als zwei parallele oder annähernd parallele Kräfte problemlos anwenden zu können, wird es weiter vereinfacht.

Kräfteplan: Weil im **Lageplan** nur die Wirklinien der beteiligten Kräfte notwendig sind, um die Lage der Resultierenden F_{res} zu bestimmen, werden auch im **Kräfteplan** die Hilfskräfte und die Teilresultierenden durch ihre Wirklinien ersetzt. Diese Wirklinien schneiden sich alle in einem Punkt, der beim Seileckverfahren mit **Pol P** bezeichnet wird. Die Linien (ursprünglich Wirklinien) von einem **beliebig gewählten Pol** zu den Einzelkräften des Kräftezuges nennt man **Polstrahlen**. Die Polstrahlen werden mit dem Index der Kraft, deren Pfeilspitze sie berühren, bezeichnet. Der Polstrahl, der durch den Anfangspunkt des Kräftezuges verläuft, erhält als Bezeichnung die Ziffer 0.

Lageplan: Im **Lageplan** werden die Wirklinien der gegebenen Kräfte lagerichtig eingezeichnet. Die Polstrahlen des Kräfteplanes werden, beginnend mit Polstrahl 0, durch Parallelverschiebung in den Lageplan übertragen. Aus den Polstrahlen werden im Lageplan **Seilstrahlen**. Die Eintragung der Seilstrahlen im Lageplan erfolgt so, dass **jedem Liniendreieck im Kräfteplan** ein **Schnittpunkt im Lageplan** entspricht.

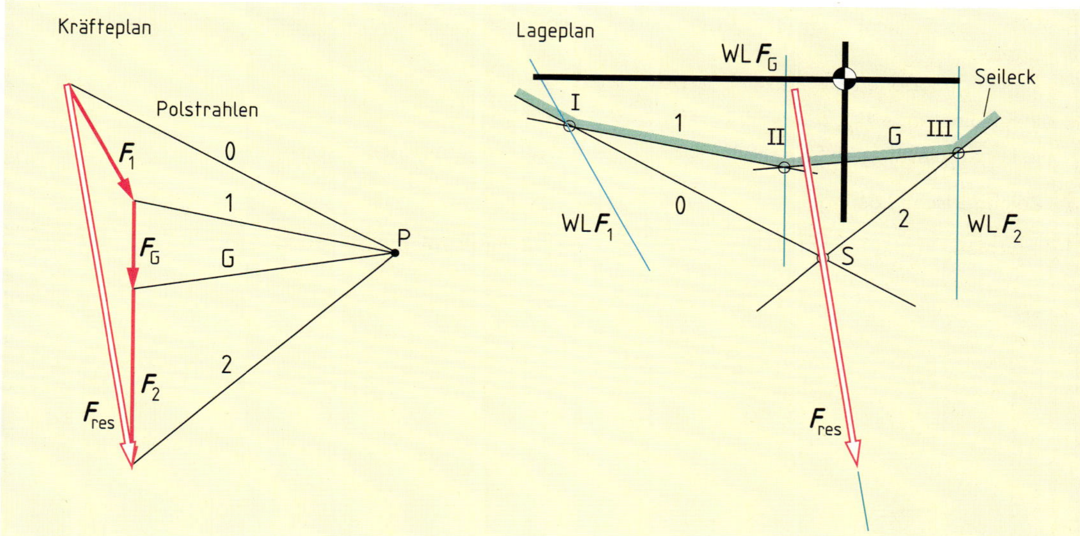

Seileckverfahren **2.2.2–8**

Erster und letzter Polstrahl des Kräftezuges (im Kräfteplan) entsprechen den Teilresultierenden beim Hilfskräfteverfahren, deren Resultierende die gesuchte Gesamtresultierende darstellt. Der **Schnittpunkt S** der entsprechenden Seilstrahlen im Lageplan – erster und letzter Seilstrahl – stellt somit einen geometrischen Ort der Resultierenden F_{res} dar. Die Resultierende F_{res} kann jetzt durch Parallelverschiebung aus dem Kräfteplan lagerichtig in den Lageplan übertragen werden.

Der Linienzug im Lageplan, der von den Seilstrahlen gebildet wird, wird als **Seileck** bezeichnet. Das Verfahren heißt deshalb **Seileckverfahren**.

Mit dem **Seileckverfahren** lassen sich mehr als zwei Kräfte eines allgemeinen Kräftesystems zeichnerisch zur Resultierenden zusammenfassen.
Betrag und Richtung der Resultierenden F_{res} ergeben sich aus dem durch die Polstrahlen erweiterten Kräfteplan.
Die **Lage der Resultierenden** ergibt sich aus dem durch die Seilstrahlen ergänzten Lageplan.

Lösungsschritte zur zeichnerischen Ermittlung der Resultierenden mit dem Seileckverfahren:

1. **Betrag** und **Richtung** der Resultierenden mit dem **Kräfteplan** bestimmen.
2. Im Kräfteplan beliebigen Pol P festlegen, Polstrahlen einzeichnen und benennen.
3. **Lageplan** mit den Wirklinien der gegebenen Kräfte zeichen.
4. Seilstrahlen durch Parallelverschiebung der Polstrahlen in den Lageplan zeichnen und benennen. Anfangspunkt I beliebig wählen.
5. Anfangs- und Endseilstrahl zum Schnitt S bringen.
6. Die **Lage** der Resultierenden im Lageplan erhält man durch Parallelverschiebung von F_{res} aus dem Kräfteplan in den Lageplan durch den Schnittpunkt S der Seilzugenden.

Welches Lösungsverfahren ist zur Ermittlung der Resultierenden vorzuziehen?

Bei einem **zentralen Kräftesystem** mit mehr als zwei Kräften kann die Resultierende mit der zeichnerischen Lösung auf anschauliche Weise und in kurzer Bearbeitungszeit ermittelt werden. Die rechnerische Lösung ist demgegenüber zeitaufwendiger, liefert jedoch ein sehr genaues Ergebnis.

Bei einem **allgemeinen Kräftesystem** mit mehr als zwei Kräften ist die rechnerische Lösung vorzuziehen, da sie ein genaueres Ergebnis ohne größeren Zeitaufwand liefert.

2.2.3 Übungen

Lehrbeispiel 1: Seilumlenkscheibe

Eine Last mit Gewichtskraft $F_G = 35$ kN wird von einem Seil, das über eine Seilscheibe umgelenkt wird, angehoben.

Für den angehobenen Zustand sind zu bestimmen

- die Resultierende $\boldsymbol{F}_{res}$ der Seilzugkräfte und
- die Lagerbelastung im Seilscheibenlager aufgrund der angehobenen Last.

Zeichnerische Lösung:

1. Lageplan:

2. Kräfteplan: MK = 10 kN/cm

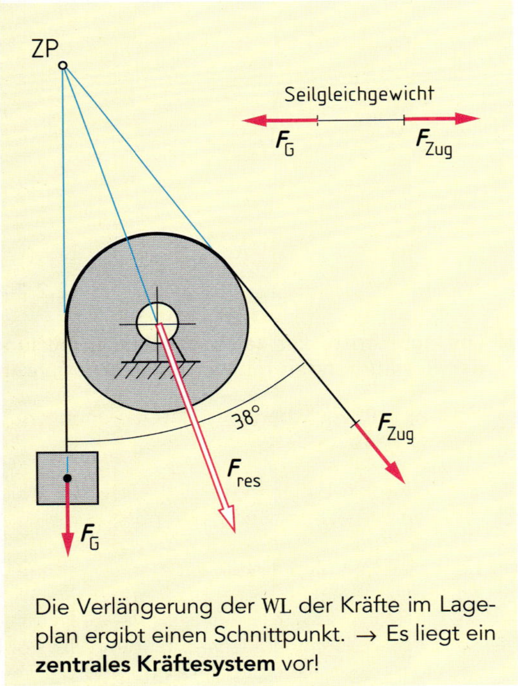

Lageplan 2.2.3–1

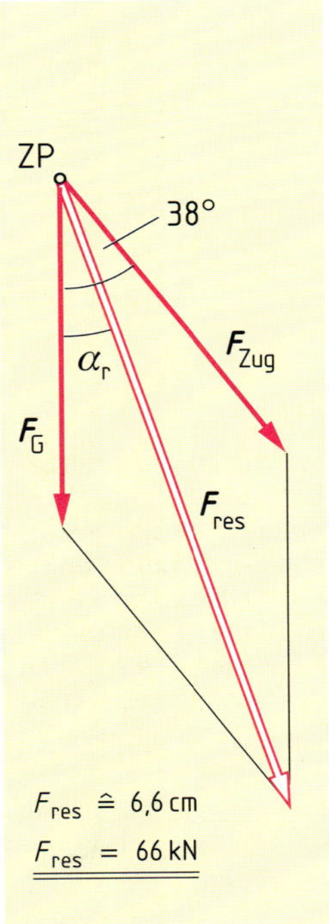

Parallelogrammkonstruktion 2.2.3–2

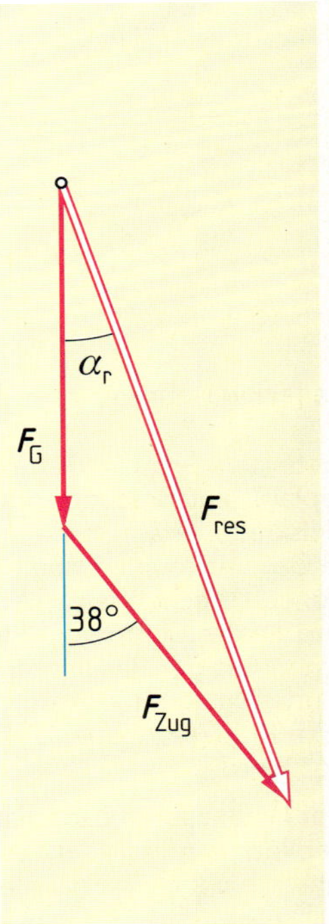

Kräftezugmethode 2.2.3–3

3. Die Übertragung der Resultierenden $\boldsymbol{F}_{res}$ vom Kräfteplan in den Lageplan (durch Parallelverschiebung mit der WL durch den ZP) liefert das Ergebnis:
   - $\boldsymbol{F}_{res}$ geht durch das Seilscheibenlager unter $\alpha_r = 19°$.
   - Die zusätzliche Lagerbelastung aufgrund der angehobenen Last entspricht der resultierenden Kraft $\boldsymbol{F}_{res} = 66$ kN.

Rechnerische Lösung:

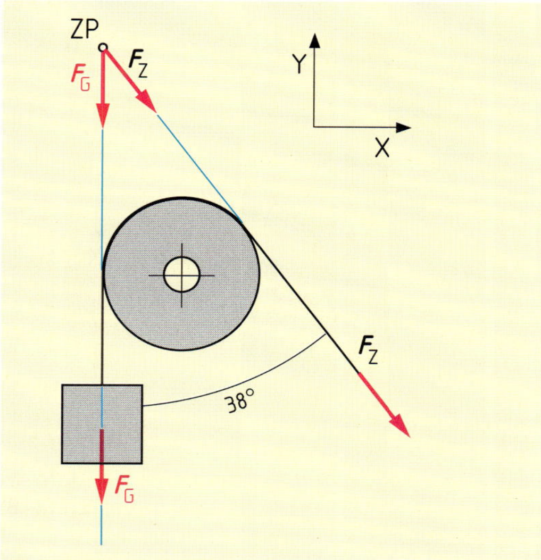

Lageskizze **2.2.3– 4**

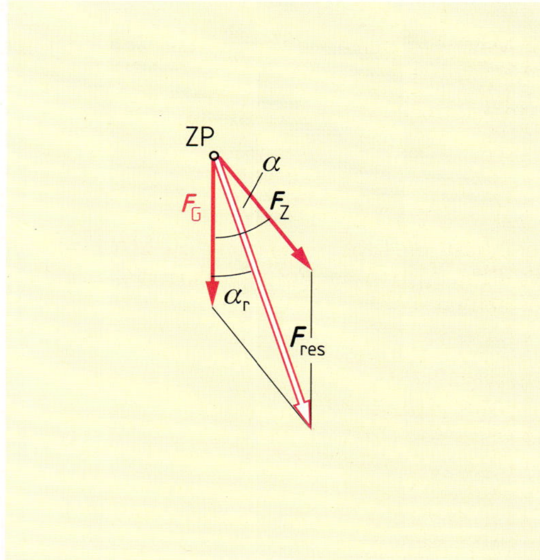

Kräfteskizze **2.2.3–5**

Trigonometrische Lösung mit dem Kosinussatz:

$$F_{res} = \sqrt{F_G^2 + F_{Seil}^2 + 2 \cdot F_G \cdot F_{Seil} \cdot \cos\alpha}$$
$$= \sqrt{(35\,\text{kN})^2 + (35\,\text{kN})^2 + 2 \cdot 35\,\text{kN} \cdot 35\,\text{kN} \cdot \cos 38°}$$
$$\underline{\underline{= 66{,}186\,\text{kN}}}$$

α_r ergibt sich aus der geometrischen Überlegung, dass $\boldsymbol{F}_{res}$ die Winkelhalbierende von Winkel α des Parallelogramms ist.

$$\underline{\underline{\alpha}} = \frac{\alpha}{2} = \frac{38°}{2} = \underline{\underline{19°}}$$

Analytische Lösung:

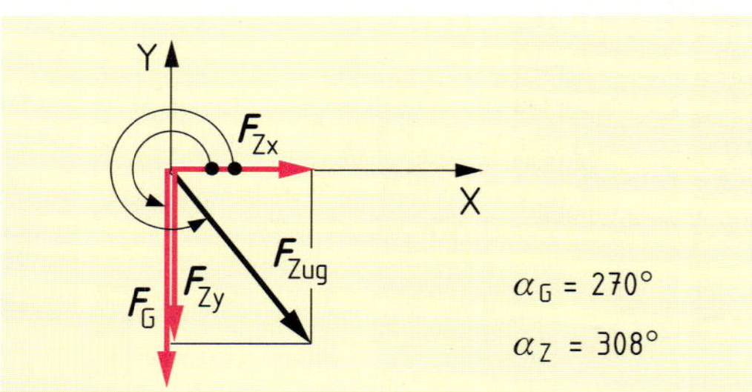

Kräfteskizze mit Kraftzerlegung **2.2.3–6**

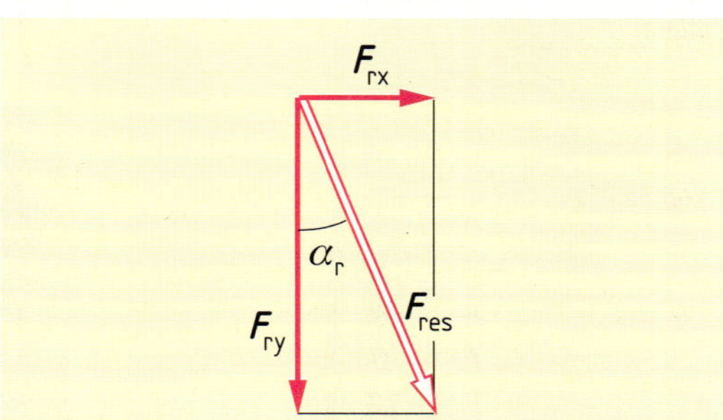

Kräfteskizze zur Festlegung von α_r **2.2.3–7**

Lösungstabelle:

n	F_n	α_n	$F_{nx} = F_n \cdot \cos\alpha_n$	$F_{ny} = F_n \cdot \sin\alpha_n$
1	35 kN	270°	0 kN	-35 kN
2	35 kN	308°	21,548 kN	-27,580 kN
			$F_{rx} = 21{,}548\,\text{kN}$	$F_{ry} = -62{,}580\,\text{kN}$

Ergebnis:

$$F_{res} = \sqrt{F_{rx}^2 + F_{ry}^2}$$
$$\underline{\underline{= 66{,}186\,\text{kN}}}$$

$$\alpha_r = \arctan\frac{|F_{rx}|}{|F_{ry}|}$$
$$\underline{\underline{= 19°}} \quad \text{(zur Y–Achse)}$$

Aufgabe 1

Ein Mast wird durch vier horizontale Spanndrähte abgestützt.

Spannkräfte: $F_1 = 4{,}5\ \text{kN}$
$F_2 = 3\ \text{kN}$
$F_3 = 2\ \text{kN}$
$F_4 = 4\ \text{kN}$

Der Betrag, die Lage der Wirklinie (zur X-Achse) und der Richtungssinn der Resultierenden $\boldsymbol{F}_{\text{res}}$ sind zu bestimmen.

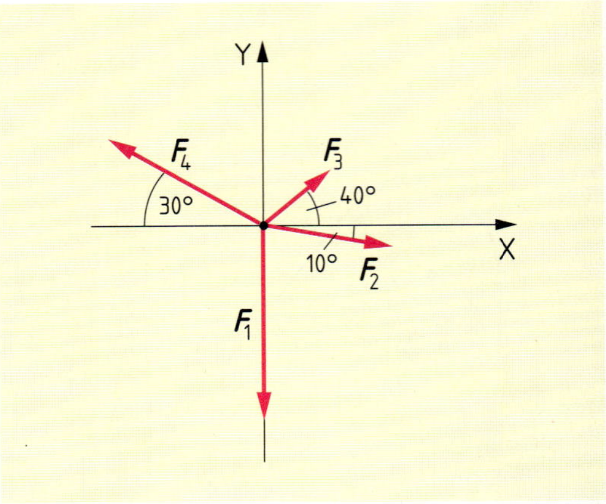

2.2.3–8

Aufgabe 2

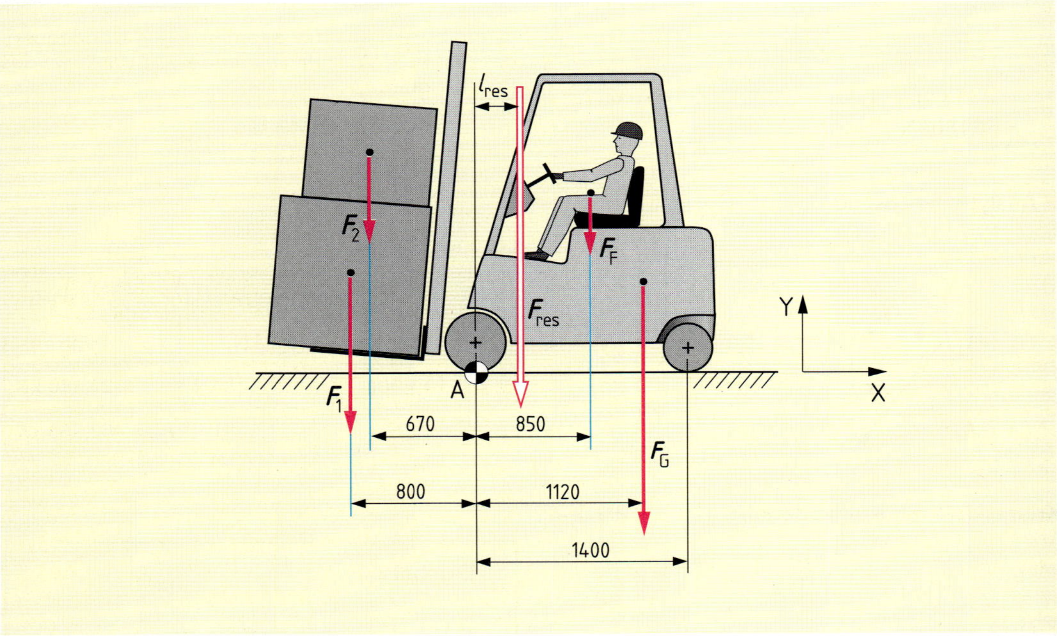

2.2.3–9

Die Resultierende $\boldsymbol{F}_{\text{res}}$ aller Gewichtskräfte ist nach Größe und Lage (bzgl. der Vorderradaufstandsmitte) zu bestimmen.

Die Gewichtskräfte betragen:

$F_G = 32\ \text{kN}$
$F_F = 0{,}8\ \text{kN}$
$F_1 = 12\ \text{kN}$
$F_2 = 4{,}6\ \text{kN}$

2.3 Schwerpunktbestimmung

Bei vielen Aufgaben der Technischen Mechanik muss die **Lage des Schwerpunktes** eines Körpers bekannt sein. Typische Beispiele dafür sind:

- Beurteilung der Standsicherheit.
- Berücksichtigung der Eigengewichtskraft bei der Ermittlung unbekannter Lager- und Stützkräfte.
- Lagebestimmung der resultierenden Schnittkraft von Schneidwerkzeugen.
- Oberflächen- und Volumenberechnung von rotationssymmetrischen Körpern.
- Lagebestimmung der neutralen Faser von Bauteilprofilen im Rahmen der Festigkeitsberechnung bei Biegung und Torsion.
- Berücksichtigung der dynamischen Wirkung von Gewichtskräften. (→Massenträgheit)

2.3.1 Der Körperschwerpunkt

Technische Systeme wie Geräte, Maschinen, Fahrzeuge usw. bestehen aus Baugruppen. Baugruppen setzen sich wiederum aus Bauteilen zusammen. Einzelteile, Baugruppen und technische Systeme werden in der Statik vereinfacht als (feste) **Körper** bezeichnet. Jeder Körper besitzt eine eigene **Masse** m.

Alle Körper unterliegen der **Massenanziehung** der Erde. Stellt man sich vor, dass sich ein Körper aus beliebig vielen Masseteilchen Δm zusammensetzt, so wird jedes **Masseteilchen** Δm von der zum Erdmittelpunkt gerichteten **Teilgewichtskraft** ΔF_G angezogen. Die **Resultierende** aller Teilgewichtskräfte ΔF_G ist die **Gewichtskraft** F_G des Körpers.

$$F_G = \Sigma \Delta F_G$$

Die **Größe der Gewichtskraft** eines Körpers wird mit Waagen gemessen oder mit folgender Gleichung (Kap. 6.1: Die Newton'schen Grundgesetze) berechnet:

$$F_G = m \cdot g$$

Die **Wirklinie der Gewichtskraft** wird als **Schwerlinie** bezeichnet. Dieser Begriff leitet sich von der **Schwere** einer Masse im Vergleich zur **Trägheit** einer Masse ab. Die **Lage der Schwerlinie** ist bei vielen Körpern – im Gegensatz zur Größe der Gewichtskraft – nicht direkt mess- oder berechenbar.

Verändert man die Lage eines Körpers, bleibt die **Wirkrichtung** der Gewichtskraft immer senkrecht nach unten zur Erdmitte erhalten. Alle denkbaren **Schwerlinien** eines Körpers **schneiden sich** deshalb **in einem Punkt**, dem **Schwerpunkt** S.

Denkt man sich die Masse m eines Körpers im Schwerpunkt S vereinigt, kann man den Schwerpunkt auch als „Angriffspunkt" der Gewichtskraft auffassen.

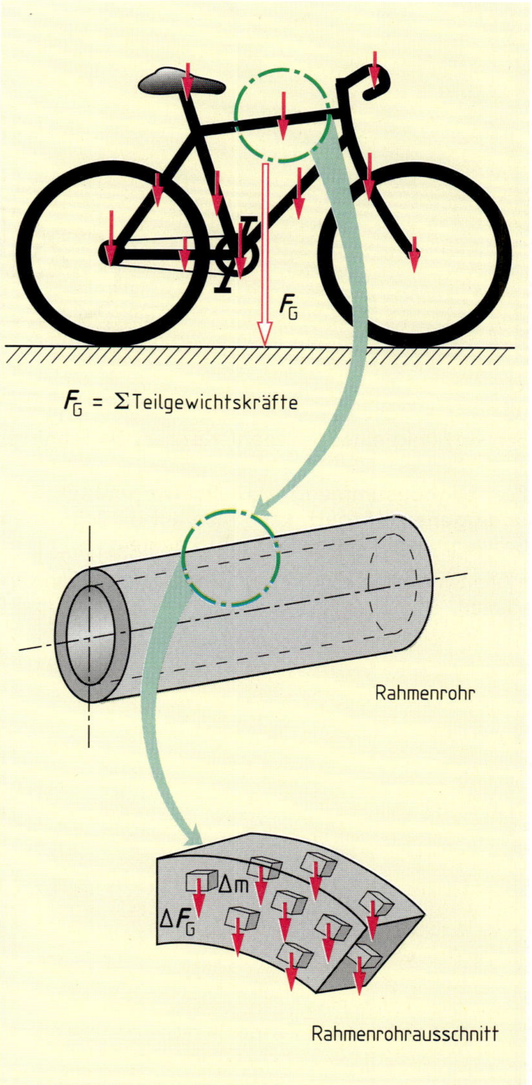

Wirkung der Erdanziehung auf das technische System Fahrrad **2.3.1–1**

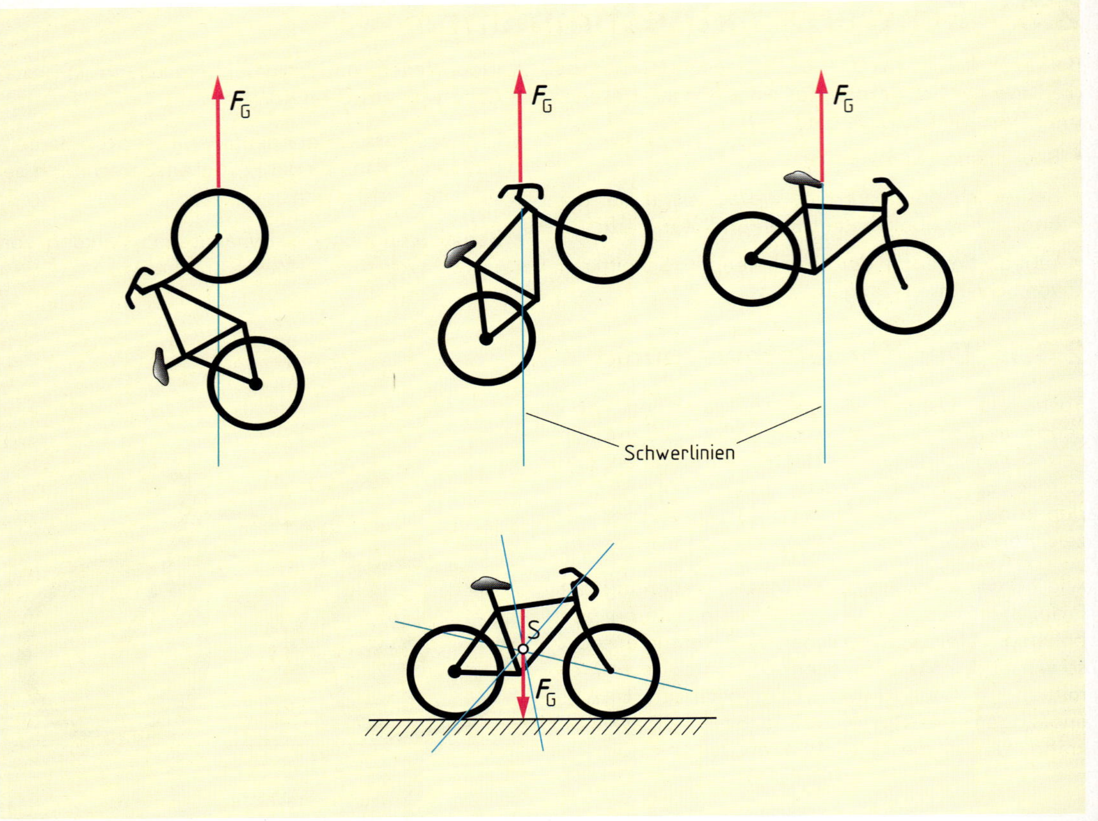

Schwerpunkt eines (ebenen) Körpers als Schnittpunkt der Schwerlinien **2.3.1–2**

Zur Lagebestimmung des Schwerpunktes von homogenen Körpern kann man auf die folgenden Schwerpunkteigenschaften zurückgreifen:

- Alle Symmetrielinien sind gleichzeitig auch Schwerlinien.
- Alle Symmetrieebenen sind gleichzeitig auch Schwerebenen.
  Schwerebenen heißen alle Ebenen, die den Schwerpunkt enthalten.

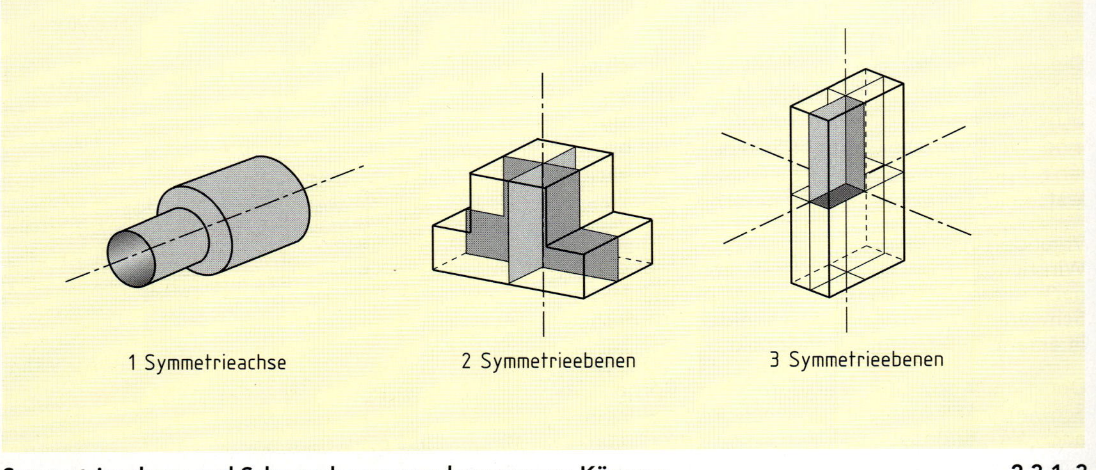

Symmetrieachsen und Schwerebenen von homogenen Körpern **2.3.1–3**

2.3.2 Experimentelle Schwerpunktermittlung

Besonders bei kompliziert geformten Körpern sowie bei Körpern mit nicht homogener Massenverteilung ist es üblich, die Lage des Körperschwerpunktes in einer Ebene durch die **Überlagerung von zwei Schwerlinien** experimentell zu ermitteln.

Bei **kleinen Körpern**, die sich nicht so einfach, wie z. B. ein Fahrrad, in zwei unterschiedlichen Lagen an einem Seil aufhängen lassen, kann der Schwerpunkt durch einen speziellen „Wiegevorgang" mit einer an einem Seil aufgehängten Plattform ermittelt werden. Der zu untersuchende Körper wird in zwei unterschiedlichen Lagen so austariert, dass sich die Auflagefläche jeweils waagrecht einstellt. Die Schwerlinie des Körpers verläuft bei jedem Austariervorgang – ausgehend vom Aufhängungspunkt – senkrecht durch den Körperschwerpunkt nach unten. Der **Schnittpunkt** beider Schwerlinien stellt die **Lage des Körperschwerpunktes** in der Betrachtungsebene dar.

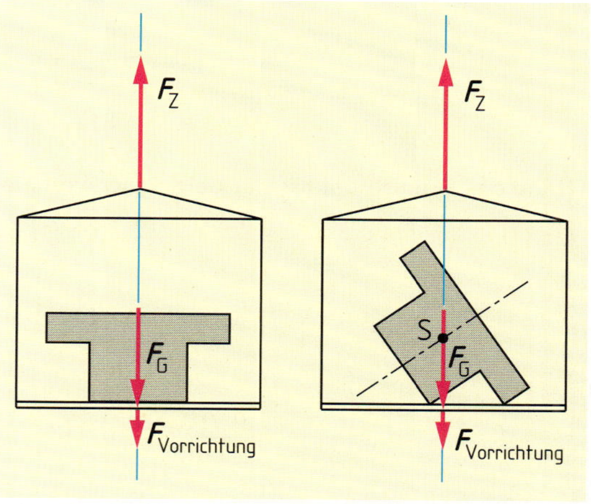

Experimentelle Schwerpunktbestimmung 2.3.2–1

Bei **großen Körpern** wird der Schwerpunkt über die Messung der Stützkräfte bei zwei unterschiedlichen Körperlagen bestimmt. Das nachfolgende **Lehrbeispiel** zeigt die Auswertung der Stützkraftmessungen, um die Lage der Schwerlinien festzulegen, und die rechnerische Ermittlung der **Schwerpunktlage als Schnittpunkt zweier Schwerlinien**.

Lehrbeispiel: Fahrzeugschwerpunkt

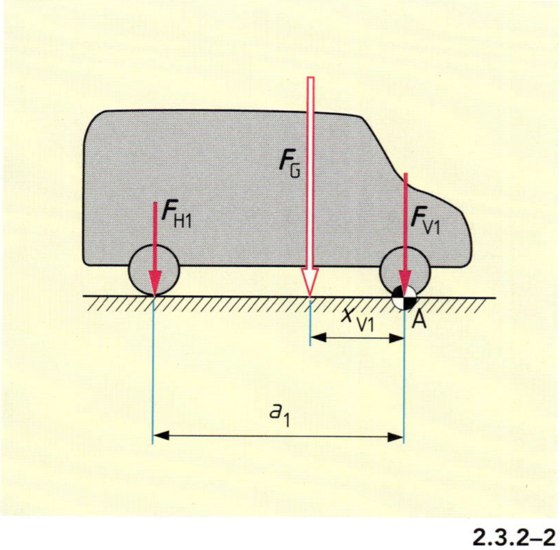

2.3.2–2

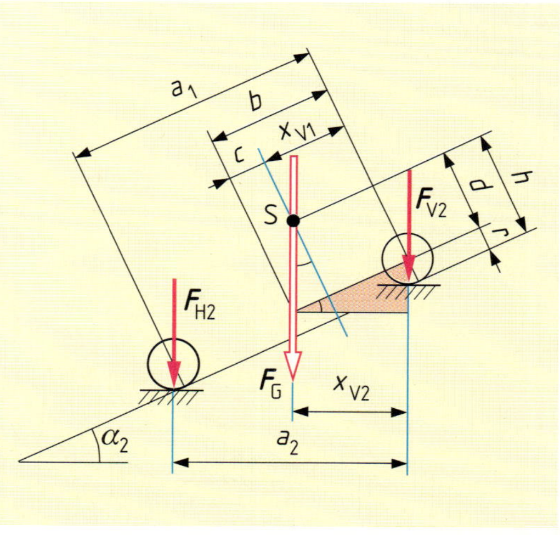

2.3.2–3

Zur Ermittlung der Lage des Fahrzeugschwerpunktes werden Achslastmessungen bei $\alpha_1 = 0°$ und beispielsweise $\alpha_2 = 25°$ Neigungswinkel durchgeführt.

Messwerte:	Reifenradius:	$r = 0{,}30\,\text{m}$	
	Achsabstand:	$a_1 = 2{,}88\,\text{m}$	
	Achsstützkräfte:	$F_{V1} = 8\,516\,\text{N}$	$F_{V2} = 7\,010\,\text{N}$
		$F_{H1} = 5\,464\,\text{N}$	$F_{H2} = 6\,970\,\text{N}$

Gewichtskraft des Fahrzeugs: $F_G = F_V + F_H = 13\,980\,\text{N}$

Achsabstand a_2: $a_2 = a_1 \cdot \cos\alpha_2 = 2{,}88\,\text{m} \cdot \cos 25° = 2{,}61017\,\text{m}$

Lage der Gewichtskraft bezüglich der Vorderachse:

Momentensatz bzgl. A: $F_G \cdot x_{V1} = F_{H1} \cdot a_1$ $\quad F_G \cdot x_{V2} = F_{H2} \cdot a_2$

$$x_{V1} = \frac{F_{H1} \cdot a_1}{F_G} \qquad x_{V2} = \frac{F_{H2} \cdot a_2}{F_G}$$

$$x_{V1} = 1{,}12563\,\text{m} \qquad x_{V2} = 1{,}30135\,\text{m}$$

Höhe des Schnittpunktes der beiden Schwerlinien über der Aufstandsfläche:

Maß b: $b = \dfrac{x_{V2}}{\cos\alpha_2} = \dfrac{1{,}30135\,\text{m}}{\cos 25°} = 1{,}43588\,\text{m}$

Maß c: $c = b - x_{V1} = 1{,}43588\,\text{m} - 1{,}12563\,\text{m} = 0{,}31025\,\text{m}$ allgemein: $c = \dfrac{x_{V2}}{\cos\alpha_2} - x_{V1}$

Maß d: $d = \dfrac{c}{\tan\alpha_2} = \dfrac{0{,}31025\,\text{m}}{\tan 25°} = 0{,}66533\,\text{m}$ allgemein: $d = \dfrac{\dfrac{x_{V2}}{\cos\alpha_2} - x_{V1}}{\tan\alpha_2}$

Maß h: $h = r + d = 0{,}30\,\text{m} + 0{,}66533\,\text{m} = 0{,}96533\,\text{m}$

Ergebnis: **Lage des Fahrzeugschwerpunktes (bezogen auf A)**

$\underline{\underline{x_{V1} = 1{,}1256\,\text{m}}}$, $\underline{\underline{h = 0{,}9653\,\text{m}}}$

2.3.3 Schwerpunkt von Flächen

Um zu zeigen, **dass auch Flächen einen Schwerpunkt haben**, stellen wir uns die Aufgabe, den Körperschwerpunkt eines U-Profils der Länge l zu bestimmen.

Das U-Profil hat zwei Schwerebenen (Symmetrieebenen): die senkrechte und die waagrechte Mittenebene, die sich in der Körpermitte schneiden. Der Körperschwerpunkt liegt folglich auf der Schnittlinie der

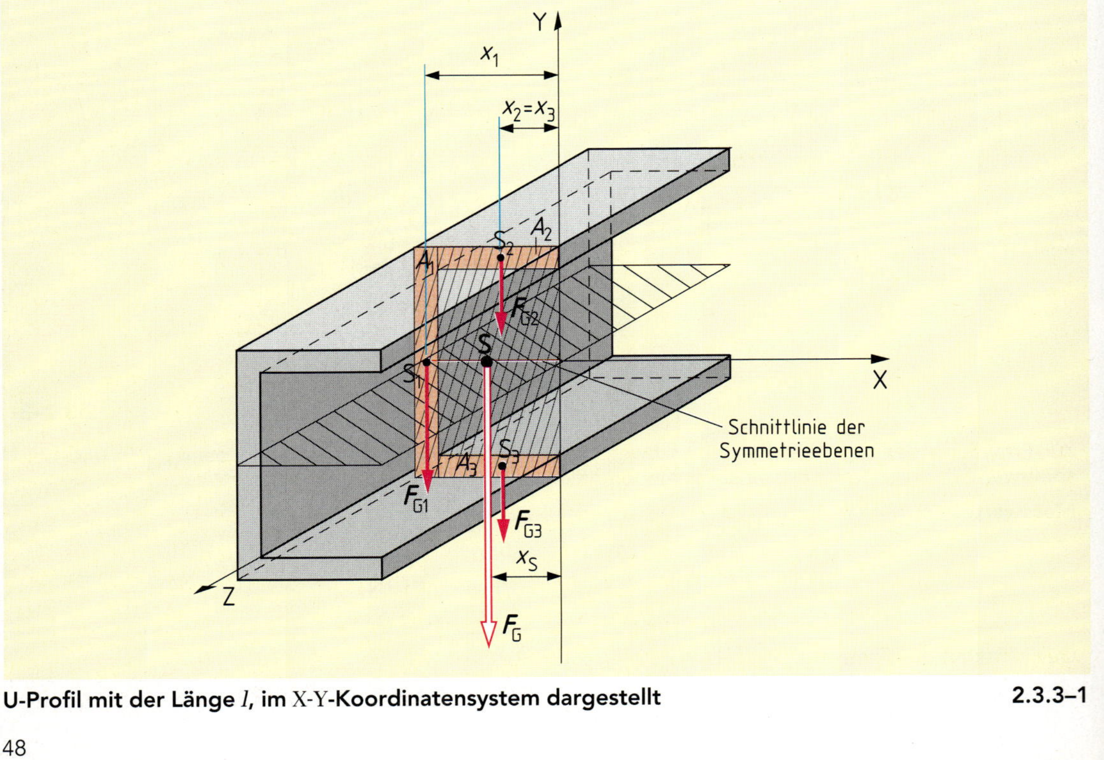

U-Profil mit der Länge l, im X-Y-Koordinatensystem dargestellt **2.3.3–1**

Schwerebenen. Seine genaue Lage in X-Richtung muss noch bestimmt werden.

Zerlegt man das U-Profil gedanklich in drei Flachprofile der Länge l mit den Querschnittsflächen A_1, A_2 und A_3, so weiß man, dass die Körperschwerpunkte dieser drei Flachprofile in der senkrechten Körpermittenebene liegen. Die Gewichtskräfte der drei Flachprofile $\boldsymbol{F}_{G1}$, $\boldsymbol{F}_{G2}$ und $\boldsymbol{F}_{G3}$ haben zur eingezeichneten Y-Bezugsachse die Wirkabstände x_1, x_2 und x_3. Die Resultierende der drei Teilgewichtskräfte ist die Gesamtgewichtskraft $\boldsymbol{F}_G$.

Um die genaue Lage des Körperschwerpunktes S angeben zu können, muss noch der Wirkabstand x_S der Gesamtgewichtskraft F_G ermittelt werden. Dies geschieht am zweckmäßigsten rechnerisch mit dem **Momentensatz** (S. 32). Der Schnittpunkt der Wirklinie von F_G mit der Schnittlinie der Schwerebenen des U-Profils ist dann die gesuchte Lage des Körperschwerpunktes.

Die Anwendung des Momentensatzes bei der Lagebestimmung des U-Profil-Schwerpunktes führt zu einer einfachen Lösungsgleichung, dem **Momentensatz für Flächen**.

Darin wird das Produkt einer Fläche A mit ihrem Schwerpunktabstand x als **Flächenmoment** $A \cdot x$ bezeichnet. Die genaue Bezeichnung für Flächenmomente der Form $A \cdot x$ ist **„Flächenmomente ersten Grades"**.

Berechnung der Gewichtskräfte:

$$F_G = m \cdot g = V \cdot \rho \cdot g = A \cdot l \cdot \rho \cdot g$$
$$F_{G1} = A_1 l \rho g$$
$$F_{G2} = A_2 l \rho g$$
$$F_{G3} = A_3 l \rho g$$

Die Anwendung des **Momentensatzes** liefert den Wirkabstand x_S der Gesamtgewichtskraft F_G von der Y-Achse:

$$F_G x_S = F_{G1} x_1 + F_{G2} x_2 + F_{G3} x_3$$

Vorzeichen der Momente beachten:
Linksdrehsinn ist positiv!

$$A l \rho g x_S = A_1 l \rho g x_1 + A_2 l \rho g x_2 + A_3 l \rho g x_3$$

Kürzen mit $l \rho g$ (→ konstante Größen):

$$A \cdot x_S = A_1 \cdot x_1 + A_2 \cdot x_2 + A_3 \cdot x_3$$

Momentensatz für Flächen

Schwerpunktsabstand von der Y-Achse:

$$x_S = \frac{A_1 x_1 + A_2 x_2 + A_3 x_3}{A}$$

Schwerpunkt einfacher Flächen

Zur Schwerpunktbestimmung von Flächen, die sich in **einfache Flächen** zerlegen lassen, muss die Schwerpunktslage dieser einfachen Flächen bekannt sein.

- **Rechteck** und **Parallelogramm**

Der Schwerpunkt einer Rechteckfläche bzw. einer Parallelogrammfläche liegt im Schnittpunkt der Seitenhalbierenden bzw. Diagonalen.

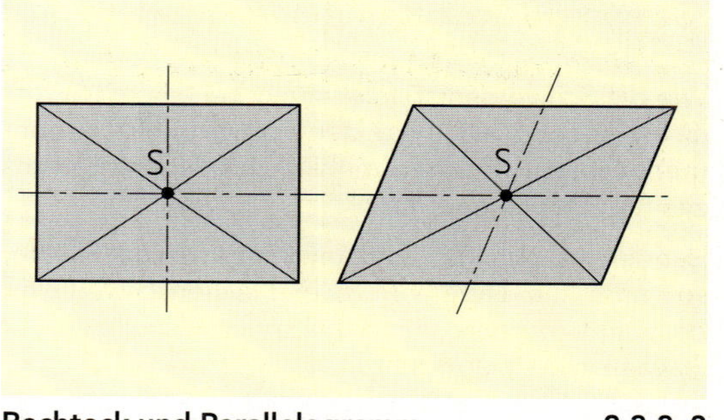

Rechteck und Parallelogramm **2.3.3–2**

- **Dreieck**

Der Schwerpunkt einer Dreieckfläche liegt im Schnittpunkt der Seitenhalbierenden.

Schwerpunktslage:

$$y_S = \frac{h}{3}$$

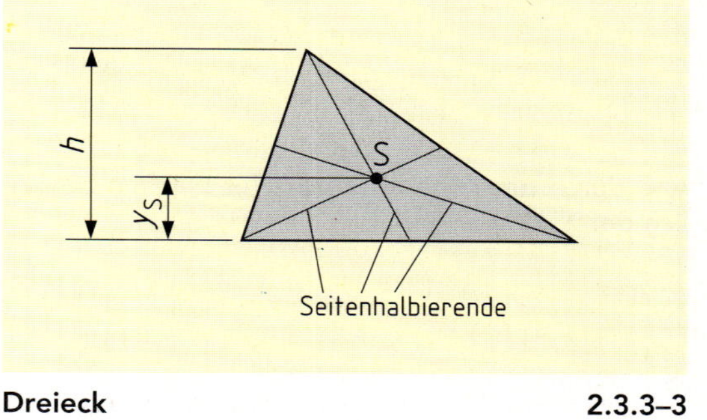

Dreieck **2.3.3–3**

- **Trapez**

Der Schwerpunkt einer Trapezfläche liegt im Schnittpunkt der Seitenhalbierenden der parallelen Seiten mit der Diagonalen des Ergänzungsparallelogramms.

Schwerpunktslage:

$$y_{S1} = \frac{h}{3} \cdot \frac{a+2b}{a+b}$$

$$y_{S2} = \frac{h}{3} \cdot \frac{2a+b}{a+b}$$

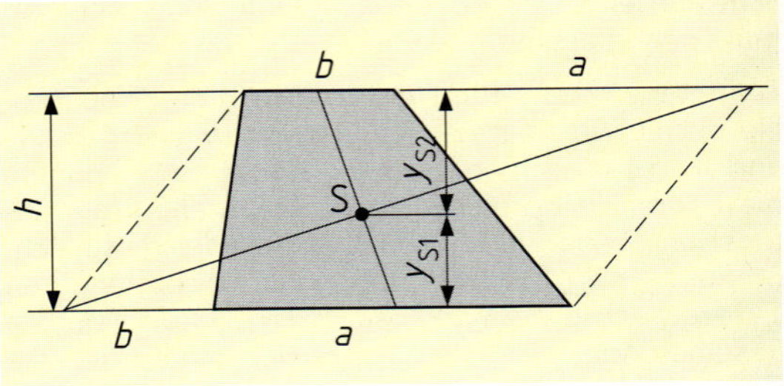

Trapez 2.3.3–4

- **Kreisausschnitt**

Der Schwerpunkt einer Kreisausschnittfläche liegt auf der Mittellinie mit Abstand y_S von der Ausschnittspitze.

Schwerpunktslage:

$$y_S = \frac{2}{3} \cdot \frac{r \cdot s}{b}$$

Bogenlänge: $$b = \frac{\pi \cdot r \cdot \alpha}{180°}$$

Sehnenlänge: $$s = 2r \cdot \sin\frac{\alpha}{2}$$

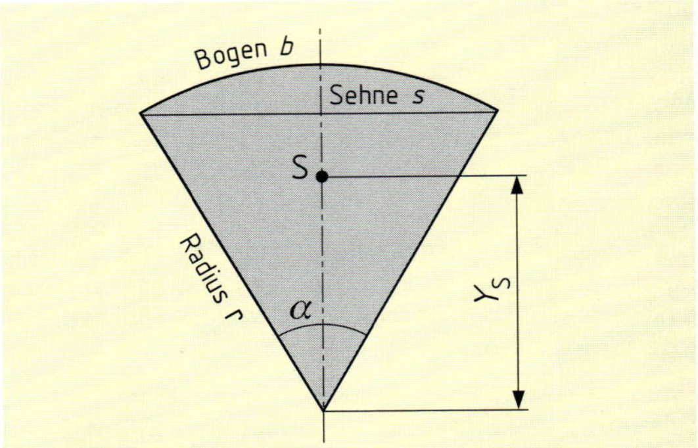

Halbkreisfläche $y_S = 0{,}4244\ r$

Viertelkreisfläche $y_S = 0{,}6002\ r$

Sechstelkreisfläche $y_S = 0{,}6366\ r$

Kreisausschnitt 2.3.3–5

Schwerpunkt zusammengesetzter Flächen

Wie die Schwerpunktbestimmung bei einem U-Profil (S. 48) gezeigt hat, wird der **Schwerpunkt zusammengesetzter Flächen** mithilfe des **Momentensatzes für Flächen** bestimmt.

Handelt es sich um eine **unsymmetrische Fläche**, so muss die Lage von zwei Flächenschwerlinien bestimmt werden. Ihr Schnittpunkt ist dann der Flächenschwerpunkt S.

Dies erfolgt rechnerisch durch den **Momentensatz für Flächen bezüglich der Y-Achse**

$$A x_S = A_1 x_1 + A_2 x_2 + \ldots + A_n x_n = \Sigma A_n x_n$$

$$x_S = \frac{A_1 x_1 + A_2 x_2 + \ldots + A_n x_n}{A} = \frac{\Sigma A_n x_n}{A}$$

und durch den Momentensatz für Flächen bezüglich der X-Achse.

$$A y_S = A_1 y_1 + A_1 y_1 + \ldots + A_n y_n = \Sigma A_n y_n$$

$$y_S = \frac{A_1 y_1 + A_1 y_1 + \ldots + A_n y_n}{A} = \frac{\Sigma A_n y_n}{A}$$

Als Ergebnis erhält man die Koordinaten x_S und y_S des **Flächenschwerpunktes** S.

Die gegebene unsymmetrische Fläche muss dazu in Teilflächen mit bekannter Schwerpunktslage (→ **einfache Flächen**) zerlegt werden. Die Lage des Gesamtflächenschwerpunktes wird zunächst angenommen und in die Zeichnung eingetragen.

Das Bezugskoordinatensystem sollte möglichst so gelegt werden, dass alle Teilflächen auf der gleichen Seite der Bezugsachse liegen. Denn es ist zu beachten, dass die **Vorzeichen** der Flächenmomente $A \cdot x$ durch die Vorzeichen der Flächenschwerpunktsabstände x_n und y_n bestimmt werden. Die Anwendung des jeweiligen Momentensatzes für Flächen liefert immer **vorzeichenrichtig** die gesuchten Flächenschwerpunktskoordinaten x_S und y_S.

Bei mehr als zwei Teilflächen ist es ratsam, die Berechnung des Flächenschwerpunktes mithilfe des nebenstehenden **tabellarischen Schemas** vorzunehmen.

n	A_n	x_n	y_n	$A_n x_n$	$A_n y_n$
1					
2					
...					
	Σ=			Σ=	Σ=

Lehrbeispiel: Unsymmetrisches L-Profil

Flächen:

$A_1 = 35\,\text{mm} \cdot 175\,\text{mm} = 6125\,\text{mm}^2$

$A_2 = 50\,\text{mm} \cdot 105\,\text{mm} = 5250\,\text{mm}^2$

$A = A_1 + A_2 = 11375\,\text{mm}^2$

Schwerpunktsabstände:

$x_1 = -17{,}5\,\text{mm}$ $y_1 = 87{,}5\,\text{mm}$

$x_2 = -87{,}5\,\text{mm}$ $y_2 = 25\,\text{mm}$

Momentensatz für Flächen bzgl. Y-Achse:

$A \cdot x_S = A_1 \cdot x_1 + A_2 \cdot x_2$

$$x_S = \frac{6125\,\text{mm}^2 \cdot -17{,}5\,\text{mm} + 5250\,\text{mm}^2 \cdot -87{,}5\,\text{mm}}{11\,375\,\text{mm}^2}$$

$\underline{\underline{x_S = -49{,}808\,\text{mm}}}$

Momentensatz für Flächen bzgl. X-Achse:

$A \cdot y_S = A_1 \cdot y_1 + A_2 \cdot y_2$

$$y_S = \frac{6125\,\text{mm}^2 \cdot 87{,}5\,\text{mm} + 5250\,\text{mm}^2 \cdot 25\,\text{mm}}{11\,375\,\text{mm}^2}$$

$\underline{\underline{y_S = 58{,}654\,\text{mm}}}$

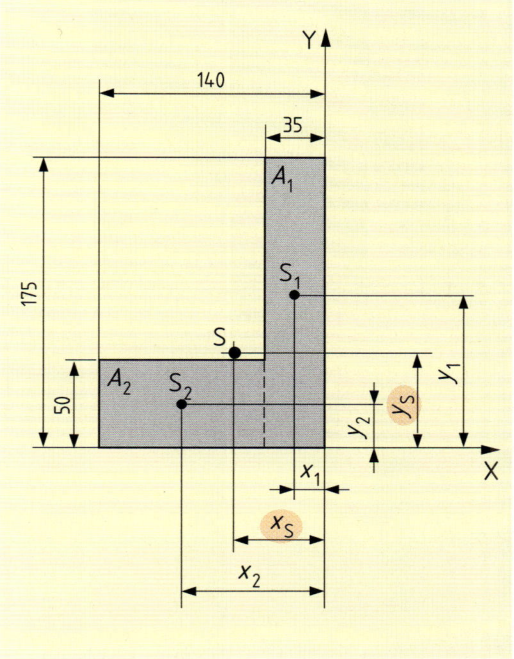

2.3.3–6

Lösungsschritte zur Berechnung des Flächenschwerpunktes:

1. Fläche in **Teilflächen** mit bekannter Schwerpunktslage zerlegen.
2. **Bezugskoordinatensystem** (X- und Y-Achse) festlegen.
3. **Gesamtschwerpunkt** mit angenommener Lage und den Schwerpunktsabständen x_S und y_S einzeichnen.
4. Teilflächen A_n, Gesamtfläche A, Abstände der Teilflächenschwerpunkte x_n und y_n von den Koordinatenbezugsachsen und Flächenmomente $A_n x_n$ und $A_n y_n$ berechnen.
5. **Momentensatz** für Flächen aufstellen und die **Schwerpunktskoordinaten** x_S und y_S berechnen.

Bei **hohlen** und bei **unsymmetrischen Profilflächen** kommt es häufig vor, dass der **Momentensatz für Flächen** auch mit stofflich nicht vorhandenen Flächen (hohle Flächen) ausgeführt werden muss. In diesen Fällen sind nicht vorhandene Flächen wie **negative** Flächen zu behandeln und in der Rechnung mit **negativen Zahlenwerten** einzusetzen. Am Beispiel der **unsymmetrischen L-Profilfläche** kann dies gezeigt werden.

Lehrbeispiel: Unsymmetrisches L-Profil

Festlegung der Teilflächen und der Teilflächenschwerpunkte:

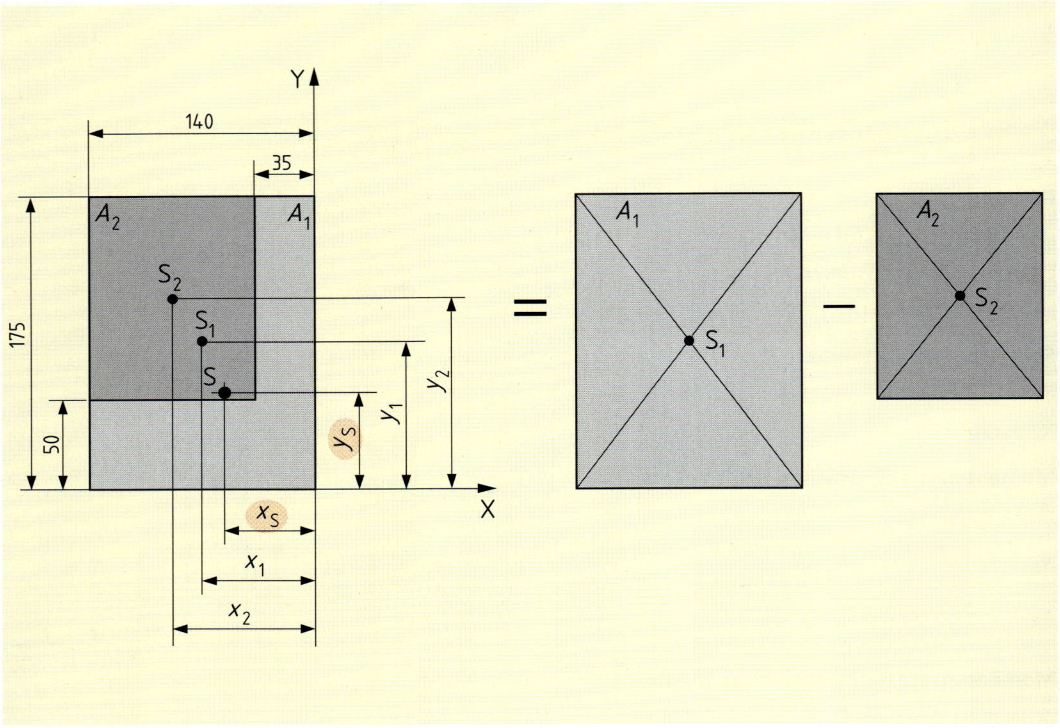

2.3.3–7

Flächen:

$$A_1 = 24\,500\ \text{mm}^2$$
$$A_2 = -13\,125\ \text{mm}^2$$
$$A \;=\; 11\,375\ \text{mm}^2$$

Schwerpunktsabstände:

$x_1 = -70$ mm $\quad y_1 = 87{,}5$ mm

$x_2 = -87{,}5$ mm $\quad y_2 = 112{,}5$ mm

Momentensatz für Flächen bzgl. Y-Achse:

$$A \cdot x_S = A_1 \cdot x_1 + A_2 \cdot x_2$$

$$x_S = \frac{24\,500\,\text{mm}^2 \cdot -70\,\text{mm} + (-13\,125\,\text{mm}^2) \cdot -87{,}5\,\text{mm}}{11\,375\,\text{mm}^2}$$

$$\underline{\underline{x_S = -49{,}808\ \text{mm}}}$$

Momentensatz für Flächen bzgl. X-Achse:

$$A \cdot y_S = A_1 \cdot y_1 + A_2 \cdot y_2$$

$$y_S = \frac{24\,500\,\text{mm}^2 \cdot 87{,}5\,\text{mm} + (-13\,125\,\text{mm}^2) \cdot 112{,}5\,\text{mm}}{11\,375\,\text{mm}^2}$$

$$\underline{\underline{y_S = 58{,}654\,\text{mm}}}$$

2.3.4 Schwerpunkt von Linien

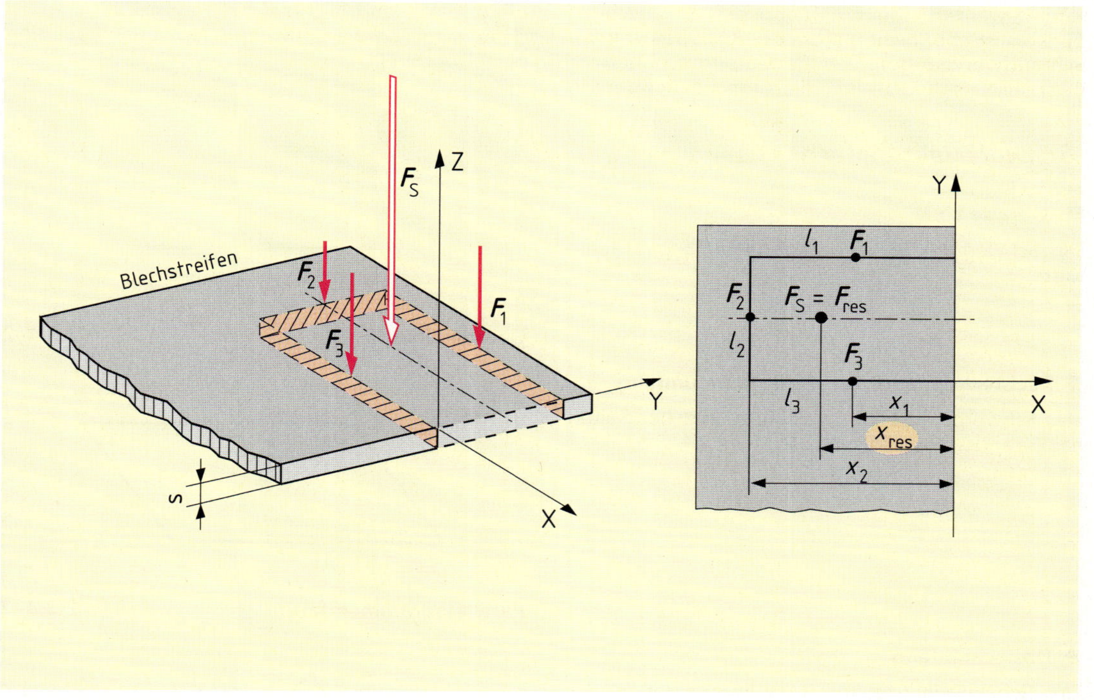

Lage der Scherkräfte 2.3.4–1

Um zu zeigen, **dass auch Linien einen Schwerpunkt haben**, stellen wir uns die Aufgabe, die Lage der resultierenden Scherkraft eines Schneidwerkzeuges, das aus einem Blechstreifen mit der Dicke s ein Blechteil abtrennt, zu bestimmen.

Durch die Symmetrie des Blechteils ist bekannt, dass die resultierende Scherkraft auf der Mittellinie des Blechteils liegen muss. Die genaue Lage auf der Mittellinie in X-Richtung des Koordinatenbezugsystems ist noch zu bestimmen.

Die zum Abscheren notwendige Scherkraft $\boldsymbol{F}_S$ kann leicht berechnet werden, wenn die **Schnittkraft pro Längeneinheit** F_{SO} für die Blechdicke s bekannt ist.

Teilscherkräfte für die Scherlängen l_1, l_2 und l_3:

$$F_1 = F_{SO} \cdot l_1$$
$$F_2 = F_{SO} \cdot l_2$$
$$F_3 = F_{SO} \cdot l_3$$

Gesamtscherkraft:

$$F_S = F_{SO} \cdot l_{ges}$$

Die Gesamtscherkraft $\boldsymbol{F}_S$ entspricht der Resultierenden $\boldsymbol{F}_{res}$, welche sich durch Addition der Teilscherkräfte ergibt.

$$\boldsymbol{F}_S = \boldsymbol{F}_{res} = \boldsymbol{F}_1 + \boldsymbol{F}_2 + \boldsymbol{F}_3$$

Die **genaue Lage der resultierenden Scherkraft** $\boldsymbol{F}_{res}$ (= Gesamtscherkraft $\boldsymbol{F}_S$) bezüglich der Y-Achse erhält man durch Anwendung des **Momentensatzes:**

$$F_{res} \cdot x_{res} = F_1 \cdot x_1 + F_2 \cdot x_2 + F_3 \cdot x_3$$

$$F_{SO} \cdot l_{ges} \cdot x_{res} = F_{SO} \ (l_1 \cdot x_1 + l_2 \cdot x_2 + l_3 \cdot x_3)$$

Kürzen mit F_{SO} führt zum **Momentensatz für Linien:**

$$l_{ges} \cdot x_{res} = l_1 \cdot x_1 + l_2 \cdot x_2 + l_3 \cdot x_3$$

Die **Lage der resultierenden Scherkraft** $\boldsymbol{F}_{res}$ (= Gesamtscherkraft $\boldsymbol{F}_S$) bzgl. der Y-Achse entspricht der **Lage des Linienschwerpunktes:**

$$x_{res} = x_S = \frac{l_1 \cdot x_1 + l_2 \cdot x_2 + l_3 \cdot x_3}{l_{ges}}$$

Eine Linienlänge l multipliziert mit ihrem Schwerpunktsabstand x wird als **Linienmoment** $l \cdot x$ bezeichnet.

Das **Vorzeichen** eines Linienmomentes wird durch das Vorzeichen des Linienschwerpunktsabstandes bestimmt.

Mithilfe des **Momentensatzes für Linien** kann die **Lage des Schwerpunktes von Linienzügen** bestimmt werden. Die Ermittlung des Linienschwerpunktes ist aber nicht nur bei der **Konstruktion von Schneidwerkzeugen** von Bedeutung, sondern ist beispielsweise auch für die **Oberflächenberechnung rotationssymmetrischer Körper** (Kapitel 2.3.5) erforderlich. Bei **ebenen Fachwerken** (Kapitel 2.4.4) die mit Profilen gleicher Größe aufgebaut sind, ist deren Linienschwerpunkt identisch mit ihrem Körperschwerpunkt.

Schwerpunkt einfacher Linien

- **Gerade Linie**

Der Schwerpunkt einer geraden Linie liegt auf ihrer Mitte.

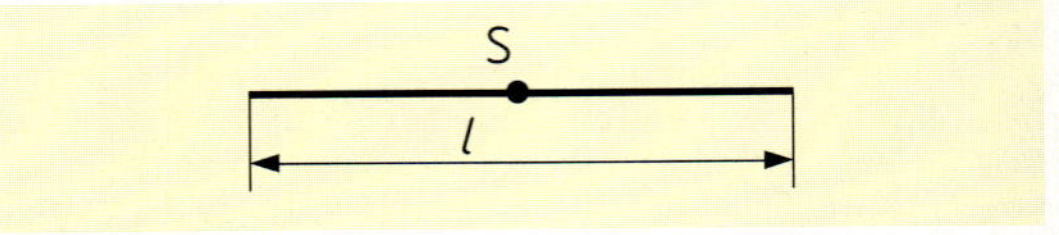

Gerade Linie **2.3.4–2**

- **Rechteckumfang, Parallelogrammumfang**

Der Schwerpunkt liegt im Schnittpunkt der Seitenhalbierenden bzw. Diagonalen.

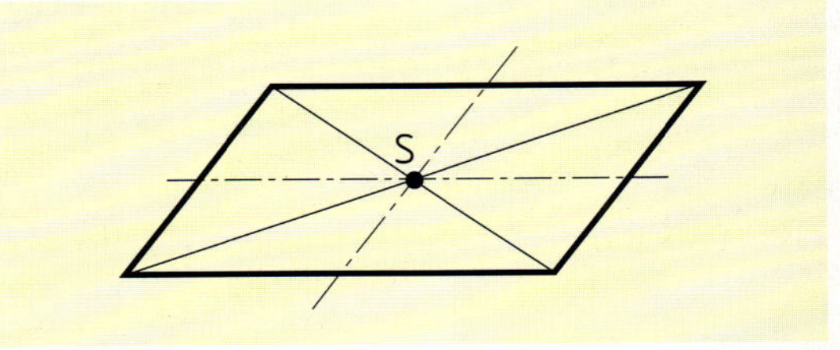

Parallelogrammumfang **2.3.4–3**

- **Dreieckumfang**

Der Schwerpunkt ist der Mittelpunkt des in dem Dreieck, das durch die Verbindungsgeraden der Seitenhalbierenden gebildet wird, einbeschriebenen Kreises.

Schwerpunktslage:

$$y_S = \frac{h}{2} \cdot \frac{a+b}{a+b+c}$$

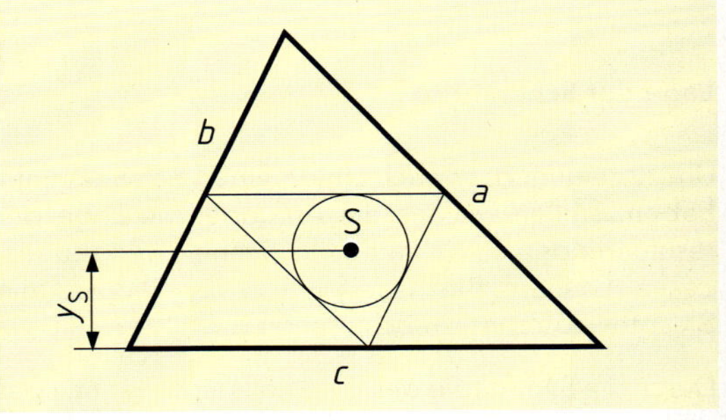

Dreieckumfang **2.3.4–4**

- **Kreisbogen**

Der Schwerpunkt der Kreisbogenlinie liegt auf der Mittellinie mit Abstand y_S vom Kreisbogenmittelpunkt.

Schwerpunktslage:

$$y_S = \frac{r \cdot s}{b}$$

Bogenlänge:

$$b = \frac{\pi \cdot r \cdot \alpha}{180°}$$

Sehnenlänge:

$$s = 2r \cdot \sin\frac{\alpha}{2}$$

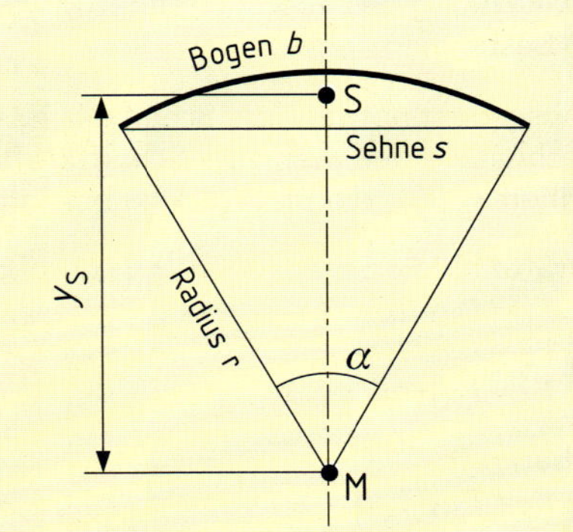

Halbkreisbogen $y_S = 0{,}6366\,r$
Viertelkreisbogen $y_S = 0{,}9003\,r$
Sechstelkreisbogen $y_S = 0{,}9549\,r$

Kreisbogen **2.3.4–5**

Schwerpunkt zusammengesetzter Linien (Linienzüge)

Der Schwerpunkt von Linienzügen wird mithilfe des **Momentensatzes für Linien** bestimmt. Bei **unsymmetrischen Linienzügen** muss man den Momentensatz für Linien bezüglich der Y-Achse und bezüglich der X-Achse anwenden.

Momentensatz für Linien bzgl. Y-Achse:

$$l_{ges}\,x_S = l_1\,x_1 + l_2\,x_2 + \ldots + l_n\,x_n = \Sigma\,l_n\,x_n$$

$$x_S = \frac{l_1\,x_1 + l_2\,x_2 + \ldots + l_n\,x_n}{l_{ges}} = \frac{\Sigma\,l_n\,x_n}{l_{ges}}$$

Momentensatz für Linien bzgl. X-Achse:

$$l_{ges}\,y_S = l_1\,y_1 + l_2\,y_2 + \ldots + l_n\,y_n = \Sigma\,l_n\,y_n$$

$$y_S = \frac{l_1\,y_1 + l_2\,y_2 + \ldots + l_n\,y_n}{l_{ges}} = \frac{\Sigma\,l_n\,y_n}{l_{ges}}$$

Bei mehr als drei Teillängen ist es vorteilhaft, die Berechnung des Linienschwerpunktes mithilfe des nebenstehenden **tabellarischen Schemas** vorzunehmen.

Die **Vorzeichen** der Linienmomente $l_n x_n$ werden durch die Vorzeichen der Schwerpunktsabstände x_n bzw. y_n bestimmt.

Die Anwendung des jeweiligen Momentensatzes für Linien liefert immer **vorzeichenrichtig** die gesuchten Linienschwerpunktskoordinaten x_S und y_S.

n	l_n	x_n	y_n	$l_n x_n$	$l_n y_n$
1					
2					
...					
	Σ=			Σ=	Σ=

Lösungsschritte zur Berechnung des Linienschwerpunktes:

1. Linienzug in **Teillängen mit bekannter Schwerpunktslage** zerlegen.
2. Bezugskoordinatensystem (X- und Y-Achse) festlegen.
3. **Gesamtlinienschwerpunkt** mit angenommener Lage und den Schwerpunktsabständen x_S und y_S einzeichnen.
4. Teillängen l_n, Gesamtlänge l_{ges}, Abstände der Teillängenschwerpunkte x_n und y_n von den Koordinatenbezugsachsen sowie Linienmomente $l_n x_n$ und $l_n y_n$ berechnen.
5. **Momentensatz für Linien** aufstellen und die Schwerpunktsabstände x_S und y_S berechnen.

Lehrbeispiel: Unsymmetrischer Linienzug

Bei dem unsymmetrischen Linienzug müssen die Schwerpunktskoordinaten x_S und y_S bestimmt werden. Wegen mehr als drei Teillängen erfolgt dies mithilfe des tabellarischen Schemas.

Kreisbogenlänge:

$l_2 = \pi \cdot r = \pi \cdot 20\,\text{mm}$

$l_2 = 62{,}832\,\text{mm}$

Linenschwerpunktskoordinaten:

$x_2 = -70\,\text{mm} + (-0{,}6366 \cdot 20\,\text{mm})$

$= -82{,}732\,\text{mm}$

$y_2 = 10\,\text{mm} + 20\,\text{mm} = 30\,\text{mm}$

$y_5 = \dfrac{10\,\text{mm} + 40\,\text{mm}}{2} = 25\,\text{mm}$

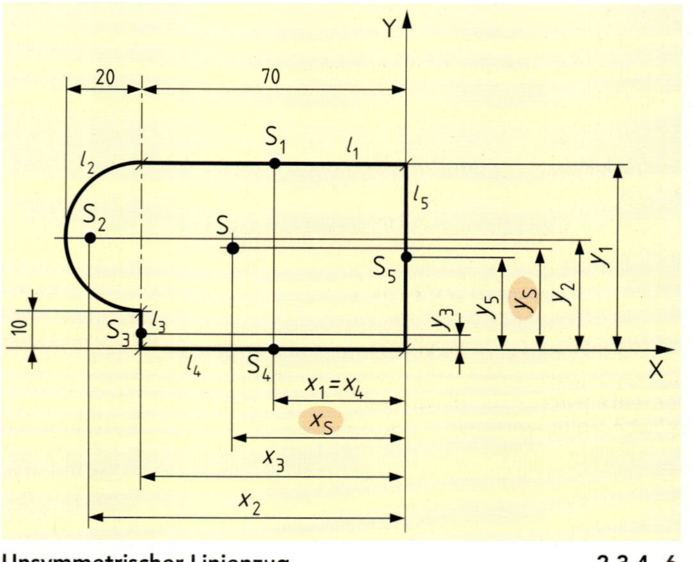

Unsymmetrischer Linienzug 2.3.4–6

n	l_n	x_n	y_n	$l_n x_n$	$l_n y_n$
1	70 mm	-35 mm	50 mm	-2 450 mm²	3 500 mm²
2	62,83	-82,732	30	-5 198,22	1 884,96
3	10	-70	5	-700	50
4	70	-35	0	-2 450	0
5	50	0	25	-0	1 250
	$\Sigma = 262{,}83\,\text{mm} = l_{ges}$			$\Sigma = -10\,798{,}22\,\text{mm}^2$	$\Sigma = 6\,684{,}96\,\text{mm}^2$

Linienschwerpunktslage:

$$x_n = \frac{\Sigma l_n x_n}{l_{ges}} = \frac{-10\,798{,}22\,\text{mm}^2}{262{,}83\,\text{mm}} = \underline{\underline{-41{,}08\,\text{mm}}}$$

$$y_n = \frac{\Sigma l_n y_n}{l_{ges}} = \frac{6\,684{,}96\,\text{mm}^2}{262{,}83\,\text{mm}} = \underline{\underline{25{,}43\,\text{mm}}}$$

2.3.5 Volumen- und Oberflächenberechnung rotationssymmetrischer Körper

Um die **Masse** m und die **Gewichtskraft** F_G eines rotationssymmetrischen Körpers berechnen zu können, muss sein **Volumen** V bekannt sein.

Um den Materialbedarf zum Beschichten eines rotationssymmetrischen Körpers (Lackieren, Galvanisieren, Emaillieren u.a.) ermitteln zu können, muss die **Oberfläche** A des Körpers bekannt sein.

Volumenberechnung

Ein Rotationskörper entsteht (gedanklich) durch Drehung seiner halben Querschnittsfläche um seine Symmetrieachse. Die halbe Querschnittsfläche wird deshalb auch als **erzeugende Fläche** A^* bezeichnet.

Zerlegt man die erzeugende Fläche A^* in die Teilflächen A_n^* mit bekannter Schwerpunktslage, so erzeugt jede Teilfläche bei einer Umdrehung ein Volumen V_n, das sich bei einem Körper mit senkrechter Symmetrieachse wie folgt berechnen lässt:

$$V_n = A_n^* \, 2\pi \, x_n$$

Das Produkt $2\pi x_n$ ist der Weg, den der Schwerpunkt der Teilfläche A_n^* bei einer Umdrehung zurücklegt.

Die Summe aller Teilvolumen V_n ergibt das Gesamtvolumen V.

$$V = \Sigma V_n = \Sigma A_n^* \, 2\pi \, x_n$$

Das Produkt 2π kann als konstanter Faktor vor das Summenzeichen geschrieben werden. Mithilfe des **Momentensatzes für Flächen** erhält man die **Guldin'sche Volumenregel:**

$$V = 2\pi \, \Sigma A_n^* \, x_n = 2\pi \, A^* \, x_S$$

A^* ... erzeugende Fläche (halbe Querschnittsfläche)
x_S ... Abstand des Flächenschwerpunktes der erzeugenden Fläche von der Drehachse

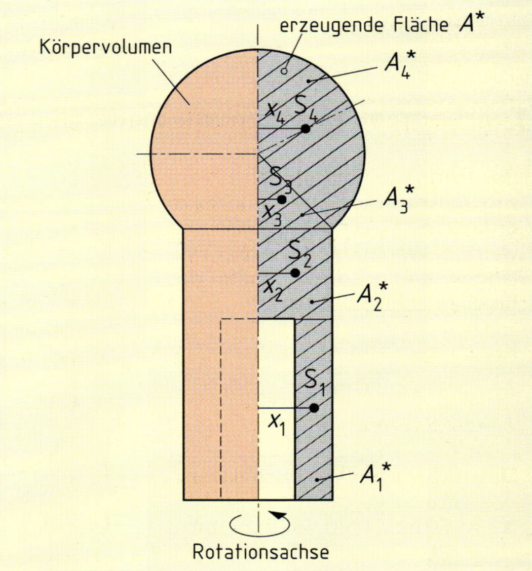

Rotationskörper **2.3.5–1**

Das Volumen V eines Rotationskörpers berechnet man mit dem Produkt aus der erzeugenden Fläche A^* und ihrem Schwerpunktsweg $2\pi x_S$ bei einer Umdrehung.

Zur Volumenberechnung **einfacher Rotationskörper**, bei denen die Lage des Flächenschwerpunktes bekannt ist, siehe folgende Beispiele, eignet sich die Gleichung

$$V = 2\pi\, A^* \cdot x_S.$$

Für die Berechnung **zusammengesetzter Rotationskörper** ist dagegen folgende Gleichung vorteilhafter:

$$V = 2\pi \Sigma A_n^* \cdot x_n.$$

Beispiele:

1. Kugelvolumen

Erzeugende Fläche ist eine Halbkreisfläche mit dem Radius r und dem Schwerpunktsabstand $x_S = 4r/3\pi$ von der Drehachse.

$$V = 2\pi \cdot A^* x_S = 2\pi \cdot \frac{\pi r^2}{2} \cdot \frac{4r}{3\pi} = \frac{4}{3}\pi r^3 = \frac{\pi d^3}{6}$$

$$\underline{\underline{V = \frac{\pi d^3}{6}}}$$

2. Kegelvolumen

Erzeugende Fläche ist eine Dreiecksfläche mit der Höhe h, der Grundlinie r und dem Schwerpunktsabstand $x_S = r/3$.

$$V = 2\pi A^* x_S = 2\pi \cdot \frac{rh}{2} \cdot \frac{r}{3} = \frac{\pi}{3} r^2 h = \frac{\pi d^2}{4} \cdot \frac{h}{3}$$

$$\underline{\underline{V = \frac{\pi d^2 h}{12}}}$$

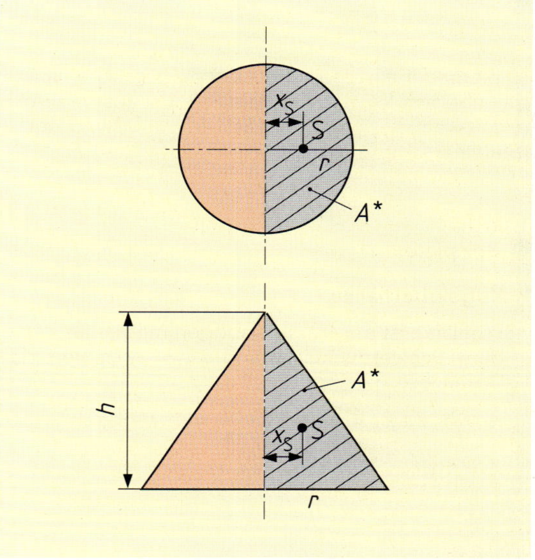

2.3.5–2

Oberflächenberechnung

Die Oberfläche rotationssymmetrischer Körper entsteht (gedanklich) durch Drehung ihrer **Profillinie** l^* um die Symmetrieachse des Körpers.

Zerlegt man die Profillinie in Teillängen l_n^* mit bekannter Schwerpunktslage, so erzeugt jede Teillinie bei einer Umdrehung eine **Ringfläche** A_n, die sich bei einem Körper mit senkrechter Symmetrieachse wie folgt berechnen lässt:

$$A_n = l_n^* 2\pi x_n$$

Das Produkt $2\pi x_n$ ist wiederum der Weg, den der Schwerpunkt der Teillänge l_n^* bei einer Umdrehung zurücklegt.

Die Summe aller Ringflächen A_n ergibt die Gesamtoberfläche A:

$$A = \Sigma A_n = \Sigma l_n^* 2\pi x_n$$

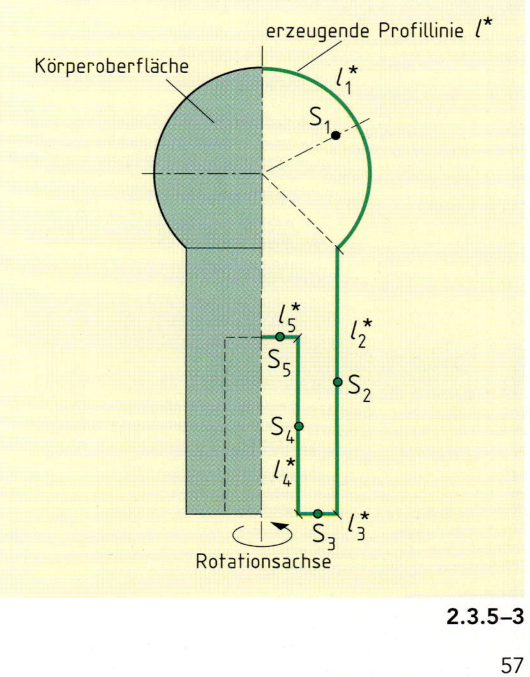

2.3.5–3

Schreibt man den konstanten Faktor 2π vor das Summenzeichen, erhält man durch Anwendung des **Momentensatzes für Linien** die **Guldin'sche Oberflächenregel:**

$$A = 2\pi \Sigma l_n^* \, x_n = 2\pi l^* x_S$$

l^* ... Länge der Profillinie
x_S ... Abstand des Profillinienschwerpunktes von der Drehachse

Die Oberfläche eines rotationssymmetrischen Körpers berechnet man mit dem Produkt aus der Profillinienlänge l^* und ihrem Schwerpunktsweg $2\pi x_S$ bei einer Umdrehung.

Zur Oberflächenberechnung **einfacher Rotationskörper**, bei denen die Lage des Linienschwerpunktes bekannt ist, siehe folgende Beispiele, eignet sich die Gleichung

$$A = 2\pi l^* x_S .$$

Für die Berechnung **zusammengesetzter Rotationskörper** ist dagegen folgende Gleichung vorteilhafter:

$$A = 2\pi \Sigma l_n^* \, x_n .$$

Beispiele:

1. **Kugeloberfläche**

   Profillinie ist der Halbkreisbogen mit Radius r und dem Schwerpunktsabstand $x_S = 2r/\pi$ von der Drehachse.

   $$A = l^* \cdot 2\pi x_S = \pi \cdot r \cdot 2\pi \cdot \frac{2r}{\pi} = 4\pi r^2 = \pi d^2$$

   $$\underline{\underline{A = \pi \cdot d^2}}$$

2. **Kegelmantelfläche**

   Profillinie ist die Mantellinie mit Länge s und dem Schwerpunktabstand $x_S = r/2$ von der Drehachse.

   $$A = l^* \cdot 2\pi \cdot x_S = s \cdot 2\pi \cdot \frac{r}{2} = \pi \cdot r \cdot s$$

   $$\underline{\underline{A = \pi \cdot r \cdot s}}$$

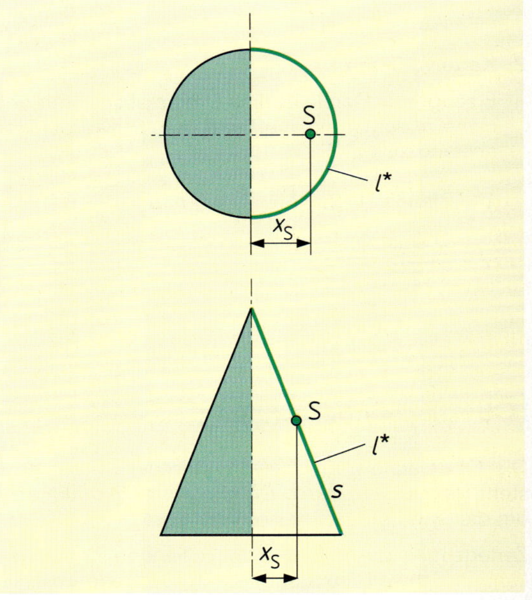

2.3.5–4

2.3.6 Standsicherheit

Nicht nur beim Einsatz von Transporteinrichtungen wie Kränen, Fahrzeugen, Förderbändern und vielen anderen Beispielen kommt der Standsicherheit eine große Bedeutung zu. **Standsicherheit** besagt, dass **Kippen** und **Umstürzen** mit **Sicherheit nicht** auftritt. Dies machen wir uns am Beispiel eines schrägen Transportbandes klar.

Das nebenstehende Bild zeigt, dass **die Lage des Körperschwerpunktes bezogen auf seine Standfläche die Standsicherheit des Körpers bestimmt**. Liegt die Wirklinie der Gewichtskraft des Körpers außerhalb der **Standfläche** und wird das Abgleiten des Körpers zum Beispiel durch Querleisten verhindert, kommt es zum Kippen um die **Kippkante** K. Diese Wirkung der Gewichtskraft kann mit der Wirkung ihrer Zerlegungskomponenten F_H (Hangabtriebskraft) und F_N (Normalkraft) begründet werden.

Die Hangabtriebskomponente F_H bewirkt bezüglich der Kippkante K ein Moment, das zum Kippen führt. Seine Bezeichnung ist deshalb **Kippmoment** M_K. Die Normalkraftkomponente bewirkt ein Moment, das einen festen Stand zur Folge hat. Deshalb seine Bezeichnung: **Standmoment** M_S. Beide Momente wirken mit entgegengerichtetem Drehsinn. Übersteigt das Kippmoment die Größe des Standmomentes, kommt es zum Kippen des Körpers.

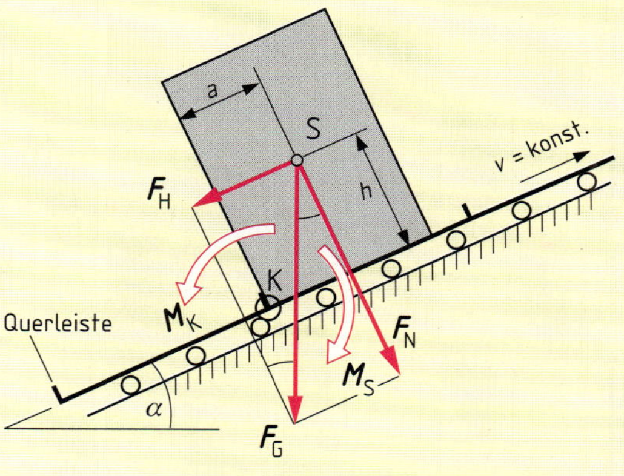

Kippmoment:

$$\overset{\curvearrowleft}{M_K} = F_H \cdot h = m \cdot g \cdot \sin\alpha \cdot h$$

Standmoment:

$$\overset{\curvearrowright}{M_S} = F_N \cdot a = m \cdot g \cdot \cos\alpha \cdot a$$

Schräges Transportband **2.3.6–1**

Bei Transportvorgängen ist es wichtig, dass die Körper nicht unkontrolliert kippen! Das Kippen wird vermieden, wenn das Standmoment größer ist als das Kippmoment.

Der **Sicherheitsgrad gegen das Kippen** wird durch das Verhältnis beider Momente ausgedrückt. Dieses Momentenverhältnis nennt man **Standsicherheit** S.

Standsicherheit $S = \frac{M_S}{M_K}$

$S > 1$	sicherer Stand
$S = 1$	Kippgrenze (= unsicherer Stand)
$S < 1$	Kippen

Ist die Standsicherheit $S = 1$ (Kippgrenze), so geht die Resultierende der wirkenden Kräfte – im Beispiel ist dies die Gewichtskraft F_G – gerade durch die Kippkante K. Dieser Zustand stellt ein indifferentes Gleichgewicht dar, weil jede kleine Änderung zum Kippen führen kann.

Berechnung der Standsicherheit im allgemeinen Fall:

$$S = \frac{\Sigma M_S}{\Sigma M_K} = \frac{\text{Summe der Standmomente}}{\text{Summe der Kippmomente}}$$

Lösungsschritte zur Berechnung der Standsicherheit:

1. **Lageskizze** des Körpers mit allen Aktionskräften zeichnen. Stützkräfte nicht berücksichtigen.
2. **Kippkante bzw. Kipplinie** K festlegen und einzeichnen.
3. **Momente der Aktionskräfte** mit ihrem Drehsinn bezüglich der Kipplinie K einzeichnen.
4. **Standsicherheit** S berechnen.

Lehrbeispiel: Gabelstapler

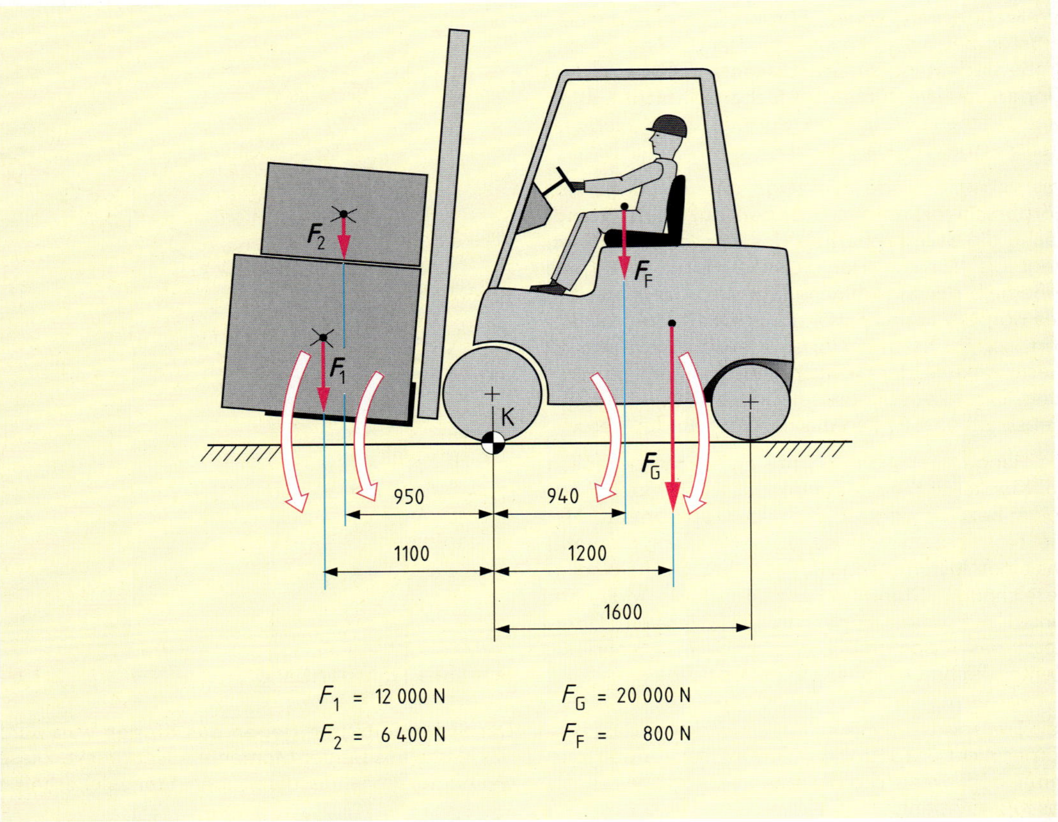

Gabelstapler **2.3.6–2**

a) Für den Gabelstapler im Leitbeispiel Statik soll die Standsicherheit im Betrieb ermittelt werden.

b) Wie groß ist die Standsicherheit ohne Beladung?

Lösung:

a) Festlegung der Kipplinie:

Wenn aufgrund zu starker Beladung der Gabelstapler auf ebener Fahrbahn zum Kippen kommen sollte, dann kippt er um die Kipplinie, die von den Aufstandsmitten der beiden Vorderräder auf der Fahrbahn gebildet wird.

Berechnung der Standsicherheit:

$$S = \frac{\Sigma M_S}{\Sigma M_K}$$

$$S = \frac{F_G \cdot 1{,}2\,\text{m} + F_F \cdot 0{,}94\,\text{m}}{F_1 \cdot 1{,}1\,\text{m} + F_2 \cdot 0{,}95\,\text{m}}$$

$$S = \frac{20\,\text{kN} \cdot 1{,}2\,\text{m} + 0{,}8\,\text{kN} \cdot 0{,}94\,\text{m}}{12\,\text{kN} \cdot 1{,}1\,\text{m} + 6{,}4\,\text{kN} \cdot 0{,}95\,\text{m}}$$

$$\underline{\underline{S = 1{,}28}}$$

b) Weil die Belastung fehlt, ist auch kein Kippmoment vorhanden. Es wirken nur Standmomente! Auf ebener Fahrbahn ist die Standsicherheit unendlich groß.

2.3.7 Übungen

Aufgabe 1

Der Schwerpunkt des Hohlkammerprofils ist zu ermitteln.

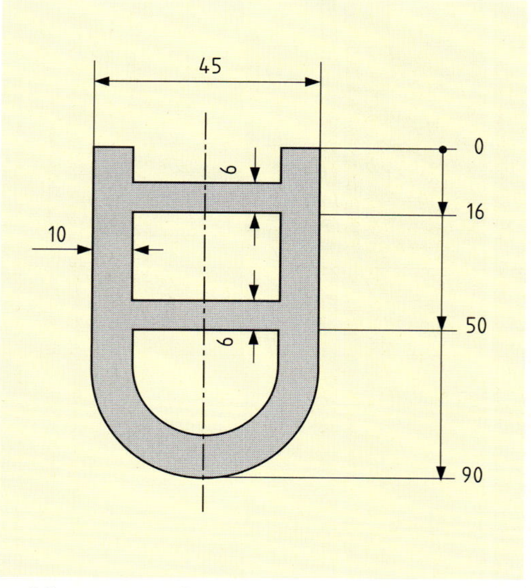

Hohlkammerprofil **2.3.7–1**

Aufgabe 2

Es ist der Schwerpunkt des Fachwerkträgers, der aus gleichen Stahlprofilen besteht, zu ermitteln.

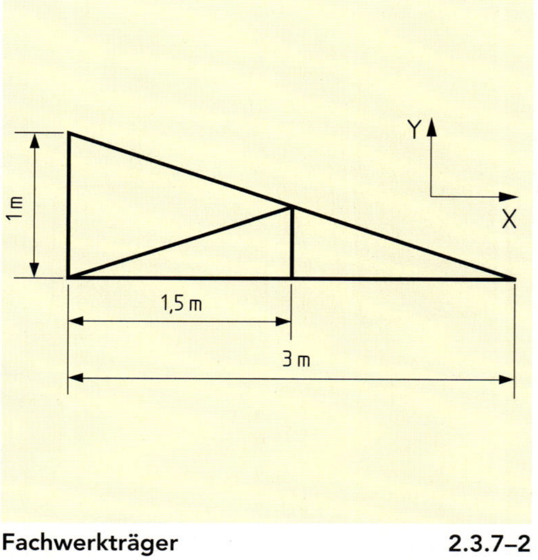

Fachwerkträger **2.3.7–2**

Aufgabe 3

Das Volumen und die Oberfläche der ringförmigen Gummidichtung sind zu berechnen.

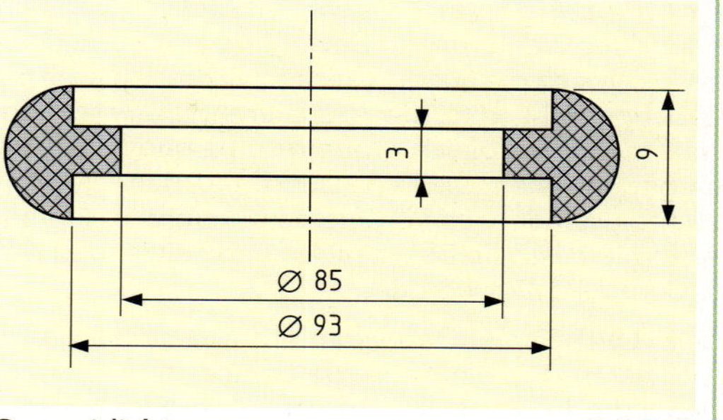

Gummidichtung **2.3.7–3**

Aufgabe 4

Ein Schlepper mit $F_G = 56\ \mathrm{kN}$ fährt mit konstanter Geschwindigkeit einen ansteigenden Weg hinauf.

a) Wie groß ist die Standsicherheit?

b) Welchen maximalen Steigungswinkel α kann der Schlepper bewältigen, ohne hintenüber zu kippen?

c) Wie groß darf der Steigungswinkel höchstens sein, wenn die Standsicherheit $S = 2{,}5$ nicht unterschritten werden soll?

d) Welchen Einfluss hat die Gewichtskraft des Schleppers auf den Steigungswinkel?

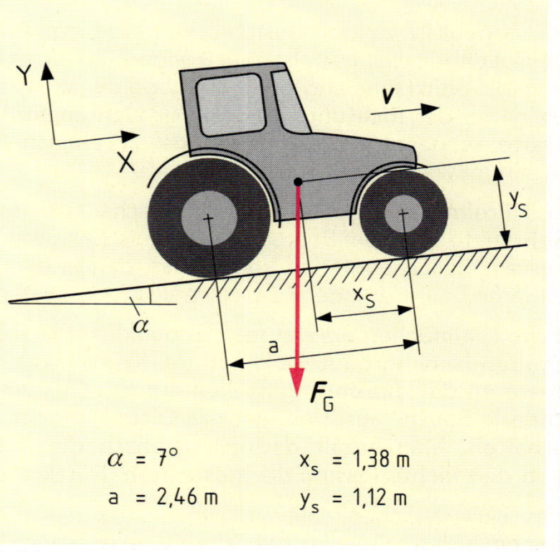

Schlepper am Hang **2.3.7–4**

2.4 Ermittlung unbekannter Kräfte

Die Hauptaufgabe der **Statik** ist es, unbekannte **Lager- und Stützkräfte** von Bauteilen (Vorrichtungen, Maschinen, technischen Systemen) rechnerisch oder zeichnerisch zu bestimmen.

Zur Erinnerung: Die **Statik** beschäftigt sich mit Kräften, die bei starren Körpern im Zustand der Ruhe oder der gleichförmigen Bewegung auftreten. Dabei befinden sich die auf den Körper wirkenden Kräfte im Gleichgewicht, d.h., der resultierenden Belastungskraft muss eine gleich große resultierende Stützkraft entgegenwirken. Voraussetzung, um den Gleichgewichtszustand eines Körpers beschreiben zu können, ist somit, dass **alle** belastenden **und** stützenden Kräfte berücksichtigt werden.

Beim **Leitbeispiel Gabelstapler** tragen die Eigengewichtskraft F_G, die Fahrergewichtskraft F_F und die Lastkräfte F_1 und F_2 zur Belastung der Fahrbahn bei. Die Gesamtbelastung F_{res} wird durch die Achskräfte F_v und F_h über die Radaufstandsflächen auf die Fahrbahn aufgebracht.

Gleichgewicht herrscht nun, wenn der resultierenden Belastungskraft eine gleich große resultierende Stützkraft entgegenwirkt. Die Stützwirkung der Fahrbahn kann aber nur in den Radaufstandsflächen erfolgen. Dort muss die jeweilige Stützkraft F_A bzw. F_B der Achskraft mit gleichem Betrag und gleicher Wirklinie entgegengerichtet sein.

Mit diesen Überlegungen hat man die **Anzahl**, die **Lage** und die **Richtung** der gesuchten Stützkräfte bestimmt. Die **Größe** der einzelnen Stützkräfte muss noch ermittelt werden. Dies kann **zeichnerisch** oder **rechnerisch** mit den Gleichgewichtsbedingungen erfolgen.

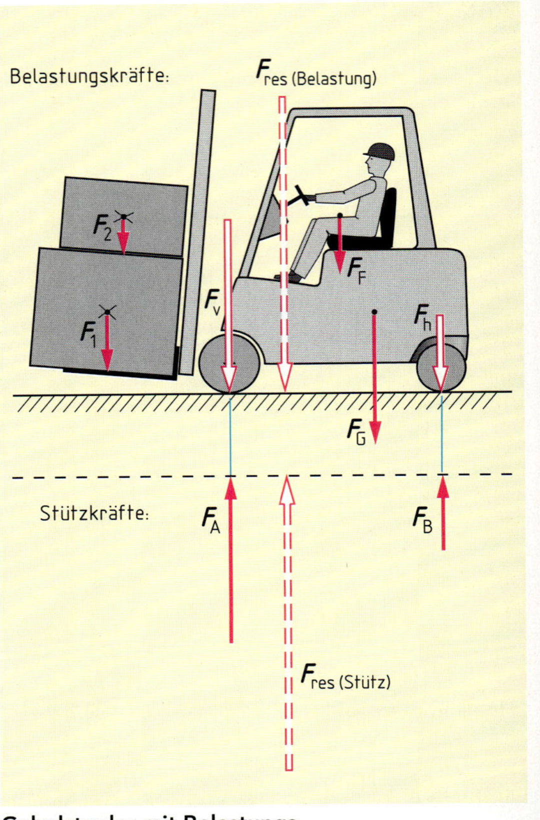

Gabelstapler mit Belastungs- und Stützkräften **2.4–1**

2.4.1 Freimachen von Bauteilen

Im Gegensatz zu den ausführlichen Überlegungen beim Leitbeispiel Gabelstapler können der **Ort**, an dem die Stützkräfte angreifen, die **Lage der Wirklinien** sowie der **Richtungssinn der gesuchten Stützkräfte** schneller mit der **Methode „Freimachen"** bestimmt werden.

Das **Freimachen** geht von der Tatsache aus, dass Stützkräfte an einem Bauteil oder technischen System nur an Stellen angreifen können, an denen es mit anderen Bauteilen oder Körpern in Verbindung steht.

Beim Freimachen ersetzt man gedanklich die stützenden Nachbarbauteile durch die Kräfte, welche diese an den Berührungsstellen auf das freizumachende Bauteil ausüben, um das Gleichgewicht zu erhalten. Man erhält dadurch grafisch die Lage und den Richtungssinn der gesuchten Stützkräfte.

Um sicherzugehen, **alle** an einem Bauteil oder System angreifenden Kräfte richtig zu erfassen, sollte jeder statischen Untersuchung das Freimachen vorausgehen.

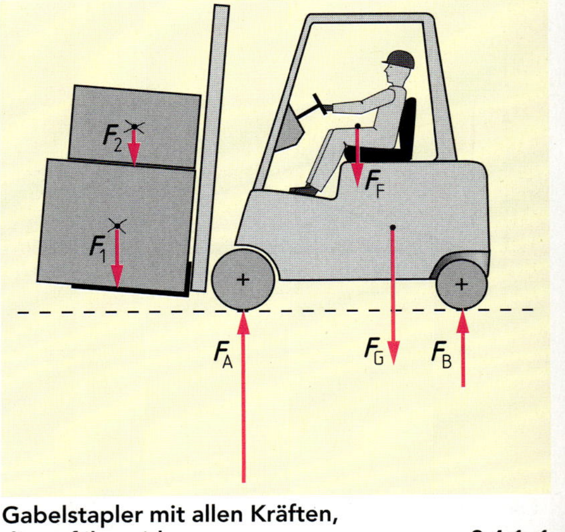

Gabelstapler mit allen Kräften, die auf ihn wirken **2.4.1–1**

Freimachen bedeutet, dass alle das Bauteil oder System berührenden Teile durch die von diesen Teilen auf das Bauteil oder System wirkenden Kräfte ersetzt werden.

Zum sicheren Freimachen müssen die **Eigenschaften der gebräuchlichsten Stützelemente** beachtet werden. Bei vielen Bauteilen kann die Wirklinie der gesuchten Stützkraft nur eine ganz bestimmte Lage haben. Sind nur kleine Reibwiderstandskräfte vorhanden, werden diese im Allgemeinen nicht berücksichtigt. Das gilt auch für Kräfte, die durch Verformungen hervorgerufen werden.

Flexible Bauteile wie Seile, Drähte, Riemen und Ketten

Seile und ähnlich flexible Bauteile können nur Zugkräfte in Richtung ihrer gestreckten Lage übertragen.

Die Zugkraft wirkt immer vom Angriffspunkt am freigemachten Bauteil weg. Das flexible Bauteil stellt sich durch die Zugwirkung stets in Richtung der wirkenden Zugkraft ein.

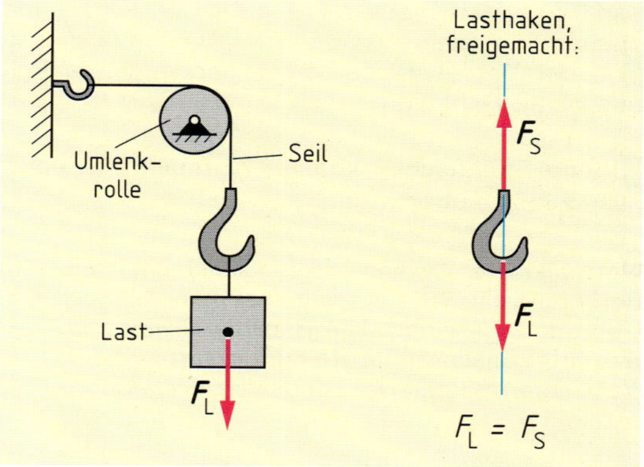

Stützelement Seil **2.4.1–2**

Zweigelenkstäbe (Pendelstützen)

Pleuelstangen sowie Schub- und Zugstangen sind Beispiele für Zweigelenkstäbe. Diese Bauteile sind an zwei Stellen gelenkig mit Nachbarbauteilen verbunden. **Kräfte werden nur in den beiden Gelenken übertragen**. Dabei werden die Gelenke als reibungsfrei angesehen.

Die Form des Zweigelenkstabes hat keinen Einfluss auf die Kraftübertragung, da zwei Kräfte nur dann im Gleichgewicht sind, wenn sie eine gemeinsame Wirklinie haben, die durch die beiden Gelenkmittelpunkte verlaufen muss.

Zweigelenkstäbe können sowohl Zug- als auch Druckkräfte übertragen. Deren Wirklinien liegen auf der Verbindungsgerade der Gelenkmittelpunkte.

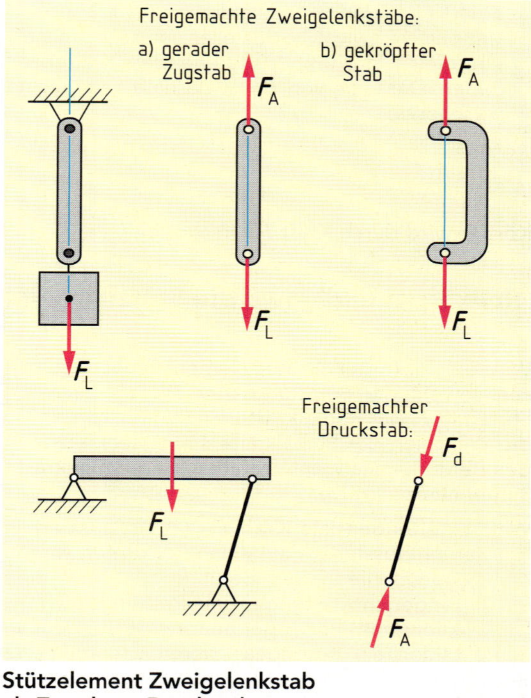

Stützelement Zweigelenkstab als Zug- bzw. Druckstab **2.4.1–3**

Ebene Stützflächen

Berühren sich zwei Bauteile mit ebenen Flächen, so wirkt der senkrecht auf die Stützfläche gerichteten Belastungskraft eine auf die Berührungsfläche gerichtete Normalkraft F_N entgegen. Ihre Wirklinie steht immer senkrecht („normal") zur Stützfläche.

Liegt ein Körper auf einer schiefen Ebene, wird der Körper durch eine der Hangabtriebskomponente F_H entgegengerichteten Haftreibkraft F_{RO} in der Berührungsfläche gehalten.

Wirkt eine Verschiebekraft F auf einen Körper mit ebener Stützfläche, wird in der Berührungsfläche eine der Verschiebekraft entgegengerichtete Reibungskraft F_R hervorgerufen.

Ebene Stützflächen können Normalkräfte und Längskräfte übertragen.

Normalkräfte wirken stets senkrecht auf die Berührungsfläche am freigemachten Bauteil. Die Übertragung einer **Längskraft** bewirkt in der Berührungsfläche eine **Reibungskraft**, die am freigemachten Bauteil der Längskraft entgegengerichtet ist.

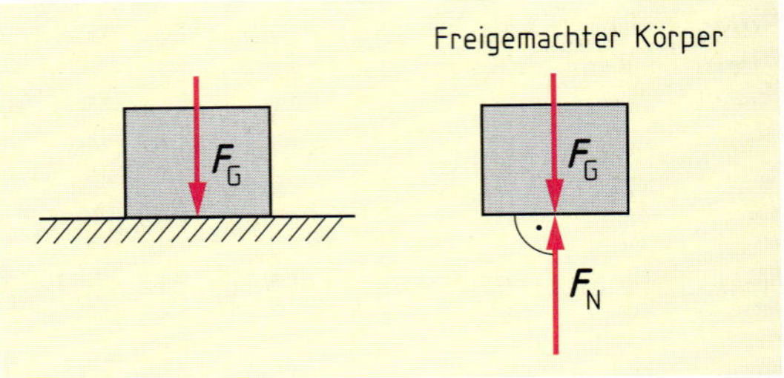

Körper liegt auf horizontaler Unterlage **2.4.1–4**

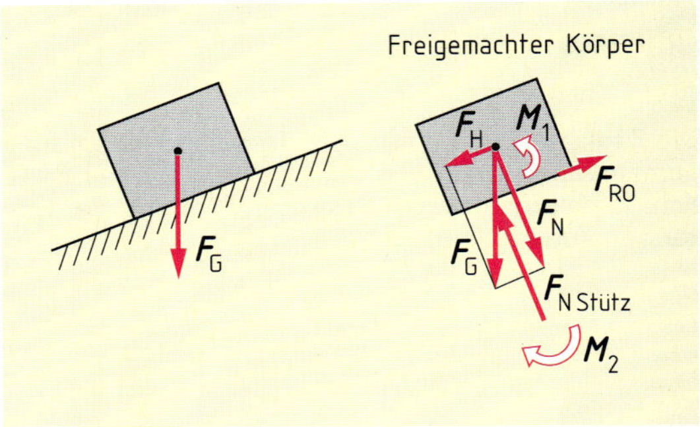

Körper liegt auf einer schiefen Ebene **2.4.1–5**

F und F_R bilden ein rechtsdrehendes Kräftepaar. Um Gleichgewicht herzustellen, muss F_G mit F_N ein gleich großes, linksdrehendes Kräftepaar bilden. Die Lage von F_N ist deshalb nach rechts verschoben.

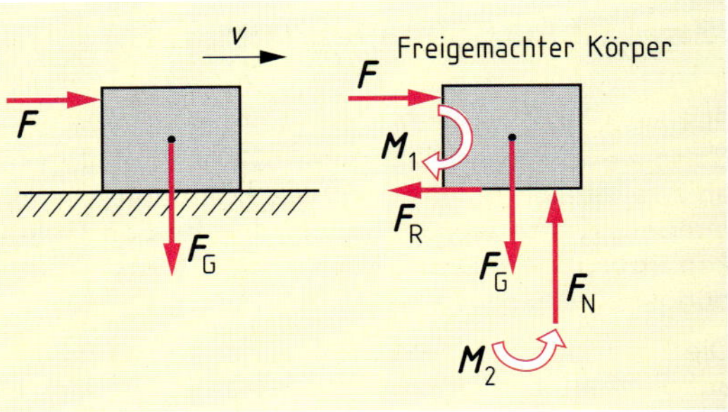

Körper wird durch Kraft *F* verschoben **2.4.1–6**

Rollkörper und gewölbte Stützflächen

Wird ein Rollkörper als Stützelement verwendet, wirken sowohl die Belastungskraft F_{rA} als auch die Stützkraft F_{rB} als **Radialkräfte** auf den Rollkörper. Da die Wirklinien der Radialkräfte stehts senkrecht auf den Berührungstangenten stehen, sind **Radialkräfte** immer **Normalkräfte**.

Wirkt eine **tangentiale Kraft** F_{tA} (→ Aktionskraft) in der Berührungsstelle A auf einen Rollkörper, wird in der gegenüberliegenden Berührungsstelle B **eine entgegengerichtete tangentiale Reibungskraft** F_{tB} (→ Reaktionskraft) hervorgerufen. Beide Tangentialkräfte bilden ein Kräftepaar, deren Drehmomentwirkung den Rollkörper zu einer **Drehbewegung** veranlasst.

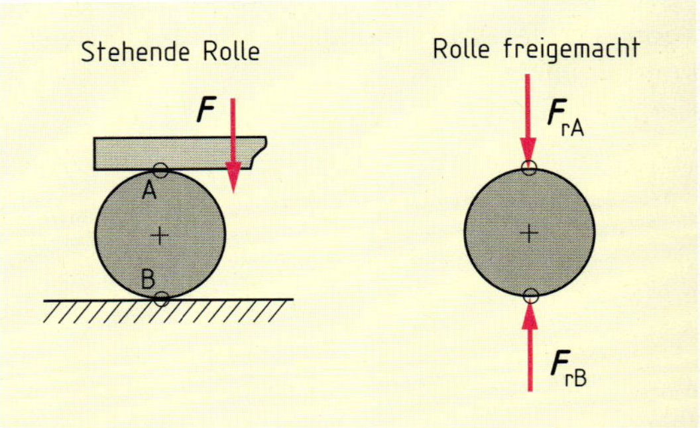

Stehende Rolle **2.4.1–7**

Rollkörper und gewölbte Stützflächen können Radialkräfte und Tangentialkräfte übertragen.

Die **Radialkräfte** wirken stets als Druckkräfte auf die Berührungsstellen am freigemachten Körper. Die Übertragung einer **Tangentialkraft** bewirkt bei Rollkörpern in der gegenüberliegenden Stützstelle eine **entgegengerichtete Reibungskraft** und verursacht die Drehbewegung des Rollkörpers.

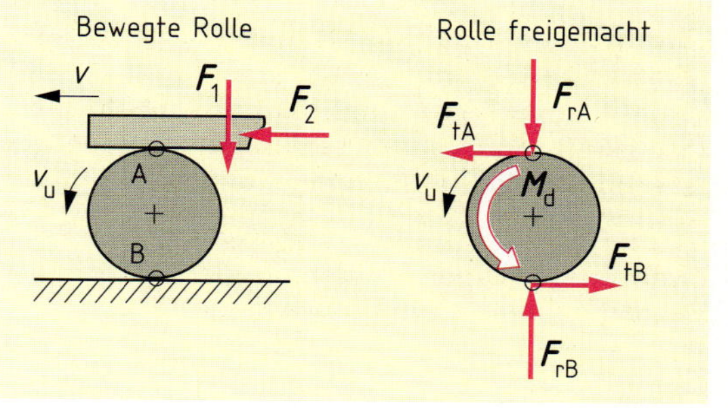

Bewegte Rolle **2.4.1–8**

Einwertige Lager (Loslager)

Als **einwertige Lager** werden sowohl die **in Längsrichtung verschiebbaren** Wälz- und Gleitlager von Wellen als auch Wälz- und Gleitführungen von Bewegungseinrichtungen bezeichnet. Einwertige Lager werden beispielsweise an Brückenträgern und bei Wellenlagerungen verwendet, um die Wärmedehnung in Längsrichtung nicht zu behindern.

Einwertige Lager können nur Druckkräfte senkrecht zur Stützfläche (→ Normalkräfte) übertragen.

Für die verschiedenartigen Ausführungen der **einwertigen Lager** werden in der Technischen Mechanik **symbolische Darstellungen** verwendet.

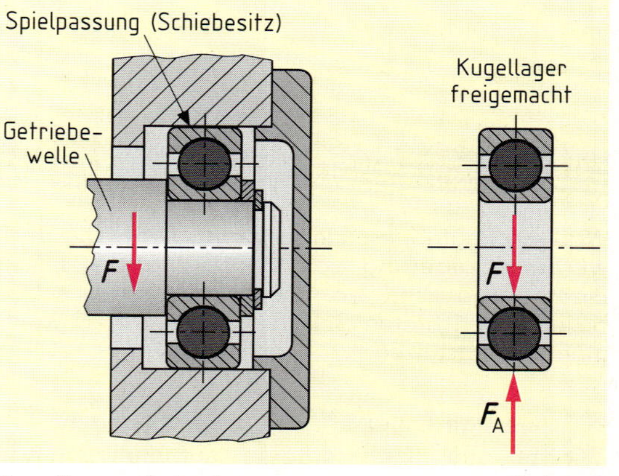

Kugellager als Loslager **2.4.1–9**

Symbole einwertiger Lager **2.4.1–10**

Zweiwertige Lager (Festlager)

Lager von Stützträgern, Wellen und Achsen, die eine Längsverschiebung verhindern, werden als **zweiwertige Lager (→ Festlager)** bezeichnet.

Zweiwertige Lager können **beliebig gerichtete Kräfte** aufnehmen. Beim Freimachen des Lagers kann in vielen Fällen die **Wirklinie** der Stützkraft **nicht eindeutig** festgelegt werden.

Da nach dem Parallelogrammsatz jede Kraft in zwei Komponenten zerlegt werden kann, behilft man sich bei einem zweiwertigen Lager, indem die unbekannte Stützkraft durch **zwei senkrecht aufeinander stehende Komponenten** ersetzt wird. Deren Richtungssinn wird unter Berücksichtigung der übrigen Kräfte bestimmt. Deshalb ist es ratsam, ein zweiwertiges Lager **immer zuletzt freizumachen**.

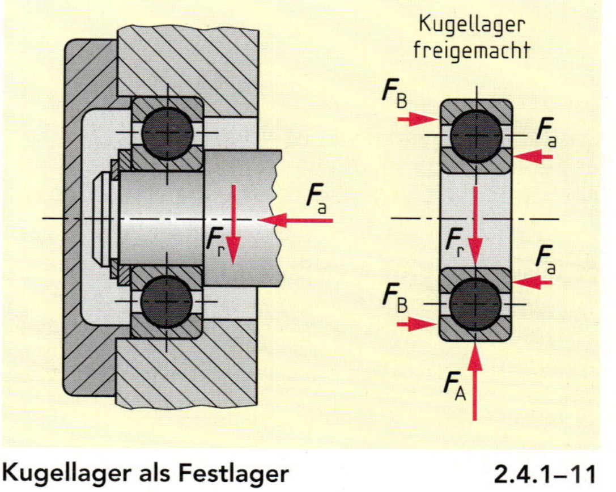

Kugellager als Festlager **2.4.1–11**

Zweiwertige Lager können beliebig gerichtete Kräfte übertragen.
Beim Freimachen ersetzt man die unbekannte Stützkraft durch zwei senkrecht aufeinander stehende Stützkraftkomponenten.

Zweiwertige Lager werden in der Technischen Mechanik ebenfalls **symbolisch** dargestellt.

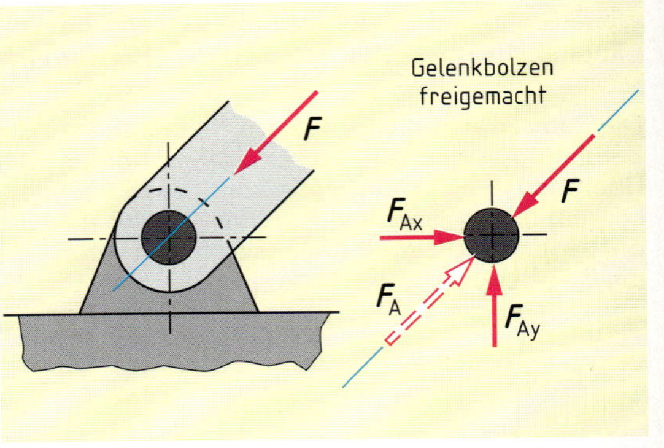

Gelenklager **2.4.1–12**

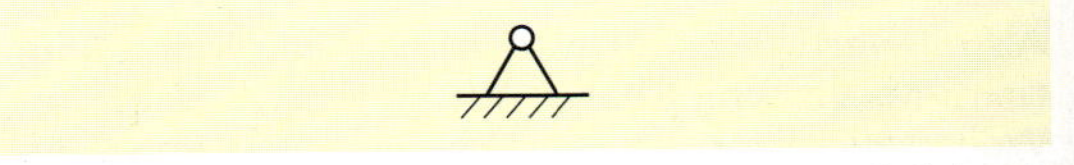

Symbol zweiwertiger Lager **2.4.1–13**

Dreiwertige Lager

Wird ein Bauteil fest **eingespannt**, liegt eine **dreiwertigen Lagerung** vor. Auf Grund der festen Einspannung kann ein dreiwertiges Lager neben beliebig gerichteten Belastungskräften auch Kraftmomente abstützen.

Dreiwertige Lager können beliebig gerichtete Kräfte und Kraftmomente aufnehmen und übertragen.
Beim Freimachen ersetzt man die unbekannte Stützkraft durch zwei senkrecht aufeinander stehende Stützkraftkomponenten. Das Stützmoment wird durch einen Momentenpfeil dargestellt.

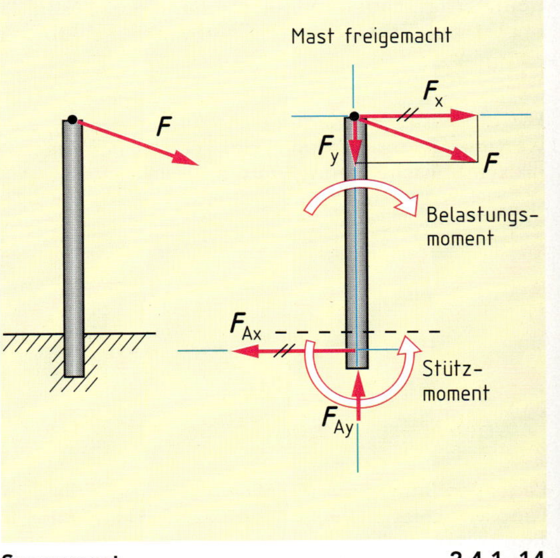

Spannmast **2.4.1–14**

Das richtige Freimachen ist Voraussetzung für die rechnerische und zeichnerische Bestimmung der unbekannten Stützkräfte, die für das statische Gleichgewicht notwendig sind. Um systematisch vorzugehen, sind die folgenden Lösungsschritte beim Freimachen anzuwenden.

Lösungsschritte zum Freimachen

1. **Lageskizze** des freizumachenden Bauteils mit allen Belastungskräften zeichnen.
2. **Berührungsstellen** mit den Nachbarbauteilen (→ Kraftangriffspunkte der Stützkräfte) feststellen.
3. **Wirklinien** und **Richtungssinn** der Stützkräfte unter Berücksichtigung der **Eigenschaften der Stützelemente** einzeichnen.

Lehrbeispiel 1: Haltevorrichtung

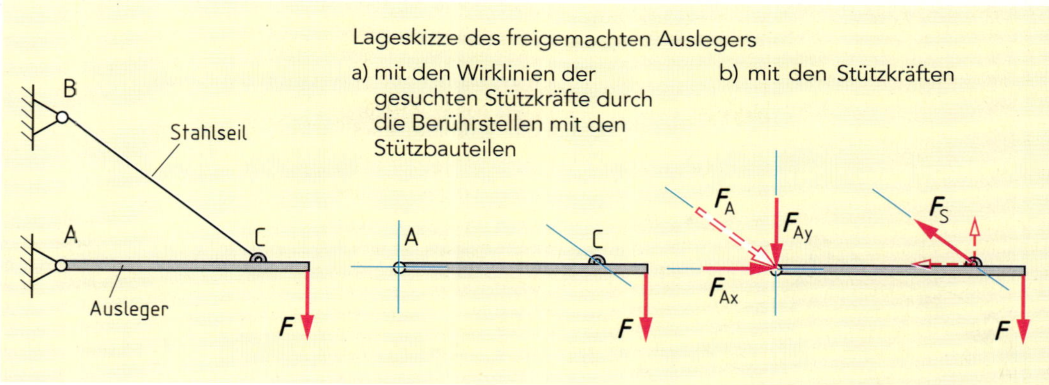

Haltevorrichtung **2.4.1–15**

Das Stahlseil kann nur eine Zugkraft in Seilrichtung übertragen.

Der Ausleger ist **kein** Zweigelenkstab.

Im Gelenklager A des Auslegers (zweiwertiges Lager) muss deshalb mit zwei Kraftkomponenten gerechnet werden. Um am freigemachten Ausleger **Kräftegleichgewicht** in X-Richtung zu erreichen, muss die X-Komponente der Lagerkraft F_A der X-Komponente der Seilkraft F_S entgegengerichtet sein.

Die Y-Komponente der Seilkraft F_S hat zusammen mit der Belastungskraft F ein **rechtsdrehendes Moment** zur Folge, das am freigemachten Auslegerende A eine Bewegung des linken Auslegerendes nach oben sich vorstellen lässt. Diese mögliche Bewegung muss durch eine nach unten gerichtete Y-Komponente der Stützkraft F_A verhindert werden. F_{Ax} und F_{Ay} können zum Schluss zur resultierenden Lagerkraft F_A ergänzt werden.

Lehrbeispiel 2: Laderampe

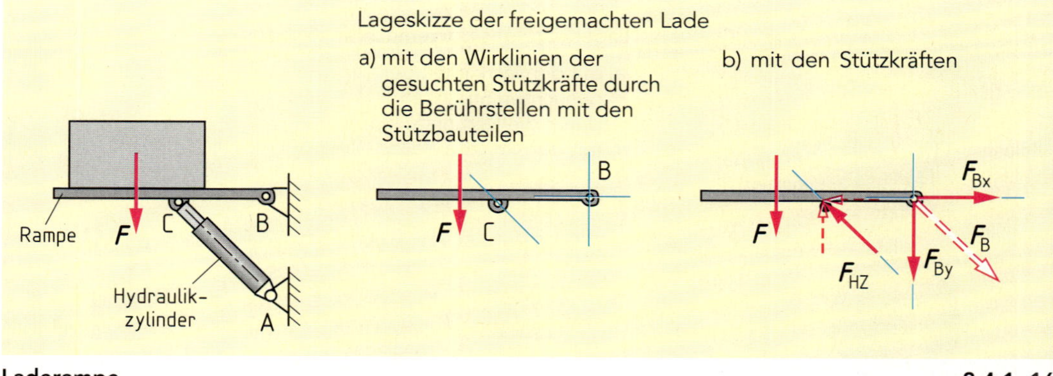

Laderampe **2.4.1–16**

Der Hydraulikzylinder ist als Stützelement ein Zweigelenkstab, der hier eine Druckkraft F_{HZ} mit der Verbindungslinie von A und C als Wirklinie überträgt.

Um an der freigemachten Lade **Kräftegleichgewicht** in X-Richtung herzustellen, muss F_{Bx} der X-Komponente von F_{HZ} entgegenwirken. Um im freigemachten Zustand das **Momentengleichgewicht** um den Bezugspunkt C herzustellen, muss F_{By} nach unten gerichtet sein, damit dem linksdrehenden Moment von F ein rechtsdrehendes Moment entgegenwirkt. F_{Bx} und F_{By} können zum Schluss zur Resultierenden F_B ergänzt werden.

Lehrbeispiel 3: Fahnenmast

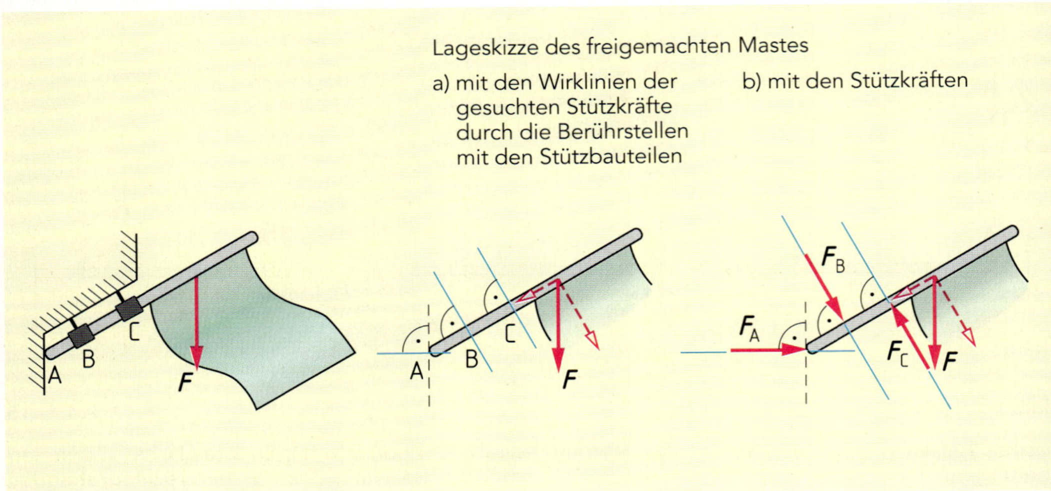

Fahnenmast **2.4.1–17**

Die Halteösen und die Stützwand stellen an den Berührungsstellen mit dem Fahnenmast ebene Stützflächen dar. Alle Stützkräfte sind dementsprechend Normalkräfte. Wenn sich der Mast statisch gelagert in Ruhe befindet, kann nicht entschieden werden, in welcher Richtung an den Berührungsstellen Haftreibkräfte wirksam sind. Es können deshalb keine eindeutigen Haftreibkräfte (Tangentialkräfte) an den Berührstellen eingezeichnet werden.

Lehrbeispiel 4: Hubkolben

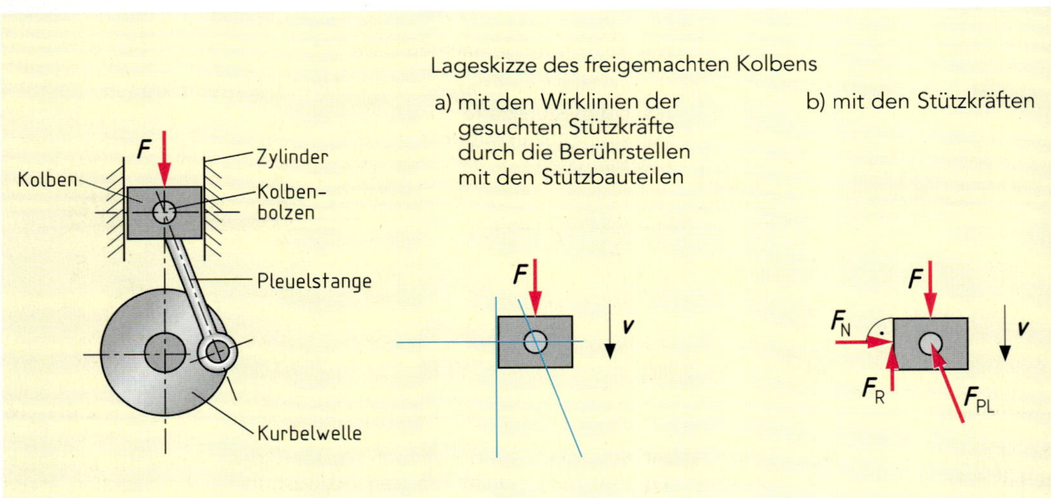

Hubkolben **2.4.1–18**

Die Pleuelstange stellt einen Zweigelenkstab dar, der hier für das momentane Kolbengleichgewicht eine Druckkraft überträgt. Die linke Zylinderfläche wirkt als ebene Stützfläche, die mit einer Normalkraft und einer Gleitreibkraft auf den Kolben wirkt.

Lehrbeispiel 5: Anhänger

Anhänger **2.4.1–19**

Die Räder des Anhängers stellen Rollkörper auf ebenen Stützflächen dar. Als Stützkräfte kommen daher Radialkräfte (= Normalkräfte) und Tangentialkräfte (= Rollreibungskräfte) in Betracht. Die Anhängerdeichsel entspricht in der Seitenansicht einem Zweigelenkstab, der beim Freimachen durch eine Zugkraft ersetzt werden muss.

Lehrbeispiel 6: Leiter

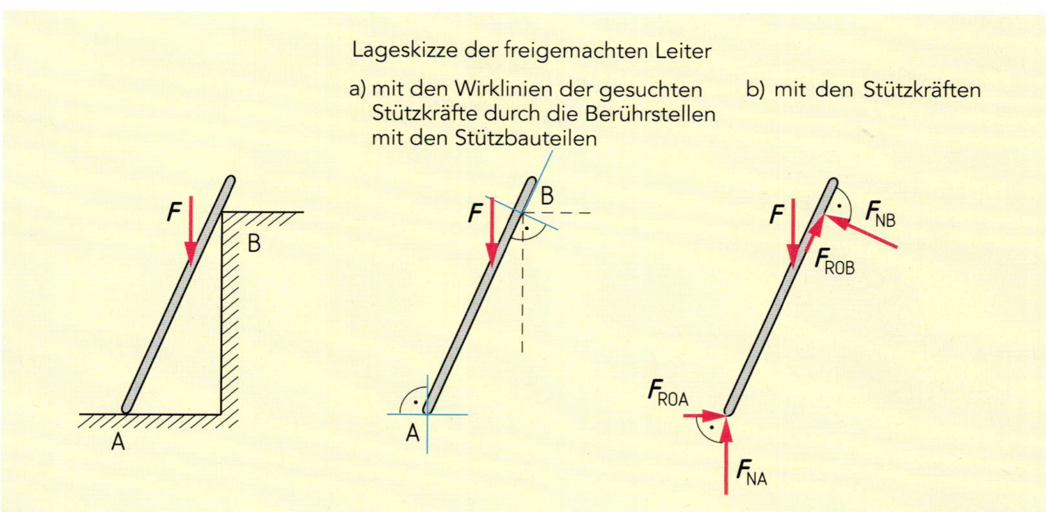

Leiter **2.4.1–20**

Die Abstützung der Leiter an der Ecke B entspricht der Abstützung durch einen runden Körper mit sehr kleinem Radius. Somit wird die Leiter an der Stelle B durch eine Normalkraft und eine Haftreibkraft abgestützt. Die ebene Aufstandsfläche unten wird beim Freimachen ebenfalls durch eine Normalkraft und eine Haftreibkraft ersetzt. Die Haftreibkräfte sind einer möglichen Abgleitbewegung der Leiter entgegengerichtet einzuzeichnen.

2.4.2 Ermittlung unbekannter Kräfte im zentralen ebenen Kräftesystem

Die zeichnerische und rechnerische Bestimmung unbekannter Stützkräfte im zentralen ebenen Kräftesystem wird am **Beispiel Rundprofilstange** gezeigt.

Beispiel: Rundprofilstange

Eine in einem 90-Grad-Prisma gelagerte Metallstange mit Kreisprofil und der Gewichtskraft $F_G = 200$ N wird mit der schräg von oben wirkenden Spannkraft $F_S = 600$ N beaufschlagt.

Aufgabe: Die Stützkräfte (Größe, Lage und Richtungssinn) in den Auflagestellen des Prismas sollen bestimmt werden.

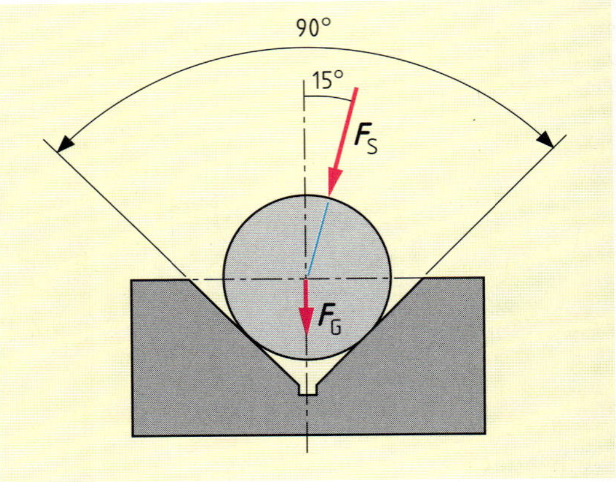

Rundprofilstange 2.4.2–1

Zeichnerische Ermittlung

Es gibt zwei Möglichkeiten, die Stützkräfte zeichnerisch zu bestimmen:

- **Indirekt**, indem die resultierende Belastungskraft F_{res} in zwei Kräfte zerlegt wird, deren Wirklinien jeweils durch die Berührungspunkte der Stützflächen verlaufen. Die Zerlegungskomponenten stellen die Belastungskräfte $F_{Bel.A}$ und $F_{Bel.B}$ auf die Prismenflächen dar, ihre Reaktionskräfte die gesuchten Stützkräfte F_A und F_B.

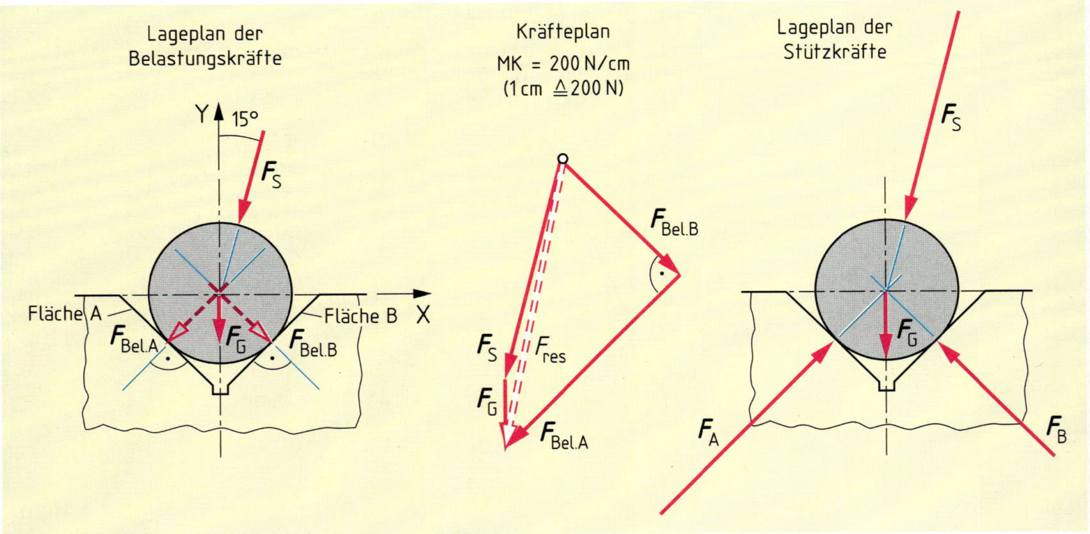

Zeichnerische Ermittlung der Belastungskräfte (= Stützkräfte) 2.4.2–2

Ergebnis: $F_A = F_{Bel.A} = 3{,}3\,\text{cm} \cdot 200\,\text{N/cm} = 660\,\text{N}$
$F_B = F_{Bel.B} = 2{,}2\,\text{cm} \cdot 200\,\text{N/cm} = 440\,\text{N}$
Lage und Richtungssinn siehe Lageplan

• **Direkt mithilfe der Methode des Freimachens**

Ein Körper kann nur dann im Gleichgewicht sein, wenn die Resultierende aller an ihm wirkenden Kräfte gleich null ist. Das bedeutet, der resultierenden Belastungskraft muss eine gleich große, resultierende Stützkraft mit gleicher Wirkungslinie gegenüberstehen. Dies ist genau dann der Fall, wenn im Kräfteplan Anfangspunkt und Endpunkt des Kräftezuges zusammenfallen.

Für die direkte zeichnerische Lösung lautet die **Gleichgewichtsbedingung**:

Ein zentrales Kräftesystem ist im Gleichgewicht, wenn sich das Krafteck schließt.

Die zeichnerische Lösung besteht nun darin, dass der offene Kräftezug mit den gegebenen Kräften F_S und F_G mit den zwei gesuchten Stützkräften F_A und F_B zu einem **geschlossenen Krafteck** ergänzt wird. Dies erreicht man, indem die Wirklinie einer unbekannten Stützkraft lagerichtig durch den Anfangspunkt des Kräftezuges, die Wirklinie der anderen unbekannten Stützkraft lagerichtig durch deren Endpunkt gezeichnet wird. Den Richtungssinn der gesuchten Stützkräfte erhält man – zusätzlich zum Freimachen – ebenfalls aus dem Krafteck, da die aneinander gereihten Kräfte so gerichtet sein müssen, dass ein geschlossener Kräftezug entsteht.

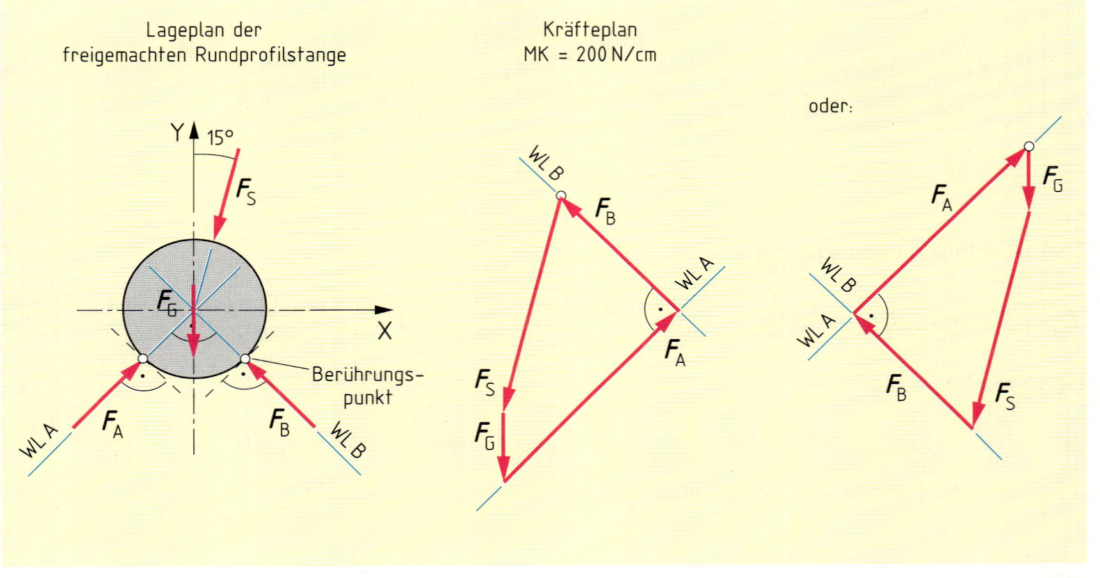

Zeichnerische Ermittlung der Stützkräfte **2.4.2–3**

Ergebnis: $F_A = 3{,}3\,\text{cm} \cdot 200\,\text{N/cm} = 660\,\text{N}$
$F_B = 2{,}2\,\text{cm} \cdot 200\,\text{N/cm} = 440\,\text{N}$
Lage und Richtungssinn siehe Lageplan

Lösungsschritte zur zeichnerischen Ermittlung unbekannter Kräfte:

1. **Lageplan** mit den Wirklinien aller Kräfte (Aktionskräfte und gesuchte Stützkräfte) winkelgetreu in ein rechtwinkliges Koordinatensystem einzeichnen. Wirklinien und Richtungssinn der unbekannten Stützkräfe sind durch **Freimachen** zu bestimmen.
2. **Kräftemaßstab** festlegen und in einen getrennten Kräfteplan die gegebenen Kräfte maßstäblich, in beliebiger Reihenfolge aneinander gereiht, zeichnen. (→ offener Kräftezug)
3. Die Wirklinie einer unbekannten Stützkraft aus dem Lageplan parallel in den Anfangspunkt des Kräftezuges verschieben, die Wirklinie der anderen unbekannten Stützkraft genauso in den Endpunkt des Kräftezuges. (→ geschlossener Kräftezug)
4. Der **Richtungssinn** der gesuchten Stützkräfte ergibt sich durch den fortlaufenden Kräftezug, der zu seinem Anfangspunkt zurückkehrt.
5. **Beträge** der gesuchten Stützkräfte durch Abmessen ermitteln.

Im zentralen Kräftesystem können mithilfe der zeichnerischen Gleichgewichtsbedingung höchstens **zwei** unbekannte Kräfte ermittelt werden. Enthält das Kräftesystem mehr als zwei unbekannte Kräfte, erhält man **keine eindeutige Lösung**, wie das folgende Beispiel zeigt. Solche Kräftesysteme sind **statisch unbestimmt**. Um statisch unbestimmte Systeme lösen zu können, müssen zusätzlich elastische Verformungen der Bauteile bekannt sein, mit deren Hilfe die Beträge der unbekannten Kräfte ermittelt werden können.

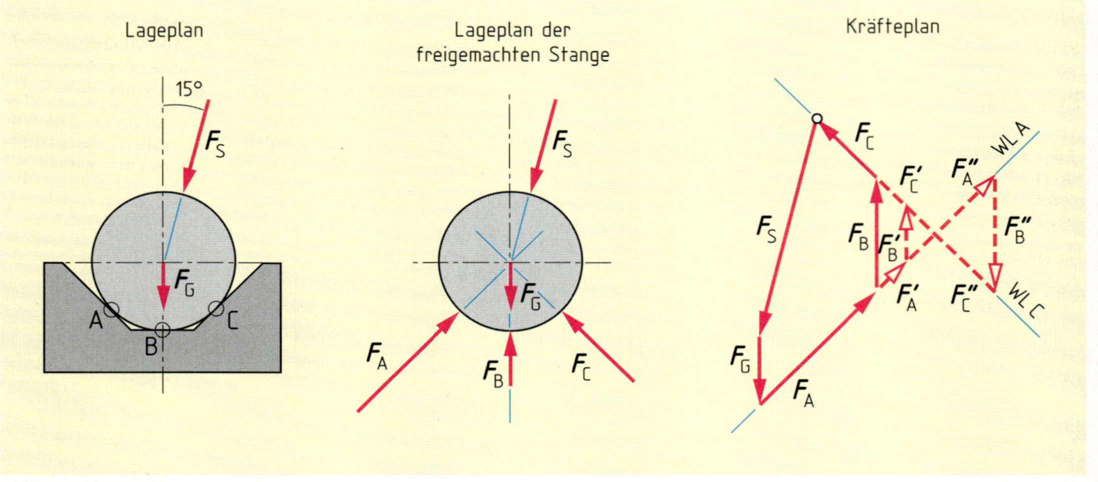

Statisch unbestimmte Lagerung **2.4.2–4**

Rechnerische Ermittlung

Analytische Methode

Den Ansatz zur rechnerischen Bestimmung unbekannter Kräfte im zentralen ebenen Kräftesystem liefern die **rechnerischen Gleichgewichtsbedingungen:**

Ein zentrales Kräftesystem ist im Gleichgewicht, wenn

- **die Summe aller Kräfte in X-Richtung und**
- **die Summe aller Kräfte in Y-Richtung**

gleich null ist.

Die rechnerische Lösung setzt voraus, dass in einer **Lageskizze**

- die Lage und der Richtungssinn der unbekannten Kräfte **durch Freimachen** vorbestimmt werden und
- **alle** Kräfte in ihre X und Y-Komponenten zerlegt wurden.

Die Kraftzerlegung erfolgt zweckmäßigerweise mithilfe einer unmaßstäblichen **Lageskizze**, in die alle beteiligten Kräfte in ein X-Y-Koordinatensystem und in den Koordinatenursprung verschoben gezeichnet werden.

Gleichgewichtsbedingungen:

$$\Sigma F_x = 0$$
$$\Sigma F_y = 0$$

Kraftzerlegung:

$$F_{nx} = F_n \cdot \cos\alpha_n$$
$$F_{ny} = F_n \cdot \sin\alpha_n$$

Beispiel: Rundprofilstange

Richtungswinkel bzgl. positiver X-Achse:

$\alpha_A = 45°$ $\alpha_S = 270° - 15° = 255°$

$\alpha_B = 135°$ $\alpha_G = 270°$

Kraftkomponenten:

$F_{Gy} = F_G = -200\,N$

$F_{Sx} = F_S \cdot \cos\alpha_S = 600\,N \cdot \cos 255° = -155{,}29\,N$

$F_{Sy} = F_S \cdot \sin\alpha_S = -579{,}56\,N$

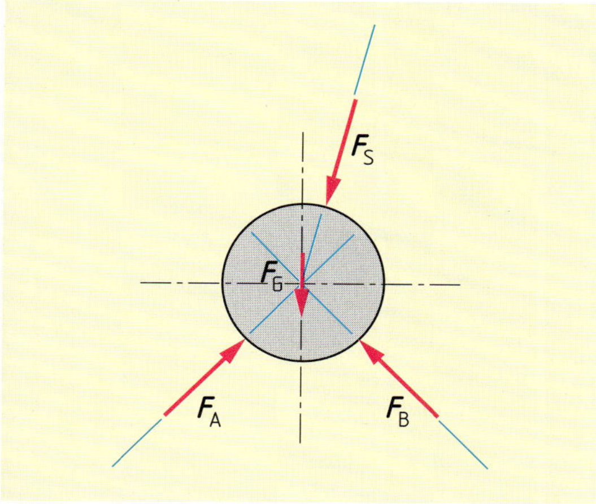

Freigemachter Körper 2.4.2–5

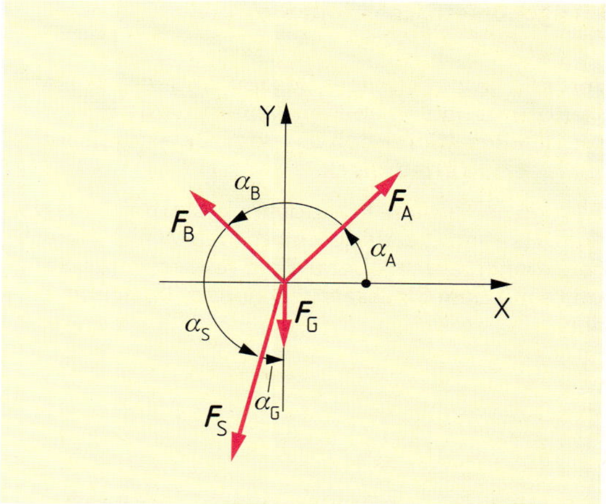

Lageskizze für die Kraftzerlegung 2.4.2–6

Der Richtungswinkel α der Kräfte ist bezogen auf die positive X-Achse anzugeben. Dies hat den Vorteil, dass die Komponentenberechnung den Kraftbetrag automatisch mit dem richtigen Vorzeichen liefert.

Durch die Anwendung der **rechnerischen Gleichgewichtsbedingungen** erhält man zwei Gleichungen mit zwei Unbekannten, die schrittweise nach diesen Unbekannten aufgelöst werden.

Hinweis:

Erhält man den Betrag einer unbekannten Kraft mit einem **negativen Vorzeichen**, bedeutet das, dass der beim Freimachen angenommene Richtungssinn falsch festgelegt wurde. Der errechnete Kraftbetrag ist zwar richtig, die Kraft wirkt jedoch entgegengesetzt zur angenommenen Richtung.

Gleichgewichtsbedingungen:

$\Sigma \boldsymbol{F}_X = 0$:

$$\boldsymbol{F}_{Ax} + \boldsymbol{F}_{Bx} + \boldsymbol{F}_{Sx} = 0$$

$$F_A \cdot \cos\alpha_A + F_B \cdot \cos\alpha_B - 155{,}29\,\text{N} = 0$$

$$F_A = \frac{155{,}29\,\text{N} - F_B \cdot \cos 135°}{\cos 45°} \quad (1)$$

$\Sigma \boldsymbol{F}_y = 0$:

$$\boldsymbol{F}_{Ay} + \boldsymbol{F}_{By} + \boldsymbol{F}_{Sy} + \boldsymbol{F}_G = 0$$

$$F_A \cdot \sin\alpha_A + F_B \cdot \sin\alpha_B - 579{,}56\,\text{N} - 200\,\text{N} = 0$$

$$F_A = \frac{779{,}56\,\text{N} - F_B \cdot \sin 135°}{\sin 45°} \quad (2)$$

(1) und (2) gleichsetzen:

$$155{,}29\,\text{N} \cdot \sin 45° - F_B \cos 135° \sin 45° = 779{,}56\,\text{N} \cdot \cos 45° - F_B \sin 135° \cos 45°$$

$$109{,}81\,\text{N} + 0{,}5\,F_B = 551{,}23\,\text{N} - 0{,}5\,F_B$$

$$\underline{\underline{F_B = 441{,}42\,\text{N}}}$$

F_B in (1) einsetzen:

$$F_A = \frac{155{,}29\,\text{N} - 441{,}42\,\text{N} \cdot \cos 135°}{\cos 45°}$$

$$\underline{\underline{F_A = 661{,}03\,\text{N}}}$$

Lösungsschritte zur rechnerischen Ermittlung unbekannter Kräfte:

1. **Freimachen** des belasteten Bauteils zur Vorbestimmung der unbekannten Kräfte.
2. **Alle** gegebenen und gesuchten Kräfte unmaßstäblich in ein X-Y-Koordinatensystem zeichnen.
3. **Richtungswinkel** der Kräfte bezogen auf die positive X-Achse (mit Linksdrehsinn) bestimmen.
4. Alle Kräfte in ihre **Komponenten** zerlegen.
5. Gleichgewichtsbedingungen ($\Sigma \boldsymbol{F}_X = 0$, $\Sigma \boldsymbol{F}_y = 0$) ansetzen und Beträge der unbekannten Kräfte berechnen.

Trigonometrische Methode

Bei der zeichnerischen Bestimmung unbekannter Kräfte im zentralen ebenen Kräftesystem erhält man mit der **Resultierenden F_{res} der Belastungskräfte** immer ein **Kräftedreieck**.

Werden in diesem Kräftedreieck die resultierende Kraft F_{res} und die eingeschlossenen Winkel berechnet, können anschließend die zwei gesuchten Stützkräfte mit dem **Sinussatz** rechnerisch bestimmt werden.

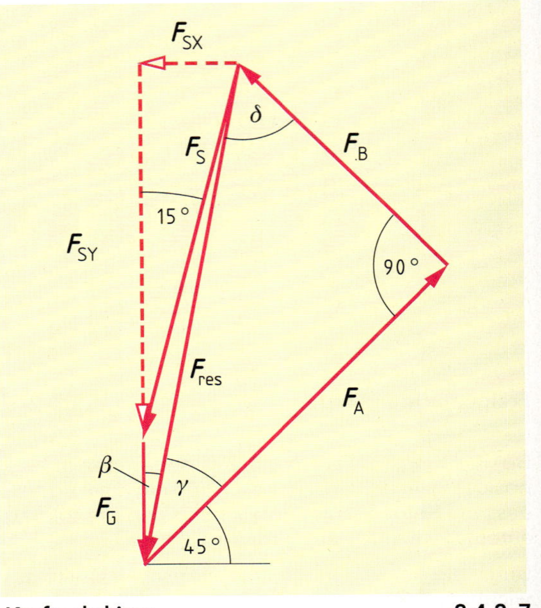

Kraftecksskizze 2.4.2–7

Beispiel: Rundprofilstange

$$F_{res} = \sqrt{F_{Sx} + (F_{Sy} + F_G)^2} = \sqrt{155{,}29^2 + 779{,}56^2}\ \text{N}$$

$$\underline{F_{res} = 794{,}88\,\text{N}}$$

Winkelberechnung:

$$\beta = \arctan \frac{F_{Sx}}{F_{Sy} + F_G} = \arctan \frac{155{,}29\,\text{N}}{779{,}56\,\text{N}}$$

$$\underline{\beta = 11{,}266°}$$

$$\gamma = 90° - 45° - \beta$$

$$\underline{\gamma = 33{,}734°}$$

Der noch fehlende Winkel δ ergibt sich aus der Bedingung, dass die Winkelsumme im Kraftdreieck $180°$ betragen muss.

$$\delta = 180° - 90° - \gamma$$

$$\underline{\delta = 56{,}266°}$$

Sinussatz mit Dreieck $F_{res}\ F_A\ F_B$:

$$\frac{F_{res}}{\sin 90°} = \frac{F_A}{\sin \delta} = \frac{F_B}{\sin \gamma}$$

$$F_A = \frac{F_{res} \cdot \sin \delta}{\sin 90°} = \frac{794{,}88\,\text{N} \cdot \sin 56{,}266°}{1}$$

$$\underline{\underline{F_A = 661{,}04\,\text{N}}}$$

$$F_B = \frac{F_{res} \cdot \sin \gamma}{\sin 90°} = \frac{794{,}88\,\text{N} \cdot \sin 33{,}734°}{1}$$

$$\underline{\underline{F_B = 441{,}42\,\text{N}}}$$

2.4.3 Ermittlung unbekannter Kräfte im allgemeinen ebenen Kräftesystem

Zeichnerische Ermittlung

Bei einem allgemeinen Kräftesystem gibt es zwei Aufgabentypen, für die jeweils ein spezielles Lösungsverfahren zur zeichnerischen Bestimmung unbekannter Kräfte angewendet wird.

Das Drei-Kräfte-Verfahren

Aufgabentyp: Gleichgewicht von drei nicht parallelen Kräften.

Beispiel: Metalltür

Eine Metalltür ist mit zwei Scharnieren drehbar gelagert. Das obere Lager A wirkt als einwertiges Drehlager, das untere Lager B als zweiwertiges Auflager. Die Gewichtskraft F_G der Metalltür ist 360 N, der Schwerpunktsabstand von der Drehachse beträgt 750 mm.

Aufgabe:

Die Lagerkräfte F_A und F_B (Größe, Lage und Richtungssinn) sollen zeichnerisch bestimmt werden.

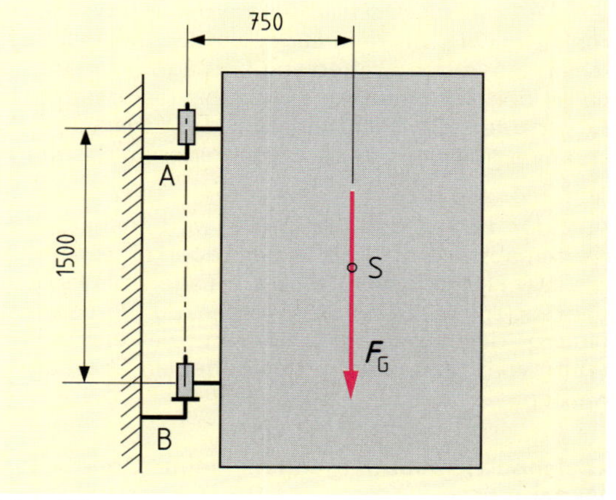

Metalltür 2.4.3–1

Lösung:

1. Die auf das Bauteil wirkenden Stützkräfte werden durch Freimachen vorbestimmt.

Um die Metalltür im Gleichgewicht zu halten, muss die Stützkraft F_A senkrecht zum oberen Lagerzapfen nach links wirken. Die Stützkraft F_B des zweiwertigen Lagers B ist durch ihre Komponenten F_{Bx} und F_{By} zu ersetzen, deren Richtungssinn sich durch das Freimachen ergibt. Aus den angenommenen Komponenten kann gefolgert werden, dass der Richtungssinn der Lagerkraft F_B nach rechts oben zeigen muss. Die Wirklinie von F_B ist jedoch noch unbekannt.

Analyse der Kräfte nach dem Freimachen:

Kraft	Betrag	Wirklinie	Richtungssinn
F_G	bekannt	bekannt	bekannt
F_A	unbekannt	bekannt	bekannt
F_B	unbekannt	unbekannt	bekannt

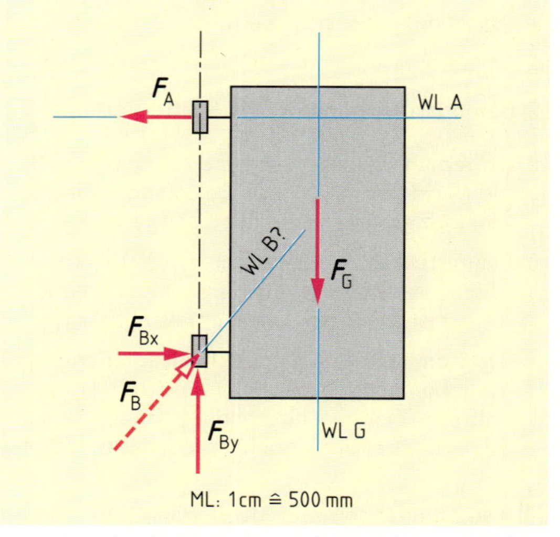

Lageplan der freigemachten Metalltür 2.4.3–2

2. Lösungsansatz zur Bestimmung der Größe der Stützkräfte

Fasst man gedanklich die Kräfte F_G und F_A, deren Wirklinien bekannt sind, zur Resultierenden F_{res} zusammen, erhält man ein Kräftesystem, das nur noch aus zwei Kräften besteht. Dieses Kräftesystem ist **nur dann im Gleichgewicht,** wenn die Lagerkraft F_B der Resultierenden von F_G und F_A auf der gleichen Wirklinie entgegengerichtet ist. Das ist der Fall, wenn die Wirklinie von F_B durch den Schnittpunkt S der Wirklinien von F_G und F_A verläuft. S ist somit der Schnittpunkt aller drei Kräfte.

Nach der zeichnerischen Bestimmung der Wirklinie von F_B im Lageplan des freigemachten Bauteils erfolgt im **Kräfteplan** die Ermittlung der Größe der Lagerkräfte F_A und F_B wie beim zentralen Kräftesystem.

Nach Festlegung des Kräftemaßstabs beginnt man das **Krafteck** mit der gegebenen Gewichtskraft F_G. Um das Krafteck zu schließen, werden die Wirklinien von F_A und F_B aus dem Lageplan durch Parallelverschiebung in den Kräfteplan übertragen, sodass sie durch den Anfangs- bzw. Endpunkt des Kraftpfeils F_G verlaufen. Der **Richtungssinn** der Lagerkräfte F_A und F_B ergibt sich aus dem Kraftfolgesinn des Kraftecks.

Aus der Länge der Kraftpfeile wird mithilfe des Kräftemaßstabs die **Größe** der Lagerkräfte berechnet. Der **Neigungswinkel** α_B der Lagerkraft F_B kann dem Lageplan entnommen werden. Zur Vervollständigung der Darstellung können die ermittelten Kräfte vom Kräfteplan in den Lageplan übertragen werden.

Gleichgewichtsbedingungen beim Drei-Kräfte-Verfahren:

Drei nicht parallele Kräfte sind im Gleichgewicht,

- **wenn die Wirklinien der Kräfte sich in einem Punkt schneiden und**
- **das Krafteck sich schließt.**

Lösungsschritte beim Drei-Kräfte-Verfahren:

1. **Lageplan** des freigemachten Bauteils zeichnen und Wirklinien der Belastungskraft und der einwertigen Lagerkraft festlegen.
2. **Schnittpunkt** S der bekannten Wirklinien mit dem zweiwertigen Lagerpunkt verbinden. Damit ist die dritte Wirklinie bekannt.
3. **Kräftemaßstab** festlegen. **Kräfteplan** mit der gegebenen Kraft beginnen und das Krafteck mit den beiden unbekannten Kräften schließen. **Größe** der unbekannten Kräfte ermitteln.
4. Die ermittelten Kräfte bei Bedarf in den Lageplan übertragen.

Ergebnis: $F_A = 180\,\text{N}$
$F_B = 400\,\text{N}$
$\alpha_B = 26°$

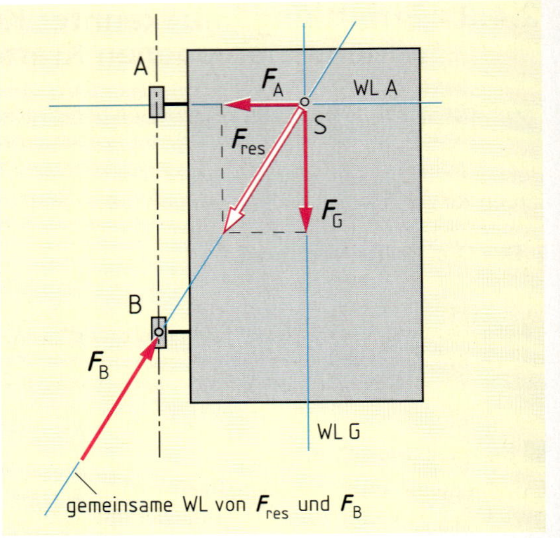

Lageskizze 2.4.3–3

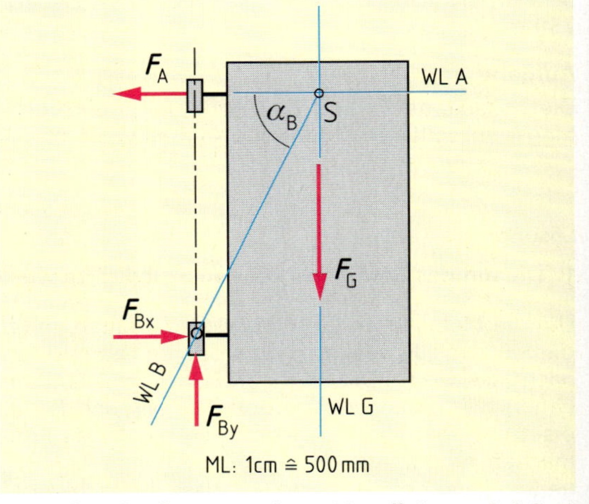

Lageplan der freigemachten Metalltür 2.4.3–4

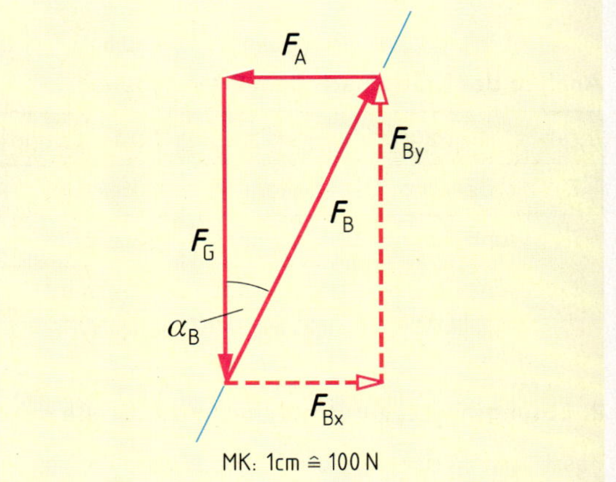

Kräfteplan 2.4.3–5

Aufgabentyp: Gleichgewicht von vier nicht parallelen Kräften, deren Wirklinien bekannt sind.

Hinweis:
Das Vier-Kräfte-Verfahren ist nicht anwendbar, wenn mehr als zwei parallele Kräfte auftreten.

Beispiel: Lastenschrägaufzug

Ein Transportwagen mit $F_G = 5{,}2\,\text{kN}$ wird von einem Stahlseil auf einer 30 Grad schrägen Rampe gehalten.

Aufgabe:

Die Radstützkräfte F_A, F_B und die Seilkraft F_S sollen zeichnerisch bestimmt werden (Größe, Lage und Richtungssinn). Reibungskräfte werden vernachlässigt.

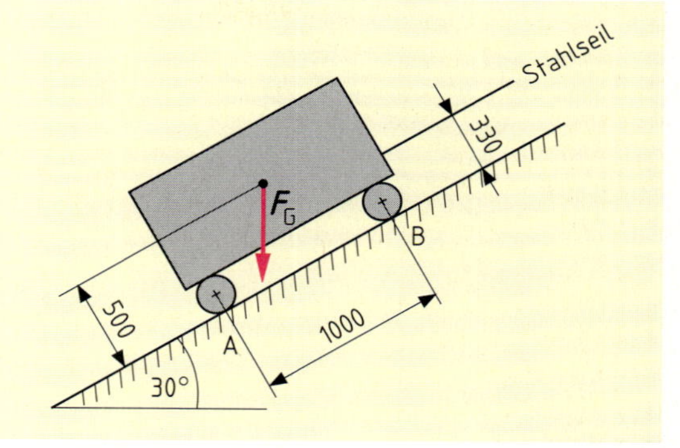

Lastenschrägaufzug **2.4.3–6**

Lösung:

1. Die auf den Wagen wirkenden Kräfte werden durch Freimachen im Lageplan vorbestimmt.

Das Seil überträgt eine Zugkraft F_S parallel zur schiefen Ebene. Die Radstützkräfte F_A und F_B wirken als Radialkräfte auf die stehenden Rollkörper, ihre Wirklinien stehen senkrecht auf der schiefen Ebene. Die Größe der Stützkräfte F_S, F_A und F_B sind noch unbekannt.

Analyse der Kräfte nach dem Freimachen:

Kraft	Betrag	Wirklinie	Richtungssinn
F_G	bekannt	bekannt	bekannt
F_S	unbekannt	bekannt	bekannt
F_A	unbekannt	bekannt	bekannt
F_B	unbekannt	bekannt	bekannt

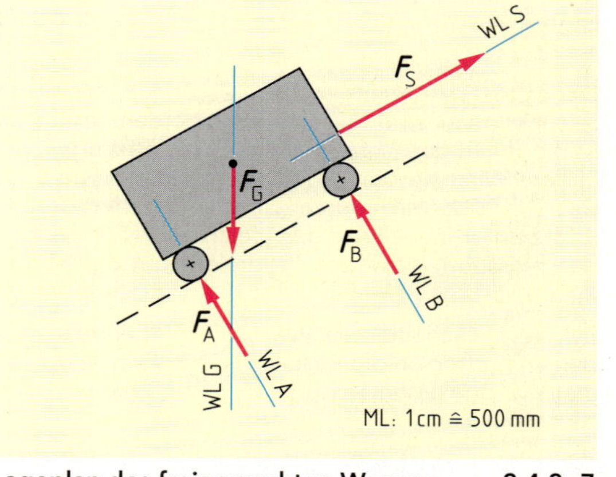

Lageplan des freigemachten Wagens **2.4.3–7**

2. Lösungsansatz zur Bestimmung der Größe der Stützkräfte

Fasst man gedanklich je zwei Kräfte zu einer Resultierenden zusammen, z.B. die Kräfte F_A und F_G zur Resultierenden F_{res1} und die Kräfte F_B und F_S zur Resultierenden F_{res2}, erhält man ein Kräftesystem, das nur noch aus zwei Kräften besteht. Dieses Kräftesystem ist **im Gleichgewicht**, wenn die beiden Resultierenden F_{res1} und F_{res2} auf einer gemeinsamen Wirklinie entgegengerichtet sind und sich gegenseitig aufheben. Das ist der Fall, wenn die **gemeinsame Wirklinie** durch die **beiden Schnittpunkte** S_1 **und** S_2, gebildet aus den Wirklinien der Einzelkräfte, verläuft und beide Resultierende den gleichen Betrag haben.

Die **Verbindungsgerade** der beiden Schnittpunkte S_1 und S_2 nennt man nach Prof. Carl Culmann (1821 bis 1881) **Culmann'sche Gerade**.

Für die Bestimmung der Größe der Stützkräfte ist es unerheblich, welche zwei Kräfte jeweils zu einer Resultierenden zusammengefasst werden.

Nach der zeichnerischen Bestimmung der **Culmann'schen Geraden** im Lageplan des freigemachten Wagens erfolgt im **Kräfteplan** die Ermittlung der Größe der unbekannten Stützkräfte.

Das **Krafteck** beginnt man mit der gegebenen Gewichtskraft F_G. Anschließend wird die **Culmann'sche Gerade** durch Parallelverschiebung aus dem Lageplan so in den Kräfteplan übertragen, dass sie z.B. durch den Anfangspunkt der gegebenen Kraft F_G verläuft. Durch den Endpunkt der gegebenen Kraft F_G wird die Wirklinie der Kraft gezeichnet, welche mit F_G im Lageplan zum Schnitt gebracht wurde

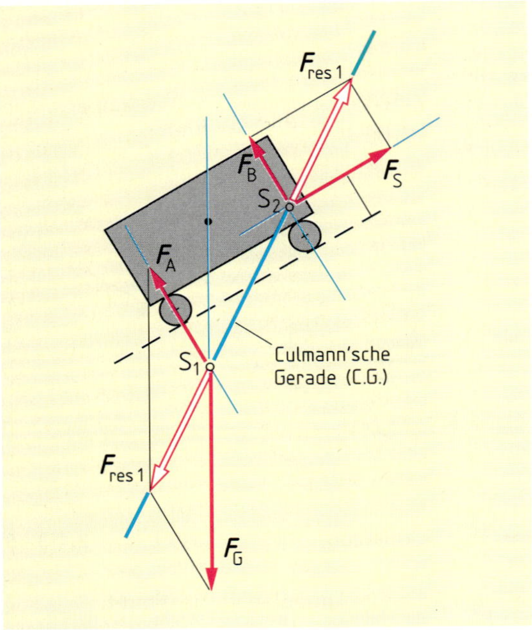

Lageskizze 2.4.3–8

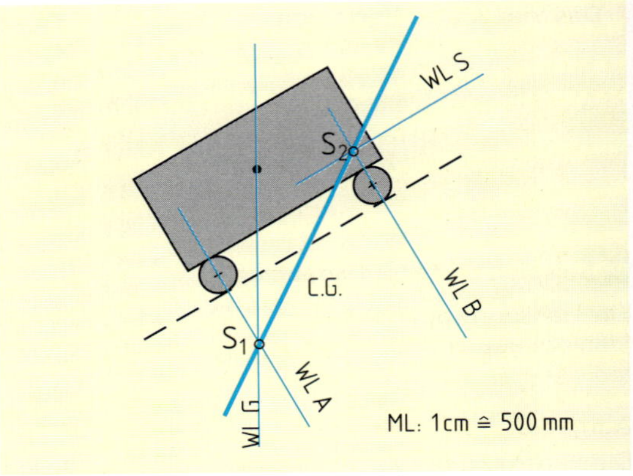

Lageplan zu Ermittlung der Culmann´schen Geraden **2.4.3–9**

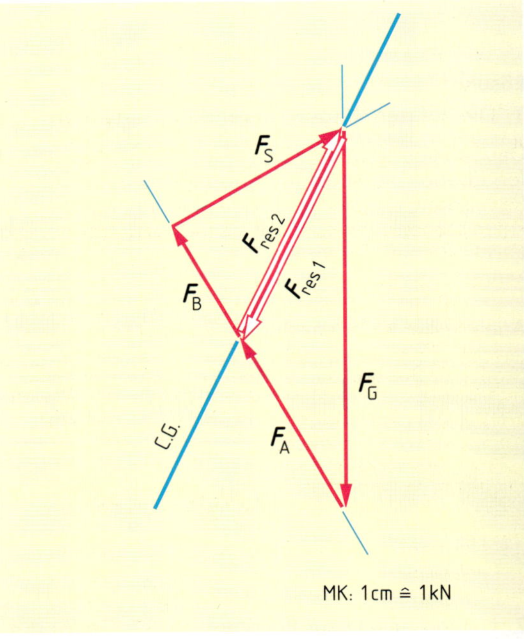

Kräfteplan **2.4.3–10**

(→ erstes Teildreieck mit $\boldsymbol{F}_G$, $\boldsymbol{F}_A$ und $\boldsymbol{F}_{res1}$). Dann zeichnet man eine Wirklinie der beiden restlichen Kräfte durch den Anfangspunkt des Kräftezuges, die andere Wirklinie durch den Endpunkt der Kraft $\boldsymbol{F}_A$. Das Krafteck wird durch Einzeichnen der beiden Kräfte unter Einhaltung des gleichen Kraftfolgesinns geschlossen (→ zweites Teildreieck mit $\boldsymbol{F}_B$, $\boldsymbol{F}_S$ und $\boldsymbol{F}_{res2}$).

Zur Vereinfachung des Vier-Kräfte-Verfahrens werden im Kräfteplan die Resultierenden $\boldsymbol{F}_{res1}$ und $\boldsymbol{F}_{res2}$ meist weggelassen.

Ergebnis: $F_A = 2{,}7$ kN
$F_B = 1{,}8$ kN
$F_S = 2{,}6$ kN

Gleichgewichtsbedingungen beim Vier-Kräfte-Verfahren:

Vier nicht parallele Kräfte mit bekannten Wirklinien sind im Gleichgewicht, wenn

- **die Resultierende von je zwei Kräften eine gemeinsame Wirklinie – Culmann'sche Gerade genannt – haben und**
- **das Krafteck sich schließt.**

Lösungsschritte beim Vier-Kräfte-Verfahren:

1. **Lageplan** des freigemachten Bauteils zeichnen und Wirklinien der gegebenen Kraft und der Stützkräfte festlegen.
2. Wirklinien von je zwei Kräften zum Schnitt bringen und die Schnittpunkte durch die **Culmann'sche Gerade** verbinden.
3. **Kräftemaßstab** festlegen. **Kräfteplan** mit der gegebenen Kraft beginnen und das Krafteck mithilfe der Culmann'schen Gerade und den Wirklinien der anderen Kräfte schließen.
4. **Größe** der unbekannten Kräfte ermitteln.

Rechnerische Ermittlung

Analytische Methode

Den Ansatz zur rechnerischen Bestimmung unbekannter Kräfte im allgemeinen ebenen Kräftesystem liefern die **rechnerischen Gleichgewichtsbedingungen:**

Ein allgemeines ebenes Kräfte System ist im Gleichgewicht, wenn

- **die Summe aller Kräfte in X-Richtung = 0 ist,**
- **die Summe aller Kräfte in Y-Richtung = 0 ist,**
- **die Summe aller Kraftmomente bezüglich eines gewählten Bezugspunktes = 0 ist.**

Gleichgewichtsbedingungen:

$$\Sigma \boldsymbol{F}_{\mathrm{x}} = 0$$
$$\Sigma \boldsymbol{F}_{\mathrm{y}} = 0$$
$$\Sigma \boldsymbol{M}_{\mathrm{BP}} = 0$$

Kraftzerlegung:

$$F_{\mathrm{nx}} = F_{\mathrm{n}} \cdot \cos\alpha_{\mathrm{n}}$$
$$F_{\mathrm{ny}} = F_{\mathrm{n}} \cdot \sin\alpha_{\mathrm{n}}$$

Die rechnerische Lösung setzt voraus, dass in einer **Lageskizze**

- Lage und Richtungssinn der unbekannten Kräfte **durch Freimachen** vorbestimmt werden und
- **alle** Kräfte in ihre X- und Y-Komponenten zerlegt wurden.

Dabei ist es vorteilhaft, die Koordinatenachsen so zu legen, dass möglichst wenig Kräfte in Komponenten zerlegt werden müssen.

Durch die Anwendung der rechnerischen Gleichgewichtsbedingungen erhält man drei Gleichungen mit drei unbekannten Kräften, die schrittweise nach diesen Unbekannten aufgelöst werden. Dies wird im Folgenden an den **Beispielen Metalltür** und **Lastenschrägaufzug** gezeigt.

Hinweis:

Winkel α_{n} bezüglich der positiven X-Achse bestimmen, um die Kraftkomponenten mit den richtigen Vorzeichen zu erhalten.

Beispiel 1: Metalltür (siehe S.75)

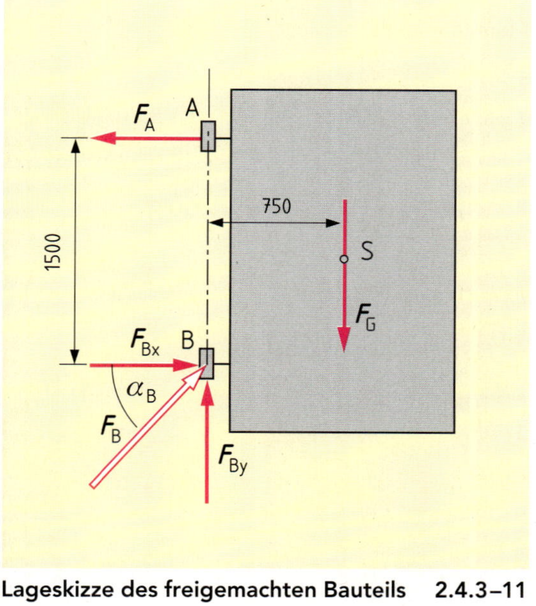

Lageskizze des freigemachten Bauteils 2.4.3–11

Kräftegleichgewicht

$$\Sigma \boldsymbol{F}_{\mathrm{x}} = 0: \quad F_{\mathrm{Bx}} - F_{\mathrm{A}} = 0$$
$$\underline{\underline{F_{\mathrm{Bx}} = F_{\mathrm{A}}}}$$
$$\Sigma \boldsymbol{F}_{\mathrm{y}} = 0: \quad F_{\mathrm{By}} - F_{\mathrm{G}} = 0$$
$$\underline{\underline{F_{\mathrm{By}} = F_{\mathrm{G}} = 360\,\mathrm{N}}}$$

Momentengleichgewicht

$$\Sigma \boldsymbol{M}_{\mathrm{B}} = 0: \quad F_{\mathrm{A}} \cdot 1{,}5\,\mathrm{m} - F_{\mathrm{G}} \cdot 0{,}75\,\mathrm{m} = 0$$
$$F_{\mathrm{A}} = \frac{360\,\mathrm{N} \cdot 0{,}75\,\mathrm{m}}{1{,}5\,\mathrm{m}}$$
$$\underline{\underline{F_{\mathrm{A}} = 180\,\mathrm{N}}} \quad (= F_{\mathrm{Bx}})$$

Die positiven Zahlenwerte bestätigen den angenommenen Richtungssinn von $\boldsymbol{F}_{\mathrm{A}}$ und $\boldsymbol{F}_{\mathrm{By}}$ in der Lageskizze.

Den Momentenbezugspunkt für das Momentengleichgewicht legt man bevorzugt in den Schnittpunkt von zwei unbekannten Kräften. Dadurch haben diese Kräfte keine Momentenwirkung. In dieser Aufgabe kann statt Lager B auch Lager A als Momentenbezugspunkt gewählt werden.

Mit den Komponenten $\boldsymbol{F}_{Bx}$ und $\boldsymbol{F}_{By}$ wird zum Schluss die resultierende Stützkraft $\boldsymbol{F}_B$ und deren Richtungswinkel α_B beispielsweise zur X-Achse berechnet.

Zweite Möglichkeit:

$$\Sigma \boldsymbol{M}_A = 0: \quad F_{Bx} \cdot 1{,}5\,\text{m} - F_G \cdot 0{,}75\,\text{m} = 0$$

$$F_{Bx} = \frac{360\,\text{N} \cdot 0{,}75\,\text{m}}{1{,}5\,\text{m}}$$

$$\underline{\underline{F_{Bx} = 180\,\text{N}}}\ (= F_A)$$

$$F_B = \sqrt{F_{Bx}^2 + F_{By}^2} = \sqrt{180^2 + 360^2}\,\text{N}$$

$$\underline{\underline{F_B = 402{,}5\,\text{N}}}$$

$$\underline{\underline{\alpha_B}} = \arctan\frac{F_{By}}{F_{Bx}} = \underline{\underline{63{,}4^\circ}} \quad \text{(bzgl. X-Achse)}$$

Beispiel 2: Lastenschrägaufzug (siehe S. 77)

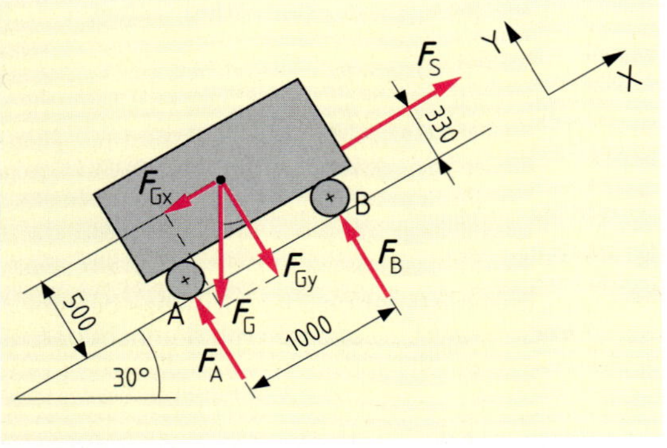

Lageskizze des freigemachten Wagens 2.4.3–12

Das Koordinatenbezugssystem wird zweckmäßigerweise in Richtung der schrägen Rampe gelegt, sodass nur die gegebene Gewichtskraft in Komponenten zerlegt werden muss.

Als Momentenbezugspunkt kann die Stützstelle A oder B gewählt werden, wodurch jeweils eine unbekannte Stützkraft keine Momentenwirkung hat.

Hinweis:

Aufgrund der **Vjorzeichenregelung für Momente** muss das Momentengleichgewicht mit den **Kraftbeträgen** gebildet werden.
Siehe 2.1.3: Das Moment.

Zur Erinnerung:

Linksdrehende Momente sind positiv ($\overset{\curvearrowleft}{\boldsymbol{M}} \mathrel{\widehat{=}} +M$).
Rechtsdrehende Momente sind negativ ($\overset{\curvearrowright}{\boldsymbol{M}} \mathrel{\widehat{=}} -M$).

Kraftzerlegung

$$F_{Gx} = F_G \cdot \cos\alpha_n = 5{,}2\,\text{kN} \cdot \cos 240^\circ$$

$$\underline{\underline{F_{Gx} = -2{,}6\,\text{kN}}}$$

$$F_{Gy} = F_G \cdot \sin\alpha_n = 5{,}2\,\text{kN} \cdot \sin 240^\circ$$

$$\underline{\underline{F_{Gy} = -4{,}5\,\text{kN}}}$$

Kräftegleichgewicht

$$\Sigma \boldsymbol{F}_x = 0: \quad \boldsymbol{F}_S + \boldsymbol{F}_{Gx} = 0$$

$$F_S + (-2{,}6\,\text{N}) = 0$$

$$\underline{\underline{F_S = 2{,}6\,\text{kN}}}$$

$$\Sigma \boldsymbol{F}_y = 0: \quad \boldsymbol{F}_A + \boldsymbol{F}_B + \boldsymbol{F}_{Gy} = 0$$

$$F_A + F_B + (-4{,}5\,\text{kN}) = 0$$

$$\underline{\underline{F_A + F_B = 4{,}5\,\text{kN}}} \qquad (1)$$

Momentengleichgewicht

$$\Sigma \boldsymbol{M}_A = 0:$$

$$F_B \cdot 1\,\text{m} + F_{Gx} \cdot 0{,}5\,\text{m} - F_{Gy} \cdot 0{,}5\,\text{m} - F_S \cdot 0{,}33\,\text{m} = 0$$

$$F_B = \frac{-2{,}6\,\text{kN} \cdot 0{,}5\,\text{m} + 4{,}5\,\text{kN} \cdot 0{,}5\,\text{m} + 2{,}6\,\text{kN} \cdot 0{,}33\,\text{m}}{1\,\text{m}}$$

$$\underline{\underline{F_B = 1{,}808\,\text{kN}}}$$

F_B in (1) einsetzen:

$$F_A = 4{,}5\,\text{kN} - 1{,}808\,\text{kN}$$

$$\underline{\underline{F_A = 2{,}692\,\text{kN}}}$$

Trigonometrische Methode

Aufgaben, die mit dem **Drei-Kräfte-Verfahren** zeichnerisch lösbar sind, können mit relativ geringem Aufwand auch durch trigonometrische Überlegungen berechnet werden.

Die zeichnerische Gleichgewichtsbedingung liefert hier immer ein Krafteck, das aus drei Kräften besteht, wovon eine Kraft bekannt ist. Werden nun bei einem **nicht rechtwinkligen Krafteck** alle eingeschlossenen Dreieckwinkel bestimmt, so lassen sich die beiden gesuchten Stützkräfte mithilfe des **Sinussatzes** berechnen. Bei **rechtwinkligen Kraftecken** reichen ein Winkel und eine bekannte Kraft aus, um mit den **Winkelfunktionen** die Größe der beiden unbekannten Kräfte rechnerisch bestimmen zu können. Siehe Beispiel: **Metalltür.**

Bei Aufgaben, die mit dem **Vier-Kräfte-Verfahren** zeichnerisch zu lösen sind, können nur in seltenen Fällen mit der **trigonometrischen Methode** ohne größeren Aufwand unbekannte Kräfte berechnet werden.
Siehe Beispiel: **Lastenschrägaufzug.**

Allgemeine Kräftesysteme mit **mehr als vier Kräften** und Kräftesysteme, die **nur aus parallelen Kräften** bestehen, werden mit der **analytischen Methode** gelöst.

Beispiel 1: Metalltür

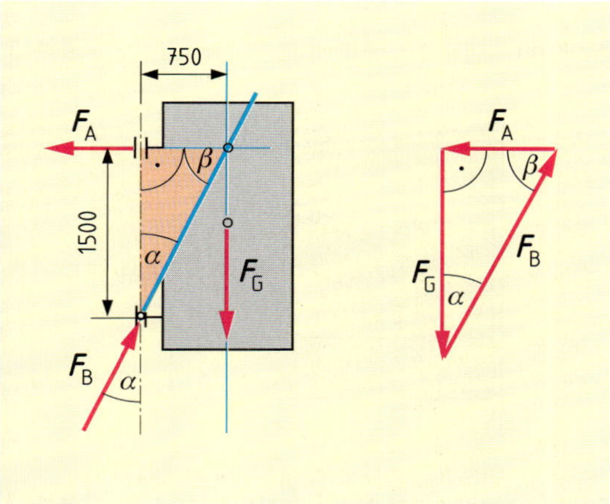

Lageskizze der freigemachten Tür und Kraftеckskizze **2.4.3–13**

Ermittlung der Krafteckwinkel mithilfe der Lageskizze:

$$\alpha = \arctan \frac{750\,\text{mm}}{1500\,\text{mm}} = 26{,}565°$$

$$\beta = 90° - \alpha = 63{,}435°$$

Ermittlung der Stützkräfte:

$$F_A = F_G \cdot \tan\alpha = 360\,\text{N} \cdot \tan 26{,}565°$$

$$\underline{\underline{F_A = 180\,\text{N}}}$$

$$F_B = \frac{F_G}{\cos\alpha} = \frac{360\,\text{N}}{\cos 26{,}565°}$$

$$\underline{\underline{F_B = 402{,}5\,\text{N}}}$$

Lage und Richtungssinn der Stützkräfte sind in der Lageskizze dargestellt.

Beispiel 2: Lastenschrägaufzug

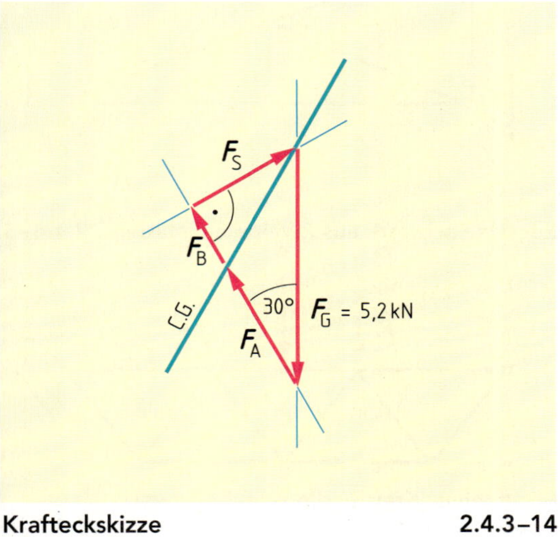

Krafteckskizze **2.4.3–14**

Berechnung der Seilkraft:

$$F_S = F_G \cdot \sin 30° = 5{,}2\,\text{kN} \cdot \sin 30°$$

$$\underline{\underline{F_S = 2{,}6\,\text{kN}}}$$

Berechnung von $\boldsymbol{F_A} + \boldsymbol{F_B}$:

$$F_A + F_B = F_G \cdot \cos 30°$$

$$\underline{\underline{F_A + F_B = 4{,}5\,\text{kN}}}$$

2.4.4 Statik ebener Fachwerke

Fachwerkkonstruktionen können gegenüber Massivträgern bei gleicher Belastung wesentlich Material sparender ausgeführt werden. Aus diesem Grund setzt man Baukräne, Strommasten, Brücken und andere Stützkonstruktionen vielfach aus **ebenen Fachwerken** zusammen.

Unter einem **ebenen Fachwerk** versteht man eine **Tragkonstruktion** aus **geraden Profilstäben,** die **Stabdreiecke** bilden. Die Enden der Profilstäbe sind meist durch Verschrauben, Vernieten oder Verschweißen miteinander verbunden. Die genannten Verbindungsarten bringen es mit sich, dass in den Verbindungsstellen – Knotenpunkte genannt – neben den Stabkräften auch Biegemomente übertragen werden. Im Vergleich zu den Zug- und Druckkräften, die von den Fachwerkstäben übertragen werden, sind die übertragbaren Biegemomente jedoch als klein einzuschätzen.

Um ein **ebenes Fachwerk** auf einfache Weise berechnen zu können, wird **vereinfachend angenommen**, dass die Stäbe in den Knotenpunkten reibungsfrei gelenkig miteinander verbunden sind. Jeder Stab wird somit als **Zweigelenkstab** betrachtet, der nur Zug- oder Druckkräfte in Stabrichtung übertragen kann. Die Gewichtskraft der Stäbe wird ebenfalls vernachlässigt.

Damit die Fachwerkstäbe nicht zusätzlich auf Biegung beansprucht werden, dürfen Belastungskräfte nur in den Knotenpunkten angreifen. Eine zwischen zwei Knotenpunkten angreifende Kraft F muss für die Berechnung des Fachwerks durch ihre Komponenten F_1 und F_2 ersetzt werden, die in den benachbarten Knotenpunkten angreifen.

Der Sinn all dieser Vereinfachungen besteht darin, dass die Kräfte, die an einem Knotenpunkt angreifen, ein im Gleichgewicht stehendes **zentrales Kräftesystem** bilden.

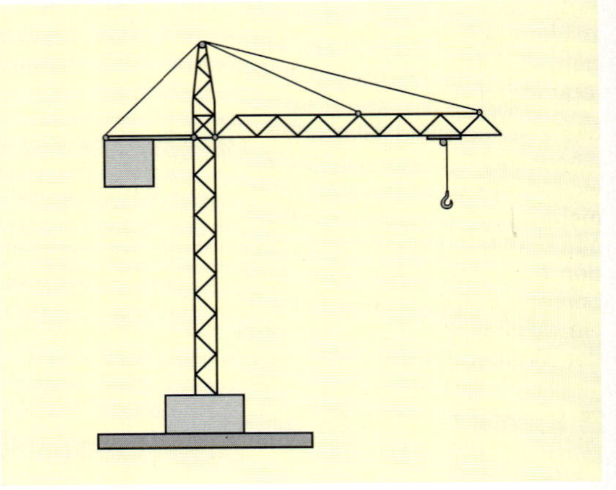

Baukran 2.4.4–1

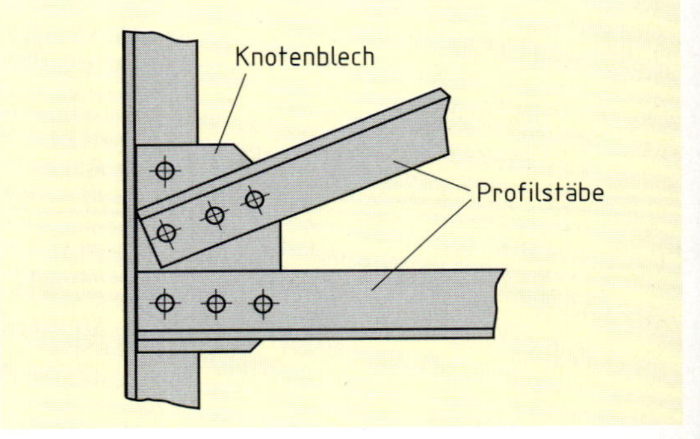

Knotenpunkt einer Tragkonstruktion 2.4.4–2

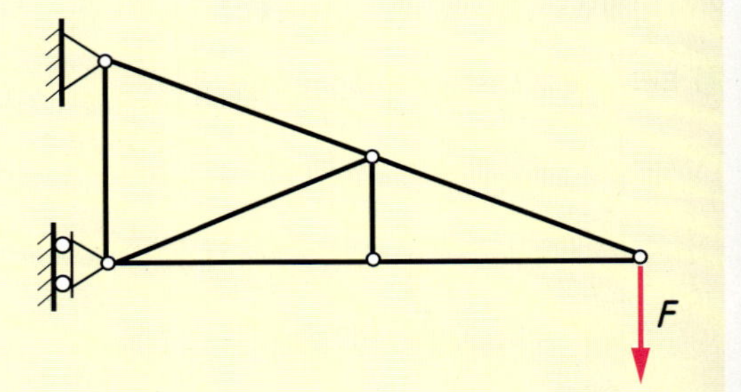

Ebenes Fachwerk aus Zweigelenkstäben 2.4.4–3

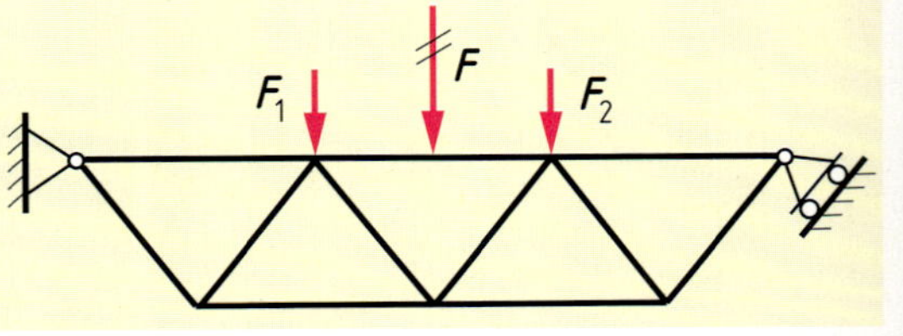

Ersatz einer Kraft F, die zwischen zwei Knotenpunkten angreift 2.4.4–4

Für die Berechnung von ebenen Fachwerken wird vereinfachend angenommen:

1. **Das Fachwerk besteht aus geraden Stäben, die reibungsfrei gelenkig gelagert sind und somit nur Zug- oder Druckkräfte übertragen.**
2. **Die Gewichtskraft der Stäbe wird vernachlässigt.**
3. **Belastungskräfte greifen nur in den Knotenpunkten an.**

Um wegen der Vielzahl von Stäben nicht den Überblick zu verlieren, werden bei Fachwerken die Knotenpunkte mit **römischen** Ziffern, die Stäbe mit **arabischen** Ziffern bezeichnet. Bei nebenstehendem Fachwerkträger bilden die Stäbe 2, 4 und 8 den Obergurt, die Stäbe 1, 6 und 10 den Untergurt. Die Stäbe 3, 5, 7, 9 und 11 sind Füllstäbe.

Bei einem Fachwerkträger sind die Belastungs- und die Lagerkräfte **äußere** Kräfte. Die Stabkräfte werden als **innere** Kräfte bezeichnet.

Ist das Fachwerk **statisch bestimmt** gelagert, können die Lagerkräfte – unabhängig von den Stabkräften – mithilfe der statischen Gleichgewichtsbedingungen zeichnerisch oder rechnerisch ermittelt werden.

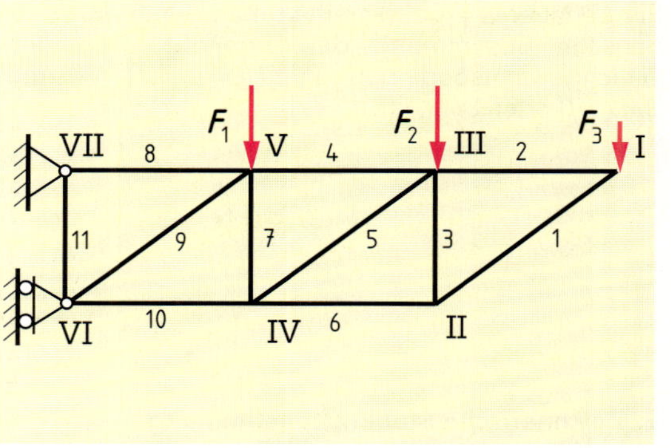

Bezeichnungen am Fachwerk **2.4.4–5**

Zeichnerische Ermittlung aller Stabkräfte

Beispiel: Fachwerkstützträger

Ein Fachwerkstützträger, der durch einen Zweigelenkstab mit Lager B verbunden ist, wird durch die Kraft $F = 8\,000\,\mathrm{N}$ im Knoten **I** belastet.

Aufgabe:

1. Wie groß sind die Lagerkräfte in A und B?
2. Wie groß sind die Kräfte in den Stäben 1 bis 7? Welche Stäbe sind Zugstäbe, welche Druckstäbe?

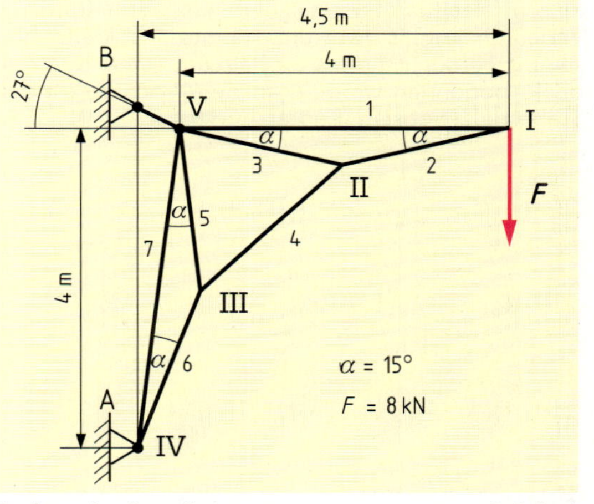

Fachwerkstützträger **2.4.4–6**

Lösung mit dem Krafteck-Verfahren

1. Ermittlung der Lagerkräfte

Die Lagerkräfte F_A und F_B lassen sich zeichnerisch mithilfe des **Drei-Kräfte-Verfahrens** bestimmen. Da sich die bekannten Wirklinien von F und F_B schneiden, muss auch die Wirklinie von F_A durch diesen Schnittpunkt verlaufen.

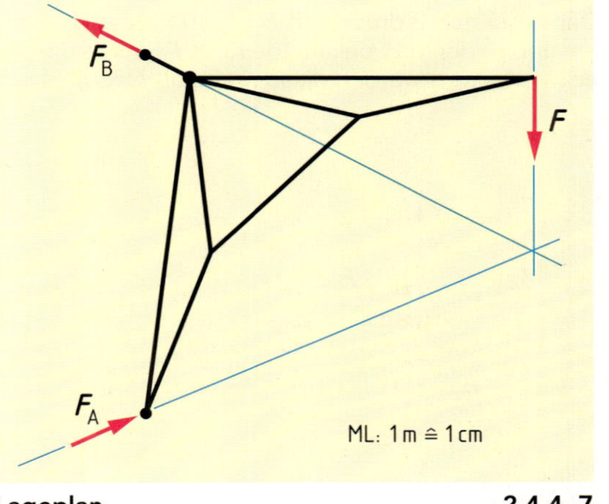

Lageplan **2.4.4–7**

Ein genaueres Ergebnis erhält man durch die rechnerische Bestimmung der Lagerkräfte mit den Gleichgewichtsbedingungen $\Sigma F_x = 0$, $\Sigma F_y = 0$ und $\Sigma M_A = 0$ oder $\Sigma M_B = 0$.

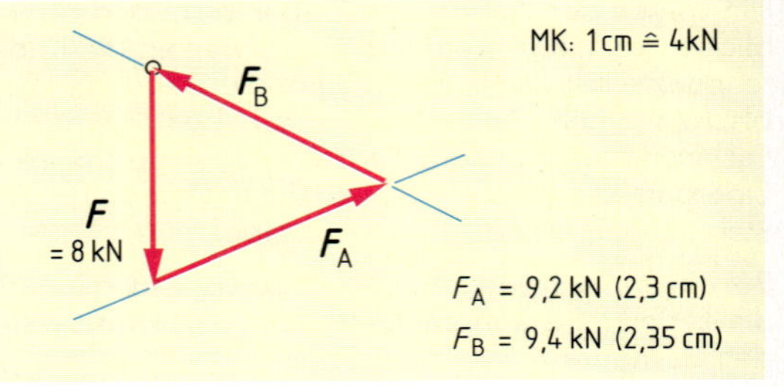

Kräfteplan **2.4.4–8**

2. Zeichnerische Stabkraftbestimmung

Da jeder Fachwerkknoten ein zentrales Kräftesystem bildet, das sich im Gleichgewicht befindet, kann für jeden Knotenpunkt das **Krafteck-Verfahren** angewendet werden.

Im zentralen Kräftesystem können mit dem Krafteck-Verfahren jeweils zwei unbekannte Stabkräfte bestimmt werden. Es muss deshalb mit einem Knotenpunkt begonnen werden, an dem höchstens **zwei Stäbe** befestigt sind (Knoten I oder IV).

Ein Knotenpunkt, beispielsweise Knoten **I**, wird freigemacht. Im **Lageplan** schneiden sich die Wirklinien der Kräfte in diesem Knotenpunkt. Aus dem **Kräfteplan** ergeben sich der **Betrag** und der **Richtungssinn** der Stabkräfte F_{S1} und F_{S2}. Durch Übertragung des Richtungssinns der Stabkräfte vom Kräfteplan in den Lageplan macht man kenntlich, ob eine Stabkraft am Knotenpunkt zieht (Pfeil vom Knoten wegzeigend, Stab 1) oder auf den Knoten drückt (Pfeil zum Knoten gerichtet, Stab 2).

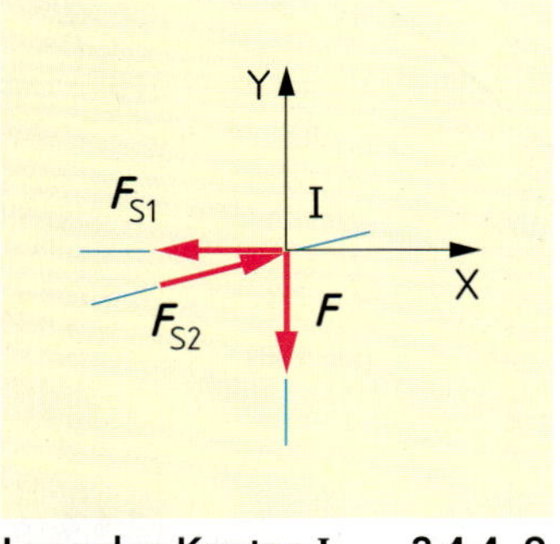

Lageplan Knoten I **2.4.4–9**

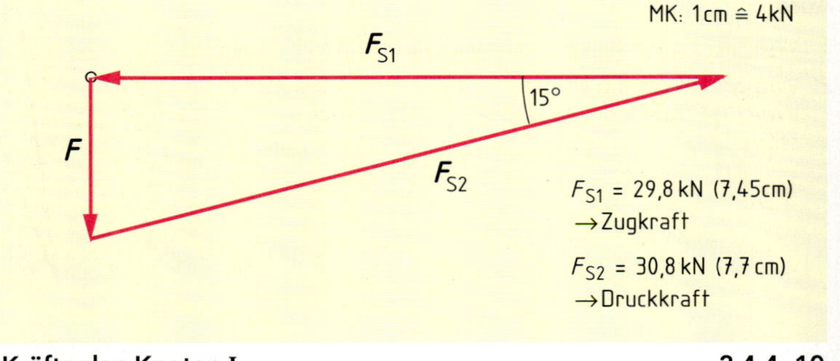

Kräfteplan Knoten I **2.4.4–10**

Ergebnis Knoten I: Stab 1 zieht am Knotenpunkt **I** mit der Kraft $F_{S1} = 32\,\text{kN}$ und ist somit ein **Zugstab.** Stab 2 drückt mit der Kraft $F_{S2} = 30{,}8\,\text{kN}$ auf den Knotenpunkt **I** und wird deshalb als **Druckstab** bezeichnet.

Der Druckstab 2 drückt mit $F_{S2} = 30{,}8\,\text{kN}$ auch auf den Knotenpunkt **II** . Am freigemachten Knoten **II** greifen neben der jetzt bekannten Kraft F_{S2} noch die unbekannten Stabkräfte F_{S3} und F_{S4} an. Mithilfe des Krafteck-Verfahrens werden diese Kräfte als Nächstes ermittelt.

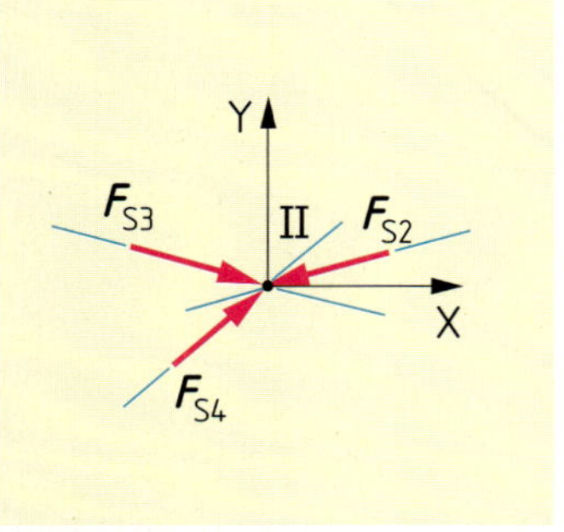

Lageplan Knoten II **2.4.4–11**

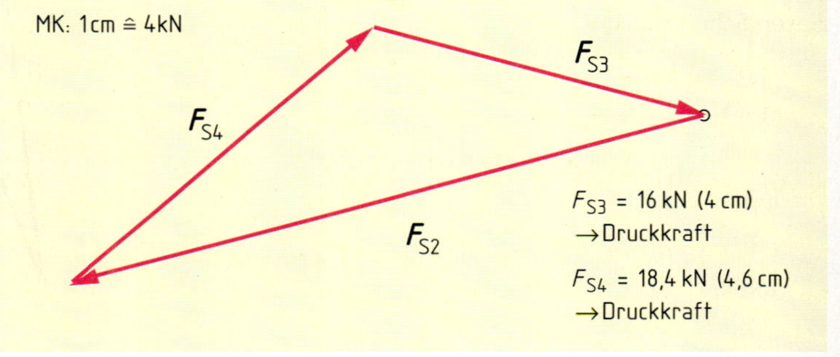

Kräfteplan Knoten II **2.4.4–12**

Von den am Knotenpunkt **III** angreifenden Kräften ist nun die Kraft $\boldsymbol{F}_{S4}$ bekannt. Das geschlossene Krafteck ergibt die Stabkräfte $\boldsymbol{F}_{S5}$ und $\boldsymbol{F}_{S6}$.

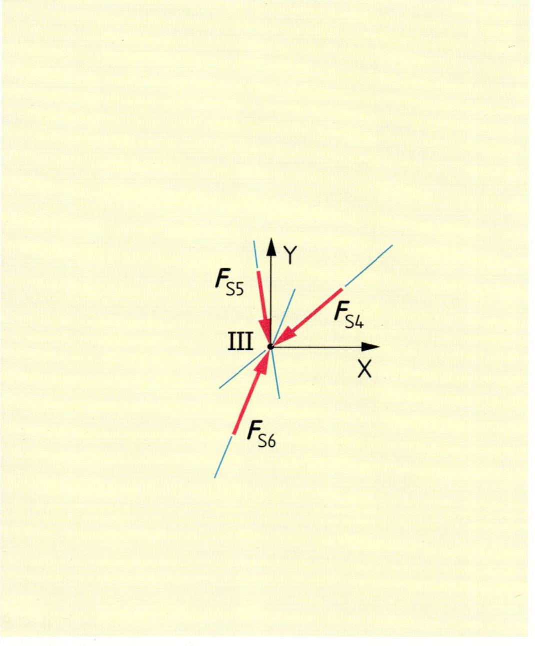

Lageplan Knoten III **2.4.4–13**

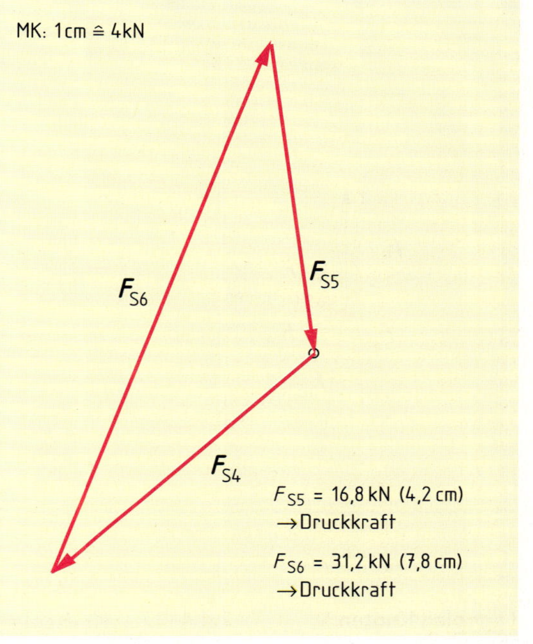

Kräfteplan Knoten III **2.4.4–14**

Für den freigemachten Fachwerkknoten **IV** liefert das Krafteck-Verfahren die letzte noch unbekannte Stabkraft $\boldsymbol{F}_{S7}$.

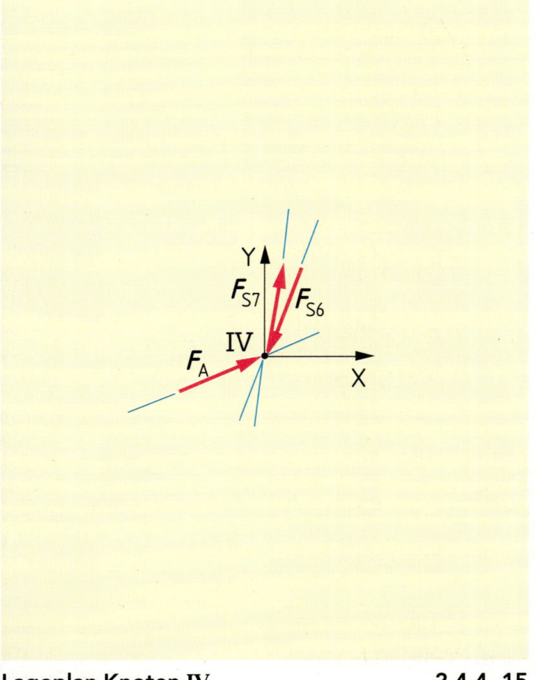

Lageplan Knoten IV **2.4.4–15**

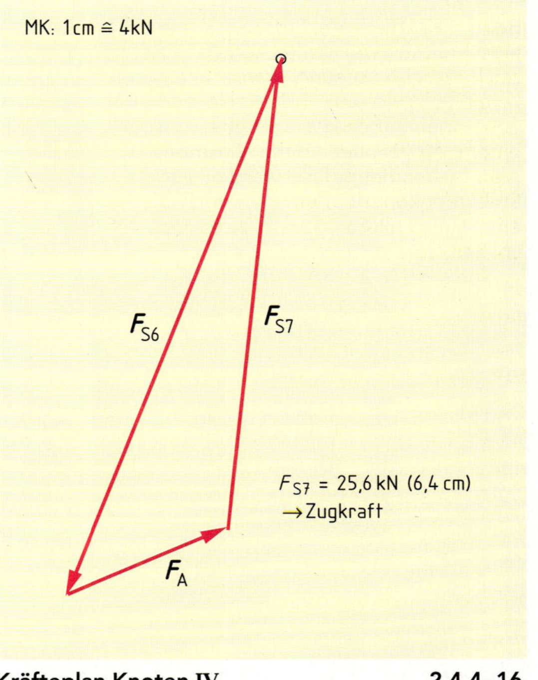

Kräfteplan Knoten IV **2.4.4–16**

Die am Knotenpunkt **V** angreifenden Kräfte sind schon bekannt. Zur Kontrolle müssen diese fünf Kräfte ein geschlossenes Krafteck mit gleichem Umlaufsinn ergeben.

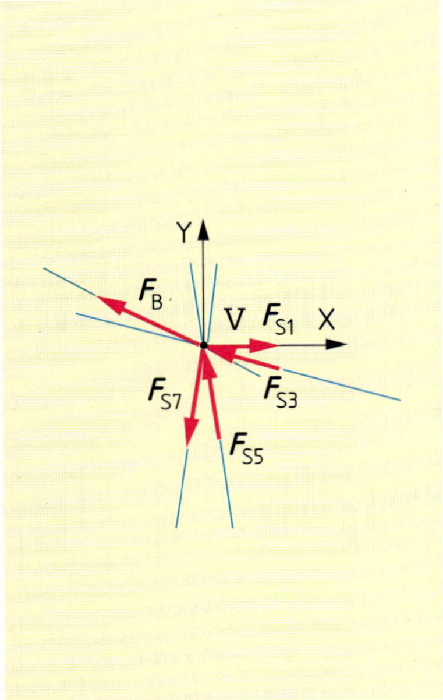

Lageplan Knoten V **2.4.4–17**

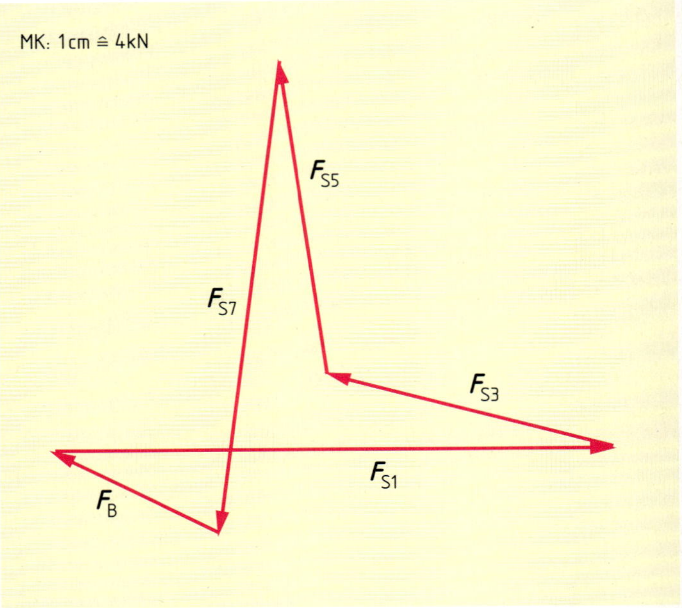

Kräfteplan Knoten V **2.4.4–18**

Lösung mit dem Cremonaplan

(Luigi Cremona, ital. Mathematiker, 1830–1903)

Beim **Krafteck-Verfahren** kommt jede Kraft in **zwei** Kraftecken vor. Die zeichnerische Lösung kann jedoch vereinfacht werden, indem alle Kraftecke aneinander gezeichnet und zu **einem** Kräfteplan, dem **Cremonaplan**, zusammengefasst werden. Jede Stabkraft kommt darin nur noch als eine Linie, allerdings mit zwei Pfeilspitzen, vor.

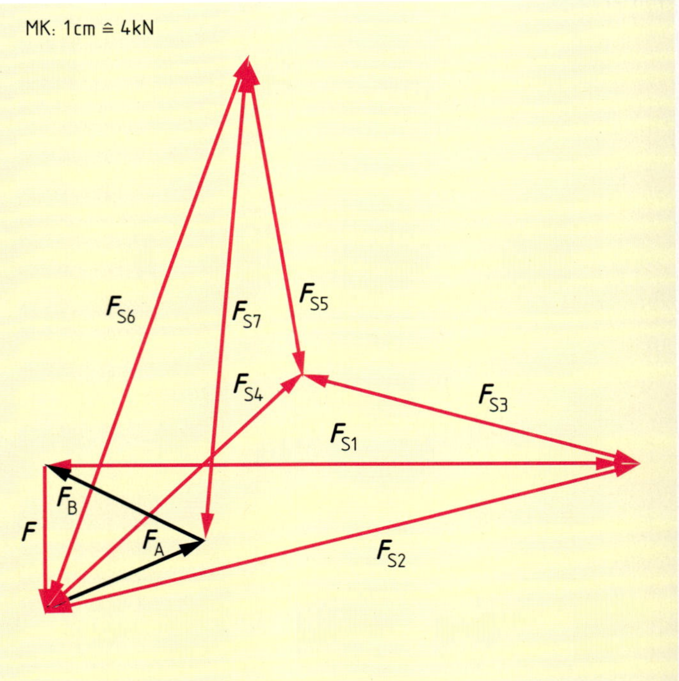

Zusammengefasster Kräfteplan des Fachwerkstützträgers **2.4.4–19**

Voraussetzung für das Aneinanderzeichnen der Kraftecke im Cremonaplan ist, dass eine einheitliche **„Kraftreihenfolge"** eingehalten wird. Sowohl für jeden Fachwerkknoten als auch für die äußeren Kräfte muss **im Lageplan** die Kraftreihenfolge beispielsweise im Uhrzeigersinn (→ rechtsdrehende Kraftreihenfolge) festgelegt werden.

Für die einzelnen Knotenpunkte ergibt sich folgende Kraftreihenfolge:

äußere Kräfte :	$\boldsymbol{F}$, $\boldsymbol{F}_A$, $\boldsymbol{F}_B$
Knotenpunkt I :	$\boldsymbol{F}$, $\boldsymbol{F}_{S2}$, $\boldsymbol{F}_{S1}$
Knotenpunkt II :	$\boldsymbol{F}_{S2}$, $\boldsymbol{F}_{S4}$, $\boldsymbol{F}_{S3}$
Knotenpunkt III:	$\boldsymbol{F}_{S4}$, $\boldsymbol{F}_{S6}$, $\boldsymbol{F}_{S5}$
Knotenpunkt IV:	$\boldsymbol{F}_{S6}$, $\boldsymbol{F}_A$, $\boldsymbol{F}_{S7}$
Knotenpunkt V:	Kontrollkrafteck

Um den zusammengefassten Kräfteplan zu vereinfachen, lässt man im **Cremonaplan** die Pfeilspitzen der Stabkräfte weg. Stattdessen trägt man im **Lageplan** den **Richtungssinn** der auf die Knotenpunkte wirkenden Stabkräfte ein, sodass sich dort zeigt, ob es sich um einen **Zug- oder Druckstab** handelt. Zusätzlich kann dies auch durch ein **Plusvorzeichen** (Zugstab) ober **Minuszeichen** (Druckstab) vor der **Stabnummer** kenntlich gemacht werden.

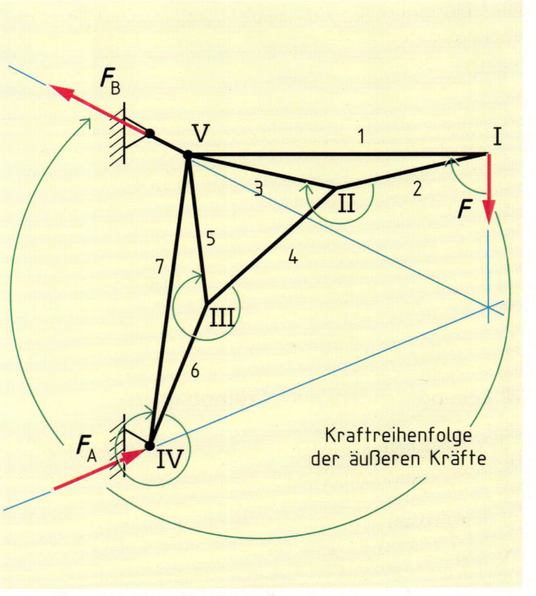

Lageplan mit Festlegung der Kraftreihenfolge **2.4.4–20**

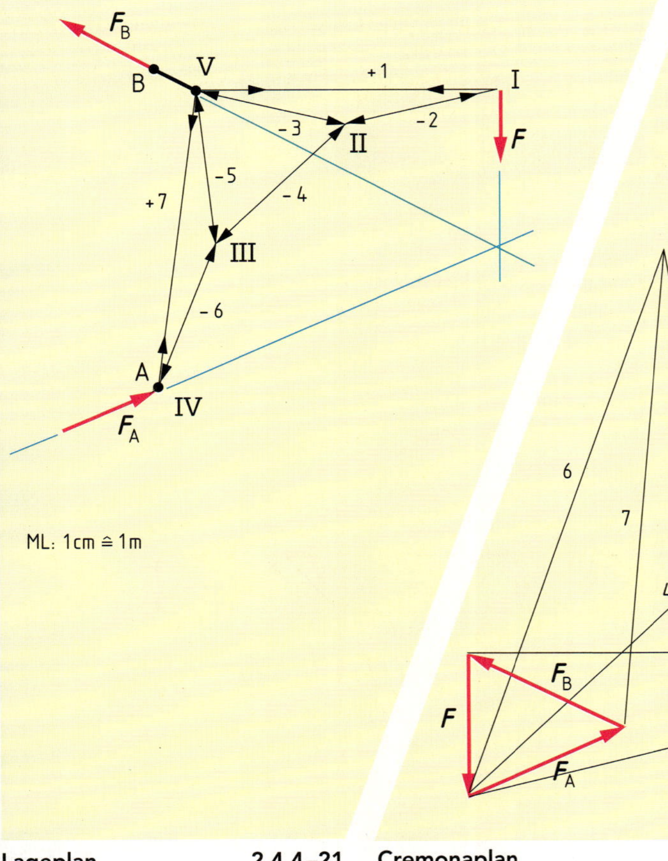

Lageplan **2.4.4–21**

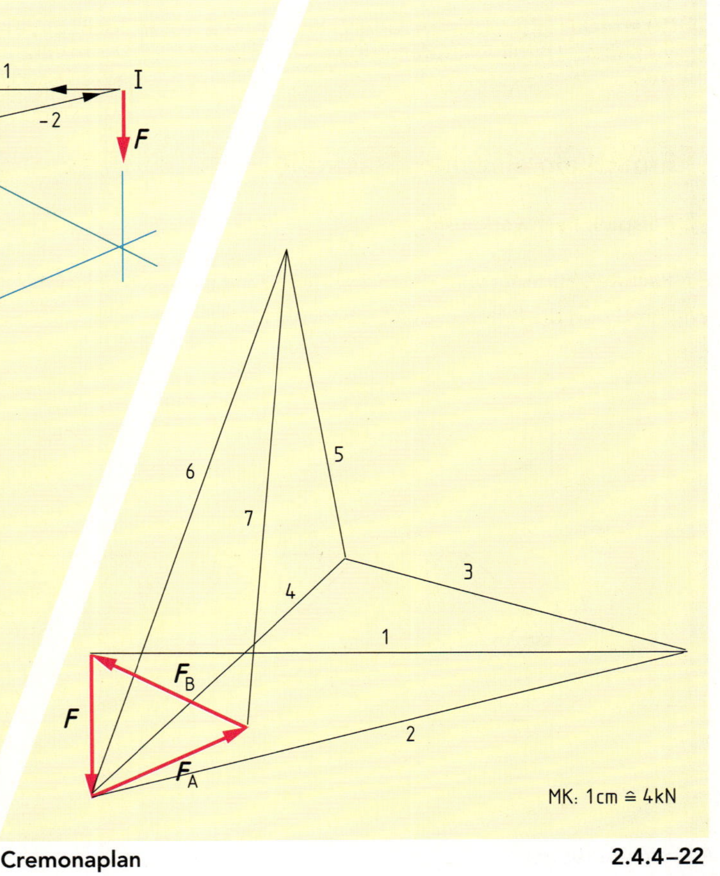

Cremonaplan **2.4.4–22**

Die Darstellung der Ergebnisse, aufgeschlüsselt nach Zug- und Druckstäben, erfolgt am übersichtlichsten in Form einer Tabelle.

Stab	Zugkraft	Druckkraft
1	29,8 kN	
2		30,8 kN
3		16 kN
4		18,4 kN
5		16,8 kN
6		31,2 kN
7	25,6 kN	
F_A	9,2 kN	
F_B		9,4 kN

Lösungsschritte zum Cremonaplan:

1. **Lagerkräfte** durch Freimachen vorbestimmen und zeichnerisch oder rechnerisch ermitteln.
2. **Lageplan** des Fachwerks mit allen äußeren Kräften zeichnen und die einheitliche **Kraftreihenfolge** festlegen (z.B. rechtsdrehend).
3. **Kräfteplan** mit einem Knotenpunkt beginnen, bei dem höchstens zwei unbekannte Kräfte wirken.
4. **Kraftecke** der benachbarten Knotenpunkte anbauen. Dabei Kraftpfeile durch Linien ersetzen.
5. Nach jedem Krafteck den **Richtungssinn der Stabkräfte** ermitteln und die **Richtungspfeile in den Lageplan** beim entsprechenden Knotenpunkt einzeichnen.
6. **Gegenpfeilspitzen** für die benachbarten Knotenpunkte in den **Lageplan** eintragen und die Stäbe durch Plus- oder Minusvorzeichen als Zug- oder Druckstäbe kennzeichnen.
7. **Größe der Stab- und Lagerkräfte** aus dem **Kräfteplan** ermitteln und unterteilt nach Zug- und Druckkräften in eine Tabelle eintragen.

Ermittlung einzelner Stabkräfte

Beispiel: Fachwerkausleger

Ein Fachwerkausleger wird durch zwei Kräfte mit je 1,5 kN belastet.

Wie groß sind die Kräfte in den Stäben 10, 11 und 12?

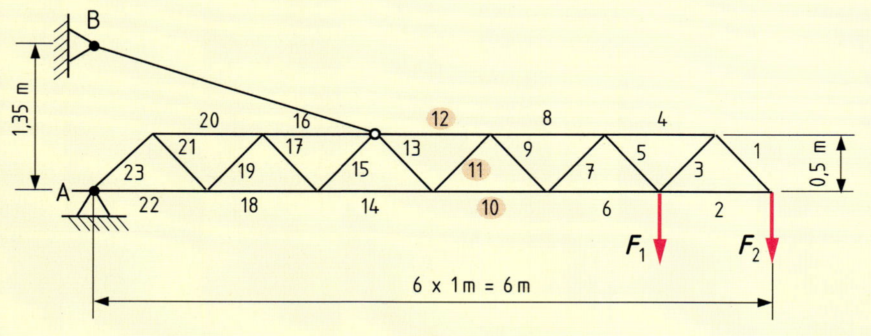

Fachwerkausleger **2.4.4–23**

Zeichnerische Lösung mit dem Culmann-Verfahren (Vier-Kräfte-Verfahren)

(Prof. Carl Culmann, 1821–1881)

Man denkt sich das Fachwerk durch die Stäbe 10, 11 und 12 in zwei Teilfachwerke geschnitten. Die Stabkräfte F_{S10}, F_{S11} und F_{S12} werden dadurch (gedanklich) zu äußeren Kräften, die sowohl den linken als auch den rechten Fachwerkteil stützen. Um die Lagerkräfte des Fachwerkauslegers nicht ermitteln zu müssen, wird zur Bestimmung der Stabkräfte das rechte Teilfachwerk verwendet.

Da der Richtungssinn der gesuchten Stabkräfte nicht bekannt ist, werden für das gewählte Teilfachwerk die gesuchten Stabkräfte als **Zugkräfte** angenommen. Ob diese Annahme richtig ist, wird die folgende Lösung zeigen.

Alle am Teilfachwerk angreifenden Kräfte müssen im Gleichgewicht sein. Ersetzt man die zwei Belastungskräfte F_1 und F_2 durch ihre Resultierende F_{res}, erhält man ein System von äußeren Stützkräften, das dem **Vier-Kräfte-Verfahren (Culmann-Verfahren)** entspricht. Mithilfe des Vier-Kräfte-Verfahrens können zeichnerisch die Größe und der Richtungssinn der Stabkräfte F_{S10}, F_{S11} und F_{S12} ermittelt werden. Die Lösung zeigt, dass der Richtungssinn von F_{S10} und F_{S11} falsch angenommen wurde. Die Stäbe 10 und 11 sind Druckstäbe.

Da mit dem Culmann-Verfahren nur drei Stabkräfte ermittelt werden können, muss der (gedankliche) Schnitt so gelegt werden, dass nicht mehr als drei Stäbe geschnitten werden.

Das Culmann-Verfahren kann auch auf das linke Teilfachwerk angewendet werden. Dieser Lösungsweg ist jedoch aufwendiger, da zuerst die Lagerkräfte F_A und F_B bestimmt werden müssen.

Ergebnis:

$F_{S10} = 12$ kN Druckkraft

$F_{S11} = 4{,}2$ kN Druckkraft

$F_{S12} = 15$ kN Zugkraft

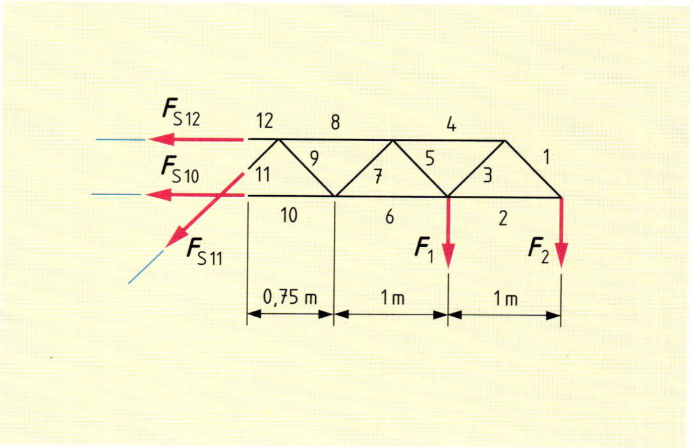

Freigemachtes Teilfachwerk 2.4.4–24

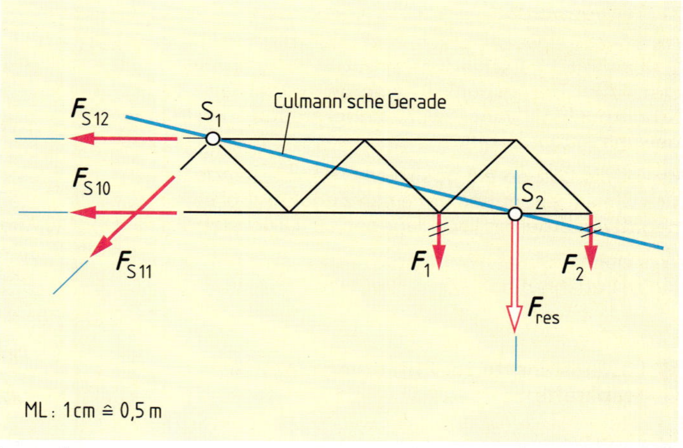

Lageplan 2.4.4–25

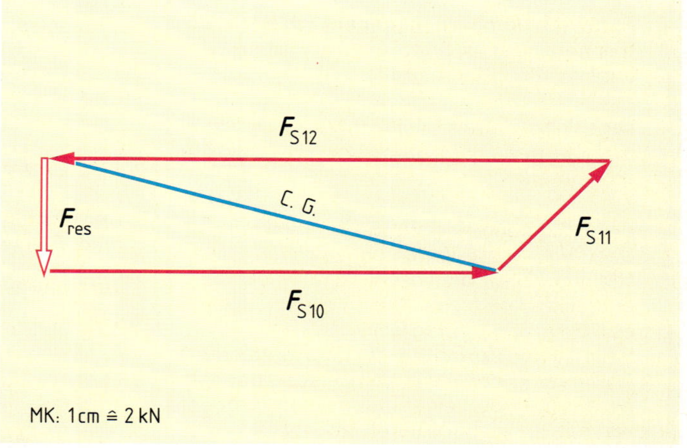

Kräfteplan 2.4.4–26

Rechnerische Lösung mit dem Ritter-Verfahren

(August Ritter, dt. Physiker, 1876–1908)

Wie beim Culmann-Verfahren wird durch das Fachwerk ein Schnitt gelegt, der diejenigen Stäbe (gedanklich) durchtrennt, deren Stabkräfte gesucht sind. Beim Freimachen einer Fachwerkhälfte werden so die inneren Stabkräfte zu äußeren Stützkräften, die als Zugkräfte angenommen werden.

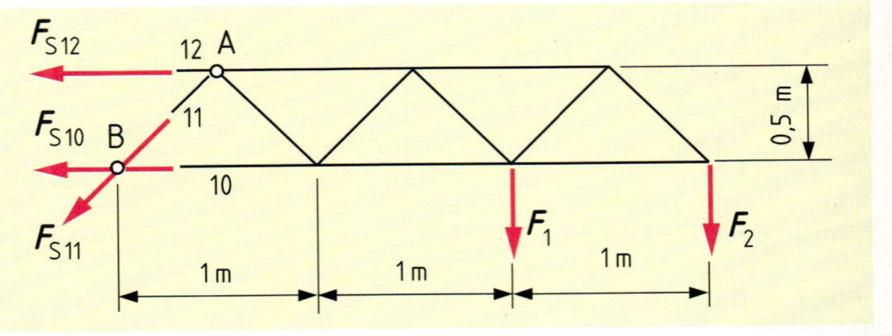

Lageskizze des freigemachten Teilfachwerkes 2.4.4–27

Die äußeren Kräfte am rechten Teilfachwerk bilden ein allgemeines Kräftesystem, das mit den Gleichgewichtsbedingungen

$$\Sigma F_x = 0 \qquad \Sigma F_y = 0 \qquad \Sigma M_{BP} = 0$$

berechnet werden kann. Dazu müssen die Kräfte in X- und Y-Komponenten zerlegt werden.

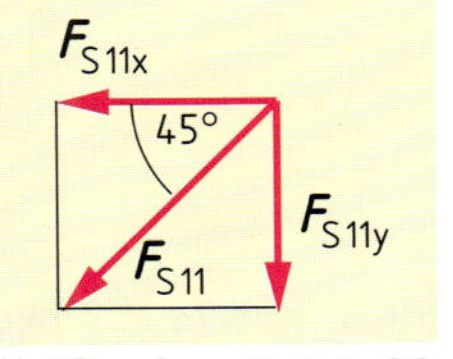

Kräfteplan 2.4.4–28

Zerlegung von F_{S11} in Komponenten:

$$F_{S11x} = F_{S11} \cdot \cos 45°$$
$$F_{S11y} = F_{S11} \cdot \sin 45°$$
$$F_{S11x} = F_{S11y}$$

Als günstig erweist es sich, mehrmals die Gleichung $\Sigma M_{BP} = 0$ für verschiedene Bezugspunkte anzuwenden. Als Bezugspunkte werden vorteilhaft die Schnittpunkte von zwei unbekannten Kräften gewählt, hier A und B.

Ergibt die Lösung ein **positives** Ergebnis, handelt es sich wie angenommen um einen **Zugstab.** Bei einem **negativen** Ergebnis liegt dagegen ein **Druckstab** vor.

Wie beim Culmann-Verfahren lassen sich mit dem Ritter-Verfahren höchstens drei Stabkräfte ermitteln.

$\Sigma M_A = 0$:

$$-F_{S10} \cdot 0{,}5\,\text{m} - F_1 \cdot 1{,}5\,\text{m} - F_2 \cdot 2{,}5\,\text{m} = 0$$
$$-F_{S10} = \frac{1{,}5\,\text{kN} \cdot 1{,}5\,\text{m} + 1{,}5\,\text{kN} \cdot 2{,}5\,\text{m}}{0{,}5\,\text{m}}$$
$$\underline{\underline{F_{S10} = -12\,\text{kN}}}$$

Der Richtungssinn von F_{S10} wurde falsch angenommen. F_{S10} wirkt als Druckkraft! Pfeilrichtung muss in der Lageskizze umgedreht werden.

$\Sigma M_B = 0$:

$$F_{S12} \cdot 0{,}5\,\text{m} - F_1 \cdot 2\,\text{m} - F_2 \cdot 3\,\text{m} = 0$$
$$F_{S12} = \frac{1{,}5\,\text{kN} \cdot 2\,\text{m} + 1{,}5\,\text{kN} \cdot 3\,\text{m}}{0{,}5\,\text{m}}$$
$$\underline{\underline{F_{S12} = 15\,\text{kN}}}$$

F_{S12} wirkt als Zugkraft.

Lösungsschritte zur Ermittlung einzelner Stabkräfte:

1. Wenn notwendig, die Lagerkräfte des Fachwerks zeichnerisch oder rechnerisch ermitteln.
2. **Fachwerk durch einen (gedanklichen) Schnitt trennen.** Der Schnitt darf höchstens **drei** unbekannte Stäbe betreffen.
3. **Lageskizze eines Teilfachwerks zeichnen** und die gesuchten Stabkräfte **als Zugkräfte annehmen.**
4. Beim **Culmann-Verfahren** die Stabkräfte mit dem Vier-Kräfte-Verfahren zeichnerisch bestimmen. Zeigt die Lösung eine Stabkraft mit entgegengesetztem Richtungssinn, handelt es sich um einen Druckstab.
   Beim **Ritter-Verfahren** die Stabkräfte durch Anwendung der Gleichgewichtsbedingungen berechnen. Bei einem negativen Ergebnis handelt es sich um einen Druckstab.

$\Sigma F_x = 0$: Hinweis: F_{S10} ist Druckkraft.

$$F_{S10} - F_{S12} - F_{S11x} = 0$$
$$12\,\text{kN} - 15\,\text{kN} - F_{S11} \cdot \cos 45° = 0$$
$$F_{S11} = -\frac{3\,\text{kN}}{\cos 45°}$$
$$\underline{\underline{F_{S11} = -4{,}243\,\text{kN}}}$$

Der Richtungssinn von F_{S11} wurde falsch angenommen. F_{S11} wirkt als Druckkraft!

Zur Kontrolle:

$\Sigma F_y = 0$:

$$-F_{S11y} - F_1 - F_2 = 0$$
$$-F_{S11} \cdot \sin 45° = 3\,\text{kN}$$
$$\underline{\underline{F_{S11}}} = -\frac{3\,\text{kN}}{\sin 45°} = \underline{\underline{-4{,}243\,\text{kN}}}$$

2.4.5 Übungen

Lehrbeispiel: Gabelstapler

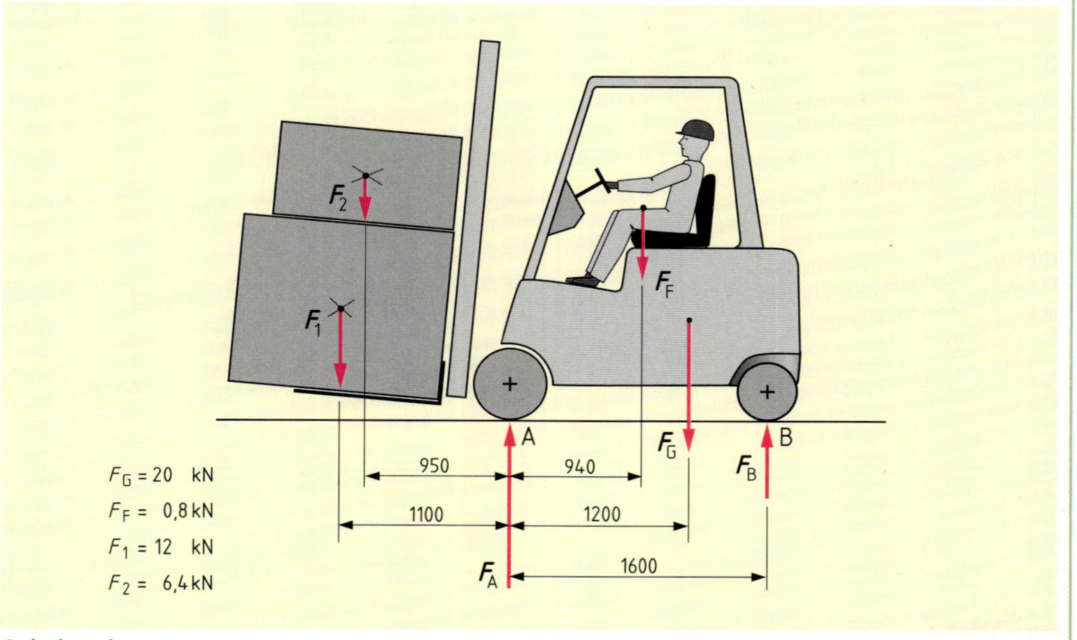

Gabelstapler 2.4.5–1

Aufgabe:

Die Achslasten eines Gabelstaplers (Leitbeispiel Statik) sind zu bestimmen

a) ohne Belastung,

b) mit Belastung durch Fahrer und Lasten $\boldsymbol{F}_1$ und $\boldsymbol{F}_2$.

Lösung:

a) $\Sigma \boldsymbol{M}_A = 0$:

$$F_B \cdot 1{,}6\,\text{m} - F_G \cdot 1{,}2\,\text{m} = 0$$

$$F_B = \frac{20\,\text{kN} \cdot 1{,}2\,\text{m}}{1{,}6\,\text{m}}$$

$$\underline{\underline{F_B = 15\,\text{kN}}}$$

$\Sigma \boldsymbol{F}_y = 0$:

$$F_A + F_B - F_G = 0$$

$$F_A = F_G - F_B = 20\,\text{kN} - 15\,\text{kN}$$

$$\underline{\underline{F_A = 5\,\text{kN}}}$$

b) $\Sigma \boldsymbol{M}_A = 0$:

$$F_1 \cdot 1{,}1\,\text{m} + F_2 \cdot 0{,}95\,\text{m} - F_F \cdot 0{,}94\,\text{m} - F_G \cdot 1{,}2\,\text{m} + F_B \cdot 1{,}6\,\text{m} = 0$$

$$F_B = \frac{-12\,\text{kN} \cdot 1{,}1\,\text{m} - 6{,}4\,\text{kN} \cdot 0{,}95\,\text{m} + 0{,}8\,\text{kN} \cdot 0{,}94\,\text{m} + 20\,\text{kN} \cdot 1{,}2\,\text{m}}{1{,}6\,\text{m}}$$

$$\underline{\underline{F_B = 3{,}42\,\text{kN}}}$$

$\Sigma \boldsymbol{F}_y = 0$:

$$F_A + F_B - F_1 - F_2 - F_F - F_G = 0$$

$$F_A = F_1 + F_2 + F_F + F_G - F_B$$

$$F_A = 12\,\text{kN} + 0{,}64\,\text{kN} + 0{,}8\,\text{kN} + 20\,\text{kN} - 3{,}42\,\text{kN}$$

$$\underline{\underline{F_A = 35{,}78\,\text{kN}}}$$

Aufgabe 1

Eine Stehleiter auf ebenem, glatten Boden wird mit $F = 730$ N belastet.

Gesucht:

a) Die Stützkräfte $\boldsymbol{F}_A$ und $\boldsymbol{F}_B$, wenn Reibung und Gewichtskräfte vernachlässigt werden.

b) Die Zugkraft $\boldsymbol{F}_K$ in der Kette und die im Gelenk C auftretende Kraft $\boldsymbol{F}_C$.

Hinweis:

Die Leiterhälften entsprechen **nicht** Zweigelenkstäben. Begründung?

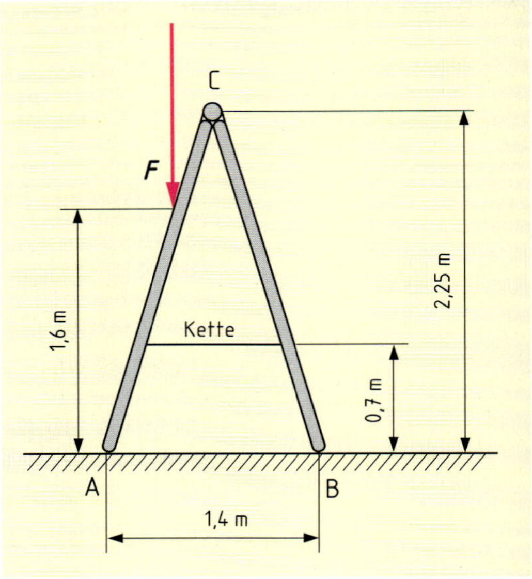

2.4.5–2

Aufgabe 2

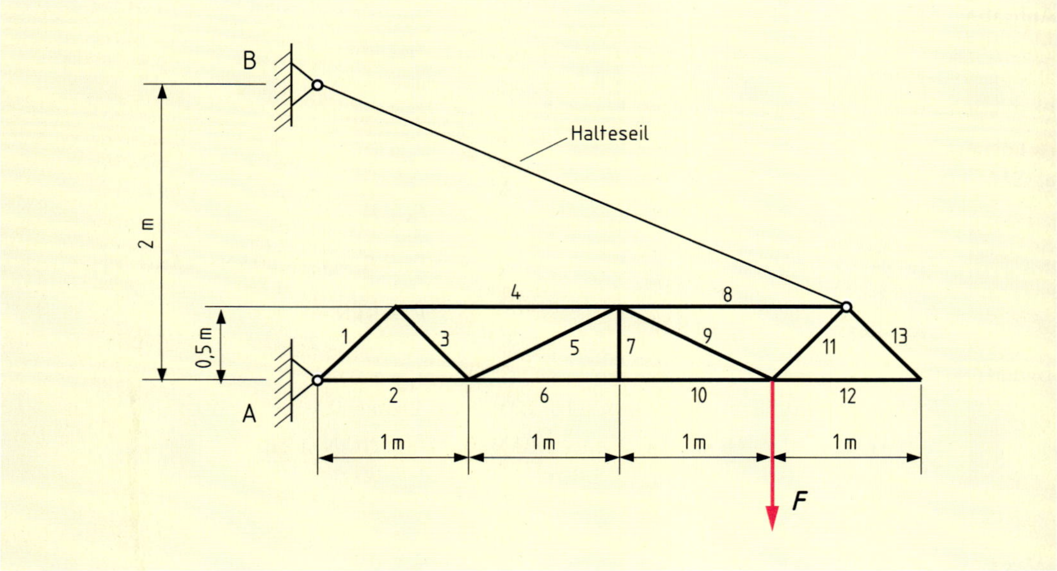

2.4.5–3

Ein Fachwerkausleger ist mit $F = 16{,}5$ kN belastet.

Gesucht:

a) Stützkraft $\boldsymbol{F}_A$ und Seilkraft $\boldsymbol{F}_S$.

b) Stabkräfte $\boldsymbol{F}_{S1}$ bis $\boldsymbol{F}_{S13}$ des Fachwerks.

c) Welche Kräfte ändern sich, wenn die Belastungskraft $\boldsymbol{F}$ am Fachwerkende angreift?

2.5 Reibung

2.5.1 Haft- und Gleitreibung

Soll ein starrer Körper auf seiner Unterlage fortbewegt werden, z.B. Maschinenschlitten auf seiner Führungsbahn, muss ein **Reibungswiderstand in der Berührungsfläche** durch eine **Verschiebekraft *F*** überwunden werden (→2.1.2: Reaktionssatz). Dieser bewegungshemmende Reibungswiderstand wird als **Reibungskraft** bezeichnet. Die Reibungskraft wirkt tangential in der Berührungsfläche entgegengesetzt zu der Richtung, in die eine Kraft versucht, den Körper zu bewegen, oder in die der Körper bewegt wird. Als Ursachen für die Reibungskraft müssen vor allem die Adhäsion und die Rauigkeit der Oberflächen genannt werden.

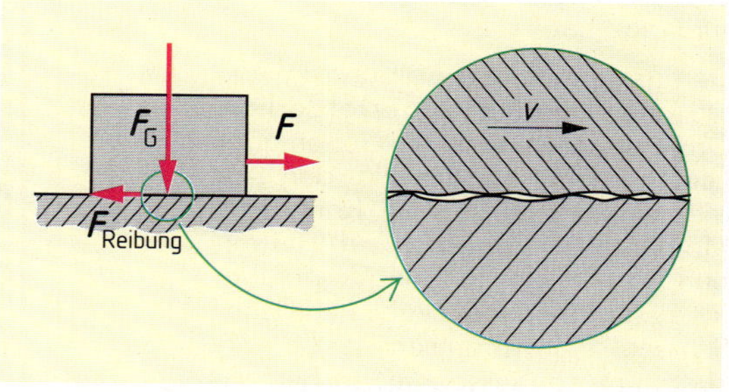

Reibung in der Berührungsfläche 2.5.1–1

Art und **Größe** der **Reibung** kann durch einen einfachen Versuch veranschaulicht werden. Versucht man einen starren Körper durch eine immer größere horizontale Kraft in Bewegung zu setzen, gelingt dies erst, wenn die Kraft F eine bestimmte Größe ($F_{R0\,max}$) erreicht hat. Bei kleinerer Kraft bleibt der Körper aufgrund der **Haftreibung** im Zustand der Ruhe. Für den **Ruhezustand**, gekennzeichnet durch den Index 0, gilt:

Kraft F = Haftreibungskraft F_{R0}.

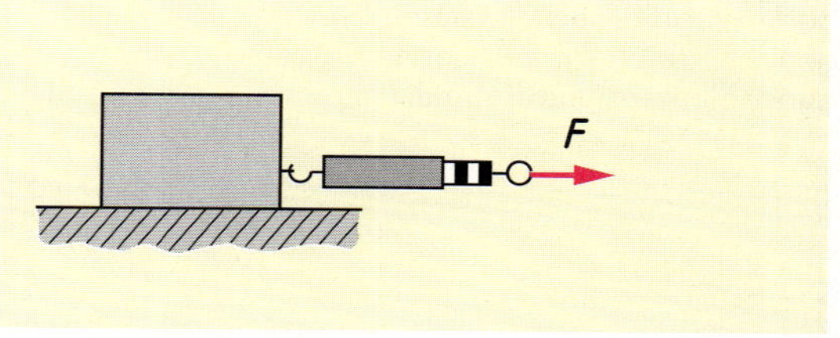

Verschiebeversuch 2.5.1–2

Durch Freimachen des Körpers wird der Gleichgewichtszustand zeichnerisch dargestellt. Die Resultierende der Reaktionskräfte F_N und F_{R0} im Krafteck wird mit **Ersatzkraft F_{ers}** bezeichnet, der Winkel zwischen F_{ers} und F_N mit **Reibungswinkel** ρ_0 .

Ist die Verschiebekraft F **größer** als die maximale Haftreibungskraft $F_{R0\,max}$ ($F > F_{R0\,max}$), wird der Körper in Bewegung gesetzt (→ 2.1.2: Trägheitssatz).

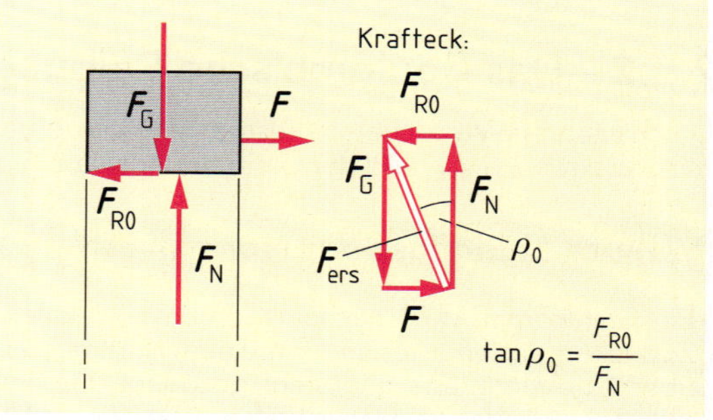

Kräfte am freigemachten Körper 2.5.1–3

Zur Aufrechterhaltung der **Gleitbewegung mit konstanter Geschwindigkeit** ($F_R = F$) ist zur Überwindung der **Gleitreibungskraft F_R** meistens eine kleinere Kraft als die maximale Haftreibungskraft $F_{R0\,max}$ erforderlich. Für **Gleitbewegung** gilt:

$$F = F_R < F_{R0max}$$

Hinweis:
Beim Betrieb von Pneumatik- und Hydraulikzylindern führt der Übergang von Haft- zu Gleitreibung zu unerwünschtem **Ruckgleiten** („Stick-Slip-Effekt").

Kräfte auf die Stützfläche 2.5.1–4

- Die **Größe der Haftreibungskraft F_{R0}** entspricht bis zum Grenzwert $F_{R0\,max}$ stets der Größe der angreifenden Kraft F. Die Größe der Haftreibung $F_{R0\,max}$ ist somit **kein** fester Wert.
- Im Gegensatz zur Haftreibung tritt bei **Gleitreibung** (mit kleinen Verschiebegeschwindigkeiten) eine konstant große **Gleitreibungskraft F_R** auf.
- Die Gleitreibungskraft F_R ist meistens **kleiner** als die maximale Haftreibungskraft $F_{R0\,max}$.

In vielen Bereichen der Technik ist die Reibung eine **störende Erscheinung**, die beispielsweise eine unerwünschte Bremswirkung, Verschleiß, Erwärmung und Wirkungsgradverlust zur Folge hat.

Demgegenüber ist Reibung in vielen Fällen **unbedingt erforderlich**. Ohne Haftreibung ist ein Gehen oder Laufen nicht möglich. In der Antriebstechnik beruht die Kraft- und Momentenübertragung auf Haftreibung. Beispiele: Reibungskupplung, Riementrieb, Rad auf Fahrbahn/Schiene. Beim Bremsen ist die Wirkung um so besser, je größer die Reibkraft ist. Und in der Befestigungstechnik basiert die Wirkung beim Nageln und Verschrauben auf der Haftreibung zwischen Befestigungselement und Bauteil.

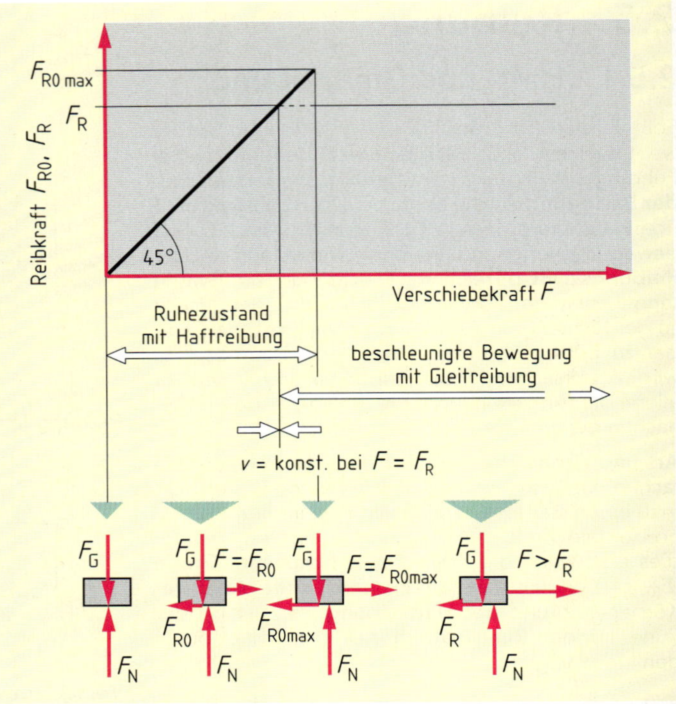

Reibkräfte in Abhängigkeit der Verschiebekraft **2.5.1–5**

2.5.2 Das Coulomb'sche Reibungsgesetz

Durch mehrere Versuche soll festgestellt werden, von welchen Faktoren die Größe der maximalen Haftreibungskraft F_{R0max} und der Gleitreibungskraft F_R abhängt.

Versuch 1: Einfluss der Normalkraft

Ein Stahlkörper wird nacheinander mit gleichen Zusatzkörpern belastet und mit einem Kraftmesser über eine Unterlage aus Stahl gezogen. Für die unterschiedlichen Gewichtskräfte F_G, $2F_G$, $3F_G$ werden

- die zur Überwindung des Ruhezustandes notwendige maximale Haftreibungskraft F_{R0max} und
- die zur Aufrechterhaltung der gleichförmigen Bewegung (v = konst.) erforderliche Gleitreibungskraft F_R

gemessen.

Es ergeben sich beispielsweise folgende Meßwerte:

	Haftreibung		Gleitreibung	
$F_G = F_N$	$F = F_{R0max}$	$\frac{F_{R0max}}{F_N}$	$F = F_R$	$\frac{F_R}{F_N}$
10 N	1,8 N	0,18	1,5 N	0,15
20 N	3,6 N	0,18	3 N	0,15
30 N	5,4 N	0,18	4,5 N	0,15

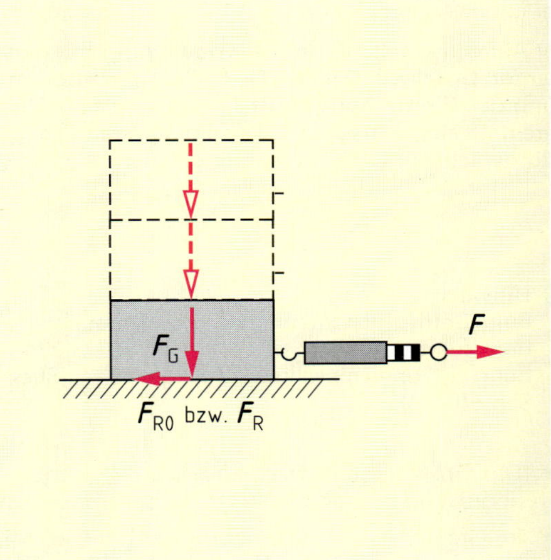

Reibkraftmessung mit unterschiedlicher Gewichtskraft **2.5.2–1**

Die Versuchswerte zeigen, dass die maximale Haftreibungskraft F_{R0max} und die Gleitreibungskraft F_R jeweils proportional zur Normalkraft sind.

$$F_{R0max} \sim F_N$$
$$F_R \sim F_N$$

Durch Einführung von Proportionalitätskonstanten erhält man folgende Größengleichungen:

max. Haftreibungskraft	$F_{R0} = \mu_0 \cdot F_N$
Gleitreibungskraft	$F_R = \mu \cdot F_N$

Die Proportionalitätskonstante μ_0 wird als **Haftreibungszahl**, μ als **Gleitreibungszahl** bezeichnet. Diese von dem franz. Physiker Coulomb (1736–1806) erstmals formulierte Abhängigkeit wird **Coulomb'sches Reibungsgesetz** genannt.

Durch Umstellung des **Coulomb'schen Reibungsgesetzes** erhält man die **Reibungszahlen**:

Haftreibungszahl	$\mu_0 = \frac{F_{R0max}}{F_N}$
Gleitreibungszahl	$\mu = \frac{F_R}{F_N}$

Einheit der Reibungszahlen: $\frac{[N]}{[N]} = 1$

Zwischen der **Reibungszahl** und dem **Reibungswinkel** besteht folgender Zusammenhang (siehe Bild 2.5.1–3):

Haftreibung:	$\tan \rho_0 = \frac{F_{R0max}}{F_N} = \mu_0$
Gleitreibung:	$\tan \rho = \frac{F_R}{F_N} = \mu$

Versuch 2: Einfluss der Größe der Berührungsfläche

Der Einfluss der Größe der Berührungsfläche auf die Reibungskräfte wird ermittelt, indem die Stahlkörper aus Versuch 1, die alle die gleiche Oberflächenbeschaffenheit aufweisen müssen, hintereinander angehängt bzw. teilweise oder vollständig aufeinander gestapelt werden.

Man stellt fest, dass – unabhängig, ob angehängt oder teilweise aufgestapelt – jeweils die gleiche Zugkraft zum Verschieben benötigt wird.

Die **Größe von Haft- und Gleitreibungskraft** ist bei **starren** Berührungsflächen **unabhängig** von der **Größe der Berührungsfläche**.

Hinweis:

Bei Fahrzeugreifen mit ihrer elastisch nachgiebigen Aufstandsfläche ist die Unabhängigkeit der Reibungskraft von der Größe der Berührungsfläche auf Asphalt- bzw. Betonfahrbahn **nicht** gegeben. Durch das „Anschmiegen" der Reifenprofilfläche auf die Straßenoberfläche kommt es zu einem Formschluss mit dem Effekt, dass größere Aufstandsflächen auch größere Reibungskräfte zur Folge haben (→ breite Sportreifen).

Die Unabhängigkeit der Reibungskraft von der Größe der Berührungsfläche ist auch in den Fällen nicht gegeben, in denen ein starrer Körper die Unterlage (Fahrbahn) deformiert.

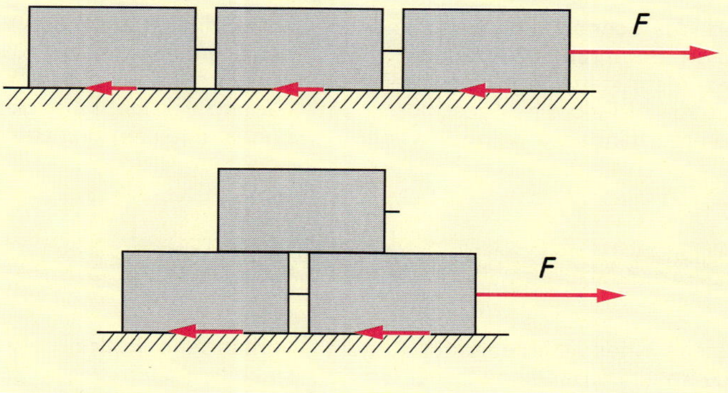

Reibkraftmessung bei unterschiedlich großer Berührungsfläche 2.5.2–2

Die folgenden Versuche zeigen, von welchen Faktoren die **Reibungszahlen μ_0 und μ** abhängen.

Versuch 3: Einfluss der Oberflächenrauigkeit

Der Verschiebeversuch wird mit Körpern gleicher Gewichtskraft und gleichen Werkstoffs, jedoch mit Berührungsflächen **unterschiedlicher Oberflächenrauigkeit** durchgeführt. Man stellt fest, dass die Größe der Reibungskräfte F_{R0max} und F_R von der Rauigkeit der Oberflächen abhängt. Je größer die Rautiefe, um so größer sind die Reibungskräfte.

Versuch 4: Einfluss der Gleitgeschwindigkeit

Wird der Verschiebeversuch mit unterschiedlich großen **Verschiebegeschwindigkeiten** ausgeführt, zeigt sich, dass die **Gleitreibungszahl μ** bei höheren Geschwindigkeiten kleiner wird. Für langsame Gleitbewegungen kann μ jedoch als konstant angesehen werden.

Versuch 5: Einfluss der Schmierung

Bringt man **Öl oder Schmierfett** zwischen Körper und Unterlage, so werden die erforderlichen Verschiebekräfte (= Reibungskräfte F_{R0max} und F_R) im Vergleich zur trockenen Reibung erheblich verringert. Das Gleiten des Körpers wird durch den Glättungseffekt des Schmiermittels wesentlich erleichtert.
Man unterscheidet folgende Reibungsarten:

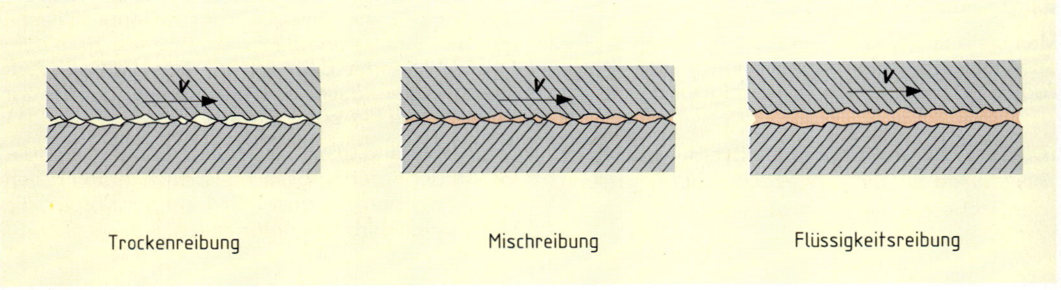

Reibungsarten **2.5.2–3**

Findet aufgrund des Schmierfilms zwischen den Gleitflächen keine Berührung (Verzahnung) der Rauigkeitsspitzen mehr statt, liegt Flüssigkeitsreibung vor. Ob es zur Bildung eines geschlossenen Schmierfilms kommt, hängt u.a. von der Gleitgeschwindigkeit und der Viskosität (Zähflüssigkeit) des Schmiermittels ab. Kommt es nur zu einer teilweisen Trennung der Gleitflächen, liegt Mischreibung vor. Bei Flüssigkeitsreibung sind die Reibungszahlen am kleinsten.

Versuch 6: Einfluss der Rollreibung

Bringt man anstelle eines Schmierstoffes Kugeln oder zylindrische Rollenkörper einheitlicher Größe auf die Reibunterlage, erhält man durch die jetzt vorhandene **Rollreibung** im Vergleich zur Flüssigkeitsreibung noch kleinere Reibungszahlen (→ 2.5.5: Rollreibung).

Versuch 7: Einfluss unterschiedlicher Werkstoffpaarungen

Wird der Verschiebeversuch mit **unterschiedlichen Werkstoffpaarungen** durchgeführt, ergeben sich je nach Werkstoffpaarung unterschiedliche Reibungszahlen μ_0 und μ. Für häufig vorkommende Werkstoffpaarungen sind Reibungszahlen häufig als **Anhaltswerte** in Tabellen zu finden. Da die Reibungszahlen von weiteren Faktoren wie Oberflächenrauigkeit, Art und Zustand des Schmiermittels, Gleitgeschwindigkeit, Verschmutzung der Berührungsflächen abhängig sind, können die **tatsächlichen Werte** der **Haft- und Gleitreibungszahlen** beträchtlich von diesen Durchschnittswerten abweichen.

Stoffpaarung	Haftreibungszahl μ_0		Gleitreibungszahl μ	
	trocken	mit Schmierung	trocken	mit Schmierung
Stahl-Stahl	0,15-0,2	0,1	0,15	0,05
Stahl-Bronze	0,15	0,1	0,12	0,04
Stahl-GG	0,2	0,1	0,18	0,06
GG-GG	0,25	0,15	0,2	0,1
Bremsbelag-Stahl	0,4	—	0,4	—
Leder-Metall	0,5	0,2	0,3	0,15
Kunststoff-GG	0,18	0,06	0,18	0,06
Holz-Holz	0,5	0,2	0,3	0,1
Holz-Metall	0,6	0,1	0,5	0,08
Gummi-Asphalt	0,7	nass: 0,5	0,6	—

2.5.3 Reibung auf der schiefen Ebene

Bei vielen Maschinenbauteilen, wie Schrauben, Gewinde und Keile, lassen sich Reibungsbetrachtungen auf die Reibungsverhältnisse auf der **schiefen Ebene** zurückführen. Stellen wir uns den Körper sehr flach vor, kann man die an ihm wirkenden Kräfte als zentrales Kräftesystem behandeln. Dies ermöglicht eine einfache mathematische Lösung der verschiedenen Reibungsfälle, weil keine Kräftepaare und somit keine Momente berücksichtigt werden müssen.

Ermittlung der Reibungszahlen μ_0 und μ

Die Reibungszahlen μ_0 und μ können auf einer schiefen Ebene mit stufenlos verstellbarer Neigung experimentell ermittelt werden.

Legt man einen Prüfkörper auf die Gleitbahn der schiefen Ebene und vergrößert langsam den Neigungswinkel α, bleibt der Körper mit zunehmender Neigung der Ebene zunächst in Ruhe. Nach Erreichen des Haftreibungswinkels ρ_0 beginnt der Prüfkörper abwärts zu gleiten.

Die am freigemachten Prüfkörper wirkenden Kräfte sind in der Lageskizze dargestellt. Die Gewichtskraft $\boldsymbol{F}_G$ ist in eine Komponente parallel zur schiefen Ebene $\boldsymbol{F}_{Gx}$ und in eine Komponente senkrecht zur schiefen Ebene $\boldsymbol{F}_{Gy}$ zerlegt. Reaktionskraft zu $\boldsymbol{F}_{Gy}$ ist die Normalkraft $\boldsymbol{F}_N$.

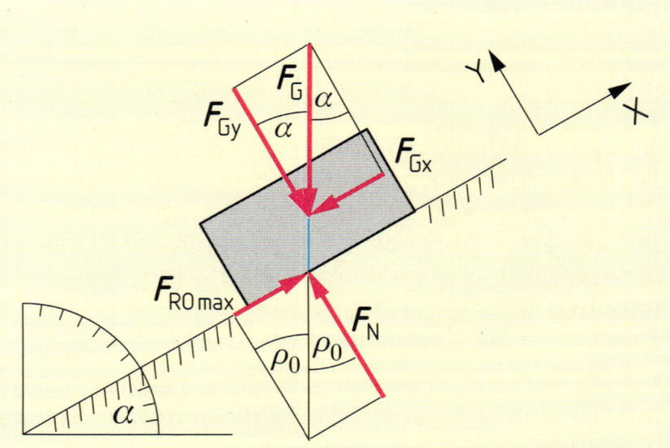

Freigemachter Körper bei maximaler Haftreibung 2.5.3–1

Solange sich der Körper in Ruhe befindet, ist die Hangabtriebskraft F_{Gx} kleiner als die maximal mögliche Haftreibungskraft F_{R0max}. Beginnt der Körper zu gleiten, reicht die maximale Haftreibungskraft nicht mehr aus, die Hangabtriebskraft zu kompensieren.

Für **maximale Haftreibung** gilt zwischen Haftreibungszahl μ_0, Haftreibungswinkel ρ_0 und Neigungswinkel α der schiefen Ebene die Beziehung:

$$\mu_0 = \tan\rho_0 = \tan\alpha.$$

Sobald der Prüfkörper zu gleiten beginnt, verkleinert man den Neigungswinkel α der schiefen Ebene so weit, dass sich der Körper **mit gleich bleibender Geschwindigkeit** abwärts bewegt. Bei diesem Bewegungszustand besteht Kräftegleichgewicht zwischen Hangabtriebskraft F_{Gx} und Gleitreibungskraft F_R. Beim **gleichförmigen** Abwärtsgleiten gilt zwischen Gleitreibungszahl μ, Gleitreibungswinkel ρ und Neigungswinkel α der schiefen Ebene die Beziehung:

$$\mu = \tan\rho = \tan\alpha.$$

Zur Ermittlung der Reibungszahlen μ_0 und μ muss bei Versuchen auf der schiefen Ebene nur der Neigungswinkel α ermittelt werden. Die Reibungszahlen μ_0 bzw. μ können dann mit obigen Beziehungen berechnet werden.

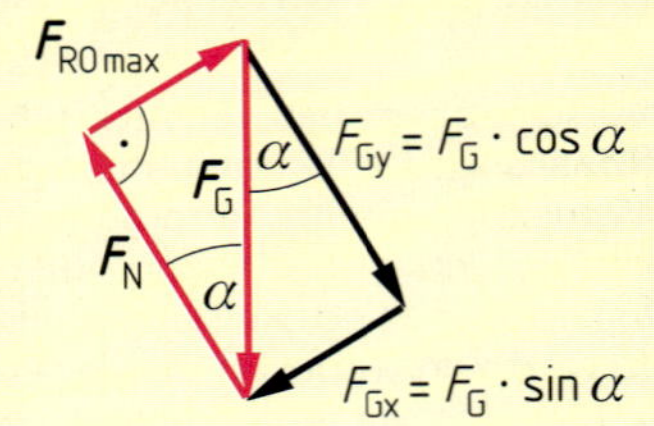

Krafteck **2.5.3–2**

Kräftegleichgewicht in X-Richtung bei maximaler Haftreibung:

$$F_{R0max} = F_{Gx}$$
$$\mu_0 \cdot F_N = F_G \cdot \sin\alpha$$
$$\mu_0 \cdot F_G \cdot \cos\alpha = F_G \cdot \sin\alpha$$
$$\underline{\underline{\mu_0}} = \frac{\sin\alpha}{\cos\alpha} = \underline{\underline{\tan\alpha}}$$

Wegen $\alpha = \rho_0$ folgt:

$$\underline{\underline{\mu_0 = \tan\rho_0 = \tan\alpha}}$$

Kräftegleichgewicht in X-Richtung beim Abwärtsgleiten mit gleich bleibender Geschwindigkeit:

$$F_R = F_{Gx}$$
$$\mu \cdot F_N = F_G \cdot \sin\alpha$$
$$\mu \cdot F_G \cdot \cos\alpha = F_G \cdot \sin\alpha$$
$$\underline{\underline{\mu = \tan\alpha}}$$

Wegen $\alpha = \rho_0$ folgt:

$$\underline{\underline{\mu = \tan\rho = \tan\alpha}}$$

Selbsthemmung

Ist der Neigungswinkel α einer schiefen Ebene kleiner als der Haftreibungswinkel ρ_0, liegt **Selbsthemmung** vor.

$$\alpha < \rho_0$$

Daraus folgt:

$$\tan\alpha < \tan\rho$$
$$\tan\alpha < \mu$$

Wird jedoch durch **Anstoßen** oder **Erschütterungen** die Haftreibung auf der schiefen Ebene kurzzeitig überwunden, beginnt der Körper zu gleiten. Wenn der abwärts gleitende Körper durch die Gleitreibungskraft F_R abgebremst wird, liegt ebenfalls **Selbsthemmung** vor. Dazu muss der Neigungswinkel α kleiner als der Gleitreibungswinkel ρ sein.

Wenn Gleiten auf der schiefen Ebene **sicher** verhindert werden soll, lautet die **Bedingung für Selbsthemmung**:

$$\alpha < \rho$$

Hinweis:

Selbsthemmung spielt in der Technik immer dann eine wichtige Rolle, wenn Bauteile **kraftschlüssig** durch Reibung (→ Reibschluss) verbunden werden. Reibschlussverbindungen haben den Vorteil, dass man sie durch Krafteinwirkung wieder lösen kann. Beispiele sind Schraub- und Keilverbindungen.

Selbsthemmung bei Einlege-/Treibkeilen DIN 6886 und Nasenkeilen DIN 6887:

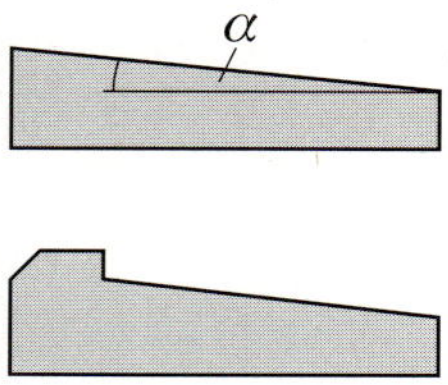

Genormte Neigung

1 : 100

d.h. $\tan\alpha = \frac{1}{100} = 0{,}01$

Daraus folgt:

$\alpha = \arctan 0{,}01$

$\underline{\underline{\alpha = 0{,}573°}}$

Wird $\mu = 0{,}15$ angenommen (Stahl - Stahl), liefert die Selbsthemmungsbedingung:

$\tan\alpha < \mu$

$\underline{\underline{0{,}01 < 0{,}15}}$

Wegen der sehr kleinen Neigung erhält man einen sehr festen Sitz durch Selbsthemmung. Eine axiale Sicherung gegen Verschieben ist deshalb nicht erforderlich.

Selbsthemmung im Gewinde DIN 13:

Beispiel M8

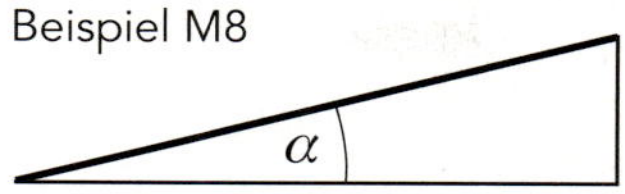

Steigung:
$P = 1{,}25\,\text{mm}$

Flankenumfang: $\pi \cdot d_2 = \pi \cdot 7{,}188\,\text{mm}$

Bedingung: $\tan\alpha < \mu$

$$\tan\alpha = \frac{1{,}25\,\text{mm}}{\pi \cdot 7{,}188\,\text{mm}} < 0{,}15 \qquad \text{(Stahl - Stahl)}$$

$$\underline{\underline{0{,}055 < 0{,}15}}$$

Kraft F parallel zur schiefen Ebene

Für starre Körper mit der Gewichtskraft F_G, die auf einer schiefen Ebene mit Neigungswinkel α durch eine zur schiefen Ebene **parallelen Kraft F unbekannter Größe**

- nach oben verschoben,
- am gleichen Ort gehalten oder
- nach unten verschoben werden,

wird zur Bestimmung der Größe der Kraft F jeweils die zeichnerische (→ Krafteck), trigonometrische und analytische Lösung dargestellt.

Die gesuchte Kraft F bildet mit der Gewichtskraft F_G und der Ersatzkraft F_{ers} (Resultierende von F_R und F_N) im Kräfteplan jeweils ein Dreieck.

Verschiebung nach oben

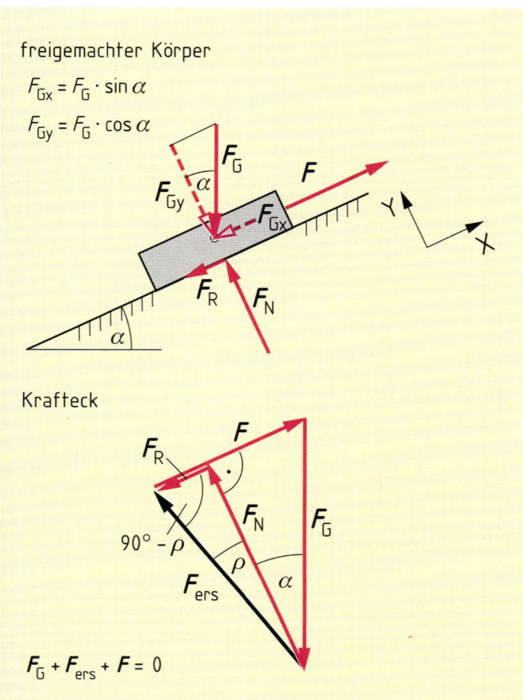

Kräfte bei Verschiebung nach oben **2.5.3–3**

Analytische Lösung

$\Sigma F_x = 0$:

$$F - F_R - F_G \cdot \sin\alpha = 0 \qquad \text{(I)}$$

$\Sigma F_y = 0$:

$$F_N - F_G \cdot \cos\alpha = 0$$

$$\underline{\underline{F_N = F_G \cdot \cos\alpha}}$$

Damit folgt für F_R:

$$F_R = \mu \cdot F_N = \mu \cdot F_G \cdot \cos\alpha$$

in (I) eingesetzt:

$$F = F_G \cdot \sin\alpha + \mu \cdot F_G \cdot \cos\alpha$$

$$F = F_G(\sin\alpha + \mu \cdot \cos\alpha)$$

Trigonometrische Lösung

Sinussatz: $\frac{F}{\sin(\alpha + \rho)} = \frac{F_G}{\sin(90° - \rho)}$

Mit $\sin(90° - \rho) = \cos\rho$:

$$F = F_G \frac{\sin(\alpha + \rho)}{\cos\rho}$$

Halten auf schiefer Ebene

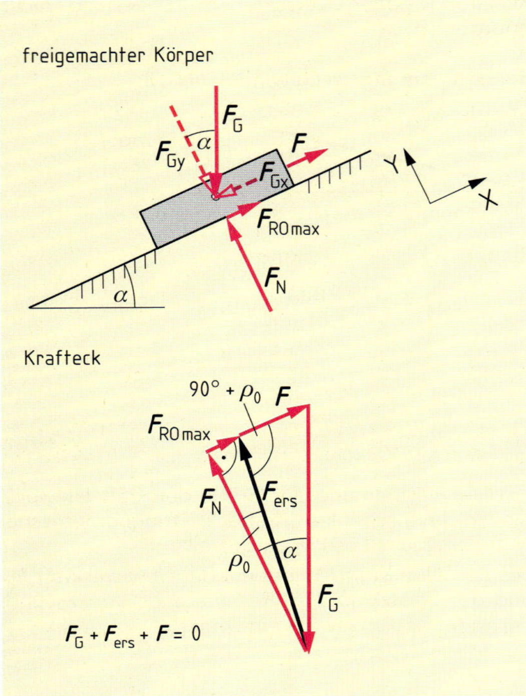

Kräfte beim Halten auf schiefer Ebene **2.5.3–4**

Analytische Lösung

$\Sigma F_x = 0$:

$$F + F_{R0max} - F_G \cdot \sin\alpha = 0 \qquad \text{(I)}$$

$\Sigma F_y = 0$:

$$F_N - F_G \cdot \cos\alpha = 0$$

$$F_N = F_G \cdot \cos\alpha$$

Damit folgt für F_{R0max}:

$$F_{R0max} = \mu_0 \cdot F_N = \mu_0 \cdot F_G \cdot \cos\alpha$$

in (I) eingesetzt:

$$F = F_G \cdot \sin\alpha - \mu_0 \cdot F_G \cdot \cos\alpha$$

$$F = F_G(\sin\alpha - \mu_0 \cdot \cos\alpha)$$

Trigonometrische Lösung

Sinussatz: $\dfrac{F}{\sin(\alpha - \rho_0)} = \dfrac{F_G}{\sin(90° + \rho_0)}$

Mit $\sin(90° + \rho_0) = \cos\rho_0$:

$$F = F_G \frac{\sin(\alpha - \rho_0)}{\cos\rho_0}$$

Verschiebung nach unten

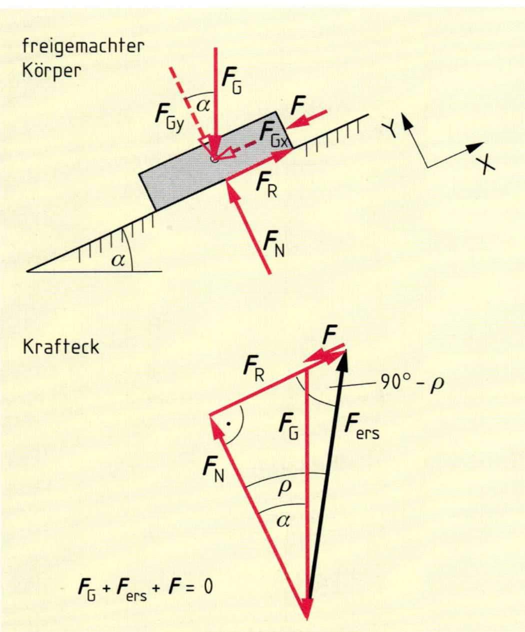

Kräfte bei Verschiebung nach unten **2.5.3–5**

Analytische Lösung

$\Sigma F_x = 0$:

$$F_R - F - F_G \cdot \sin\alpha = 0 \qquad \text{(I)}$$

$\Sigma F_y = 0$:

$$F_N - F_G \cdot \cos\alpha = 0$$

$$F_N = F_G \cdot \cos\alpha$$

Damit folgt für F_R:

$$F_R = \mu \cdot F_N = \mu \cdot F_G \cdot \cos\alpha$$

in (I) eingesetzt:

$$F = \mu \cdot F_G \cdot \cos\alpha - F_G \cdot \sin\alpha$$

$$F = F_G(\mu \cdot \cos\alpha - \sin\alpha)$$

Trigonometrische Lösung

Sinussatz: $\dfrac{F}{\sin(\rho - \alpha)} = \dfrac{F_G}{\sin(90° - \rho)}$

Mit $\sin(90° - \rho) = \cos\rho$:

$$F = F_G \frac{\sin(\rho - \alpha)}{\cos\rho}$$

Lehrbeispiel: Werkzeugschlitten

Die Flachführung eines Werkzeugschlittens (F_G = 0,9 kN) hat einen Neigungswinkel α = 30°. Für die Reibung zwischen Werkzeugschlitten und Führungsbahn wird $\mu_0 = 0{,}15$ und $\mu = 0{,}1$ angenommen.

a) Wie verhält sich der Werkzeugschlitten ohne Haltekraft $\boldsymbol{F}$?

b) Welche Kraft F parallel zur Flachführung ist notwendig, um den Schlitten am Abgleiten (aus dem Ruhezustand) zu hindern?

c) Welche Kraft F parallel zur Flachführung ist erforderlich, um den Schlitten gleichförmig hinaufzuziehen?

d) Welche Kraft F parallel zur Flachführung ist notwendig, um den Schlitten gleichförmig abwärts zu bewegen?

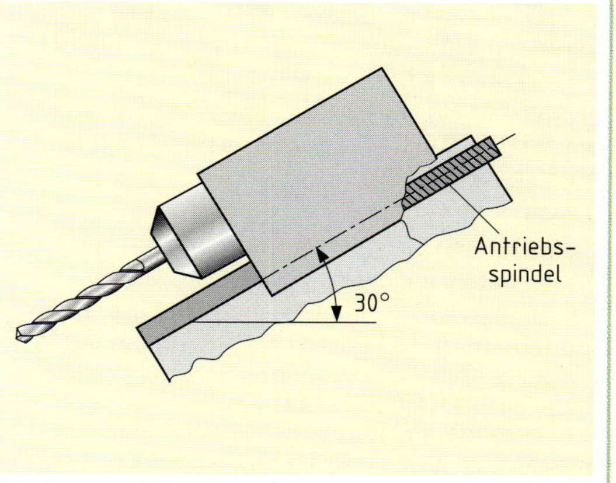

Werkzeugschlitten **2.5.3–6**

Lösung:

a) Berechnung der Reibungswinkel

$\mu_0 = \tan\rho_0 = 0{,}15 \quad \rightarrow \quad \rho_0 = \arctan 0{,}15 = 8{,}53°$

$\mu = \tan\rho = 0{,}1 \quad \rightarrow \quad \rho = \arctan 0{,}1 = 5{,}71°$

Der Neigungswinkel der Flachführung (α = 30°) ist größer als die Reibungswinkel ρ_0 und ρ. Ohne Haltekraft $\boldsymbol{F}$ gleitet der Werkzeugschlitten unter Einwirkung der Eigengewichtskraft beschleunigt nach unten.

b) Fall: Halten auf der schiefen Ebene, Bild 2.5.3–4.

Haltekraft

$$\underline{\underline{F}} = F_G(\sin\alpha - \mu_0 \cdot \cos\alpha) = 900\,\text{N}\,(\sin 30° - 0{,}15 \cdot \cos 30°) = \underline{\underline{333{,}1\,\text{N}}}$$

oder

$$\underline{\underline{F}} = F_G \frac{\sin(\alpha - \mu_0)}{\cos\rho_0} = 900\,\text{N} \frac{\sin(30° - 8{,}5°)}{\cos 8{,}5°} = \underline{\underline{333{,}1\,\text{N}}}$$

Um ein Abgleiten auch bei kurzzeitigen Erschütterungen zu verhindern, muss anstelle μ_0 bzw. ρ_0 mit μ bzw. ρ gerechnet werden. $\rightarrow$ $\underline{\underline{F = 372{,}1\,\text{N}}}$

c) Fall: Verschiebung nach oben, Bild 2.5.3–3.

Zugkraft

$$\underline{\underline{F}} = F_G(\sin\alpha + \mu \cdot \cos\alpha) = 900\,\text{N}\,(\sin 30° + 0{,}1 \cdot \cos 30°) = \underline{\underline{527{,}9\,\text{N}}}$$

Zum Vergleich: Hangabtriebskraft $F_{Gx} = F_G \cdot \sin\alpha = 900\,\text{N} \cdot \sin 30° = 450\,\text{N}$

d) Fall: Verschiebung nach unten, Bild 2.5.3–5.

$$F = F_G\,(\mu \cdot \cos\alpha - \sin\alpha) = 900\,\text{N}\,(0{,}1 \cdot \cos 30° - \sin 30°) = -372{,}1\,\text{N}$$

Bedeutung des negativen Vorzeichens:
Wenn die Haftreibung beim Halten auf schiefer Ebene überwunden wird (F < 333,1 N), ist wegen der kleineren Gleitreibung eine der Abwärtsbewegung **entgegengerichtete** Haltekraft F = 372,1 N erforderlich, damit der Werkzeugschlitten gleichförmig nach unten gleitet.

Kraft F parallel zur Basis

Bei Spanneinrichtungen mit Keilen und bei Einrichtungen zur Höhenjustierung erfolgt die Keilbetätigung durch eine Kraft parallel zur Basis.

Für Spann- und Verstellkeile, die mit der Kraft F_{Sp} belastet und durch eine **zur Basis parallelen Kraft F unbekannter Größe**

- nach oben verschoben,
- am gleichen Ort gehalten oder
- nach unten verschoben werden,

wird jeweils die zeichnerische (→ Krafteck) und die trigonometrische Lösung zur Bestimmung der Größe der Kraft F im folgenden Schema dargestellt. Die gesuchte Kraft F bildet mit der Ersatzkraft F_{ers} (Resultierende aus Reibungs- und Normalkraft) und der Kraft F_{Sp} jeweils ein rechtwinkliges Dreieck. Bei großen Spannkräften können die Gewichtskräfte der Bauteile in der Regel vernachlässigt werden.

Auf die analytische Lösung wird wegen des größeren Rechenaufwandes verzichtet.

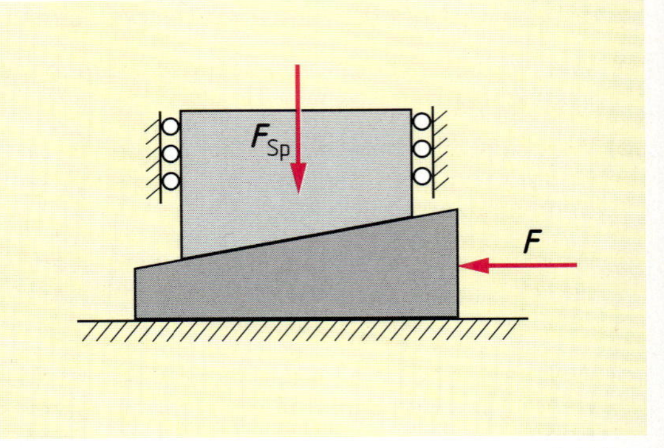

Keiltrieb **2.5.3–7**

Verschiebung nach oben

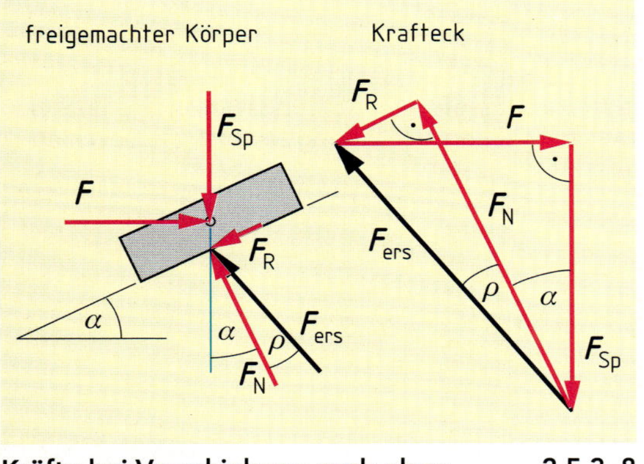

Kräfte bei Verschiebung nach oben **2.5.3–8**

Trigonometrische Lösung

$$\tan(\alpha + \rho) = \frac{F}{F_{Sp}}$$

$$F = F_{Sp} \cdot \tan(\alpha + \rho)$$

Halten auf der schiefen Ebene

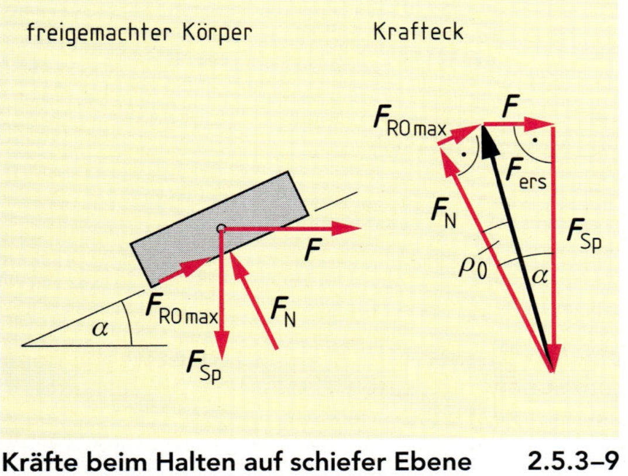

Kräfte beim Halten auf schiefer Ebene **2.5.3–9**

Trigonometrische Lösung

$$\tan(\alpha - \rho_0) = \frac{F}{F_{Sp}}$$

$$F = F_{Sp} \cdot \tan(\alpha - \rho_0)$$

Verschiebung nach unten

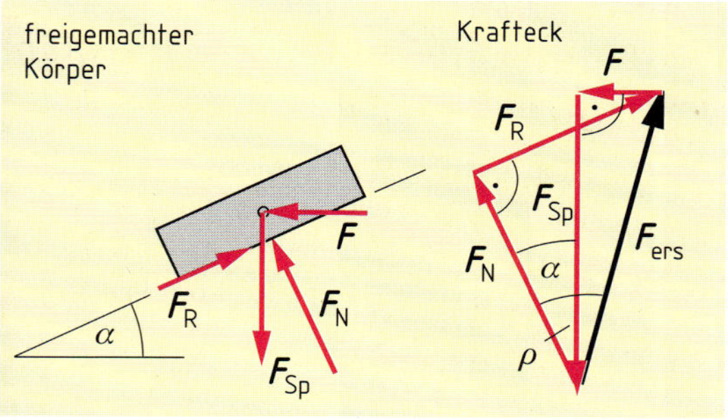

Kräfte bei Verschiebung nach unten 2.5.3–10

Trigonometrische Lösung

$$\tan(\rho - \alpha) = \frac{F}{F_{Sp}}$$

$$F = F_{Sp} \cdot \tan(\rho - \alpha)$$

Kraft *F* mit Winkel β zur schiefen Ebene

Lehrbeispiel: Transportbehälter

Ein Transportbehälter mit der Gewichtskraft F_G = 1180 N wird durch eine Kraft ***F***, die unter dem Winkel $\beta = 30°$ zur schiefen Ebene wirkt, eine Ebene mit Steigungswinkel $\alpha = 12°$ hinaufgezogen.

Welche Zugkraft *F* ist bei der Reibungszahl $\mu = 0{,}6$ erforderlich?

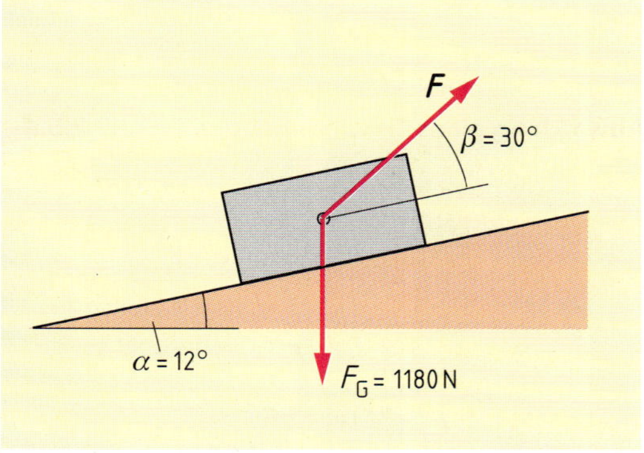

Gezogener Behälter 2.5.3–11

Trigonometrische Lösung

Sinussatz: $\dfrac{F}{\sin(\alpha + \rho)} = \dfrac{F_G}{\sin[(90° - \rho) + \beta]}$

$$F = F_G \cdot \frac{\sin 42{,}96°}{\sin 89{,}04°}$$

$$\underline{\underline{F = 804{,}3\,\text{N}}}$$

Zeichnerische Lösung

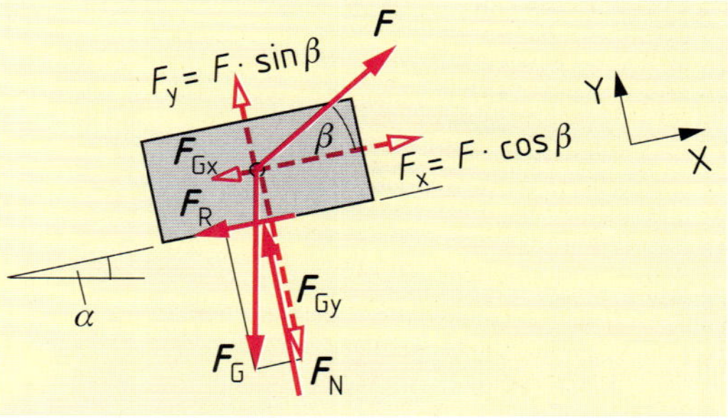

Kräfte am freigemachten Behälter 2.5.3–12

Kräfteplan: $\text{MK} = 300\,\frac{\text{N}}{\text{cm}}$, d.h. $1\,\text{cm} \mathrel{\hat{=}} 300\,\text{N}$

$\rightarrow 1180\,\text{N} \mathrel{\hat{=}} 3{,}93\,\text{cm}$

$\mu = \tan\rho = 0{,}6$

$\rho = \arctan 0{,}6 = 30{,}96°$

Krafteck mit $\boldsymbol{F}_G$, Wirklinie von ***F*** und Wirklinie von $\boldsymbol{F}_{ers}$ zeichnen:

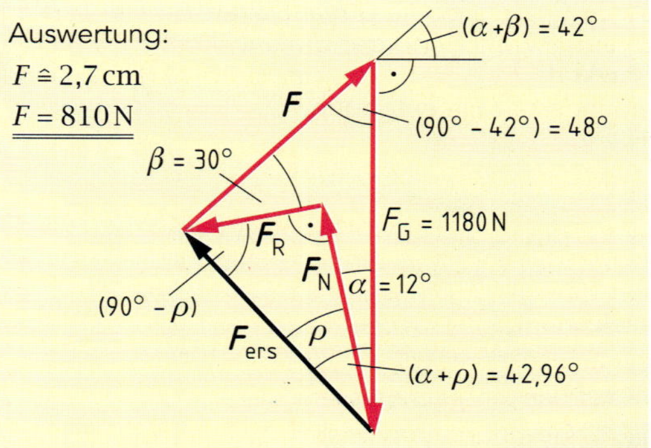

Krafteck 2.5.3–13

Analytische Lösung

$\Sigma \boldsymbol{F}_x = 0$:

$F_x - F_{Gx} - F_R = 0$

$F \cdot \cos\beta - F_G \cdot \sin\alpha - \mu \cdot F_N = 0 \qquad \text{(I)}$

$\Sigma \boldsymbol{F}_y = 0$:

$F_y - F_{Gy} + F_N = 0$

$F \cdot \sin\beta - F_G \cdot \cos\alpha + F_N = 0$

$F_N = F_G \cdot \cos\alpha - F \cdot \sin\beta \qquad \text{(II)}$

(II) in (I) eingesetzt:

$F \cdot \cos\beta - F_G \cdot \sin\alpha - \mu \cdot F_G \cdot \cos\alpha + \mu \cdot F \cdot \sin\beta = 0$

$F(\cos\beta + \mu \cdot \sin\beta) = F_G(\sin\alpha + \mu \cdot \cos\alpha)$

$$F = F_G \frac{\sin\alpha + \mu \cdot \cos\alpha}{\cos\beta + \mu \cdot \sin\beta}$$

$$F = 1180\,\text{N} \frac{\sin 12° + 0{,}6 \cdot \cos 12°}{\cos 30° + 0{,}6 \cdot \sin 30°}$$

$$\underline{\underline{F = 804{,}3\,\text{N}}}$$

2.5.4 Reibung an Maschinenelementen

Gewinde und Schrauben

Die Abwicklung eines Gewindeganges entspricht einer schiefen Ebene. Für den Steigungswinkel α eines Gewindes gilt:

$$\tan\alpha = \frac{P}{\pi \cdot d_2}$$

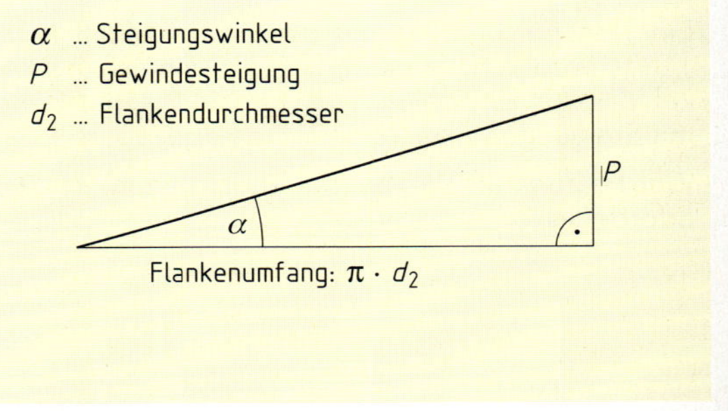

Abwicklung eines Gewindeganges 2.5.4–1

Schraube mit Flachgewinde

Das Anziehen oder Lösen einer Schraube bzw. Mutter mit Flachgewinde entspricht der Verschiebung eines Körpers auf der schiefen Ebene (→ 2.5.3: Kraft $\boldsymbol{F}$ parallel zur Basis).

Zur Vereinfachung reduziert man die Mutter auf ein Gewindestück. Beim Drehen der Mutter wirkt auf das Gewindestück die Umfangskraft $\boldsymbol{F}_u$. Der axialen Schraubenkraft $\boldsymbol{F}$ und der Umfangskraft $\boldsymbol{F}_u$ wirkt die Ersatzkraft $\boldsymbol{F}_{ers}$, gebildet aus Normalkraft $\boldsymbol{F}_N$ und Reibungskraft $\boldsymbol{F}_R$, entgegen.

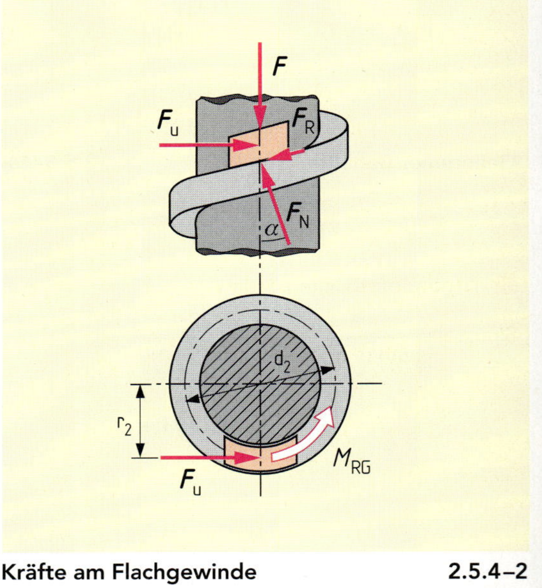

Kräfte am Flachgewinde 2.5.4–2

Bezeichnungen:
r_2 ... Flankenradius
d_2 ... Flankendurchmesser
M_{RG} ... Gewindereibmoment

Das **Anziehen einer Schraube** bzw. **Heben einer Last** erfordert die **Umfangskraft** F_u.

$$F_u = F \cdot \tan(\rho + \alpha)$$

Die **Umfangskraft** F_u muss aufgebracht werden, um das **Gewindereibmoment** M_{RG} zu überwinden.

$$M_{RG} = F_u \cdot \frac{d_2}{2} = F \cdot r_2 \cdot \tan(\rho + \alpha)$$

Für das **Lösen einer Schraube** bzw. **Senken einer Last** gilt:

$$F_u = F \cdot \tan(\rho - \alpha)$$

$$M_{RG} = F_u \cdot \frac{d_2}{2} = F \cdot r_2 \cdot \tan(\rho - \alpha)$$

Selbsthemmung liegt vor, wenn $\alpha \leq \rho$ ist. Man erhält rechnerisch ein positives Gewindereibmoment.

Für $\alpha > \rho$ ergibt sich beim Lösen der Schraube ein negatives Gewindereibmoment. Aufgrund fehlender Selbsthemmung wird die Schraube durch die Axialkraft F gedreht bzw. gelöst. Dies kann durch ein entgegengesetzt wirkendes (→ negatives Vorzeichen) Gewindereibmoment verhindert werden.

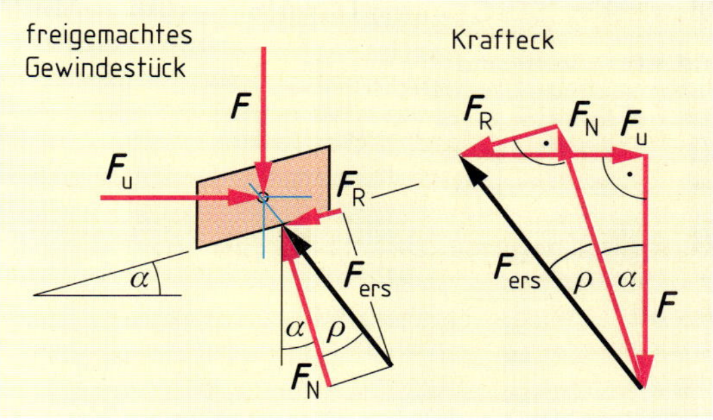

Anziehen bzw. Heben 2.5.4–3

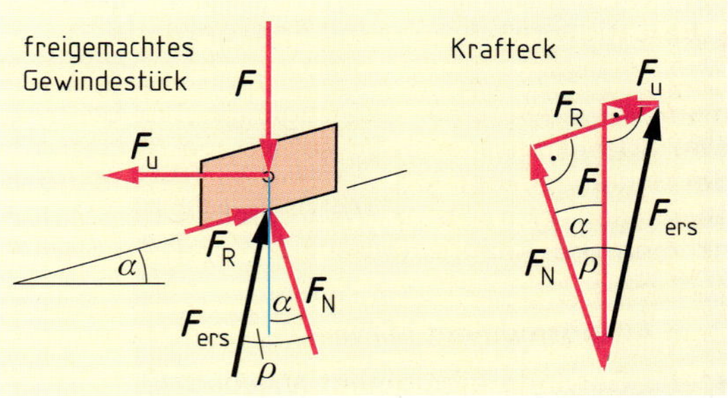

Lösen bzw. Senken 2.5.4–4

Schraube mit Spitz- oder Trapezgewinde

Bei Spitz- und Trapezgewinden sind die Reibflächen um den halben Flankenwinkel β geneigt, weshalb die Gewindereibkraft mit der Normalkomponente F_N berechnet werden muss.

Normalkomponente $$F_N = \frac{F}{\cos\frac{\beta}{2}}$$

Gewindereibkraft $$F_R = F_N \cdot \mu = \frac{F \cdot \mu}{\cos\frac{\beta}{2}}$$

Dadurch wird bei Gewinden mit geneigten Flanken die Reibkraft um den Faktor $\frac{1}{\cos\frac{\beta}{2}}$ größer.

Um mit den für Flachgewinde gültigen Gleichungen rechnen zu können, fasst man den Quotienten $\frac{\mu}{\cos\frac{\beta}{2}}$ zur **Reibzahl** μ' (→ **Reibzahl für Gewinde mit Flankenwinkel** β) zusammen.

Mit $\frac{\mu}{\cos\frac{\beta}{2}} = \mu'$ erhält man:

$$F_R = F \cdot \mu'$$

$$F_u = F \cdot \tan(\rho' \pm \alpha)$$ + für Spannen, – für Lösen

$$M_{RG} = F_u \cdot \frac{d_2}{2} = F \cdot r_2 \cdot \tan(\rho' \pm \alpha)$$

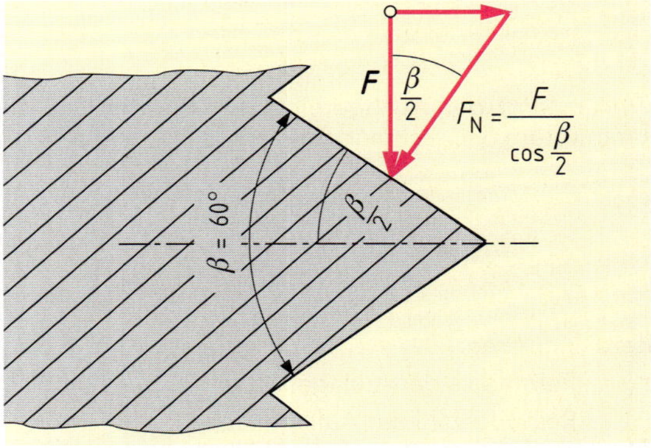

Metrisches Spitzgewinde mit Flankenwinkel 60° 2.5.4–5

Metrisches ISO-Gewinde DIN 13:

$$\beta = 60° \quad \rightarrow \quad \mu' = \frac{1}{\cos 30°} \cdot \mu$$

$$\underline{\underline{\mu' = 1{,}155\ \mu}}$$

Metrisches ISO-Trapezgewinde DIN 103:

$$\beta = 30° \quad \rightarrow \quad \mu' = \frac{1}{\cos 15°} \cdot \mu$$

$$\underline{\underline{\mu' = 1{,}035\ \mu}}$$

Reibungswinkel ρ' bei Gewinden mit Flankenwinkel β:

$$\tan \rho' = \mu' \quad \rightarrow \quad \rho' = \arctan \mu'$$

$$\rho' = \arctan \frac{\mu}{\cos \frac{\beta}{2}}$$

Hinweis:

Die Reibungskraft F_R ist bei Schrauben mit Spitzgewinde größer im Vergleich zu Schrauben mit Trapezgewinde. Spitzgewinde eignen sich daher als Befestigungsgewinde, Trapezgewinde dagegen besser als Bewegungsgewinde.

Befestigungsschraube mit Spitzgewinde

Beim Anziehen einer Befestigungsschraube wird eine Spannkraft F erzeugt, sobald die Mutter und der Schraubenkopf fest auf den zu verbindenden Teilen aufliegen. Durch Weiterdrehen der Mutter nehmen das **Anzugsmoment** M_A und die Spannkraft F zu.

Dem **Anzugsmoment** M_A wirken

- das **Gewindereibmoment** M_{RG} und
- das **Auflagereibmoment** M_{RA} zwischen Auflagefläche und Mutter entgegen.

Das **Auflagereibmoment** M_{RA} ergibt sich aus der **Auflagereibkraft** F_{RA} und ihrem Wirkabstand r_A von der Schraubenmitte. Für Sechskantschrauben kann $r_A = 0{,}7 \cdot d$ gesetzt werden.

Das **Anzugsmoment** M_A entspricht der Summe aus Gewindereibmoment M_{RG} und Auflagereibmoment M_{RA}. Für das von der Schraubenspannkraft F abhängige Anzugs- bzw. Lösemoment M_A erhält man nachfolgende Gleichung:

$$M_A = M_{RG} + M_{RA}$$

$$M_A = F \cdot r_2 \cdot \tan(\rho' \pm \alpha) + F \cdot r_A \cdot \mu_A$$

$$M_A = F[r_2 \cdot \tan(\rho' \pm \alpha) + r_A \cdot \mu_A]$$

+ für Spannen
– für Lösen

Wirkabstand der Auflagereibekraft F_{RA} bei Sechskantmuttern und -schrauben:

$$r_A = 0{,}7 \cdot d$$

Bezeichnungen:

r_A ... Reibradius der Auflagefläche
μ_A ... Reibungszahl der Auflagefläche
d ... Gewindenenndurchmesser
r_2 ... Flankenradius

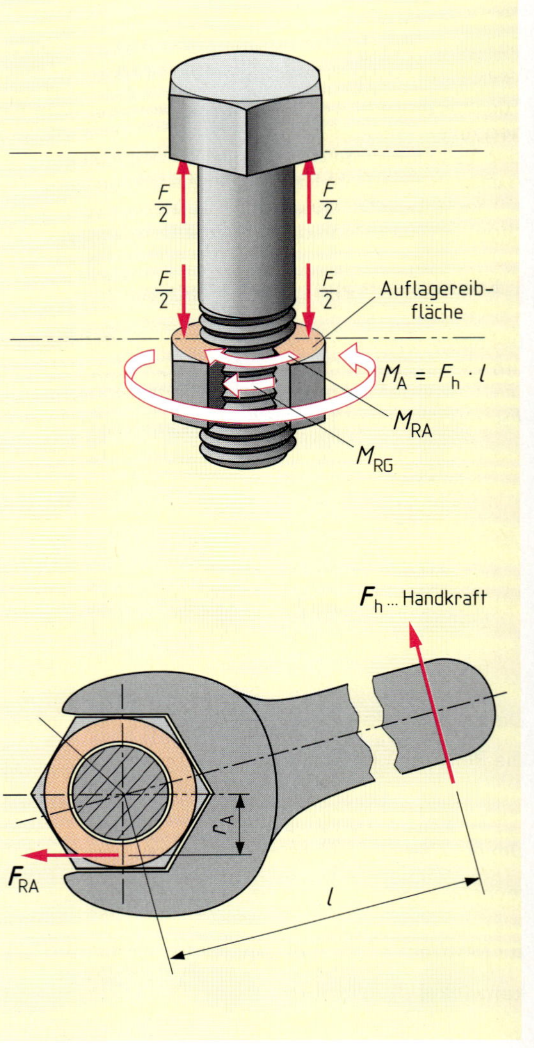

Kräfte und Momente beim Anziehen einer Gewindemutter 2.5.4–6

Lehrbeispiel 1: Bewegungsgewinde

Ein **Wagenheber**, dessen linke Spindelhälfte ein Rechtsgewinde und dessen rechte Spindelhäfte ein Linksgewinde aufweist, eignet sich zum Heben von Lasten bis $F = 10\,\text{kN}$. Gewindegröße: M 12. Die Reibungszahl wird mit $\mu = 0{,}2$ angenommen.

Für die gezeichnete Stellung der Streben ist das zum Heben und das zum Senken notwendige Drehmoment zu bestimmen.

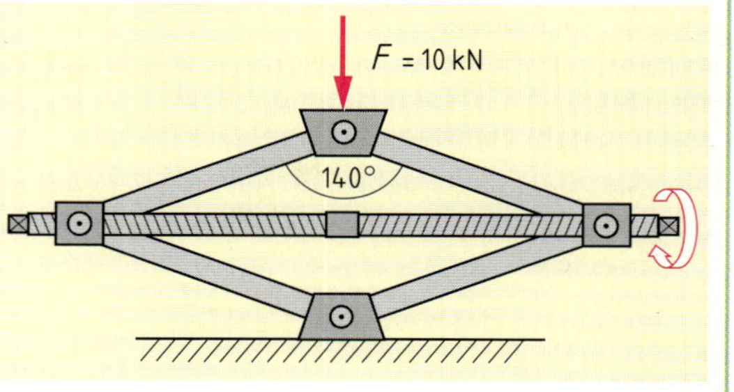

Wagenheber **2.5.4–7**

Kraftzerlegung

Aktions- und Reaktionskraft F werden jeweils in die Strebenkräfte F_{s1} und F_{s2} bzw. F_{s3} und F_{s4} zerlegt. Die entgegengesetzt wirkenden X-Komponenten F_{1x}, F_{2x} bzw. F_{3x}, F_{4x} der Strebenkräfte können als Aktions- und Reaktionskräfte aufgefasst werden. Die Gewindespindel ist folglich mit zwei F_x-Kräften in Längsrichtung belastet.

Die Y-Komponenten der Strebenkräfte haben keinen Einfluss auf die Reibkräfte im Gewinde.

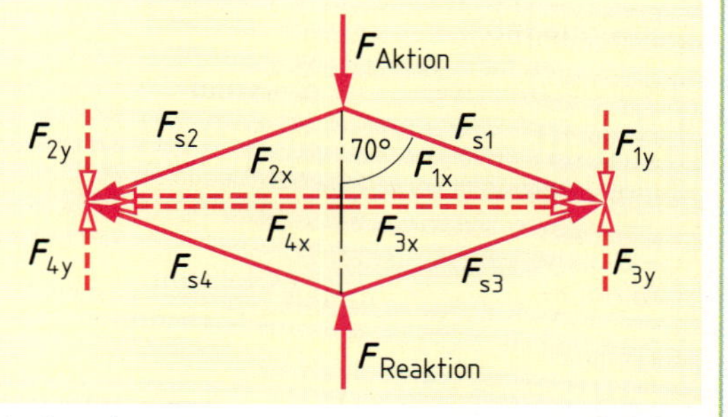

Kraftzerlegung **2.5.4–8**

Spindellängskraft F_{Sp}:

$$\tan 20° = \frac{\frac{F}{2}}{F_{1x}}$$

$$F_{1x} = \frac{5\,\text{kN}}{\tan 20°} = 13{,}7374\,\text{kN}$$

$$F_{Sp} = 2\,F_{1x} = 27{,}475\,\text{kN}$$

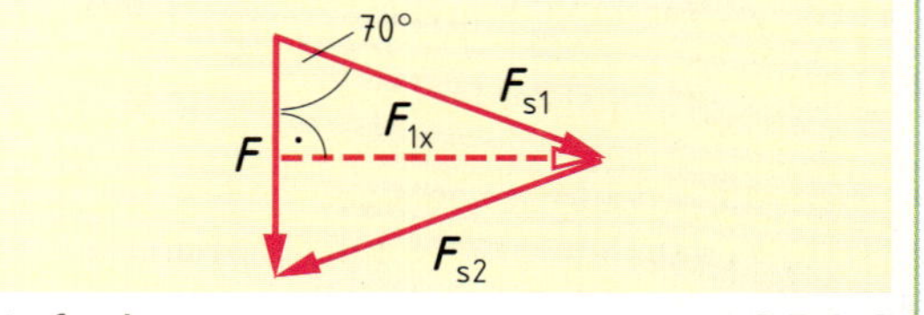

Krafteck **2.5.4–9**

Reibungszahl für metrische Spitzgewinde:

$$\mu' = \frac{\mu}{\cos\frac{\beta}{2}} = \frac{0{,}2}{\cos\ 30°} = 0{,}231$$

Reibungswinkel für metrische Spitzgewinde:

$$\rho' = \arctan\mu' = 13{,}0°$$

Steigungswinkel des Gewindes M12:

$$\alpha = \arctan\frac{P}{\pi\cdot d_2} = \arctan\frac{1{,}75\,\text{mm}}{\pi\cdot 10{,}86\,\text{mm}} = 2{,}94°$$

Notwendiges Drehmoment zum Heben der Last:

(Bei der Drehung der Gewindespindel werden zwei Muttern axial bewegt!)

$$M = 2\,M_{RG} = 2\cdot F_{Sp}\cdot\frac{d_2}{2}\cdot\tan\,(\rho'+\alpha)$$

$$= 2\cdot 27{,}475\,\text{N}\cdot\frac{10{,}86\,\text{mm}}{2}\cdot\tan\,(13°+2{,}94°)$$

$$\underline{\underline{= 85{,}22\,\text{Nm}}}$$

Notwendiges Drehmoment zum Senken der Last:

$$M = 2\,M_{RG} = 2\cdot F_{Sp}\cdot\frac{d_2}{2}\cdot\tan\,(\rho'-\alpha)$$

$$\underline{\underline{= 52{,}93\,\text{Nm}}}$$

Lehrbeispiel 2: Befestigungsgewinde

Die vier Schrauben (M8) einer Blechverbindung wurden mit einem Anzugsmoment von je 22 Nm angezogen. Haftreibungszahl $\mu = 0{,}15$.
Reibungszahl der Mutterauflage $\mu_A = 0{,}15$.

Welche Zugkraft F_Z kann mit der Laschenverbindung allein durch Reibung zwischen den Blechen übertragen werden?

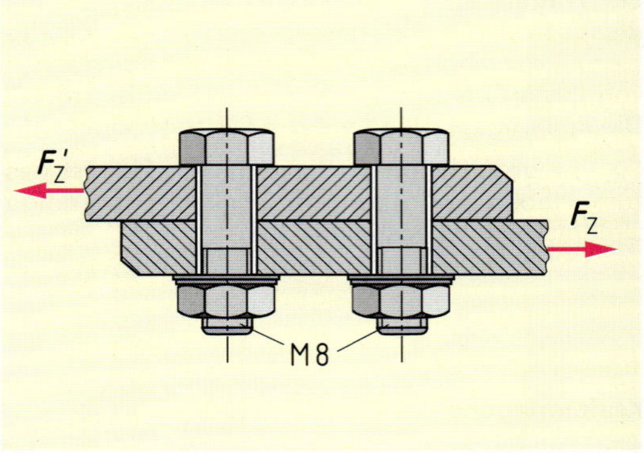

Zweireihige Schraubverbindung 2.5.4–10

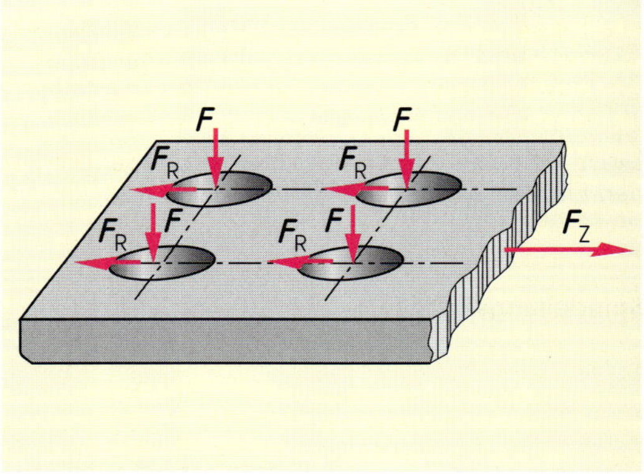

Unteres Blech freigemacht 2.5.4–11

Gewinde M8:

Nenndurchmesser $d = 8\,\text{mm}$

Flankenradius $r_2 = \frac{d_2}{2} = \frac{7{,}19}{2}\,\text{mm} = 3{,}6\,\text{mm}$

Steigungswinkel $\alpha = \arctan \frac{1{,}25\,\text{mm}}{\pi \cdot 7{,}19\,\text{mm}} = 3{,}17°$

Reibungswinkel im Gewinde:

$$\rho' = \arctan \frac{\mu}{\frac{\beta}{2}} = \arctan \frac{0{,}15}{\cos 30°} = 9{,}83°$$

Reibradius der Mutterauflage:

$r_A = 0{,}7 \cdot d = 0{,}7 \cdot 8\,\text{mm} = 5{,}6\,\text{mm}$

Schraubkraft einer Schraube:

Aus $M_A = F\,[r_2 \tan(\rho' + \alpha) + \mu_A \cdot r_A]$ folgt:

$$F = \frac{22\,\text{N} \cdot 1\,000\,\text{mm}}{3{,}6\,\text{mm} \cdot \tan(9{,}83° + 3{,}17°) + 0{,}15 \cdot 5{,}6\,\text{mm}}$$

$\underline{\underline{F = 13\;164{,}8\,\text{N}}}$

Reibkraft, die eine Schraube verursacht:

$F_R = \mu \cdot F_N = \mu \cdot F = 0{,}15 \cdot 13164{,}8\,\text{N}$

$\underline{\underline{F_R = 1\,974{,}7\,\text{N}}}$

Maximale Zugkraft der Laschenverbindung:

Die Reibkraft der 4 Schrauben ergibt die maximale Zugkraft.

$F_{Z\max} = 4 \cdot F_R = 4 \cdot 1974{,}7\,\text{N}$

$\underline{\underline{F_{Z\max} = 7\,898{,}8\,\text{N}}}$

Keil und Keiltrieb

Der Keil stellt ein einfaches Maschinenelement mit einer oder zwei schiefen Ebenen dar. In der technischen Nutzung werden Keile für folgende Aufgaben verwendet:

- **Kraftübersetzung** und
- **Änderung der Bewegungs- und Kraftrichtung.**

Bei der **Kraftübersetzung** soll eine Kraft durch die Wirkung des Keils vergrößert werden.

Beispiele:

– Heben schwerer Lasten
– Klemmen von Bauteilen
– Spannen von Werkstücken
– Erzeugen einer Spaltwirkung

Für die Bestimmung der am Keil wirkenden Kräfte ist es zweckmäßig, mit dem Reibungswinkel ρ und der Ersatzkraft $\boldsymbol{F}_{ers}$ aus Reibungs- und Normalkraft zu arbeiten. Aktionskraft und die sich am Keil einstellenden Reaktionskräfte bilden immer ein zentrales Kräftesystem. Die Eigenmasse des Keils kann in der Regel vernachlässigt werden. Mithilfe eines skizzierten Kräftedreiecks und den trigonometrischen Funktionen lassen sich die unbekannten Kräfte berechnen.

Bei der Anwendung von Keilen **zur Änderung von Bewegungs- und Kraftrichtung**, um beispielsweise eine senkrechte Bewegung in eine waagrechte Bewegung umzuwandeln, bewegen sich Keile relativ zueinander. Hier ist zu beachten, dass Reibungskräfte an einem Keil sowohl bewegungshemmend (Reaktionskraft) als auch bewegungserzeugend (Aktionskraft) wirken können.

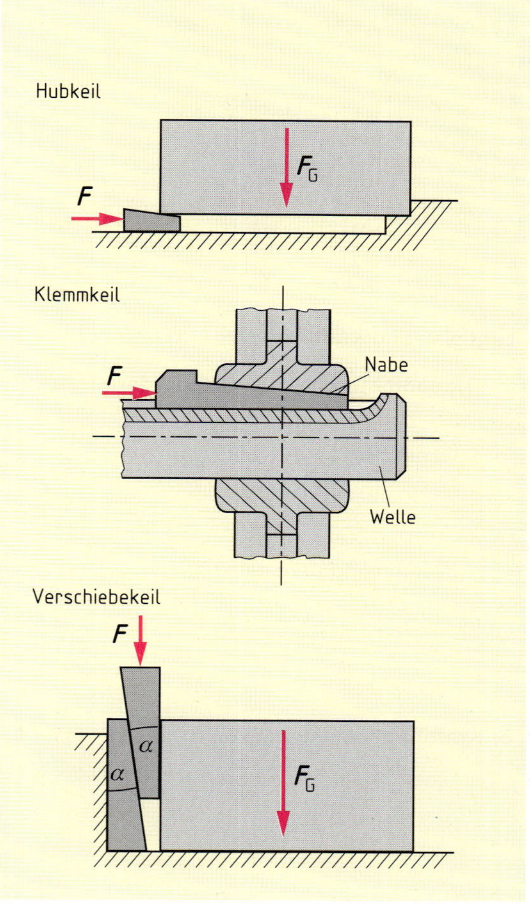

Keile **2.5.4–12**

Lehrbeispiel 1: Kraftübersetzung

Ein **Spaltkeil** wird verwendet, um zwei große Druckkräfte (Spaltkräfte) zu erzeugen.

a) Wie groß sind die Normalkräfte F_{N1} und F_{N2} in Abhängigkeit vom Keilwinkel α, der Reibungszahl μ und der Betätigungskraft F?

b) Wie groß ist die Kraftübersetzung $\frac{F_{Nges}}{F}$ für Keilwinkel $\alpha = 10°$ und Reibungszahl $\mu = 0{,}5$?

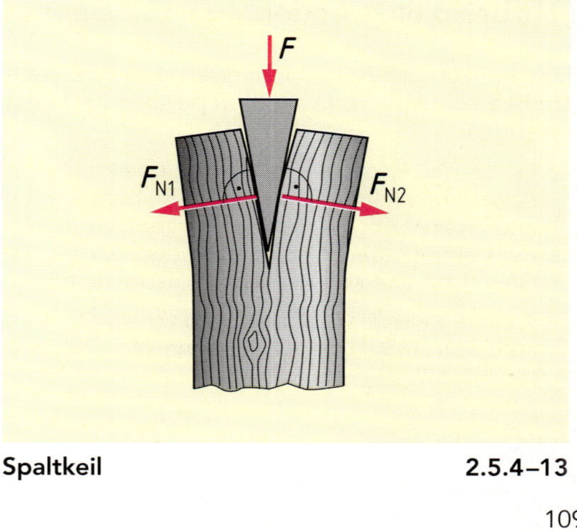

Spaltkeil **2.5.4–13**

Lösung

a)

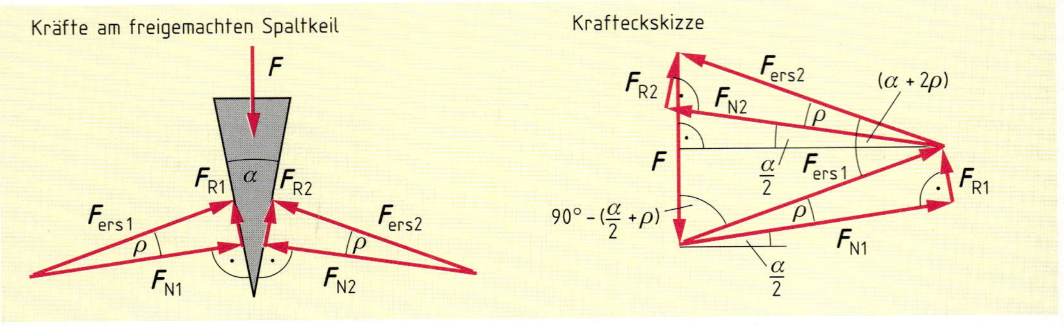

Lageplan und Krafteckskizze **2.5.4–14**

Trigonometrische Auswertung der Krafteckskizze

Bestimmung von F_{ers2}:

$$\sin\left(\frac{\alpha}{2}+\rho\right)=\frac{\frac{F}{2}}{F_{ers2}} \quad\rightarrow\quad F_{ers2}=\frac{F}{2\sin\left(\frac{\alpha}{2}+\rho\right)}$$

Bestimmung der Spaltkräfte F_{N1}, F_{N2}:

$$\cos\rho=\frac{F_{N2}}{F_{ers2}} \quad\rightarrow\quad F_{N2}=F_{ers2}\cdot\cos\rho=F_{N1}$$

$$\underline{\underline{F_{N1}=F_{N2}=F\cdot\frac{\cos\rho}{2\sin\left(\frac{\alpha}{2}+\rho\right)}}}$$

b) **Kraftübersetzung mit** $\alpha = 10°$ **und** $\mu = 0{,}5$:

$$\rho=\arctan\mu=\arctan 0{,}5$$

$$\rho=26{,}6°$$

$$F_{N1}=F_{N2}=\frac{\cos 26{,}6°}{2\sin(5°+26{,}6°)}\cdot F=0{,}853\cdot F$$

Kraftübersetzung: $\underline{\underline{\frac{F_{Nges}}{F}}}=\frac{F_{N1}+F_{N2}}{F}=\frac{2\cdot 0{,}853\cdot F}{F}=\underline{\underline{1{,}706}}$

Lehrbeispiel 2: Änderung von Bewegungs- und Kraftrichtung

Die horizontale Keilschieberkraft F eines **Keiltriebes** soll eine vertikale Stempelspannkraft F_{Sp} erzeugen.

a) Es ist die erforderliche Keilschieberkraft F in Abhängigkeit von Keilwinkel α, Reibungszahl μ und Spannkraft F_{Sp} zu bestimmen, wenn der Keilstempel nach oben bewegt wird. Die Gewichtskräfte können vernachlässigt werden.

b) Welche Keilschieberkraft F wird für eine Spannkraft von 4250N benötigt, wenn $\alpha = 20°$ und $\mu = 0{,}1$ ist?

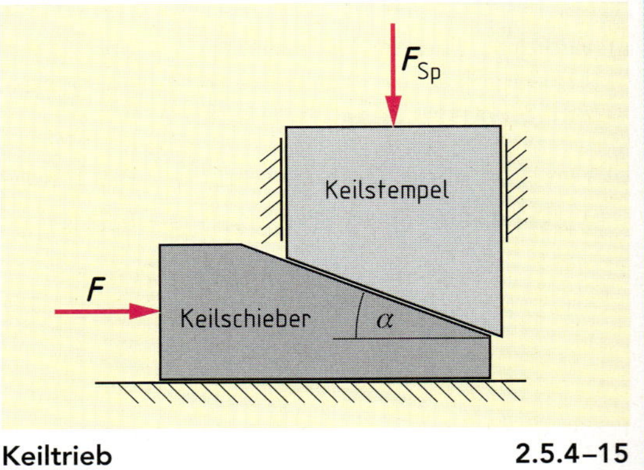

Keiltrieb **2.5.4–15**

Lösung

a)

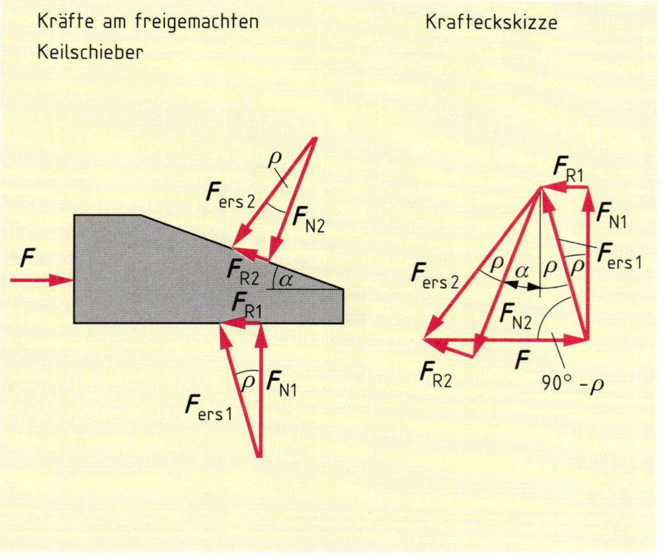

Kräfte am Keilschieber **2.5.4–16**

Trigonometrische Auswertung

Sinussatz:

$$\frac{F_{ers2}}{\sin(90° - \rho)} = \frac{F}{\sin(\alpha + 2\rho)}$$

Mit $\sin(90° - \rho) = \cos\rho$ folgt:

$$F = F_{ers2} \cdot \frac{\sin(\alpha + 2\rho)}{\cos\rho} \qquad \text{(I)}$$

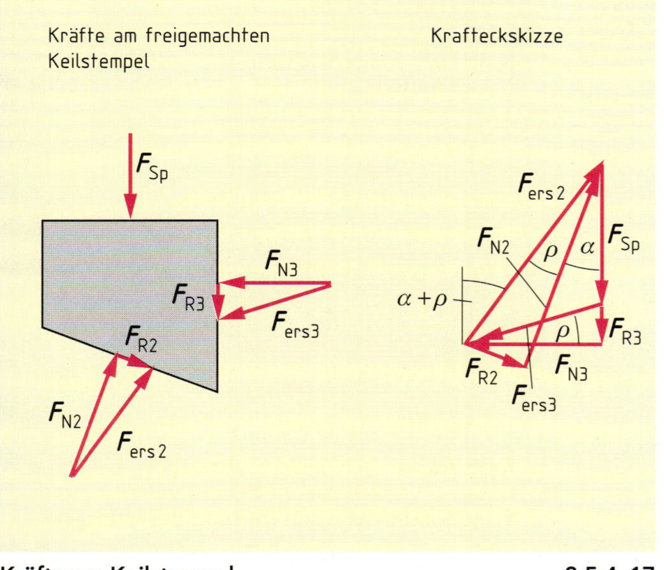

Kräfte am Keilstempel **2.5.4–17**

Trigonometrische Auswertung

Sinussatz:

$$\frac{F_{Sp}}{\sin[90° - (\alpha + 2\rho)]} = \frac{F_{ers2}}{\sin(90° + \rho)}$$

Mit $\sin[90° - (\alpha + 2\rho)] = \cos(\alpha + 2\rho)$

und $\sin(90° + \rho) = \cos\rho$

folgt:

$$F_{ers2} = F_{Sp} \cdot \frac{\cos\rho}{\cos(\alpha + 2\rho)}$$

In (I) eingesetzt:

$$F = F_{Sp} \cdot \frac{\cos\rho}{\cos(\alpha + 2\rho)} \cdot \frac{\sin(\alpha + 2\rho)}{\cos\rho}$$

$$F = F_{Sp} \cdot \frac{\sin(\alpha + 2\rho)}{\cos(\alpha + 2\rho)}$$

$$\underline{\underline{F = F_{Sp} \cdot \tan(\alpha + 2\rho)}}$$

b) Mit $\alpha = 20°$, $\mu = 0{,}1$ und $F_{Sp} = 4250\,\text{N}$ folgt für die Keilschieberkraft F:

$$\rho = \arctan\mu = \arctan 0{,}1 = 5{,}71°$$

$$F = 4\,250\,\text{N} \cdot \tan(20° + 2 \cdot 5{,}71°)$$

$$\underline{F = 2\,596\,\text{N}}$$

Keilnutenführung

Bei **Keilnutenführungen** wird der längs bewegliche Maschinenschlitten durch zwei zueinander geneigte Flächen abgestützt. Für die notwendige **Verschiebekraft F_V** bei gleichförmiger Bewegung gilt:

$$F_V = F_{R1} + F_{R2}$$

Mit dem Coulomb'schen Reibungsgesetz folgt:

$$F_V = \mu_1 \cdot F_{N1} + \mu_2 \cdot F_{N2}$$

Die Normalkräfte F_{N1} und F_{N2} erhält man aus dem Krafteck, Bild 2.5.4–19, durch Anwendung des Sinussatzes.

Für einen Maschinenschlitten mit senkrechter Belastungskraft F soll die notwendige **Verschiebekraft** F_V in Abhängigkeit unterschiedlicher Neigungswinkel α_1, α_2 und unterschiedlicher Gleitreibungszahlen μ_1, μ_2 bestimmt werden.

Mit den Gleichungen für F_{N1} und F_{N2} ergibt sich:

$$F_V = \frac{\mu_1 \cos\alpha_2 + \mu_2 \cos\alpha_1}{\sin(\alpha_1 + \alpha_2)} \cdot F$$

Für den **Sonderfall** einer **symmetrischen Keilnutenführung** mit $\alpha_1 = \alpha_2 = \alpha$ und $\mu_1 = \mu_2 = \mu$ erhält man für die Verschiebekraft F_V folgende Gleichung:

$$F_V = \frac{2\mu \cdot \cos\alpha}{\sin 2\alpha} \cdot F$$

Mit $\sin 2\alpha = 2\sin\alpha \cdot \cos\alpha$ folgt:

$$F_V = \frac{2\mu \cdot \cos\alpha}{2\sin\alpha \cdot \cos\alpha} \cdot F$$

$$F_V = \frac{\mu}{\sin\alpha} \cdot F$$

Führt man die **Keilreibungszahl für symmetrische Keilnuten**

$$\mu' = \frac{\mu}{\sin\alpha}$$

mit α als halbem Keilwinkel ein, erhält man für die Verschiebekraft F_V eine einfache, zu einer Flachführung analoge Beziehung:

$$F_V = \mu' \cdot F$$

Bei Haftreibung wird in den Gleichungen μ durch μ_0 ersetzt.

Aus der Gleichung für die Keilreibungszahl μ' ist leicht abzuleiten, dass $\mu' > \mu$ ist. In Keilnutenführungen ist somit die Reibung immer größer als bei Flachführungen.

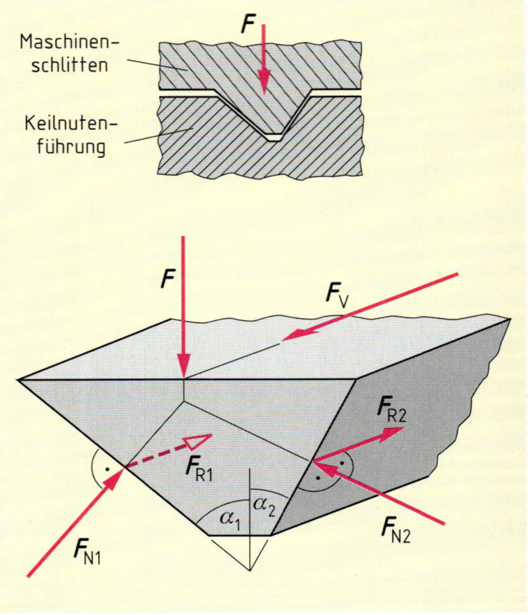

Kräfte am freigemachten Maschinenschlitten 2.5.4–18

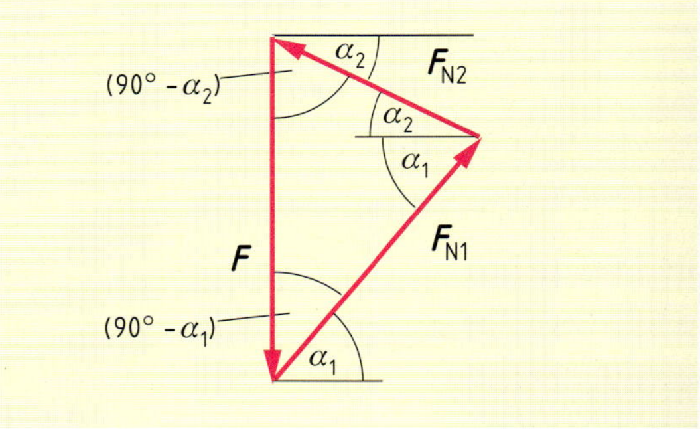

Krafteck 2.5.4–19

Trigonometrische Auswertung des Kraftecks

Sinussatz:

$$\frac{F_{N1}}{\sin(90° - \alpha_2)} = \frac{F_{N2}}{\sin(90° - \alpha_1)} = \frac{F}{\sin(\alpha_1 + \alpha_2)}$$

Mit $\sin(90° - \alpha) = \cos\alpha$ folgt:

$$F_{N1} = F \cdot \frac{\cos\alpha_2}{\sin(\alpha_1 + \alpha_2)}$$

$$F_{N2} = F \cdot \frac{\cos\alpha_1}{\sin(\alpha_1 + \alpha_2)}$$

Zylinderführung

Bei **Zylinderführungen** wird eine Buchse durch eine Rundprofilstange in Längsrichtung geführt. Zylinderführungen weisen deshalb immer ein Spiel auf.

Erfahrungsgemäß lassen sich längere Zylinderbuchsen durch eine exzentrische Kraft $\boldsymbol{F}$ verschieben. Kurze Zylinderbuchsen verkannten bei exzentrischer Belastung, sie neigen zum Klemmen. Es soll deshalb untersucht werden, unter welchen Bedingungen es bei einer exzentrisch wirkenden Verschiebekraft $\boldsymbol{F}$ zum Klemmen oder zum Verschieben der Zylinderbuchse kommt.

Das durch die Verschiebkraft $\boldsymbol{F}$ hervorgerufene Moment wird durch das Gegenmoment, welches durch die Kräfte $\boldsymbol{F}_{N1}$ (Stelle A) und $\boldsymbol{F}_{N2}$ (Stelle B) erzeugt wird, abgestützt. Dem Verschieben wirken die Haftreibungskräfte $F_{R01} = \mu_0 F_{N1}$ und $F_{R02} = \mu_0 F_{N2}$ entgegen. Die Normalkräfte F_{N1} und F_{N2} lassen sich durch Anwendung der rechnerischen Gleichgewichtsbedingungen bestimmen.

Damit **kein** Klemmen eintritt, muss die Kraft F größer als die Summe der Haftreibkräfte F_{R01} und F_{R02} sein. Mit $F_{R01} = F_{R02}$ folgt:

$$F > F_{R01} + F_{R02} = 2F_{R01} = 2\mu_0 \cdot F_{N1}$$

$$F > 2\mu_0 \cdot F \cdot \frac{l_1 + \frac{d}{2}}{l + \mu_0 \cdot d}$$

$$F(l + \mu_0 \cdot d) > 2\mu_0 \cdot F\left(l_1 + \frac{d}{2}\right)$$

$$l + \mu_0 \cdot d > 2\mu_0 \cdot l_1 + \mu_0 d$$

$$l > 2\mu_0 \cdot l_1$$

Verschiebebedingung:

$$l > 2\,\mu_0 \cdot l_1$$

Die Verschiebebedingung zeigt, dass zum Verschieben die Länge l der Zylinderbuchse nur von der Haftreibungszahl μ_0 und dem Abstand l_1 abhängt, jedoch nicht vom Zylinderdurchmesser d und der Verschiebekraft F.

Für Zylinderführungen mit Klemmfunktion lautet die **Klemmbedingung:**

$$l \leq 2\,\mu_0 \cdot l_1$$

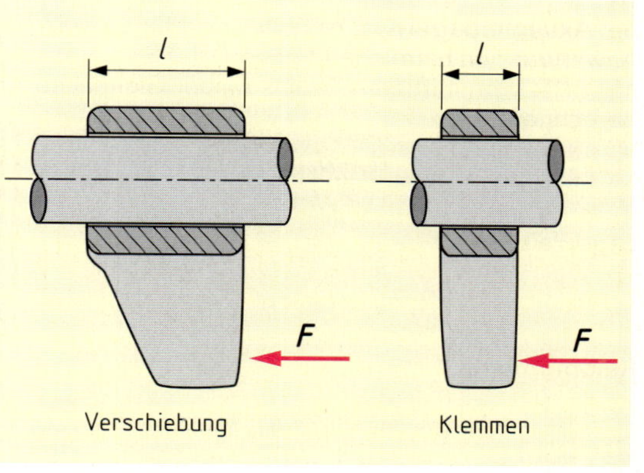

Zylinderführungen **2.5.4–20**

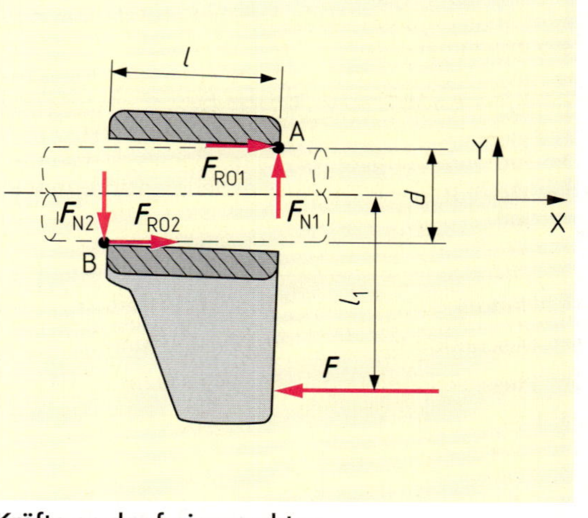

Kräfte an der freigemachten Zylinderbuchse **2.5.4–21**

$\Sigma F_y = 0$: $\quad F_{N1} - F_{N2} = 0$

$$\underline{F_{N1} = F_{N2}} \quad \text{(Kräftepaar)}$$

Daraus folgt für die Reibkräfte:

$$F_{N1} \cdot \mu_0 = F_{N2} \cdot \mu_0$$

$$\underline{F_{R01} = F_{R02}}$$

$\Sigma F_x = 0$: $\quad F_{R01} + F_{R02} - F = 0$

$$\underline{F = 2F_{R01} = 2\mu_0 \cdot F_{N1}}$$

$\Sigma M_A = 0$: $\quad F_{N2} \cdot l + F_{R02} \cdot d - F\left(l_1 + \frac{d}{2}\right) = 0$

mit $F_{R02} = \mu_0 \cdot F_{N2}$ folgt:

$$F_{N2}(l + \mu_0 \cdot d) = F\left(l_1 + \frac{d}{2}\right)$$

$$F_{N2} = F\frac{l_1 + \frac{d}{2}}{l + \mu_0 \cdot d} = F_{N1}$$

Gleitlager

Bei **Axialgleitlagern** ist es üblich und für technische Anwendungen hinreichend genau, das Reibmoment M_{Rax} mit dem mittleren Radius r_m der Gleitfläche zu berechnen.

$$r_m = \frac{d_a + d_i}{2}$$

Lagerreibkraft:

$$F_R = \mu \cdot F_N = \mu \cdot F_{ax}$$

Reibmoment:

$$M_{Rax} = F_R \cdot r_m = \mu \cdot F_{ax} \cdot r_m$$

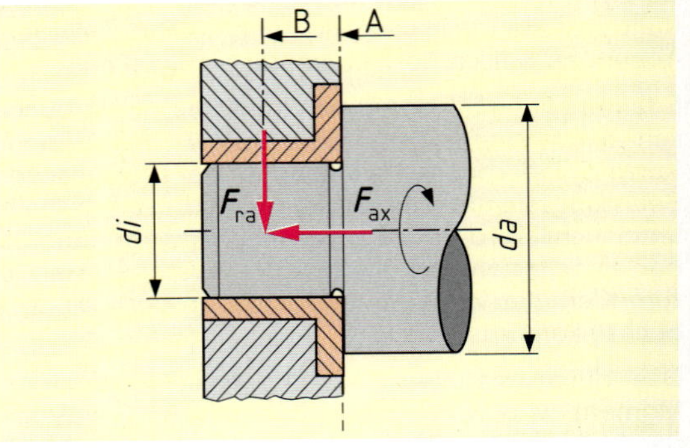

Kombiniertes Axial-Radialgleitlager **2.5.4–22**

Bei **Radialgleitlagern** berechnet man das Reibmoment M_{Rra} mit dem Wellenradius r und der Zapfenreibungszahl μ_Z:

$$M_{Rra} = F_R \cdot r = \mu_Z \cdot F_{ra} \cdot r$$

Die Zapfenreibungszahl μ_Z ist größer als die Gleitreibungszahl μ. Auch sie muss experimentell ermittelt werden.

Haftreibung:	$\mu_{Z0} = 0{,}1$ bis $0{,}25$
Mischreibung:	$\mu_Z = 0{,}01$ bis $0{,}1$
Flüssigkeitsreibung:	$\mu_Z = 0{,}002$ bis $0{,}01$

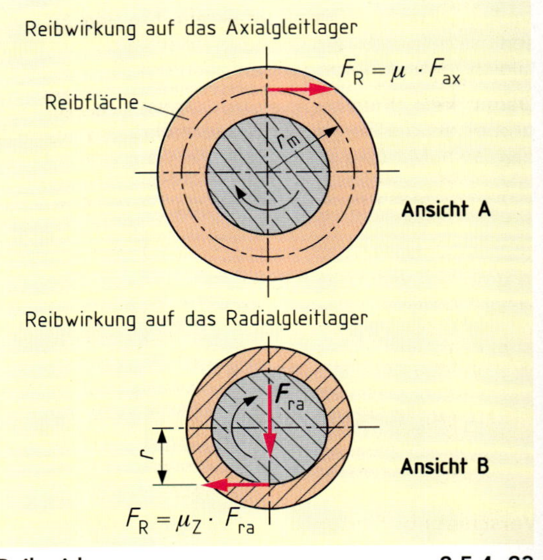

Reibwirkung **2.5.4–23**

Bremsen

Scheibenbremse

Die Bremsscheibe einer Scheibenbremse sitzt drehfest auf der abzubremsenden Welle. Die beiden im Gehäuse ortsfesten Bremsbacken werden mechanisch oder hydraulisch an die Bremsscheibe gedrückt. Eine Scheibenbremse ist somit eine Bremse mit **zwei** Reibflächen.

Bezeichnungen:

F ... Betätigungskraft

r_m... mittlerer Bremskraftradius

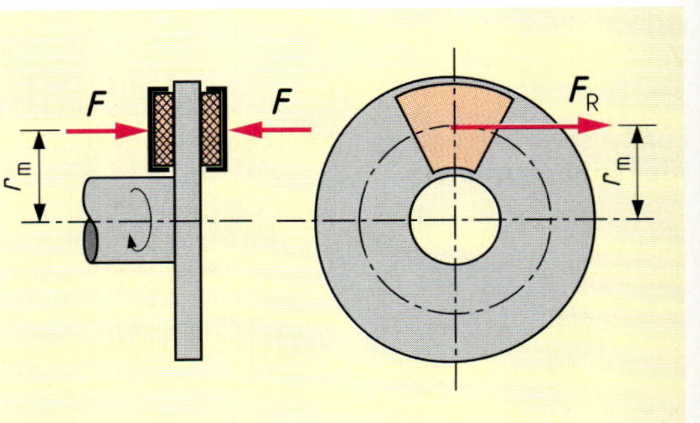

Scheibenbremse **2.5.4–24**

Gesamtreibkraft:

$$F_R = 2\,\mu \cdot F$$

Bremsmoment (Reibmoment):

$$M_{Br} = F_R \cdot r_m$$
$$M_{Br} = 2\,\mu \cdot F \cdot r_m$$

■ **Hinweis:**

Nach dem Coulomb'schen Reibungsgesetz $F_R = \mu \cdot F_N$ hat die Größe der Reibfläche bei starren Reibkörpern keinen Einfluss auf die Größe der Reibkraft. Scheibenbremsen werden deshalb meist mit relativ kleinflächigen Bremsbelägen hergestellt. Kleine Bremsbeläge haben jedoch eine große Flächenpressung zur Folge. Außerdem können kleine Bremsbeläge die Reibungswärme schlechter abführen. Folglich ist bei Teilscheibenbremsen der Belagverschleiß größer als bei Vollscheibenbremsen.

Lamellenbremse

Eine Lamellenbremse ist eine Mehrscheibenbremse, die mehrere dünne Scheiben, Lamellen genannt, aufweist. Dabei unterscheidet man Außen- und Innenlamellen, die abwechselnd angeordnet sind. Die Außenlamellen sind in Längsnuten mit dem ortsfesten Gehäuse, die Innenlamellen ebenfalls in Längsnuten mit der Welle verbunden. Bei Betätigung der Lamellenbremse werden die Ringscheiben gegeneinander gepresst. Die Anzahl der Lamellen z entspricht der Anzahl der Reibflächen. Mit der Anzahl der Lamellen erhöhen sich Gesamtreibkraft und Bremsmoment.

Gesamtreibkraft:

$$F_R = z \cdot \mu \cdot F$$

Bremsmoment (Reibmoment):

$$M_{Br} = F_R \cdot r_m$$
$$M_{Br} = z \cdot \mu \cdot F \cdot r_m$$

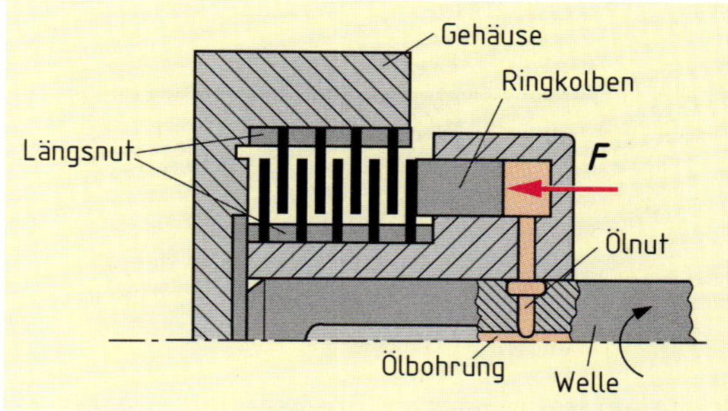

Lamellenbremse mit neun Lamellen, hydraulisch betätigt über einen Ringkolben 2.5.4–25

■ **Hinweis:**

Lamellenbremsen werden häufig mit Ölbadschmierung ausgeführt, um den Verschleiß zu verringern und um eine bessere Wärmeabfuhr zu ermöglichen. Als Ausgleich fur die kleine Gleitreibungszahl sind viele Reibflächen zwischen Gehäuse und Welle vorhanden, sodass das Bremsmoment durch die Ölbadschmierung nicht vermindert wird .

Kegelbremse

In der Seitenansicht einer Kegelbremse ist zu erkennen, dass wie beim Keilprinzip die Betätigungskraft $\boldsymbol{F}$ durch **zwei** Normalkräfte $\boldsymbol{F}_{N1}$ und $\boldsymbol{F}_{N2}$ abgestützt wird. Die Reibkraft muss deshalb mit diesen zwei Normalkräften bestimmt werden.

Aus dem Kraftecк folgt:

$$F_{N1} = F_{N2} = \frac{\frac{F}{2}}{\sin\alpha}$$

Reibkraft:

$$F_R = \mu(F_{N1} + F_{N2}) = \frac{\mu \cdot F}{\sin\alpha}$$

Bremsmoment (Reibmoment):

$$M_{Br} = F_R \cdot r_m$$
$$M_{Br} = \frac{\mu \cdot F \cdot r_m}{\sin\alpha}$$

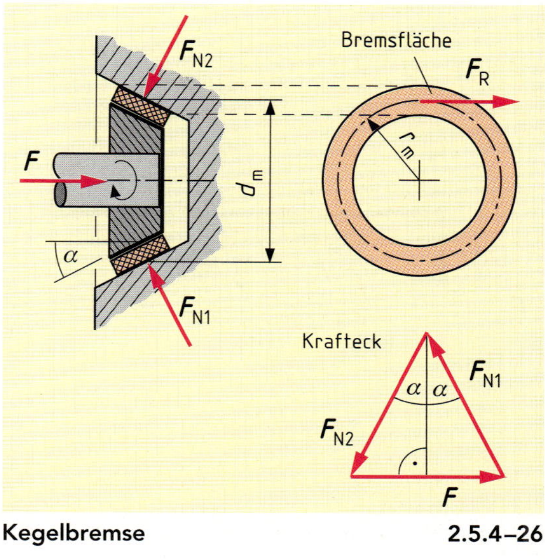

Kegelbremse 2.5.4–26

Hebelbackenbremse

Bei Hebelbackenbremsen bestimmt die Lage des Bremshebeldrehpunktes die Wirkungsweise der Bremse.

Hebelbackenbremse mit tangentialem Drehpunkt

Der Bremshebeldrehpunkt D liegt auf der Wirklinie der Reibkraft F_R, die tangential an der abzubremsenden Scheibe angreift. In Bezug auf den Hebeldrehpunkt D erzeugt die Reibkraft F_R weder bei Rechts- noch bei Linkslauf der Bremsscheibe ein Moment am Hebel. Das Momentengleichgewicht um den Hebeldrehpunkt D zeigt, dass die Normalkraft F_N unabhängig von der Drehrichtung der Bremsscheibe ist. **Für beide Drehrichtungen ist die Bremswirkung deshalb gleich.**

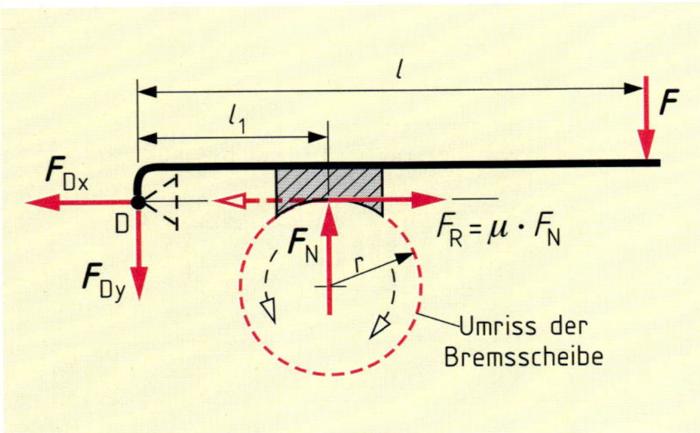

Kräfte am freigemachten Bremshebel 2.5.4–27

$\Sigma M_D = 0$:

$$F_N \cdot l_1 - F \cdot l = 0$$

$$F_N = \frac{F \cdot l}{l_1}$$

Reibkraft:

$$F_R = \mu \cdot F_N = \frac{\mu \cdot F \cdot l}{l_1}$$

Bremsmoment (= Reibmoment):

$$M_{Br} = F_R \cdot r = \frac{\mu \cdot F \cdot l \cdot r}{l_1}$$

Hebelbackenbremse mit tief gelegtem Drehpunkt

Der Bremshebeldrehpunkt D liegt unterhalb der Wirklinie der Reibkraft F_R. Das Momentengleichgewicht um den Hebeldrehpunkt D liefert für Rechts- und Linkslauf der Bremsscheibe eine unterschiedlich große Normalkraft F_N.

Die Gleichungen für die Reibkraft F_R und das Bremsmoment M_{Br} lassen erkennen, dass **bei Rechtslauf der Bremsscheibe die Bremswirkung größer ist als bei Linkslauf.**

Wird die Länge l_2 so groß gewählt, dass

$$l_1 - \mu \cdot l_2 = 0$$

wird, erhält man für Rechtslauf der Bremsscheibe **Selbsthemmung**, weil die Reibkraft F_R und das Bremsmoment M_{Br} dann, unabhängig von μ, F, l und r, unendlich groß werden.

Selbsthemmungsbedingung bei Rechtslauf:

$$l_1 \leq \mu \cdot l_2$$

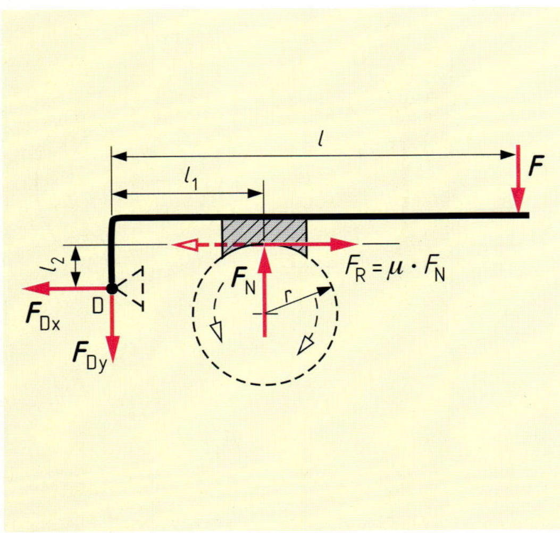

Kräfte am freigemachten Bremshebel 2.5.4–28

$\Sigma M_D = 0$:

für Rechtslauf: $F_N \cdot l_1 - F_R \cdot l_2 - F \cdot l = 0$

für Linkslauf: $F_N \cdot l_1 + F_R \cdot l_2 - F \cdot l = 0$

Mit $F_R = \mu \cdot F_N$ folgt:

$$F_N = \frac{F \cdot l}{l_1 \mp \mu \cdot l_2}$$ – für Rechtslauf, + für Linkslauf

Reibkraft:

$$F_R = \mu \cdot F_N = \frac{\mu \cdot F \cdot l}{l_1 \mp \mu \cdot l_2}$$

Bremsmoment (= Reibmoment):

$$M_{Br} = F_R \cdot r = \frac{\mu \cdot F \cdot l \cdot r}{l_1 \mp \mu \cdot l_2}$$ – für Rechtslauf, + für Linkslauf

2.5.5 Rollreibung

Erfahrungsgemäß lassen sich schwere Körper sehr viel leichter bewegen, wenn zwischen Körper und starrer Unterlage **Rollkörper** gelegt werden. Im Vergleich zur Gleitreibung ist die notwendige Verschiebekraft F und damit der Reibwiderstand (= Rollwiderstand F_{RR}) bedeutend kleiner.

Durch **Freimachen** einer Rolle kann sowohl der Rollmechanismus gezeigt als auch die Einflussgrößen auf die **Rollreibkraft** F_{RR} bestimmt werden. Bewegt sich die Rolle **gleichförmig**, d.h. mit konstanter Geschwindigkeit, so müssen die **Gleichgewichtsbedingungen der Statik** erfüllt sein.

$$\Sigma F_x = 0 \quad \rightarrow \quad F_{RR} = F$$

$$\Sigma F_y = 0 \quad \rightarrow \quad F_N = F_{Bel}$$

Das Eigengewicht der Rolle kann meist vernachlässigt werden.

$$\Sigma F_{res} = 0 \quad \rightarrow \quad F_{ers(Aktion)} = F_{ers(Reaktion)}$$

Die gemeinsame Wirklinie der Ersatzkräfte F_{ers} aus den Aktionskräften F_{Bel} und F und aus den Reaktionskräften F_{RR} und F_N muss bei schlupflos rollendem Körper durch die Rollenmitte A gehen. Der so entstehende horizontale Abstand der Normalkraft F_N zur Rollenmitte wird als **Hebelarm der Rollreibung** f bezeichnet.

Auf die Rolle wirken **zwei Kräftepaare** mit entgegengerichteter Momentenwirkung. Das durch die Verschiebekraft F und die Rollreibkraft F_{RR} gebildete Moment bewirkt die Drehbewegung der Rolle. Das Momentengleichgewicht um die Rollenachse A liefert die Bestimmungsgleichung für die Rollreibkraft.

$$\Sigma M_A = 0:$$

$$2 F_N \cdot f - 2 F_{RR} \cdot r = 0$$

Rollreibkraft:

$$F_{RR} = \frac{f}{r} \cdot F_N$$

Entsprechend dem Coulomb'schen Reibungsgesetz kann auch geschrieben werden :

$$F_{RR} = \mu_{RR} \cdot F_N$$

Für die **Rollreibungszahl** gilt:

$$\mu_{RR} = \frac{f}{r}$$

Die Größe des Hebelarms der Rollreibung f ist ebenso wie die Reibzahl μ und μ_0 bei Gleit- und Haftreibung von vielen Faktoren abhängig. Sie kann deshalb nur experimentell ermittelt werden. Die wichtigsten Einflussfaktoren sind:

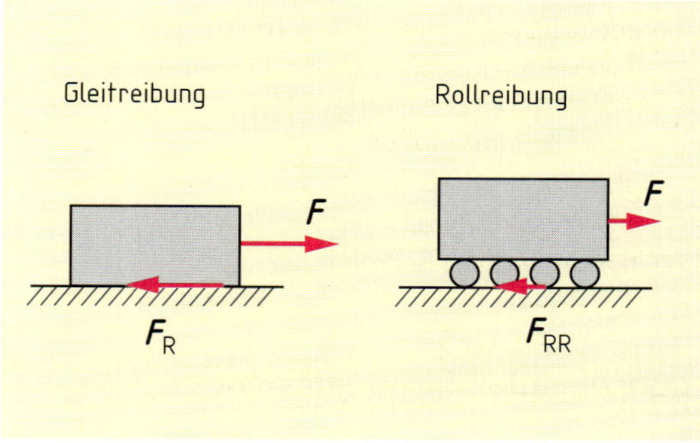

Gleichförmige Verschiebung 2.5.5–1

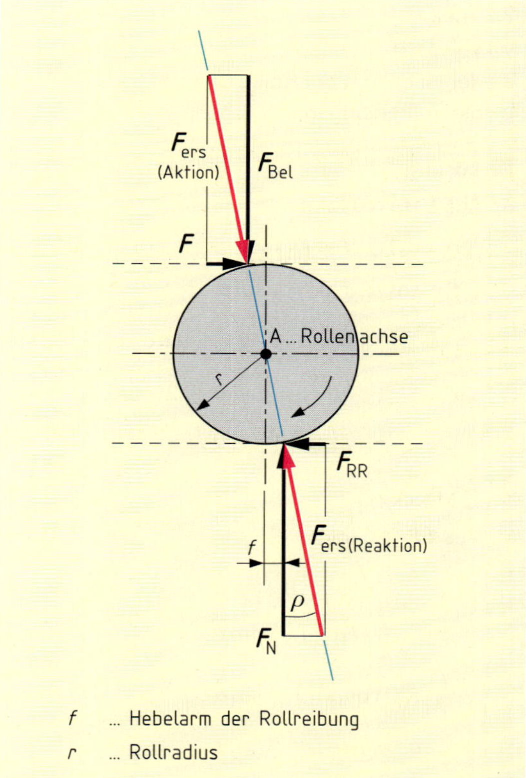

Kräfte an einer freigemachten, gleichförmig bewegten Rolle 2.5.5–2

Hinweis:

Für den Zusammenhang zwischen Hebelarm f und Rollradius r gilt erfahrungsgemäß:

$$f \sim \sqrt{r}$$

Das bedeutet, dass mit zunehmendem Rollradius r der Hebelarm der Rollreibung f weniger stark zunimmt.

- Größe der Belastungskraft F
- Rollradius r
- Werkstoffpaarung Rolle – Unterlage
  - elastisches und plastisches Verformungsverhalten bei Belastung
  - Oberflächenrauigkeit
  - Oberflächenhärte
- Rollgeschwindigkeit
- evtl. vorhandene Schmierung

Erfahrungswerte für f:

- Stahlrad auf Stahlschiene $f \approx 0{,}5\,\text{mm}$
- Stahlkugeln oder -rollen auf Stahllaufbahn (alle gehärtet und poliert) $f \approx 0{,}005 \dots 0{,}01\,\text{mm}$
- Pkw-Reifen auf Asphalt $f \approx 4\,\text{mm}$

Lehrbeispiel: Rolle auf schiefer Ebene

Eine Stahlrolle (Stahlkugel) mit 16 mm Durchmesser beginnt zu rollen, wenn man die Unterlage um 2,2° neigt.

Wie groß ist

a) der Hebelarm der Rollreibung f?

b) die Rollreibungszahl μ_{RR}?

Lösung:

a) Aus $\Sigma \boldsymbol{M}_D = 0$ folgt:

$$F_N \cdot f = F_H \cdot r$$

$$F_G \cdot \cos\alpha \cdot f = F_G \cdot \sin\alpha \cdot r$$

$$f = \frac{\sin\alpha}{\cos\alpha} r = r \cdot \tan\alpha$$

$$f = 8\,\text{mm} \cdot \tan 2{,}2°$$

$$\underline{\underline{f = 0{,}307\,\text{mm}}}$$

2. Möglichkeit:

Aus $\Sigma \boldsymbol{F}_x = 0$ folgt:

$$F_{RR} = F_H$$

$$\frac{f}{r} \cdot F_N = F_G \cdot \sin\alpha$$

$$\frac{f}{r} \cdot F_G \cdot \cos\alpha = F_G \cdot \sin\alpha$$

$$\frac{f}{r} = \frac{\sin\alpha}{\cos\alpha} = \tan\alpha$$

$$\underline{\underline{f = r \cdot \tan\alpha}}$$

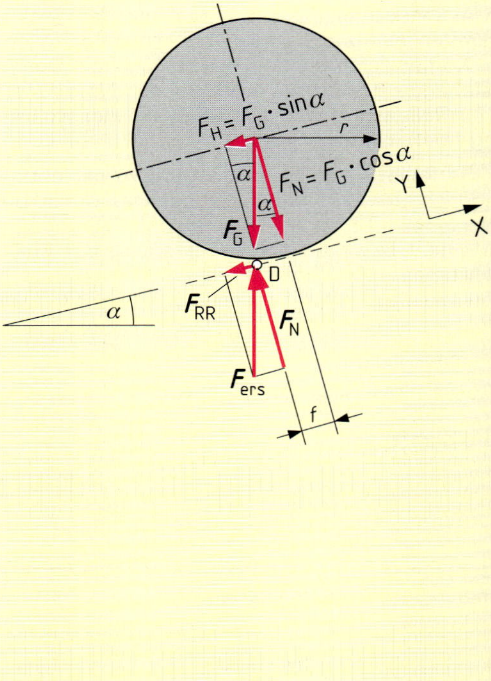

Kräfte an der freigemachten Rolle (unmaßstäblich) **2.5.5–3**

b) Rollreibungszahl

$$\mu_{RR} = \frac{f}{r} = \frac{r \cdot \tan\alpha}{r} = \tan\alpha = \tan 2{,}2°$$

$$\underline{\underline{\mu_{RR} = 0{,}0384}}$$

2.5.6 Fahrwiderstand

Bewegt sich ein Fahrzeug gleichförmig, muss neben der **Rollreibung** F_{RR} auch die **Reibung in den Lagern** F_{RL}, der **Luftwiderstand** F_L und gegebenenfalls ein **Steigungswiderstand** F_S überwunden werden. Diese Widerstandskräfte bilden zusammen den **Gesamtfahrwiderstand** F_{Wges}.

Gesamtfahrwiderstand

$$F_{Wges} = F_{RR} + F_{RL} + F_L + F_S$$

Da **Roll- und Lagerreibung** getrennt nur schwer zu bestimmen sind (siehe Lehrbeispiel: Eisenbahnachse), fasst man beide zum **Fahrwiderstand** F_W zusammen.

$$F_W = F_{RR} + F_{RL}$$

Der **Fahrwiderstand** F_W wird in einem Schleppversuch durch Messung der Zugkraft ermittelt und mithilfe der **Fahrwiderstandszahl** μ_F angegeben.

$$F_W = \mu_F \cdot F_N$$

Der **Steigungswiderstand** F_S entspricht der Hangabtriebskomponente F_H.

$$F_S = F_H = F_G \cdot \sin \alpha$$

Den sich aus der aerodynamischen An- und Umströmung des Fahrzeugs ergebenden **Luftwiderstand** F_L errechnet man nach folgender Gleichung:

$$F_L = \frac{\rho}{2} \cdot v^2 \cdot c_W \cdot A$$

Bezeichnungen:

ρ ... Dichte der Luft | c_W ... Luftwiderstandsbeiwert

v ... Fahrgeschwindigkeit | A ... Fahrzeugstirnfläche

Die Herleitung der Gleichung erfolgt in Kapitel 9.3.2: Ideale Strömung.

Hinweis:

Die Größe des Luftwiderstandes wird wegen $F_L \sim v^2$ vor allem von der Anströmgeschwindigkeit bestimmt und kann nur bei kleinen Geschwindigkeiten vernachlässigt werden. Der **Luftwiderstandsbeiwert** c_W wird durch Messung im Windkanal ermittelt.

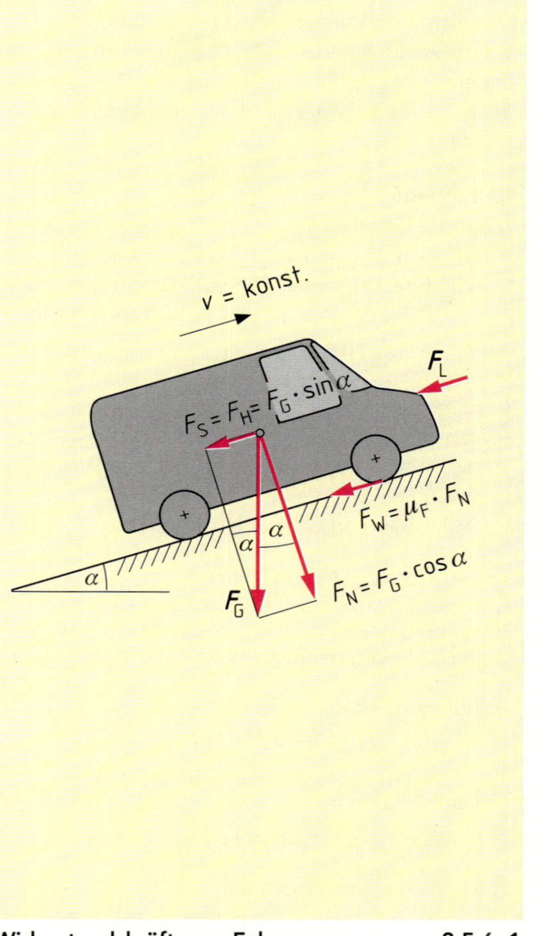

Widerstandskräfte am Fahrzeug **2.5.6–1**

Erfahrungswerte für $\mu_F = \frac{F_W}{F_N}$ **:**

- Eisenbahn $\approx 0{,}002$
- Drahtseilbahn $\approx 0{,}01$
- Kraftfahrzeug auf Asphalt $\approx 0{,}02$

Lehrbeispiel: Eisenbahnachse

Eine Eisenbahnachse mit Eigengewichtskraft F_G = 5 kN wird mit der Kraft F_G = 80 kN belastet.

Raddurchmesser	$D = 2R = 800\,\text{mm}$
Hebelarm der Rollreibung	$f \approx 0{,}5\,\text{mm}$
Wälzlagerdurchmesser	$d = 2r = 120\,\text{mm}$
Lagerreibungszahl	$\mu_{RL} \approx 0{,}005$

Es ist der Fahrwiderstand F_W der Achse zu berechnen.

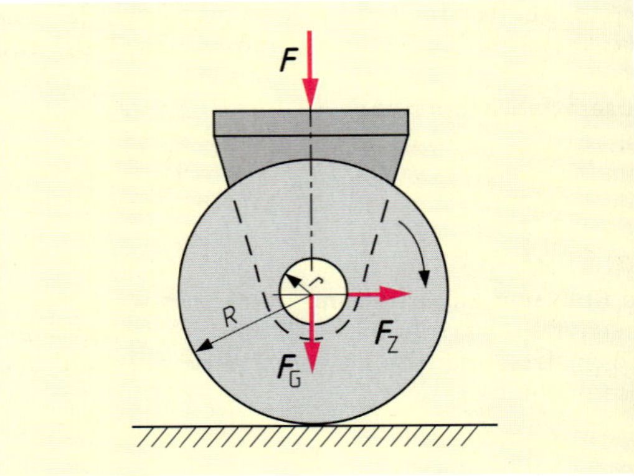

Eisenbahnachse 2.5.6–2

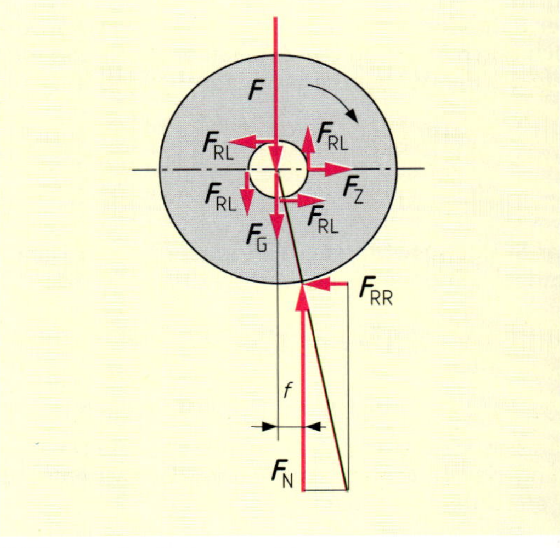

Kräfte an der freigemachten, gleichmäßig rollenden Achse 2.5.6–3

Lösung:

Lösungsmöglichkeit 1

Mit der Fahrwiderstandszahl für Eisenbahn $\mu_F \approx 0{,}002$ erhält man als Fahrwiderstand der Achse:

$$F_W = \mu_F \cdot F_N = \mu_F\,(F + F_G) \approx 0{,}002 \cdot 85\,000\,\text{N}$$

$$\underline{\underline{F_W \approx 170\,\text{N}}}$$

Lösungsmöglichkeit 2

Der Fahrwiderstand der Achse kann auch über die Rollreibung der Räder und die Lagerreibung der Wälzlager bestimmt werden.

Rollwiderstand der beiden Stahlräder:

$$F_{RR} = \frac{f}{R} \cdot F_N = \frac{f}{R}(F + F_G)$$

Wenn die Räder rollen, ist sowohl ein **Roll-** als auch ein **Lagerreibmoment** zu überwinden.

Rollmoment der Räder:

$$M_{RR} = F_{RR} \cdot R = f\,(F + F_G)$$

Lagerreibmoment:

$$M_{RL} = \mu_{RL} \cdot F_{\text{radial}} \cdot r = \mu_{RL} \cdot F \cdot r$$

Fahrwiderstandsmoment:

$$M_W = M_{RR} + M_{RL} = f\,(F + F_G) + \mu_{RL} \cdot F \cdot r$$

Für die Vorwärtsbewegung der Achse muss das Fahrwiderstandsmoment M_W durch das Antriebsmoment M_A überwunden werden.

$$M_A = M_W$$

Das Antriebsmoment M_A wird von der Zugkraft F_Z und dem Wirkabstand R (Radradius) gebildet.

$$F_Z \cdot R = f(F + F_G) + \mu_{RL} \cdot F \cdot r$$

$$F_Z = F_W = \frac{f}{R}(F + F_G) + \mu_{RL} \cdot F \cdot \frac{r}{R}$$

$$F_W \approx \frac{0{,}5\,\text{mm}}{400\,\text{mm}} \cdot (80\,000\,\text{N} + 5\,000\,\text{N}) + 0{,}005 \cdot 80\,000\,\text{N} \cdot \frac{60\,\text{mm}}{400\,\text{mm}}$$

$$F_W \approx 106{,}25\,\text{N} + 60\,\text{N}$$

Fahrwiderstand der Achse:

$$\underline{\underline{F_W \approx 166{,}25\,\text{N}}}$$

2.5.7 Übungen

Aufgabe 1

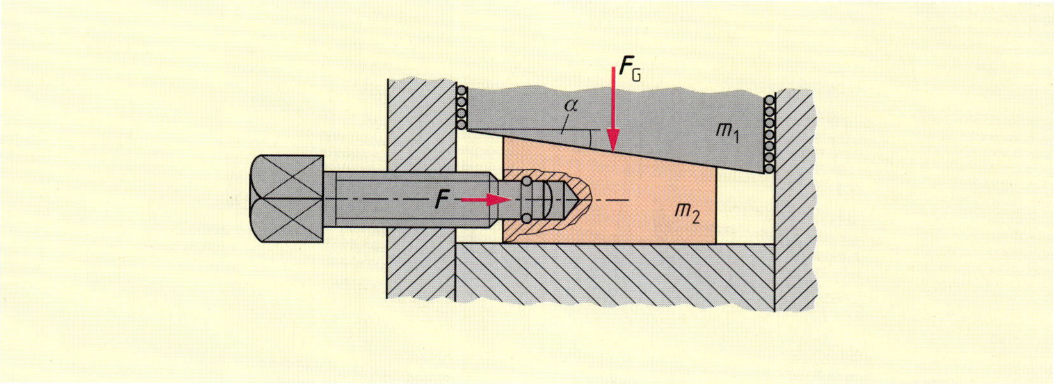

Justiereinrichtung **2.5.7–1**

Mit einem Justierkeil soll die Masse $m_1 = 156\,\text{kg}$ auf eine bestimmte Höhe eingestellt werden. Die Masse des Verstellkeils beträgt $m_2 = 4\,\text{kg}$. Die Reibungszahlen werden mit $\mu = 0{,}12$ und $\mu_0 = 0{,}16$ angenommen. Der Keil hat einen Neigungswinkel $\alpha = 8°$.

a) Es ist zu prüfen, ob für den Justierkeil (ohne Kraft F) Selbsthemmung vorliegt?

b) Welche Druckkraft F muss die Schraube aufbringen, um ein Abgleiten des Keils sicher zu verhindern?

c) Welche Kraft F ist notwendig, die Last gleichförmig anzuheben?

Aufgabe 2

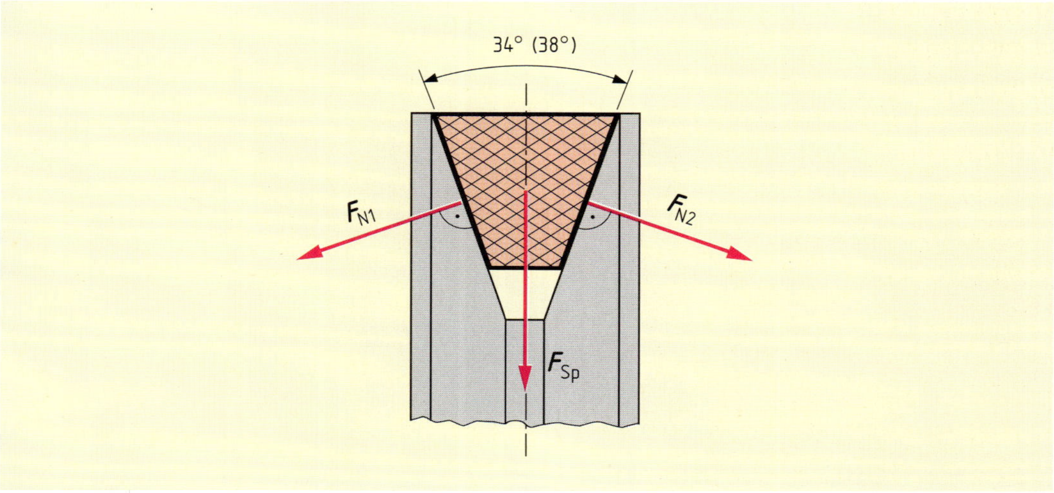

Schmalkeilriemen **2.5.7–2**

Für Schmalkeilriemen DIN 7753 ist die Kraftübersetzung $\frac{F_{Nges}}{F_{Sp}}$ in Abhängigkeit der Keilwinkel $\alpha = 34°$ bzw. $38°$ und der Reibungszahl $\mu_0 = 0{,}3$ zu bestimmen.

Aufgabe 3

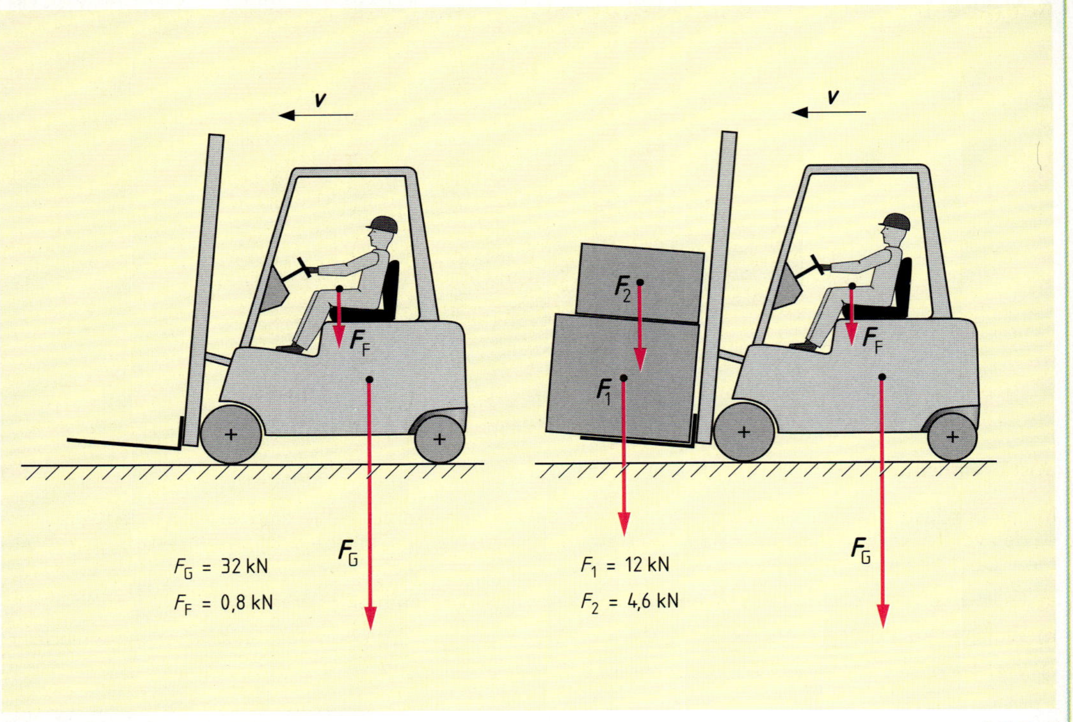

Gabelstapler ohne und mit Beladung **2.5.7–3**

Wie groß ist der **Fahrwiderstand** des in Kapitel 2.0 **Leitbeispiel Statik** dargestellten Gabelstaplers

a) **ohne** Beladung?

b) **mit** Beladung?

c) mit Beladung und Steigungswinkel $\alpha = 4°$?

3 Festigkeitslehre mit Berechnung einfacher Maschinenelemente

Einführungsbeispiel: Hubkolben-Verbrennungsmotor

Hubkolben-Verbrennungsmotor **3–1**

Hubkolben-Verbrennungsmotoren dienen vor allem zum Antrieb von Kraftfahrzeugen. Durch die Verbrennung von Kraftstoff-Luftgemisch werden Kolben in Zylindern bewegt. Jeder Kolben überträgt die lineare Bewegung über den Kolbenbolzen und die Pleuelstange auf die rotierende Kurbelwelle. Zur Steuerung des Kraftstoff-Luftgemisches und der Verbrennungsabgase sind Ein- und Auslassventile vorhanden, die von der Nockenwelle und den Ventilfedern betätigt werden.

Die Bauteile eines Hubkolben-Verbrennungsmotors sind neben der thermischen Belastung vielfältigen mechanischen Beanspruchungen ausgesetzt.

- Kolben und Pleuelstange übertragen während des Verbrennungsvorganges eine Druckkraft auf die Kurbelwelle und sind somit auf **Druck** beansprucht.
- Sämtliche Lagerstellen im Motor werden auf **Flächenpressung,** d. h. Druck in den Berührflächen, belastet. Flächenpressung tritt auch bei allen Befestigungsschrauben, im Ventilsitz und an den Kolbenringen auf.
- Im oberen Totpunkt der Kolbenhubbewegung verursachen Trägheitskräfte in der Pleuelstange eine Zugbelastung. Ebenso auf **Zug** belastet sind die Ventile und alle Befestigungsschrauben.
- Die Übertragung der Zug- und Druckkräfte durch die Pleuelstange führt im Kolbenbolzen zu einer wechselnden **Abscher**beanspruchung.
- Auf **Biegung** sind vor allem Kurbelwelle, Kolbenbolzen, Ventilhebel und Ventilteller belastet.
- Schließlich werden Kurbelwelle und Nockenwelle zusätzlich durch **Verdrehen** in Längsrichtung beansprucht.

Wie unschwer zu erkennen ist, treten bei vielen Motorbauteilen mehrere Beanspruchungen gleichzeitig auf. Beispielsweise kommt bei der Kurbelwelle sowohl Biegung als auch Torsion, Flächenpressung und Abscherung als Beanspruchung vor.

3.1 Grundlagen

3.1.1 Aufgaben der Festigkeitsberechnung

Die **Statik** beschäftigt sich mit der Bestimmung von Kräften und Momenten, die **auf starre Körper** wirken. Tatsächlich wird aber jeder Festkörper durch die Einwirkung von Kräften **deformiert.** Sind die Deformationen klein im Vergleich zu den Abmessungen des Bauteils, werden sie in der **Statik** vernachlässigt.

Im Gegensatz zur **Statik** befasst sich die **Festigkeitslehre** mit den durch äußere Kräfte und Momente verursachten **Wirkungen im Bauteil.**

Äußere Kräfte, die ein Bauteil **belasten**, rufen im Bauteil innere Kräfte und gegebenenfalls Momente hervor, deren Wirkungen im Bauteil als **Beanspruchungen** bezeichnet werden. Übersteigen die inneren Kräfte die Kohäsionskräfte des Werkstoffs, wird das Bauteil zerstört.

Die Aufgabe der **Festigkeitslehre** ist es, Grundlagen für die Berechnung von Bauteilen zu schaffen. Mit Hilfe der **Festigkeitslehre** soll ein Konstrukteur in der Lage sein, die Abmessungen eines Bauteiles so festzulegen, dass dieses ohne Schaden die auftretenden Kräfte übertragen kann. Das setzt voraus, dass die **Festigkeitseigenschaften** der in Frage kommenden Werkstoffe aus Versuchen bekannt sind.

Technische Bauteile sollen Betriebsbelastungen bei wirtschaftlichem Materialeinsatz ohne Werkstoffschädigung ertragen und sich dabei nicht unzulässig verformen.

Mit Festigkeit wird somit die Widerstandsfähigkeit eines Bauteiles gegen Verformung und gegen Zerstörung bezeichnet.

Ziel der Festigkeitsberechnung können folgende Aufgabenstellungen sein:

- **Ermittlung von Bauteilabmessungen (Dimensionierung)**
- **Wahl des Werkstoffs**
- **Ermittlung der übertragbaren Kräfte und Momente**
- **Bestimmung der Sicherheit eines Bauteils gegen Versagen (Sicherheitsnachweis)**
- **Berechnung der Bauteilverformung**

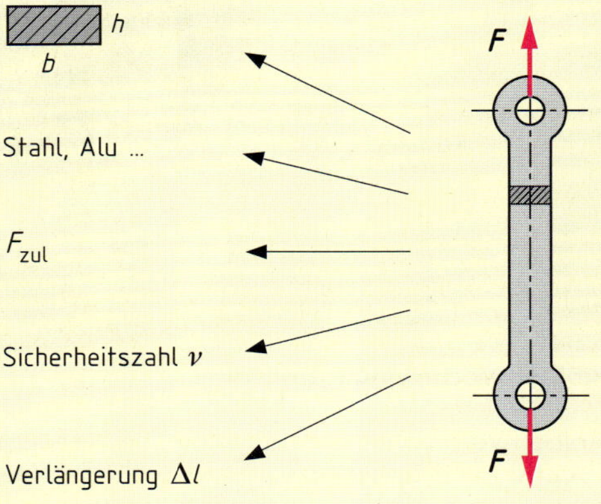

Voraussetzung für die Festigkeitsberechnung eines Bauteiles ist, dass **alle** angreifenden Kräfte und Momente berücksichtigt werden. Unbekannte Kräfte müssen **vor** der Festigkeitsberechnung mit Hilfe der **Statik** bestimmt werden.

3.1.2 Freischneiden von Bauteilen

Kräfte, die von außen auf ein Bauteil wirken, nennt man **äußere Kräfte.** Äußere Kräfte sind Belastungskräfte, Stützkräfte und Gewichtskräfte. Alle äußeren Kräfte führen zur **Belastung** des Bauteils.

Um die durch die Belastungskräfte verursachten **Wirkungen im Bauteil** bestimmen zu können, wurde das **Freischneiden** entwickelt. Analog dem **Freimachen** in der Statik (2.4.1: Freimachen von Bauteilen), um unbekannte Stützkräfte zu ermitteln, ist das **Freischneiden** das grundlegende Verfahren in der Festigkeitslehre, um die **Beanspruchungen** im Bauteil festzulegen und zu berechnen.

Beispiel: Zugstange

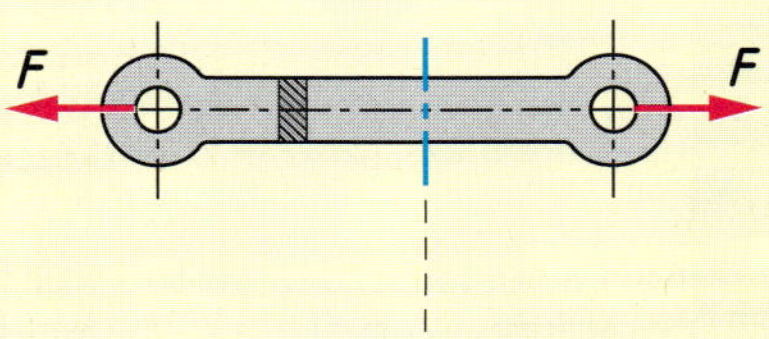

Freigemachte Zugstange mit gedanklicher Schnittstelle **3.1.2–1**

Beim **Freischneiden** wird das freigemachte Bauteil durch einen gedachten **Schnitt** in zwei Teile zerlegt. Da sich das freigemachte Bauteil im Gleichgewicht befindet, muss auch **jedes Teilstück** des geschnittenen Bauteils **im Gleichgewicht** sein. Durch Anwendung der statischen Gleichgewichtsbedingungen für ein Teilstück erhält man die **Schnittreaktion,** d. h. die **resultierende innere Kraft** und gegebenenfalls das **innere Moment,** das von den Werkstoffteilchen im untersuchten Querschnitt übertragen wird.

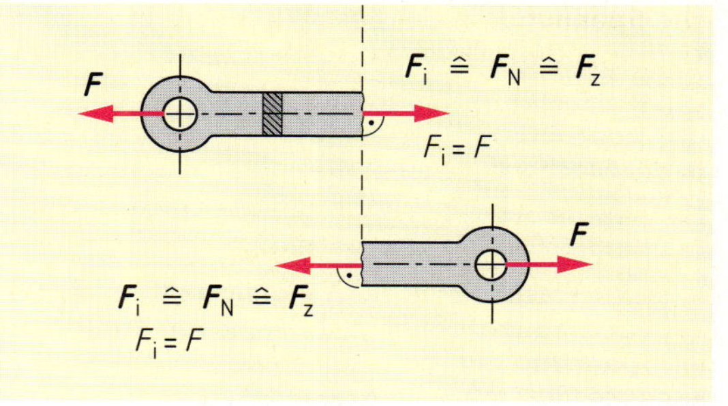

Freigeschnittene Teilstücke **3.1.2–2**

Beispiel: Zugstange

Die Schnittreaktion ist eine zur gedachten Schnittfläche **senkrecht gerichtete** innere Kraft F_i. Wegen der Zugwirkung dieser **Normalkraft** F_N kann sie als **innere Zugkraft** F_z bezeichnet werden.

Beispiel: Gelenkbolzen

Als Schnittreaktion ergibt sich in jeder der beiden gedachten Schnittflächen eine resultierende innere Kraft F_i. Wegen ihrer Schubwirkung wird sie **Schubkraft** F_s genannt.

Zudem ist zu erkennen, dass jede Belastungskraft $F/2$ mit einer inneren Schubkraft F_s ein **Kräftepaar** bildet. Jede Belastungskraft $F/2$ hat deshalb bezüglich einer Schnittfläche eine Momentenwirkung. Um diese Momentenwirkung ins Gleichgewicht zu bringen, ist in den Schnittflächen der Teilstücke ein gleich großes, **inneres Reaktionsmoment** M_i erforderlich.

Beispiel: Gelenkbolzen

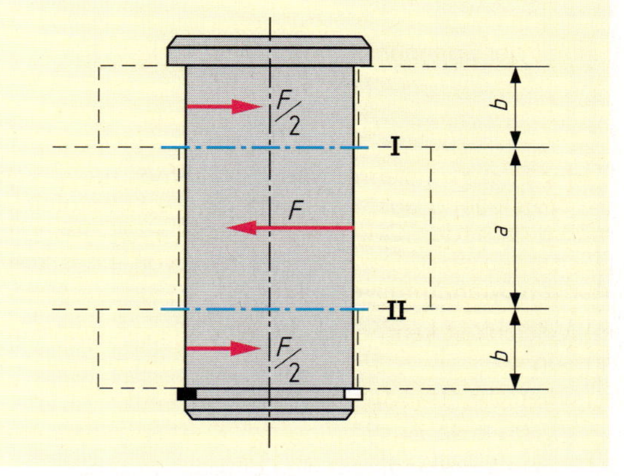

Freigemachter Gelenkbolzen mit gedanklichen Schnittstellen I und II **3.1.2–3**

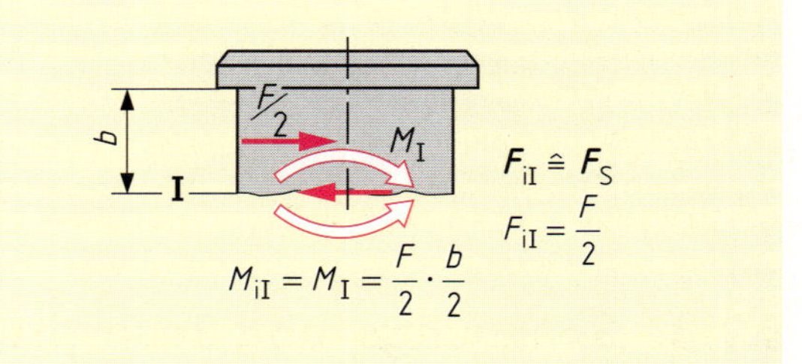

Freigeschnittenes Bolzenaußenteil I **3.1.2–4**

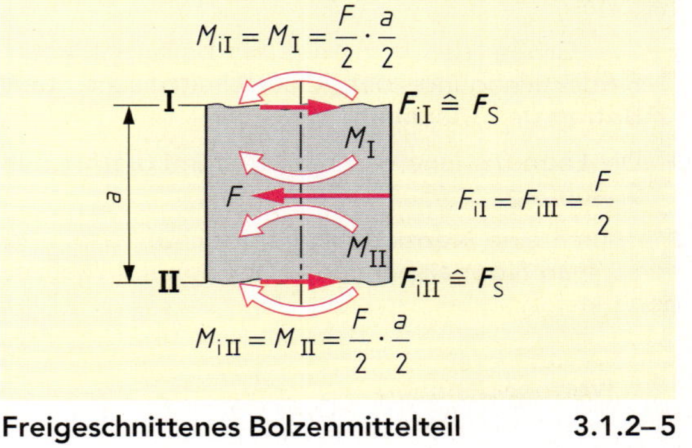

Freigeschnittenes Bolzenmittelteil **3.1.2–5**

Vorgehen beim Freischneiden:

1. Innere Kräfte und ggf. Momente werden ermittelt, indem man das freigemachte Bauteil an der Stelle, an der die Beanspruchung bestimmt werden soll, gedanklich schneidet.
2. In die Schnittfläche(n) eines Teilstückes werden anschließend die inneren Kräfte und ggf. Momente eingezeichnet, die das Teilstück ins Gleichgewicht setzen.
3. Die Größe der inneren Kräfte und ggf. Momente werden mit Hilfe der statischen Gleichgewichtsbedingungen berechnet.

Ist die **Art der resultierenden inneren Kraft** – Normalkraft oder Schubkraft – ermittelt worden, weiß man noch nicht, wie stark diese innere Kraft den Bauteilwerkstoff **beansprucht.** Die **Beanspruchungsintensität** hängt vor allem von der Größe der Schnittfläche ab.

Die innere Kraft F_i greift in Wirklichkeit nicht als Einzelkraft im Schwerpunkt der Schnittfläche an, sondern sie wirkt **über die Schnittfläche** S **verteilt.** Jedes Schnittflächenteilchen ΔS überträgt einen Kraftanteil ΔF_i. Die **Größe der Beanspruchung** der Querschnittsteilchen wird durch den Quotienten $\Delta F_i/\Delta S$ ausdrückt. Man bezeichnet ihn als **mechani-**

sche Spannung. In der Festigkeitslehre wird die zu übertragende Teilkraft ΔF_i auf die Fläche $\Delta S = 1\,\text{mm}^2$ bezogen.

In der **Mechanik** versteht man unter **Spannung** die je Flächeneinheit vom Werkstoff übertragene Kraft.

Ist jedes Flächenteilchen ΔS **gleichmäßig** an der Kraftübertragung beteiligt, braucht zur **Ermittlung der Spannung** nur die resultierende innere Kraft $\boldsymbol{F}_i$ durch die Gesamtfläche S geteilt werden.

$$\textbf{Spannung} = \frac{\text{Größe der inneren Kraft}}{\text{Größe der Schnittfläche}} = \frac{F_i}{S}$$

Einheit der Spannung:

$$\frac{[F_i]}{[S]} = \frac{\text{N}}{\text{mm}^2}$$

In der Festigkeitslehre geht man immer zuerst von der Vorstellung aus, dass eine innere Kraft **gleichmäßig** von der Querschnittsfläche eines Bauteils übertragen wird. Dann spricht man von einer **konstanten Spannungsverteilung.**

In Wirklichkeit kann es durch eine Vielzahl von Einflüssen wie

- Querschnittsänderungen,
- konstruktive Ausführung der Krafteinleitung und
- herstellungsbedingte Bauteilspannungen

zu einer **ungleichmäßigen Spannungsverteilung** und somit zu **Spannungsspitzen** kommen.

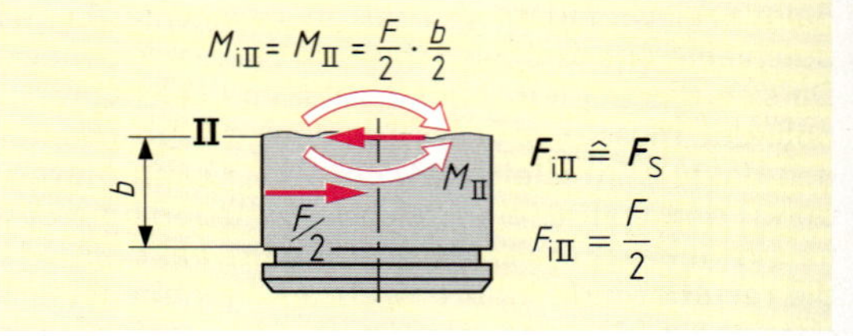

Freigeschnittener Bolzenaußenteil II **3.1.2–6**

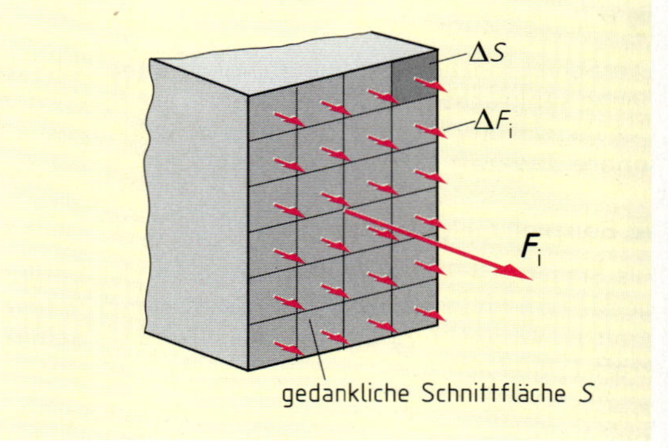

Zugstange mit gleichmäßiger Normalkraftübertragung **3.1.2–7**

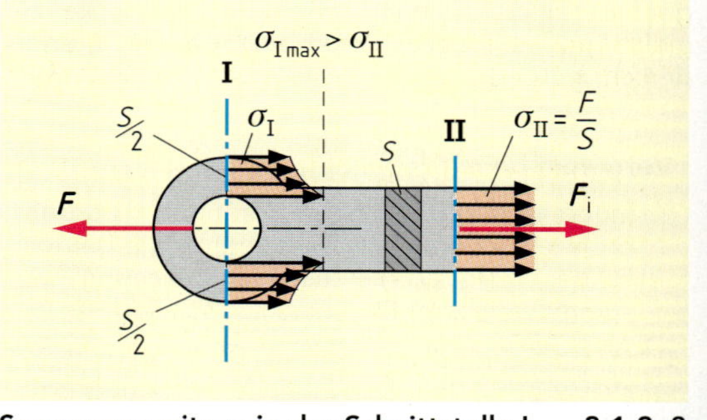

Spannungsspitzen in der Schnittstelle I **3.1.2–8**

3.1.3 Spannungs- und Beanspruchungsarten

Innere Kräfte sind wie **äußere Kräfte** durch ihre Größe, ihre Lage und ihren Richtungssinn gekennzeichnet.

- Die **Größe** der inneren Kraft bestimmt unter Berücksichtigung der Querschnittsfläche den **Betrag der Spannung.**
- Die **Lage** der inneren Kraft bestimmt die **Art der Spannung.**

Die durch eine **Normalkraft** verursachte Spannung nennt man **Normalspannung.** Ihr Formelzeichen ist der griechische Buchstabe σ.

Normalspannung $\sigma = \frac{F_N}{S}$

Die durch eine **Schubkraft** hervorgerufene Spannung wird mit **Schubspannung** bezeichnet. Formelzeichen ist der griechische Buchstabe τ.

Schubspannung $\tau = \frac{F_S}{S}$

- **Richtungssinn** und **Lage** der inneren Kraft bestimmen die **Beanspruchungsart.**

Eine innere **Normalkraft**

- mit Zugwirkung im Bauteil hat eine **Zugspannung** σ_z,
- mit Druckwirkung im Bauteil eine **Druckspannung** σ_d,

- mit Druckwirkung auf die Bauteiloberfläche eine **Flächenpressung** p,
- mit Druckwirkung auf lange, schlanke Körper eine **Knickspannung** σ_k,
- mit Biegewirkung durch ein Biegemoment eine **Biegespannung** σ_b zur Folge.

Eine innere **Schubkraft**

- mit Abscherwirkung in Richtung der Querschnittsfläche hat im Bauteil eine **Scherspannung** τ_a,
- mit Verdrehwirkung durch ein Torsionsmoment eine **Torsionsspannung** τ_t zur Folge.

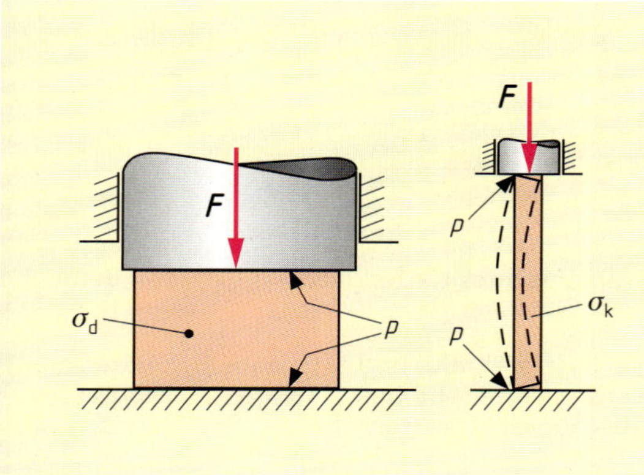

Beanspruchungen durch Druckkraft F **3.1.3–1**

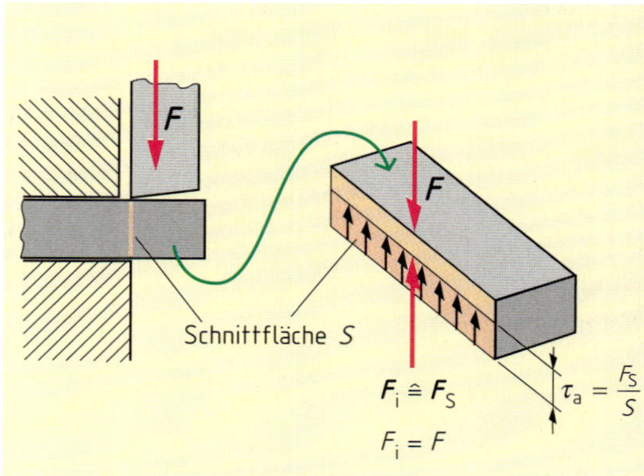

Spannungsverteilung bei Scherbeanspruchung 3.1.3–2

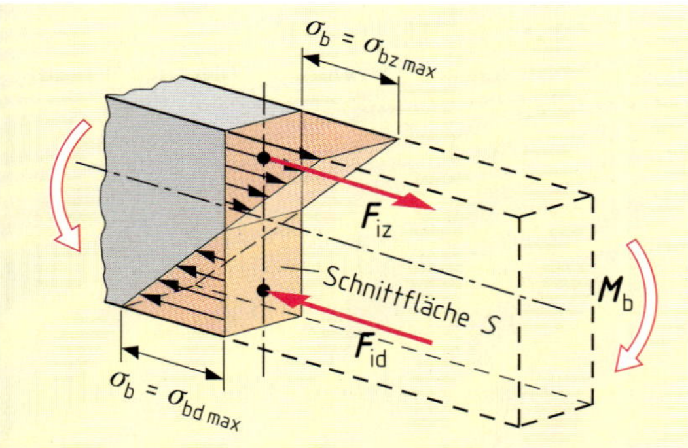

Spannungsverteilung bei Biegebeanspruchung 3.1.3–3

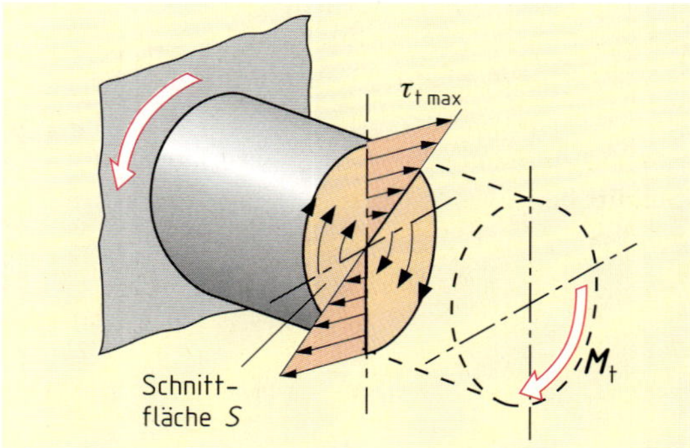

Spannungsverteilung bei Torsionsbeanspruchung 3.1.3–4

Innere Kräfte

Größe

Betrag der Spannung:

$\sigma, \tau = f(F_i, S, \ldots)$

Lage

Spannungsarten:

Normalspannung

$$\sigma = \frac{F_N}{S} \quad (F_N \perp S)$$

Schubspannung

$$\tau = \frac{F_S}{S} \quad (F_S \parallel S)$$

Richtungssinn

Beanspruchungsarten:

Zugspannung σ_z
Druckspannung σ_d
Flächenpressung p
Knickspannung σ_k
Biegespannung σ_b

Scherspannung τ_a
Torsionsspannung τ_t

3.1.4 Übungen zum Freischneiden

Lehrbeispiel: Kettenglied

Die Beanspruchungsarten, denen ein Kettenglied bei der Zugkraftübertragung ausgesetzt ist, sind durch Freischneiden verschiedener Teilstücke zu ermitteln.

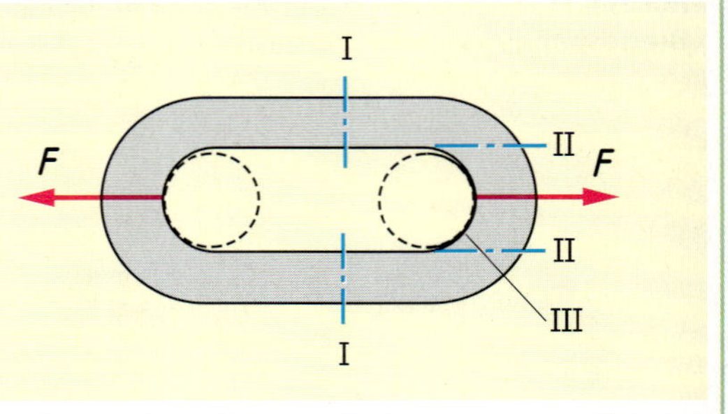

Freigemachtes Kettenglied 3.1.4–1

Lösung:

Schnitt I:

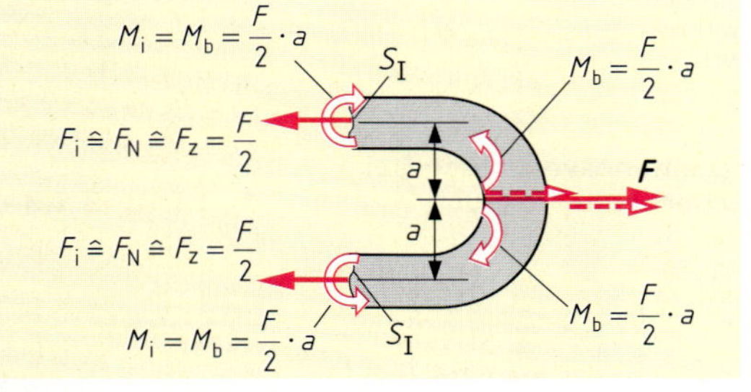

3.1.4–2

Die inneren Kräfte und Momente (Schnittreaktionen), die den freigeschnittenen Teilkörper ins Gleichgewicht setzen, haben Spannungen zur Folge:

$$F_i \rightarrow \sigma_z = \frac{F_z}{S_I} = \frac{0{,}5 \cdot F}{S_I}$$

$$M_i \rightarrow \sigma_b$$

Beide Schnittflächen S_I werden gleichzeitig auf Zug und Biegung beansprucht.

Schnitt II:

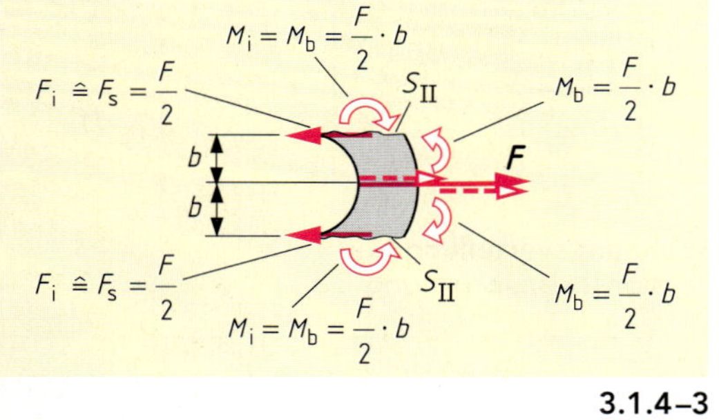

3.1.4–3

$$F_i \rightarrow \tau_a = \frac{F_s}{S_{II}} = \frac{0{,}5 \cdot F}{S_{II}}$$

$$M_i \rightarrow \sigma_b$$

Beide Schnittflächen S_{II} werden gleichzeitig auf Abscherung und Biegung beansprucht.

„Schnitt" III:

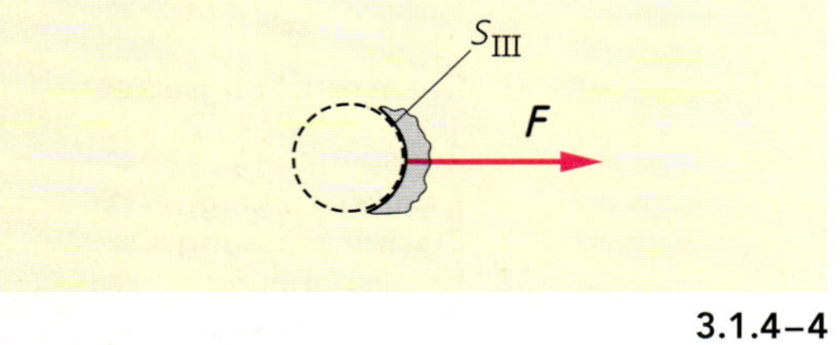

3.1.4–4

„Schnittfläche" S_{III} ist durch Flächenpressung belastet.

$$F \rightarrow p = \frac{F}{S_{III}}$$

Ein durch eine Kraft F belastetes Kettenglied ist auf Zug, Biegung, Abscherung und Flächenpressung beansprucht!

Aufgabe 1

Der Drehmeißel ist an der Einspannstelle freizuschneiden, um die inneren Schnittreaktionen und die Beanspruchungsarten an dieser Stelle zu ermitteln.

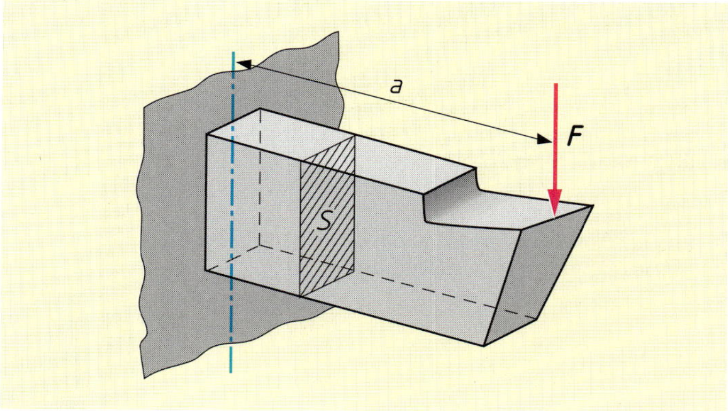

Drehmeißel 3.1.4–5

Aufgabe 2

Der abgebildete Befestigungshaken wird durch zwei Einzelkräfte belastet.

In den Schnittstellen I und II sind die Beanspruchungsarten zu ermitteln.

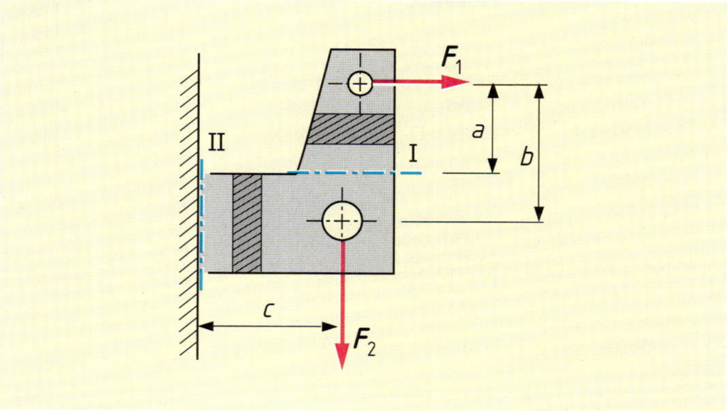

Befestigungshaken 3.1.4–6

Aufgabe 3

Das Sprungbrett ist an den Stellen I und II freizuschneiden.

Alle Beanspruchungsarten sind zu bestimmen.

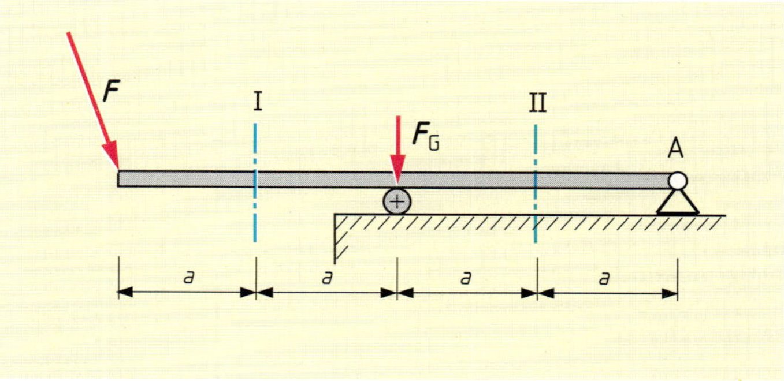

Sprungbrett 3.1.4–7

3.1.5 Das Hooke'sche Gesetz

Elastische Längenänderung bei Normalbeanspruchung

Wird ein **Zugstab,** der unbelastet die Messlänge l_0 besitzt, mit einer axialen Kraft $\boldsymbol{F}$ belastet, verlängert sich der Stab um den Betrag Δl auf die Länge l. Für die **Längenänderung** Δl gilt:

$$\Delta l = l - l_0$$

Die auf die Ausgangslänge l_0 bezogene Verlängerung Δl bezeichnet man als **Dehnung** ε.

$$\varepsilon = \frac{\Delta l}{l_0} = \frac{l - l_0}{l_0}$$

Einheit: $[\varepsilon] = \frac{\text{m}}{\text{m}} = 1$

Die Größe der Dehnung kann auch in Prozent angegeben werden:

$$\varepsilon_{\%} = \varepsilon \cdot 100\,\%$$

Setzt man eine gleichmäßige Verteilung der Zugspannung im Stabquerschnitt voraus, dann hat die Spannung im Bereich der Messlänge den Wert:

$$\sigma_z = \frac{F}{S}$$

Bei elastischer Verformung ist die Stabverlängerung Δl um so größer, je größer die Zugkraft $\boldsymbol{F}$ und je größer die Ausgangslänge l_0 ist. Die Stabverlängerung fällt um so kleiner aus, je größer die Querschnittsfläche S ist. Es gilt folgende Abhängigkeit:

$$\Delta l \sim \frac{l_0 \cdot F}{S}$$

Umgeformt: $\frac{\Delta l}{l_0} \sim \frac{F}{S}$

Daraus folgt:

$$\varepsilon \sim \sigma_z$$

Für elastische Verformung ist die Zugspannung proportional der Dehnung.

Durch Einführung der Proportionalitätskonstanten $\boldsymbol{E}$, **Elastizitätsmodul** oder abgekürzt **E-Modul** genannt, erhält man das **Hooke'sche Gesetz der Zugbeanspruchung:**

$$\sigma_z = E \cdot \varepsilon$$

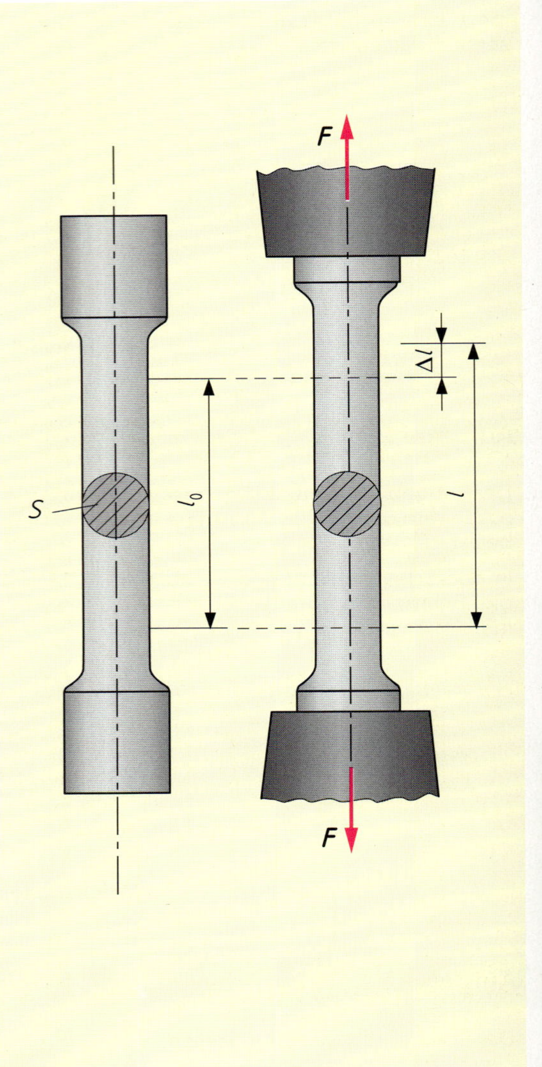

Unbelasteter und belasteter Zugstab 3.1.5–1

Für Druckbeanspruchung lautet das **Hooke'sche Gesetz:**

$$\sigma_d = E \cdot \varepsilon$$

Einheit des E-Moduls:

$$[E] = \frac{[\sigma_z]}{[\varepsilon]} = \frac{\frac{\text{N}}{\text{mm}^2}}{1} = \frac{\text{N}}{\text{mm}^2} = \text{MPa}$$

Diese nach dem engl. Naturforscher Robert Hooke (1635–1703) benannte Gesetzmäßigkeit zeigen die meisten Metalle bei nicht zu großer Belastung. Für diese Metalle ist der ***E*-Modul** eine Maßzahl für die einachsige Starrheit des Werkstoffes.

Im **Spannungs-Dehnungs-Diagramm** stellt das Hooke'sche Gesetz eine Ursprungsgerade dar. Der Tangens des Steigungswinkels β entspricht dem E-Modul.

Nicht alle Werkstoffe deformieren sich nach dem Hooke'schen Gesetz. Kupfer, Grauguß, Beton u. a. zeigen ein degressives Spannungs-Dehnungs-Verhalten, während z. B. Leder, Gummi und viele Kunststoffe mit zunehmender Dehnung immer schwerer verformbar sind.

Für Werkstoffe mit nichthooke'schem Verhalten ersetzt man häufig die gekrümmten Kennlinien durch Geraden und gibt mittlere E-Modul-Werte an, Tabelle 3.1.5–1.

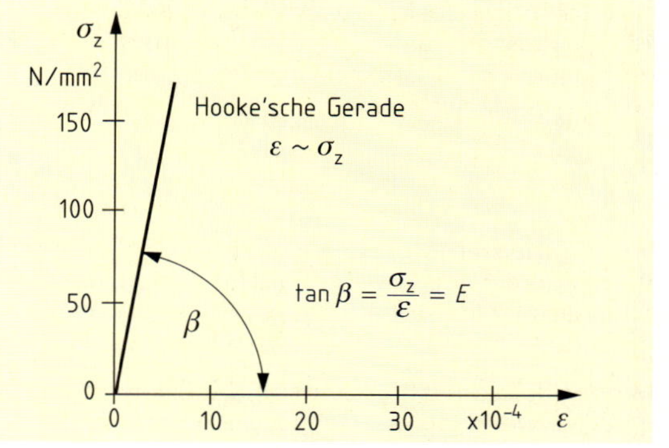

Spannungs-Dehnungs-Diagramm mit hooke'schem Werkstoffverhalten **3.1.5–2**

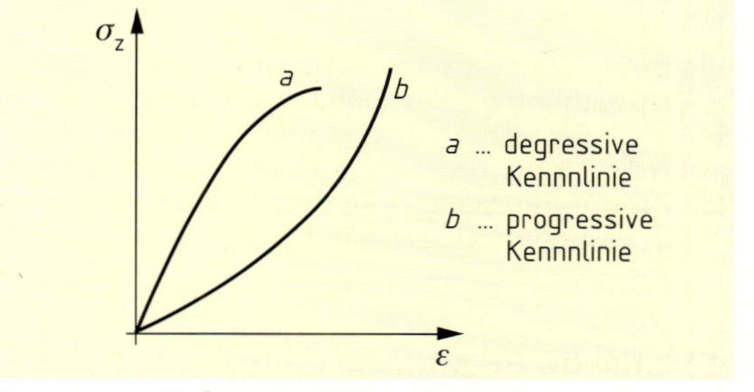

Spannungs-Dehnungs-Diagramm mit nichthooke'schem Werkstoffverhalten **3.1.5–3**

Elastische Formänderung bei Normalbeanspruchung

Ein auf Zug beanspruchter Stab erfährt auf Grund der Volumenkonstanz eine **Formänderung.** Ein runder Stab wird sowohl **länger** als auch **im Durchmesser kleiner.**

Die **Verlängerung** im belasteten Zustand wird durch die **Dehnung** ε ausgedrückt.

Die auf den ursprünglichen Durchmesser d_0 bezogene Änderung des Durchmessers

$$\Delta d = d_0 - d$$

wird mit **Querkürzung** oder **Querkontraktion** ε_q bezeichnet.

$$\varepsilon_q = \frac{\Delta d}{d_0}$$

Für Rechteckquerschnitte berechnet man die Querkürzung mit

$$\varepsilon_q = \frac{\Delta b}{b_0} \quad \text{bzw.} \quad \frac{\Delta h}{h_0}$$

Wird ein Bauteil elastisch verformt, so stehen **Querkürzung** ε_q und **Dehnung** ε in einem bestimmten Verhältnis zueinander. Dieses Verhältnis nennt man

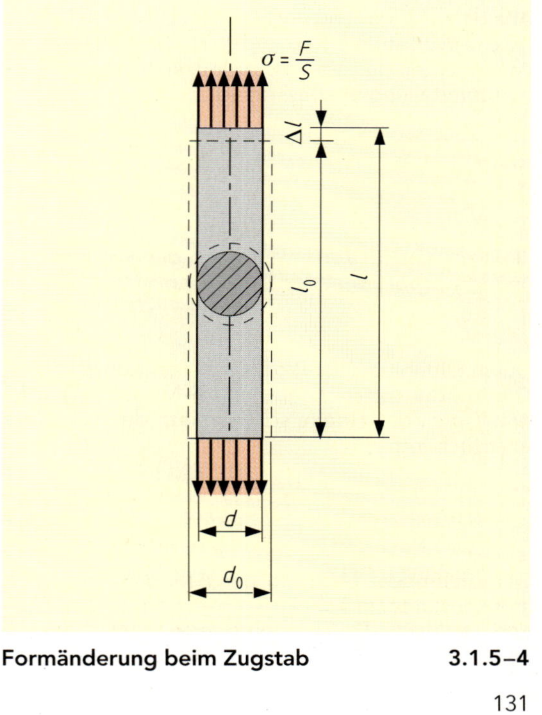

Formänderung beim Zugstab **3.1.5–4**

nach dem französischen Physiker Poisson (1781–1840) **Poisson-Zahl** oder auch **Querzahl** und bezeichnet es mit dem griech. Buchstaben μ.

$$\mu = \frac{\varepsilon_q}{\varepsilon}$$

Für die meisten Metalle wird mit der Poisson-Zahl $\mu = 0{,}3$ gerechnet. Genaue Poisson-Zahlen für unterschiedliche Werkstoffe sind in Tabelle 3.1.5–1 aufgeführt.

Mit der Poisson-Zahl μ läßt sich die Querkürzung ε_q unter Verwendung der Dehnung ε berechnen.

$$\varepsilon_q = \mu \cdot \varepsilon$$

Alle Beziehungen gelten auch für elastische **Druckbeanspruchungen**. Die Dehnung und die Querkürzung werden wegen der negativen Werte von Δl und Δd **negativ.** Anstelle von Dehnung spricht man dann von **Verkürzung** oder **Stauchung**, und anstatt Querkürzung von **Querausdehnung.**

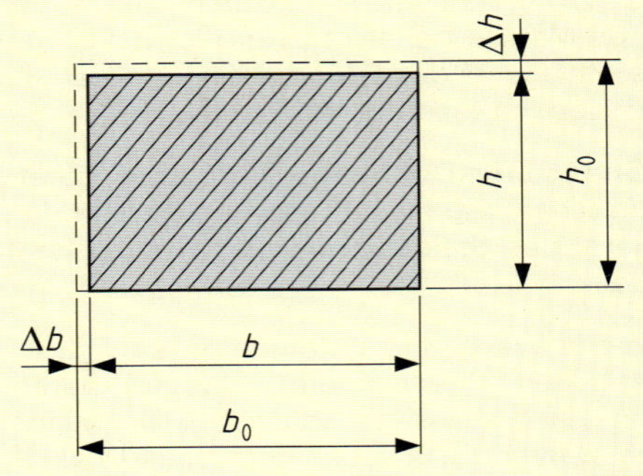

Querschnittsverkleinerung bei Rechtechquerschnitt **3.1.5–5**

Hinweis:

Der Einfluß der Querkürzung auf die Maße bei zugbelasteten Bauteilen ist im allgemeinen sehr gering. Die Querschnittsverminderung infolge Krafteinwirkung muss jedoch bei eingepassten Bauteilen beachtet werden.

Elastische Formänderung bei Schubbeanspruchung

Greift an einem quaderförmigen Körper in der Höhe h eine zur Grundfläche parallele Schubkraft F an, wird der Körper um einen kleinen, im Bogenmaß anzugebenden **Winkel** γ deformiert. Der Winkel γ wird **Schiebung** oder **Gleitung** genannt.

Analog zur Zugbeanspruchung mit $\varepsilon \sim \sigma_z$ gilt für elastische Werkstoffverformung durch Schubbeanspruchung unter der Voraussetzung konstanter Spannungsverteilung die Beziehung:

$$\gamma \sim \tau$$

Für elastische Verformung ist die Schubspannung proportional der Schiebung.

Durch Einführung der Proportionalitätskonstanten G, **Gleitmodul** oder abgekürzt **G-Modul** genannt, erhält man das **Hooke'sche Gesetz der Schubbeanspruchung:**

$$\tau = G \cdot \gamma$$

Der Gleitmodul G ist wie der E-Modul eine Werkstoffkonstante. In Tabelle 3.1.5–1 sind die E-Modul- und G-Modul-Durchschnittswerte verschiedener Werkstoffe gegeben.

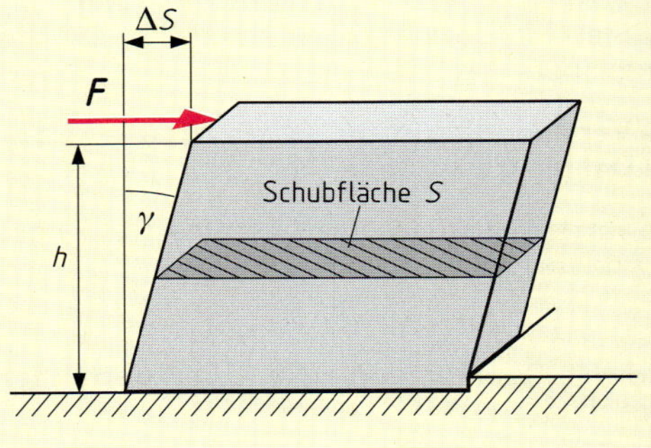

Durch Schub elastisch verformter Quader 3.1.5–6

Werkstoff	Durchschnittswerte bei 20°C *E*-Modul N/mm²	*G*-Modul N/mm²	Poisson-Zahl μ —
Al-Legierungen	70000	27000	0,3
Mg-Legierungen	43000	16000	0,34
CuZn-Legierungen	95000	35000	0,35
Ti-Legierungen	116000	43000	0,35
Gusseisen GG-15	90000	35000	0,28
Gusseisen GG-30	120000	50000	0,2
Gusseisen GGG	170000	66000	0,3
Stähle	206000	81000	0,3
Beton (Druck)	30000	—	—
Thermoplastische Kunststoffe	700 – 3700	250 – 1400	0,28 – 0,4

***E*-Modul- und *G*-Modul-Durchschnittswerte verschiedener Werkstoffe** **Tabelle 3.1.5–1**

Kräfte und Verformungen an einer vorgespannten Schraubenverbindung

Beim Anziehen einer Schraube (Punkt A bis B im Kraft-Verformungs-Diagramm) wird eine **Vorspannkraft** F_V erzeugt. Die Schraube dehnt sich im Bereich der Klemmlänge l_K proportional der Vorspannkraft um die Länge Δf_S. Gleichzeitig werden die zu verbindenden Teile um die Länge Δf_T zusammengedrückt.

Wirkt zusätzlich eine **Betriebskraft** F_B auf die vorgespannte Schraubenverbindung, dann wird die Schraube zusätzlich bis zur **Gesamtschraubenkraft** F_S belastet (Punkt C im Kraft-Verformungs-Diagramm) und um Δf weiterverlängert. Die verschraubten Teile werden gleichzeitig um den gleichen Betrag Δf entlastet. Die auf die geklemmten Teile wirkende Vorspannkraft vermindert sich dadurch auf die **Klemmkraft** $F_K = F_S - F_B$.

Die Zugspannung im Schraubenschaft wird mit der Gesamtschraubenkraft F_S berechnet.

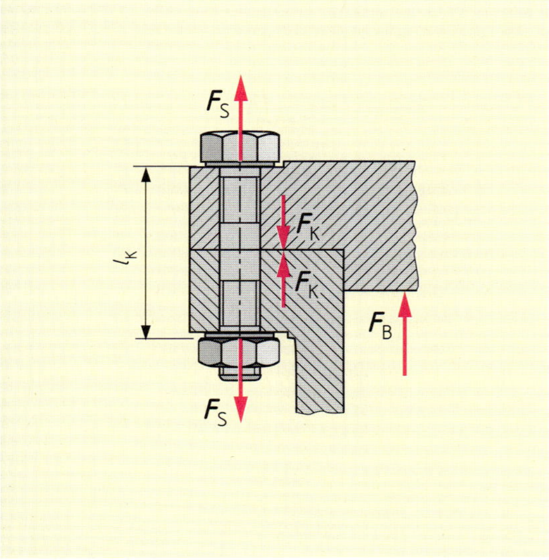

Schraubenverbindung **3.1.5–7**

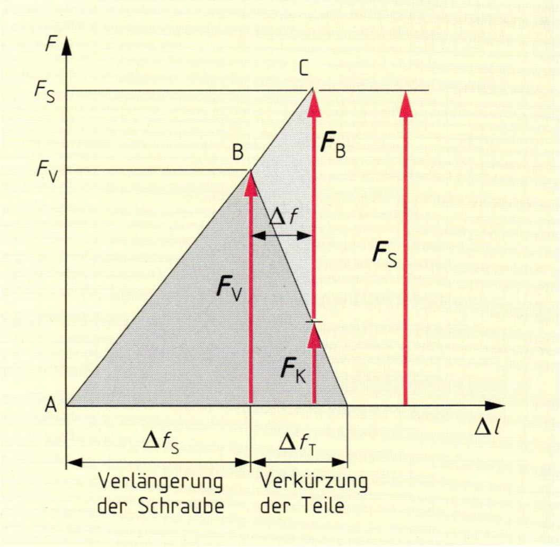

Kraft-Verlängerungs-Diagramm einer vorgespannten Schraubenverbindung **3.1.5–8**

3.1.6 Übungen zum Hooke'schen Gesetz

Lehrbeispiel 1: Zugstange

Eine Stahlstange mit dem Durchmesser $d_0 = 20\ \mathrm{mm}$ wird auf die Länge $l_0 = 1\ \mathrm{m}$ mit der Zugkraft $F = 25\ \mathrm{kN}$ belastet.

Es ist zu bestimmen

a) die Zugspannung σ_z,
b) die Dehnung ε,
c) die Verlängerung Δl,
d) die Durchmesserverringerung Δd.

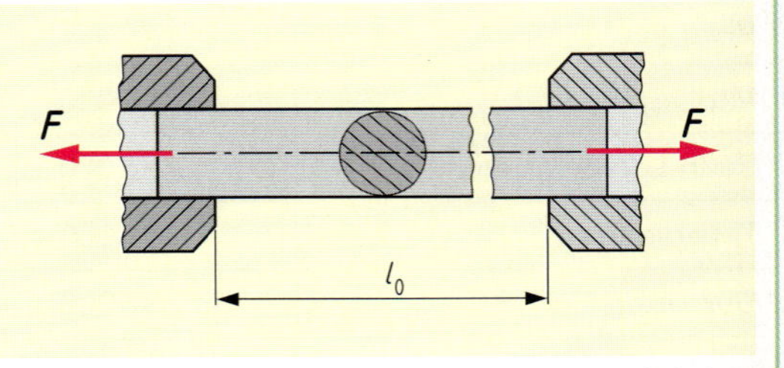

Stahlstange 3.1.6–1

Lösung:

a) Aus $\sigma_z = \frac{F_s}{S}$ folgt

$$\sigma_z = \frac{25\,000\ \mathrm{N}}{\frac{\pi}{4} \cdot 20^2\ \mathrm{mm}^2} = \frac{25\,000\ \mathrm{N}}{314{,}6\ \mathrm{mm}^2}$$

$$\underline{\underline{\sigma_z = 79{,}6\ \mathrm{N/mm}^2}}$$

b) Aus $\sigma_z = E \cdot \varepsilon$ folgt

$$\varepsilon = \frac{\sigma_z}{E} = \frac{79{,}6\ \mathrm{N/mm}^2}{206\,000\ \mathrm{N/mm}^2}$$

$$\underline{\underline{\varepsilon = 0{,}000386}}$$

$$\varepsilon_{\%} = \varepsilon \cdot 100\,\% = 0{,}0386\,\%$$

c) Aus $\varepsilon = \frac{\Delta l}{l_0}$ folgt

$$\Delta l = \varepsilon \cdot l_0 = 0{,}000386 \cdot 1000\ \mathrm{mm}$$

$$\underline{\underline{\Delta l = 0{,}386\ \mathrm{mm}}}$$

d) Aus $\varepsilon_q = \mu \cdot \varepsilon = \frac{\Delta d}{d_0}$ folgt

$$\Delta d = \mu \cdot \varepsilon \cdot d_0 = 0{,}3 \cdot 0{,}000386 \cdot 20\ \mathrm{mm}$$

$$\underline{\underline{\Delta d = 0{,}00232\ \mathrm{mm}}}$$

Lehrbeispiel 2: Stiftschraube

Mit einer Stiftschraube M 12 x 1 wird über eine Hülse ein Flanschdeckel angezogen. Nach erfolgtem Anzug der Mutter soll die Hülse mit 40 kN Anpresskraft gegen den Flanschdeckel drücken.

Flanschdeckel, Hülse und Stiftschraube bestehen aus Stahl.

Mit wieviel Umdrehungen ist der Schraubenschlüssel – vom Anschlag der Mutter an gerechnet – anzuziehen, damit die Hülse mit der vorgeschriebenen Kraft gegen den Flanschdeckel drückt?

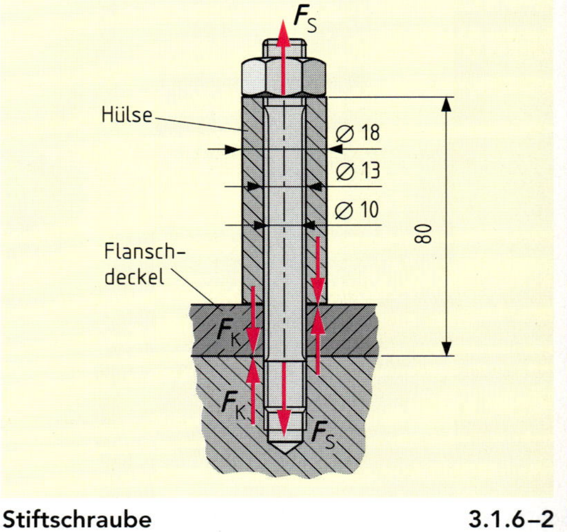

Stiftschraube 3.1.6–2

Lösung:

Da keine Betriebskraft F_B berücksichtigt werden muss, ist $F_S = F_K = 40\,\text{kN}$.

Verlängerung der Schraube

Aus $\sigma_z = \frac{F_S}{S_S} = E \cdot \varepsilon$ und $\varepsilon = \frac{\Delta l}{l_0}$ erhält man: $\frac{F_S}{S_S} = E \cdot \frac{\Delta l}{l_0}$

Daraus folgt: $\Delta l_S = \frac{F_S \cdot l_0}{S_S \cdot E}$

l_0 ... Klemmlänge $80\,\text{mm}$
S_S ... Schaftquerschnittsfläche

Verkürzung von Hülse und Flanschdeckel

Mit der Annahme, dass die Stauchung beider Teile gleich ist, gilt:

$$\Delta l_H = \frac{F_K \cdot l_0}{S_H \cdot E}$$

S_H ... Hülsenquerschnitt

Die Klemmlängenänderung Δl beim Anziehen setzt sich aus der Verlängerung des Schraubenschaftes Δl_S und der Verkürzung von Hülse und Flanschdeckel Δl_H zusammen.

$$\Delta l = \Delta l_S + \Delta l_H \qquad \text{Mit} \quad F_S = F_K \quad \text{folgt:}$$

$$\Delta l = \frac{F_K \cdot l_0}{S_S \cdot E} + \frac{F_K \cdot l_0}{S_H \cdot E} = \frac{F_K \cdot l_0}{E}\left(\frac{1}{S_S} + \frac{1}{S_H}\right)$$

$$\Delta l = \frac{40\,000\,\text{N} \cdot 80\,\text{mm}}{206\,000\,\text{N/mm}^2}\left(\frac{1}{\frac{\pi}{4} \cdot 10^2\,\text{mm}^2} + \frac{1}{\frac{\pi}{4}\left(18^2 - 13^2\right)\text{mm}^2}\right)$$

$$\Delta l = 15{,}534\,\text{mm}^3\left(\frac{1}{78{,}54\,\text{mm}^2} + \frac{1}{121{,}74\,\text{mm}^2}\right)$$

$$\Delta l = 0{,}325\,\text{mm}$$

Mit der Gewindesteigung $P = 1\,\text{mm}$ erhält man die gesuchte Anzahl Umdrehungen:

$$z = \frac{\Delta l}{P} = \frac{0{,}3254\,\text{mm}}{1\,\text{mm}}$$

$$\underline{\underline{z = 0{,}325}}$$

Die Mutter muss nach erfolgtem Anschlag ca. 1/3 Umdrehung angezogen werden, um eine axiale Belastung von $40\,\text{kN}$ zu bewirken.

Aufgabe 1

An einem rechteckigen Zugstab aus AlCuMg1 wird mit einem Dehnmessstreifen die elastische Dehnung $\varepsilon_{\%} = 0{,}095\,\%$ gemessen.

Es ist zu bestimmen

a) die Zugspannung im Stab,

b) die Zugkraft F_z,

c) die Breitenänderung Δb des Zugstabes unter Last.

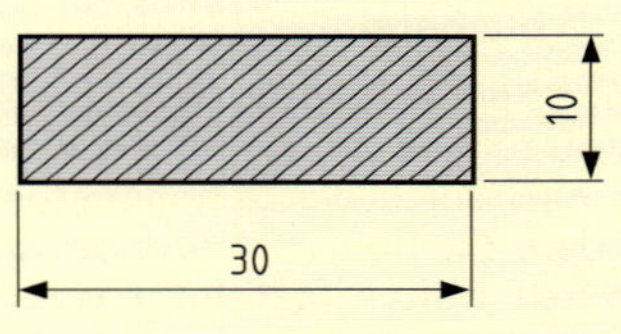

Zugstabquerschnitt **3.1.6–3**

Aufgabe 2

Ein Lochstempel aus hochfestem Werkzeugstahl mit dem Durchmesser $d_0 = 11{,}010$ mm wird beim Lochen dicker Bleche mit 60 kN Druckkraft belastet.

Es ist zu berechnen

a) die Druckspannung,

b) die Stauchung ε_d,

c) die Durchmesseränderung Δd während des Lochens.

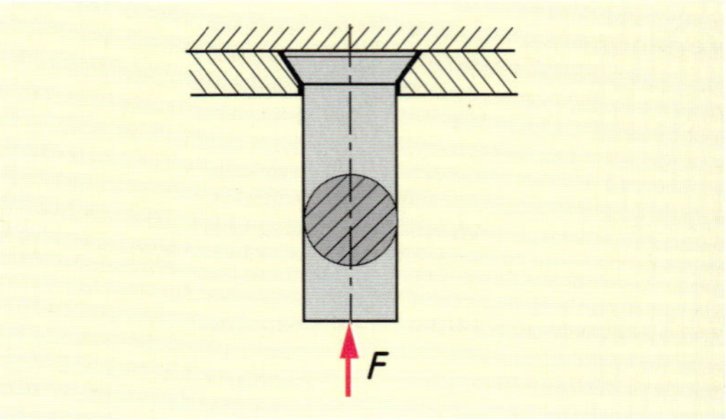

Lochstempel **3.1.6–4**

3.1.7 Festigkeitskennwerte

Die für die Festigkeitsberechnung wichtigsten Werkstoffkennwerte werden mit dem **Zugversuch** nach DIN EN 10002 ermittelt. Ein Zugstab mit genormten Abmessungen wird in einer Zugprüfmaschine bei 20 °C bis zum Zerreißen kontinuierlich belastet. Aus der Zugkraft F wird die auf den Ausgangsquerschnitt S_0 bezogene **Zugspannung** $\sigma_z = F/S_0$, und aus der gemessenen Längenänderung Δl die auf die ursprüngliche Messlänge l_0 bezogene **Dehnung** ε berechnet. Der Zusammenhang zwischen Zugspannung σ_z und Dehnung ε bei kontinuierlicher Zugbeanspruchung wird im **Spannungs-Dehnungs-Diagramm** dargestellt.

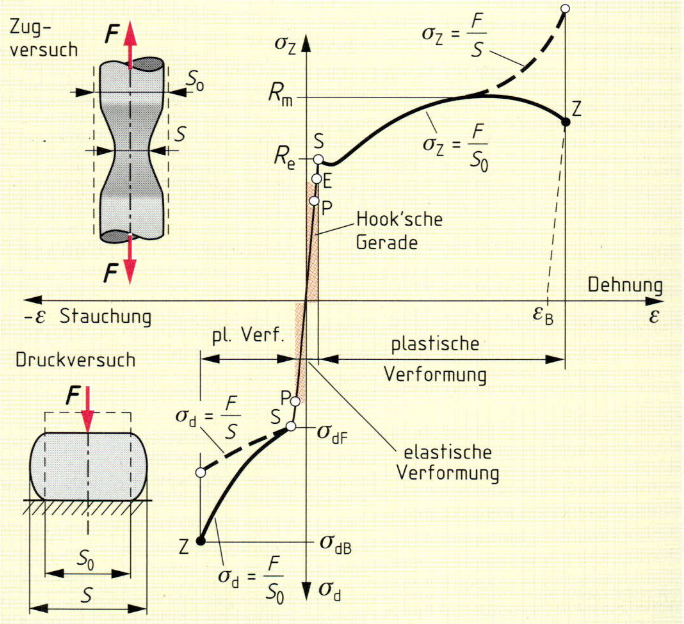

Spannungs-Dehnungs-Diagramm eines zähen Stahles **3.1.7–1**

Ein **Zugstab aus zähem Stahl** dehnt sich zunächst nur sehr wenig (obere Hälfte Bild 3.1.7–1). Bis zur **Proportionalitätsgrenze** (Punkt P) erfolgt die Dehnung proportional zur Spannung (**Hooke'sche Gerade**).

Die **Elastizitätsgrenze** (Punkt E) gibt die maximale Spannung an, bei der nach Entlastung der Stab noch keine bleibende Verlängerung aufweist. Bei höherer Belastung verformt sich der Stab **bleibend.**

Mit Erreichen der **Streckgrenze** R_e (Punkt S) beginnt der Werkstoff zu **fließen.** Die polierte Oberfläche des Zugstabes wird durch die Dehnungszunahme matt. Der nach dem Fließen ansteigende Kurvenverlauf entsteht durch **Kaltverfestigung** des Werkstoffes mit zunehmender plastischer Verformung.

Die Zerstörung des Zugstabes erfolgt schließlich an der Stelle, die durch Einschnürung zuvor geschwächt wurde. Die **Einschnürung** setzt etwa bei der **maximalen Spannung, Zugfestigkeit** R_m genannt, ein. Wird bei der Berechnung der Spannung die Kraft auf den Querschnitt S der Einschnürung bezogen, steigt die Spannungs-Dehnungskurve bis zum Bruch steil an. Da bei der Spannungsberechnung die Kraft jedoch auf den Ausgangsquerschnitt S_0 bezogen wird, fällt die Spannungs-Dehnungskurve – trotz ansteigender Belastung – bis zum **Gewaltbruch** (Punkt Z) des Zugstabes ab.

Wird eine Parallele zur Hooke'schen Geraden durch den Punkt Z gezogen, erhält man die **Bruchdehnung** ε_B als Schnittpunkt dieser Parallelen mit der ε-Achse. Die **Bruchdehnung** ε_B wird in Werkstoffnormen auch mit A bezeichnet.

Mit dem **Druckversuch** (untere Hälfte Bild 3.1.7–1) erhält man analog zur Streckgrenze des Zugversuchs die **Quetschgrenze** σ_{dF} (Punkt S). Die zur Zerstörung durch Druck erforderliche Spannung heißt **Druckfestigkeit** σ_{dB}. Der Druckversuch ist für solche Werkstoffe wichtig, die ein unterschiedliches Verhalten bei Zug- und Druckbeanspruchung aufweisen. Dazu gehören Grauguss, Beton, Keramik u.a., die auf Druck höher belastbar sind als auf Zug.

Für **Werkstoffe ohne ausgeprägte Fließgrenze,** wie Grauguss, hochfester Stahl und weiches Aluminium, bestimmt man als Ersatz für die Streckgrenze $\boldsymbol{R}_e$ die Spannung, bei der eine bleibende Dehnung von 0,2 % nach der Entlastung zurückbleibt. Diesen Werkstoffkennwert nennt man **0,2 %-Dehngrenze** $\boldsymbol{R}_{p0,2}$.

Bild 3.1.7–2 zeigt das Spannungs-Dehnungsverhalten verschiedener Metalle. Ein hochfester Stahl wird wie Grauguss nahezu ohne Fließen und bleibende Dehnung zerstört (→ spröder Werkstoff). Im Gegensatz dazu erreicht weiches Aluminium eine besonders große Bruchdehnung (→ zäher Werkstoff).

In Tabelle 3.1.8–1 (S.141) sind die für die Festigkeitsberechnung gebräuchlichen **Werkstoffkennwerte** aufgelistet.

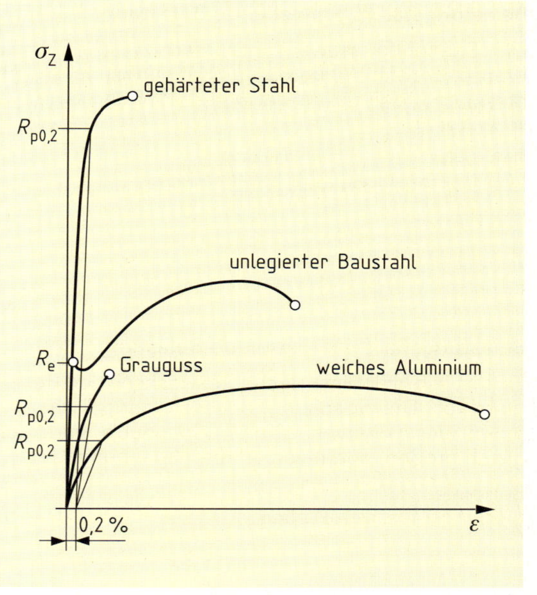

Spannungs-Dehnungs-Diagramm verschiedener Metalle (schematisch) 3.1.7–2

3.1.8 Belastungsfälle und Dauerfestigkeit

Die Zerstörung von Bauteilen hat bei schwingender Belastung grundsätzlich andere Ursachen als bei ruhender Beanspruchung.

Bei **statischer Belastung** erfolgt die Zerstörung eines überlasteten Bauteils durch **Gewaltbruch.**

Eine **schwingende Beanspruchung** mit genügend hoher Anzahl von Lastspielen hat die **Zerrüttung des Bauteilgefüges** zur Folge. Die Zerrüttung des Gefüges führt zum Bruch, auch wenn die auftretende Maximalspannung kleiner als die Streckgrenze ist. Da die Streckgrenze nicht erreicht wird und Fließen somit nicht eintreten kann, erfolgt der Bruch selbst eines zähen Werkstoffes bei schwingender Beanspruchung ohne merkliche plastische Verformung. Ein solches Bauteilversagen wird mit **Dauerbruch** bezeichnet. Die mit dem Zugversuch gewonnenen Werkstoffkennwerte sind für schwingend belastete Bauteile somit nicht anwendbar.

In der **Festigkeitsberechnung** ist von einem Spannungswert auszugehen, der vom Werkstoff ohne Gefügeänderung und ohne zu brechen **dauernd** ertragen werden kann. Dieser erforderliche Werkstoffkennwert heißt **Dauerfestigkeit.**

Unter Dauerfestigkeit versteht man diejenige Grenzspannung, die ein Bauteil dauernd gerade noch ertragen kann, ohne zu versagen.

Die **Dauerfestigkeit** hängt neben der **Beanspruchungsart** vor allem vom **Belastungsfall** ab. Nach Carl von Bach (deutscher Ingenieur, 1847–1931) werden drei **idealisierte Belastungsfälle** unterschieden, die mit Prüfmaschinen einfach ausgeführt werden können.

Belastungsfall I: Statische Belastung

Die Spannung steigt bis zu einem bestimmten Wert und bleibt dann konstant.

Beispiele:
angezogene Schraube, Gewichtsbelastung eines Bauteiles.

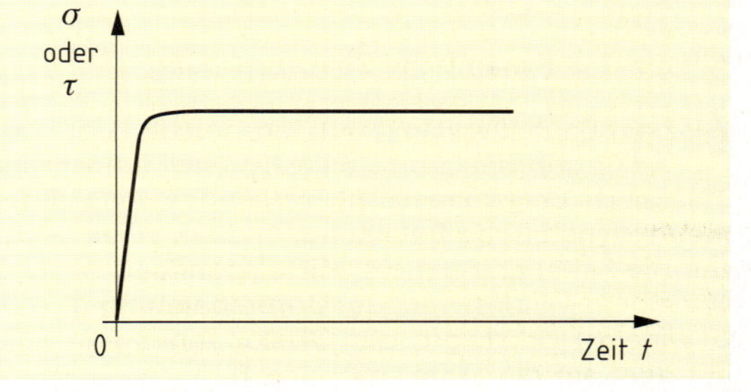

Ruhende Beanspruchung 3.1.8–1

Belastungsfall II: Schwellende Belastung

Die Spannung schwankt dauernd zwischen dem Wert 0 (Entlastung) und dem Spannungshöchstwert σ_o (τ_o), periodisch um die Mittelspannung σ_m (τ_m) schwingend.

Beispiele:
Ein- und Auslassventile eines Verbrennungsmotors, Federn.

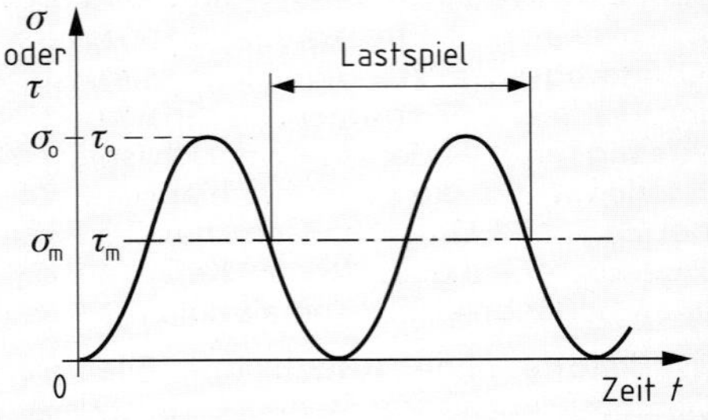

Schwellende Beanspruchung 3.1.8–2

Belastungsfall III: Wechselnde Belastung

Es tritt ein ständiger Richtungswechsel der Belastung auf. Die Spannung wechselt periodisch zwischen der positiven oberen Spannung und der gleich großen, negativen unteren Spannung.

Beispiele:
biegungsbelastete Wellen.

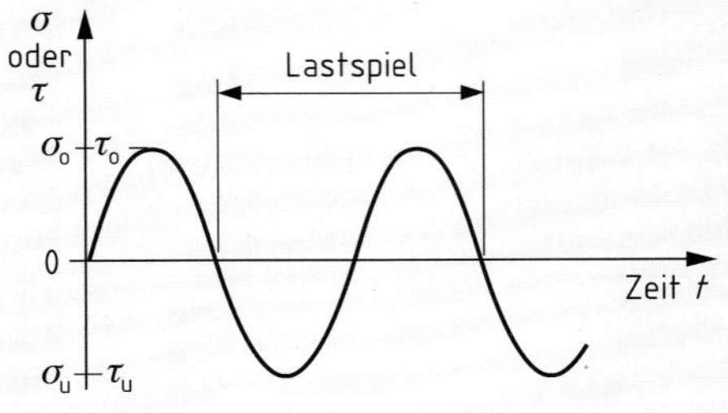

Wechselnde Beanspruchung 3.1.8–3

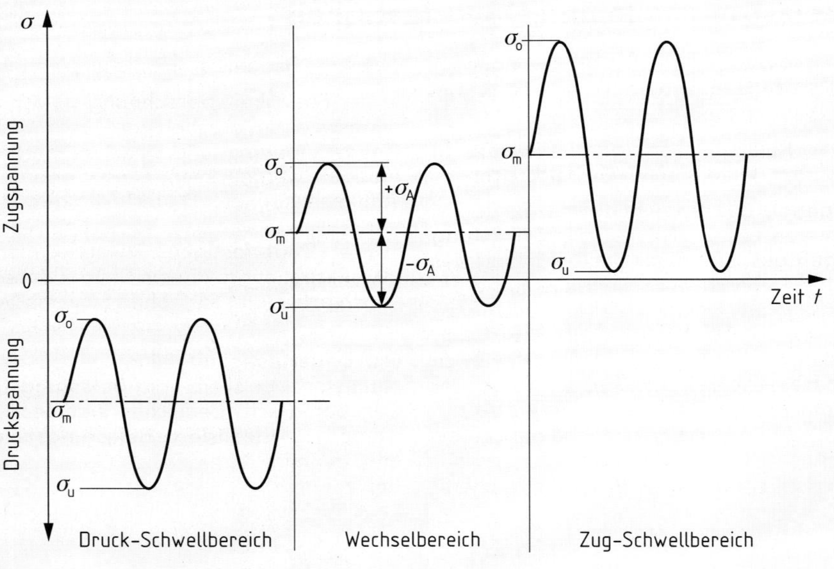

Allgemeine dynamische Beanspruchung 3.1.8–4

Wird ein Bauteil dynamisch beansprucht, liegt häufig weder der idealisierte Belastungsfall II noch der idealisierte Belastungsfall III vor, sondern eine **allgemeine dynamische Belastung.** In diesem Fall wechselt die Spannung um die **Mittelspannung** σ_m (τ_m) von einem Mindestwert, der **Unterspannung** σ_u (τ_u), zu einem Höchstwert, der **Oberspannung** σ_o (τ_o), mit dem auf die Mittelspannung bezogenen **Spannungsausschlag** σ_A (τ_A).

Mittelspannungen:

$$\sigma_m = \frac{\sigma_o + \sigma_u}{2} \qquad \tau_m = \frac{\tau_o + \tau_u}{2}$$

Spannungsausschläge:

$$\sigma_A = \frac{\sigma_o - \sigma_u}{2} \qquad \tau_A = \frac{\tau_o - \tau_u}{2}$$

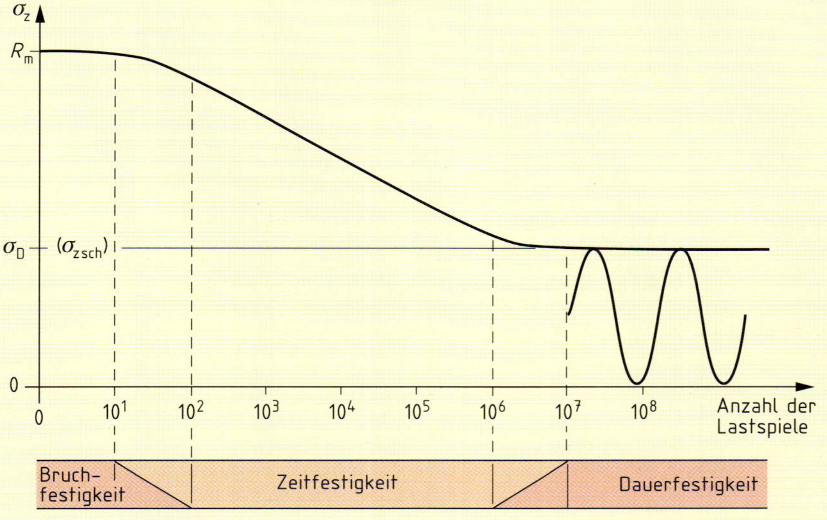

Wöhler-Diagramm für schwellend zugbelastete Stahlproben **3.1.8–5**

Bei **Dauerschwingversuchen** nach DIN 50100 werden glatte, polierte Probestäbe genormter Größe mit verschieden großen Spannungen schwellend oder wechselnd belastet und die Anzahl der Lastspiele bis zum Bruch gezählt. Die Ergebnisse der Versuche werden im sogenannten **Wöhler-Diagramm** (August Wöhler, deutscher Ingenieur, 1819–1914) festgehalten.

Bild 3.1.8–5 zeigt schematisch das Wöhler-Diagramm eines schwellend zugbelasteten Stahles. Wegen des großen Bereiches der Lastspiele erfolgt deren Auftragung logarithmisch.

Bei Stahlproben kommt es bei großen Spannungsausschlägen mit verhältnismäßig wenig Lastspielen zum Bruch. Bis zu einer Lastspielzahl von etwa 10 bis 100 erfolgt die Zerstörung bei einer Oberspannung, die der **Bruchfestigkeit** R_m bei statischer Beanspruchung nahekommt. Im Bereich von etwa 100 bis ca. 1 Million Lastwechseln spricht man von **Zeitfestigkeit.** Hier werden mit immer kleineren Spannungsamplituden immer größere Lastspielzahlen bis zum Bruch erreicht. Oberspannungen, die von Stählen bis etwa 10 Millionen (von Leichtmetallen bis etwa 100 Millionen) mal ertragen werden, führen auch bei wesentlich höheren Lastspielzahlen nicht mehr zum Bruch. Die Wöhlerkurve geht hier in eine horizontale Gerade über. Diese größtmögliche Spannung, die der Probestab bei Schwingungsbeanspruchung beliebig oft ertragen kann, ist die **Dauerfestigkeit.**

Die **Dauerfestigkeit** hat **je nach Belastungsfall** folgende Bezeichnungen:

Für den **Belastungsfall I** heißt der Dauerfestigkeitskennwert **Dauerstandfestigkeit** σ_{St} bzw. τ_{St}. Für Zugbeanspruchung ist die Dauerstandfestigkeit σ_{zSt} der Streckgrenze R_e oder der 0,2%-Dehngrenze $R_{p0,2}$ gleichzusetzen.

Für den **Belastungsfall II** heißt der Dauerfestigkeitskennwert **Schwellfestigkeit** σ_{Sch} bzw. τ_{Sch}.

Liegt **Belastungsfall III** vor, heißt der Dauerfestigkeitskennwert **Wechselfestigkeit** σ_W bzw. τ_W. Die Wechselfestigkeit ist stets kleiner als die Schwellfestigkeit.

Bei **allgemeiner dynamischer Belastung** entspricht die **Dauerfestigkeit** σ_D (τ_D) dem um eine Mittelspannnung σ_m (τ_m) schwingenden größten Spannungsausschlag σ_A (τ_A), den ein polierter Probestab dauernd aushält, ohne zu brechen.

Dauerfestigkeit bei allgemeiner dynamamischer Belastung:

$$\sigma_D = \sigma_m \pm \sigma_A \qquad \tau_D = \tau_m \pm \tau_A$$

Belastungsfall			allgemeine dynamische Belastung
I	II	III	
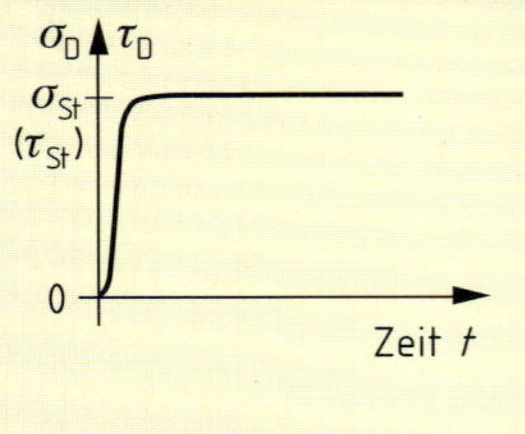	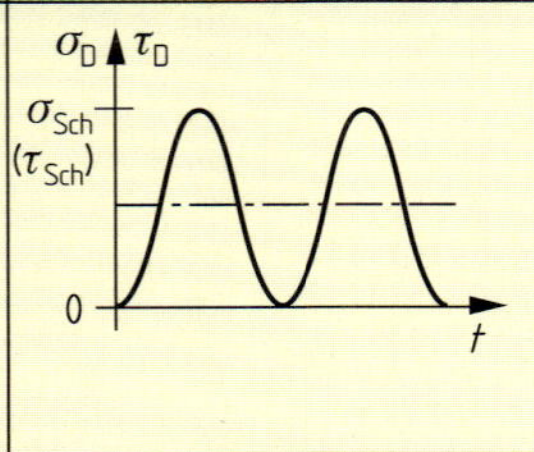	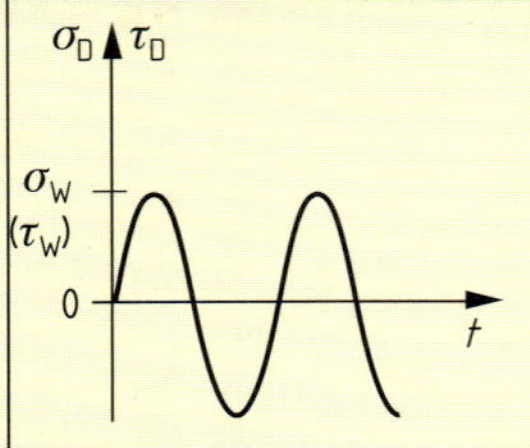	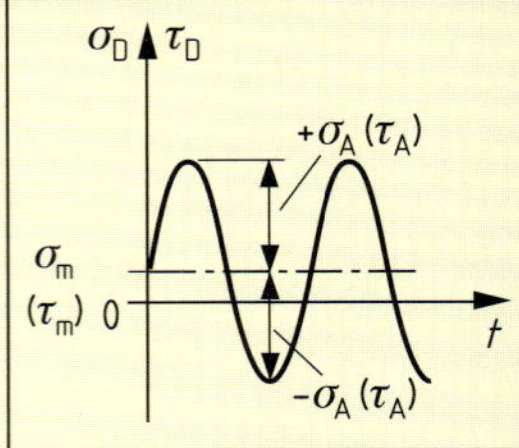
Dauerstandfestigkeit σ_{St}, τ_{St}	**Schwellfestigkeit** σ_{Sch}, τ_{Sch}	**Wechselfestigkeit** σ_W, τ_W	**Dauerfestigkeit** σ_D, τ_D
Beispiel: Maschinenbaustahl E 335 (St 60-2)			
$\sigma_{zSt} = R_e = 335\,N/mm^2$	$\sigma_{zSch} = 335\,N/mm^2$	$\sigma_{zdW} = \pm 250\,N/mm^2$	$\sigma_D = 300 \pm 35\,N/mm^2$ $\sigma_D = 200 \pm 135\,N/mm^2$ $\sigma_D = 100 \pm 215\,N/mm^2$
$\tau_{tSt} = \tau_{tF} = 195\,N/mm^2$	$\tau_{tSch} = 195\,N/mm^2$	$\tau_{tW} = \pm 170\,N/mm^2$	$\tau_D = 150 \pm 45\,N/mm^2$ $\tau_D = 100 \pm 95\,N/mm^2$ $\tau_D = 50 \pm 140\,N/mm^2$

Dauerfestigkeitsbezeichnungen und Werkstoffbeispiel **3.1.8–6**

Die aus der Vielzahl von Wöhler-Diagrammen ermittelten Dauerfestigkeitswerte für einen Werkstoff und eine bestimmte Beanspruchungsart (Zug-Druck, Biegung, Torsion) werden im sogenannten **Dauerfestigkeitsschaubild nach Smith** zusammengefaßt. Einem Dauerfestigkeitsschaubild können die Dauerfestigkeitswerte für die drei Belastungsfälle und diejenige für allgemeine dynamische Belastung entnommen werden.

Dauerfestigkeitsschaubilder sind für die wichtigsten Stahl- und Gusseisenwerkstoffe erstellt worden (DIN 17100 u. a.).

In Tabelle 3.1.8–1 sind die **Bezeichnungen der dynamischen Festigkeitskennwerte** bei unterschiedlichen Beanspruchungen zusammen mit den **Bezeichnungen der statischen Festigkeitskennwerte** aufgelistet. Die Beanspruchungsart wird immer mit kleinen, die Belastungsart mit großen Indizes bezeichnet.

In Tabelle 3.1.8–2 sind die **Festigkeitskennwerte** einiger typischer Konstruktionswerkstoffe gegeben.

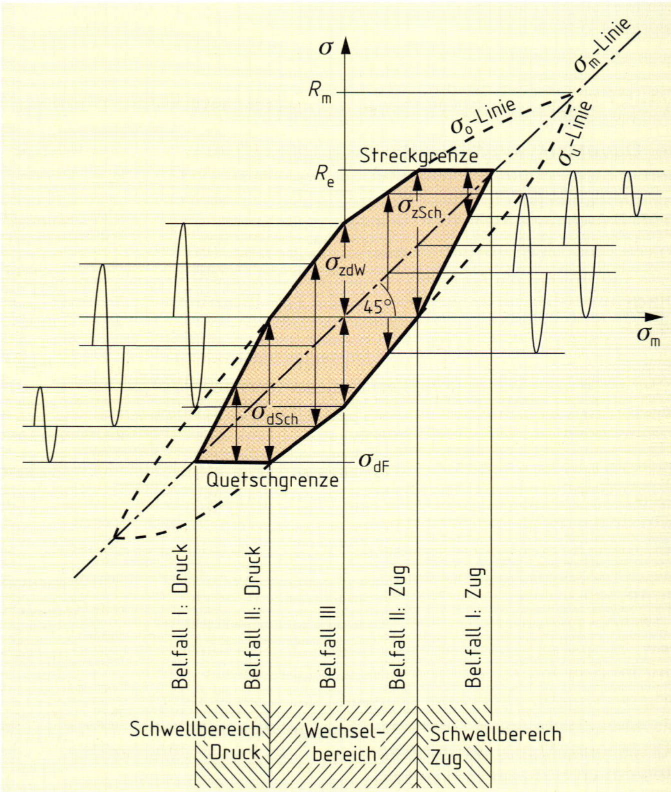

Zug-Druck-Dauerfestigkeitsschaubild (schematisch) **3.1.8–7**

Hinweis:

Die tatsächliche Beanspruchung vieler Bauteile entspricht oft weder einer Sinusschwingung, noch ist die Spannungsamplitude konstant. Um die eher zufälligen und unregelmäßigen Belastungen für die Festigkeitsberechnung berücksichtigen zu können, werden durch Einsatzmessungen sogenannte **Beanspruchungskollektive** ermittelt. Liegt ein Teil der Spannungen über der Dauerfestigkeit des Bauteils, muss mit weitergehenden Methoden geprüft werden, ob die Gefahr eines Bruches besteht oder die **Betriebsfestigkeit** gewährleistet ist.

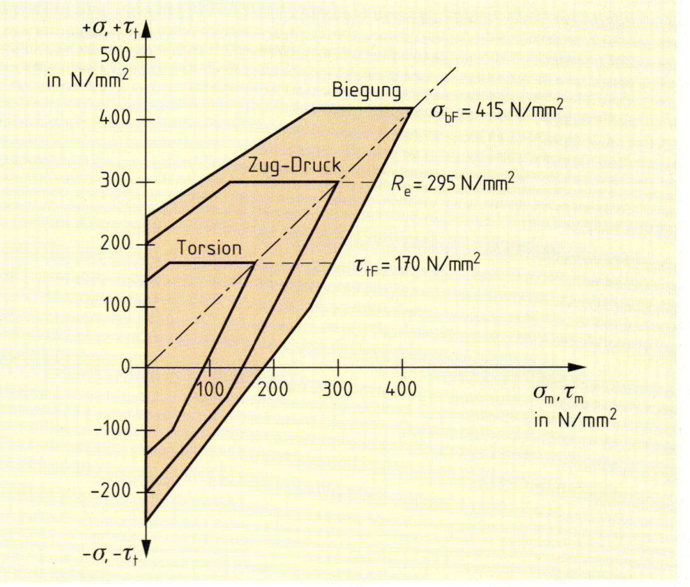

Dauerfestigkeitsschaubild von Maschinenbaustahl E 295 (St 50) für verschiedene Beanspruchungen **3.1.8–8**

Beanspruchungs-art	**statische (ruhende) Belastung**		
	Bruchfestigkeit	**Fließgrenze (Dehngrenze)**	**Formänderung**
Zug	Zugfestigkeit R_m	Streckgrenze R_e 0,2 %-Dehngrenze $R_{p0,2}$	Bruchdehnung ε_B bzw. A
Druck	Druckfestigkeit σ_{dB}	Quetschgrenze σ_{dF} 0,2 %-Stauchgrenze $R_{d0,2}$	Bruchstauchung ε_{dB}
Knickung	Knickfestigkeit σ_{kB}	—	—
Biegung	Biegefestigkeit σ_{bB}	Biege-Fließgrenze σ_{bF}	—
Abscherung	Scherfestigkeit τ_{aB}	—	—
Verdrehung	Torsionsfestigkeit τ_{tB}	Verdreh-Fließgrenze τ_{tF}	—
Beanspruchungs-art	**dynamische (schwingende) Belastung**		
	Schwellfestigkeit	**Wechselfestigkeit**	**Dauerfestigkeit**
Zug	Zugschwellfestigkeit σ_{zSch}	Zug-Druck-Wechsel-festigkeit σ_{zdW}	Zugdauerfestigkeit σ_{zD} Zug-Druck-Dauerfestigkeit σ_{zdD} Druckdauerfestigkeit σ_{dD}
Druck	Druckschwellfestigkeit σ_{dSch}		
Knickung	—	—	—
Biegung	Biegeschwellfestigkeit σ_{bSch}	Biegewechselfestigkeit σ_{bW}	Biegedauerfestigkeit σ_{bD}
Abscherung	—	—	—
Verdrehung	Torsionsschwellfestigkeit τ_{tSch}	Torsionswechselfestigkeit τ_{tW}	Torsionsdauerfestigkeit τ_{tD}

Bezeichnungen der Werkstoffkennwerte **Tabelle 3.1.8–1**

Werkstoff	R_m	σ_{dB} (σ_{bB})	R_e $R_{p\,0,2}$	σ_{zSch} (σ_{dSch})	σ_{zdW}	σ_{bSch}	σ_{bW}	τ_{tSch}	τ_{tW}	E-Modul
Baustahl										
S 235 (St 37-2)	370		235	235	150	330	180	135	100	206000
Maschinenbaustahl										
E 295 (St 50-2)	500		295	295	210	415	250	170	140	
E 360 (St 70-2)	700		365	365	250	500	330	210	190	
Vergütungsstahl										
50 CrMo4	1100		900	720	460	865	540	540	340	
Ck 45	700		500	470	300	560	370	310	220	
Einsatzstahl										
20 MnCr5	1080		735	615	370	725	460	425	280	
Gusseisen										
GG 20	200	720 (290)	130	70 (220)	50	145	90	110	75	100000
GG 30	300	960 (390)	195	110 (320)	80	220	140	175	110	120000
GGG 40	400	700 (830)	250	250	120	325	200	200	120	167000
Messing										
CuZn39Pb3 F44	440		250		80		100		60	95000
Duralumin										
Al CuMg1 F40	400		270	190	120	270	150	130	90	70000
Kunststoff										
PVC hart	50	— (95)			10		15			2300
POM	70	— (100)			20		30			2800
PA 6.6	65	— (50)			30		30			2000
PF	25	200 (70)			10		15			7000

Festigkeitswerte für Bauteildicken ≦ 16 mm **Tabelle 3.1.8–2**

3.1.9 Zulässige Spannung bei statischer Belastung

Damit die in einem statisch belasteten Bauteil auftretenden Spannungen mit Sicherheit keine bleibende Verformung und keinen Bruch verursachen, darf bei der Bauteildimensionierung nicht mit der Fließgrenze bzw. mit der Bruchfestigkeit gerechnet werden, sondern es muss eine kleinere Grenzspannung, **zulässige Spannung** genannt, zugrunde gelegt werden. Die **zulässige Spannung** muss folglich unter dem für die Beanspruchungsart maßgeblichen Festigkeitskennwert liegen, Bild 3.1.7–1.

Die **zulässige Spannung** erhält man, indem der maßgebliche Festigkeitskennwert durch die **Sicherheitszahl** ν dividiert wird. Bei statischer Belastung (Belastungsfall I) ist der maßgebliche Festigkeitskennwert die **Fließgrenze.** Bei Werkstoffen ohne

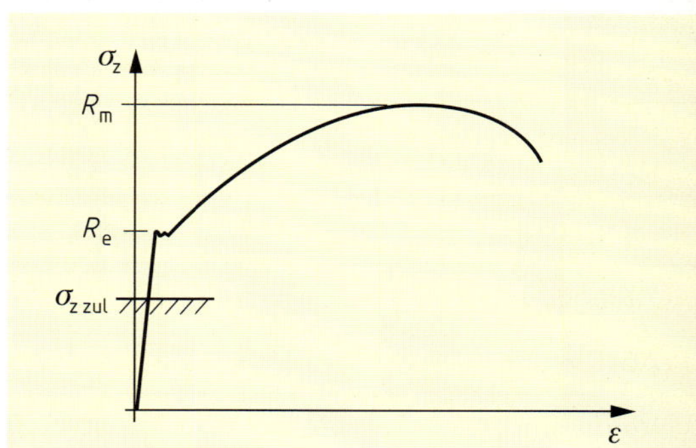

Grenzspannung σ_{zzul} eines Werkstoffes mit Fließgrenze **3.1.9–1**

Fließgrenze werden zur Ermittlung der zulässigen Spannung entweder die **0,2%-Dehngrenze** oder die **Bruchfestigkeit** verwendet.

Für den **Stahlbau** sind die zulässigen Spannungen in DIN-Normen (DIN 1050 u.a.) festgelegt und behördlich vorgeschrieben. Im **Maschinenbau** ist dies bis auf wenige Ausnahmen nicht der Fall. Die Bestimmung der zulässigen Spannung bzw. die Annahme der Sicherheitszahl ν bleibt hier dem Konstrukteur überlassen.

Die Größe der Sicherheitszahl ν hängt von folgenden Beurteilungskriterien ab:

1. Wie genau wurden die Belastungskräfte erfasst?
2. Wie genau stimmen die tatsächlichen Betriebsverhältnisse mit den angenommenen überein? Treten Überlastungen auf?
3. Wie genau stimmen die zugrundegelegten Festigkeitskennwerte mit den tatsächlichen Werkstoffkennwerten überein?
4. Ist bei einem eventuellen Bruch des Bauteils die Arbeitssicherheit, d.h. die Sicherheit des Menschen und die Funktion der Maschine, gewährleistet?

Spannungsspitzen durch Kerbwirkung müssen bei Werkstoffen mit Fließgrenze und statischer Belastung <u>nicht</u> berücksichtigt werden!

An Stellen mit Spannungsspitzen kommt es zwar durch Fließen zur plastischen Verformung des Werkstoffes, was jedoch mit einer örtlich begrenzten Festigkeitssteigerung verbunden ist. In Verbindung mit der Stützwirkung des Restquerschnittes wird die Gefahr unzulässig großer Verformung oder eines Bruches dadurch nicht erhöht, sondern in manchen Fällen sogar etwas verringert.

Zulässige Spannung:

$$\sigma_{zul}\,(\tau_{zul}) = \frac{\text{Festigkeitskennwert}}{\text{Sicherheitszahl } \nu}$$

Für Bauteile mit Zugbeanspruchung gelten folgende Beziehungen:

Werkstoffe mit Fließgrenze

$$\sigma_{z\,zul} = \frac{R_e}{\nu}$$ Sicherheit gegen Fließen $\nu = 1{,}2 - 2$

Werkstoffe ohne Fließgrenze

$$\sigma_{z\,zul} = \frac{R_{po,2}}{\nu}$$ Sicherheit $\nu = 1{,}2 - 2$

$$\sigma_{z\,zul} = \frac{R_m}{\nu}$$ Sicherheit gegen Bruch $\nu = 2 - 4$

Beispiel:

Statisch belastete Stahlbauteile werden im Maschinenbau häufig mit

$$\sigma_{z\,zul} \approx 0{,}6 \cdot R_e$$

berechnet, was einer Sicherheitszahl

$$\nu = \frac{R_e}{0{,}6 \cdot R_e} \approx 1{,}7$$ entspricht.

Bei spröden Werkstoffen haben Spannungsspitzen durch Kerbwirkung dagegen eine <u>größere</u> Bruchgefahr zur Folge!

Hier ist es notwendig, mit der **Kerbformzahl** α_K, siehe Kapitel 3.1.10, die maximale Spannung im Kerbgrund zu berechnen. Für spröde Werkstoffe unter statischer Belastung gilt:

$$\sigma_{max} = \alpha_K \cdot \sigma_n \leq \sigma_{zul}$$

3.1.10 Zulässige Spannung bei dynamischer Belastung

Festigkeitskennwerte werden aus genormten Versuchen (Zugversuch, Dauerschwingversuch u. a.) mit polierten Probestäben gewonnen, die geringe Querschnittsabmessungen (z.B. 10 mm Durchmesser) aufweisen. Es erhebt sich daher die Frage, inwieweit man diese Festigkeitskennwerte auf beliebig geformte Bauteile anderer Größe und abweichender Oberflächenbeschaffenheit übertragen kann.

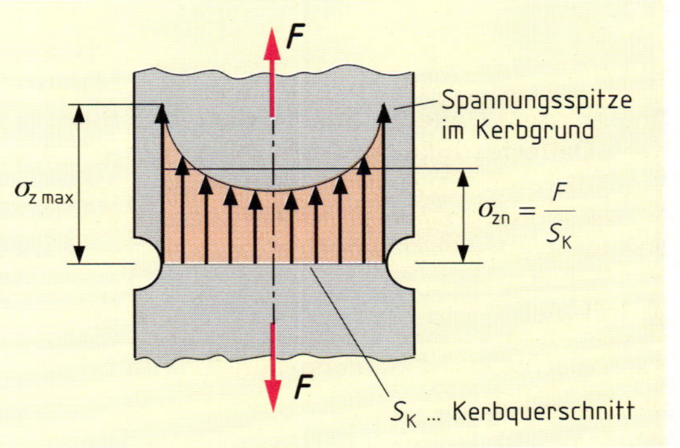

Spannungsverteilung im Kerbquerschnitt eines zugbeanspruchten Flachstabes mit Rundkerben **3.1.10–1**

Einfluß von Kerben

Stellen, an denen sich der Querschnitt eines Bauteiles schroff ändert, z.B. an Wellenabsätzen, Nuten und Bohrungen, werden im erweiterten Sinn als **Kerben** bezeichnet. Durch die Querschnittsänderung steigt die Spannung an der Kerbe weit über die errechnete **Nennspannung** σ_n bzw. τ_n an. Die örtlich auftretende maximale Spannung nennt man **Spannungsspitze.**

Das sich bei **statischer Belastung** ergebende Verhältnis von maximaler Spannung und Nennspannung σ_n bzw. τ_n bezeichnet man mit **Kerbformzahl** α_K.

$$\alpha_K = \frac{\sigma_{max}}{\sigma_n} \quad \text{bzw.} \quad \frac{\tau_{max}}{\tau_n}$$

Für die Spannungsspitze eines zugbelasteten Bauteils mit Kerbe ergibt sich:

$$\sigma_{zmax} = \alpha_K \cdot \sigma_{zn} = \alpha_K \cdot \frac{F_z}{S_K}$$

Die **Größe der Kerbformzahl** α_K hängt vor allem von der Geometrie der Kerbe und des Querschnitts, sowie von der Beanspruchungsart ab, Bilder 3.1.8–2 und 3.1.8–3. Bei **statischer Belastung** hat der Werkstoff und die Oberflächengüte **keinen** Einfluß auf die Kerbformzahl.

Bei **dynamischer Belastung** setzen durch Kerben verursachte Spannungsspitzen die Festigkeit **immer** herab. Die Zerstörung erfolgt durch Zerrüttung des Werkstoffgefüges. Der **Dauerbruch** wird durch kleinste Anrisse an der höchstbeanspruchten Stelle des Bauteils eingeleitet. Die **Kerbformzahl α_K für statische Belastung** darf daher nicht mit der **Kerbwirkungszahl β_K für dynamische Belastung** verwechselt werden.

Die **Kerbwirkungszahl** β_K ergibt sich aus dem Verhältnis von **Dauerfestigkeit** glatter, polierter Probestäbe zur **Kerb-Dauerfestigkeit** gekerbter, polierter Probestäbe.

$$\beta_K = \frac{\sigma_D}{\sigma_{DK}}$$

Analog den **Dauerfestigkeitswerten** geben die **Kerb-Dauerfestigkeitswerte** σ_{SchK}, σ_{WK}, σ_{DK}, τ_{SchK}, τ_{WK} und τ_{DK} diejenigen Grenzspannungen an, die ein gekerbter, polierter Probestab im Dauerschwingversuch dauernd erträgt, ohne zu bre-

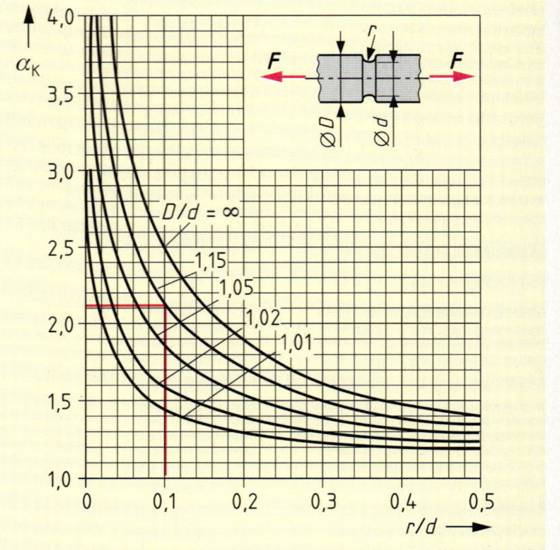

Beispiel: $D/d = 22/19 = 1{,}158$; $r/d = 2/19 = 0{,}105$ → $\alpha_K \approx 2{,}1$

Gekerbter Rundstab unter Zugbelastung **3.1.10–2**

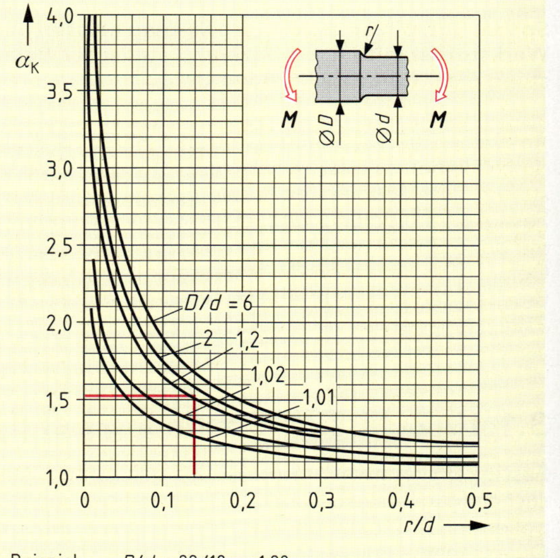

Beispiel: $D/d = 22/18 = 1{,}22$; $r/d = 2{,}5/18 = 0{,}139$ → $\alpha_K \approx 1{,}5$

Abgesetzter Rundstab unter Biegebelastung **3.1.10–3**

Beispiel:

Ein Flachstab mit Bohrung wird schwellend auf Zug belastet.

Werkstoff: E 295 (St50)

$\sigma_{zSch} = 295\,\text{N/mm}^2$

$\beta_K = 1{,}7$ (aus Tabelle 3.1.10–1)

Kerb-Dauerfestigkeit:

$$\sigma_{zDK} = \frac{\sigma_{zSch}}{\beta_K} = \frac{295\,\frac{\text{N}}{\text{mm}^2}}{1{,}7} = 173\,\frac{\text{N}}{\text{mm}^2}$$

chen. Im Gegensatz zur Kerbformzahl α_K ist die **Kerbwirkungszahl** β_K auch vom **Werkstoff** abhängig.

Hochfeste und spröde Werkstoffe, die im Zugversuch keine ausgeprägte Streckgrenze aufweisen, sind **kerbempfindlicher als zähe Werkstoffe** mit Streckgrenze und solche mit großer Bruchdehnung. Bei extrem kerbempfindlichen Werkstoffen kann $\beta_K = \alpha_K$ gesetzt werden.

Werkstoffe mit ausgeprägter Streckgrenze können dagegen durch örtliches Fließen die gefährliche Wirkung von Spannungsspitzen abbauen. Für diese Werkstoffe sind die Kerbwirkungszahlen β_K niedriger als die Kerbformzahlen α_K, jedoch immer größer als 1.

Mit bekannter **Dauerfestigkeit** (Tabelle 3.1.8–2) und **Kerbwirkungszahl** β_K (Tabelle 3.1.10–1) kann die **Kerb-Dauerfestigkeit** berechnet werden.

$$\sigma_{DK} = \frac{\sigma_D}{\beta_K} \quad \text{bzw.} \quad \tau_{DK} = \frac{\tau_D}{\beta_K}$$

Beispiel:

Kerbwirkungszahl β_K eines zähen und eines hochfesten Stahles:

Baustahl E 235 (St37)

$$\sigma_{bW} = 180\,\text{N/mm}^2, \quad \sigma_{bWK} = 105\,\text{N/mm}^2 \quad \rightarrow \quad \beta_K = \frac{\sigma_{bW}}{\sigma_{bWK}} = \underline{\underline{1{,}7}}$$

Vergütungsstahl 50 Cr Mo 4

$$\sigma_{bW} = 540\,\text{N/mm}^2, \quad \sigma_{bWK} = 245\,\text{N/mm}^2 \quad \rightarrow \quad \beta_K = \frac{\sigma_{bW}}{\sigma_{bWK}} = \underline{\underline{2{,}2}}$$

Kerbform	Beanspruchung	β_K*
Bohrung in Flachstab	Zug Biegung	1,6 – 1,8 1,3 – 1,5
Querbohrung in Welle	Biegung, Torsion	1,3 – 2
Rundkerbe in Welle	Biegung, Torsion	1,3 – 2,2
Einstich in Welle	Biegung, Torsion	2,3 – 4
abgesetzte Welle	Biegung Torsion	1,4 – 3 1,2 – 2
Passfedernut in Welle	Biegung Torsion	1,9 – 2,5 1,6 – 2

* größere Werte gelten für zunehmende Kerbschärfe und Zugfestigkeit

Anhaltswerte für die Kerbwirkungszahl β_K **Tabelle 3.1.10–1**

Einfluß der Oberfläche

Herstellungs- und bearbeitungsbedingte Oberflächenrauhigkeiten wirken sich auf die Dauerfestigkeit wie kleine Kerben aus. Da die Ermittlung der Dauerfestigkeitswerte mit polierten Probestäben erfolgt, muss bei Bauteilen mit rauheren Oberflächen mit einem kleineren Wert für die Dauerfestigkeit gerechnet werden. Die Verringerung der Dauerfestigkeit durch die Oberflächenrauhigkeit wird durch den **Oberflächenbeiwert** b_1 berücksichtigt.

Anhaltswerte für den Oberflächenbeiwert b_1 können Bild 3.1.10–4 entnommen werden. Es ist im Schaubild gut zu erkennen, dass hochfeste Stähle empfindlicher auf eine größere Rauhtiefe bei Wechselbelastung reagieren als zähe Stähle mit geringerer Festigkeit.

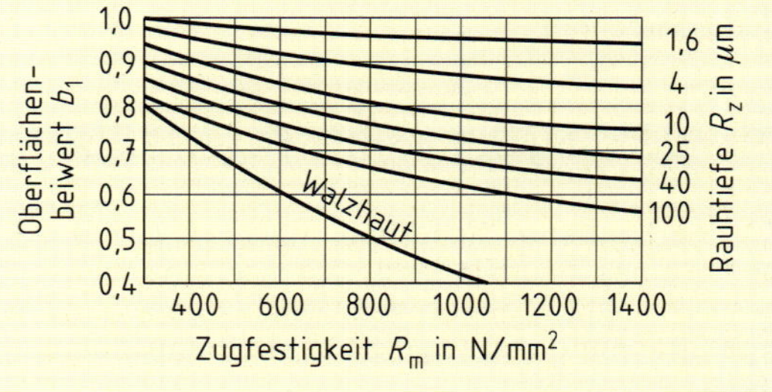

Oberflächenbeiwert b_1 **für Belastungsfall III** **3.1.10–4**

Hinweis:

Durch spanlose Bearbeitung wie **Kaltwalzen, Ziehen** oder **Drücken** wird die Dauerfestigkeit dynamisch belasteter Bauteile im Vergleich zum Ausgangszustand wesentlich **erhöht.**

Einfluß der Größe

Untersuchungen haben gezeigt, dass die Dauerfestigkeit von **biege- und torsionsbeanspruchten Bauteilen** (Wellen) mit zunehmender Bauteilgröße verringert wird. Die **geringere Dauerfestigkeit** von Bauteilen mit über $7{,}5\ \mathrm{mm}$ Durchmesser wird durch den **Größenbeiwert** b_2 berücksichtigt.

Bei Beanspruchung auf **Zug und Druck** wird die **Dauerfestigkeit** durch die Bauteilgröße jedoch **nicht** beeinflußt.

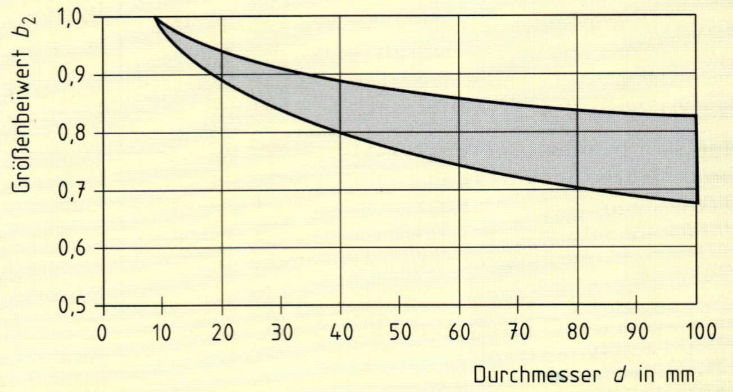

Größenbeiwert b_2 bei dynamisch beanspruchten Wellen **3.1.10–5**

Berechnung der zulässigen Spannung

Die **zulässige Spannung** bei dynamischer Belastung erhält man, indem der **Dauerfestigkeitswert** durch die **Sicherheitszahl** dividiert wird und die Einflüsse von **Form, Oberfläche** und **Größe** berücksichtigt werden. Als Sicherheit gegen Dauerbruch wird häufig $\nu = 1{,}5$ verwendet.

Die Dauerfestigkeit σ_D (τ_D) steht in den Gleichungen auch als Oberbegriff für die Dauerfestigkeitskennwerte σ_{Sch}, σ_W, τ_{Sch} und τ_W.

Bauteil **ohne** Kerbwirkung:

$$\sigma(\tau)_{zul} = \frac{\sigma(\tau)_D \cdot b_1 \cdot b_2}{\nu}$$

Bauteil **mit** Kerbwirkung:

$$\sigma(\tau)_{zul} = \frac{\sigma(\tau)_{DK} \cdot b_1 \cdot b_2}{\nu}$$

$$\sigma(\tau)_{zul} = \frac{\sigma(\tau)_D \cdot b_1 \cdot b_2}{\beta_K \cdot \nu}$$

Für die **Entwurfsberechnung** dynamisch beanspruchter Bauteile wird häufig mit der nebenstehenden, vereinfachten Gleichung für die zulässige Spannung gerechnet.

Entwurfsberechnung:

$$\sigma(\tau)_{zul} = \frac{\sigma(\tau)_D}{\nu_E}$$

Sicherheit $\nu_E = 3 - 6$

Berechnung der vorhandenen Sicherheit gegen Dauerbruch

Die **vorhandene Sicherheit** ν_{vorh} gegen Dauerbruch eines Bauteils lässt sich nachweisen, wenn nach Umstellung der obigen Gleichungen die **zulässige Spannung** σ_{zul} (τ_{zul}) durch die **Nennspannung** σ_n (τ_n) ersetzt wird.

Die Nennspannung σ_n (τ_n) ist die Spannung, die mit den elementaren Spannungsgleichungen der verschiedenen Beanspruchungsarten berechnet wird.

Bauteil **ohne** Kerbwirkung:

$$\nu_{vorh} = \frac{\sigma(\tau)_D \cdot b_1 \cdot b_2}{\sigma(\tau)_n}$$

Bauteil **mit** Kerbwirkung:

$$\nu_{vorh} = \frac{\sigma(\tau)_D \cdot b_1 \cdot b_2}{\sigma(\tau)_n \cdot \beta_K}$$

3.1.11 Übungen zu Festigkeitskennwerte und zulässige Spannung

Lehrbeispiel 1: Gekerbte Rundstange

Eine gekerbte Rundstange aus Grauguss GG 30 wird durch eine statisch wirkende Zugkraft $F = 8{,}2\,\text{kN}$ belastet.

Es ist zu bestimmen

a) die Kerbformzahl α_K,

b) die Nennspannung σ_{zn} und die maximale Spannung im Kerbgrund,

c) ob die vorhandene Sicherheit für diesen Werkstoff ausreichend ist.

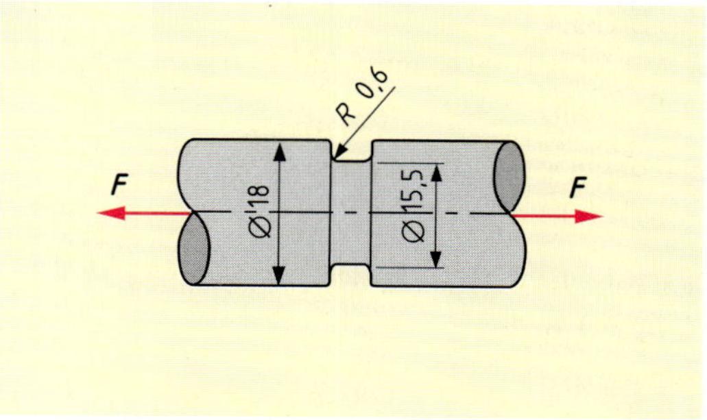

Gekerbte Rundstange **3.1.11–1**

Lösung:

a) Da Grauguss GG 30 ein spröder Werkstoff ohne Fließgrenze ist, wirken sich auch bei statischer Belastung Spannungspitzen durch Kerben festigkeitsmindernd aus.

Mit $\frac{D}{d} = \frac{18\text{ mm}}{15{,}5\text{ mm}} = 1{,}16$ und $\frac{r}{d} = \frac{0{,}6\text{ mm}}{15{,}5\text{ mm}} = 0{,}039$

kann die Kerbformzahl α_K aus Bild 3.1.10–2 entnommen werden: $\underline{\underline{\alpha_K \approx 2{,}9}}$

b) Nennspannung:

$$\sigma_{zn} = \frac{F_z}{S_K} = \frac{8200\text{ N}}{\frac{\pi}{4} \cdot 15{,}5^2\text{ mm}^2}$$

$$\underline{\underline{\sigma_{zn} = 43{,}5\text{ N/mm}^2}}$$

Max. Spannung im Kerbgrund:

$$\sigma_{z\,max} = \alpha_K \cdot \sigma_{z\,n} = 2{,}9 \cdot 43{,}5 \frac{\text{N}}{\text{mm}^2}$$

$$\underline{\underline{\sigma_{z\,max} = 126{,}1\text{ N/mm}^2}}$$

c) vorhandene Sicherheit:

$$\nu = \frac{R_m}{\sigma_{z\,max}} = \frac{300\text{ N/mm}^2}{126{,}1\text{ N/mm}^2}$$

$$\underline{\underline{\nu = 2{,}38}}$$

Übliche Sicherheit bei Grauguss:
$\nu = 2 - 4$

Die vorhandene Sicherheit $\nu = 2{,}38$ liegt im Bereich der üblichen Sicherheit.

Lehrbeispiel 2: Getriebewelle

Eine abgesetzte Getriebewelle aus Vergütungszahl 50CrMo4 und der Rauhtiefe $R_z = 4\,\mu\text{m}$ wird durch ein schwellendes Torsionsmoment belastet.

Es ist die zulässige Torsionsspannung unter Berücksichtigung aller festigkeitsmindernden Einflüsse zu bestimmen.

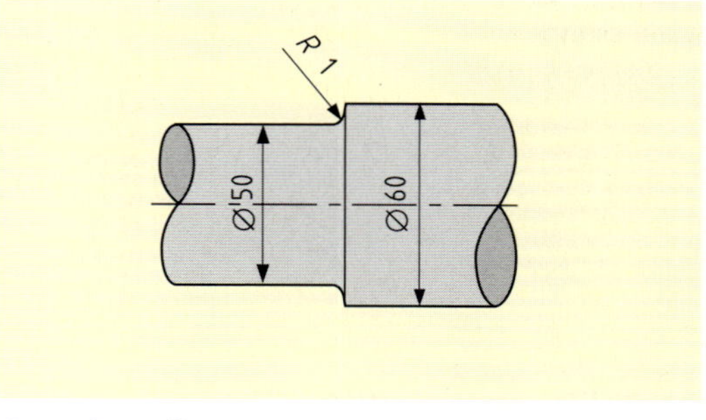

Getriebewelle **3.1.11–2**

Lösung

Aus Tabelle 3.1.8–2:

$\tau_{tD} = \tau_{tSch} = 540\ \text{N/mm}^2$

Aus Bild 3.1.10–4:

Mit $R_m = 1000\ \text{N/mm}^2$ und $R_z = 4\ \mu\text{m}$ folgt:

$b_1 \approx 0{,}87$

Aus Bild 3.1.10–5:

$b_z \approx 0{,}8$

Aus Tabelle 3.1.10–1 für hochfesten Stahl:

$\beta_K \approx 1{,}8$

$$\tau_{t\,zul} = \frac{\tau_{tD} \cdot b_1 \cdot b_2}{\beta_K \cdot \nu}$$

$$\tau_{t\,zul} = \frac{540\ \text{N/mm}^2 \cdot 0{,}87 \cdot 0{,}8}{1{,}8 \cdot 1{,}5}$$

$$\underline{\underline{\tau_{t\,zul} = 139\ \text{N/mm}^2}}$$

Zum Vergleich:

Entwurfsberechnung mit $\nu_E = 4$

$$\tau_{t\,zul} = \frac{\tau_{t\,Sch}}{\nu_E} = \frac{540\ \text{N/mm}^2}{4}$$

$$\underline{\underline{\tau_{t\,zul} = 135\ \text{N/mm}^2}}$$

Aufgabe 1

Ein Zweigelenkstab, Bild 3.1.2–1, aus Maschinenbaustahl E 295 (St 50) mit $200\ \text{mm}^2$ Querschnittsfläche muß Belastungskräfte aufnehmen, die ständig zwischen einer Zugkraft von $40\ \text{kN}$ und einer Druckkraft von $10\ \text{kN}$ wechseln.

a) Welcher Belastungsfall liegt vor?

b) Es ist die größte Zugspannung und die größte Druckspannung zu berechnen.

c) Wie groß sind Mittelspannung und Spannungsausschlag.

d) Welcher Dauerfestigkeitswert ist bei gleicher Mittelspannung höchstens möglich?

Aufgabe 2

Für einen wechselnd biegebelasteten Flachstab mit Bohrung ist die zulässige Spannung zu ermitteln.

Werkstoff:	E 360 (St 70)
Oberflächenrauhheit:	$R_z = 25\ \mu\text{m}$
Abmessungen:	$b = 4\ \text{mm}$
	$h = 12\ \text{mm}$

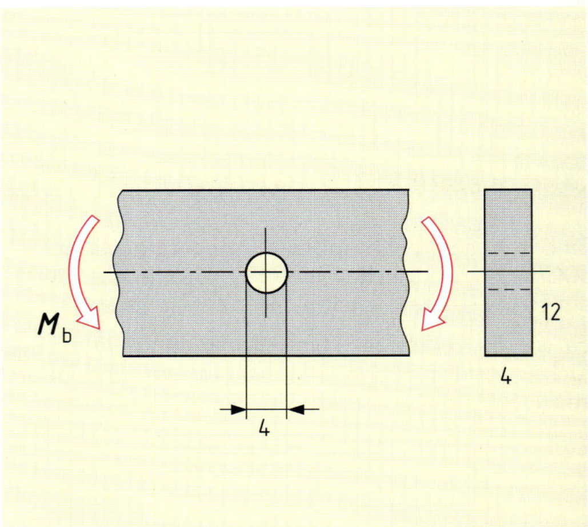

Wechselnd biegebelasteter Flachstab 3.1.11–3

3.2 Zugbeanspruchung

3.2.1 Festigkeitsbedingung der Zugbeanspruchung

Ein Zweigelenkstab mit konstanter Querschnittsfläche S zwischen den Querbohrungen wird durch eine äußere Kraft $\boldsymbol{F}$ auf Zug beansprucht. Durch **Freischneiden** erhält man die im Mittelteil senkrecht zur Querschnittsfläche wirkende innere Kraft $\boldsymbol{F_i}$. Aus der Gleichgewichtsbedingung $\Sigma F = 0$ folgt unter Vernachlässigung der Gewichtskraft:

$$F_i \mathrel{\hat{=}} F_N \mathrel{\hat{=}} F_Z = F$$

Die innere Kraft $\boldsymbol{F_i}$ ist eine Normalkraft $\boldsymbol{F_N}$, die als Zugkraft $\boldsymbol{F_Z}$ wirkt und die Größe der äußeren Kraft $\boldsymbol{F}$ besitzt.

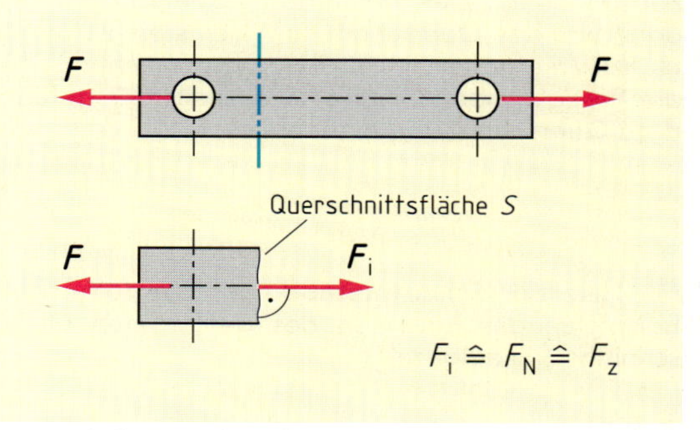

Zugstab freigeschnitten **3.2.1–1**

Ist jedes Flächenelement ΔS des Querschnitts gleich stark an der Übertragung der inneren Zugkraft beteiligt, ergibt sich die Zugspannung σ_Z als Quotient aus innerer Kraft F_i und Querschnittsfläche S.
Mit $F_i = F = F_Z$ folgt:

$$\sigma_Z = \frac{F_Z}{S}$$

Einheit: $$[\sigma_Z] = \frac{\text{N}}{\text{mm}^2} = \text{MPa}$$

Um eine Bauteilschädigung mit Sicherheit ausschließen zu können, darf die im Bauteil vorhandene Spannung σ_Z die zulässige Zugspannung $\sigma_{Z\,zul}$ nicht übersteigen. Für die Festigkeitsberechnung lautet folglich die **Festigkeitsbedingung der Zugbeanspruchung:**

$$\sigma_Z = \frac{F_Z}{S} \leqq \sigma_{Z\,zul}$$

Der zulässige Spannungswert richtet sich nach dem Werkstoff, dem Belastungsfall und gegebenenfalls festigkeitsmindernden Einflüssen (Kapitel 3.1.9 und 3.1.10).

Aus der Festigkeitsbedingung der Zugbeanspruchung ergeben sich je nach Aufgabenstellung die folgenden Größen:

Erforderlicher Querschnitt

$$S_{erf} = \frac{F_Z}{\sigma_{Z\,zul}}$$

Zulässige Belastungskraft:

$$F_{Z\,zul} = S \cdot \sigma_{Z\,zul}$$

Beispiel: Zugstab

Ein Zugstab mit Rechteckquerschnitt und den Abmessungen $b = 6\,\text{mm}$, $h = 20\,\text{mm}$ überträgt eine ruhende Zugkraft von 4800 N.

Werkstoff: S 235 (St 37)

Querschnittsfläche: $S = b \cdot h = 120\,\text{mm}^2$

Zugspannung: $$\sigma_Z = \frac{F_Z}{S} = \frac{4800\ \text{N}}{120\ \text{mm}^2}$$

$$\sigma_Z = 40\ \text{N/mm}^2$$

Zulässige Spannung:

Mit $R_e = 235\,\text{N/mm}^2$ und $\nu = 1{,}7$ folgt

$$\sigma_{Z\,zul} = \frac{R_e}{\nu} = \frac{235\ \text{N/mm}^2}{120\ \text{mm}^2}$$

$$\sigma_{Z\,zul} = 138\ \text{N/mm}^2$$

Vergleich von Zugspannung und zulässiger Spannung:

$$\sigma_Z \leqq \sigma_{Z\,zul}$$

$$40\,\text{N/mm}^2 \leqq 138\,\text{N/mm}^2$$

Maximal zulässige Zugkraft:

$$F_{Z\,zul} = S \cdot \sigma_{Z\,zul} = 120\,\text{mm}^2 \cdot 138\,\text{N/mm}^2$$

$$F_{Z\,zul} = 16\,560\,\text{N}$$

Für $F_Z = 4800\,\text{N}$ kleinstzulässiger Querschnitt:

$$S_{erf} = \frac{F_Z}{\sigma_{Z\,zul}} = \frac{4800\,\text{N}}{138\ \text{N/mm}^2}$$

$$S_{erf} = 35\ \text{mm}^2$$

Querschnittsmaße für $h \approx 3 \cdot b$:

$$S_{erf} = b \cdot h = b \cdot 3b = 3b^2$$

$$b = \sqrt{\frac{S_{erf}}{3}} = \sqrt{\frac{35\ \text{mm}^2}{3}}$$

$$b = 3{,}4\ \text{mm}$$

$$h = 3 \cdot b = 10{,}2\ \text{mm}$$

3.2.2 Gefährdeter Querschnitt

Verändert sich in Längsrichtung eines Zugstabes die Querschnittsgröße, beeinflusst dies die Größe der Zugspannung. Der gefährdete Querschnitt liegt dort, wo der Querschnitt am kleinsten ist; nach $\sigma_z = F_z / S$ ergibt sich hier die größte Spannung. Für die Festigkeitsberechnung ist deshalb der **gefährdete Querschnitt** S_{gef} maßgeblich.

$$\sigma_z = \frac{F_z}{S_{gef}} \leqq \sigma_{z\,zul}$$

Mit Hilfe der **Schnittmethode** wird an folgenden Beispielen das Erkennen des gefährdeten Querschnittes S_{gef} aufgezeigt.

- **Zugstab mit Querbohrung**

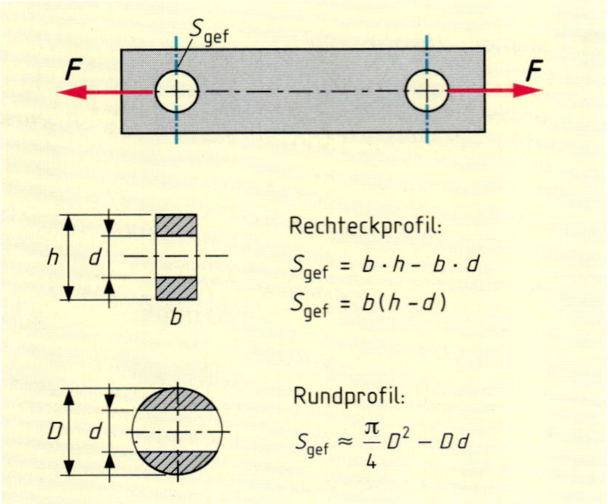

Zugstab mit Querbohrung in verschiedenen Profilen **3.2.2–1**

- **Gewinde**

Bei **metrischen Iso-Trapezgewinden** ist der **Kernquerschnitt** A_K der gefährdete Querschnitt.

Bei **metrischen Iso-Spitzgewinden** zeigt das Freischneiden, dass der gefährdete Querschnitt größer als der Kernquerschnitt ist. Beginnt der gedankliche Schnitt im Gewindegrund, so endet er auf der anderen Seite angenähert in der Gewindespitze. Der so gefundene gefährdete Querschnitt heißt **Spannungsquerschnitt** A_S und hat eine leicht ovale Form. Der Spannungsquerschnitt A_S ist in den Gewinde-Normblättern angegeben.

Gewinde	M6	M8	M10	M12	M16	M20	M24
A_S in mm^2	20,1	36,6	58,0	84,3	157	245	353

■ **Beispiel: Zugstab** (Seite 149)

Der Zugstab mit Rechteckquerschnitt ist ein Zweigelenkstab. Durchmesser der Querbohrungen:
$d = 12\,\text{mm}$.

Gefährdeter Querschnitt:

$$S_{gef} = b(h-d) = 6\,\text{mm}\,(20\,\text{mm} - 12\,\text{mm})$$
$$S_{gef} = 48\,\text{mm}^2$$

Zugspannung:

$$\sigma_z = \frac{F_z}{S_{gef}} = \frac{4800\,\text{N}}{48\,\text{mm}^2} \quad \rightarrow \quad \sigma_z = 100\,\text{N/mm}^2$$

Vergleich von Zugspannung und zulässiger Spannung:

$$\sigma_z \leqq \sigma_{z\,zul}$$
$$100\,\text{N/mm}^2 \leqq 138\,\text{N/mm}^2$$

Maximal zulässige Zugkraft:

$$F_{z\,zul} = S_{gef} \cdot \sigma_{z\,zul} = 48\,\text{mm}^2 \cdot 138\,\text{N/mm}^2$$
$$F_{z\,zul} = 6624\,\text{N}$$

Größer zulässiger Bohrungsdurchmesser:

$$S_{zul} = \frac{F_z}{\sigma_{z\,zul}} = b(h-d)$$

$$d = h - \frac{F_z}{\sigma_{z\,zul} \cdot b} = 20\,\text{mm} - \frac{4800\,\text{N}}{138\,\text{N/mm}^2 \cdot 6\,\text{mm}}$$

$$d = 14{,}2\,\text{mm}$$

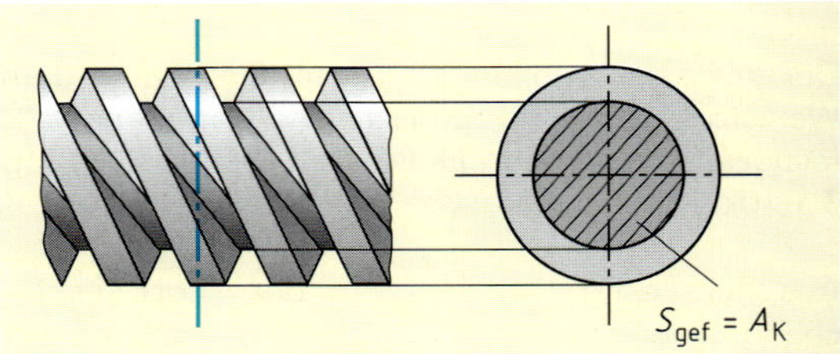

Trapezgewinde **3.2.2–2**

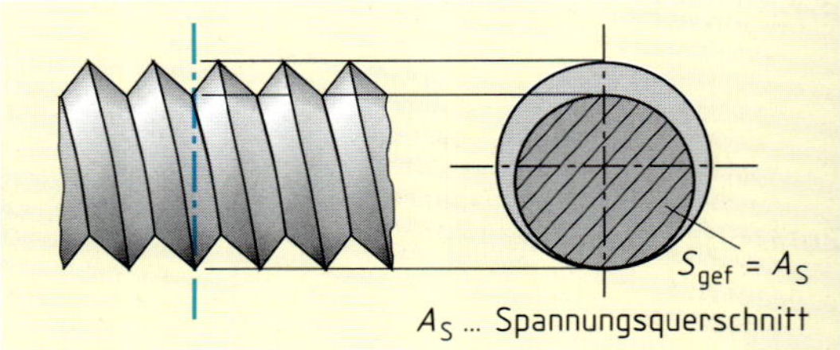

Spitzgewinde **3.2.2–3**

● Ketten

Bei **Rundgliederketten** wird die Zugkraft F von zwei Querschnitten mit dem Durchmesser d übertragen. Dabei sind die Kettenglieder den Beanspruchungsarten Zug, Biegung, Abscherung und Flächenpressung unterworfen.

Zur Vereinfachung werden **Stahlketten** nur auf Zug berechnet. Die tatsächlichen Beanspruchungsverhältnisse werden dadurch berücksichtigt, dass mit vorgeschriebenen zulässigen Spannungen verminderter Größe gerechnet wird.

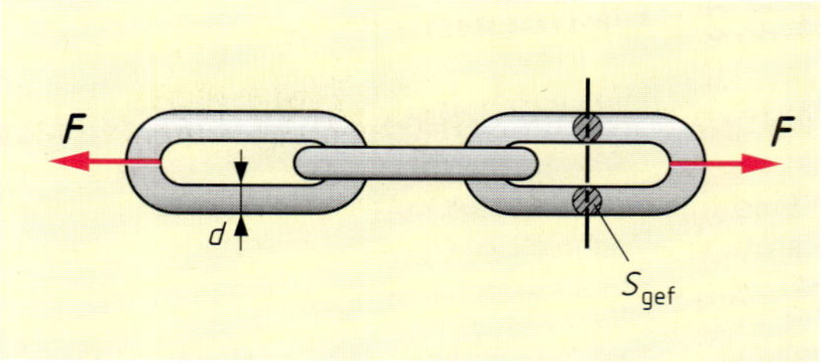

Rundgliederkette 3.2.2–4

Aus $S_{gef} = 2 \cdot \frac{\pi}{4} d^2$ folgt:

$$S_{gef} = \frac{\pi}{2} \cdot d^2$$

● Hängende Bauteile

Bei langen, herabhängenden Bauteilen wie Ketten und Seilen ist das mit zunehmender Länge ansteigende Eigengewicht bei der Festigkeitsberechnung zu berücksichtigen. Wird ein hängendes Bauteil in unterschiedlichen Höhen freigeschnitten, erkennt man, dass die Belastung durch das Eigengewicht von unten nach oben linear zunimmt. Das bedeutet, dass die Zugspannung an der Einspannstelle am größten ist. Dort befindet sich somit der gefährdete Querschnitt S_{gef}.

Zur vereinfachten Berechnung der Eigengewichtskraft F_G wird in Herstellerangaben und Normblättern die **Metermasse** m_L angegeben. Die **Metermasse** m_L gibt die Masse für 1 m Länge eines Bauteils mit konstantem Querschnitt an. Einheit: $[m_L] = kg/m$.

$$F_G = m_L \cdot l \cdot g$$

Wird ein hängendes Bauteil zusätzlich durch eine Kraft F belastet, beträgt im gefährdeten Querschnitt die Gesamtbelastung $F_{ges} = F_G + F$.

Hängende Bauteile mit **sehr großer Länge** können allein durch die Belastung mit der Eigengewichtskraft in der Einspannstelle abreißen. In diesem Fall ist $\sigma_z = R_m$.

Die Bauteillänge, bei der durch Eigengewicht verursachtes Reißen eintritt, nennt man **Reißlänge** l_r. Diese wird nur von der Zugfestigkeit R_m, der Dichte ρ des Werkstoffs und der Fallbeschleunigung beeinflußt.

$$l_r = \frac{R_m}{\rho \cdot g}$$

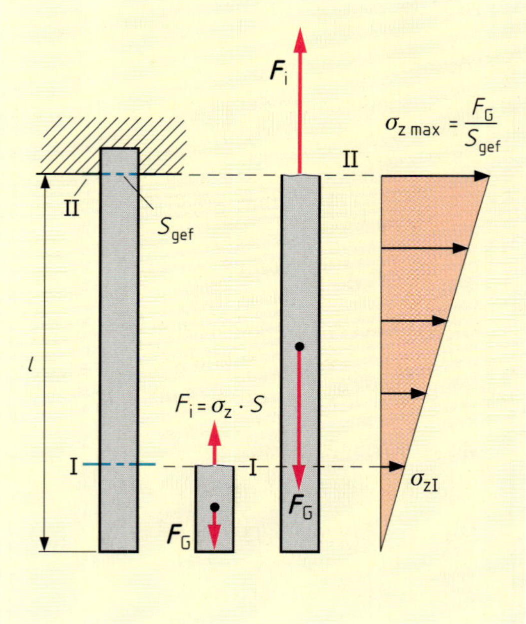

Hängendes Bauteil mit Zugspannungsverteilung 3.2.2–5

Herleitung der Reißlänge:

$$\sigma_z = \frac{F_G}{S_{gef}}$$

Mit $\sigma_z = R_m$ und $F_G = S_{gef} \cdot l_r \cdot \rho \cdot g$ folgt

$$R_m = \frac{S_{gef} \cdot l_r \cdot \rho \cdot g}{S_{gef}} = l_r \cdot \rho \cdot g$$

$$l_r = \frac{R_m}{\rho \cdot g}$$

Umrechnung der Einheiten:

$$[R_m] = \frac{N}{mm^2} = 10^6 \frac{N}{m^2} = 10^6 \, Pa$$

$$[\rho] = \frac{kg}{dm^3} = 10^3 \frac{kg}{m^3}$$

3.2.3 Übungen

Lehrbeispiel: Zuglasche aus Flachstahl

Eine mit schwellender Zugkraft von 5000 N belastete Zuglasche ist zu dimensionieren.

Werkstoff: blanker Flachstahl aus S 235 (St 37)

Durchmesser der Querbohrung: $d = 10$ mm

a) Es ist der Querschnitt des Stabmittelteiles für ein Höhen-Breiten-Verhältnis $h/b \approx 2{,}5$ zu ermitteln.

b) Mit der festgelegten Breite b ist der Durchmesser D der Zuglasche zu bestimmen.

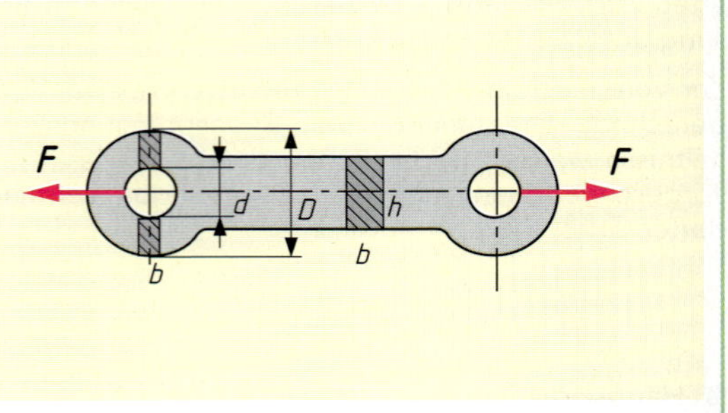

Zuglasche **3.2.3–1**

Lösung:

a) Zul. Spannung ohne Kerbwirkung:

$$\sigma_{z\,zul} = \frac{\sigma_{z\,Sch} \cdot b_1 \cdot b_2}{\nu}$$

$$\sigma_{z\,zul} = \frac{235\ \text{N/mm}^2 \cdot 0{,}83 \cdot 1{,}0}{1{,}5}$$

$$\sigma_{z\,zul} = 130\ \text{N/mm}^2$$

Aus Tabellle 3.1.8–2: $\sigma_{z\,Sch} = R_e = 235\ \text{N/mm}^2$

Oberflächenbeiwert für $R_z = 40\,\mu\text{m}$: $b_1 = 0{,}83$

Oberflächenbeiwert für $h < 7{,}5$ mm (geschätzt): $b_2 = 1{,}0$

Übliche Sicherheit: $\nu = 1{,}5$

Erforderliche Querschnittsfläche:

$$S_{erf} = \frac{F_z}{\sigma_{z\,zul}} = \frac{5\,000\ \text{N}}{130\ \text{N/mm}^2} = 38{,}5\ \text{mm}^2$$

Mit $h \approx 2{,}5 \cdot b$ folgt:

$$S_{erf} = b \cdot h = 2{,}5 \cdot b \cdot b = 2{,}5\, b^2$$

$$b = \sqrt{\frac{S_{erf}}{2{,}5}} = \sqrt{\frac{38{,}5\ \text{mm}^2}{2{,}5}} = 3{,}9\ \text{mm}$$

$$\text{h} \approx 2{,}5\, b \approx 9{,}75\ \text{mm}$$

Gewählte Abmessungen: $\underline{\underline{b = 4\ \text{mm}}}$, $\underline{\underline{h = 10\ \text{mm}}}$ $\rightarrow$ $\underline{\underline{S = 40\ \text{mm}^2}}$

b) Zul. Spannung mit Kerbwirkung:

Bei schwellender Zugkraft muss die Kerbwirkung der Bohrung berücksichtigt werden. Mit $\beta_K = 1{,}7$ (gewählt) folgt:

$$\sigma_{z\,zul} = \frac{\sigma_{z\,Sch} \cdot b_1 \cdot b_2}{\beta_K \cdot \nu} = \frac{235\ \text{N/mm}^2 \cdot 0{,}83 \cdot 1{,}0}{1{,}7 \cdot 1{,}5} \quad \rightarrow \quad \sigma_{z\,zul} = 76{,}5\ \text{N/mm}^2$$

Erforderliche Querschnittsfläche:

$$S_{erf} = \frac{F_z}{\sigma_{z\,zul}} = \frac{5000\ \text{N}}{76{,}5\ \text{N/mm}^2} \quad \rightarrow \quad S_{erf} = 65{,}4\ \text{mm}^2$$

Durchmesser D:

Aus $S_{erf} = b\,(D - d)$ folgt:

$$D = \frac{S_{erf}}{b} + d = \frac{65{,}4\ \text{mm}^2}{4\ \text{mm}} + 10\ \text{mm} \quad \rightarrow \quad \underline{\underline{D = 26{,}4\ \text{mm}}}$$

Gewähltes Flachmaterial: 28 x 4 DIN 174

Aufgabe 1

Sowohl eine Befestigungsschraube als auch eine Trapezgewindespindel sind für statische Beanspruchung mit der Zugkraft 8 kN zu dimensionieren, so dass die Zugspannung $120\,\text{N/mm}^2$ nicht überschritten wird.

Aufgabe 2

Das Rundlitzen-Stahldrahtseil einer Fördereinrichtung ist für die Traglast $F = 40$ kN ausgelegt. Die zulässige Zugspannung beträgt nach Herstellerangaben $\sigma_{z\,zul} = 190\,\text{N/mm}^2$.

Dichte des Stahldrahtes: $\rho = 7{,}85\,\text{kg/dm}^3$

a) Aus wie vielen Einzeldrähten von 1,8 mm Durchmesser besteht das Stahldrahtseil?

b) Aus wie vielen Einzeldrähten muss das Stahlseil von Aufgabe a) bestehen, wenn bei gleicher Traglast und der Seillänge $l = 300$ m das Eigengewicht des Stahldrahtseils berücksichtigt wird?

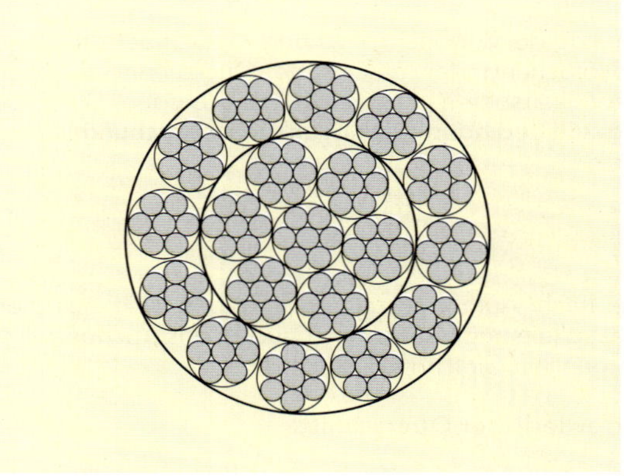

Rundlitzenseil-Querschnitt **3.2.3–2**

Aufgabe 3

Die Tragfähigkeit einer zweisträngigen Kettenaufhängung ist für den größten zulässigen Neigungswinkel $\alpha = 60°$ zu berechnen.

Die Kettenglieder bestehen aus Rundmaterial mit Durchmesser $d = 14$ mm.

Die zulässige Zugspannung beträgt $60\,\text{N/mm}^2$.

Die Tragfähigkeit ist in kN und in kg anzugeben.

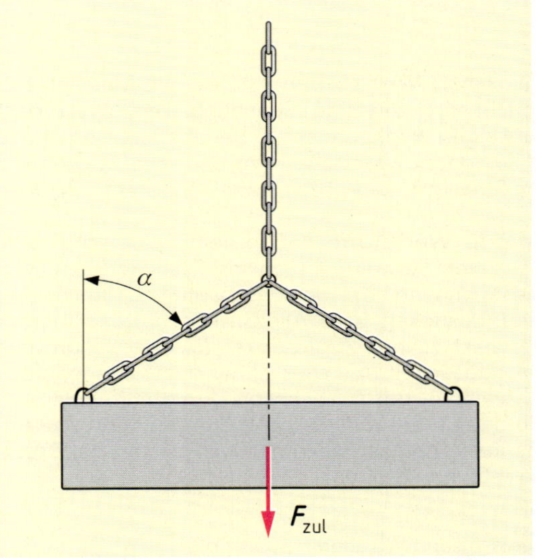

Kettenaufhängung **3.2.3–3**

3.3 Druckbeanspruchung

3.3.1 Festigkeitsbedingung der Druckbeanspruchung

Das Freischneiden eines druckbelasteten Stempels zeigt, dass eine der Belastungskraft $\boldsymbol{F}$ entgegenwirkende innere Kraft $\boldsymbol{F}_i$ wirksam sein muss. Der Betrag der inneren Kraft F_i entspricht dem Betrag der Belastungskraft F. Sind sämtliche Elemente der Schnittfläche S gleichermaßen an der Kraftübertragung beteiligt, ergibt sich eine homogene **Druckspannung** σ_d. Mit $F_i = F = F_d$ folgt:

$$\sigma_d = \frac{F_d}{S}$$

Analog der Zugbeanspruchung ist auch bei Druckbeanspruchung der gefährdete Querschnitt S_{gef} der Festigkeitsberechnung zugrunde zu legen. Die **Festigkeitsbedingung der Druckbeanspruchung** lautet:

$$\sigma_d = \frac{F_d}{S_{gef}} \leqq \sigma_{d\,zul}$$

Je nach Aufgabenstellung ergeben sich aus der Festigkeitsbedingung der Druckbeanspruchung die folgenden Gleichungen.

Erforderlicher Querschnitt:

$$S_{erf} = \frac{F_d}{\sigma_{d\,zul}}$$

Zulässige Belastungskraft:

$$F_{d\,zul} = S_{gef} \cdot \sigma_{d\,zul}$$

Bei **zähen Werkstoffen** (Stähle, NE-Metalle) entspricht der zulässige Spannungswert $\sigma_{d\,zul}$ dem zulässigen Spannungswert bei Zugbeanspruchung $\sigma_{z\,zul}$, da die Quetschgrenze σ_{dF} etwa so groß wie die Streckgrenze R_e bzw. 0,2%-Dehngrenze $R_{p0,2}$ ist.

Spröde Werkstoffe haben keine Quetschgrenze. Bei ihnen verwendet man als Festigkeitskennwert die Spannung, bei der das Bauteil zu Bruch geht (Druckfestigkeit σ_{dB}). Alle Gusseisenarten haben im Vergleich zu ihrer Zugfestigkeit R_m eine viel größere Druckfestigkeit σ_{dB}. Dies ist mit dem Gefügeaufbau zu erklären. Bei Zugbeanspruchung vermindern im Gusseisen die Graphitablagerungen den Zusammenhang der Gefügekörner, während sie bei Druckbelastung mittragen.

Gusseisen (Lamellengraphit): $\sigma_{dB} = 3 \dots 4 \cdot R_m$
Gusseisen (Kugelgraphit): $\sigma_{dB} = 1{,}4 \dots 1{,}8 \cdot R_m$

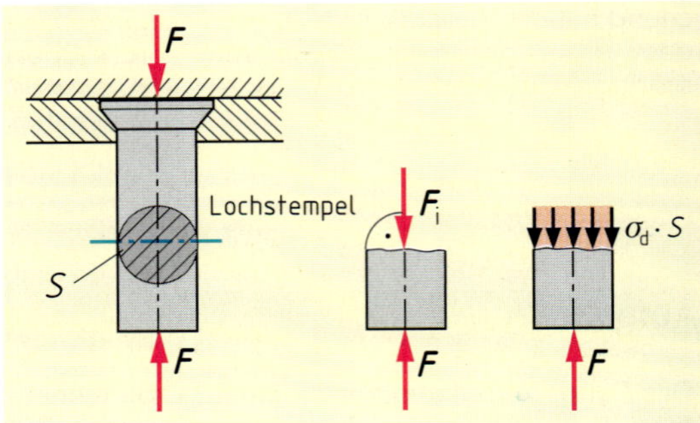

Druckbelasteter Stempel 3.3.1–1

Hinweis:

Bei einem auf Druck belasteten Stab, der verhältnismäßig lang ist $(L/D > 5)$, besteht die Gefahr des Ausknickens. Schlanke, druckbelastete Bauteile müssen deshalb auf **Knickung** berechnet werden.

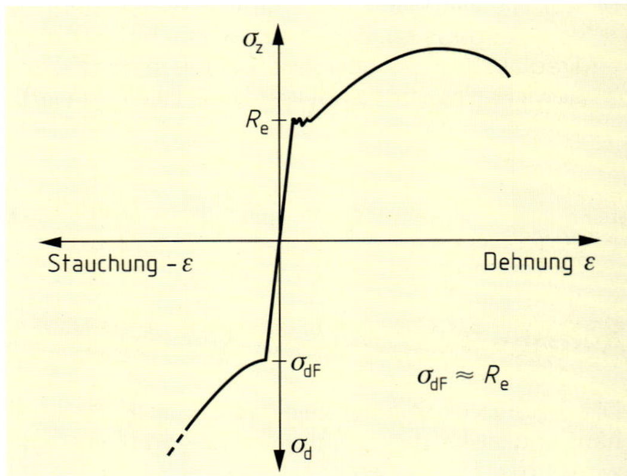

Spannungs-Dehnungs-Diagramm von zähem Stahl 3.3.1–2

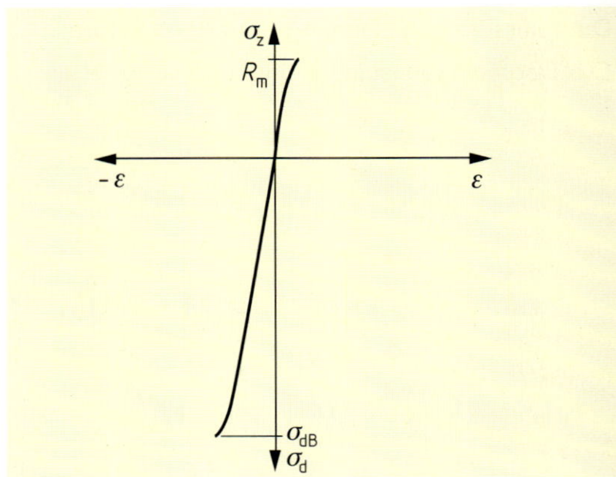

Spannungs-Dehnungs-Diagramm von Gusseisen GGL 3.3.1–3

3.3.2 Übungen

Aufgabe 1

Eine Stütze aus zwei vernieteten U-Stahl-Profilen U 80 x 45 x 6 – St 37-2 mit $S = 1100\,\mathrm{mm}^2$ wird durch eine Druckkraft von $50\,\mathrm{kN}$ statisch belastet.

Nietlochdurchmesser $d = 11\,\mathrm{mm}$

a) Es ist die Druckspannung im ungeschwächten und im gefährdeten Querschnitt zu bestimmen.

b) Die vorhandene Sicherheit der Stütze ν_{vorh} ist mit der durch die zulässige Druckspannung von $\sigma_{\mathrm{d\,zul}} = 140\,\mathrm{N/mm}^2$ gegebenen Mindestsicherheit ν zu vergleichen.

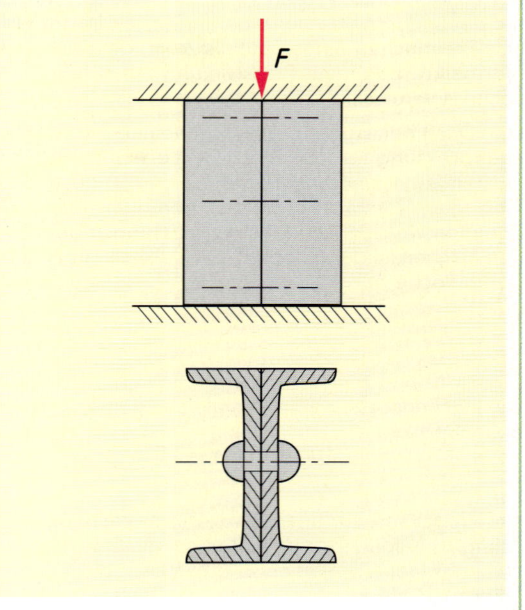

Stütze **3.3.2–1**

Aufgabe 2

An einem $0{,}6\,\mathrm{m}$ langen Stützrohr aus Stahl wird durch Dehnmessstreifen im belasteten Zustand eine Stauchung von $\varepsilon_{\mathrm{d\%}} = 0{,}0112\,\%$ gemessen.

Zu berechnen ist

a) die Druckspannung σ_{d},

b) die Druckkraft F.

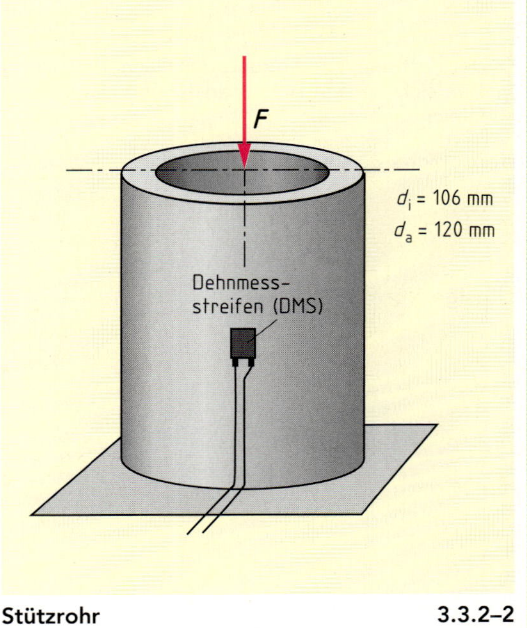

Stützrohr **3.3.2–2**

3.4 Flächenpressung

3.4.1 Festigkeitsbedingung der Flächenpressung

In der Mechanik werden Kräfte von einem Bauteil auf ein anderes über eine Berührfläche übertragen. Das **Freimachen** eines Bauteils zeigt, dass nur eine **Normalkraft** F_N eine Presswirkung auf die Berührfläche A verursacht.

Die Druckbelastung pro Flächeneinheit wird **Flächenpressung** p genannt. Bei **ebenen** Berührflächen kann eine annähernd gleichmäßige Verteilung der Normalkraft in der Berührfläche angenommen werden. Die **Flächenpressung** p bei ebenen Flächen ist der Quotient aus Normalkraft F_N und Berührfläche A.

$$p = \frac{F_N}{A}$$

Die Flächenpressung hat die gleiche Einheit wie die Spannung:

$$[p] = \mathrm{N/mm^2} = \mathrm{MPa}.$$

Im Gegensatz zur Spannung ist die **Flächenpressung** p ein Maß für eine **außen** auf die **Oberfläche** A eines Bauteils wirkende Belastung durch eine **Normalkraft** F_N.

Die für die Festigkeitsberechnung maßgebliche **Festigkeitsbedingung der Flächenpressung** lautet:

$$p = \frac{F_N}{A} \leqq p_{zul}$$

Aus der Festigkeitsbedingung der Flächenpressung ergeben sich je nach Aufgabenstellung die folgenden Gleichungen:

Erforderliche Berührfläche

$$A_{erf} = \frac{F_N}{p_{zul}}$$

Zulässige Normalkraft

$$F_{N\,zul} = A \cdot p_{zul}$$

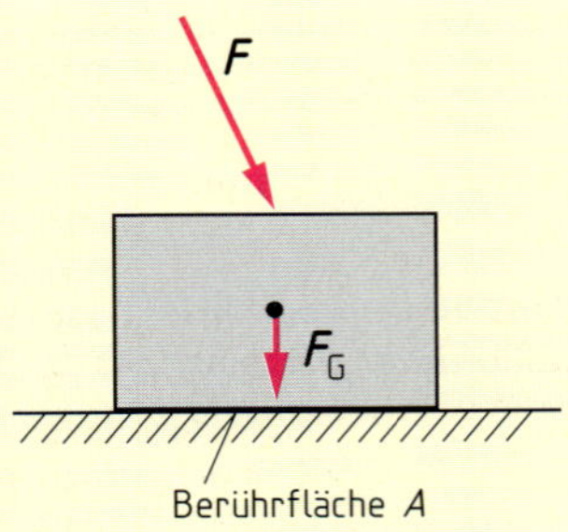

Stützkörper 3.4.1–1

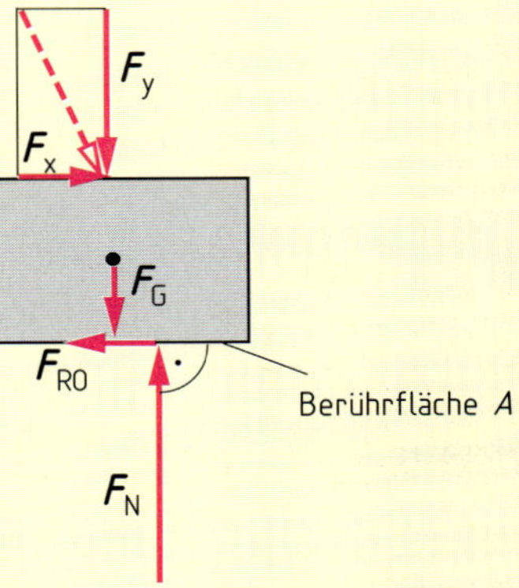

Stützkörper freigemacht 3.4.1–2

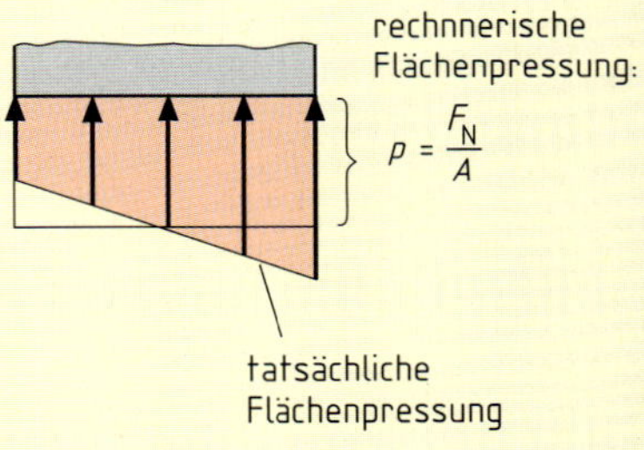

Die Momentenwirkung des Kräftepaares F_x F_{RO} bewirkt auf der einen Seite eine Entlastung und auf der anderen eine zusätzliche Belastung.

Flächenpressung am Stützkörper 3.4.1–3

Die Größe der zulässigen Flächenpressung p_{zul} hängt vorwiegend von folgenden Einflussfaktoren ab:

- Festigkeit und Härte des weicheren der beiden sich pressenden Bauteile
- Oberflächenbeschaffenheit beider Bauteile
- Art der Belastung
- Gleitgeschwindigkeit
- Art der Schmierung

Bei aufeinander gleitenden Flächen (Führungen, Kupplungen, Bremsen, Gewinde) ist die zulässige Flächenpressung wesentlich geringer als bei ruhenden Flächen.

Werte für p_{zul} sind den einschlägigen DIN-Normen (Stahlhochbau, Kranbau) und Normteilkatalogen zu entnehmen.

p_{zul} in N/mm^2 für ruhende Bauteile	
S 235 (St 37)	140 ... 160
E 295 (St 50)	210 ... 240
E 360 (St 70)	240 ... 280
GG-15	160 ... 200
GG-30	300 ... 400
GGG-40	200 ... 250
G-AlSi	60 ... 80
AlMg 3	80 ... 130
AlCuMg 2	100 ... 160

p_{zul} in N/mm^2 für Gleitlager mit Schmierung Gleitpartner: Stahl	
Bleibronze auf Stahl	100
Cu-Sn-Pb-Legierungen	20 ... 40
Stahl gehärtet	25
Pb-Sn-Legierungen	5 ... 10
GG	5

p_{zul} in N/mm^2 für Gleitlager mit Trockenlauf Gleitpartner: Stahl	
Kunststoffbeschichtete Stahlfolienlager	150
Verstärkte Kunststoffe mit Festschmierstoff	80 ... 150
Sinterbronze mit Festschmierstoff	80
Verbundlager mit PTFE-Laufschicht	30
PA, POM	20
PE	10

Anhaltswerte für zulässige Flächenpressungen **Tabelle 3.4.1–1**

3.4.2 Flächenpressung bei geneigten Flächen

Bei Maschinenelementen mit zur Belastungsrichtung geneigten Stützflächen muss zur Berechnung der Flächenpressung p die auf die geneigte Berührfläche wirkende **Normalkraft** F_N ermittelt werden.

In vielen Fällen, beispielsweise Kegel und Gewinde, ist es einfacher, die Berechnung der Flächenpressung mit der **Projektionsfläche** A_{proj} vorzunehmen. Die Projektionsfläche A_{proj} ist die Projektion der Berührfläche A auf eine Ebene, die senkrecht zur Wirklinie der Belastungskraft F steht.

$$p = \frac{F_N}{A} = \frac{F}{A_{proj}} \qquad (A_{proj} \perp F)$$

Beispiele mit kreisringförmiger Projektionsfläche A_{proj} sind:

- Gewinde (Bild 3.4.3–2)
- Kegelbremsen (Bild 2.5.4–26)
- Kegelzapfen und Kegelstifte

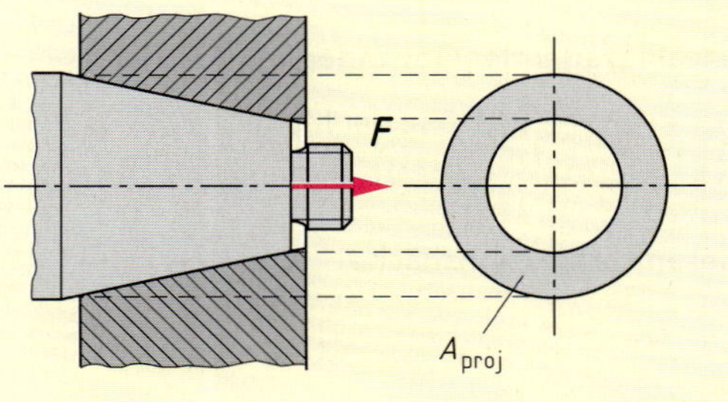

Kegelzapfen **3.4.2–1**

Beispiel: Prismenführung

Mit der auf eine Gleitfläche wirkende Belastungskraft $F = \frac{F_G}{2}$ gilt:

$$\cos\beta = \frac{F}{F_N} \qquad \text{und} \qquad \cos\beta = \frac{A_{proj}}{A}$$

Gleichgesetzt und umgestellt:

$$\frac{F_N}{A} = p = \frac{F}{A_{proj}}$$

Anstelle $p = F_N/A$ kann die Flächenpressung auch mit der Belastungskraft F und der Projektionsfläche A_{proj} berechnet werden.

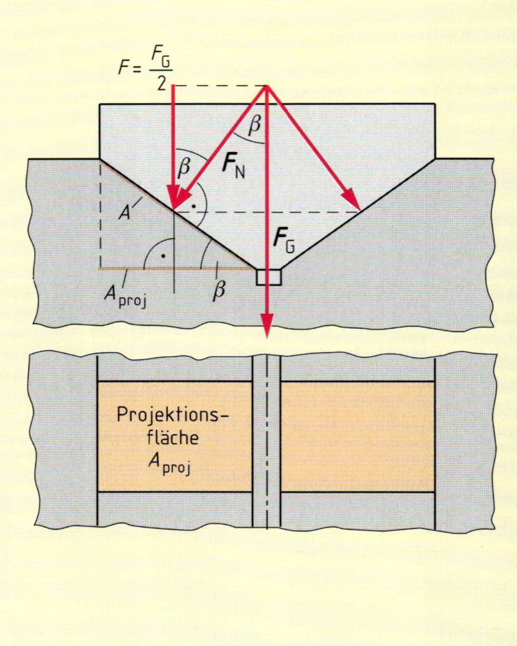

Prismenführung 3.4.2–2

3.4.3 Flächenpressung in Gewinden

Bei Befestigungs- und Bewegungsgewinden hängt der Verschleiß der Gewindeflanken von der Flächenpressung ab. Um die zulässige Flächenpressung p_{zul} nicht zu übersteigen, sind zur Übertragung axialer Belastungskräfte F in der Regel mehrere Gewindegänge erforderlich.

Für Befestigungs- und Bewegungsgewinde gelten mit nebenstehenden Normbezeichnungen folgende Beziehungen:

Projektionsfläche eines Gewindeganges

$$A_{proj\,1} = \pi \cdot d_2 \cdot H_1$$

Anzahl tragender Gewindegänge

$$i = \frac{\text{Höhe der Mutter}}{\text{Gewindesteigung}} = \frac{m}{P}$$

Gesamtprojektionsfläche

$$A_{proj} = A_{proj\,1} \cdot i = \pi \cdot d_2 \cdot H_1 \cdot \frac{m}{P}$$

Vorhandene Flächenpressung im Gewinde

$$p = \frac{F}{A_{proj}} = \frac{F \cdot P}{\pi \cdot d_2 \cdot H_1 \cdot m}$$

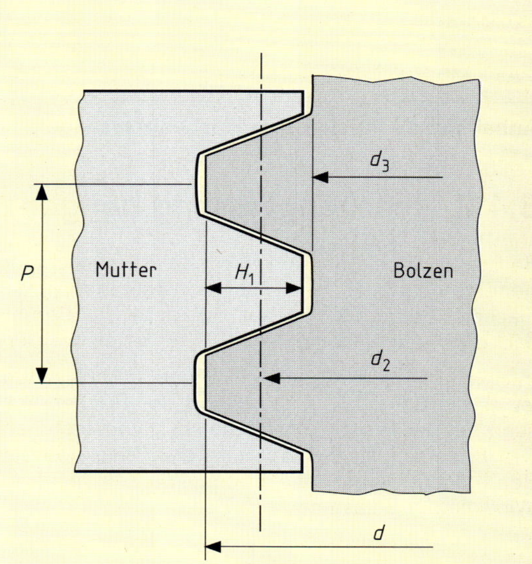

Bezeichnungen am Trapezgewinde 3.4.3–1

Erforderliche Mutterhöhe

$$m_{erf} = i_{erf} \cdot P = \frac{F \cdot P}{\pi \cdot d_2 \cdot H_1 \cdot p_{zul}}$$

Bei der Festlegung eines Gewindes ist darauf zu achten, dass neben der zulässigen Flächenpressung auch die zulässige Zug- und Druckspannung in der Schraube nicht überschritten wird.

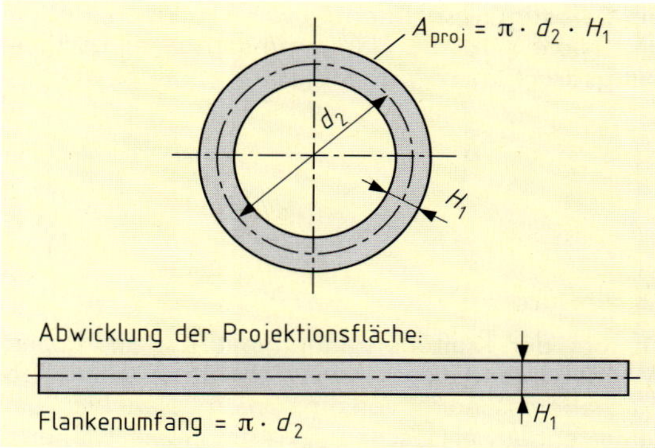

Projektionsfläche eines Gewindeganges 3.4.3–2

3.4.4 Flächenpressung bei gewölbten Flächen

Bei Maschinenelementen mit zur Belastungsrichtung gewölbten Flächen ist die Flächenpressung über die Berührfläche ungleichmäßig verteilt. Bei einem Bolzen oder einer Welle im Stillstand ist die Flächenpressung in Belastungsrichtung am größten und nimmt bis auf den Wert Null an den Seiten ab.

Da die ungleichmäßige Verteilung der Flächenpressung rechnerisch nur schwer zu erfassen ist, berechnet man mit Hilfe der Projektionsfläche A_{proj} eine **mittlere Flächenpressung** p_m. Dabei denkt man sich die Flächenpressung gleichmäßig über die Projektionsfläche verteilt.

$$p_m = \frac{F}{A_{proj}} = \frac{F}{d \cdot l} \leqq p_{zul}$$

Weil die mittlere Flächenpressung p_m stets kleiner als die maximale Flächenpressung p_{max} ist, wird die zulässige Flächenpressung p_{zul} entsprechend niedriger festgelegt.

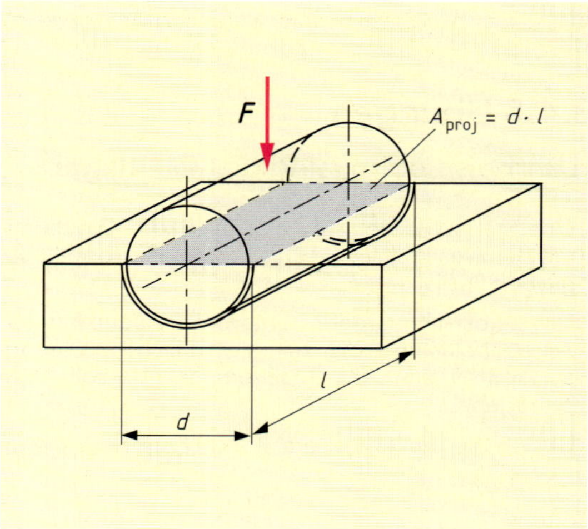

Gleitlager 3.4.4–1

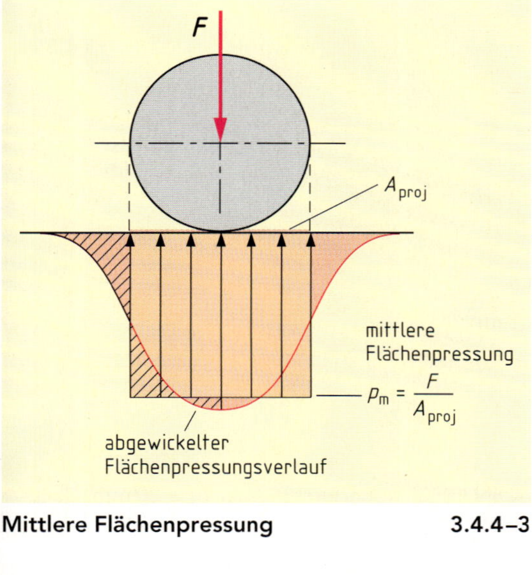

Mittlere Flächenpressung 3.4.4–3

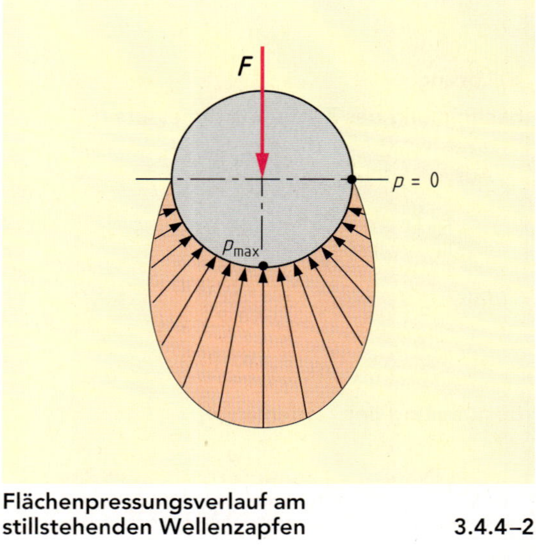

Flächenpressungsverlauf am stillstehenden Wellenzapfen 3.4.4–2

Bei **Befestigungselementen** wie Schrauben, Bolzen und Niete wird die Flächenpressung mit **Lochleibungsdruck** σ_L bezeichnet.

$$\sigma_L = \frac{F}{A_{proj}} = \frac{F}{d \cdot s} \leqq \sigma_{L\,zul}$$

Hinweis:

Da bei der Kraftübertragung mit Kugeln, Rollen (Wälzlager) und Zahnflanken (Zahnräder) sehr große Flächenpressungen vorkommen, müssen hier die auftretenden elastischen Verformungen während der Kraftübertragung mit in die Berechnung einbezogen werden (weiterführende Fachliteratur: **Hertz'sche Gleichungen**)

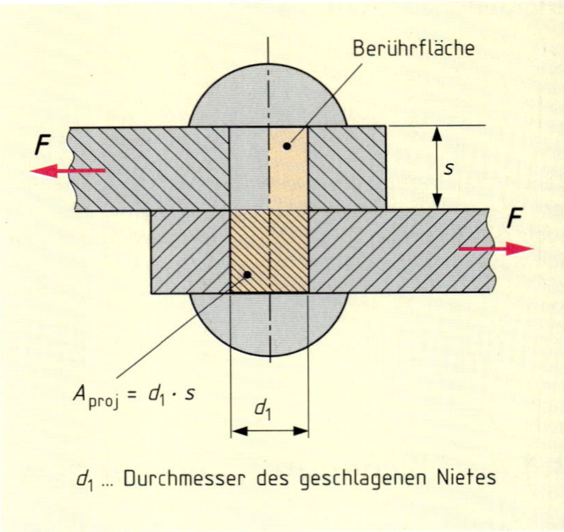

Nietverbindung **3.4.4–4**

3.4.5 Übungen

Lehrbeispiel: Axial-Radial-Gleitlager

Eine Stahlwelle belastet ihr Axial-Radial-Gleitlager mit der Axialkraft $F_a = 10$ kN und einer doppelt so großen Radialkraft F_r.

Das selbstschmierende Sinterbronzelager hat für Schwellbelastung die zulässige Flächenpressung $p_{zul} = 56\,\text{N/mm}^2$. Das Maßverhältnis d/l soll $\approx 0{,}8$ betragen.

Es sind die Wellenmaße d, l und D zu bestimmen.

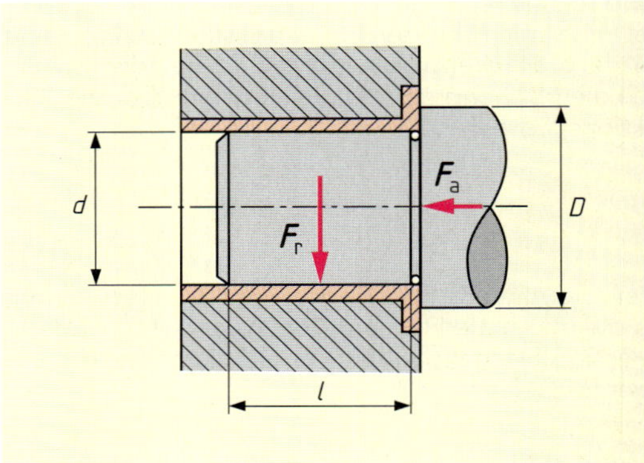

3.4.5–1

Lösung:

Bestimmung des Zapfendurchmessers d

Aus $\quad p = \frac{F_r}{A_{proj}} = \frac{2 \cdot F_a}{d \cdot l} = \frac{2 \cdot F_a}{d \cdot 1{,}25\,d} = \frac{2\,F_a}{1{,}25\,d^2}$

Aus $\frac{d}{l} \approx 0{,}8$ folgt:

$$l \approx \frac{d}{0{,}8} = 1{,}25\,d$$

folgt: $\quad d_{erf} \geqq \sqrt{\frac{20\,000\text{ N}}{1{,}25 \cdot p_{zul}}} = \sqrt{\frac{20\,000\text{ N}}{1{,}25 \cdot 56\text{ N/mm}^2}}$

$$\underline{\underline{d_{erf} \geqq 16{,}9\text{ mm}}}$$

Bestimmung der Zapfenlänge l

$$l \approx 1{,}25 \cdot d \approx \underline{\underline{21{,}1\text{ mm}}}$$

Es muss die Gleitlagerbuchse mit den Normmaßen (DIN 1850) Nenndurchmesser $d_1 = 20$ mm, Buchsenlänge $b_1 = 25$ mm und Bunddurchmesser $d_3 = 32$ mm gewählt werden.

Bestimmung des Wellendurchmessers D

Die Stützfläche in axialer Richtung ist eine Kreisringfläche.

$$A = \frac{\pi}{4}\left(D^2 - d^2\right)$$

Aus $$p = \frac{F_N}{A} = \frac{F_a}{\frac{\pi}{4}\cdot\left(D^2 - d^2\right)} \leqq p_{zul}$$ folgt:

$$D \geqq \sqrt{\frac{4 \cdot F_a}{\pi \cdot p_{zul}} + d^2} = \sqrt{\frac{4 \cdot 10\,000\ \text{N}}{\pi \cdot 56\ \text{N/mm}^2} + 20^2\text{mm}^2}$$

$$\underline{\underline{D \geqq 25{,}0\ \text{mm}}}$$

Aufgabe 1

Ein Dorn wird durch Anziehen der Mutter auf einer Grundplatte befestigt.

Abmessungen:
$D = 28\,\text{mm}$, $d = 20\,\text{mm}$, $\alpha = 10°$

a) Welche Anzugskraft F_a ist zulässig, wenn die Flächenpressung $60\,\text{N/mm}^2$ nicht übersteigen soll?

b) Welches metrische Befestigungsgewinde ist bei einer zulässigen Zugspannung von $100\ \text{N/mm}^2$ zu wählen?

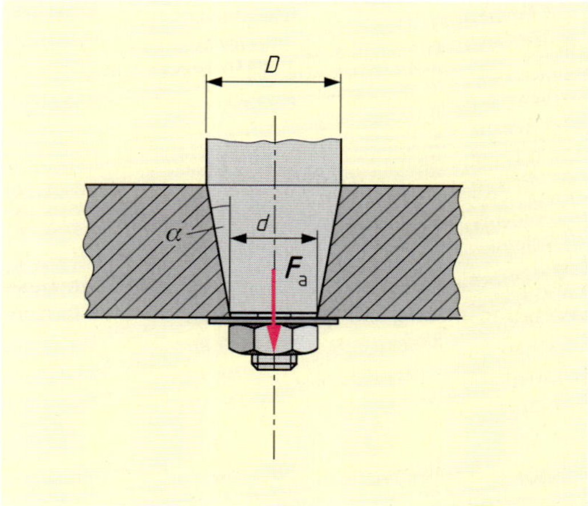

Dorn **3.4.5–2**

Aufgabe 2

Eine Zugspindel mit Trapezgewinde ist für eine maximale Zugkraft $F = 32\,\text{kN}$ zu dimensionieren.

a) Welches Gewinde ist bei einer zulässigen Zugspannung $\sigma_{z\,zul} = 100\ \text{N/mm}^2$ zu wählen?

b) Wie groß ist die Höhe m der Mutter festzulegen, wenn die zulässige Flächenpressung im Gewinde $p_{zul} = 25\,\text{N/mm}^2$ nicht übersteigen soll?

c) Wie groß ist die Anzahl der tragenden Gewindegänge?

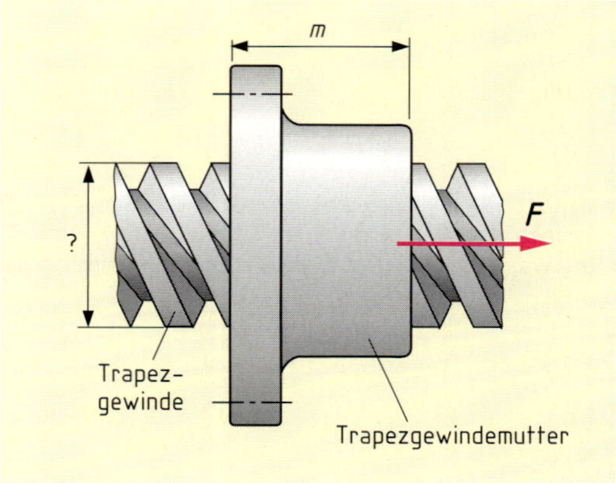

Zugspindel mit Trapezgewinde **3.4.5–3**

3.5 Scherbeanspruchung

3.5.1 Festigkeitsbedingung der Scherbeanspruchung

Formschlüssige Befestigungselemente (Bolzen, Niete, Passschrauben u.a.) und stoffschlüssige Fügeverbindungen durch Kleben, Schweißen und Löten werden unter Last auf Abscheren beansprucht.

Das **Freischneiden** eines Gelenkbolzens, nebenstehendes Bild und Bilder 3.1.2–3... 5, zeigen, dass die inneren Stützkräfte F_{i1} und F_{i2} **in** den Schnittflächen S_1 bzw. S_2 liegen. Die auftretenden Spannungen sind somit **Schubspannungen** τ. Große Belastungen führen zum Abscheren in den Querschnittsflächen. Die Schubspannungen werden folglich mit **Scherspannung** τ_a bezeichnet, die inneren Kräfte F_i als Scherkräfte F_S.

Unter der Annahme, dass jedes Flächenelement der Schnittflächen gleichmäßig an der Kraftübertragung beteiligt ist, erhält man die **Scherspannung** τ_a als Quotient aus innerer Kraft F_i und Scherfläche S. Mit $F_i = F_S$ folgt:

$$\tau_a = \frac{F_S}{S}$$

Die für die Festigkeitsberechnung maßgebliche **Festigkeitsbedingung der Scherbeanspruchung** lautet:

$$\tau_a = \frac{F_S}{S} \leqq \tau_{a\,zul}$$

Aus der Festigkeitsbedingung der Scherbeanspruchung ergeben sich je nach Aufgabenstellung die folgenden Größen:

Erforderlicher Querschnitt

$$S_{erf} = \frac{F_S}{\tau_{a\,zul}}$$

Zulässige Scherkraft

$$F_{S\,zul} = S \cdot \tau_{a\,zul}$$

Die meisten Werkstoffe zeigen bezüglich Scher- und Zugbelastung ein unterschiedliches Festigkeitsverhalten, was sich auch auf die zulässigen Spannungen auswirkt.

Stähle, Cu-Leg.	$\tau_{a\,zul} \approx 0{,}8 \cdot \sigma_{z\,zul}$
GG	$\tau_{a\,zul} \approx 1{,}0 \cdot \sigma_{z\,zul}$
Al-Leg.	$\tau_{a\,zul} \approx 0{,}6 \cdot \sigma_{z\,zul}$

Im Stahlhoch- und Kranbau gelten für Verbindungsmittel spezielle zulässige Scherspannungen $\tau_{a\,zul}$.

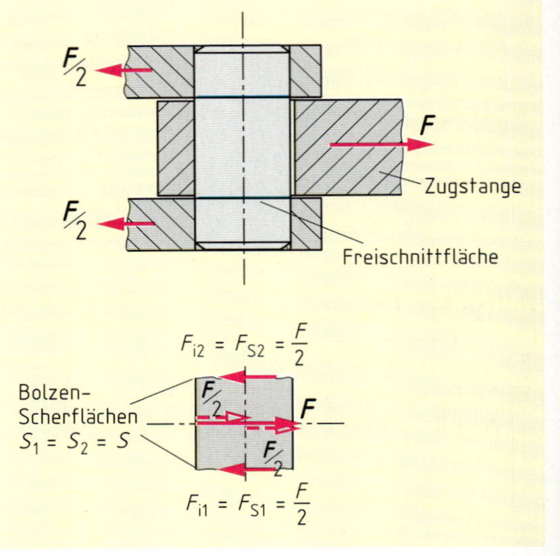

Gelenkbolzenmittelteil freigeschnitten 3.5.1–1

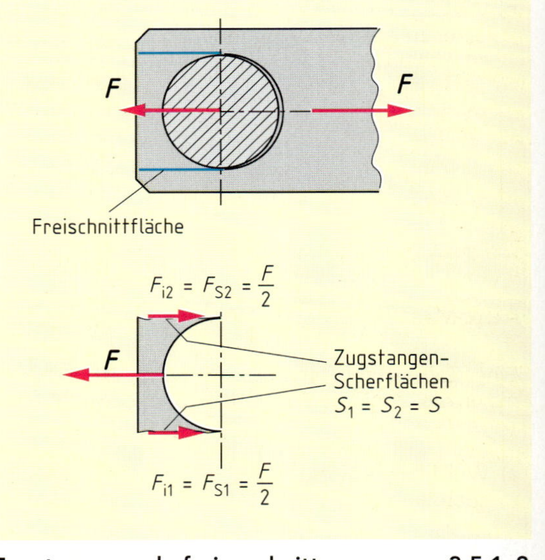

Zugstangenende freigeschnitten 3.5.1–2

Beim Gelenkbolzen ist zu beachten, dass die vorhandenen Kräftepaare Biegespannungen verursachen. Der Gelenkbolzen wird auf **Abscherung** und **Biegung** beansprucht, seine Oberfläche erfährt zusätzlich eine **Flächenpressung.**

Für scherbeanspruchte Bauteile gilt allgemein: Sind die Querschnittsabmessungen groß im Vergleich zum Wirkabstand der Kräftepaare, dann sind die auftretenden Biegespannungen vernachlässigbar klein.

3.5.2 Abscherberechnung

Soll der Werkstoff durch Abscheren zerteilt werden, dann muss anstelle der zulässigen Scherspannung $\tau_{a\,zul}$ mit der **Abscherfestigkeit** τ_{aB} gerechnet werden. Die Abscherfestigkeit τ_{aB} wird im Scherversuch ermittelt und ist die Spannung, bei der ein Probestab durch Abscheren zu Bruch geht.

Sind für τ_{aB} keine genauen Werte bekannt, kann die annähernde Abscherfestigkeit auch von der Zugfestigkeit R_m abgeleitet werden.

Stähle, Cu-Leg.	$\tau_{aB} \approx 0{,}8 \cdot R_m$
GG	$\tau_{aB} \approx 1{,}0 \cdot R_m$
Al-Leg.	$\tau_{aB} \approx 0{,}6 \cdot R_m$

Die **Grundgleichung der Abscherberechnung** lautet:

$$\tau_{aB} \leqq \frac{F_S}{S}$$

Aus der Grundgleichung der Abscherberechnung folgt:

Erforderliche Scherkraft

$$F_{S\,erf} = S \cdot \tau_{aB}$$

Zulässige Scherfläche

$$S_{zul} = \frac{F_S}{\tau_{aB}}$$

Für Bleche mit konstanter Blechdicke s erhält man die Scherfläche S als Produkt aus Schneidkantenlänge l und Blechdicke s.

$$S = l \cdot s$$

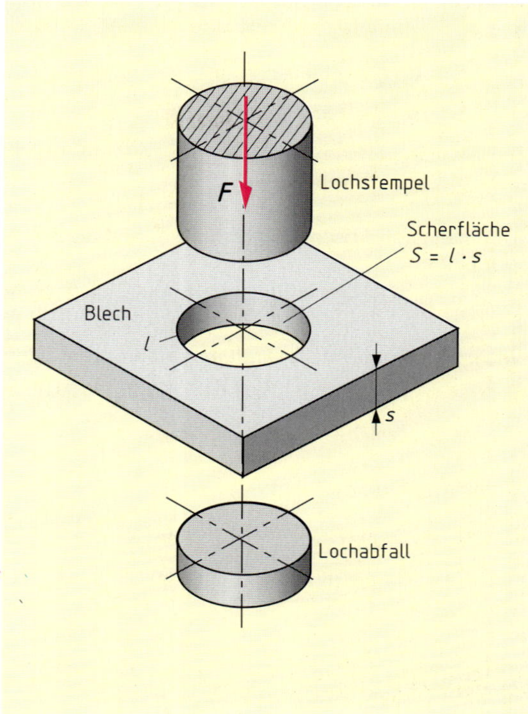

Lochen eines Bleches **3.5.2–1**

3.5.3 Übungen

Lehrbeispiel: Geschweißtes Zahnrad

Für das geschweißte Zahnrad ist das maximal übertragbare Drehmoment zu berechnen.

Zul. Scherspannung der Kehlnähte:

$\tau_{a\,zul} = 80\ \text{N/mm}^2$

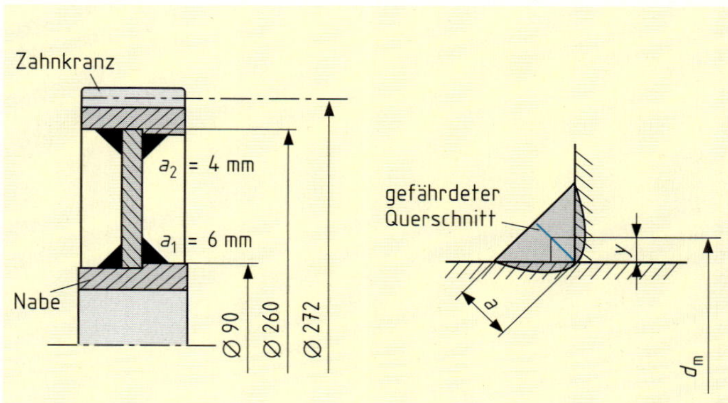

Geschweißtes Zahnrad **3.5.3–1**

Lösung

Der kleinste Abscherquerschnitt legt das übertragbare Drehmoment fest. Es ist deshalb festzustellen, ob die Schweißnähte der Nabe oder des Zahnkranzes den kleinsten Scherquerschnitt besitzen:

$$S_{Nabe} = 2 \cdot \pi \cdot d_{m1} \cdot a_1 = 2\pi \cdot 94{,}2\,\text{mm} \cdot 6\,\text{mm}$$
$$S_{Nabe} = 3\,551\,\text{mm}^2$$
$$S_{Zahnkranz} = 2\pi \cdot d_{m2} \cdot a_2 = 2\pi \cdot 257{,}2\,\text{mm} \cdot 4\,\text{mm}$$
$$S_{Zahnkranz} = 6\,464\,\text{mm}^2$$

Den kleinsten Abscherquerschnitt haben die Schweißnähte der Nabe:

$$S_{gef} = 2 \cdot S_{Nabe} = 2 \cdot 3\,551\,\text{mm}^2 = 7\,102\,\text{mm}^2$$

Max. zulässige Umfangskraft im gefährdeten Querschnitt:

$$F_{zul} = \tau_{a\,zul} \cdot S_{gef} = 80\,\text{N/mm}^2 \cdot 7\,102\,\text{mm}^2$$
$$F_{zul} = 568\,160\,\text{N}$$

Zulässiges Drehmoment:

$$M_d = F_{zul} \cdot \frac{d_{m1}}{2} = 568\,160\,\text{N} \cdot \frac{0{,}0942\,\text{m}}{2} = 26\,760\,\text{Nm}$$
$$\underline{\underline{M_d = 26{,}76\,\text{kNm}}}$$

Bestimmung von y:

$$y^2 + y^2 = \left(\frac{a}{2}\right)^2$$
$$2\,y^2 = \frac{a^2}{4}$$
$$y = \sqrt{\frac{a^2}{8}}$$
$$y_1 = \sqrt{\frac{6^2}{8}} = 2{,}1\,\text{mm}$$
$$y_2 = \sqrt{\frac{4^2}{8}} = 1{,}4\,\text{mm}$$

Bestimmung von d_m:

$$d_{m1} = 90\,\text{mm} + 2y_1 = 94{,}2\,\text{mm}$$
$$d_{m2} = 260\,\text{mm} - 2y_2 = 257{,}2\,\text{mm}$$

Aufgabe 1

Die abgebildete Nietverbindung wird mit der Zugkraft $F = 30\,\text{kN}$ belastet.

Nietdurchmesser: $d = 11\,\text{mm}$

Unter Vernachlässigung der Reibung zwischen den Laschenblechen ist zu bestimmen:

a) die max. Zugspannung $\sigma_{z\,max}$ der Laschen,

b) die Scherspannung τ_a der Niete,

c) der Lochleibungsdruck σ_L (mittlere Flächenpressung).

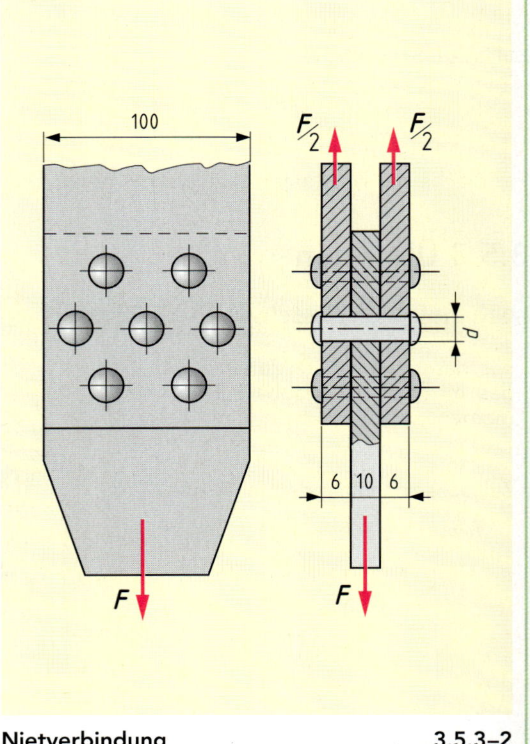

Nietverbindung **3.5.3–2**

Aufgabe 2

Welches Drehmoment kann von der Vollwelle über den Zylinderstift auf die Hohlwelle bei schwellender Belastung übertragen werden?

Der Zylinderstift besteht aus Ck 45 mit $\tau_{a\,zul} = 160\ \text{N/mm}^2$.

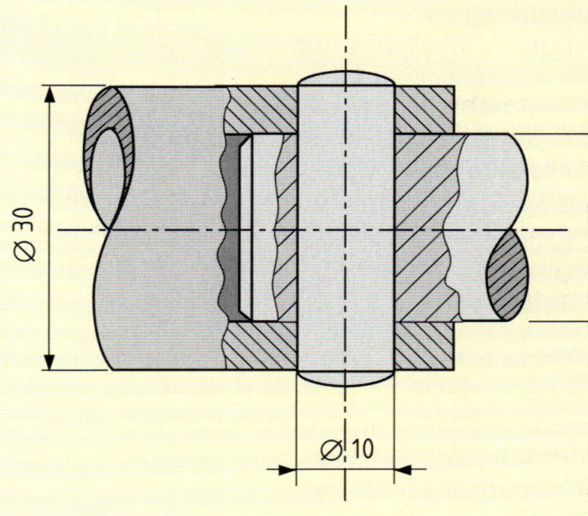

Zylinderstift **3.5.3–3**

Aufgabe 3

Das abgebildete Biegeteil soll aus einem 2 mm dicken Stahlblech ausgestanzt werden.

Blechwerkstoff: Fe 490-2 (St 50-2 G)

a) Die erforderlichen Abscherkräfte für das Lochen und für das Ausschneiden sind zu berechnen.

b) Welche Druckspannung σ_d ergibt sich in den Lochstempeln?

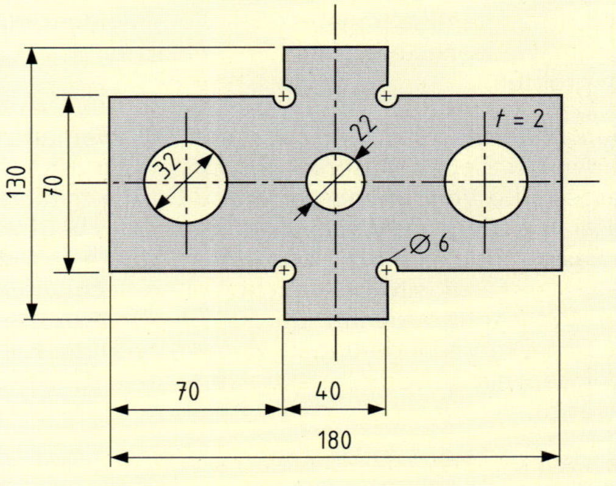

Biegeteil **3.5.3–4**

3.6 Biegebeanspruchung

3.6.1 Festigkeitsbedingung der Biegebeanspruchung

Wird ein einseitig eingespannter Balken durch eine Kraft F belastet, spricht man von einem einfach belasteten **Freiträger.** Die Beanspruchung des Freiträgers wird durch **Freischneiden** ermittelt.

Um den freigeschnittenen Trägerabschnitt ins Gleichgewicht zu setzen, muss in der Freischnittfläche eine innere Schubkraft F_S wirken, die eine Scherspannung $\tau_a = F_S / S$ zur Folge hat. Die Größe der inneren Schubkraft und die Größe der Scherspannung sind unabhängig von der Stelle, an der der Freiträger freigeschnitten wird.

Belastungskraft F und innere Schubkraft F_S bilden ein Kräftepaar, das eine Momentenwirkung zur Folge hat. Bezüglich der Freischnittstelle wirkt das **Belastungsmoment M.** Um für den freigeschnittenen Trägerabschnitt das Momentengleichgewicht herzustellen, muß in der Freischnittfläche ein entgegengerichtetes **Stützmoment M_i** wirken. Dieses wird von der inneren Zugkraft F_{iz} und der inneren Druckkraft F_{id} gebildet.

Das Belastungsmoment und das innere Stützmoment verursachen eine **Durchbiegung** des Freiträgerabschnittes. Das Belastungsmoment M wird deshalb als **Biegemoment M_b** bezeichnet.

$$M_b = M = M_i = F \cdot x$$

Die **Größe des Biegemomentes M_b** ist bei konstanter Belastungskraft F vom Abstand x der Freischnittstelle von der Belastungsstelle abhängig. Beim einfach belasteten Freiträger ist das Biegemoment M_b an der Einspannstelle mit dem Wirkabstand $x = l$ am größten.

Werkstoffe mit gleichem Zug- und Druckverhalten zeigen bei Biegebeanspruchung das in Bild 3.6.1–3 dargestellte Verformungsverhalten. Da die mittlere Faser ihre Länge nicht verändert, wird sie als **neutrale Faser,** abgekürzt **n. F.**, bezeichnet. Oberhalb der neutralen Faser wird bei Durchbiegung nach unten der Werkstoff gedehnt, der untere Bereich gestaucht. Die Verlängerung bzw. Verkürzung der Balkenfasern nimmt von der neutralen Faser ausgehend linear zu.

Bei Werkstoffen, die bei elastischer Verformung dem Hooke'schen Gesetz folgen, ist die Spannung proportional zur Dehnung bzw. Stauchung. Daraus folgt für Biegeträger, dass die Normalspannungen σ_{bz} und σ_{bd} – von der neutralen Faser ausgehend – linear nach außen hin zunehmen. In den Außenfasern wirken die maximale Zug- bzw. Druckspannung.

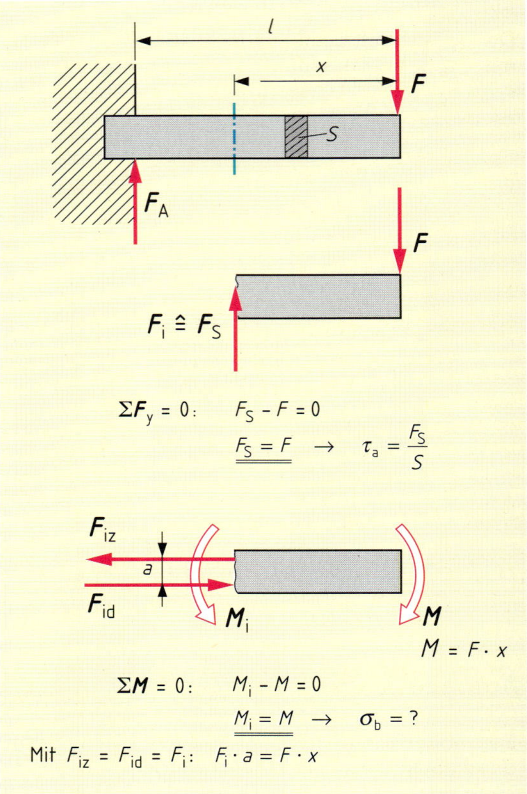

Freiträger freigeschnitten 3.6.1–1

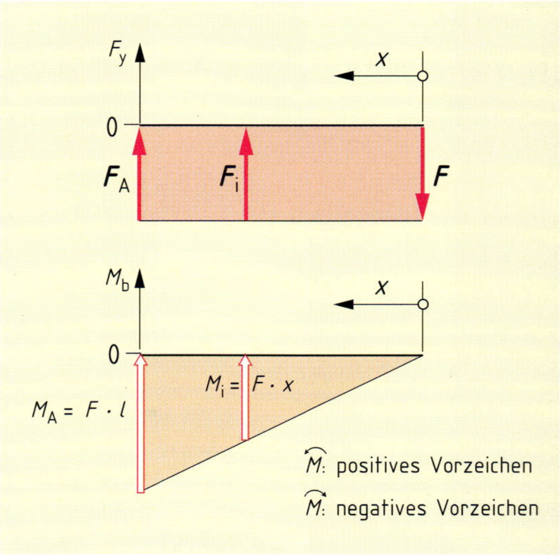

Verlauf von Querkraft $F_y(x)$ und Biegemoment $M_b(x)$ beim Freiträger 3.6.1–2

Für die Festigkeitsberechnung sind die größten Normalspannungen $\sigma_{bz\,max}$ und $\sigma_{bd\,max}$ entscheidend. Sie werden vereinfacht als **Biegespannung** σ_b bezeichnet. Für **symmetrische Querschnitte** gilt:

$$\sigma_b = \sigma_{bz\,max} = \sigma_{bd\,max}$$

Die Biegespannung σ_b eines **Biegeträgers mit Rechteckquerschnitt** wird – wie unten hergeleitet – mit folgender Gleichung berechnet:

$$\sigma_b = \frac{M_b}{\frac{b \cdot h^2}{6}}$$

Die Gleichung lässt erkennen, dass die Biegespannung nicht nur von der Größe des belastenden Biegemomentes M_b und der Größe der Querschnittsfläche $S = b \cdot h$ abhängt, sondern auch von der **Lage der Querschnittsfläche** zur Belastungsrichtung ($b \cdot h^2$).

Der Wert $b \cdot h^2/6$ ist ein Maß für den Widerstand, den der Balkenquerschnitt der Biegebelastung entgegensetzt. Man nennt ihn deshalb **Widerstandsmoment des Rechteckquerschnittes.** Im Gegensatz zur Breite b geht die in Richtung der Belastung gemessene Höhe des Balkenquerschnitts quadratisch in das Widerstandsmoment ein. Dies hat zur Folge, dass der Widerstand eines Balkens gegen Biegung sich vervierfacht, wenn man die Höhe des Querschnitts verdoppelt. In diesem Fall vermindert sich die Biegespannung σ_b auf ein Viertel der ursprünglichen Größe. Dies deckt sich mit der allgemeinen Erfahrung, dass ein hochkant gestelltes Brett bei Biegebeanspruchung viel weniger durchgebogen wird als in Flachkantlage.

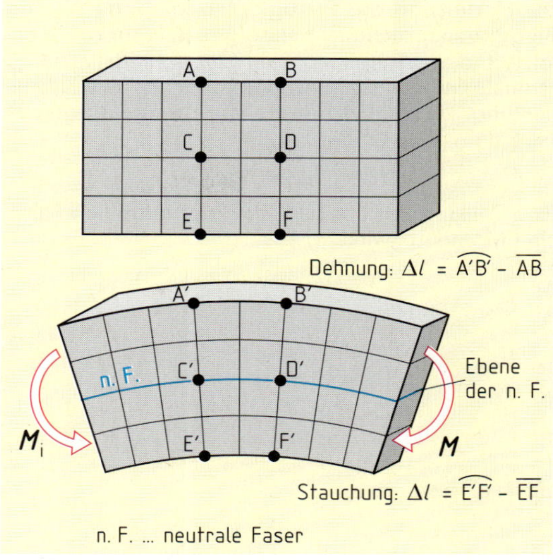

Verformung bei Biegung 3.6.1–3

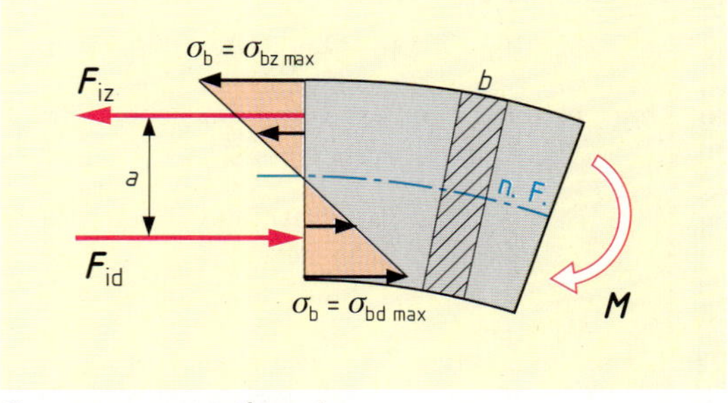

Spannungsverteilung im Freischnittquerschnitt 3.6.1–4

Berechnung der Biegespannung σ_b für Rechteckquerschnitte

Die innere Normalkraft F_{iz} bzw. F_{id} ist die **Resultierende** der durch die Spannung verursachten Flächenbelastung einer Querschnittshälfte $S/2$:

$$F_{iz} = F_{id}$$

$$F_{iz} = \frac{\sigma_b}{2} \cdot \frac{S}{2} = \frac{\sigma_b}{2} \cdot \frac{h}{2} \cdot b$$

Ihre Lage ist durch den Flächenschwerpunkt des Spannungsdreiecks festgelegt; F_{iz} bzw. F_{id} liegen im Abstand 1/3 der halben Querschnittshöhe von der Außenfaser. Der Abstand a der inneren Normalkräfte F_{iz} und F_{id} beträgt:

$$a = h - 2 \cdot \frac{1}{3} \cdot \frac{h}{2} = \frac{2}{3} h$$

Für das Biegemoment $M_b = M = M_i$ ergibt sich:

$$M_b = F_{iz} \cdot a = \frac{\sigma_b}{2} \cdot \frac{h}{2} \cdot b \cdot \frac{2}{3} h$$

$$M_b = \sigma_b \cdot \frac{b \cdot h^2}{6}$$

Die maximale Biegespannung bei Rechteckquerschnitt ist folglich:

$$\underline{\underline{\sigma_b = \frac{M_b}{\frac{b \cdot h^2}{6}}}}$$

Die **Herleitung der Festigkeitsbedingung für die Biegebeanspruchung beliebiger Balkenprofile** erfordert eine Aufteilung der Querschnittsfläche in schmale Streifen der Größe ΔS quer zur Belastungsrichtung. Jeder Flächenstreifen ΔS überträgt die Teilkraft

$$\Delta F_i = \sigma \cdot \Delta S$$

Eine Teilkraft ΔF_i übt bezüglich der neutralen Faser eine Momentenwirkung aus.

$$\Delta M_i = \Delta F_i \cdot y = \sigma \cdot \Delta S \cdot y$$

Aus dem Verhältnis

$$\frac{\sigma}{\sigma_b} = \frac{y}{e}$$

folgt:

$$\sigma = \frac{\sigma_b}{e} \cdot y$$

Oben eingesetzt:

$$\Delta M_i = \frac{\sigma_b}{e} \cdot \Delta S \cdot y^2$$

Die Summe aller inneren Teilmomente entspricht der Größe des Biegemomentes:

$$M_b = \Sigma\,\Delta M_i = \Sigma \frac{\sigma_b}{e} \cdot \Delta S \cdot y^2$$

Setzt man σ_b, und e vor das Summenzeichen, erhält man

$$M_b = \frac{\sigma_b}{e}\,\Sigma\,\Delta S \cdot y^2$$

Den Summenausdruck $\Sigma\Delta S \cdot y^2$ bezeichnet man als **axiales Flächenmoment zweiten Grades** (früher: Flächenträgheitsmoment). Besitzt bei senkrechter Belastungsrichtung die Schwerpunktachse der Balkenquerschnittsfläche eine horizontale Lage (Biegeachse x-x), dann wird das axiale Flächenmoment zweiten Grades mit I und dem Index x bezeichnet.

$$I_x = \Sigma\,\Delta S \cdot y^2$$

Unter Verwendung von I_x erhält man für die Biegespannung σ_b in einem Trägerquerschnitt folgende Gleichung:

$$\sigma_b = \frac{M_b}{I_x} \cdot e = \frac{M_b}{\frac{I_x}{e}} = \frac{M_b}{W_x}$$

Der Quozient I_x/e heißt **axiales Widerstandsmoment W_x**.

$$W_x = \frac{I_x}{e}$$

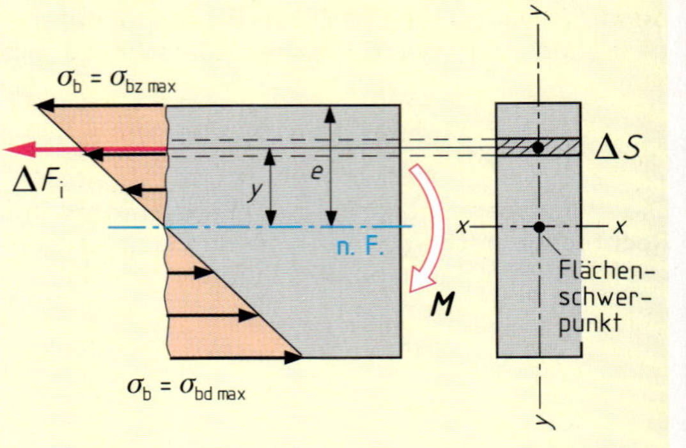

Spannungsverteilung bei Rechteckprofilen 3.6.1–5

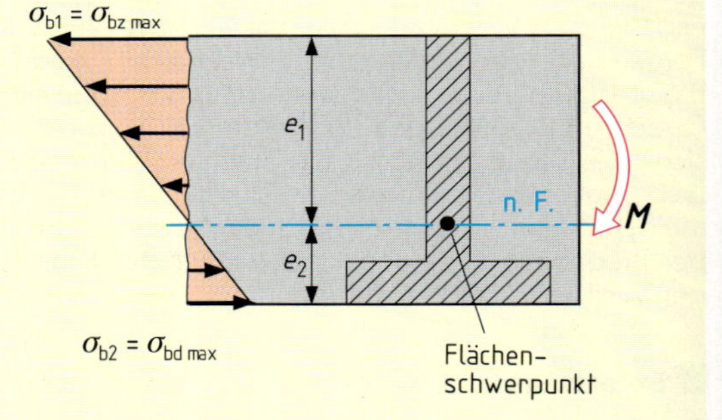

Spannungsverteilung bei T-Profilen 3.6.1–6

Verschieden große Randfaserabstände e_1 und e_2 eines Biegeträgerprofils bewirken unterschiedlich große maximale Biegespannungen σ_{b1} und σ_{b2} in den Randfasern.

Der größere Randfaserabstand hat das kleinere Widerstandsmoment und somit die größere maximale Biegespannung σ_b zur Folge.

Hinweis:

Wird in der Gleichung der Biegebeanspruchung e durch y und σ_b durch σ ersetzt, erhält man eine Geradengleichung. Diese gibt die linerare Spannungszunahme wieder.

$$\sigma = \frac{1}{I_x} \cdot M_b \cdot y$$

Für beliebige Balkenprofile mit der Biegeachse x-x lautet somit die **Festigkeitsbedingung der Biegebeanspruchung:**

$$\sigma_b = \frac{M_{b\,max}}{W_x} \leqq \sigma_{b\,zul} \quad \text{mit} \quad W_x = \frac{I_x}{e_{max}}$$

Zur **Dimensionierung von Biegeträgern** wird aus der Festigkeitsbedingung der Biegebeanspruchung folgende Gleichung gebildet:

$$W_{x\,erf} = \frac{M_{b\,max}}{\sigma_{b\,zul}}$$

Die Gültigkeit der Festigkeitsbedingung für Biegebeanspruchung ist an die folgenden Voraussetzungen gebunden:

- Die Belastung erfolgt senkrecht zur Achse des Flächenschwerpunktes (Biegeachse).
- Die Spannungsverteilung im Balkenquerschnitt ist linear.
  Dies setzt gleiche E-Module für Zug- und Druck voraus.
- Die Balkenachse ist gerade oder nur wenig gekrümmt.
  In einem stark gekrümmten Balken (Kranhaken) kommt es bei Biegebelastung zu einer Spannungskonzentration am Innenradius.
- Damit die Schubspannungen vernachlässigt werden können, muss die Länge des Balkens gegenüber den Querschnittsabmessungen größer sein.

Die zulässige Biegespannung $\sigma_{b\,zul}$ hängt vom Werkstoff, dem Belastungsfall und gegebenenfalls von festigkeitsmindernden Einflüssen (Kapitel 3.1.9 und 3.1.10) ab. Obwohl sich Biegespannungen aus Zug- und Druckspannungen zusammensetzen, sind für nahezu alle Werkstoffe **die Festigkeitswerte für Biegung größer als die für Zug bzw. Druck** (Tabelle 3.1.8–2).

Diese Festigkeitseigenschaft wird durch eine **Stützwirkung des Werkstoffs** bei Biegebeanspruchung hervorgerufen. Bei Werkstoffen mit Fließgrenze ist dies dadurch zu erklären, dass bei Biegung die Fließgrenze im Vergleich zur Zug- bzw. Druckbeanspruchung nicht über den gesamten Querschnitt gleichzeitig erreicht wird, sondern zuerst in der äußeren Faser. Bei $\sigma_b = \sigma_{bF}$ fließt der Werkstoff; d. h. die Fasern verlängern sich ohne Spannungserhöhung. Mit weiter ansteigender Belastung wird die Fließgrenze der Nachbarfaser erreicht. Dadurch wird die äußere Faser von der weiter innenliegenden Faser „gestützt". Die rechnerische Nennspannung $\sigma_{bn} = M_b/W$ in der Randfaser wird durch diese Stützwirkung gar nicht erreicht.

Beispiel: Biegespannung σ_b bei unterschiedlicher Rechteckprofillage eines Freiträgers

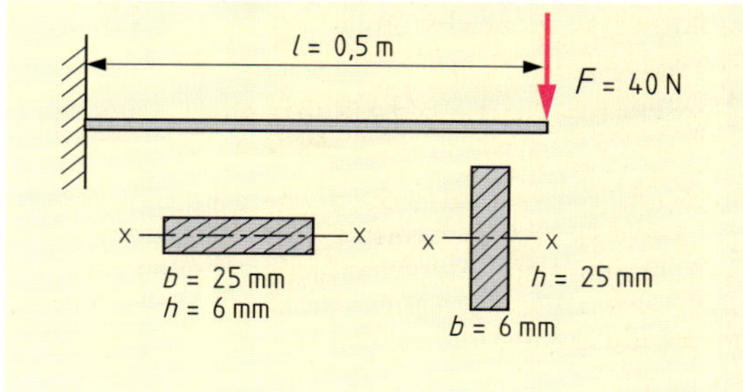

3.6.1–7

Mit $M_{b\,max} = F \cdot l = 40\,\text{N} \cdot 0{,}5\,\text{m} = 20\,\text{Nm}$

$$W_{x\text{▭}} = \frac{b \cdot h^2}{6} = \frac{25\,\text{mm} \cdot 6^2\,\text{mm}^2}{6} = 150\,\text{mm}^3$$

$$W_{x\text{▯}} = \frac{b \cdot h^2}{6} = \frac{6\,\text{mm} \cdot 25^2\,\text{mm}^2}{6} = 625\,\text{mm}^3$$

folgt:
$$\sigma_{b\text{▭}} = \frac{M_{b\,max}}{W_{x\text{▭}}} = \frac{20\,000\,\text{Nmm}}{150\,\text{mm}^2}$$

$$\underline{\underline{\sigma_{b\text{▭}} = 133{,}3\,\text{N/mm}^2}}$$

$$\sigma_{b\text{▯}} = \frac{M_{b\,max}}{W_{x\text{▯}}} = \frac{20\,000\,\text{Nmm}}{625\,\text{mm}^2}$$

$$\underline{\underline{\sigma_{b\text{▯}} = 32\,\text{N/mm}^2}}$$

Beispiel:

Werkstoff	Werkstoffkennwerte bei Zug	Werkstoffkennwerte bei Biegung
Einsatzstahl 18CrNi8	$R_e = 785\,\text{N/mm}^2$	$\sigma_{bF} = 1100\,\text{N/mm}^2$
	$\sigma_{z\,dW} = 500\,\text{N/mm}^2$	$\sigma_{bW} = 610\,\text{N/mm}^2$

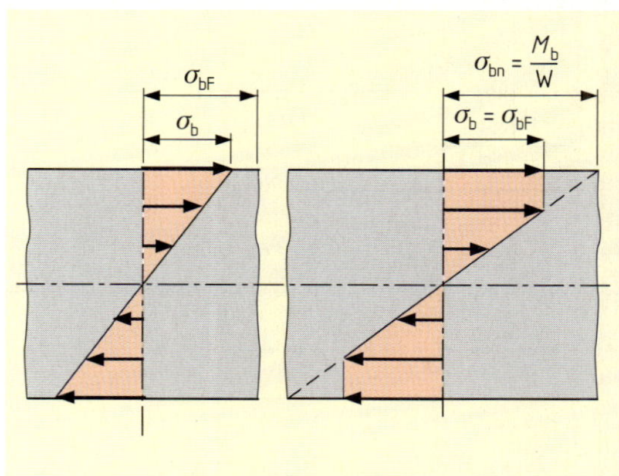

Stützwirkung bei Biegebeanspruchung 3.6.1–8

3.6.2 Bestimmung des größten Biegemomentes

Für die Dimensionierung eines Biegeträgers ist die **größte Biegespannung** $\sigma_{b\,max}$ maßgebend. Diese tritt in der Randfaser an der Stelle des Trägers auf, an der das größte Biegemoment $M_{b\,max}$ übertragen wird.

Freiträger mit Einzelkräften

Bei Freiträgern, welche durch mehrere Einzelkräfte gleicher Richtung belastet werden, zeigt das Freischneiden an unterschiedlichen Stellen des Trägers, daß das größte Biegemoment $M_{b\,max}$ immer an der **Einspannstelle** wirkt.

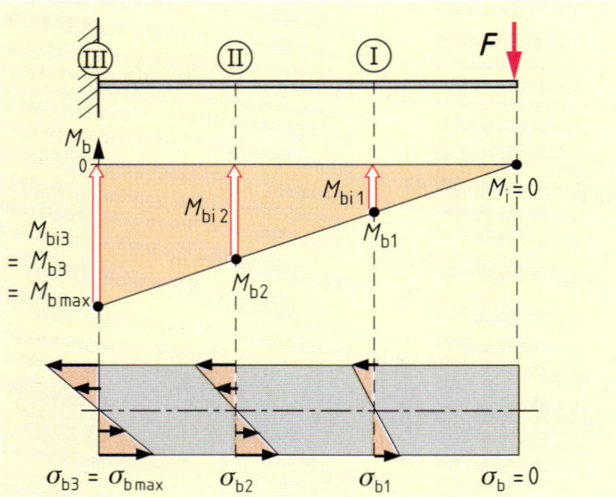

Verlauf von Biegemoment und Biegespannung beim Freiträger mit Einzelkraft 3.6.2–1

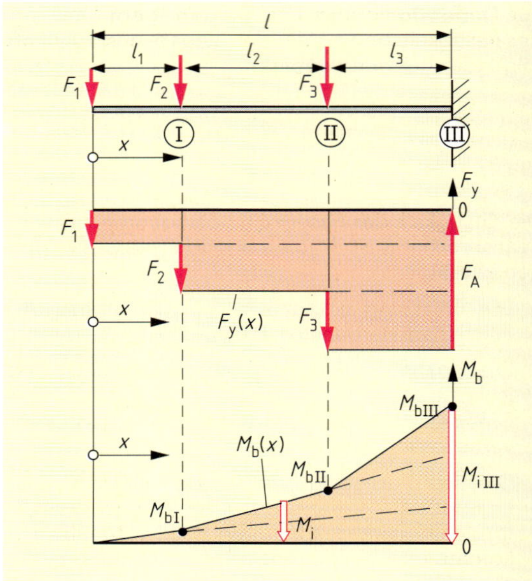

Verlauf von Querkraft $F_y(x)$ und Biegemoment $M_b(x)$ bei einem Freiträger mit 3 Einzelkräften 3.6.2–2

Beispiel: Freiträger mit drei Einzelkräften

Um den Verlauf des Biegemomentes vom Balkenende bis zur Einspannstelle zu ermitteln, wird der Freiträger nacheinander in den Kraftangriffsstellen I, II und III (Einspannstelle) freigeschnitten:

	$\Sigma F_y = 0 \rightarrow F_{SI} = F_1$ $\Sigma M = 0 \rightarrow M_{iI} = M_{bI} = F_1 \cdot l_1$
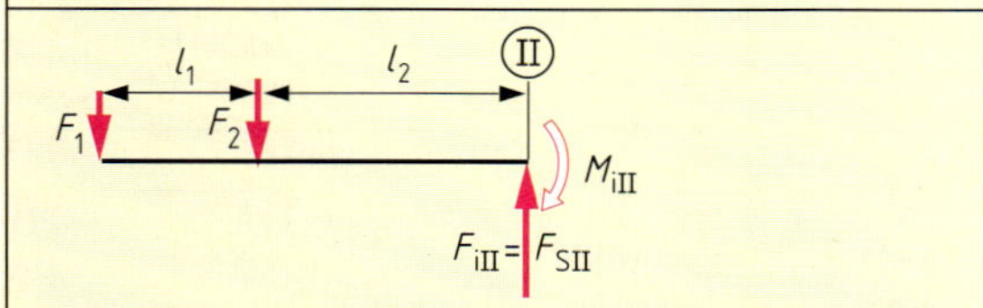	$\Sigma F_y = 0 \rightarrow F_{SII} = F_1 + F_2$ $\Sigma M = 0 \rightarrow M_{iII} = M_{bII} =$ $= F_1\,(l_1 + l_2) + F_2 \cdot l_2$
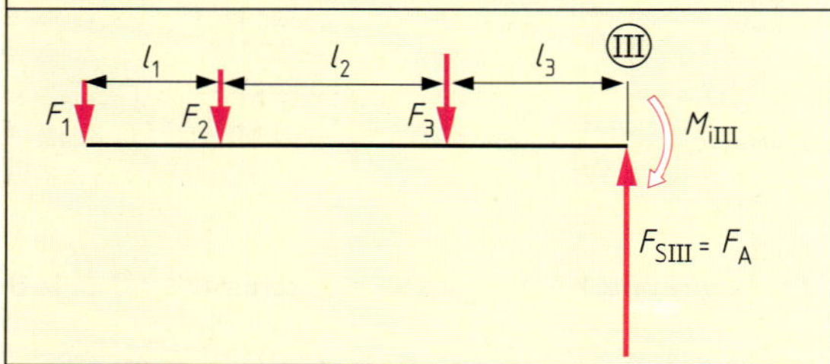	$\Sigma F_y = 0 \rightarrow F_{SIII} = F_1 + F_2 + F_3$ $\Sigma M = 0 \rightarrow M_{iIII} = M_{bIII} =$ $= F_1 \cdot l + F_2\,(l_2 + l_3) + F_3 \cdot l_3$

Ermittlung der Biegemomente in den Querschnitten I bis III 3.6.2–3

Freiträger mit konstanter Streckenkraft

Kräfte greifen an Bauteilen meist nicht punktförmig, sondern gleichmäßig auf eine Fläche verteilt an. Diese Art der Belastung bezeichnet man als **konstante Streckenkraft** q.

$$q = \frac{F}{l}$$

Bei einem Biegebalken mit gleichbleibendem Querschnitt kann die Eigengewichtskraft F_G als Streckenkraft q aufgefasst werden.

Um den Verlauf von Querkraft und Biegemoment zu ermitteln, unterteilt man die Streckenkraft q in gleich lange Abschnitte und ersetzt jede Teilstreckenlast durch ihre **Resultierende** F'.

Durch fortgesetztes Freischneiden erhält man einen **stufenförmigen Querkraftverlauf.** Wird die Unterteilung der Streckenkraft in immer kürzere Abschnitte vorgenommen, geht die „Treppenkurve" in einen **geradlinigen Verlauf** über. Dieser Verlauf zeigt, dass beim Freiträger mit konstanter Streckenkraft q die innere Schubkraft linear vom Wert 0 am Balkenende bis auf den Wert der Stützkraft F_A an der Einspannstelle zunimmt.

Wie im unten dargestellten Beispiel zu erkennen ist, wird mit den Resultierenden F' auch der **Biegemomentenverlauf** durch fortgesetztes Freischneiden ermittelt.

Für die **Berechnung des größten Biegemomentes** $M_{b\,max}$ an der Einspannstelle kann die Streckenkraft q durch ihre Resultierende $F = q \cdot l$ ersetzt werden.

$$M_{b\max} = F \cdot \frac{l}{2} = \frac{q}{2} \cdot l^2$$

Wird $M_{b\max}$ durch M_b und l durch x ersetzt, erkennt man, dass der Verlauf des Biegemomentes über der Balkenlänge **eine quadratische Parabel mit der** Gleichung $M_b = \frac{q}{2} \cdot x^2$ darstellt.

Beispiel: Lagerzapfen

Ein Lagerzapfen, der als Freiträger betrachtet werden kann, wird durch die Kraft $F = 10$ kN gleichmäßig über die Zapfenlänge $l = 40$ mm belastet. Es ist die Streckenkraft q, der Querkraftverlauf $F_y(x)$ und das größte Biegemoment $M_{b\,max}$ zu bestimmen.

- Die Streckenkraft q beträgt:

$$q = \frac{F}{l} = \frac{10\text{ kN}}{4\text{ cm}} = 2{,}5\,\frac{\text{kN}}{\text{cm}}$$

d. h. 1 cm Zapfenlänge überträgt die Kraft 2,5 kN.

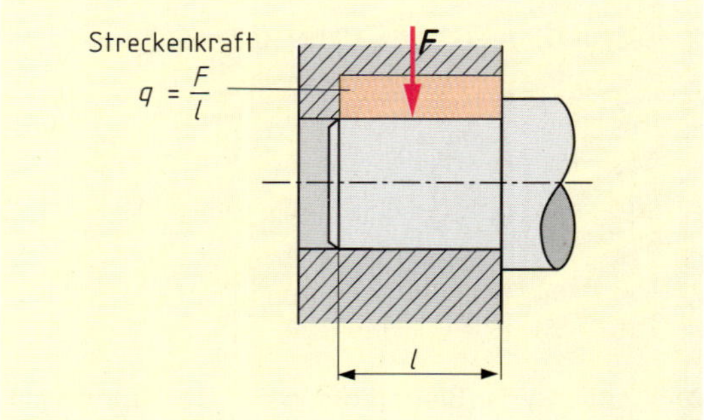

Lagerzapfen 3.6.2–4

- Ermittlung des Querkraftverlaufs $F_y(x)$:

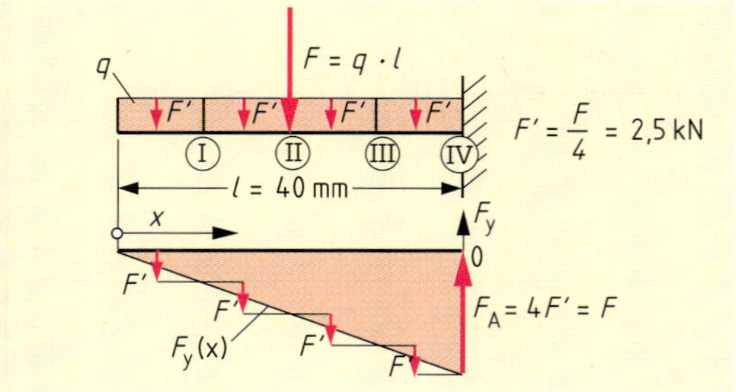

Querkraftverlauf $F_y(x)$ 3.6.2–5

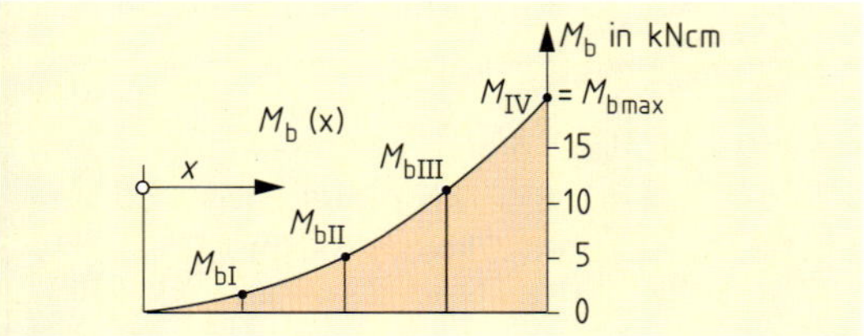

Momentenverlauf $M_b(x)$ 3.6.2–6

- Durch Freischneiden in den Querschnitten I bis IV erhält man folgende Biegemomente:

$$M_{bI} = F' \cdot \frac{l}{8} = 2{,}5\text{ kN} \cdot 0{,}5\text{ cm} = 1{,}25\text{ kNcm}$$

$$M_{bII} = F' \cdot \frac{3}{8}l + F' \cdot \frac{l}{8} = 5\text{ kNcm}$$

$$M_{bIII} = F'\left(\frac{5}{8}l + \frac{3}{8}l + \frac{l}{8}\right) = 11{,}25\text{ kNcm}$$

$$M_{bIV} = F'\left(\frac{7}{8}l + \frac{5}{8}l + \frac{3}{8}l + \frac{l}{8}\right) = 20\text{ kNcm} = M_{b\max}$$

Einfacher ist die Berechnung von $M_{b\,max}$ an der Einspannstelle mit der Resultierenden F:

$$M_{b\max} = F \cdot \frac{l}{2} = 10\text{ kN} \cdot 2\text{ cm} = 20\text{ kNcm}$$

Stützträger mit Einzelkräften

Als Stützträger bezeichnet man ein biegebeanspruchtes Bauteil, das an zwei Stellen statisch bestimmt gelagert ist.

Bevor das größte Biegemoment $M_{b\,max}$ eines Stützträgers ermittelt werden kann, müssen durch **Freimachen** des Stützträgers und durch Anwendung der statischen **Gleichgewichtsbedingungen** $\Sigma F_y = 0$ und $\Sigma M_A = 0$ bzw. $\Sigma M_B = 0$ die an der Biegebeanspruchung beteiligten Lagerkräfte F_A und F_B bestimmt werden.

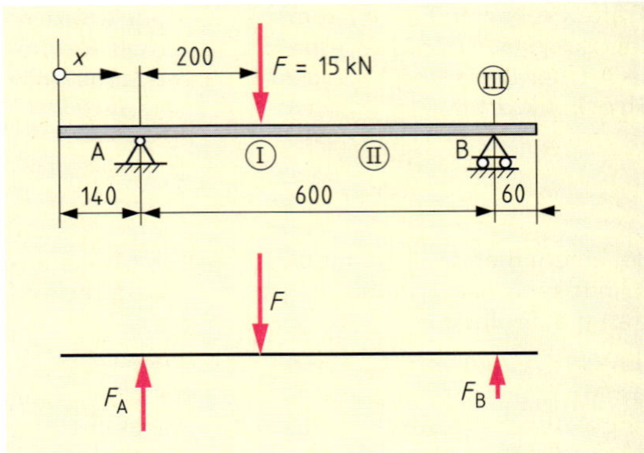

Stützträger freigemacht 3.6.2–7

Beispiel: Stützträger mit Einzelkraftbelastung

Das **Freischneiden** eines durch eine **Einzelkraft** $\boldsymbol{F}$ belasteten Stützträgers zeigt bei der Ermittlung des Biegemomentenverlaufs $M_b(x)$, dass das größte Biegemoment $M_{b\,max}$ an der Stelle auftritt, an der der Querkraftverlauf $F_y(x)$ die Nulllinie schneidet. Bei Belastung mit einer Einzelkraft $\boldsymbol{F}$ ist dies immer die Angriffsstelle der mittleren Kraft. Außerhalb der beiden außen liegenden Kräfte ist $M_b = 0$.

- Berechnung der Stützkräfte:

$$\Sigma M_A = 0: \; F_B \cdot 0{,}6\,\text{m} - 15\,\text{kN} \cdot 0{,}2\,\text{m} = 0$$

$$F_B = \frac{15\,\text{kN} \cdot 0{,}2\,\text{m}}{0{,}6\,\text{m}} = \underline{\underline{5\,\text{kN}}}$$

$$\Sigma F_y = 0: \; F_A + F_B - F = 0$$

$$F_A = F - F_B = 15\,\text{kN} - 5\,\text{kN} = \underline{\underline{10\,\text{kN}}}$$

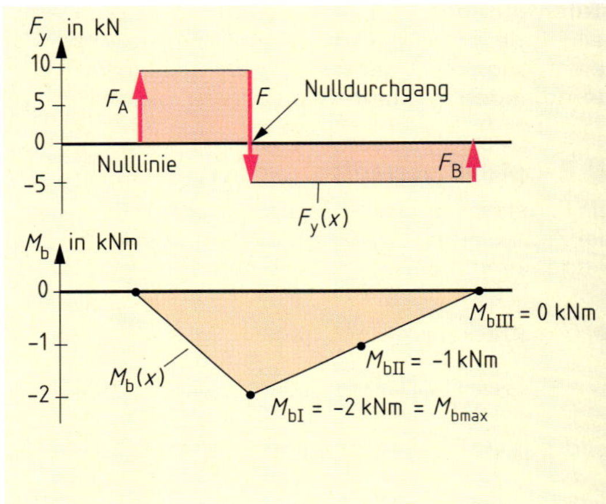

Verlauf von Querkraft $F_y(x)$ und Biegemoment $M_b(x)$ 3.6.2–8

- Ermittlung der Biegemomente in den Querschnitten I bis III

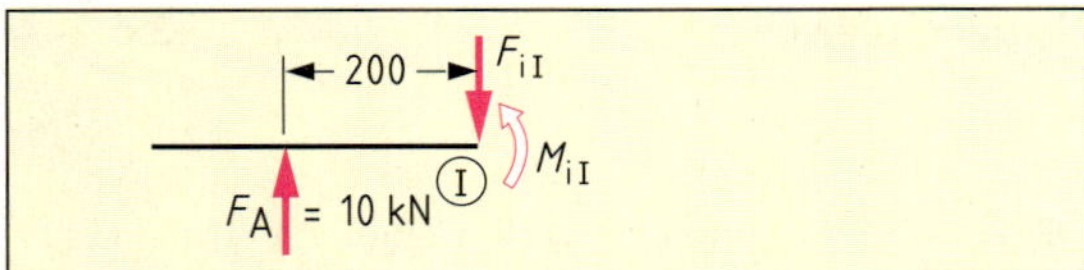	$\Sigma F_y = 0 \;\rightarrow\; F_{iI} = F_A = 10\,\text{kN}$ $\Sigma M = 0 \;\rightarrow\; M_{iI} = M_{bI}$ $\rightarrow\; M_{bI} = -10\,\text{kN} \cdot 0{,}2\,\text{m} = \underline{\underline{-2\,\text{kNm}}}$
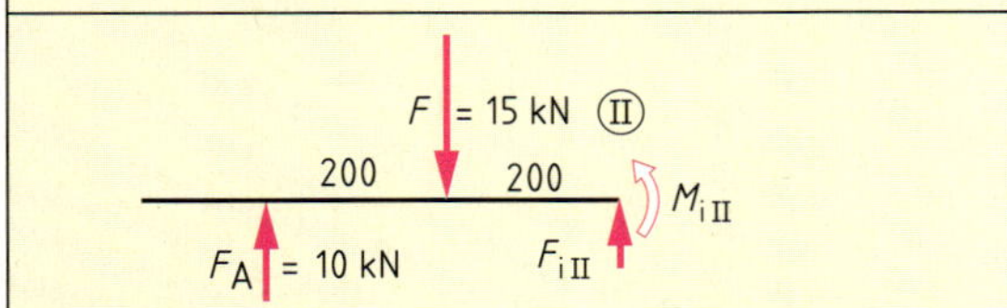	$\Sigma F_y = 0 \;\rightarrow\; F_{iII} = F - F_A = 15\text{kN} - 10\text{kN} = 5\,\text{kN}$ $\Sigma M = 0 \;\rightarrow\; M_{iII} = M_{bII}$ $= -10\,\text{kN} \cdot 0{,}4\text{m} + 15\text{kN} \cdot 0{,}2\,\text{m}$ $= -4\,\text{kNm} + 3\text{kNm} = \underline{\underline{-1\text{kNm}}}$
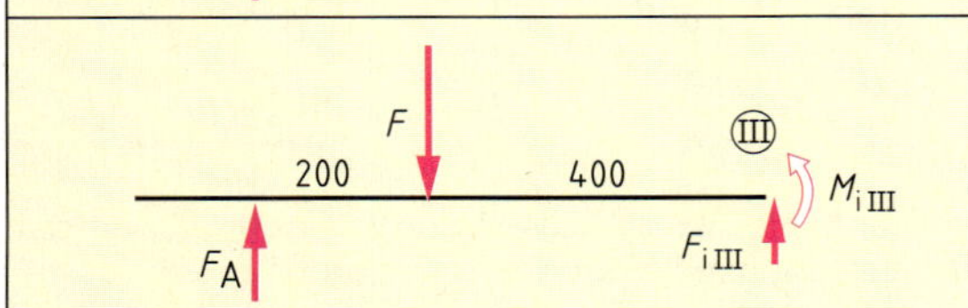	$\Sigma M = 0 \;\rightarrow\; M_{iIII} = M_{bIII}$ $= -10\,\text{kN} \cdot 0{,}6\text{m} + 15\text{kN} \cdot 0{,}4\text{m}$ $= -6\,\text{kNm} + 6\,\text{kNm} = \underline{\underline{0}}$

3.6.2–9

Beispiel: Stützträger mit drei Einzelkraftbelastungen

Bei **durch mehrere Einzelkräfte belasteten Stützträgern** treten an den Angriffsstellen der Kräfte, die zwischen den beiden äußersten Einzelkräften liegen, jeweils **Biegemomentspitzen** auf. Um das größte Biegemoment zu bestimmen, müssen die Werte der einzelnen Biegemomentspitzen berechnet werden.

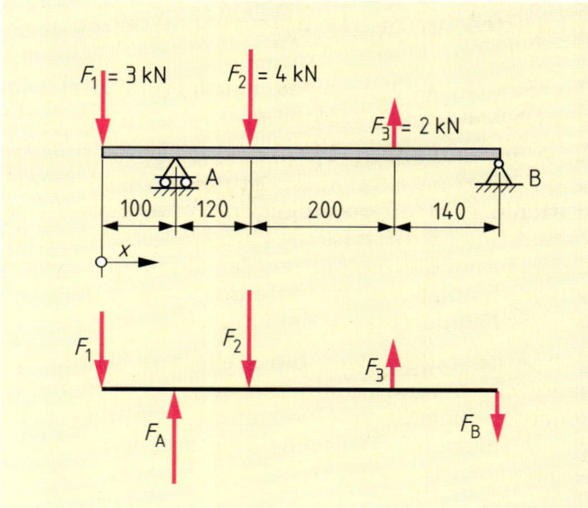

Stützträger freigemacht **3.6.2–10**

- Berechnung der Stützkräfte:

$\Sigma M_A = 0:$

$3\,\text{kN} \cdot 0{,}1\,\text{m} - 4\,\text{kN} \cdot 0{,}12\,\text{m} + 2\,\text{kN} \cdot 0{,}32\,\text{m} - F_B \cdot 0{,}46\,\text{m} = 0$

$$F_B = \frac{0{,}3\,\text{kNm} - 0{,}48\,\text{kNm} + 0{,}64\,\text{kNm}}{0{,}46\,\text{m}}$$

$\underline{\underline{F_B = 1\,\text{kN}}}$

$\Sigma F_y = 0:$

$F_A - 3\,\text{kN} - 4\,\text{kN} + 2\,\text{kN} - 1\,\text{kN} = 0$

$\underline{\underline{F_A = 6\,\text{kN}}}$

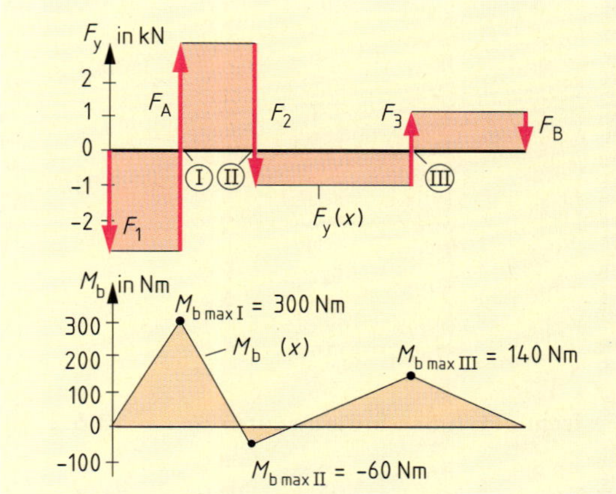

Verlauf von Querkräften $F_y(x)$ und Biegemomenten $M_b(x)$ **3.6.2–11**

- Ermittlung der maximalen Biegemomente an den Stellen mit Nulldurchgang der Querkraft:

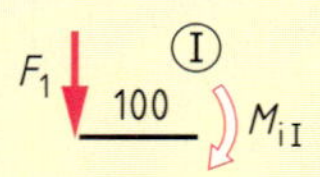	$M_{iI} = M_{b\,max\,I} = 3\,\text{kN} \cdot 0{,}1\,\text{m} = 0{,}3\,\text{kNm} = \underline{\underline{300\,\text{Nm}}}$
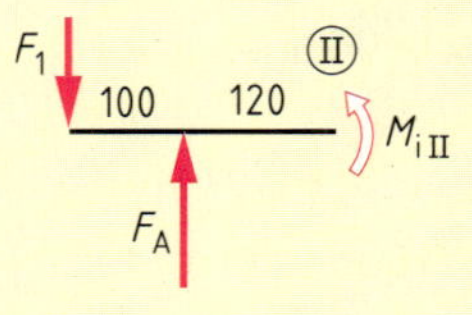	$M_{i\,II} = M_{b\,max\,II} = 3\,\text{kN} \cdot 0{,}22\,\text{m} - 6\,\text{kN} \cdot 0{,}12\,\text{m} = -0{,}06\,\text{kNm} = \underline{\underline{-60\,\text{Nm}}}$
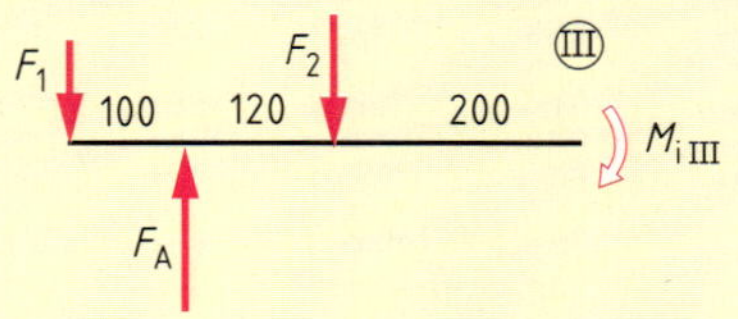	$M_{i\,III} = M_{b\,max\,III} = 3\,\text{kN} \cdot 0{,}42\,\text{m} - 6\,\text{kN} \cdot 0{,}32\,\text{m} + 4\,\text{kN} \cdot 0{,}2\,\text{m} = 0{,}14\,\text{kNm} = \underline{\underline{140\,\text{Nm}}}$

3.6.2–12

Stützträger mit konstanter Streckenkraft

Die Gewichtskraft F_G eines Stützträgers wirkt wie eine konstante Streckenkraft q.

Bei Aufteilung der Streckenkraft in sehr viele gleich lange Abschnitte geht die **stufenförmige Querkraftlinie** in einen **geradlinigen Verlauf** über. Der Verlauf $F_y(x)$ zeigt, dass die Querkraft über der Balkenlänge um den Betrag der Resultierenden F kontinuierlich abfällt. In der Mitte des Trägers befindet sich der **Nulldurchgang** der Querkraftlinie.

Neben der Möglichkeit, die **Stelle des Nulldurchgangs der Querkraftlinie** zeichnerisch mit Hilfe des Verlaufes der äußeren Querkräfte zu ermitteln, kann dies auch durch **Freischneiden** des Stützträgers erfolgen.

- Rechnerische Bestimmung des Nulldurchganges

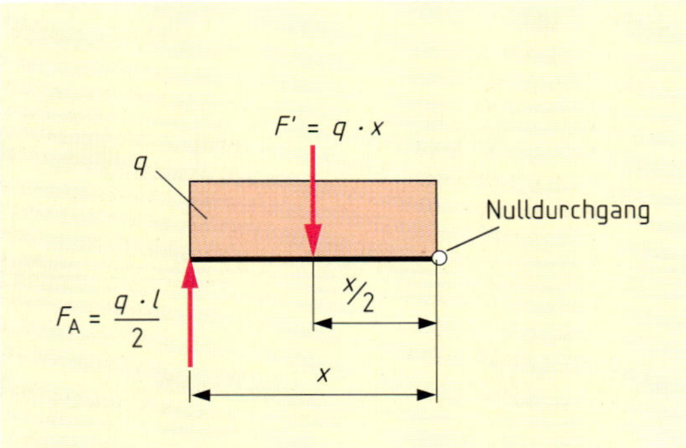

Freischneiden des Stützträgers **3.6.2–13**

Wegen $F_y = 0$ ist beim Nulldurchgang auch $F_i = 0$!

$$\Sigma F_y = 0 \quad \rightarrow \quad F_A = F'$$

$$\frac{q \cdot l}{2} = q \cdot x$$

$$x = \frac{l}{2}$$

d. h. bei einem Stützträger mit konstanter Streckenkraft q ist die Trägermitte die Stelle mit Querkraft $F_y = 0$ und somit auch der Ort mit dem maximalen Biegemoment $M_{b\,max}$.

Ist die **Stelle** festgestellt, an der das größte Biegemoment $M_{b\,max}$ übertragen wird, kann $M_{b\,max}$ – wie nebenstehend gezeigt – mit Hilfe der **Resultierenden F' des Streckenkraftabschnittes** berechnet werden.

Wird $M_{b\,max}$ durch M_b und l durch x ersetzt, erhält man für den Biegemomentenverlauf folgende **Parabelgleichung:**

$$M_b = -\frac{F_A}{2} \cdot x + \frac{F'}{4} \cdot x^2$$

- Zeichnerische Bestimmung des Nulldurchganges der Querkraftlinie

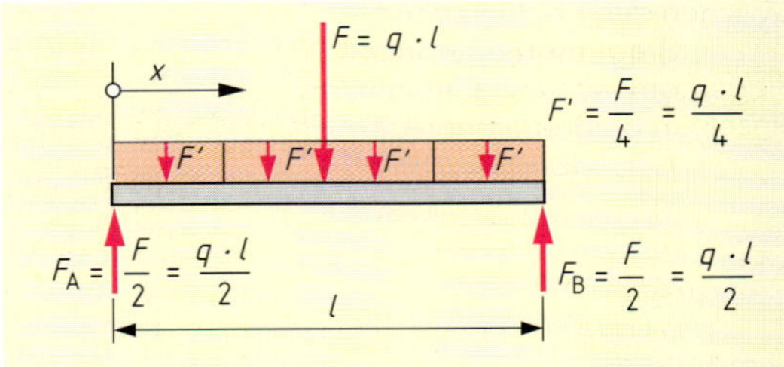

Aufteilung in Streckenkraftabschnitte **3.6.2–14**

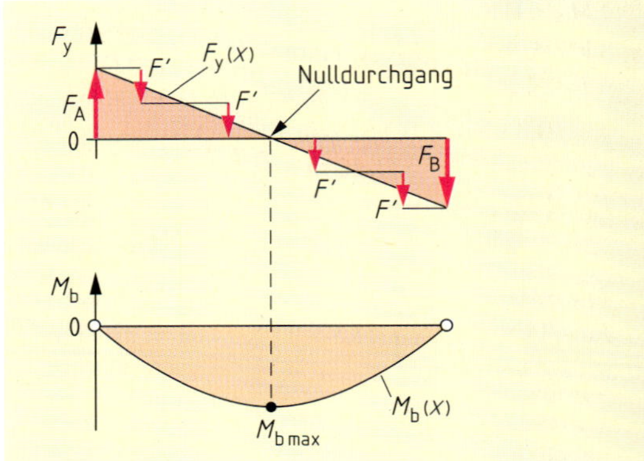

Verlauf von Querkraft $F_y(x)$ und Biegemoment $M_b(x)$ **3.6.2–15**

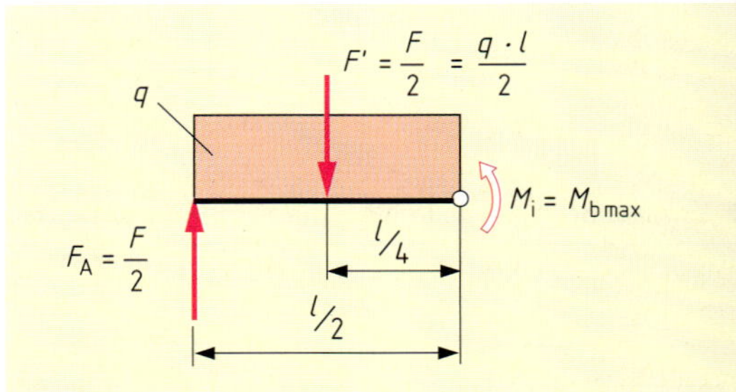

Freischneiden im Nulldurchgang **3.6.2–16**

$$M_i = M_{b\,max}$$

$$M_{b\,max} = -F_A \cdot \frac{l}{2} + F' \cdot \frac{l}{4}$$

$$= -\frac{F}{2} \cdot \frac{l}{2} + \frac{F}{2} \cdot \frac{l}{4}$$

$$= -\frac{1}{4} F \cdot l + \frac{1}{8} F \cdot l$$

$$M_{b\,max} = -\frac{1}{8} F \cdot l$$

Mit $F = q \cdot l \quad \rightarrow \quad M_{b\,max} = -\frac{1}{8} q \cdot l^2$

Aufgabe 1 bis 4

Für
die Wagenachse (1),
den Stützträger mit konstanter Streckenkraft (2),
den Stützträger mit Mischbelastung (3),
und den Freiträger mit Mischbelastung (4)

sind zu ermitteln:

a) die Stützkräfte,
b) der Verlauf der äußeren Querkräfte $F_y(x)$,
c) das größte Biegemoment $M_{b\,max}$,
d) der Biegemomentenverlauf $M_b(x)$ durch mehrmaliges Freischneiden.

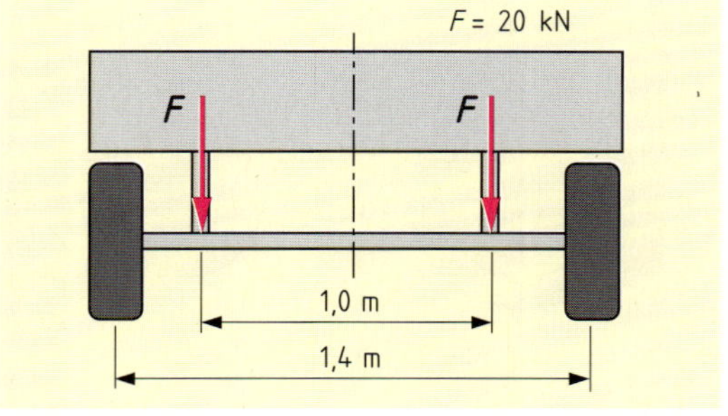

(1) Wagenachse 3.6.2–17

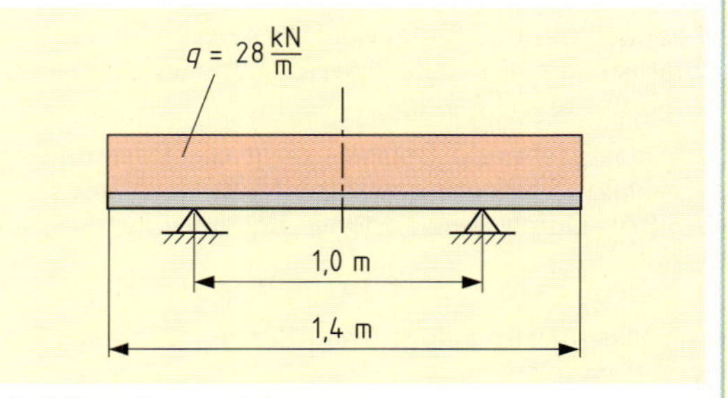

(2) Stützträger mit konstanter Streckenkraft 3.6.2–18

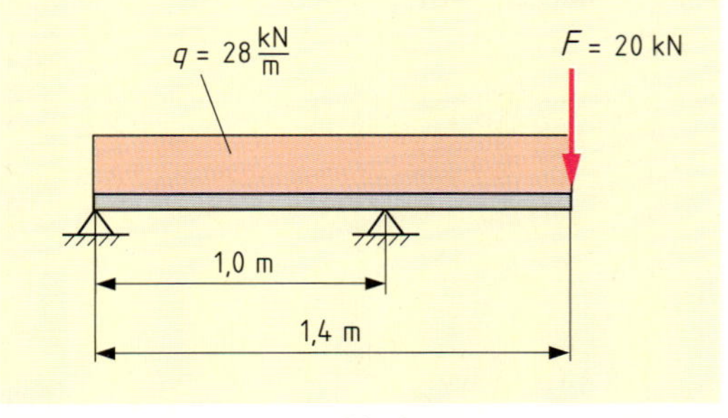

(3) Stützträger mit Mischbelastung 3.6.2–19

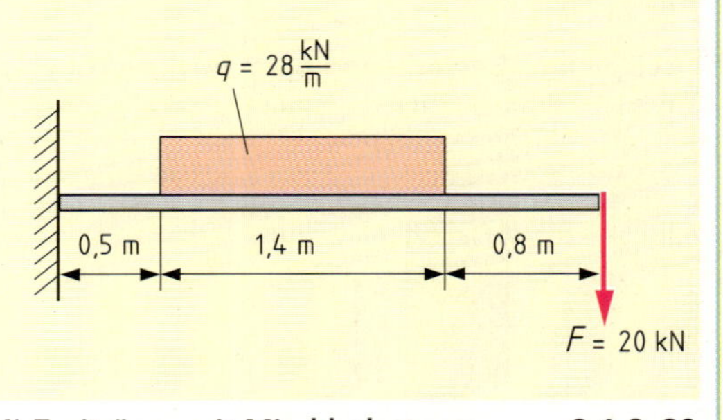

(4) Freiträger mit Mischbelastung 3.6.2–20

3.6.3 Axiale Flächen- und Widerstandsmomente

Um das **axiale Widerstandsmoment** W berechnen zu können, muss sowohl **das axiale Flächenmoment zweiten Grades** I als auch, zur Bestimmung des **Randfaserabstandes** e, **die Lage des Schwerpunktes** der Querschnittsfläche (Kapitel 2.3.3) bekannt sein.

$$W = \frac{I}{e}$$

Wird ein Träger mit Rechteckquerschnitt hochkant gebogen, so ist die horizontale Achse des Flächenschwerpunktes die **Biegeachse** x–x. Weil das Flächenmoment zweiten Grades sich auf eine Biegeachse bezieht, wird es als **axiales Flächenmoment** bezeichnet. Für die Biegeachse x–x gilt:

$$I_x = \Sigma \Delta S \cdot y^2$$

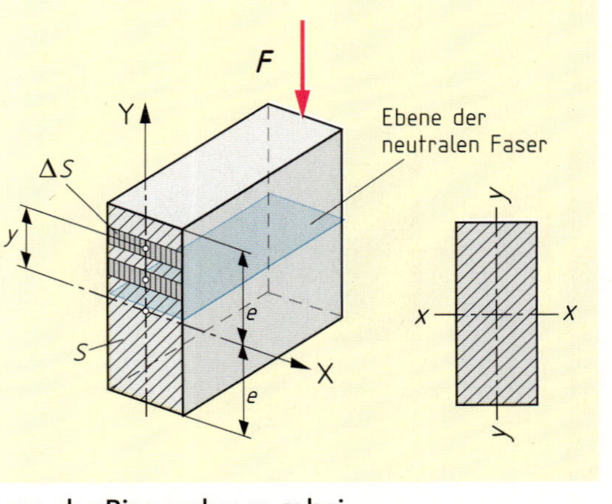

Lage der Biegeachse x–x bei Träger mit Rechteckquerschnitt 3.6.3–1

Für gleich große Flächenelemente ΔS nimmt das axiale Flächenmoment quadratisch mit dem Abstand zur Biegeachse zu. Ein Flächenelement mit doppeltem Abstand y besitzt somit ein viermal so großes axiales Flächenmoment. Wegen dieses quadratischen Zusammenhangs wird das Flächenmoment vollständigerweise als **axiales Flächenmoment zweiten Grades** (Vergleiche: Flächenmoment ersten Grades, Kap. 2.3.3) bezeichnet.

Träger mit verschiedenen Querschnittsformen, jedoch gleichem Flächeninhalt, besitzen aufgrund des quadratischen Einflusses des Abstandes y unterschiedlich große axiale Flächen- und Widerstandsmomente, Bild 3.6.3–2.

Das untenstehende Beispiel zeigt die Bestimmung des axialen Flächenmomentes I_x für Rechteckquerschnitte. Durch Anwendung der Integrationsmethode

$$I_x = \int y^2 \cdot dS$$

kann das axiale Flächenmoment I_x ebenfalls berechnet werden.

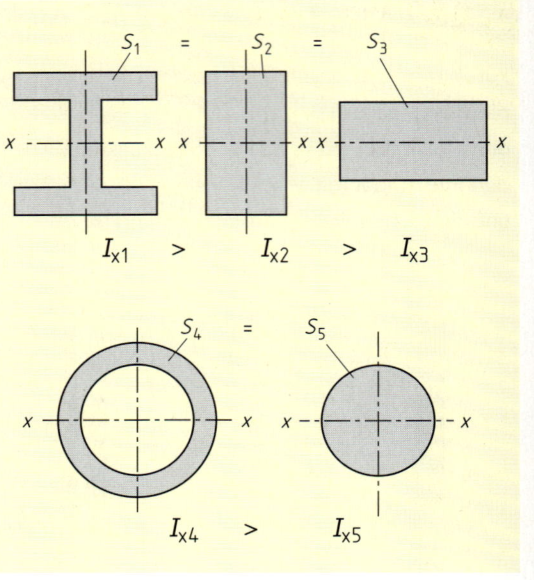

Querschnitte gleicher Fläche, jedoch unterschiedlicher axialer Flächenmomente **3.6.3–2**

Beispiel: I_x-Bestimmung beim Rechteckquerschnitt

Flächenaufteilung	$I_x = \Sigma \Delta S \cdot y^2$
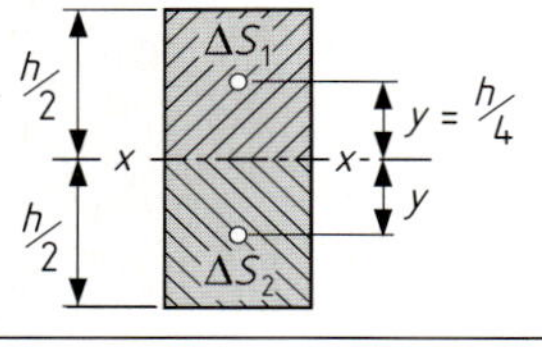	$I_x = 2\left(b \cdot \frac{h}{2} \cdot \left(\frac{h}{4}\right)^2\right)$ $I_x = \frac{b \cdot h^3}{16}$ → bei 2 Teilflächen ΔS
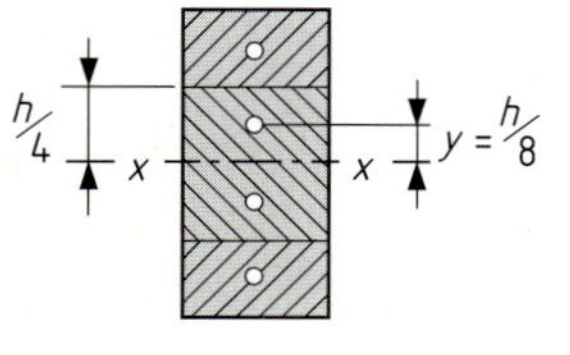	$I_x = 2\left(b \cdot \frac{h}{4} \cdot \left(\frac{3h}{8}\right)^2 + b \cdot \frac{h}{4} \cdot \left(\frac{h}{8}\right)^2\right)$ $I_x = \frac{b \cdot h^3}{2} \cdot \left(\frac{9}{64} + \frac{1}{64}\right) = \frac{b \cdot h^3}{2} \cdot \frac{10}{64}$ $I_x = \frac{b \cdot h^3}{12{,}8}$ → bei 4 Teilflächen ΔS
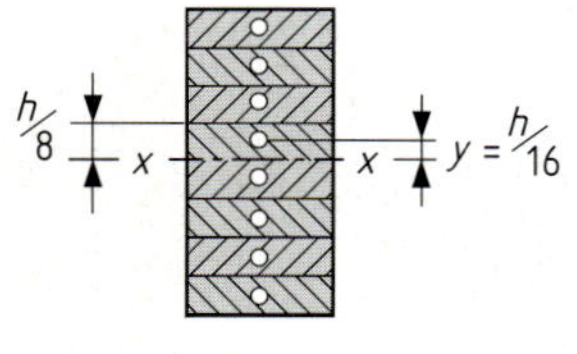	$I_x = 2\left(b \cdot \frac{h}{8}\left(\frac{7}{16}h\right)^2 + b \cdot \frac{h}{8}\left(\frac{5}{16}h\right)^2 + b \cdot \frac{h}{8}\left(\frac{3}{16}h\right)^2 + \frac{b \cdot h}{8}\left(\frac{h}{16}\right)^2\right)$ $I_x = \frac{b \cdot h^3}{4}\left(\frac{49}{256} + \frac{25}{256} + \frac{9}{256} + \frac{1}{256}\right) = \frac{b \cdot h^3}{4} \cdot \frac{84}{256}$ $I_x = \frac{b \cdot h^3}{12{,}19}$ → bei 8 Teilflächen ΔS
Für $\Delta S \to 0$:	$I_x = \frac{b \cdot h^3}{12}$ → bei ∞ Teilflächen ΔS

3.6.3–3

Die Berechnungsgleichungen für I und W **einfacher Querschnittsformen** sind im Bild 3.6.3–4 zusammengestellt.

Für **genormte Metallbauprofile** sind die axialen Flächen- und Widerstandsmomente I und W in entsprechenden Tabellen enthalten. Einen Auszug daraus zeigen die Tabellen 3.6.3–1 bis 3.6.3–3.

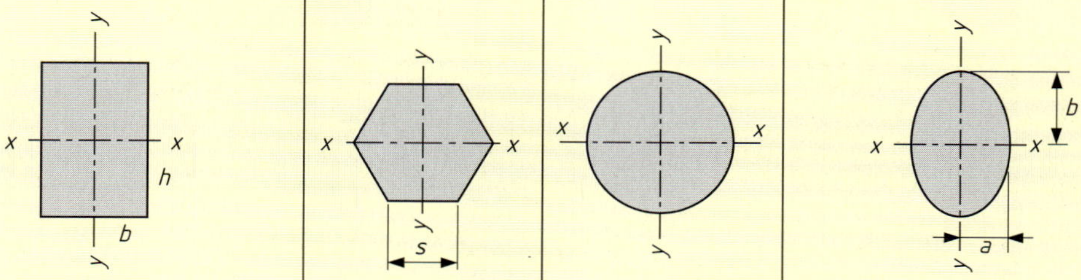

Rechteck	Sechseck	Kreis	Ellipse
$I_x = \frac{b \cdot h^3}{12}$ $I_y = \frac{h \cdot b^3}{12}$	$I = \frac{5\sqrt{3}}{16} \cdot s^4$	$I = \frac{\pi \cdot d^4}{64}$	$I_x = \frac{\pi \cdot a \cdot b^3}{64}$ $I_y = \frac{\pi \cdot a^3 \cdot b}{64}$
$W_x = \frac{b \cdot h^2}{6}$ $W_y = \frac{h \cdot b^2}{6}$	$W = \frac{5}{8} \cdot s^3$	$W = \frac{\pi \cdot d^3}{32}$	$W_x = \frac{\pi \cdot a \cdot b^2}{32}$ $W_y = \frac{\pi \cdot a^2 \cdot b}{32}$

***I* und *W* einfacher Querschnittformen** **3.6.3–4**

Warmgewalzte schmale I-Träger
DIN 1025

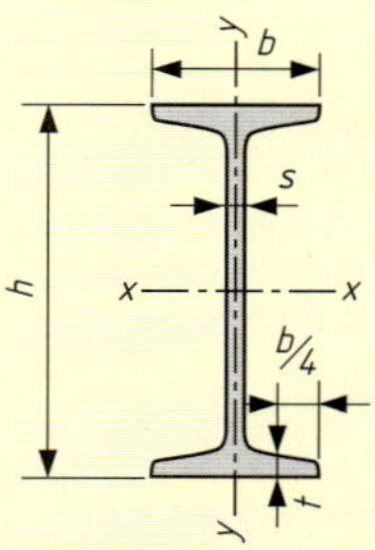

Kurz-zeichen I	h mm	b mm	s mm	t mm	Quer-schnitt S mm²	I_x $\cdot 10^4$ mm⁴	W_x $\cdot 10^3$ mm³	I_y $\cdot 10^4$ mm⁴	W_y $\cdot 10^3$ mm³
80	80	42	3,9	5,9	758	77,8	19,5	6,29	3,00
100	100	50	4,5	6,8	1060	171	34,2	12,2	4,88
120	120	58	5,1	7,7	1420	328	54,7	21,5	7,41
140	140	66	5,7	8,6	1830	573	81,9	35,2	10,7
160	160	74	6,3	9,5	2280	935	117	54,7	14,8
180	180	82	6,9	10,4	2790	1450	161	81,3	19,8
200	200	90	7,5	11,3	3350	2140	214	117	26,0
220	220	98	8,1	12,2	3960	3060	278	162	33,1
240	240	106	8,7	13,1	4610	4250	354	221	41,7
260	260	113	9,4	14,1	5340	5740	442	288	51,0
280	280	119	10,1	15,2	6110	7590	542	364	61,2
300	300	125	10,8	16,2	6910	9800	653	451	72,2

Tabelle 3.6.3–1

Warmgewalzter rundkantiger U-Stahl
DIN 1026

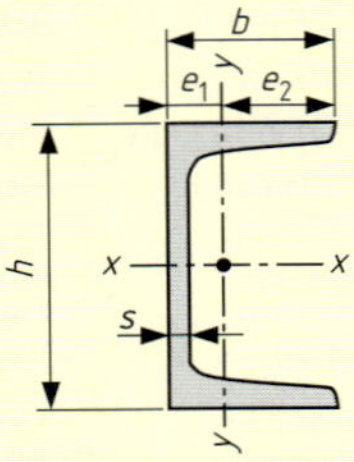

Kurzzeichen U	h mm	b mm	s mm	Querschnitt S mm^2	e_1/e_2 mm	I_x $\cdot 10^4 mm^4$	W_x $\cdot 10^3 mm^3$	I_y $\cdot 10^4 mm^4$	W_{y1} $\cdot 10^3 mm^3$	W_{y2} $\cdot 10^3 mm^3$
30 x 15	30	15	4	221	5,2/ 9,8	2,53	1,69	0,38	0,73	0,39
40 x 20	40	20	5	366	6,7/13,3	7,58	3,79	1,14	1,70	0,86
40	40	35	5	621	13,3/21,7	14,1	7,05	6,68	5,02	3,08
50 x 25	50	25	5	492	8,1/16,9	16,8	6,73	2,49	3,07	1,47
50	50	38	5	712	13,7/24,3	26,4	10,6	9,12	6,66	3,75
60	60	30	6	646	9,1/20,9	31,6	10,5	4,51	4,98	2,16
80	80	45	6	1100	14,5/30,5	106	26,5	19,4	13,4	6,36
100	100	50	6	1350	15,5/34,5	206	41,2	29,3	18,9	8,49
120	120	55	7	1700	16,0/39,0	364	60,7	43,2	27,0	11,1
140	140	60	7	2040	17,5/42,5	605	86,4	62,7	35,8	14,8
160	160	65	7,5	2400	18,4/46,6	925	116	85,3	46,4	18,3
180	180	70	8	2800	19,2/50,8	1350	150	114	59,4	22,4
200	200	75	8,5	3220	20,1/54,9	1910	191	148	73,6	27,0

Tabelle 3.6.3–2

Warmgewalzter gleichschenkliger rundkantiger Winkelstahl
DIN 1028

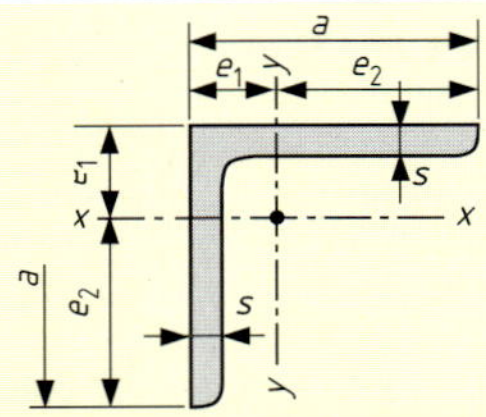

Kurzzeichen	a mm	s mm	Querschnitt S mm^2	e_1 mm	e_2 mm	$I_x = I_y$ $\cdot 10^4 mm^4$	$W_{x1} = W_{y1}$ $\cdot 10^3 mm^3$	$W_{x2} = W_{y2}$ $\cdot 10^3 mm^3$
20 x 4	20	4	145	6,4	13,6	0,48	0,75	0,35
30 x 5	30	5	278	9,2	20,8	2,16	2,35	1,04
40 x 6	40	6	448	12	28	6,33	5,28	2,26
50 x 8	50	8	741	15,2	34,8	16,3	10,7	4,68
60 x 6	60	6	691	16,9	43,1	22,8	13,5	5,29
60 x 10	60	10	1110	18,5	41,5	34,9	18,9	8,41
70 x 7	70	7	940	19,7	50,3	42,4	21,5	8,43
70 x 9	70	9	1190	20,5	49,5	52,6	25,7	10,6
80 x 8	80	8	1230	22,6	57,4	72,3	32,0	12,6
80 x 10	80	10	1510	23,4	56,6	87,5	37,4	15,5
90 x 9	90	9	1550	25,4	64,6	116	45,7	18,0
90 x 11	90	11	1870	26,2	63,8	138	52,7	21,6
100 x 10	100	10	1920	28,2	71,8	177	62,8	24,7
100 x 14	100	14	2620	29,8	70,2	235	78,9	33,5

Tabelle 3.6.3–3

Zur Biegeachse symmetrische Querschnitte

Lässt sich der Querschnitt eines Biegeträgers so in geometrisch einfache Teilflächen zerlegen, dass die **Biegeachsen (Schwerachsen) der Teilflächen mit der Biegeachse (Schwerachse) des Gesamtquerschnittes zusammenfallen,** dann ist das axiale Flächenmoment I dieser Querschnittsfläche gleich der **Summe bzw. Differenz der axialen Flächenmomente der Teilflächen.**

Mit dem ermittelten axialen Gesamtflächenmoment I_x, siehe untenstehende Beispiele, kann das axiale Widerstandsmoment W_x bestimmt werden.

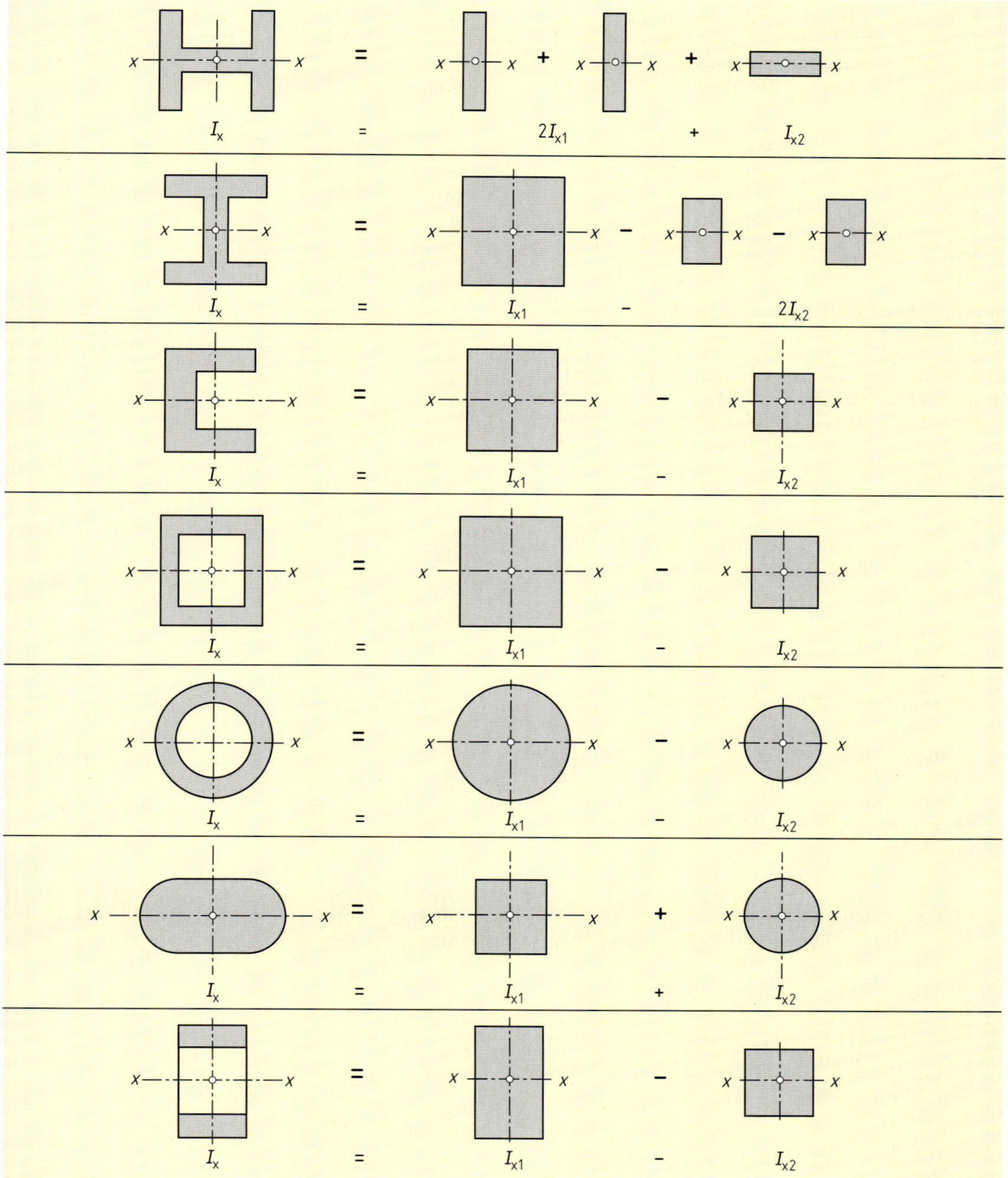

Flächenmomentermittlung bei symmetrischen Querschnitten **3.6.3–5**

Zur Biegeachse unsymmetrische Querschnitte

Fallen bei zusammengesetzten Querschnitten die Biegeachsen der Teilflächen **nicht** mit der Biegeachse des Gesamtquerschnittes zusammen, dann liegt ein **unsymmetrischer Biegequerschnitt** vor.

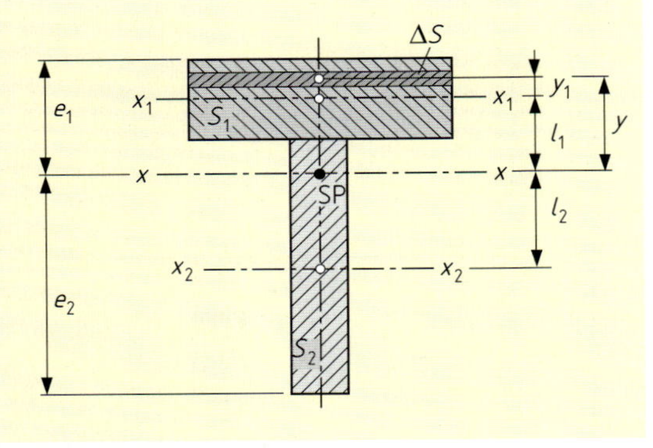

Unsymmetrischer Biegequerschnitt **3.6.3–6**

Um das axiale Flächenmoment I eines unsymmetrischen Querschnittes zu ermitteln, muss **zuerst** die **Lage des Flächenschwerpunktes** bestimmt werden (Kapitel 2.3.3). Ist die Biegeachse des Querschnittes bekannt, können die **Teilflächenabstände** l der zur Biegeachse parallelen Schwerachsen bestimmt werden.

Das axiale Flächenmoment I eines unsymmetrischen Querschnittes wird nachfolgend mit Hilfe des nebenstehend hergeleiteten **Verschiebesatzes von Steiner** berechnet:

$$I_x = \Sigma I_{xn} + \Sigma S_n \cdot l_n^2$$

$$I_x = I_{x1} + S_1 \cdot l_1^2 + I_{x2} + S_2 \cdot l_2^2 + \ldots + I_{xn} + S_n \cdot l_n^2$$

Mit dem ermittelten axialen Flächenmoment I_x des unsymmetrischen Biegequerschnittes können durch Division mit den unterschiedlichen Randfaserabständen e_1 und e_2 die Biegespannungen in den Randfasern bestimmt werden.

Herleitung des Verschiebesatzes von Steiner für die Teilfläche S_1

Das axiale Flächenmoment der Teilfläche S_1 bezogen auf die Gesamtbiegeachse x–x ist:

$$I_x = \Sigma \Delta S \cdot y^2$$
$$= \Sigma \Delta S \cdot (l_1 + y_1)^2$$
$$= \Sigma\left(\Delta S \cdot l_1^2 + 2\Delta S \cdot l_1 \cdot y_1 + \Delta S \cdot y_1^2\right)$$

Setzt man die konstanten Größen vor das Summenzeichen, so erhält man:

$$I_x = l_1^2 \cdot \Sigma \Delta S + 2\,l_1\,\Sigma \Delta S \cdot y_1 + \Sigma \Delta S \cdot y_1^2$$

Da y_1 oberhalb der Schwerachse x_1–x_1 positiv, darunter jedoch negativ ist, ist die $\Sigma \Delta S \cdot y_1$ gleich null.

$\rightarrow \quad I_x = l_1^2 \cdot \Sigma \Delta S + \Sigma \Delta S \cdot y_1^2$

Mit $\Sigma \Delta S = S_1$ und $\Sigma \Delta S \cdot y_1^2 = I_{x1}$

ergibt sich für das axiale Flächenmoment der Teilfläche S_1 bezogen auf die Gesamtbiegeachse x–x:

$$I_x = I_{x1} + S_1 \cdot l_1^2$$

Der nach dem Schweizer Mathematiker Steiner (1796-1863) benannte **Verschiebesatz** besagt, dass das axiale Flächenmoment I_x einer Teilfläche S_1, deren Schwerachse den parallelen Abstand l_1 von der Biegeachse x–x hat, gleich dem Flächenmoment der Teilfläche, bezogen auf seine Schwerachse x_1–x_1, vermehrt um das Produkt aus der Teilfläche S_1 und dem Quadrat des Abstandes l_1 ist.

Lehrbeispiel: Bestimmung der Widerstandsmomente W_{x1} und W_{x2} eines aus Stahlbau-Normprofilen zusammengesetzten Biegeträgers

- Berechnung der Lage des Flächenschwerpunktes:

n	S_n in cm²	y_n in cm	$S_n \cdot y_n$ in cm³
1	13,5	9,05	122,175
2	8,3	5,02	41,666
3	8,3	5,02	41,666
	$\Sigma = 30{,}1\ \text{cm}^2$		$\Sigma = 205{,}507\ \text{cm}^3$

$$y_{SP} = \frac{\Sigma S_n \cdot y_n}{S_{ges}} = \frac{205{,}507\ \text{cm}^3}{30{,}1\ \text{cm}^2} = 6{,}827\ \text{cm}$$

$$\underline{\underline{y_{SP} = 68{,}3\ \text{mm}}}$$

● Schwerpunktabstände:

$$l_1 = 75\text{ mm} + e_{x1} - y_{SP}$$
$$= 75\text{ mm} + 15{,}5\text{ mm} - 68{,}3\text{ mm}$$
$$\underline{\underline{= 22{,}2\text{ mm}}}$$

$$l_2 = y_{SP} - e_{x2} = 68{,}3\text{ mm} - 50{,}2\text{ mm}$$
$$\underline{\underline{= 18{,}1\text{ mm}}}$$

● Randfaserabstände:

$$e_1 = 125\text{ mm} - y_{SP} = 56{,}7\text{ mm}$$
$$e_2 = y_{SP} = 68{,}3\text{ mm}$$

● Axiales Flächenmoment:

$$I_x = \Sigma I_{xn} + \Sigma S_n \cdot l_n^2$$
$$I_x = 293\,000\text{ mm}^4 + 1\,350\text{ mm}^2 \cdot 22{,}2^2\text{ mm}^2 + 2\,(464\,000\text{ mm}^4 + 830\text{ mm}^2 \cdot 18{,}1^2\text{ mm}^2)$$
$$I_x = 2\,430\,166\text{ mm}^4$$

● Axiale Widerstandsmomente:

$$W_{x1} = \frac{I_x}{e_1} = \frac{2\,430\,166\text{ mm}^4}{56{,}7\text{ mm}} = \underline{\underline{42\,860\text{ mm}^3}}$$

$$W_{x2} = \frac{I_x}{e_2} = \frac{2\,430\,166\text{ mm}^4}{68{,}3\text{ mm}} = \underline{\underline{35\,580\text{ mm}^3}}$$

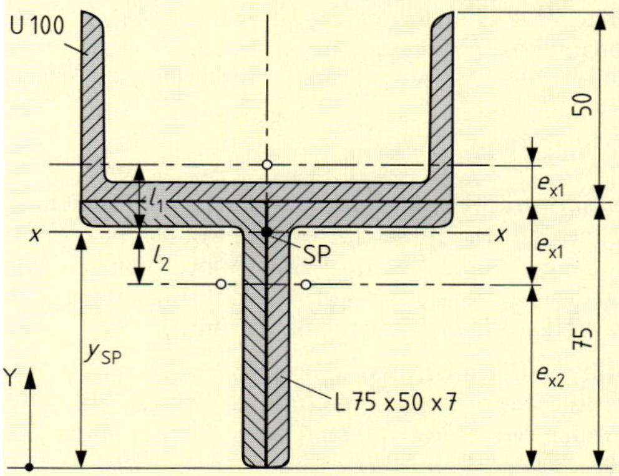

Profil U 100:
S = 1350 mm²
e_{x1} = 15,5 mm
I_y = 29,3 · 10⁴ mm⁴
I_y wegen Querlage!

Profil L 75 x 50 x 7:
S = 830 mm²
e_{x1} = 24,8 mm
e_{x2} = 50,2 mm
I_x = 46,4 · 10⁴ mm⁴

Zusammengesetzter Biegeträger **3.6.3–7**

Aufgabe

Für die Hohlprofile 1 bis 3 sind zu bestimmen:

a) die Lage der Biegeachse x–x

b) das axiale Flächenmoment I_x

c) die axialen Widerstandsmomente W_{x1} und W_{x2}

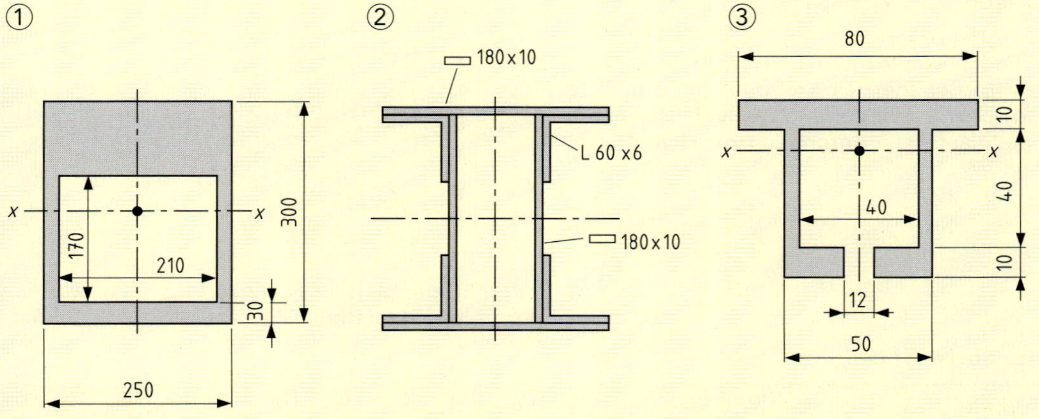

Hohlprofile **3.6.3–8**

3.6.4 Träger gleicher Biegebeanspruchung

Bei einem Biegeträger bestimmt – neben dem Werkstoff – das größte Biegemoment $M_{b\,max}$ das erforderliche Widerstandsmoment.

$$W_{erf} = \frac{M_{b\,max}}{\sigma_{b\,zul}}$$

Ein Biegeträger mit gleichbleibendem Querschnitt wird **nur** an der Stelle des größten Biegemomentes $M_{b\,max}$ bis zur zulässigen Spannung beansprucht. An allen anderen Stellen ist die Biegefestigkeit des Werkstoffs nicht optimal ausgenutzt.

Damit die Biegebeanspruchung bei maximal zulässiger Belastung **in jedem Querschnitt gleich** $\sigma_{b\,zul}$ ist, muss der Trägerquerschnitt, mit Ausnahme der Stelle des größten Biegemomentes, verkleinert werden.

$$\sigma_{b\,zul} = \frac{M_{b\,max}}{W_{erf}} = \frac{M_{bx}}{W_{erf\,x}} = \text{konstant}$$

Ein **Träger gleicher Biegebeanspruchung** ist so geformt, dass die Biegespannung an jeder Stelle x des Trägers gleich groß ist. Er hat den Vorteil, dass Gewicht und Bauteilvolumen eingespart werden.

Ändert sich bei Bauteilen das Biegemoment über die Trägerlänge ständig, muss sich bei Trägern gleicher Biegebeanspruchung auch der Querschnitt ständig ändern. Dies erfordert im Vergleich zu Trägern mit konstantem Querschnitt höhere Fertigungskosten und führt häufig zu unpraktischen Bauteilformen. Biegeträger werden deshalb oft nur **näherungsweise** als **Träger gleicher Biegebeanspruchung** ausgeführt.

Achsen und Wellen

Die Enden von Achsen und Wellen entsprechen einem Biegeträger mit Kreisquerschnitt und Belastung durch eine Einzelkraft. Wie nebenstehend hergeleitet, lautet die **Anformungsgleichung** für Achsen und Wellen gleicher Biegebeanspruchung:

$$d_x = d_{max} \sqrt[3]{\frac{l_x}{l}}$$

Herleitung der Anformungsgleichung für Freiträger mit Einzellast und Kreisquerschnitt:

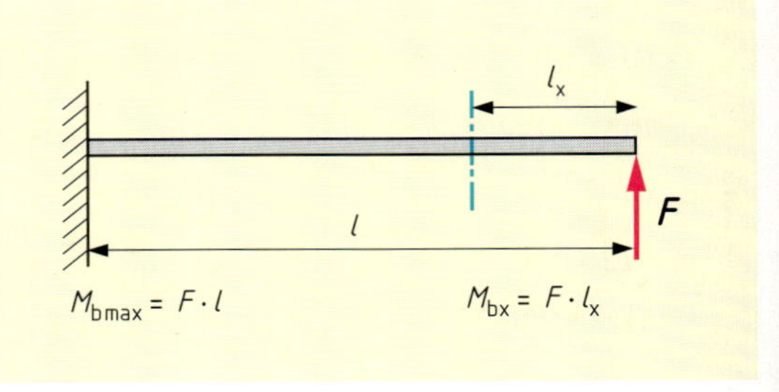

Freiträger 3.6.4–1

Aus $\dfrac{M_{b\,max}}{W_{erf}} = \dfrac{M_{bx}}{W_{erf\,x}}$

folgt: $\dfrac{M_{b\,max}}{M_{bx}} = \dfrac{W_{erf}}{W_{erf\,x}}$

$$\frac{F \cdot l}{F \cdot l_x} = \frac{\frac{\pi}{32} \cdot d_{max}^3}{\frac{\pi}{32} \cdot d_x^3}$$

$$d_x = d_{max} \cdot \sqrt[3]{\frac{l_x}{l}}$$

Anformungsgleichung

Aus $W_{erf} = \dfrac{\pi}{32} \cdot d_{max}^3 = \dfrac{M_{b\,max}}{\sigma_{b\,zul}}$

folgt: $d_{max} = \sqrt[3]{\dfrac{32\, M_{b\,max}}{\pi \cdot \sigma_{b\,zul}}}$

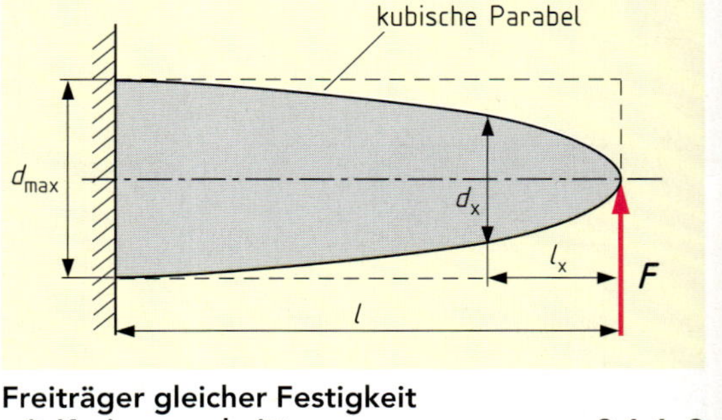

Freiträger gleicher Festigkeit mit Kreisquerschnitt 3.6.4–2

Wertetabelle für d_x (l_x):

l_x =	1	$\frac{3}{4} l$	$\frac{1}{2} l$	$\frac{1}{4} l$	$\frac{1}{10} l$	$0 l$
d_x =	d_{max}	$0{,}91\, d_{max}$	$0{,}79\, d_{max}$	$0{,}63\, d_{max}$	$0{,}46\, d_{max}$	0

Die Durchmesser d_x nehmen vom Höchstwert d_{max} an der Einspannstelle (Lagerstelle) bis zum Trägerende nach einer **kubischen Parabel** auf den Wert 0 ab.

Als gute Annäherung an die ideale Anformung eignet sich die Kegelform. Die Näherungsform darf an keiner Stelle die theoretische Form unterschreiten.

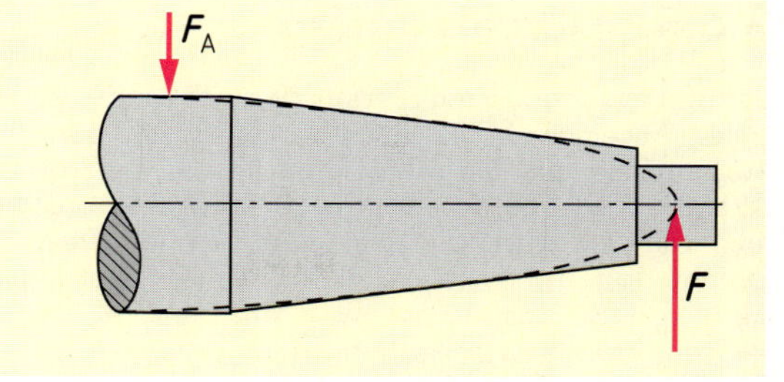

Annäherungsform an kubische Parabel 3.6.4–3

Träger mit Rechteckquerschnitt

Um einen Träger gleicher Biegebeanspruchung zu erhalten, lässt sich der Rechteckquerschnitt eines Biegeträgers sowohl in der **Breite** b als auch in der **Höhe** h anformen. Aus dem Verhältnis

$$\frac{M_{b\,max}}{M_{bx}} = \frac{W_{erf}}{W_{erf\,x}}$$

werden die entsprechenden Anformungsgleichungen hergeleitet.

Ein **Freiträger mit Einzelkraft und gleichbleibender Querschnittshöhe** h hat seine größte Breite b_{max} an der Einspannstelle.

Anformungsgleichung:

$$b_x = b_{max} \cdot \frac{l_x}{l}$$

Ein **Freiträger mit Einzelkraft und gleichbleibender Querschnittsbreite** b besitzt seine größte Höhe h_{max} ebenfalls an der Einspannstelle. Seine Querschnittshöhe h_x nimmt zum Trägerende hin nach einer quadratischen Parabel ab.

Anformungsgleichung:

$$h_x = h_{max} \cdot \sqrt{\frac{l_x}{l}}$$

Träger mit konstanter Streckenkraft werden wegen ihrer einfachen Anformungsgleichung nach der Höhe h angeformt. Für **Träger mit konstanter Streckenkraft und gleichbleibender Querschnittsbreite** b lautet die

Anformungsgleichung:

$$h_x = h_{max} \cdot \frac{l_x}{l}$$

- **Freiträger mit konstante Höhe** h

Aus $\dfrac{F \cdot l}{F \cdot l_x} = \dfrac{b_{max} \cdot \frac{h^2}{6}}{b_x \cdot \frac{h^2}{6}}$ folgt: $b_x = b_{max} \cdot \dfrac{l_x}{l}$

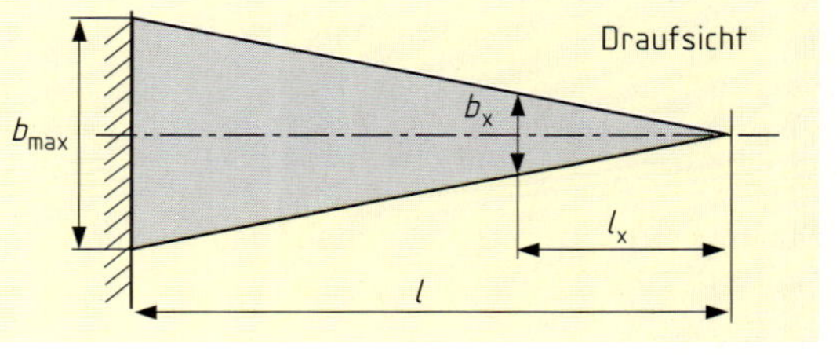

3.6.4–4

- **Freiträger mit konstante Breite** b

Aus $\dfrac{F \cdot l}{F \cdot l_x} = \dfrac{\frac{b}{6} \cdot h_{max}^2}{\frac{b}{6} \cdot h_x^2}$ folgt: $h_x = h_{max} \cdot \sqrt{\dfrac{l_x}{l}}$

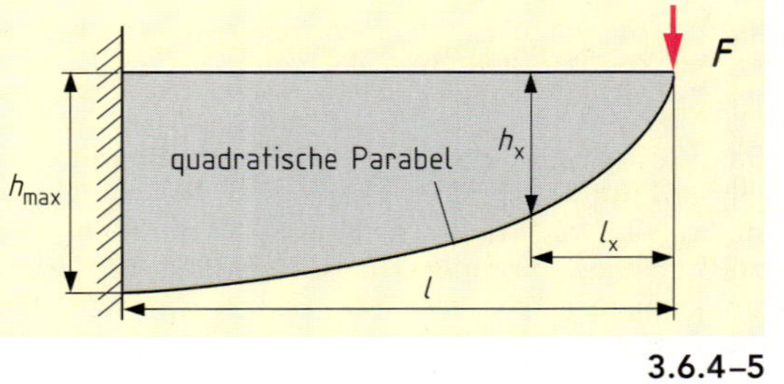

3.6.4–5

- **Freiträger mit konstanter Streckenkraft** q

Aus $\dfrac{F' \cdot l \cdot \frac{l}{2}}{F' \cdot l_x \cdot \frac{l_x}{2}} = \dfrac{\frac{l^2}{4}}{l_x^2} = \dfrac{\frac{b}{6} \cdot h_{max}^2}{\frac{b}{6} \cdot h_x^2} \rightarrow h_x = h_{max} \cdot \dfrac{l_x}{l}$

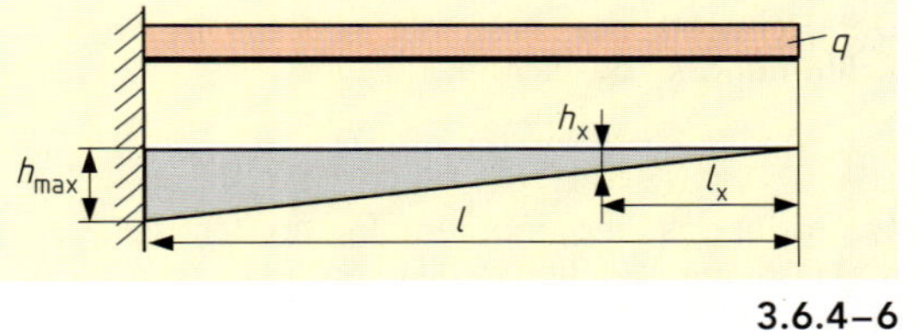

3.6.4–6

3.6.5 Durchbiegung

Bei Beanspruchung auf Biegung wird die in der neutralen Faserschicht liegende, ursprünglich gerade Trägerachse zur **Biegelinie** verformt. Der größte Abstand zwischen gerader Trägerachse und Biegelinie wird als **Durchbiegung** f bezeichnet. Da die Durchbiegung f für die Konstruktion von Biegeträgern von Bedeutung ist, wird am Beispiel eines Freiträgers mit Einzelkraft die Grundgleichung zur Berechnung der Durchbiegung f hergeleitet.

Zwei im unbelasteten Zustand parallele Querschnitte 1 und 2 mit dem Abstand Δl sind im belasteten Zustand gegeneinander geneigt und schließen den Winkel $\Delta\varphi$ ein. Zwischen den Querschnitten 1 und 2 kann die Biegelinie durch einen Kreisbogen mit dem **Krümmungsradius** ρ_x ersetzt werden. Aufgrund der sehr kleinen Krümmung des Biegeträgers können der große und der kleine Kreisausschnitt jeweils als ähnliche Dreiecke angesehen werden.

Es gilt:

$$\tan\Delta\varphi = \frac{\Delta l}{\rho_x} \quad \text{und} \quad \tan\Delta\varphi = \frac{\varepsilon \cdot \Delta l}{e}$$

Durch Gleichsetzen ergibt sich für den Krümmungsradius ρ_x an der Stelle x:

$$\rho_x = \frac{e}{\varepsilon}$$

Nach dem Hooke'schen Gesetz ist

$$\varepsilon = \frac{\sigma_{bx}}{E} = \frac{M_{bx}}{W \cdot E} = \frac{M_{bx} \cdot e}{E \cdot I}$$

Damit erhält man für den **Krümmungsradius** ρ an der Stelle x folgende Gleichung:

$$\rho_x = \frac{E \cdot I}{M_{bx}}$$

Das Produkt $E \cdot I$ nennt man **Biegesteifigkeit.** Bei Trägern mit konstantem Querschnitt ist die Biegesteifigkeit $E \cdot I$ überall gleich groß. An der Stelle des größten Biegemomentes ist der Krümmungsradius am kleinsten; hier wird der Balken am stärksten gekrümmt. Am Freiträgerende mit $x = 0$ und $M_{bx} = 0$ ist der Krümmungsradius unendlich groß, d. h. der Balken wird hier nicht gekrümmt.

Hinweis:

Der Kehrwert des Krümmungsradius ρ_x wird als **Krümmung** k_x bezeichnet.

$$k_x = \frac{1}{\rho_x} = \frac{M_{bx}}{E \cdot I}$$

Je größer das Biegemoment M_{bx} an der Stelle x ist, und je kleiner die Biegesteifigkeit $E \cdot I$, desto größer ist die Krümmung k_x.

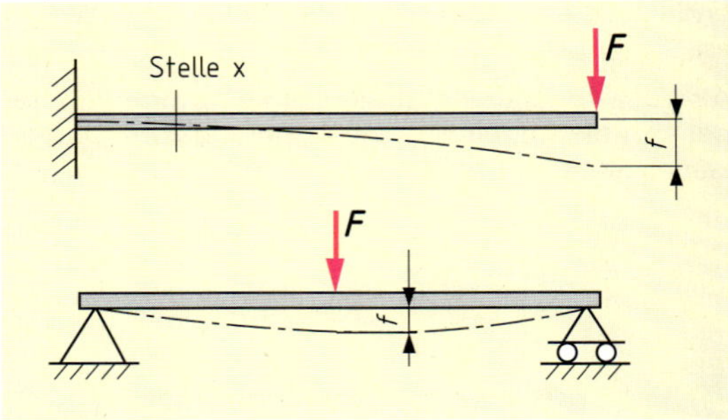

Durchbiegung f **3.6.5–1**

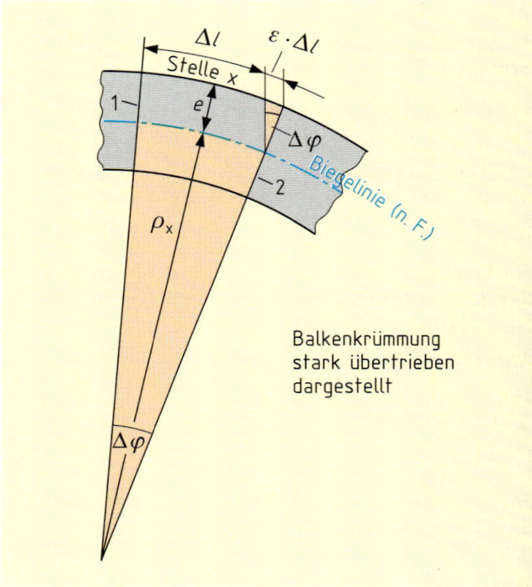

Balkenkrümmung an der Stelle x **3.6.5–2**

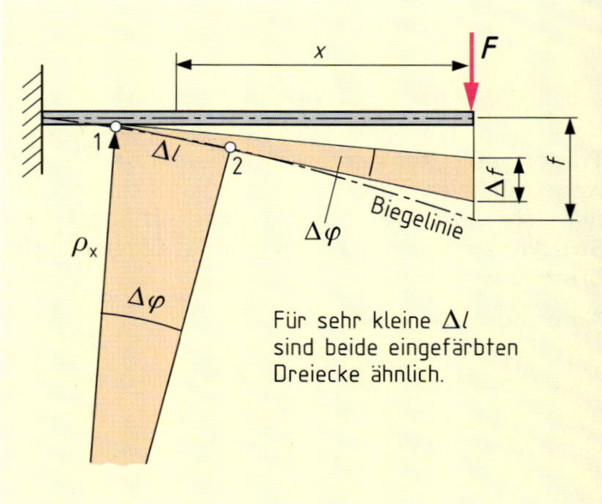

Zusammenhang von Krümmung und Durchbiegung **3.6.5–3**

Legt man in den Punkten 1 und 2 Tangenten an die Biegelinie , so schließen diese den Winkel $\Delta\varphi$ ein. Die Schnittpunkte der beiden Tangenten mit der vertikalen Wirklinie der Belastungskraft ergeben den Anteil Δf der Durchbiegung f.

Für sehr kleine Abstände Δl ergibt sich aus den beiden Dreiecken in Bild 3.6.5–3:

$$\tan\Delta\varphi = \frac{\Delta l}{\rho_x} = \frac{\Delta f}{x}$$

Mit $\Delta f = \frac{\Delta l \cdot x}{\rho_x}$ und $\rho_x = \frac{E \cdot I}{M_{bx}}$ wird

$$\Delta f = \frac{M_{bx} \cdot \Delta l \cdot x}{E \cdot I}$$

Die Durchbiegung f setzt sich aus den kleinen Durchbiegungen Δf sehr vieler Teillängen Δl zusammen. Durch Aufsummieren aller Δf erhält man die **Durchbiegung** f:

$$f = \Sigma\Delta f = \Sigma\frac{M_{bx} \cdot \Delta l \cdot x}{E \cdot I}$$

Setzt man die Biegesteifigkeit $E \cdot I$ vor das Summenzeichen, so ergibt sich:

$$f = \frac{1}{E \cdot I}\Sigma M_{bx} \cdot \Delta l \cdot x$$

In dieser Gleichung stellt das Produkt $M_{bx} \cdot \Delta l$ einen sehr kleinen Teil ΔA_M der gesamten **Momentenfläche** A_M dar, und x deren Schwerpunktsabstand vom Balkenende.

$M_{bx} \cdot \Delta l \cdot x = \Delta A_M \cdot x$ ist das **Flächenmoment ersten Grades** (Kapitel 2.3.3) der Teilmomentenfläche ΔA_M in Bezug auf das Balkenende. Die $\Sigma M_{bx} \cdot \Delta l \cdot x$ entspricht somit dem **Flächenmoment ersten Grades** $A_M \cdot x_s$ der Biegemomentenfläche A_M.

Mit $\Sigma M_{bx} \cdot \Delta l \cdot x = \Delta A_M \cdot x_s$ erhält man die **Gleichung der Durchbiegung** f.

$$f = \frac{1}{E \cdot I}A_M \cdot x_s$$

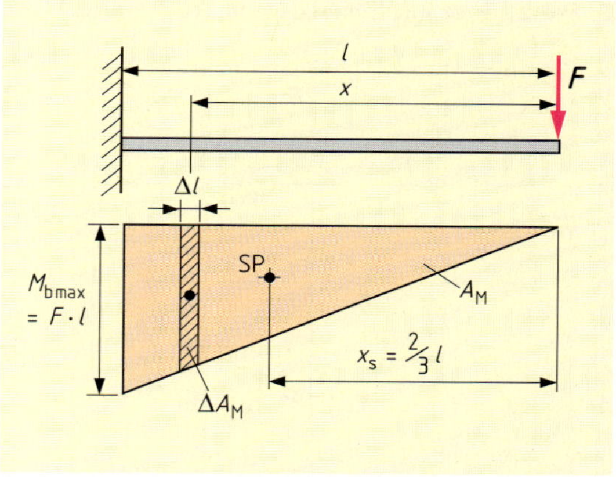

Momentenfläche A_M beim Freiträger **3.6.5–4**

Beispiele:

- **Freiträger mit Einzelkraft F**

Mit $A_M = M_{b\,max} \cdot \frac{l}{2} = F \cdot l \cdot \frac{l}{2} = F \cdot \frac{l^2}{2}$

und $x_s = \frac{2}{3} \cdot l$ folgt:

$$f = \frac{1}{E \cdot I} \cdot A_M \cdot x_s = \frac{1}{E \cdot I} \cdot \frac{F \cdot l^2}{2} \cdot \frac{2}{3} l$$

$$f = \frac{1}{3} \cdot \frac{F \cdot l^3}{E \cdot I}$$

- **Freiträger mit konst. Streckenkraft q**

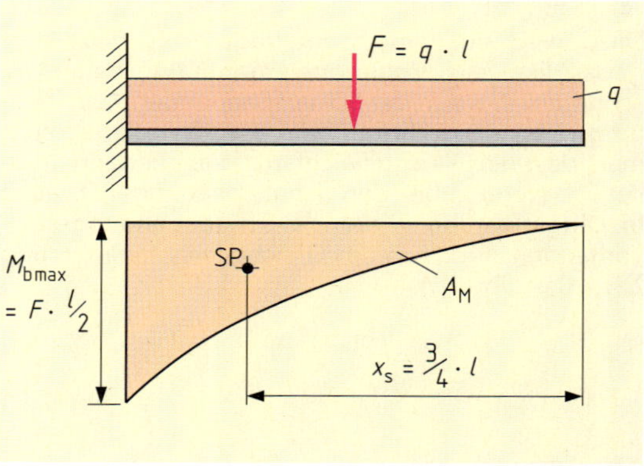

3.6.5–5

Mit $A_M = M_{b\,max} \cdot \frac{l}{3} = F \cdot \frac{l}{2} \cdot \frac{l}{3} = \frac{F \cdot l^2}{6}$

und $x_s = \frac{3}{4} \cdot l$ folgt:

$$f = \frac{1}{E \cdot I} \cdot A_M \cdot x_s = \frac{1}{E \cdot I} \cdot \frac{F \cdot l^2}{6} \cdot \frac{3}{4} l$$

$$f = \frac{1}{8} \cdot \frac{F \cdot l^3}{E \cdot I}$$

- **Stützträger mit Einzelkraft in Trägermitte**

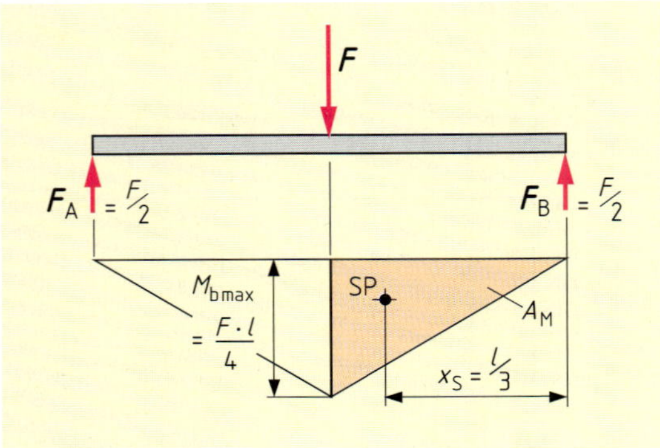

3.6.5–6

Mit $A_M = M_{b\max} \cdot \frac{l}{4} = \frac{F \cdot l}{4} \cdot \frac{l}{4} = \frac{F \cdot l^2}{16}$

und $x_s = \frac{l}{3}$ folgt:

$$f = \frac{1}{E \cdot I} \cdot A_M \cdot x_s = \frac{1}{E \cdot I} \cdot \frac{F \cdot l^2}{16} \cdot \frac{l}{3}$$

$$\underline{\underline{f = \frac{1}{48} \cdot \frac{F \cdot l^3}{E \cdot I}}}$$

- **Stützträger mit konst. Streckenkraft q**

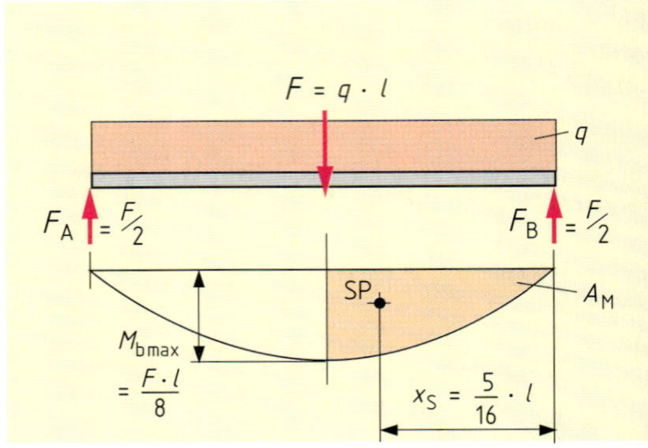

3.6.5–7

Mit $A_M = \frac{2}{3} M_{b\max} \cdot \frac{l}{2} = \frac{2}{3} \cdot \frac{F \cdot l}{8} \cdot \frac{l}{2} = \frac{F \cdot l^2}{24}$

und $x_s = \frac{5}{16} \cdot l$ folgt:

$$f = \frac{1}{E \cdot I} \cdot A_M \cdot x_s = \frac{1}{E \cdot I} \cdot \frac{F \cdot l^2}{24} \cdot \frac{5}{16} \cdot l$$

$$\underline{\underline{f = \frac{5}{384} \cdot \frac{F \cdot l^3}{E \cdot I}}}$$

3.6.6 Zugeordnete Schubspannungen

In diesem Kapitel werden die von Scherkräften F_S verursachten **Schubspannungen im Biegeträger** näher untersucht.

Dazu wird aus einem Freiträger mit Einzelkraft gedanklich ein **Volumenelement** ΔV herausgeschnitten. Werden die Schubspannungen τ_a in Richtung der inneren Scherkräfte eingetragen, erkennt man, dass ein Gleichgewichtszustand nur dann möglich ist, wenn außer den Schubspannungen τ_a auch **in Längsrichtung wirkende Schubspannungen** $\bar{\tau}$ vorhanden sind. Aus der Gleichgewichtsbedingung $\Sigma M = 0$ ergibt sich:

$$\bar{\tau} \cdot \Delta S_x \cdot c - \tau_a \cdot \Delta S \cdot a = 0$$

$$\bar{\tau} \cdot a \cdot b \cdot c - \tau_a \cdot b \cdot c \cdot a = 0$$

$$\bar{\tau} = \tau_a$$

Bei einem Biegeträger sind demnach die von den inneren Scherkräften F_S an einem Volumenelement verursachten zugeordneten Schubspannungen τ_a und $\bar{\tau}$ gleich groß.

Satz von den zugeordneten Schubspannungen:

Bei Biegeträgern treten Schubspannungen nur paarweise in zueinander senkrechten Ebenen auf.

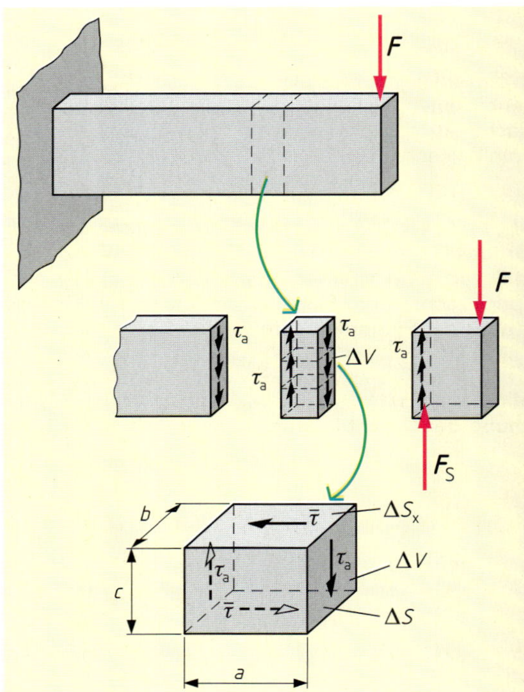

Schubspannungen an einem Volumenelement ΔV 3.6.6–1

Beispiel:

Setzt man einen Freiträger aus nicht fest miteinander verbundenen, flachen Balkenstreifen zusammen, dann verschieben sich diese bei Biegebeanspruchung gegeneinander. Werden die Balkenstreifen fest aufeinander gepresst, ist eine Verschiebung nicht mehr möglich; der Freiträger verformt sich als Ganzes. Seine Verformung ist mit der Verformung eines Vollbalkens aus gleichem Material identisch, in dessen Ebenen parallel zur Trägerachse Schubspannungen vorhanden sind, die eine Verschiebung einzelner Längsschichten zueinander verhindern.

Die bei Biegebeanspruchung auftretenden zugeordneten Schubspannungen $\bar{\tau}$ haben einen Einfluß auf die **Größe der Scherspannung** τ_a. Um die **tatsächliche** Scherspannung τ_a unter Berücksichtigung der zugeordneten Schubspannungen $\bar{\tau}$ zu ermitteln, wird aus einem Freiträger mit Rechteckquerschnitt ein Teilstück der Länge Δl herausgeschnitten. Von diesem Teilstück wird zunächst nur der oberste Streifen mit der Querschnittsfläche ΔS betrachtet. An ihm greifen die beiden von den Biegemomenten M_{b1} und M_{b2} hervorgerufenen Spannungen σ_{b1} und σ_{b2} und an der Unterseite die Schubspannung $\bar{\tau}$ an. Die Oberseite des Biegebalkens ist frei von Schubspannungen.

$$\Sigma F_x = 0$$

$$F_{bz1} + \bar{F}_s - F_{bz2} = 0$$

$$\sigma_{b1} \cdot \Delta S + \bar{\tau} \cdot \Delta l \cdot b - \sigma_{b2} \cdot \Delta S = 0$$

$$\bar{\tau} = \frac{\sigma_{b2} - \sigma_{b1}}{\Delta l \cdot b} \cdot \Delta S$$

Mit $\sigma_{b1} = \frac{M_{b1}}{I_x} \cdot y_s$ und $\sigma_{b2} = \frac{M_{b2}}{I_x} \cdot y_s$

folgt: $\bar{\tau} = \frac{M_{b2} - M_{b1}}{\Delta l} \cdot \frac{\Delta S \cdot y_s}{I_x \cdot b} = \frac{\Delta M_b}{\Delta l} \cdot \frac{\Delta S \cdot y_s}{I_x \cdot b}$

Das Produkt $\Delta S \cdot y_s$ ist das **Flächenmoment ersten Grades** bezüglich der Biegelinie (Kapitel 2.3.3).

Aus $\Delta M_b = F_s \cdot \Delta l$ folgt: $\frac{\Delta M_b}{\Delta l} = F_s$

Damit ergibt sich zur **Berechnung der Scherspannung** τ_a:

$$\tau_a = \bar{\tau} = \frac{F_s}{I_x \cdot b} \cdot \Delta S \cdot y_s$$

In dieser Gleichung wird berücksichtigt, dass **Biegeträger mit Biegespannungen und zugeordneten Schubspannungen** beansprucht sind. Dies hat bei Biegeträgern, im Gegensatz zu Bauteilen mit alleiniger Scherbeanspruchung (Kapitel 3.5), eine **Schubspannungsverteilung im Trägerquerschnitt** zur Folge. In den Randfasern, welche die maximale Biegespannung $\sigma_{b\,max}$ aufzunehmen haben, ist die Scherspannung $\tau_a = 0$. Die größte Scherspannung $\tau_{a\,max}$ tritt in der biegespannungsfreien neutralen Faser auf.

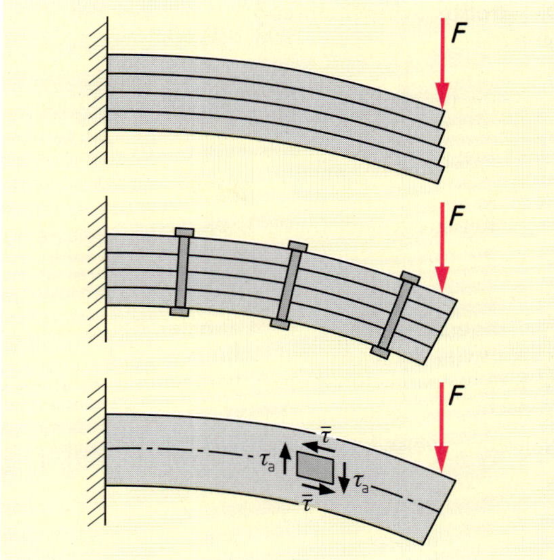

Freiträger mit unterschiedlichem Verformungsverhalten 3.6.6–2

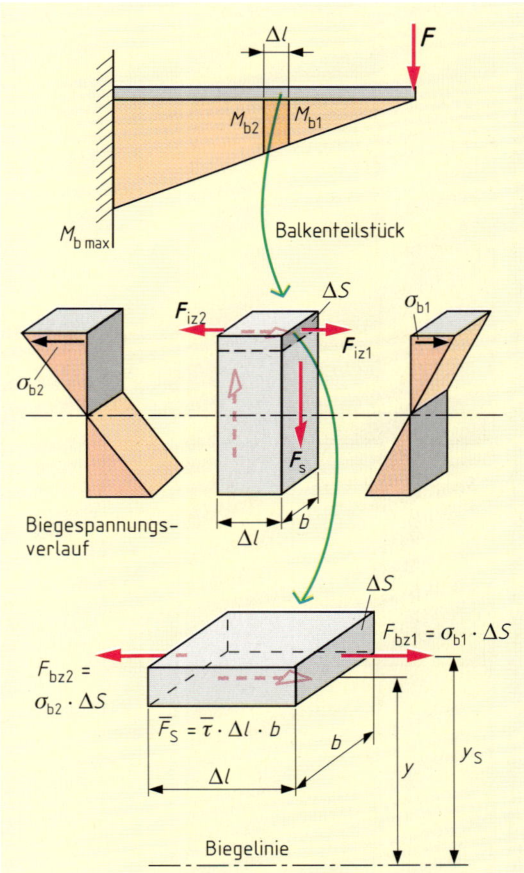

Längskräfte am obersten Balkenteilelement 3.6.6–3

Die **größte Scherspannung** beträgt bei Biegeträgern mit

$$\text{Rechteckquerschnitt:} \quad \tau_{a\,max} = \frac{3}{2} \cdot \frac{F_s}{S}$$

$$\text{Kreisquerschnitt:} \quad \tau_{a\,max} = \frac{4}{3} \cdot \frac{F_s}{S}$$

$$\text{Kreisringquerschnitt:} \quad \tau_{a\,max} = 2 \cdot \frac{F_s}{S}$$

Für Trägerprofile (I-, T-, U-, L-Profile), deren Wandstärke s viel kleiner als ihre Höhe h ist, ergeben sich im Steg wesentlich höhere Scherspannungen als im Flansch.

Näherungsweise kann bei diesen Trägerprofilen mit

$$\tau_{a\,max} \approx \tau_{a\,Steg} = \frac{F_s}{S_{Steg}}$$

gerechnet werden.

Beispiel: Biegeträger mit Rechteckquerschnitt

$$\tau_a = \frac{F_s}{I_x \cdot b} \cdot \Delta S \cdot y_s$$

$$\text{Mit} \quad I_x = \frac{b \cdot h^3}{12}, \quad \Delta S = b\left(\frac{h}{2} - y\right), \quad y_s = \frac{y + \frac{h}{2}}{2}$$

$$\text{folgt:} \quad \tau_a = \frac{F_s \cdot 12}{b^2 \cdot h^3} \cdot b\left(\frac{h}{2} - y\right) \cdot \frac{y + \frac{h}{2}}{2}$$

$$\tau_a = \frac{6 \cdot F_s}{b \cdot h^3}\left(\frac{h^2}{4} - y^2\right)$$

Dies ist die Gleichung einer quadratischen Parabel der Form $\tau_a = f(y^2)$.

- Die größte Scherspannung tritt an der Stelle $y = 0$ auf:

  $$\tau_{a\,max} = \frac{3}{2} \cdot \frac{F_s}{b \cdot h} = \frac{3}{2} \cdot \frac{F_s}{S}$$

  Die größte Scherspannung ist bei einem Biegeträger mit Rechteckquerschnitt 50% größer als bei Annahme einer konstanten Scherspannungsverteilung.

  $$\tau_{a\,max} = 1{,}5 \cdot \tau_{an} \quad \text{mit} \quad \tau_{an} = \frac{F_s}{S}$$

- Aus der Parabelgleichung folgt für die Außenfasern mit $y = \frac{h}{2}$: $\quad \tau_a = 0$

  Da in den Außenfasern keine zugeordneten Schubspannungen vorhanden sind, muss dort $\tau_a = 0$ sein.

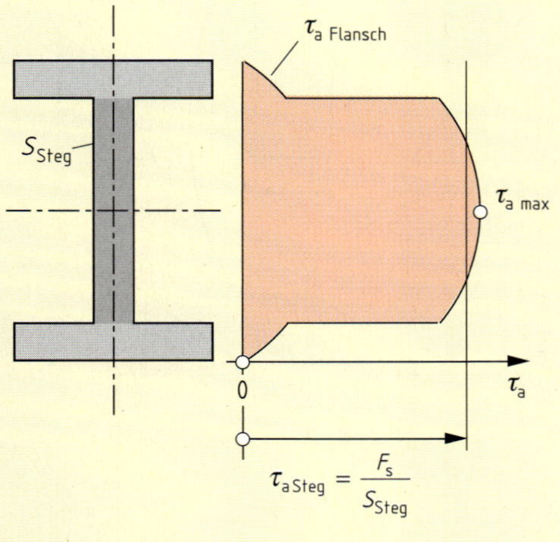

Scherspannungsverteilung bei I-Profilen 3.6.6–4

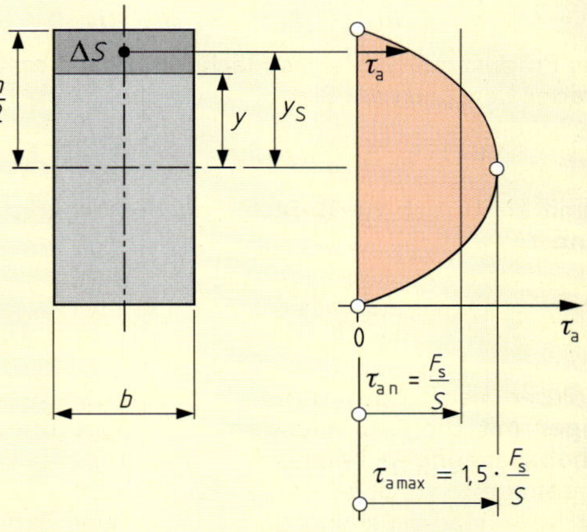

Scherspannungsverteilung bei Rechteckprofilen 3.6.6–5

3.6.7 Übungen

Lehrbeispiel 1: Gelenkbolzen

Ein Gelenkbolzen stellt einen geraden Biegeträger dar, der durch die Stangenkraft F und die beiden Gabelkräfte $F/2$ belastet wird. Je nach Passung zwischen Bolzen und Bohrung unterscheidet man verschiedene **Einbaufälle**, die einen erheblichen Einfluss auf die Größe der im Bolzen auftretenden Biegemomente haben.

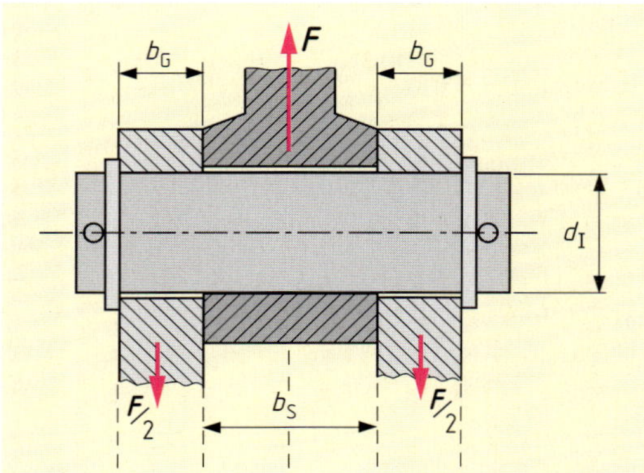

Einbaufall I 3.6.7–1

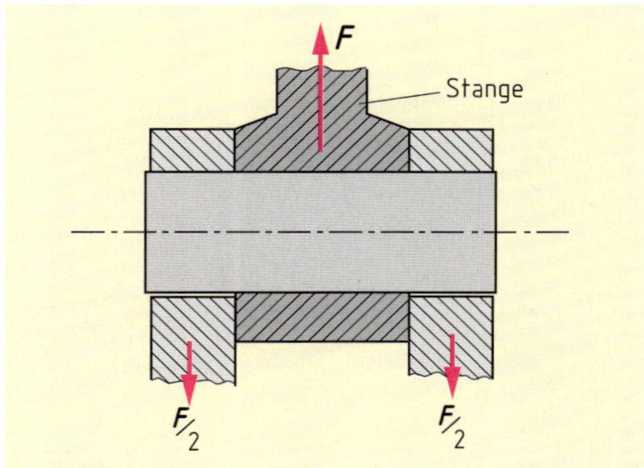

Einbaufall II 3.6.7–2

a) Für den **Einbaufall I**: Bolzen mit Spielpassung in der Gabel und der Stange
und den **Einbaufall II**: Bolzen mit Presspassung in der Stange und Spielpassung in der Gabel
ist für die Stangenbreite $b_S = 20\,\text{mm}$, Gabelbreite $b_G = 10\,\text{mm}$, Stangenkraft $F = 1\,\text{kN}$ und $\sigma_{b\,zul} = 95\,\text{N/mm}^2$ der erforderliche Bolzendurchmesser d zu berechnen.

b) Für den festgelegten Bolzendurchmesser ist die größte Schubspannung $\tau_{a\,max}$ und die mittlere Flächenpressung p zu ermitteln.

Lösung:

a) **Einbaufall I**

Der Bolzen kann sich ungehindert verformen. Er stellt idealisiert einen frei aufliegenden Träger auf 2 Stützen dar. Die Belastung erfolgt näherungsweise durch konstante Streckenkräfte.

Einbaufall II

Der Bolzen ist in der Stange eingespannt (Presspassung). Seine aus der Stange ragenden Enden bilden Freiträger.

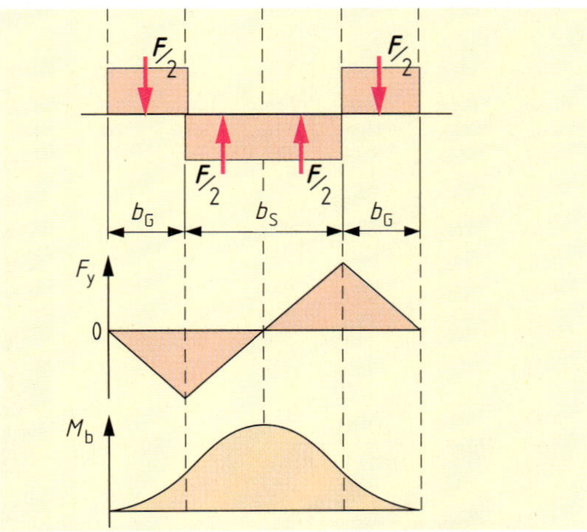

Streckenkraftbelastung, Querkraftverlauf und Momentenverlauf (qualitativ) 3.6.7–3

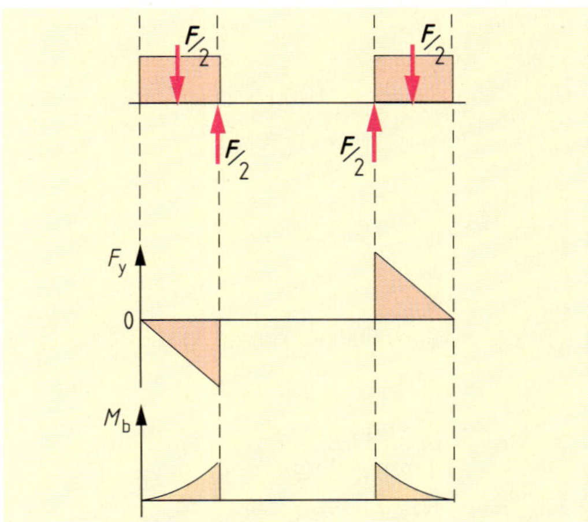

Streckenkraftbelastung, Querkraftverlauf und Momentenverlauf (qualitativ) 3.6.7–4

Einbaufall I:

Das größte Biegemoment tritt in Bolzenmitte auf:

$$M_{b\max} = \frac{F}{2}\left(\frac{b_S}{2} + \frac{b_G}{2}\right) - \frac{F}{2} \cdot \frac{b_S}{4}$$

$$M_{b\max} = \frac{F}{2}\left(\frac{b_S}{4} + \frac{b_G}{2}\right)$$

$$M_{b\max} = \frac{F}{8}(b_S + 2\,b_G)$$

$$M_{b\max} = \frac{1000\,\text{N}}{8}(0{,}02\,\text{m} + 0{,}02\,\text{m})$$

$$\underline{\underline{M_{b\max} = 5\ \text{Nm}}}$$

Einbaufall II:

Das größte Biegemoment tritt in der Einspannstelle auf:

$$M_{b\max} = \frac{F}{2} \cdot \frac{b_G}{2}$$

$$M_{b\max} = \frac{F}{4} \cdot b_G$$

$$M_{b\max} = \frac{1000\,\text{N}}{4} \cdot 0{,}02\ \text{m}$$

$$\underline{\underline{M_{b\max} = 2{,}5\ \text{Nm}}}$$

Aus $\sigma_b = \dfrac{M_{b\max}}{W_x} \leqq \sigma_{b\,zul}$ mit $W_x = \dfrac{\pi \cdot d^2}{32}$

folgt: $W_x = \dfrac{\pi \cdot d^3}{32} \geqq \dfrac{M_{b\max}}{\sigma_{b\,zul}}$

$$d \geqq \sqrt[3]{\frac{32 \cdot M_{b\max}}{\pi \cdot \sigma_{b\,zul}}}$$

$$d_I \geqq \sqrt[3]{\frac{32 \cdot 5\ \text{Nm} \cdot 1000\ \text{mm}}{\pi \cdot 95\ \text{N/mm}^2}}$$

$$\underline{\underline{d_I \geqq 8{,}1\ \text{mm}}}$$

Nächstgrößere Normgröße: $d_I = 10$ mm

$$d_{II} \geqq \sqrt[3]{\frac{32 \cdot 2{,}5\ \text{Nm} \cdot 1000\ \text{mm}}{\pi \cdot 95\ \text{N/mm}^2}}$$

$$\underline{\underline{d_{II} \geqq 6{,}5\ \text{mm}}}$$

Nächstgrößere Normgröße: $d_I = 8$ mm

b) Bei Biegeträgern mit Kreisquerschnitt tritt die größte Schubspannung in der Biegeachse auf. Für den Gelenkbolzen gilt:

$$\tau_{a\max} = \frac{4}{3} \cdot \frac{F}{2S}$$

$$\tau_{a\max I} = \frac{4}{3} \cdot \frac{1000\ \text{N}}{2 \cdot \frac{\pi}{4} \cdot 10^2\ \text{mm}^2}$$

$$\underline{\underline{\tau_{a\max I} = 8{,}5\ \text{N/mm}^2}}$$

$$\tau_{a\max II} = \frac{4}{3} \cdot \frac{1000\ \text{N}}{2 \cdot \frac{\pi}{4} \cdot 8^2\ \text{mm}^2}$$

$$\underline{\underline{\tau_{a\max II} = 13{,}3\ \text{N/mm}^2}}$$

Für die mittlere Flächenpressung gilt: $p = \dfrac{F}{A_{proj}}$

$$p_I = \frac{1000\ \text{N}}{10\ \text{mm} \cdot 20\ \text{mm}}$$

$$\underline{\underline{p_I = 5\ \text{N/mm}^2}}$$

$$p_{II} = \frac{1000\ \text{N}}{8\ \text{mm} \cdot 20\ \text{mm}}$$

$$\underline{\underline{p_{II} = 6{,}25\ \text{N/mm}^2}}$$

Lehrbeispiel 2: Konsolträger

Ein Konsolträger ist mit umlaufender Kehlnaht (Nahtdicke $a = 6\,\text{mm}$) an eine Stahlkonstruktion angeschweißt.

Abmessungen: $h = 300\,\text{mm}$
$b = 12\,\text{mm}$
$l = 280\,\text{mm}$

a) Es ist für $\sigma_{\text{b zul}} = 120\,\text{N/mm}^2$ die zulässige Belastungskraft F_{zul} zu berechnen.

b) Für F_{zul} ist die größte Schubspannung im gefährdeten Querschnitt zu ermitteln.

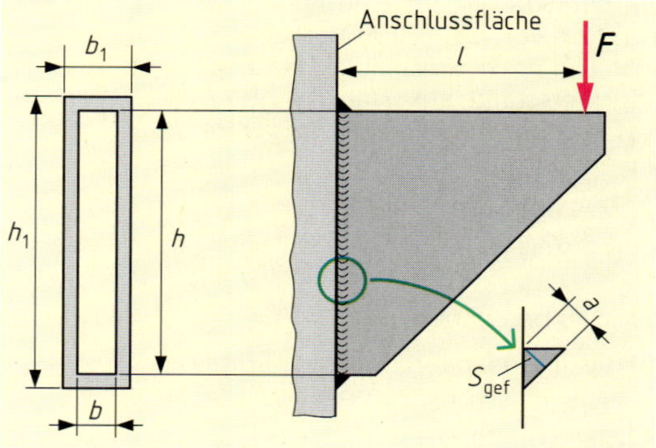

Konsolträger **3.6.7–5**

Lösung:

a) Aus $\sigma_{\text{b}} = \dfrac{M_{\text{b max}}}{W_{\text{x}}} \leqq \sigma_{\text{b zul}}$

und $M_{\text{b max}} = F_{\text{zul}} \cdot l$ folgt:

$$F_{\text{zul}} \cdot l = \sigma_{\text{b zul}} \cdot W_{\text{x}}$$

$$F_{\text{zul}} = \frac{\sigma_{\text{b zul}} \cdot W_{\text{x}}}{l}$$

$$= \frac{120\,\text{N} \cdot 216299\,\text{mm}^3}{\text{mm}^2 \quad 280\,\text{mm}}$$

$$F_{\text{zul}} = 92\,700\,\text{N} = \underline{\underline{92{,}7\,\text{kN}}}$$

b) Die umlaufende Schweißnaht entspricht einem Trägerprofil mit Wandstärke $s \ll$ Höhe h. Deshalb gilt:

$$\tau_{\text{a max}} \approx \tau_{\text{a Steg}} = \frac{F_{\text{zul}}}{S_{\text{Steg}}}$$

$$\approx \frac{92700\,\text{N}}{2 \cdot 6\,\text{mm} \cdot 300\,\text{mm}}$$

$$\underline{\underline{\tau_{\text{a max}} \approx 25{,}75\,\text{N/mm}^2}}$$

Berechnung von W_{x}:

Der gefährdete Querschnitt von Kehlnähten liegt in der Ebene der Nahtdicke a. Zur Berechnung von W_{x} denkt man sich den gefährdeten Querschnitt in die Anschlußfläche geklappt.

$$b_1 = b + 2\text{a} = 12\,\text{mm} + 2 \cdot 6\,\text{mm} = 24\,\text{mm}$$

$$h_1 = h + 2\text{a} = 300\,\text{mm} + 2 \cdot 6\,\text{mm} = 312\,\text{mm}$$

$$I_{\text{x}} = I_{\text{x1}} - I_{\text{x2}}$$

$$I_{\text{x}} = \frac{b_1 \cdot h_1^3}{12} - \frac{b \cdot h^3}{12}$$

$$W_{\text{x}} = \frac{I_{\text{x}}}{\frac{h_1}{2}} = \frac{b_1 \cdot h_1^3}{6\,h_1} - \frac{b \cdot h^3}{6\,h_1}$$

$$W_{\text{x}} = \frac{b_1 \cdot h_1^2}{6} - \frac{b \cdot h^3}{6 \cdot h_1}$$

$$W_{\text{x}} = \frac{24\,\text{mm} \cdot 312^2\,\text{mm}^2}{6} - \frac{12\,\text{mm} \cdot 300^3\,\text{mm}^3}{6 \cdot 312\,\text{mm}}$$

$$\underline{\underline{W_{\text{x}} = 216\,299\,\text{mm}^3}}$$

Aufgabe 1

Ein durch Nutschlitze geschwächter Biegeträger wird durch eine Einzelkraft $F = 3{,}2\,\text{kN}$ belastet.

An welcher Stelle tritt die größte Biegespannung $\sigma_{\text{b max}}$ auf und wie groß ist sie?

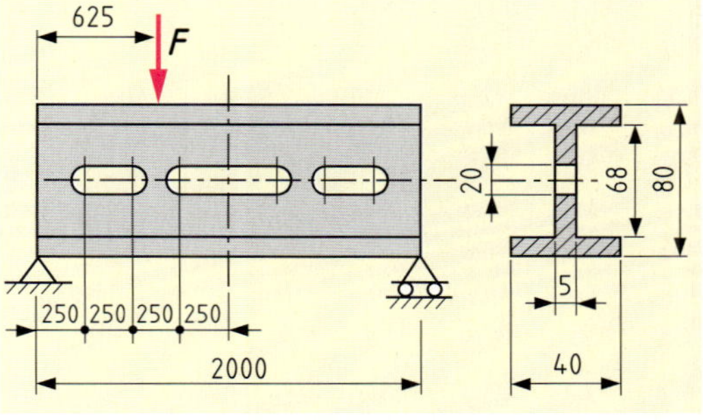

Biegeträger mit Nutschlitzen **3.6.7–6**

Aufgabe 2

Ein Drehkran ist für eine maximale Traglast von $m = 4000\,\mathrm{kg}$ ausgelegt. Die hohle Stützsäule mit Kreisringquerschnitt aus Stahl ist unten fest eingespannt und hat folgende Abmessungen:

$D = 320$ mm

$d = 200$ mm.

Es ist zu berechnen

a) die Biegespannung der Stützsäule an der Einspannstelle,

b) die Durchbiegung der Stützsäule.

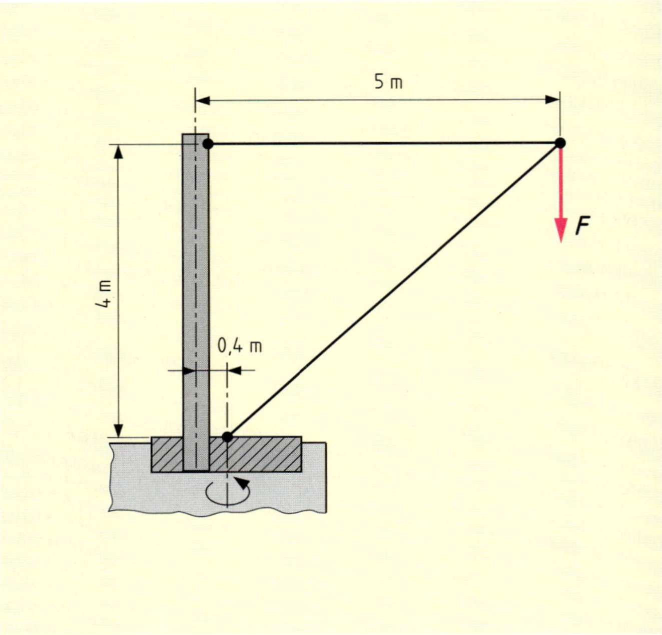

Drehkran **3.6.7–7**

Aufgabe 3

Eine Getriebewelle wird durch ein Zahnrad mit $F = 20\,\mathrm{kN}$ – als konstante Streckenkraft wirkend – belastet. Die zulässige Biegespannung beträgt $60\,\mathrm{N/mm^2}$.

Es sind zu bestimmen

a) die Lagerkräfte F_A und F_B,

b) das größte Biegemoment $M_{b\,max}$,

c) die Wellendurchmesser d_1, d_2 und d_3.

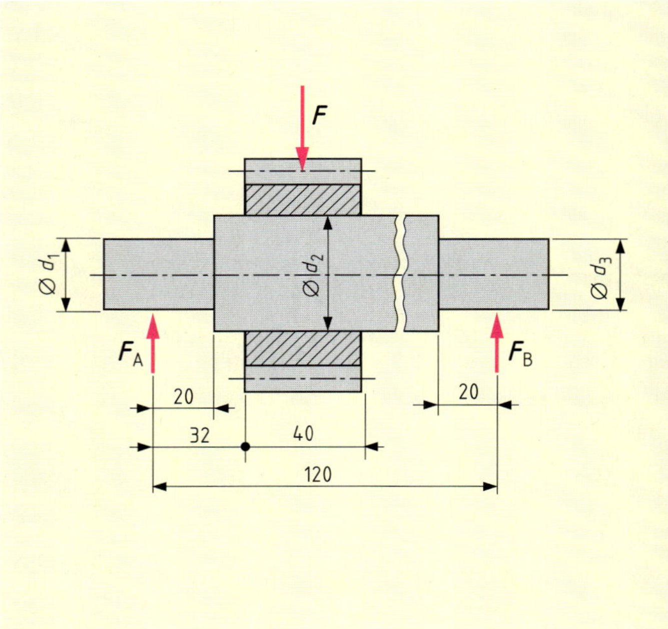

Getriebewelle **3.6.7–8**

3.7 Torsionsbeanspruchung

3.7.1 Torsionsmoment

Bauteile, die in Längsrichtung ein **Drehmoment M_d** übertragen, werden auf Torsion (Verdrehung) beansprucht. Das Belastungsmoment wird wegen seiner Verdrehwirkung auf das Bauteil auch als **Torsionsmoment M_t** bezeichnet.

Wird ein verdrehbeanspruchtes Bauteil an beliebiger Stelle freigeschnitten, zeigt sich, dass in jedem Querschnitt dem äußeren Moment ein gleich großes inneres Torsionsmoment entgegenwirkt. Torsionsbeanspruchte Stäbe und Wellen haben, im Gegensatz zu Biegeträgern, einen über der Beanspruchungslänge **konstanten Momentenverlauf.** Somit entfällt die Bestimmung eines maximalen Momentes.

Für die **Berechnung des Torsionsmomentes** können Kapitel 2.1.3: **Das Moment** und Kapitel 7.2.3: **Drehleistung P_{rot}** herangezogen werden.

$$M_t = M_d = F \cdot l$$

$$M_t = M_d = \frac{P_{rot}}{\omega} = \frac{P_{rot}}{2\pi n}$$

Beispiele für torsionsbeanspruchte Bauteile:
Wellen, Stäbe, Bohrer, Schraubendreher ... .

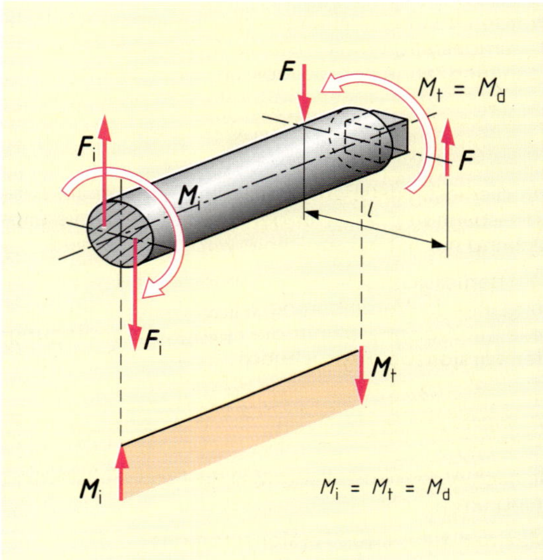

Freigeschnittener, torsionsbeanspruchter Stab mit Momentenverlauf 3.7.1–1

3.7.2 Festigkeitsbedingung der Torsionsbeanspruchung

Bei Torsionsbeanspruchung liegen die inneren Teilkräfte ΔF_i **in** der Querschnittsfläche S und wirken auf kreisringförmige Flächenelemente ΔS. Die auftretende Schubspannung heißt Torsionsspannung und wird mit τ_t bezeichnet.

Bei **Torsionsbeanspruchung im Hooke'schen Bereich** (elastische Schiebung) eines **zylindrischen Stabes** hängt die Größe der Verformung, und somit auch die Größe der Torsionsspannung, vom Abstand zur Stabachse ab. Betrachtet man die freigeschnittene Querschnittsfläche eines Stabes, erkennt man, dass die Verformung der Querschnittsfläche linear mit dem Radius ρ von der unverformten Mittelfaser zunimmt.

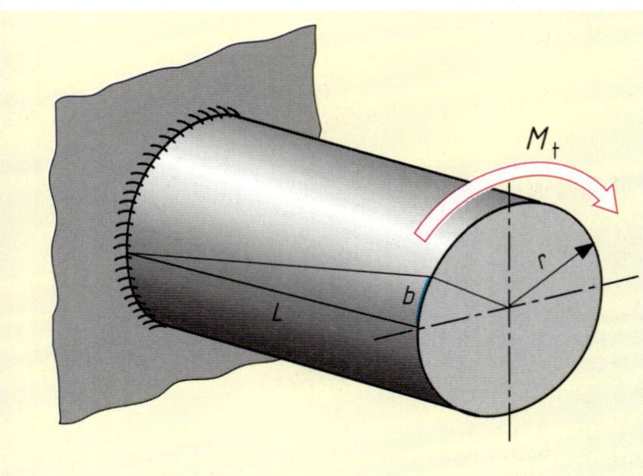

Verformung eines torsionsbeanspruchten Stabes 3.7.2–1

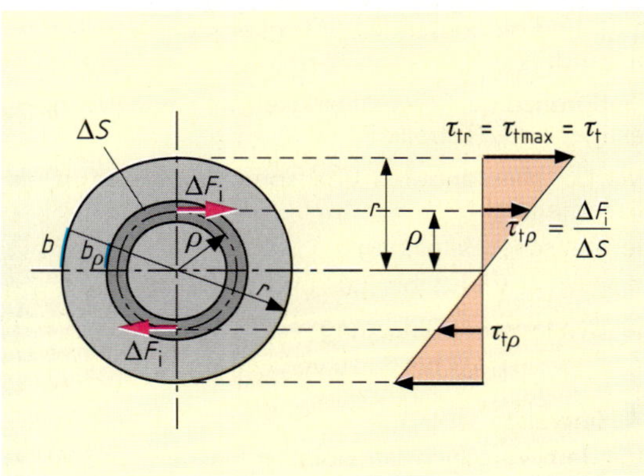

Spannungsverteilung im Stabquerschnitt 3.7.2–2

Für die Verformung gilt: $\frac{b_\rho}{b} = \frac{\rho}{r}$

Nach dem Hooke'schen Gesetz sind die Spannungen den Verformungen proportional.

$$\frac{\tau_{t\rho}}{\tau_{t\max}} = \frac{b_\rho}{b}$$

Werden beide Gleichungen gleichgesetzt und nach $\tau_{t\rho}$ umgestellt, erhält man die Größe der Torsionsspannung an einer beliebigen Querschnittsstelle:

$$\tau_{t\rho} = \tau_{t\max} \frac{\rho}{r}$$

Für die Festigkeitsberechnung ist die maximale Torsionsspannung $\tau_{t\max}$ in der Randfaser, die vereinfachend nur mit τ_t bezeichnet wird, maßgebend.

Mit Berücksichtigung der nebenstehenden Herleitung und der Vereinbarung $\tau_{t\max} = \tau_t$ lautet für Bauteile mit Kreisquerschnitt die **Festigkeitsbedingung der Torsionsbeanspruchung:**

$$\tau_t = \frac{M_t}{W_p} \leqq \tau_{t\,zul}$$

Je nach Aufgabenstellung wird die Festigkeitsbedingung umgestellt.

Maximal zulässiges Torsionsmoment

$$M_{t\,zul} = W_p \cdot \tau_{t\,zul}$$

Erforderliches Widerstandsmoment

$$W_{p\,erf} = \frac{M_t}{\tau_{t\,zul}}$$

Die Gleichungen zur Berechnung des polaren Flächenmomentes I_p und des polaren Widerstandsmomentes W_p unterschiedlicher Querschnittsflächen, Bild 3.7.2–3, wurden mit Hilfe der Integralrechnung entwickelt.

Zur Bestimmung der **zulässigen Torsionsspannung** $\tau_{t\,zul}$ sind die folgenden Festigkeitskennwerte maßgebend:

Fließgrenze τ_{tF}, Schwellfestigkeit τ_{tSch} und Wechselfestigkeit τ_{tW} (Tabelle 3.1.8–2).

Wie bei allen anderen Beanspruchungsarten ist als Sicherheitszahl

bei statischer Belastung

$\nu = 1{,}2$ bis $2{,}0$ und

bei dynamischer Belastung

$\nu = 3$ bis 6 zu verwenden.

Herleitung der Torsionsspannungsgleichung

Bei einem torsionsbeanspruchten Stab wirkt im Flächenelement ΔS die Torsionsspannung $\tau_{t\rho}$.

Die vom Flächenelement ΔS zu übertragende innere Kraft ist:

$$\Delta F_i = \tau_{t\rho} \cdot \Delta S$$

Mit $\tau_{t\rho} = \tau_{t\max} \cdot \frac{\rho}{r}$ folgt:

$$\Delta F_i = \tau_{t\max} \cdot \frac{\rho}{r} \cdot \Delta S$$

Auf dem Mittelpunkt der Querschnittsfläche wirkt ΔF_i als inneres Torsionsmoment:

$$\Delta M_{ti} = \Delta F_i \cdot \rho = \tau_{t\max} \cdot \frac{\rho^2}{r} \cdot \Delta S$$

Das von allen Flächenelementen der Querschnittsfläche zu übertragende innere Torsionsmoment ist

$$M_{ti} = \Sigma \Delta M_{ti} = \Sigma \tau_{t\max} \cdot \frac{\rho^2}{r} \cdot \Delta S$$

Setzt man die konstanten Größen vor das Summenzeichen, und das innere Torsionsmoment M_{ti} = Belastungsmoment M_t, erhält man:

$$M_t = \frac{\tau_{t\max}}{r} \Sigma \Delta S \cdot \rho^2$$

Den Summenausdruck $\Sigma \Delta S \cdot \rho^2$ bezeichnet man als **polares Flächenmoment** I_p.

$$I_p = \Sigma \Delta S \cdot \rho^2$$

Der Radius ρ ist der Abstand der Flächenmittellinien zum Mittelpunkt (Pol) der Querschnittsfläche S.

Damit berechnet man die maximale Torsionsspannung.

$$\tau_{t\max} = \frac{M_t \cdot r}{I_p} = \frac{M_t}{\frac{I_p}{r}}$$

Das Verhältnis I_p / r heißt **polares Widerstandsmoment** W_p.

$$W_p = \frac{I_p}{r}$$

Mit $\tau_t = \tau_{t\max}$ ergibt sich:

$$\tau_t = \frac{M_t}{W_p}$$

Hinweis:

Aus dem Vergleich der **polaren** Flächen- und Widerstandsmomente bei Torsion mit den **axialen** Flächen- und Widerstandsmomenten bei Biegung ergibt sich, dass bei Kreis- und Kreisringquerschnitten die polaren Flächen- und Widerstandsmomente **doppelt** so groß sind wie die axialen Flächen- und Widerstandsmomente.

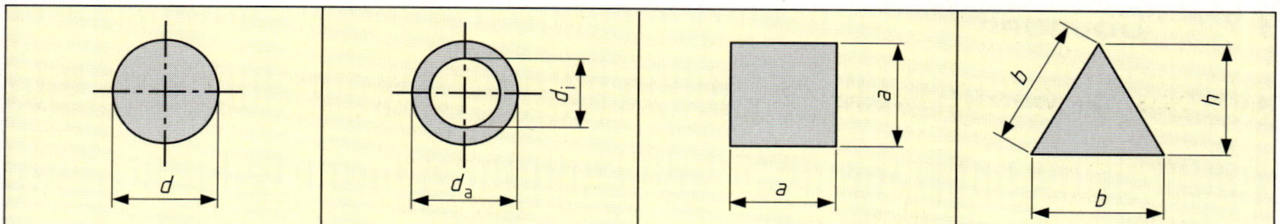

$I_p = \frac{\pi}{32} \cdot d^4$ $W_p = \frac{\pi}{16} \cdot d^3$	$I_p = \frac{\pi}{32}\left(d_a^4 - d_i^4\right)$ $W_p = \frac{\pi}{16} \cdot \frac{d_a^4 - d_i^4}{d_a}$	$I_p \approx 0{,}141\, a^4$ $W_p \approx 0{,}208\, a^3$	$I_p = \frac{h^4}{15\sqrt{3}} \approx \frac{b^4}{46{,}19}$ $W_p = \frac{h^3}{7{,}5\sqrt{3}} \approx \frac{b^3}{20}$
$\tau_{t\,max}$ am Umfang		$\tau_{t\,max}$ in den Seitenmitten $\tau_t = 0$ in den Ecken	

I_p und W_p einfacher Querschnittformen **3.7.2–3**

3.7.3 Verdrehwinkel

Wird ein Stab mit Kreisquerschnitt durch ein Torsionsmoment belastet, verwindet er sich in Längsrichtung. Zwei benachbarte Querschnitte mit dem Abstand L werden durch die Torsionsbeanspruchung um den **Verdrehwinkel** φ gegeneinander verdreht. In Schubrichtung erfährt die Randfaser die größte Verdrehung um die Bogenlänge b.

Zwischen der Bogenlänge b und dem Verdrehwinkel φ besteht folgender Zusammenhang:

$$\frac{b}{\pi \cdot d} = \frac{\varphi}{360°}$$

Daraus folgt:

$$\varphi = \frac{b \cdot 360°}{\pi \cdot d}$$

Für **elastische Verformung** gilt das Hooke'sche Gesetz. Analog der Dehnung $\varepsilon = \Delta l / l_0$ bei Zugbeanspruchung ist bei Torsionsbeanspruchung die **Schiebung**

$$\gamma = \frac{b}{L}$$

ein Maß für die Größe der Verformung. Damit lautet das **Hooke'sche Gesetz der Torsion:**

$$\tau_t = \gamma \cdot G = \frac{b}{L} \cdot G$$

Nebenstehende Herleitung liefert zur **Berechnung des Verdrehwinkels** folgende Gleichungen:

$$\varphi = \frac{\tau_t \cdot L \cdot 360°}{G \cdot d \cdot \pi}$$

$$\varphi = \frac{M_t \cdot L \cdot 360°}{W_p \cdot G \cdot d \cdot \pi}$$

Der Schubmodul G für unterschiedliche Werkstoffe kann Tabelle 3.1.5–1 entnommen werden.

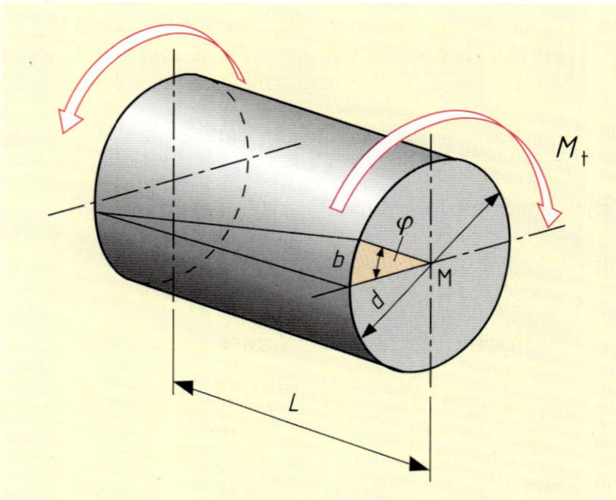

Verformung eines Torsionsstabes **3.7.3–1**

Berechnung des Verdrehwinkels

Die Umstellung des Hooke'schen Gesetzes

$$\tau_t = \gamma \cdot G = \frac{b}{L} \cdot G$$

$$\rightarrow \quad b = \frac{\tau_t \cdot L}{G}$$

und das Einsetzen in $\varphi = \frac{b \cdot 360°}{\pi \cdot d}$ ergibt:

$$\varphi = \frac{\tau_t \cdot L \cdot 360°}{G \cdot d \cdot \pi}$$

Mit $\tau_t = \frac{M_t}{W_p}$ folgt: $\varphi = \frac{M_t \cdot L \cdot 360°}{W_p \cdot G \cdot d \cdot \pi}$

Mit $\tau_t = \frac{M_t \cdot r}{I_p}$ folgt: $\varphi = \frac{M_t \cdot \cancel{r} \cdot L \cdot 360°}{I_p \cdot G \cdot 2\cancel{r} \cdot \pi}$

$$\varphi = \frac{M_t \cdot L \cdot 180°}{I_p \cdot G \cdot \pi}$$

3.7.4 Übungen

Lehrbeispiel: Getriebewelle

Eine Getriebewelle aus Einsatzstahl 20MnCr5 soll bei einer Drehzahl $n = 460\ \mathrm{min}^{-1}$ eine Leistung von $P = 15\,\mathrm{kW}$ übertragen. Die Belastung erfolgt schwellend.

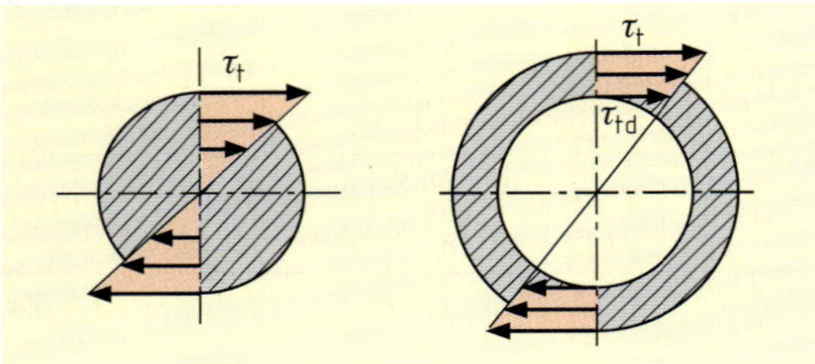

3.7.4–1

Es ist zu ermitteln:

a) die zulässige Torsionsspannung $\tau_{t\,zul}$,

b) der erforderliche Wellendurchmesser d,

c) der Verdrehwinkel je Meter Wellenlänge,

d) der Außen- und Innendurchmesser D und d, wenn die Welle als Hohlwelle mit dem Durchmesserverhältnis $D/d \approx 1{,}6$ ausgeführt wird,

e) die Gewichtsersparnis der Hohlwelle gegenüber der Vollwelle in Prozent,

f) die Torsionsspannung an der Innenwand der Hohlwelle.

Lösung:

a) Da Getriebewellen zusätzlich auf Biegung beansprucht werden, wird die zulässige Torsionsspannung mit der Sicherheitszahl $\nu = 7$ anstelle $\nu = 4$ berechnet.
Mit $\tau_{tSch} = 425\ \mathrm{N/mm^2}$ aus Tabelle 3.1.8–2:

$$\tau_{t\,zul} = \frac{\tau_{t\,zul}}{\nu} = \frac{425\ \mathrm{N/mm^2}}{7} \quad \rightarrow \quad \underline{\underline{\tau_{t\,zul} = 60{,}7\ \mathrm{N/mm^2}}}$$

b) Torsionsmoment:

$$M_t = M_d = \frac{P}{2\pi n} = \frac{15\,000\ \mathrm{Nm/s}}{2\pi \cdot \frac{460}{60}\,1/\mathrm{s}} \quad \rightarrow \quad M_t = 311{,}4\ \mathrm{Nm}$$

Erforderliches polares Widerstandsmoment:

$$W_{p\,erf} = \frac{M_t}{\tau_{t\,zul}} = \frac{311\,400\ \mathrm{Nmm}}{60{,}7\ \mathrm{N/mm^2}} \quad \rightarrow \quad W_{p\,erf} = 5130\ \mathrm{mm^3}$$

Aus $W_p = \frac{\pi}{16} \cdot d^3$ folgt:

$$d = \sqrt[3]{\frac{16\,W_{p\,erf}}{\pi}} = \sqrt[3]{\frac{16 \cdot 5130\ \mathrm{mm^3}}{\pi}} \quad \rightarrow \quad \underline{\underline{d = 29{,}7\ \mathrm{mm}}}$$

Der Durchmesser wird mit $\underline{\underline{d = 30\ \mathrm{mm}}}$ ausgeführt. Daraus folgt: $W_p = \frac{\pi}{16} \cdot 30^3\mathrm{mm}^3 = 5301{,}4\ \mathrm{mm^3}$

c) Verdrehwinkel bei Länge $L = 1\ \mathrm{m}$:

$$\varphi = \frac{M_t \cdot L \cdot 360°}{W_p \cdot G \cdot d \cdot \pi} = \frac{311\,400\ \mathrm{Nmm} \cdot 1000\ \mathrm{mm} \cdot 360°}{5301{,}4\ \mathrm{mm^3} \cdot 81\,000\ \mathrm{N/mm^2} \cdot 30\ \mathrm{mm} \cdot \pi} \quad \rightarrow \quad \underline{\underline{\varphi = 2{,}8°\ \text{je Meter}}}$$

d) Mit $W_p = \frac{\pi}{16} \cdot \frac{D^4 - d^4}{D}$ und $D = 1{,}6 \cdot d$ folgt: $W_p = \frac{\pi}{16} \cdot \frac{(1{,}6d)^4 - d^4}{1{,}6d}$

$$W_p = 0{,}68153 \cdot d^3$$

Innendurchmesser der Hohlwelle:

$$d = \sqrt[3]{\frac{W_{p\,erf}}{0{,}68153}} = \sqrt[3]{\frac{5130\ \mathrm{mm^3}}{0{,}68153}} \quad \rightarrow \quad \underline{\underline{d = 19{,}6\ \mathrm{mm}}}$$

Außendurchmesser der Hohlwelle:

$$D = 1{,}6 \cdot d = \underline{\underline{31{,}4\ \mathrm{mm}}}$$

Die Hohlwelle wird mit $D = 32\,\text{mm}$ und $d = 20\,\text{mm}$ ausgeführt. Daraus folgt:

$$W_p = \frac{\pi}{16} \cdot \frac{32^4\,\text{mm}^4 - 20^4\,\text{mm}^4}{32\,\text{mm}} = 5452\,\text{mm}^3 > W_{p\,\text{erf}}$$

$$\tau_t = \frac{M_t}{W_p} = \frac{311\,400\,\text{Nmm}}{5452\,\text{mm}^3} = 57{,}1\,\text{N/mm}^2 < \tau_{t\,\text{zul}}$$

e) Gewichtsersparnis der Hohlwelle:

$$\frac{F_{G\,\text{voll}} - F_{G\,\text{hohl}}}{F_{G\,\text{voll}}} \mathrel{\hat{=}} \frac{S_{\text{voll}} - S_{\text{hohl}}}{S_{\text{voll}}} = \frac{\frac{\pi}{4} \cdot 30^2\,\text{mm}^2 - \frac{\pi}{4}\left(32^2\,\text{mm}^2 - 20^2\,\text{mm}^2\right)}{\frac{\pi}{4} 30^2\,\text{mm}^2} = 0{,}307$$

Gewichtsersparnis: <u>30,7 Prozent</u>

f) Aus $\dfrac{\tau_{td}}{\tau_t} = \dfrac{\frac{d}{2}}{\frac{D}{2}}$ folgt: $\tau_{td} = \tau_t \cdot \dfrac{d}{D} = 57{,}1\,\text{N/mm}^2 \cdot \dfrac{20\,\text{mm}}{30\,\text{mm}}$

$$\underline{\underline{\tau_{td} = 35{,}7\,\text{N/mm}^2}}$$

Aufgabe 1

Ein Drehmomentschlüssel aus Vergütungsstahl 50 CrMo 4 ist für ein maximales Drehmoment von $100\,\text{Nm}$ zu dimensionieren.

Stablänge $L = 500\,\text{mm}$
Verdrehwinkel $\varphi = 20°$
Sicherheitszahl $\nu = 5$

a) Wie groß ist der Durchmesser d des Torsionsstabes auszuführen?

b) Die Torsionsspannung bei dem errechneten Durchmesser ist mit der zulässigen Torsionsspannung zu vergleichen.

c) Welche Möglichkeiten gibt es, einen Drehmomentschlüssel mit $\tau_t \leqq \tau_{t\,\text{zul}}$ zu erhalten?

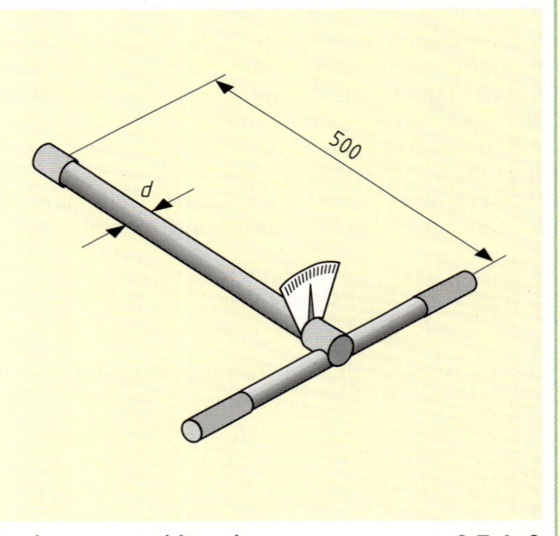

Drehmomentschlüssel **3.7.4–2**

Aufgabe 2

Die Getriebe einer Baureihe für die Abgabeleistung $P = 20\,\text{kW}$ haben folgende Drehzahlen

$n = 100;\ 250;\ 500;\ 750;\ 1000\,\text{min}^{-1}$.

a) Es ist der Durchmesser der Wellen für $\tau_{t\,\text{zul}} = 60\,\text{N/mm}^2$ zu berechnen.

b) Die Ergebnisse sind in einem Schaubild $d = f(n)$ darzustellen.

3.8 Zusammengesetzte Beanspruchungen

Wie das **Einführungsbeispiel Hubkolben-Verbrennungsmotor** erkennen lässt, treten an den meisten Bauteilen **gleichzeitig mehrere Beanspruchungsarten** auf.

- Übersteigt die Größe einer Beanspruchungsart bei weitem eine gleichzeitig auftretende andere Beanspruchung, so genügt es, das Bauteil nach der **vorherrschenden Beanspruchung** zu berechnen. Dies ist beispielsweise bei Biegeträgern der Fall, deren Länge gegenüber ihrer Querschnittshöhe wesentlich größer ist. Hier können die geringen Schubspannungen im Vergleich zu den vorherrschenden Biegespannungen vernachlässigt werden.
- In den Fällen, in denen mehrere gleichzeitig wirkende Beanspruchungen berücksichtigt werden müssen, wird das Bauteil mit **der Beanspruchungsart vordimensioniert, die es am stärksten beansprucht**. Um bei der **Entwurfsberechnung** die übrigen Beanspruchungsarten nicht zu vernachlässigen, wird die Sicherheitszahl größer als üblich gewählt. Folglich wird dann mit niedrigerer zulässiger Spannung gerechnet.

  Für das vordimensionierte Bauteil muss anschließend nachgeprüft werden, ob die zulässige Spannung nicht überschritten wird.

Beispiel: Getriebewellen

Getriebewellen, die auf Torsion, Biegung und Zug bzw. Druck beansprucht sind, werden beim Vordimensionieren nur auf Torsion berechnet. Anstelle der üblichen Entwurfssicherheit $\nu_E = 4 \ldots 6$ wird mit der erhöhten Entwurfssicherheit $\nu_E = 6 \ldots 10$ vordimensioniert.

3.8.1 Zusammenwirken von Normalspannungen

Zug bzw. Druck und Biegung

Die Überlagerung einer Zug- oder Druckbeanspruchung mit einer Biegebeanspruchung verursacht Normalspannungen, die wie parallele Kräfte algebraisch addiert werden können. Für die Dimensionierung von Bauteilen ist die größte Randfaserspannung σ_{max} maßgebend. Die größte Randfaserspannung muss kleiner als die zulässige Spannung der überwiegenden Beanspruchungsart sein.

$$\sigma_{max} \leqq \sigma_{zul}$$

Randfaserspannungen bei **Zug und Biegung:**

$$\sigma_{z\,res} = \sigma_{bz} + \sigma_z = \frac{M_b \cdot e_1}{I_x} + \frac{F}{S}$$

$$\sigma_{d\,res} = \sigma_{bd} - \sigma_z = \frac{M_b \cdot e_2}{I_x} - \frac{F}{S}$$

Randfaserspannungen bei **Druck und Biegung:**

$$\sigma_{z\,res} = \sigma_{bz} - \sigma_d$$

$$\sigma_{d\,res} = \sigma_{bd} + \sigma_d$$

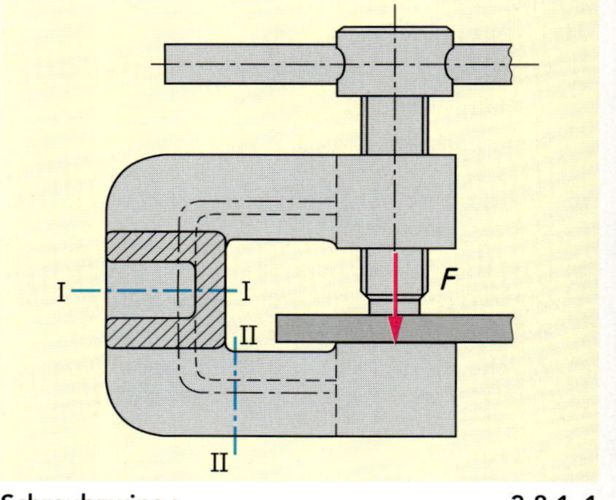

Schraubzwinge 3.8.1–1

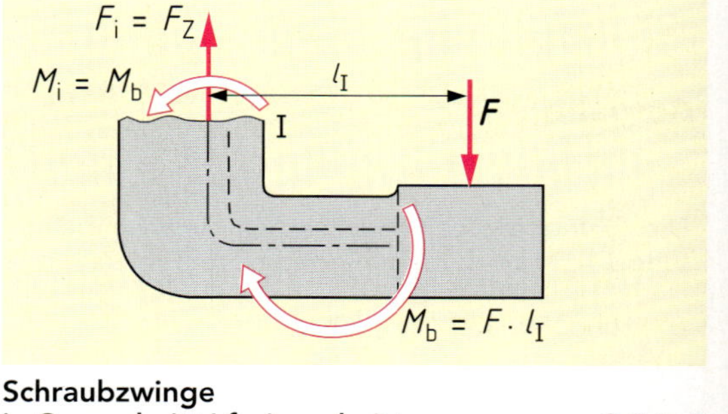

Schraubzwinge in Querschnitt I freigeschnitten 3.8.1–2

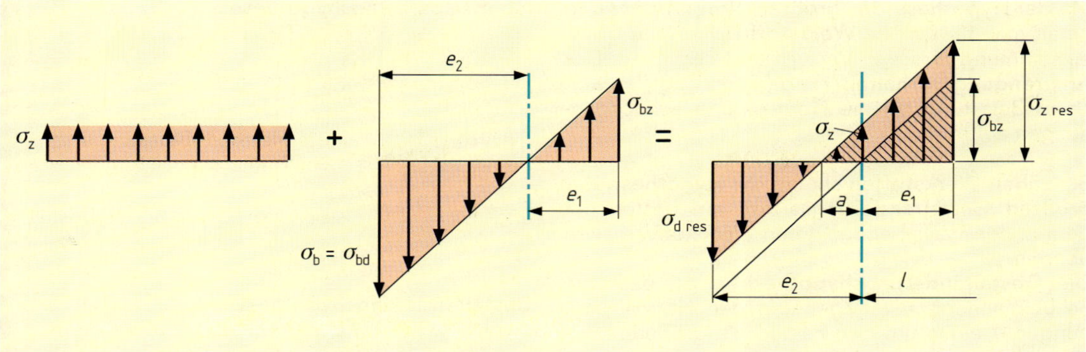

Überlagerung von Zug- und Biegespannungen im freigeschnittenen Querschnitt **3.8.1–3**

Durch die Überlagerung von Normalspannungen kommt es zu einer **Verschiebung der neutralen Faser** um das Maß a. Auf Grund der Ähnlichkeit der schraffierten Dreiecke in der Spannungsverteilung (Bild 3.8.1–3) kann die Größe der Verschiebung bestimmt werden.

$$a = \frac{I_x}{S \cdot l}$$

Herleitung: Verschiebung der neutralen Faser

Aus dem Verhältnis

$$\frac{a}{\sigma_z} = \frac{e_1}{\sigma_{bz}}$$

folgt: $a = e_1 \cdot \dfrac{\sigma_z}{\sigma_{bz}}$

Mit $\sigma_z = \dfrac{F}{S}$ und $\sigma_{bz} = \dfrac{M_b \cdot e_1}{I_x} = \dfrac{F \cdot l \cdot e_1}{I_x}$

ergibt sich: $a = e_1 \dfrac{F \cdot I_x}{S \cdot F \cdot l \cdot e_1}$

$$a = \frac{I_x}{S \cdot l}$$

3.8.2 Zusammenwirken von Normal- und Schubspannungen

Normal- und Schubspannungen stehen senkrecht aufeinander. Gleichzeitig auftretende Normal- und Schubspannungen werden geometrisch addiert. Da sich Schubspannungen auf die Zerstörung eines Bauteiles stärker auswirken als Normalspannungen (Kapitel 3.1.7 und 3.5), muss dies bei der Überlagerung von Normal- und Schubspannungen berücksichtigt werden.

Der Werkstoff hat einen wichtigen Einfluss auf das Zusammenwirken von Normal- und Schubspannungen. Bei Werkstoffen mit Fließgrenze wird die Zerstörung eingeleitet, wenn die Gefügeteile bei Belastung aneinander abgleiten und somit der Werkstoff bleibend gedehnt wird. Für Biegebeanspruchung ist dieses Materialverhalten durch den Selbstverfestigungseffekt der Randzonen schon nicht mehr gegeben. Bei spröden Werkstoffen erfolgt die Zerstörung dagegen durch einen Sprödbruch ohne größere bleibende Dehnung.

Um diese komplizierten Zusammenhänge bei zusammengesetzten Beanspruchungen aus Normal- und Schubspannungen für die Festigkeitsberechnung zu berücksichtigen, wurden auf der Grundlage von Versuchen verschiedene **Hypothesen** über den maßgeblichen Einfluss der Spannungsart auf die

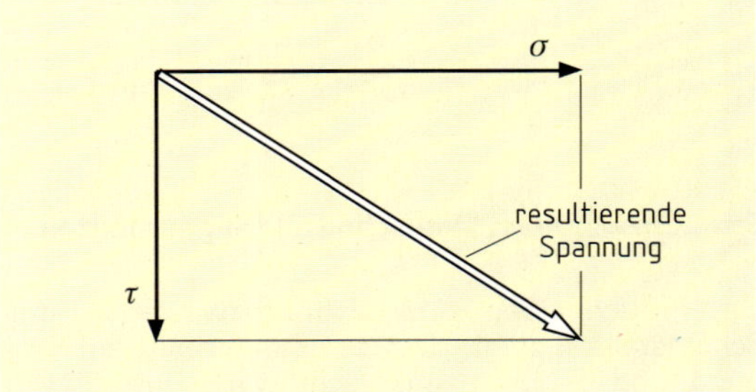

Geometrische Addition von Normal- und Schubspannung **3.8.2–1**

Zerstörung aufgestellt. Bei diesen **Festigkeitshypothesen** wird **ersatzweise** eine **Normalspannung** berechnet, welche **dieselbe Auswirkung auf das Bauteil hat wie die aus Normal- und Schubspannungen zusammengesetzte Beanspruchung.** Diese Normalspannung wird als **Vergleichsspannung** σ_V bezeichnet und mit der zulässigen Normalspannung des Bauteils verglichen.

$$\sigma_V \leqq \sigma_{zul}$$

Mit der **Hypothese der größten Normalspannung** erhält man für **spröde Werkstoffe** eine gute Übereinstimmung zwischen Versuch und Rechnung. Das **Anstrengungsverhältnis** α_0 berücksichtigt, in welchem Belastungsfall die Normal- und Schubspannungen auftreten.

Bei **zähen Werkstoffen** stimmt die **Hypothese der größten Gestaltänderungsarbeit** am besten mit dem in der Praxis beobachteten Werkstoffverhalten überein.
Die **Gestaltänderungshypothese** zeigt, dass die Schubspannungen τ gegenüber den Normalspannungen σ einen um den Faktor $\sqrt{3}$ größeren Einfluss besitzen.

Eine Hypothese, die allen Werkstoffen und Belastungsarten gerecht wird, gibt es nicht.

Normalspannungshypothese:

$$\sigma_v = \frac{\sigma}{2} + \sqrt{\left(\frac{\sigma}{2}\right)^2 + (\alpha_0 \cdot \tau)^2}$$

mit $\alpha_0 = 1$ bei gleichem Belastungsfall von σ und τ

und $\alpha_0 = \dfrac{\sigma_{zul}}{\tau_{zul}}$ bei ungleichem Belastungsfall

Gestaltänderungshypothese:

$$\sigma_v = \sqrt{\sigma^2 + 3(\alpha_0 \cdot \tau)^2}$$

mit $\alpha_0 = 1$ bei gleichem Belastungsfall von σ und τ

und $\alpha_0 = \dfrac{\sigma_{zul}}{\sqrt{3} \cdot \tau_{zul}}$ bei ungleichem Belastungsfall

Biegung und Schub

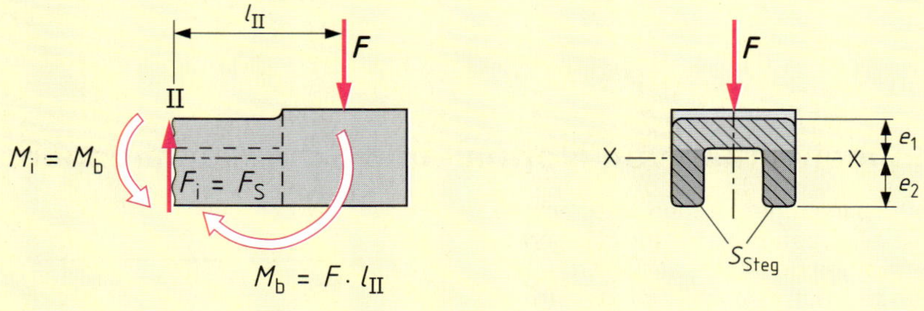

Schraubzwinge im Querschnitt II freigeschnitten 3.8.2–2

Das Freischneiden einer **Schraubzwinge** an der Schnittstelle II zeigt, dass der Querschnitt auf Biegung und Schub beansprucht wird. Besteht die Schraubzwinge aus einem spröden Werkstoff, muss sie nach der Normalspannungshypothese überprüft werden. Bei einer Schraubzwinge aus zähem Werkstoff erfolgt dies mit der Gestaltänderungshypothese.

Da die Biege- und Schubbeanspruchung bei einer Schraubzwinge immer im gleichen Belastungsfall auftreten, ist das Anstrengungsverhältnis $\alpha_0 = 1$ zu setzen. Wegen der zugeordneten Schubspannungen bei Biegeträgern (Kapitel 3.6.6) wird die Schubspannung τ mit der Stegquerschnittsfläche S_{Steg} berechnet.

Normalspannungshypothese:

$$\sigma_v = \frac{\sigma_b}{2} + \sqrt{\left(\frac{\sigma_b}{2}\right)^2 + \tau^2} \leqq \sigma_{b\,zul}$$

Gestaltänderungshypothese:

$$\sigma_v = \sqrt{\sigma_b^2 + 3\tau^2} \leqq \sigma_{b\,zul}$$

mit $\sigma_b = \dfrac{M_b \cdot e_{max}}{I_x} = \dfrac{F \cdot l_{II} \cdot e_2}{I_x}$

und $\tau \approx \dfrac{F}{S_{Steg}}$

Biegung und Torsion

Viele Wellen werden gleichzeitig auf Torsion und Biegung beansprucht. Die Torsion verursacht im Querschnitt Schubspannungen, die Biegung Normalspannungen. Da Wellen aus zähen Werkstoffen gefertigt werden, erfolgt bei einer vordimensionierten Welle der Festigkeitsnachweis nach der **Gestaltänderungshypothese.**

$$\sigma_v = \sqrt{\sigma_b^2 + 3(\alpha_0 \cdot \tau_t)^2} \leqq \sigma_{b\,zul}$$

Bei der **Dimensionierung einer Welle mit Kreisquerschnitt** wird diese Gleichung mit nebenstehender Herleitung umgewandelt. Man erhält das **Vergleichsmoment**

$$M_v = \sqrt{M_b^2 + 0{,}75(\alpha_0 \cdot M_t)^2}$$

und den erforderlichen **Wellendurchmesser**

$$d = \sqrt[3]{\frac{32 \cdot M_v}{\pi \cdot \sigma_{b\,zul}}}$$

Da Wellen mit wechselnder Biegung und schwellender Torsion beansprucht werden, wird das Anstrengungsverhältnis mit

$$\alpha_0 = \frac{\sigma_{bW}}{\sqrt{3} \cdot \tau_{t\,Sch}}$$

ermittelt. Dabei wird angenommen, dass die Sicherheitszahl für beide Beanspruchungsarten gleich groß ist.

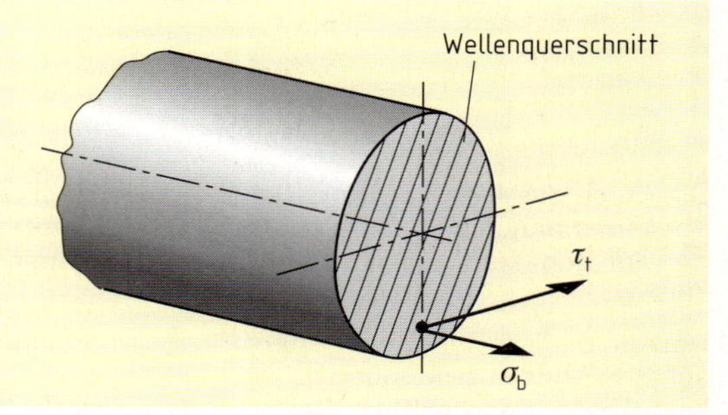

Spannungsbeanspruchung bei Wellen **3.8.2–3**

Herleitung: Erforderlicher Durchmesser einer Welle

Mit $\sigma_b = \frac{M_b}{W} = \frac{M_b}{\frac{\pi \cdot d^3}{32}}$, $\tau_t = \frac{M_t}{W_p} = \frac{M_t}{\frac{\pi \cdot d^3}{16}}$

und $W_p = 2W$ erhält man

$$\sigma_v = \sqrt{\left(\frac{M_b}{W}\right)^2 + 3\left(\alpha_0 . \frac{M_t}{2W}\right)^2} \leqq \sigma_{b\,zul}$$

$$\sigma_v = \frac{\sqrt{M_b^2 + \frac{3}{4}(\alpha_0 \cdot M_t)^2}}{W} \leqq \sigma_{b\,zul}$$

Entsprechend der Vergleichsspannung σ_v wird der Wurzelausdruck als Vergleichsmoment M_v bezeichnet.

$$M_v = \sqrt{M_b^2 + 0{,}75(\alpha_0 \cdot M_t)^2}$$

Aus $\sigma_v = \frac{M_v}{W} \leqq \sigma_{b\,zul}$ und $W = \frac{\pi d^3}{32}$

folgt für den erforderlichen Durchmesser:

$$d = \sqrt[3]{\frac{32 \cdot M_v}{\pi \cdot \sigma_{b\,zul}}}$$

Torsion und Zug bzw. Druck

Diese Kombination von Beanspruchungen kommt unter anderem bei **Schrauben** und **Gewindespindeln** vor.

Eine Schraube unterliegt beim Anziehen neben der Zugbelastung in Längsrichtung einer Verdrehung durch das Gewindereibmoment (Kapitel 2.5.4).

$$M_{RG} = M_t = F \cdot r_2 \cdot \tan(\rho' + \alpha)$$

Die Torsionsspannung erreicht die Größe

$$\tau_t = \frac{M_t}{W_p} = \frac{F \cdot r_2 \cdot \tan(\rho' + \alpha)}{\frac{\pi \cdot d^3}{16}}$$

Beispiel: Dehnschraube

Eine Dehnschraube M 12 wird so angezogen, dass sie eine Zugkraft von 10 kN aufnimmt.

$\tan(\rho' + \alpha) = 0{,}25$

$r_2 = 5{,}43$ mm

Kern- = Schaftdurchmesser $d = 9{,}85$ mm

Torsionsmoment:

$M_t = M_{RG} = F \cdot r_2 \cdot \tan(\rho' + \alpha)$

$M_t = 10\,000\ \text{N} \cdot 5{,}43\ \text{mm} \cdot 0{,}25$

$M_t = 13\,575\ \text{Nmm}$

Wird $\tan(\rho' + \alpha) \approx 0{,}25$ angenommen und für Normgewinde $r_2 = 0{,}55 \cdot d$ gesetzt, erhält man:

$$\tau_t = \frac{F \cdot 0{,}55 d \cdot 0{,}25}{\frac{\pi \cdot d^3}{16}} = \frac{F \cdot 0{,}55 \cdot 0{,}25 \cdot 4}{\frac{\pi \cdot d^2}{4}} = 0{,}55 \cdot \frac{F}{S}$$

$$\tau_t \approx 0{,}55 \cdot \sigma_z$$

Die durch das Anziehen einer Schraube verursachte Torsionsspannung τ_t beträgt ungefähr 55 Prozent der auf den Kernquerschnitt bezogenen Zugspannung σ_z.

Um den Einfluss der überlagerten Torsionsspannung auf die Vergleichsspannung σ_v zu ermitteln, wird die **Hypothese der größten Gestaltänderungsarbeit** angewandt.

$$\sigma_v = \sqrt{\sigma_z^2 + 3(d_0 \cdot \tau_t)^2} \approx \sqrt{\sigma_z^2 + 3 \cdot 0{,}55^2 \cdot \sigma_z^2} \approx \sqrt{1{,}9 \cdot \sigma_z^2}$$

$$\sigma_v \approx 1{,}38 \cdot \sigma_z$$

Im Vergleich zur Beanspruchung allein durch die Längskraft ist die Gefährdung einer Schraube durch das gleichzeitige Wirken von Normal- und Schubspannungen um ca. 38 Prozent größer.

Torsionsspannung:

$$\tau_t = \frac{M_t}{W_p} = \frac{13\,575\ \text{Nmm}}{\frac{\pi \cdot 9{,}85^3\ \text{mm}^3}{16}}$$

$$\underline{\underline{\tau_t = 72{,}3\ \text{N/mm}^2}}$$

Zugspannung:

$$\sigma_z = \frac{F}{S} = \frac{10\,000\ \text{N}}{\frac{\pi}{4} \cdot 9{,}85^2\ \text{mm}^2}$$

$$\underline{\underline{\sigma_z = 131{,}2\ \text{N/mm}^2}}$$

Vergleichsspannung:

$$\sigma_v = \sqrt{\sigma_z^2 + 3(\alpha_0 \cdot \tau_t)^2}; \quad \alpha_0 = 1$$

$$\sigma_v = \sqrt{131{,}2^2 + 3 \cdot 72{,}3^2}\ \text{N/mm}^2$$

$$\underline{\underline{\sigma_v = 181{,}4\ \text{N/mm}^2}}$$

Die Dehnschraube wird beim Anziehen gleichzeitig durch $\sigma_z = 131{,}2\ \text{N/mm}^2$ und $\tau_t = 72{,}3\ \text{N/mm}^2$ beansprucht. Diese zusammengesetzte Beanspruchung entspricht ersatzweise einer Vergleichsspannung $\sigma_v = 181{,}4\ \text{N/mm}^2$.

3.8.3 Übungen

Lehrbeispiel: Getriebewelle

Eine Getriebewelle aus Vergütungsstahl 50CrMo4 überträgt von Zahnrad 1 auf Zahnrad 2 eine Leistung von 16 kW bei Drehzahl $n = 600\ 1/\text{min}$. Die Zahnkräfte wirken in der angegebenen Richtung, der Eingriffswinkel beträgt 20°.

Es ist der Wellendurchmesser zu bestimmen.

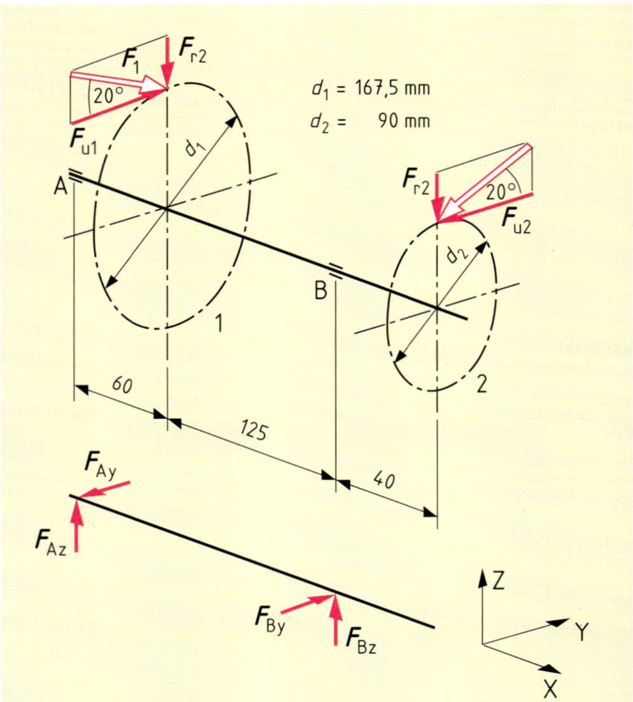

Zahnradkräfte und Lagerkräfte **3.8.3–1**

Lösung:

Torsionsmoment

$$M_t = M_d = \frac{P}{2\pi \cdot n} = \frac{16\,000\ \frac{\text{Nm}}{\text{s}}}{2\pi \frac{600}{60} \frac{1}{\text{s}}}$$

$$\underline{M_t = 254{,}65\ \text{Nm}}$$

Umfangskräfte an den Zahnrädern

$$F_{u1} = \frac{M_d}{r_1} = \frac{254\,650\ \text{Nmm}}{83{,}75\ \text{mm}}$$

$$\underline{F_{u1} = 3040{,}6\ \text{N}}$$

$$F_{u2} = \frac{M_d}{r_2} = \frac{254\,650\ \text{Nmm}}{45\ \text{mm}}$$

$$\underline{F_{u2} = 5\,658{,}9\ \text{N}}$$

Radialkräfte bei Eingriffswinkel 20°

$$F_r = F_u \cdot \tan 20°$$

$$F_{r1} = F_{u1} \cdot \tan 20° = 3040{,}6\,N \cdot \tan 20°$$

$$\underline{F_{r1} = 1106{,}7\ N}$$

$$F_{r2} = F_{u2} \cdot \tan 20° = 5658{,}9\,N \cdot \tan 20°$$

$$\underline{F_{r2} = 2059{,}7\ N}$$

Biegemomente in der x-y-Ebene

bei Zahnrad 1: $M_{b1y} = F_{Ay} \cdot 0{,}06\ m = 3\,278\ N \cdot 0{,}06\ m$

$$\underline{M_{b1y} = 196{,}7\,Nm}$$

an Lagerstelle B: $M_{bBy} = F_{u2} \cdot 0{,}04\ m = 5\,658{,}9\ N \cdot 0{,}04\ m$

$$\underline{M_{bBy} = 226{,}4\ Nm}$$

Biegemomente in der x-z-Ebene

bei Zahnrad 1: $M_{b1z} = F_{Az} \cdot 0{,}06\ m = 302{,}4\ N \cdot 0{,}06\ m$

$$\underline{M_{b1z} = 18{,}1\ Nm}$$

an Lagerstelle B: $M_{bBz} = F_{r2} \cdot 0{,}04\ m = 2\,059{,}7\ N \cdot 0{,}04\ m$

$$\underline{M_{bBz} = 82{,}4\ Nm}$$

Größtes resultierendes Biegemoment

$$M_{b\,max} = \sqrt{M_{b\,By}^2 + M_{b\,Bz}^2} = \sqrt{226{,}4^2 + 82{,}4^2}\ Nm$$

$$\underline{M_{b\,max} = 240{,}9\ Nm}$$

Lagerkräfte in der x-y-Ebene

$$\Sigma M_A = 0 = F_{u1} \cdot 60\ mm + F_{By} \cdot 185\ mm - F_{u2} \cdot 225\ mm$$

$$F_{By} = \frac{5658{,}9\ N \cdot 225\ mm - 3040{,}6\ N \cdot 60\ mm}{185\ mm}$$

$$\underline{F_{By} = 5896{,}3\ N}$$

$$\Sigma F_y = 0 = F_{u1} - F_{Ay} + F_{By} - F_{u2}$$

$$F_{Ay} = 3040{,}6\ N + 5896{,}3\ N - 5658{,}9\ N$$

$$\underline{F_{Ay} = 3278\ N}$$

Lagerkräfte in der x-z-Ebene

$$\Sigma M_A = 0 = -F_{r1} \cdot 60\ mm + F_{Bz} \cdot 185\ mm - F_{r2} \cdot 225\ mm$$

$$F_{Bz} = \frac{1106{,}7\ N \cdot 60\ mm + 2\,059{,}7\ N \cdot 225\ mm}{185\ mm}$$

$$\underline{F_{Bz} = 2\,864\ N}$$

$$\Sigma F_z = 0 = F_{Az} - F_{r1} + F_{Bz} - F_{r2}$$

$$F_{Az} = 1106{,}7\ N + 2\,059{,}7\ N - 2\,864\ N$$

$$\underline{F_{Az} = 302{,}4\ N}$$

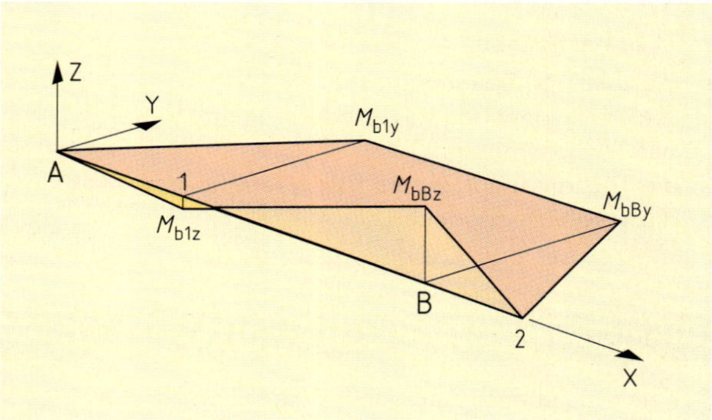

Verlauf der Biegemomente **3.8.3–2**

Für Wellen aus Vergütungsstahl ist die Gestaltänderungshypothese zutreffend.

Berechnung des Vergleichsmomentes an Lagerstelle B

$$M_v = \sqrt{M_{b\,max}^2 + 0{,}75(\alpha_0 \cdot M_t)^2} \quad \text{mit } \alpha_0 = \frac{\sigma_{bW}}{\sqrt{3} \cdot \tau_{t\,Sch}} = \frac{540\ N/mm^2}{\sqrt{3} \cdot 540 \cdot N/mm^2}$$

$$M_v = \sqrt{240{,}9^2 + 0{,}75\,(0{,}58 \cdot 254{,}6)^2}\ Nm \qquad \alpha_0 = 0{,}58$$

$$\underline{M_v = 272{,}7\ Nm}$$

Erforderlicher Wellendurchmesser

$$d \geqq \sqrt[3]{\frac{32\ M_v}{\pi \cdot \sigma_{b\,zul}}} \qquad \textit{\textbf{mit}}\ \sigma_{b\,zul} = \frac{\sigma_{bW}}{\nu_E} = \frac{540\ N/mm^2}{5}$$

$$d \geqq \sqrt[3]{\frac{32 \cdot 272700\ Nmm}{\pi \cdot 108 \dfrac{N}{mm^2}}} \qquad \sigma_{b\,zul} = 108 \frac{N}{mm^2}$$

$$\underline{\underline{d \geqq 29{,}5\ mm}}$$

Als größter Wellendurchmesser wird $\underline{\underline{d = 30\ mm}}$ gewählt.

Aufgabe 1

Im Lehrbeispiel 1, Kapitel 3.6.7, wird ein Gelenkbolzen mit $\sigma_{b\,zul} = 95\ \mathrm{N/mm^2}$ für zwei verschiedene Einbaufälle dimensioniert.

a) Für die gewählten Bolzendurchmesser $d_I = 10\ \mathrm{mm}$ und $d_{II} = 8\ \mathrm{mm}$ ist der Spannungsnachweis für σ_b zu führen.

b) Für den Bolzenwerkstoff Ck45 ist zu prüfen, ob die Vergleichsspannung unterhalb der zulässigen Biegespannung liegt.

Aufgabe 2

Die Gewindespindel Tr 24x5 einer Schraubzwinge wird mit der schwellend wirkenden Druckkraft $F = 12\ \mathrm{kN}$ belastet.

Werkstoff E295 (St50-2)
Steigungswinkel $\alpha = 4{,}2°$
Reibungswinkel $\rho' = 8{,}5°$
Kerndurchmesser $d = 18{,}5\ \mathrm{mm}$
Flankenradius $r_2 = 10{,}75\ \mathrm{mm}$
Entwurfssicherheit $\nu_E = 5$

Es ist zu bestimmen:

a) die zulässige Spannung,
b) die Druckspannung im Kernquerschnitt,
c) das Torsionsmoment,
d) die Torsionsspannung im Kernquerschnitt,
e) die Vergleichsspannung.

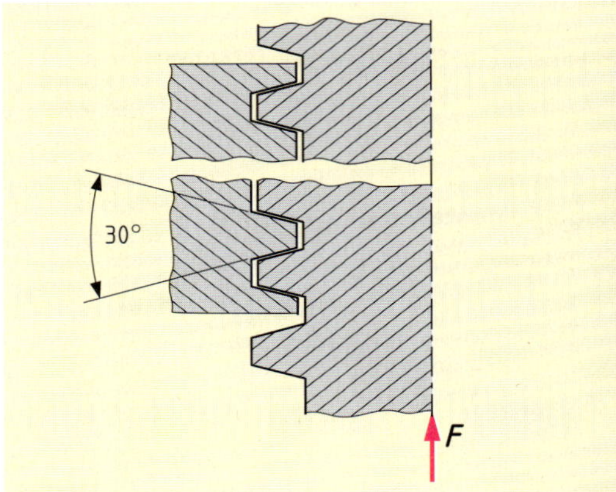

Gewindespindel Tr 24x5 **3.8.3–3**

Aufgabe 3

Der nebenstehend dargestellte Haltestab ist auf eine Grundplatte geschweißt.

Die in die Anschlussebene geklappte Schweißnaht ist ebenfalls dargestellt.

Die Belastung beträgt $F = 10\ \mathrm{kN}$,
die zulässige Spannung für ruhende Belastung ist $\sigma_{zul} = 140\ \mathrm{N/mm^2}$.

Es ist die Vergleichsspannung σ_V zu berechnen.

Hinweis:
Eine Schweißnaht bricht bei Überlastung ohne nennenswerte plastische Verformung. Deshalb ist es üblich, für den Spannungsnachweis die Normalspannungshypothese anzuwenden.

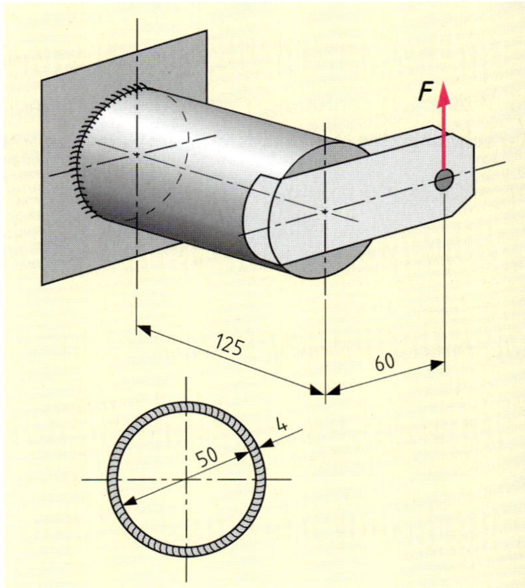

Angeschweißter Haltestab **3.8.3–4**

4 Mechanik der ruhenden Flüssigkeiten

Einführungsbeispiel: Schiffshebewerk

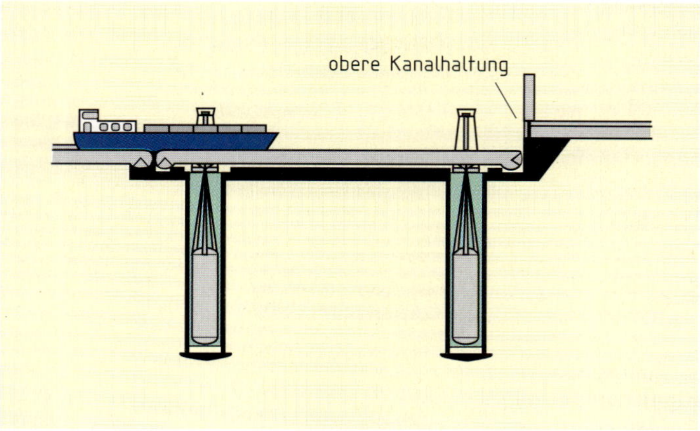

Trog in unterer Stellung: Schiff fährt ein **4.0–1**

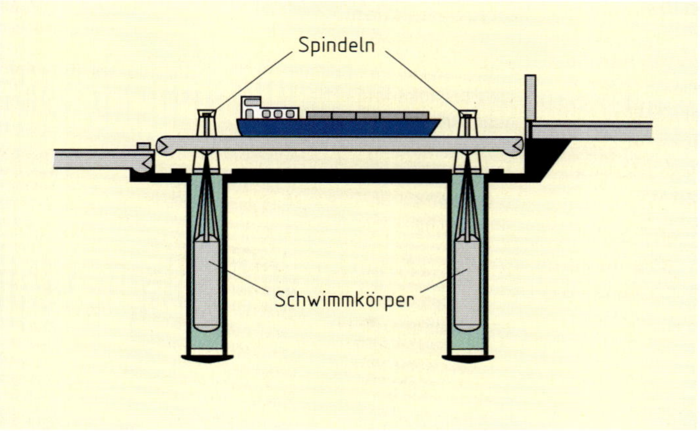

Trog in der Bewegung **4.0–2**

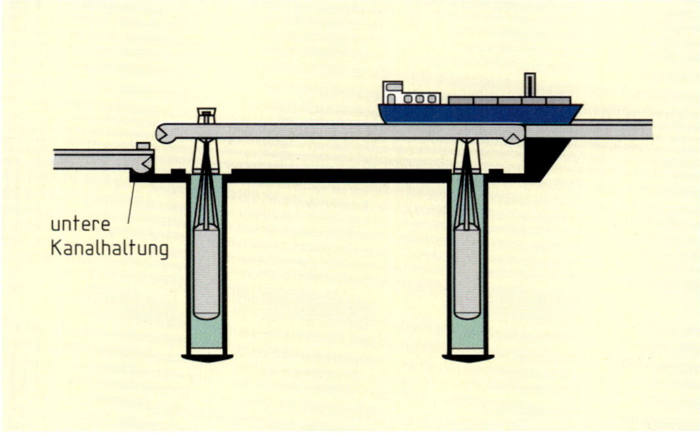

Trog in oberer Stellung: Schiff fährt aus **4.0–3**

Im Fahrwasser von Binnenwasserstraßen werden zur Überwindung von Höhenunterschieden Schleusen oder Schiffshebewerke eingesetzt. Schiffe können mithilfe dieser Einrichtungen auf das jeweils gewünschte Wasserniveau angehoben oder abgesenkt werden.

Im Schiffshebewerk Henrichenburg/Westfalen fördert man Schiffe in einem an beiden Enden durch Tore verschlossenen und mit Wasser gefüllten Trog. Das Gewicht des bewegten Transportsystems einschließlich Schiff wird durch zwei Tauchkörper, so genannte Schwimmer, ausgeglichen. Die Schwimmer bewegen sich während des Hebevorgangs in wassergefüllten Schächten. Die Hub- und Senkbewegung sowie die Führung des Troges erfolgt durch vier von Motoren angetriebene Spindeln.

In der oberen und unteren Endstellung wird der Trog an die betreffende Kanalhaltung wasserdicht angeschlossen. Diese Aufgabe erfüllen durch hydraulische Pressen bewegte Dichtungsrahmen. Nach dem Öffnen des Trogs fährt das gehobene oder abgesenkte Schiff in den entsprechenden Kanalabschnitt ein.

4.1 Das Verhalten von Flüssigkeiten

Die atomaren Bausteine von Flüssigkeiten werden durch Kohäsionskräfte aneinander gebunden. Durch Einwirkung kleiner Kräfte lassen sich Flüssigkeitsteilchen, im Gegensatz zu den Grundbausteinen von Festkörpern, frei gegeneinander verschieben.

Flüssigkeiten zeigen aus diesem Grund folgendes Verhalten:

- Flüssigkeiten passen sich ohne Volumenänderung der Form ihres Gefäßes an.
- Flüssigkeitsoberflächen stellen sich unter dem Einfluss der Schwerkraft stets **horizontal** ein. Dies gilt sowohl für kompliziert geformte als auch für **kommunizierende**, d.h. miteinander verbundene Gefäße.
- Flüssigkeiten weichen mechanischen Beanspruchungen aus. Lediglich durch **allseitigen** Druck können Flüssigkeiten einer Dauerbelastungen unterzogen werden.
- Flüssigkeiten sind **nahezu inkompressibel**. Selbst durch hohe Drücke verringern sich Flüssigkeitsvolumen nur geringfügig. Die durch Drücke hervorgerufenen geringen Volumenänderungen sind in den meisten Fällen vernachlässigbar. Wird der Flüssigkeitsdruck auf den Anfangsdruck zurückgeführt, stellt sich wieder das Ausgangsvolumen ein. Flüssigkeiten besitzen **Volumenelastizität**.

Bei Glas verschwimmt die Grenze zwischen Festkörper und Flüssigkeit. Durch den Einfluss lang anhaltender kleiner Kräfte beginnt selbst hartes Glas zu fließen. Jahrhunderte alte Kirchenfenster sind aufgrund der Schwerkraft unten dicker.

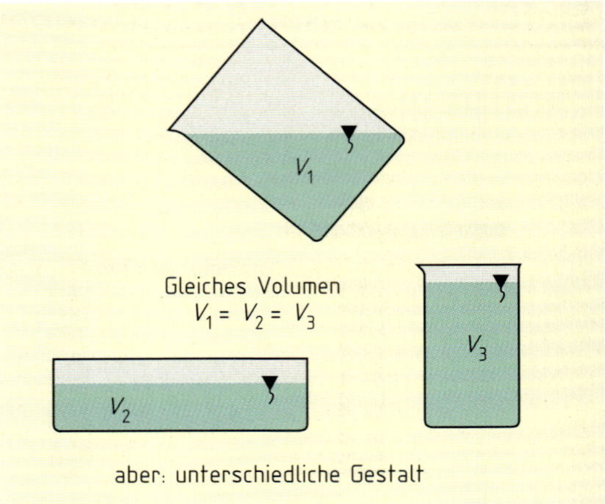

Volumenkonstanz von Flüssigkeiten 4.1–1

Einfluss der Schwerkraft auf die Form von Flüssigkeitsoberflächen

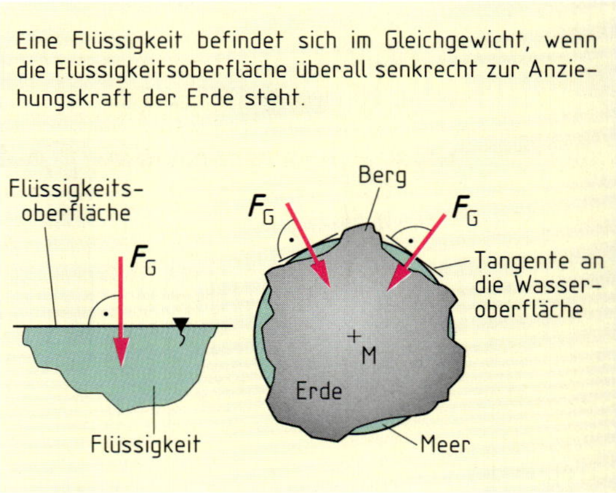

Oberflächenform 4.1–2

Kommunizierende Gefäße

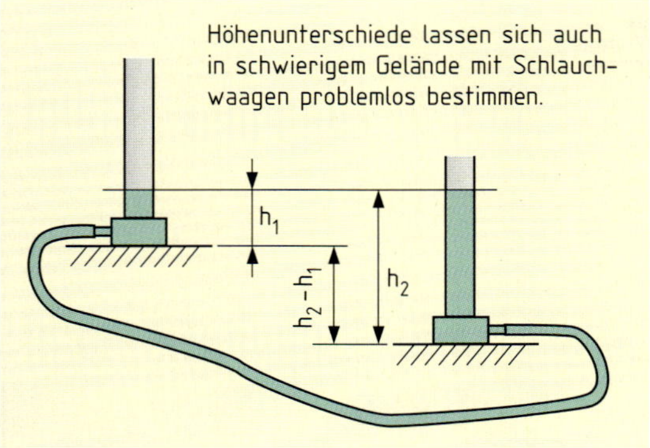

Schlauchwaage 4.1–3

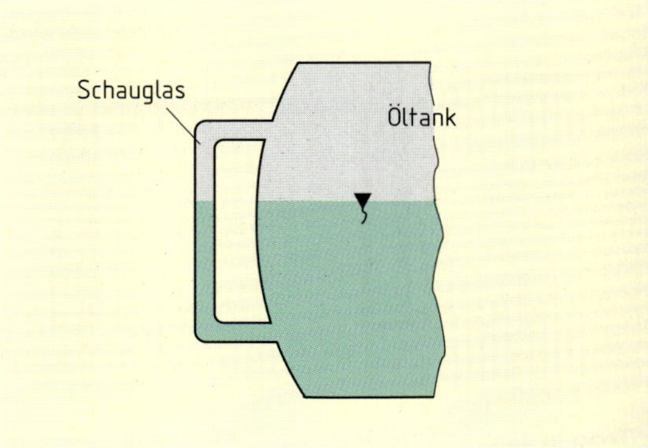

Füllstandsanzeige 4.1–4

4.2 Druck

Eine Kraft $\boldsymbol{F}$, die flächenhaft auf die Oberfläche A einer eingeschlossenen Flüssigkeit einwirkt, erzeugt innerhalb dieser Flüssigkeit den Druck p.

$$p = \frac{F_N}{A}$$

$$F_N \perp A$$

$$\text{Einheit: } [p] = \frac{\text{N}}{\text{m}^2} = \text{Pa} \quad \text{(Pascal)}$$

Die Einheit des Drucks wird nach dem französischen Physiker und Mathematiker Blaise Pascal (1623–1662) benannt.

Durch die Kraft $\boldsymbol{F}$ werden die Flüssigkeitsteilchen im Bereich der Krafteinwirkung zusammengedrängt. Da die Flüssigkeitsteilchen bestrebt sind, untereinander gleiche Abstände einzunehmen, weichen sie in alle Richtungen aus. Der Flüssigkeitsdruck pflanzt sich somit nach allen Seiten in gleicher Größe fort.

Ein auf eine ebene Fläche A wirkender Druck p erzeugt stets eine senkrecht zur Fläche stehende Kraft $\boldsymbol{F}$. Der Betrag der Kraft $\boldsymbol{F}$ errechnet sich nach:

$$F = p \cdot A$$

$$F \perp A$$

Bei **gewölbten** Flächen berechnet sich der Betrag der Druckkraft $\boldsymbol{F}$ als Produkt aus dem Druck p und der projizierten Fläche A_{proj}.

$$F = p \cdot A_{proj}$$

$$F \perp A_{proj}$$

Gase zeigen mit Ausnahme der Inkompressibilität gleiches Verhalten. Wegen der Abstände zwischen den einzelnen Gasteilchen lassen sich Gase mit zunehmendem Druck stark komprimieren.

Hinweis:

Eine in der Technik noch gebräuchliche Einheit ist das bar.

$1 \text{ bar} = 10^5 \text{ Pa} = 100\,000 \text{ Pa}$

In der Pneumatik und Hydraulik wird der Druck häufig in N/cm^2 angegeben.

$1 \text{bar} = 10 \text{N/cm}^2$

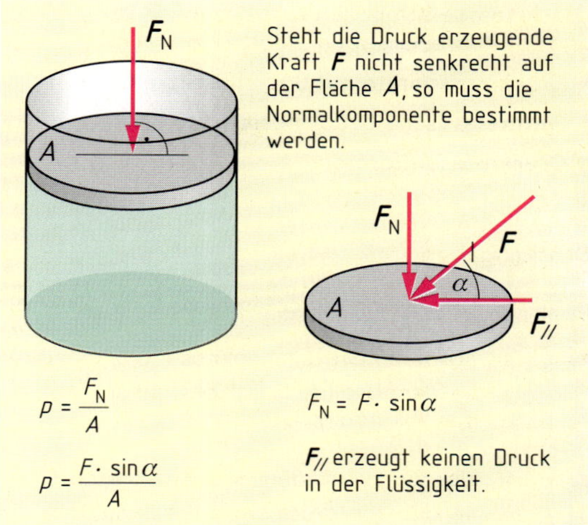

Druckerzeugung in Flüssigkeiten **4.2–1**

Gewölbte Flächen

Gewölbte Flächen lassen sich als abgestufte Flächen darstellen. Bei kleiner werdender Abstufung geht die gestufte Fläche in die gewölbte über.

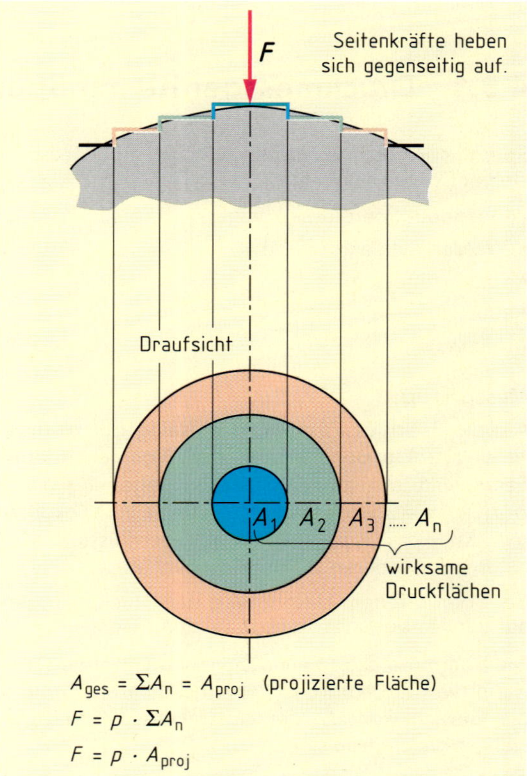

Projektion einer gewölbten Fläche **4.2–2**

4.3 Druckmessung in Flüssigkeiten und Gasen

Druckmessgeräte lassen sich bezüglich ihres Wirkprinzips in drei Gruppen unterteilen:

- **Druckmessgeräte mit Sperrflüssigkeit,**
- **Federelastische Druckmessgeräte** und
- **Druckmessumformer.**

Druckangaben

p_{amb} = Umgebungsdruck (ambiens = umgebend)

p_{abs} = absoluter Druck (absolutus = unabhängig) → der absolute Druck bezieht sich auf das Vakuum ($p = 0$)

p_e = Überdruck (exedens = überschreitend) → der Überdruck bezieht sich auf den Umgebungsdruck

$$p_{abs} = p_{amb} + p_e$$

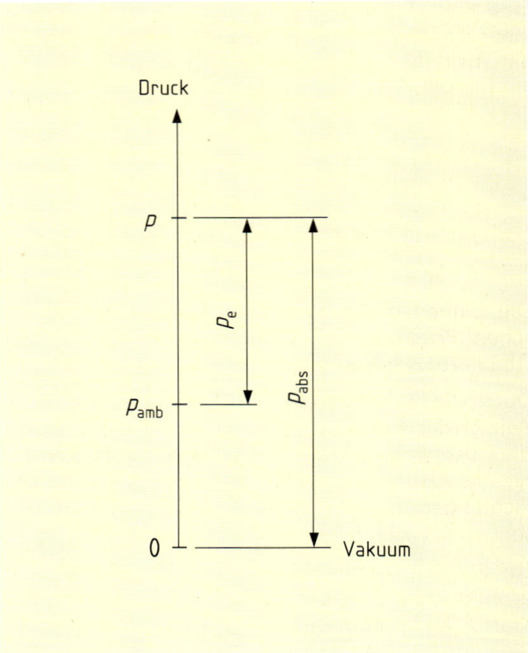

Druckangaben **4.3–1**

4.3.1 Druckmessgeräte mit Sperrflüssigkeit

Sperrflüssigkeitsmanometer werden zur Messung kleiner Drücke eingesetzt.

Verwendete Sperrflüssigkeiten:

- Wasser (evtl. eingefärbt)
- Quecksilber (Hg)
- Öle
- Alkohole

Messprinzip:

Auf die Sperrflüssigkeit wirkt einseitig der zu messende absolute Behälterdruck p_{abs}. Von der anderen Seite wirkt der atmosphärische Umgebungsdruck p_{amb} auf die Sperrflüssigkeit ein. Je nach Druckdifferenz $\Delta p = p_{abs} - p_{amb}$ steigt die Sperrflüssigkeit im einen oder anderen U-Rohr-Schenkel an.

Bei oben offenem U-Rohr wird der Druck bezogen auf den Umgebungsdruck p_{amb} gemessen.

Die Sperrflüssigkeit befindet sich im Gleichgewicht, wenn die Kraft aufgrund der Druckdifferenz Δp und die Gewichtskraft F_G der Flüssigkeitssäule mit der Höhe h gleich groß sind.

Der Höhenunterschied h stellt ein direktes Maß für den gemessenen Druck dar. Der Querschnitt des U-Rohrs oder eventuelle Querschnittsänderungen im U-Rohr haben auf die Druckmessung keinen Einfluss.

Aus der Druckmessung mit Flüssigkeitsmanometern ergeben sich folgende **SI-fremde Einheiten**:

1 mm WS (Wassersäule) = 9,80665 Pa

1 mm Hg (Hg-Säule) = 133,3224 Pa

Beim **einschenkligen Manometer** (Gefäßmanometer) stellt der Behälter den zweiten Schenkel dar. Aufgrund der Größe des Behälterquerschnitts kann die Niveauänderung des Flüssigkeitsspiegels im Behälter vernachlässigt werden. Kleinste sich daraus ergebende Fehler können durch eine nach oben verkürzte Skala korrigiert werden.

Mit **Schrägrohrmanometern** lassen sich kleinste Drücke messen. Durch Neigung eines Messschenkels ergeben sich für die Flüssigkeitssäule auch bei kleinen Höhenänderungen Δh große Längenänderungen Δl. Die Messgenauigkeit wird dadurch wesentlich verbessert.

Absolute Drücke werden mit Flüssigkeitsmanometern, deren Messschenkel oben verschlossen und evakuiert sind, gemessen.

Sperrflüssigkeitsmanometer

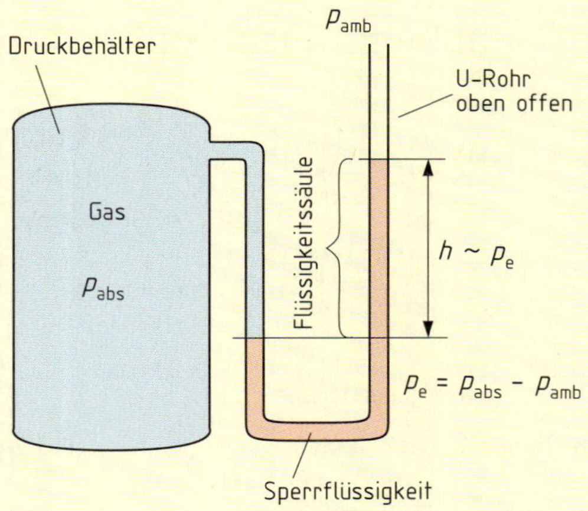

Druckmessung in Gasen mit dem U-Rohr-Manometer 4.3.1–1

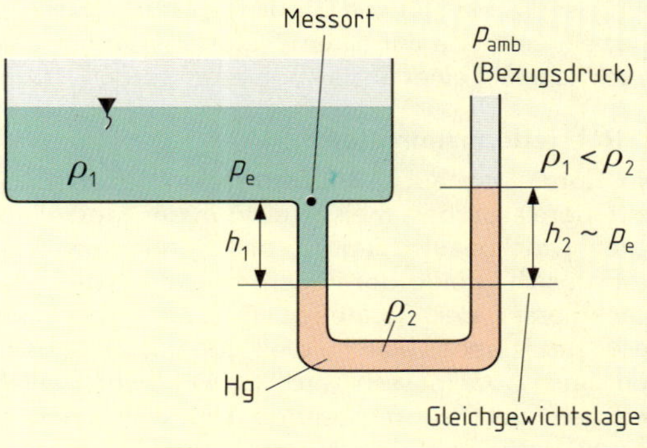

Bei Höhenunterschieden zwischen Messort und Gleichgewichtslage muss die Flüssigkeitssäule h_1 bei der Druckbestimmung berücksichtigt werden.

Druckmessung in Flüssigkeiten mit dem U-Rohr 4.3.1–2

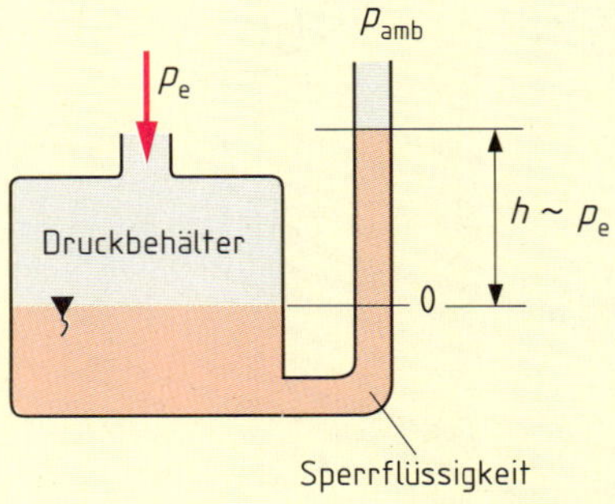

Geringe Flüssigkeitsschwankungen im Behälter können vernachlässigt werden.

Einschenkliges Manometer 4.3.1–3

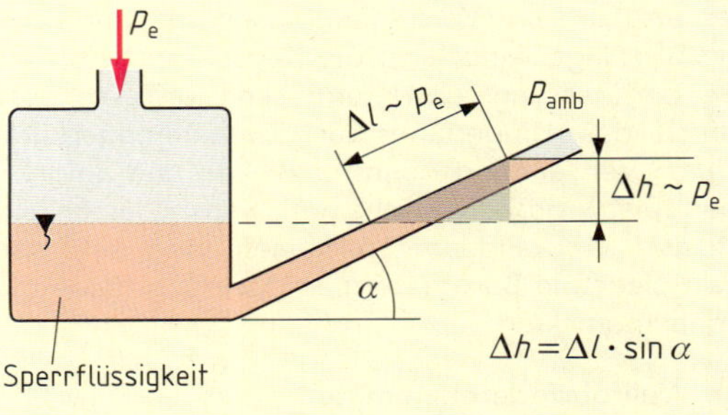

Die Messgenauigkeit wird durch Neigung des Messschenkels erhöht.

Schrägrohrmanometer 4.3.1–4

4.3.2 Federelastische Druckmessgeräte

Federelastische Druckmessgeräte setzt man für Messdrücke von einigen hpa bis hin zum GPa-Bereich ein.

Messprinzip

Unter der Wirkung des zu messenden Drucks verformt sich ein federelastisches Messglied. Die Verformung ist das Maß für die Größe des Drucks. Sie wird über ein Getriebe auf einen Zeiger übertragen. Der Druck kann auf einer Skala abgelesen werden.

Rohrfedermanometer

Die Rohrfeder, auch **Bourdonfeder** genannt, ist ein federelastisches, meist kreisförmiges Messglied. Durch Druckbeaufschlagung des Rohrinneren vergrößert sich infolge der Federprofildeformation der Durchmesser der Rohrfeder. Die Bewegung des Federendes ist das Maß für die Höhe des zu messenden Drucks. Gemessen wird der Druckunterschied zwischen dem zu messenden Druck und einem Bezugsdruck, meist dem Atmosphärendruck.

Plattenfedermanometer

Ein Plattenfedermanometer besitzt als federelastisches Messglied eine dünne, runde, gewellte und am Rand eingespannte Metallplatte. Gegenüber Rohrfedermanometern zeigen Plattenfedermanometer weniger gute messtechnische Eigenschaften. Infolge ihrer kreisförmigen Einspannung reagieren sie auf thermische Einflüsse empfindlich.

Kapselfedermanometer

Kapselfedermanometer bestehen aus zwei gewellten Ronden, die am Rand miteinander druckdicht verlötet sind. Bei weniger empfindlichen Kapselfedern kann die zweite Ronde auch durch einen flachen Teller ersetzt sein. Wird die Kapselfeder mit Druck beaufschlagt, wölbt sich die Kapsel beidseitig auf. Bei der Messung von Unterdrücken wird die Kapsel durch den Umgebungsdruck zusammengedrückt. Durch Verwendung dünnster Bleche und aufgrund der relativ großen Fläche der Kapsel lassen sich kleinste Druckänderungen messen. Evakuierte Kapseln dienen in **Barometern** zur Messung des Atmosphärendrucks.

Wellrohrfedermanometer

In Wellrohrmanometern dient ein aus Metall bestehender Balg als federelastisches Messglied. Bei Druckbeaufschlagung ändert der Balg seine Länge. Die Längenänderung ist das Maß für die Größe des Drucks. Eine Verformung der Stirnfläche findet nicht statt. Häufig wird der Balg nur als Dichtelement benutzt. Der Druck arbeitet dann hauptsächlich gegen eine Messfeder. Der Federweg ist das Maß für den zu messenden Druck.

Manometer mit federelastischen Messgliedern

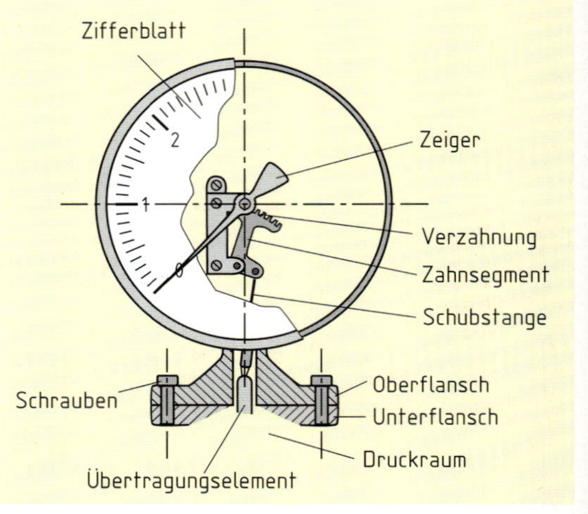

Mechanische Druckanzeige 4.3.2–1

Federelastische Messglieder

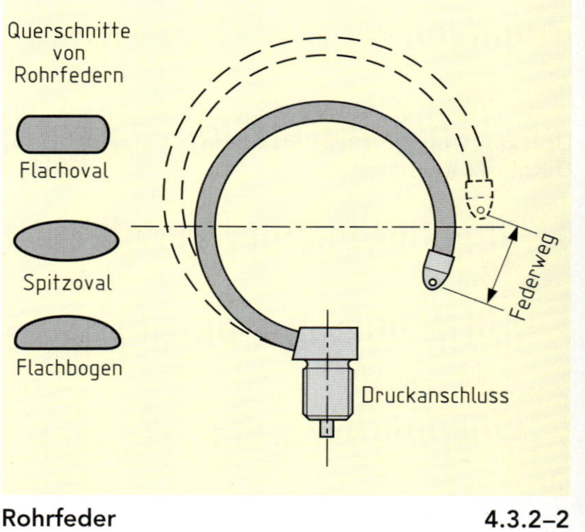

Rohrfeder 4.3.2–2

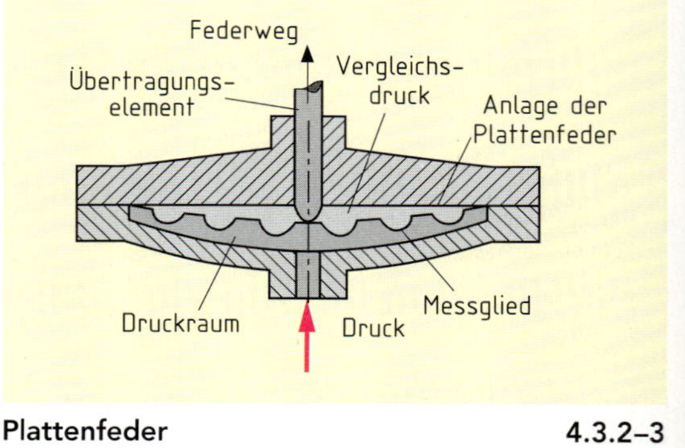

Plattenfeder 4.3.2–3

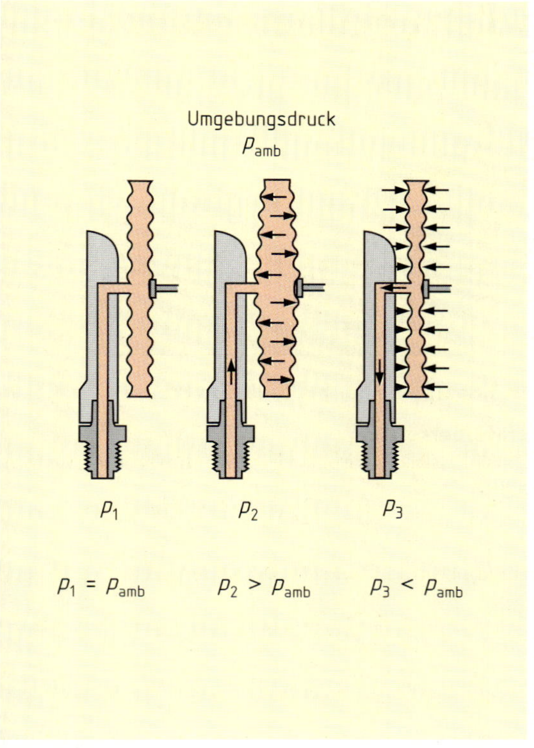

Kapselfeder **4.3.2–4**

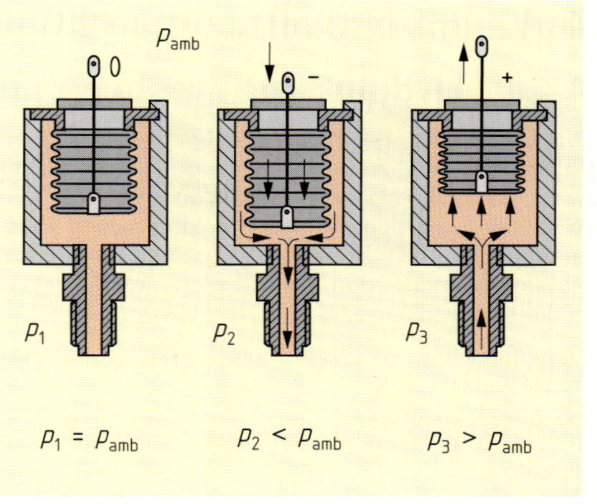

Wellrohrfeder **4.3.2–5**

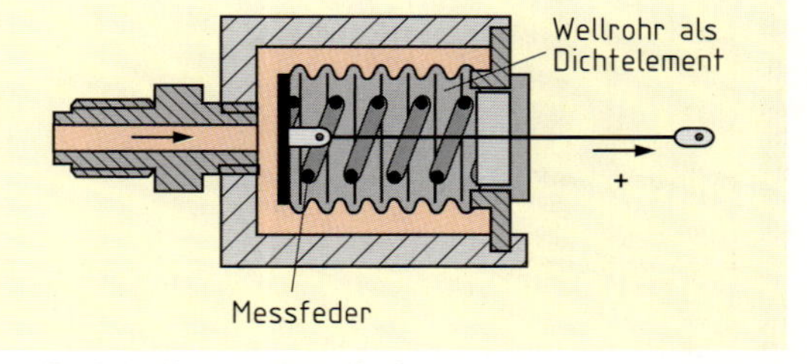

Wellrohrbalg mit Messfeder **4.3.2–6**

4.3.3 Druckmessumformer

Oben beschriebene federelastische Bauteile können als Messglied für Druckmessumformer verwendet werden. Zur Erzeugung eines Ausgangssignals wird die während der Messung am Messglied erzeugte Weg- oder Kraftänderung benutzt.

Die Messsignale werden elektrisch verstärkt und angezeigt. Durch Druckmessumformer ist eine Fernübertragung von Messwerten möglich.

Piezoelektrischer Druckaufnehmer

Ein Quarzkristall (SiO_2) dient als mechanisch-elektrischer Wandler.

Wirkt eine Kraft auf das Gitter eines scheibenförmigen Piezokristalls ein, wird zwischen den Scheibenflächen des Kristalls eine elektrische Spannung hervorgerufen. Diese Spannung ist der einwirkenden Kraft proportional.

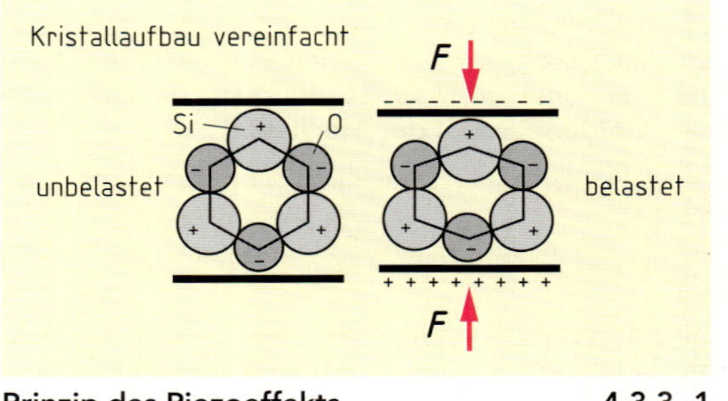

Prinzip des Piezoeffekts **4.3.3–1**

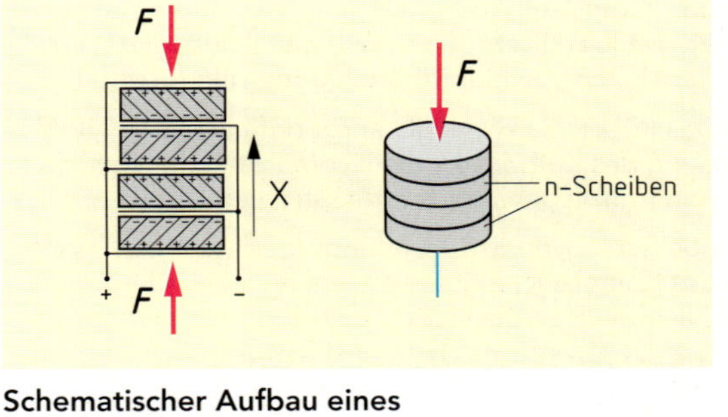

Schematischer Aufbau eines Messwertaufnehmers **4.3.3–2**

4.4 Hydraulische Kraft- und Druckübersetzung

4.4.1 Hydraulische Presse

Wie im Einführungsbeispiel beschrieben, erfolgt im Schiffshebewerk Henrichenburg der wasserdichte Anchluss des Fördertroges an die obere bzw. untere Kanalhaltung durch einen mit hydraulischen Pressen bewegten Dichtungsrahmen. Nebenstehende Abbildung zeigt den prinzipiellen Aufbau einer hydraulischen Presse.

Der Querschnitt A_1 des Kolbens K_1 wird gegenüber dem Querschnitt A_2 des Kolbens K_2 wesentlich kleiner gewählt. Dadurch kann mit einer kleinen Kolbenkraft $\boldsymbol{F}_1$ eine große Kraft $\boldsymbol{F}_2$ am Kolben K_2 erzeugt werden.

Bei reibungsfreiem Betrieb ist das Kräfteverhältnis F_1/F_2 gleich dem Querschnittsverhältnis A_1/A_2.

$$\frac{F_1}{F_2} = \frac{A_1}{A_2}$$

Für zylindrische Kolben gilt:

$$\frac{F_1}{F_2} = \frac{d_1^2}{d_2^2}$$

Durchläuft Kolben K_1 während des Betriebs die Strecke s_1, so verdrängt er das Flüssigkeitsvolumen V_1. Gleichzeitig bewegt sich Kolben K_2 um die Strecke s_2 und durchläuft dabei das Volumen V_2.

Da sich Flüssigkeiten nicht merklich zusammendrücken lassen, ist das Volumen V_1 gleich dem Volumen V_2. Unter Vernachlässigung der Reibung gilt die **„Goldene Regel der Mechanik":**

$$F_1 \cdot s_1 = F_2 \cdot s_2$$

Soll mit dem Kolben K_2 eine große Strecke s_2 überbrückt werden, ist dies nur durch mehrmaliges Pumpen mit Kolben K_1 bei geändertem Grundaufbau der hydraulischen Presse zu erreichen. Die Änderung des Grundaufbaus besteht aus dem Anbau eines **Vorratsbehälters** B für Hydraulikflüssigkeit sowie dem Einbau zweier **Rückschlagventile** R_1 und R_2.

Das Rückschlagventil R_1 sorgt dafür, dass bei Betätigung des Kolbens K_1 die Hydraulikflüssigkeit nicht in den Vorratsbehälter B zurückströmen kann.

Rückschlagventil R_2 verhindert, dass beim Heben des Kolbens K_1 Flüssigkeit aus dem Zylinder 2 in den Zylinder 1 zurückfließt. Während des Hebens von Kolben K_1 strömt Hydraulikflüssigkeit vom Vorratsbehälter B in den Zylinder 1 ein.

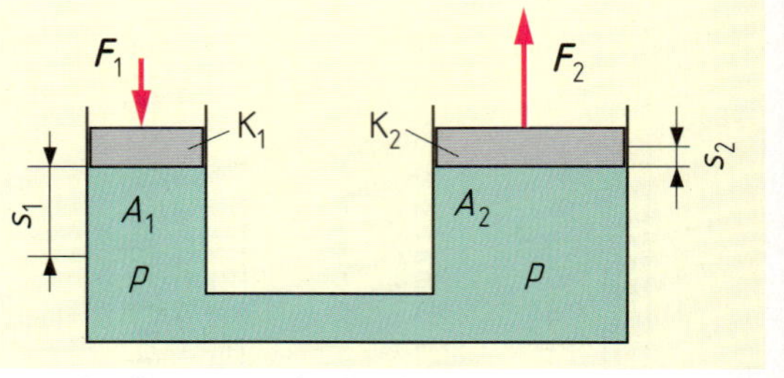

Grundaufbau einer hydraulische Presse 4.4.1–1

Kraftübersetzung

Der Flüssigkeitsdruck p ist im gesamten System gleich groß.

$$p = \frac{F_1}{A_1} = \frac{F_2}{A_2} \qquad \rightarrow \quad \frac{F_1}{F_2} = \frac{A_1}{A_2}$$

Für kreisrunde Querschnittsflächen gilt:

$$A_1 = \frac{d_1^2 \cdot \pi}{4} \quad \text{und} \quad A_2 = \frac{d_2^2 \cdot \pi}{4}$$

$$\rightarrow \frac{F_1}{F_2} = \frac{d_1^2 \cdot \frac{\pi}{4}}{d_2^2 \cdot \frac{\pi}{4}} \qquad \rightarrow \frac{F_1}{F_2} = \frac{d_1^2}{d_2^2}$$

Kolbenwege

Das in Zylinder 1 verdrängte Flüssigkeitsvolumen V_1 fließt Zylinder 2 als Volumen V_2 zu.

$V_1 = V_2$ Mit $V_1 = A_1 \cdot s_1$ und $V_2 = A_2 \cdot s_2$

folgt: $A_1 \cdot s_1 = A_2 \cdot s_2$

bzw. $\frac{A_1}{A_2} = \frac{s_2}{s_1}$ mit $\frac{A_1}{A_2} = \frac{F_1}{F_2}$

$\rightarrow \frac{F_1}{F_2} = \frac{s_2}{s_1}$

$F_1 \cdot s_1 = F_2 \cdot s_2$

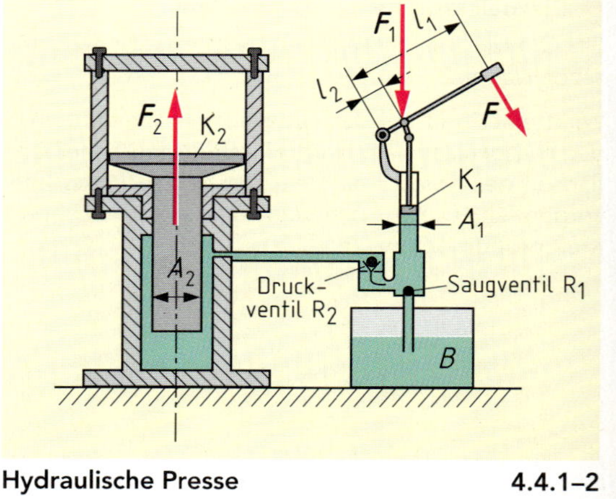

Hydraulische Presse 4.4.1–2

4.4.2 Hydraulischer Druckwandler

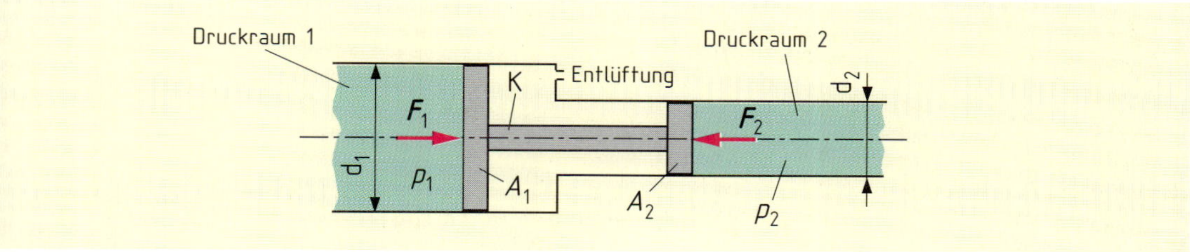

Grundaufbau eines hydraulischen Druckwandlers **4.4.2–1**

Im Gegensatz zur hydraulischen Presse werden mithilfe von **Druckwandlern** Drücke vergrößert oder verkleinert. Obige Abbildung zeigt den prinzipiellen Aufbau eines hydraulischen Druckwandlers.

Der Doppelkolben K mit den Querschnittsflächen A_1 und A_2 trennt Druckraum 1 von Druckraum 2. Wählt man die Querschnittsfläche A_1 größer als die Querschnittsfläche A_2, kann mit einem im Druckraum 1 wirkenden kleinen Druck p_1 im Druckraum 2 ein großer Druck p_2 erzeugt werden.

Das Druckverhältnis p_1/p_2 ist gleich dem Querschnittsverhältnis A_2/A_1.

$$\frac{p_1}{p_2} = \frac{A_2}{A_1}$$

Für kreisrunde Querschnittsflächen gilt:

$$\frac{p_1}{p_2} = \frac{d_2^2}{d_1^2}$$

Druckübersetzung

Gleichgewichtsbedingung für den Kolben K:

$$\boldsymbol{F}_1 = -\boldsymbol{F}_2 \quad \text{bzw.} \quad F_1 = F_2$$

$$\text{mit} \quad F_1 = p_1 \cdot A_1 \quad \text{und} \quad F_2 = p_2 \cdot A_2$$

$$\rightarrow P_1 \cdot A_1 = P_2 \cdot A_2$$

$$\text{bzw.} \quad \frac{p_1}{p_2} = \frac{d_2^2}{d_1^2}$$

Für kreisrunde Querschnittsflächen gilt:

$$A_1 = \frac{d_1^2 \cdot \pi}{4} \quad \text{und} \quad A_2 = \frac{d_2^2 \cdot \pi}{4}$$

$$\rightarrow p_1 \cdot \frac{d_1^2 \cdot \not{\pi}}{\not{4}} = p_2 \cdot \frac{d_2^2 \cdot \not{\pi}}{\not{4}}$$

$$\rightarrow \quad \frac{p_1}{p_2} = \frac{A_2}{A_1}$$

4.4.3 Übungen

Lehrbeispiel: Hydraulische Presse mit Druckwandler

Um die Kraftverstärkung einer hydraulischen Presse zu optimieren, wurde zwischen Pumpzylinder und Arbeitszylinder ein Druckwandler mit Doppelkolben eingebaut.

Technische Daten: $d_1 = 25\,\text{mm}$

$d_2 = 400\,\text{mm}$

Pumpenhub $h_1 = 100\,\text{mm}$

a) Mit einer Pumpkraft $F_1 = 80\,\text{N}$ soll am Kolben des Arbeitszylinders eine Kraft $F_2 = 10^5\,\text{N}$ erzeugt werden.
Wie groß ist das Druckverhältnis $i_p = p_2/p_1$ der hydraulischen Presse?

b) Für obiges Druckverhältnis i_p ist das Durchmesserverhältnis $i_D = D_1/D_2$ zu berechnen.

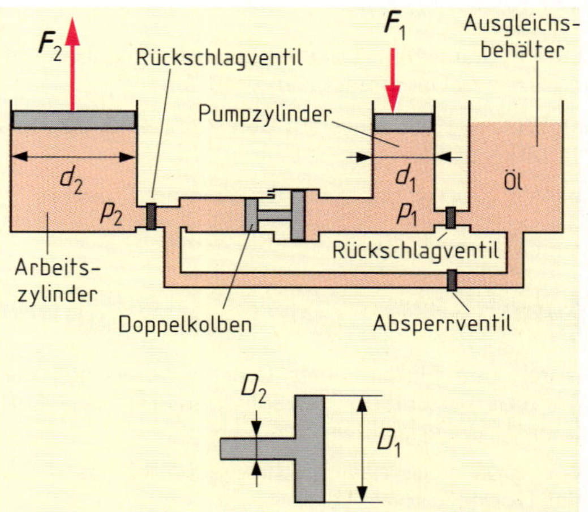

4.4.3–1

Lösung zu a:

Berechnung der Einzeldrücke:

allg. gilt: $p = \frac{F}{A}$ mit $A = \frac{d^2 \cdot \pi}{4}$

$\rightarrow \quad p = \frac{F \cdot 4}{d^2 \cdot \pi}$

Druck p_1 im Pumpzylinder: $p_1 = \frac{F_1 \cdot 4}{d_1^2 \cdot \pi} = \frac{80\,\text{N} \cdot 4}{0{,}025^2\text{m}^2 \cdot \pi}$ $\quad p_1 = 162\,974{,}67\,\frac{\text{N}}{\text{m}^2}$

Druck p_2 im Arbeitszylinder: $p_2 = \frac{F_2 \cdot 4}{d_2^2 \cdot \pi} = \frac{100\,000\,\text{N} \cdot 4}{0{,}4^2\text{m}^2 \cdot \pi}$ $\quad p_2 = 795\,774{,}72\,\frac{\text{N}}{\text{m}^2}$

Für das Druckverhältnis $i_p = \frac{p_2}{p_1}$ ergibt sich folgender Wert: $i_p = \frac{795\,774{,}72\,\cancel{\text{N}}\,\cancel{\text{m}^2}}{162\,974{,}67\,\cancel{\text{m}^2}\,\cancel{\text{N}}}$

$\underline{\underline{i_p = 4{,}88}}$

Lösung zu b:

Zur Berechnung des Durchmesserverhältnisses $i_D = \frac{D_1}{D_2}$ geht man von dem am Doppelkolben wirkenden Kräftegleichgewicht aus:

$F_{D1} = F_{D2}$ mit $F_{D1} = p_1 \cdot A_{D1}$

und $F_{D2} = p_2 \cdot A_{D2}$

$\rightarrow p_1 \cdot A_{D1} = p_2 \cdot A_{D2}$

mit $A_D = \frac{D^2 \cdot \pi}{4}$

$\rightarrow p_1 \cdot D_1^2 = p_2 \cdot D_2^2$

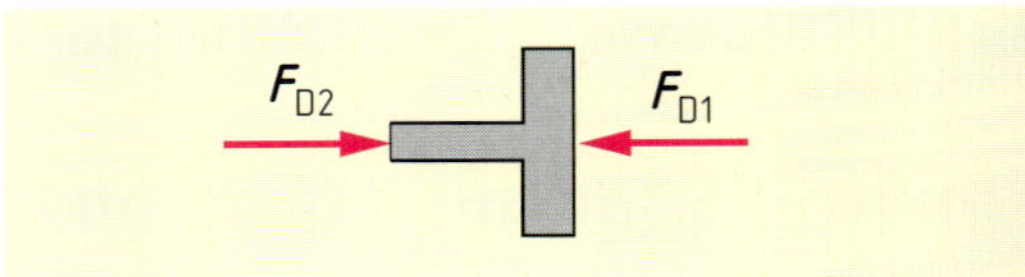

4.4.3–2

Durch Umstellen obiger Gleichung ergibt sich: $\frac{D_1^2}{D_2^2} = \frac{p_2}{p_1}$ bzw. $i_D = \frac{D_1}{D_2} = \sqrt{\frac{D_1^2}{D_2^2}} = \sqrt{\frac{p_2}{p_1}}$

$\rightarrow \quad i_D = \sqrt{i_p} = \sqrt{4{,}88}$

$\underline{\underline{i_D = 2{,}21}}$

Aufgabe 1

Eine hydrauliche Presse hat einen Presskolben mit dem Durchmesser $d_2 = 800\,\text{mm}$. Der Pumpenkolben besitzt den Durchmesser $d_1 = 40\,\text{mm}$.

a) Welche Kraft muss auf den Pumpenkolben ausgeübt werden, wenn am Presskolben eine Kraft von 60 kN wirken soll?

b) Wie groß ist dabei der Druck in der Presse?

Aufgabe 2

Durch den Einbau eines Druckwandlers soll die Kraftübersetzung der hydraulischen Presse aus Aufgabe 1 vervierfacht werden.

Wie groß muss das Durchmesserverhältnis d_1/d_2 des Doppelkolbens sein?

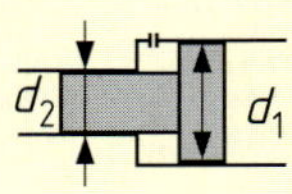

4.4.3–3

4.5 Hydropumpen

Zur Erzeugung eines kontinuierlichen Arbeitsdrucks werden in Hydraulikanlagen **Hydropumpen** eingesetzt. Hydropumpen arbeiten nach folgendem **Verdrängerprinzip**:

- Drucklose Flüssigkeit wird aus einem Versorgungstank über einen Sauganschluss S in den sich vergrößernden Verdrängerraum gesaugt.
- Der Verdrängerraum wird von der Saugleitung S getrennt und mit einer Druckleitung D verbunden.
- Die Hydraulikflüssigkeit wird unter Verkleinerung des Verdrängerraums über die Druckleitung D in das Hydrauliksystem gedrückt.

Je nach Verdrängerelement unterscheidet man:

- **Kolbenpumpen**
- **Flügelzellenpumpen**
- **Zahnradpumpen**

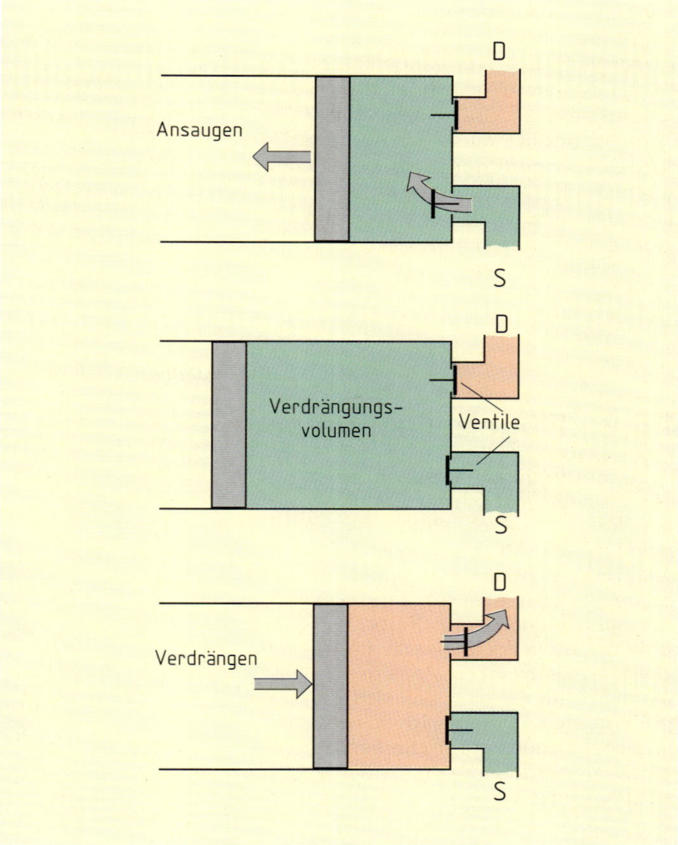

Verdrängerprinzip am Beispiel einer Kolbenpumpe **4.5–1**

4.5.1 Kolbenpumpen

Kolbenpumpen bestehen aus mehreren zylindrischen Verdrängervolumen, die durch Kolben zunächst vergrößert und danach verkleinert werden. Der Antrieb der Verdrängerkolben erfolgt über eine Antriebswelle.

Bauformen:

- **Radialkolbenpumpen**

Bei Radialkolbenpumpen sind die Verdrängervolumen sternförmig angeordnet. Der Antrieb der Verdrängerkolben erfolgt über eine exzentrisch gelagerte Welle. Ein Schieber trennt dabei den Druck- vom Saugraum und sorgt gleichzeitig dafür, dass die sich vergrößernden Verdrängervolumen mit dem Saugraum und die sich verkleinernden Verdrängervolumen mit dem Druckraum verbunden sind.

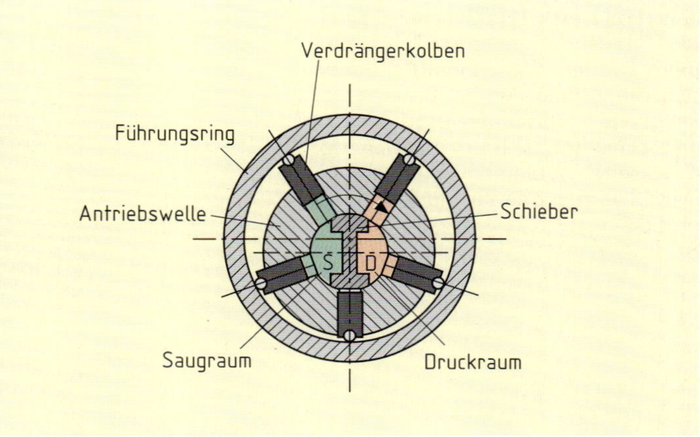

Aufbau einer Radialkolbenpumpe **4.5.1–1**

Axialkolbenpumpen

Bei Axialkolbenpumpen sind die Verdrängervolumen in einer Trommel ringförmig und parallel zueinander angeordnet. Die Verdrängerkolben stützen sich auf einer schräg stehenden Scheibe ab. Bei Drehung der Trommel bewirkt diese Scheibe die Hubbewegungen der Kolben. Der Anschluss der Verdrängervolumen an die Saug- und Druckleitung erfolgt über eine nierenförmig geschlitzte Steuerscheibe.

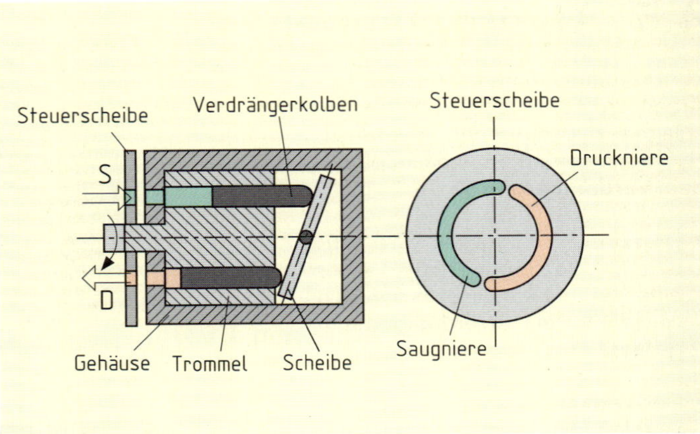

Aufbau einer Axialkolbenpumpe 4.5.1–2

4.5.2 Flügelzellenpumpen

Flügelzellenpumpen besitzen einen zylindrischen, mit Schlitzen versehenen Rotor. In den Rotorschlitzen befinden sich radial bewegliche Flügel. Dreht sich der gegenüber der feststehenden Gehäusebohrung exzentrisch angeordnete Rotor, vergrößern bzw. verkleinern sich die zwischen jeweils zwei Flügeln liegenden Kammern. Im Bereich der sich vergrößernden Kammervolumen befindet sich die Saugseite, im Bereich der sich verkleinernden Kammervolumen die Druckseite.

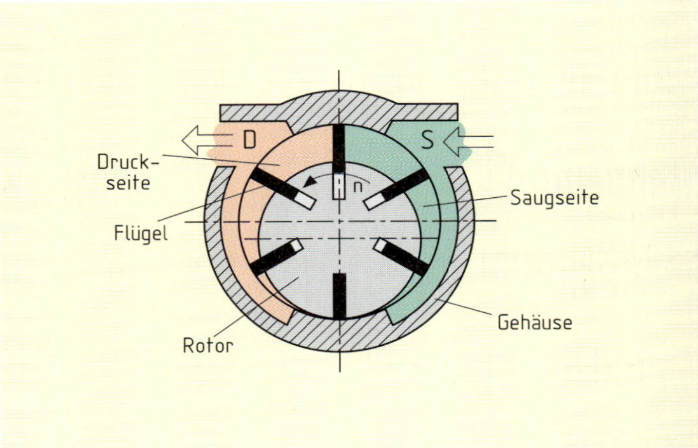

Aufbau einer Flügelzellenpumpe 4.5.2–1

4.5.3 Zahnradpumpen

Bei Zahnradpumpen erfolgt die Trennung von Druck- und Saugseite durch zwei ineinander greifende Zahnräder. Beim Drehen der Zahnräder öffnen sich die Zahnlücken im Bereich der Saugseite (Volumenvergrößerung) und schließen sich im Bereich der Druckseite (Volumenverkleinerung). Das Öl wird in den Zahnlücken transportiert.

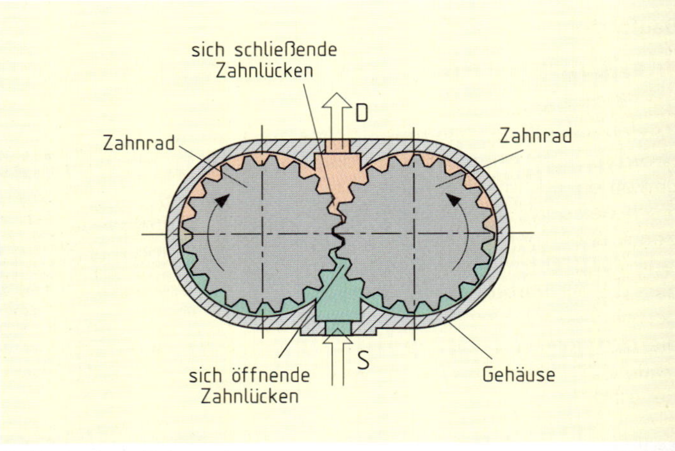

Aufbau einer Zahnradpumpe 4.5.3–1

4.6 Druck in Flüssigkeiten

Der wassergefüllte Transporttrog des im Einführungsbeispiel beschriebenen Schiffshebewerks Henrichenburg wird durch Tore verschlossen. Bei nicht absolut dicht schließenden Toren spritzt Wasser aus den Leckstellen. Je tiefer eine Leckstelle unterhalb der Wasserlinie liegt, desto weiter spritzt das austretende Wasser. Dies deutet auf einen mit der Wassertiefe zunehmenden Flüssigkeitsdruck hin.

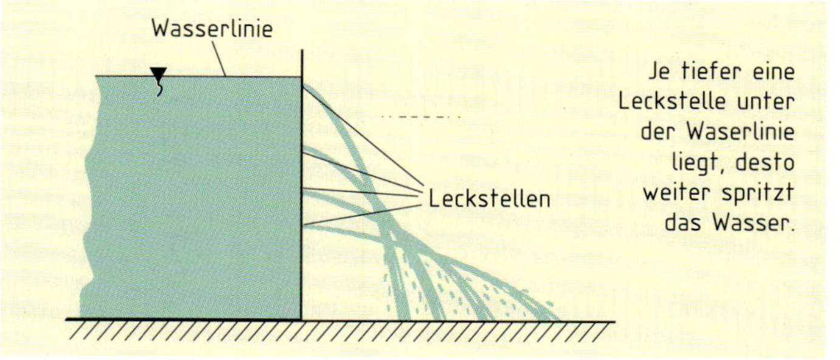

Behälter mit Leckstellen **4.6–1**

4.6.1 Hydrostatischer Druck

Flüssigkeitsdrücke entstehen sowohl durch von außen auf die Flüssigkeitsoberfläche einwirkende Kräfte als auch durch das Eigengewicht der Flüssigkeit. Einen durch das Eigengewicht verursachten Druck bezeichnet man als **hydrostatischen Druck**.

Nachfolgend wird ein quaderförmiges, mit Flüssigkeit gefülltes Gefäß betrachtet.

Die Flüssigkeitsschicht, welche über einer parallel zur Flüssigkeitsoberfläche verlaufenden Ebene lastet, wirkt aufgrund ihrer Gewichtskraft wie ein Kolben. Der dabei auf die Ebene ausgeübte hydrostatische Druck errechnet sich wie folgt:

$$p = \rho \cdot g \cdot h$$

Obige Gleichung bleibt auch für ein beliebig geformtes Gefäß erhalten. Der hydrostatische Druck ist somit nur von der Dichte ρ der Flüssigkeit, der Erdbeschleunigung g und dem senkrechten Abstand h zur Flüssigkeitsoberfläche hin abhängig. Die Masse der über der betrachteten Ebene lastenden Flüssigkeit hat keinen Einfluss auf die Höhe des hydrostatischen Drucks.

Herleitung des hydrostatischen Drucks

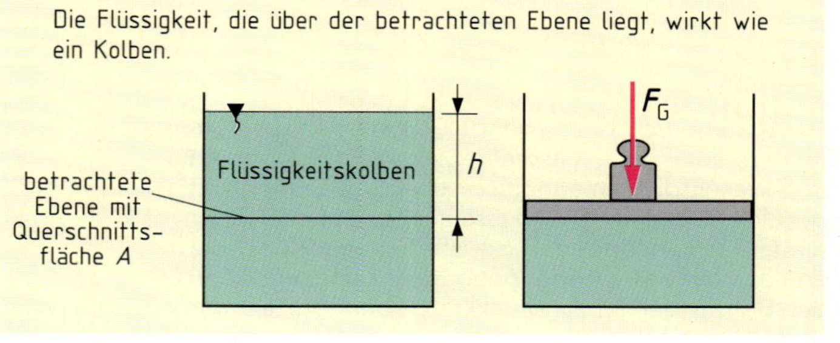

Druck in Flüssigkeiten **4.6.1–1**

Allgemein gilt:

$$p = \frac{F}{A}$$

Mit $F = F_G = m \cdot g$ und $m = \rho \cdot V$

und $V = A \cdot h$

folgt: $p = \frac{\rho \cdot \cancel{A} \cdot h \cdot g}{\cancel{A}}$

$$p = \rho \cdot g \cdot h$$

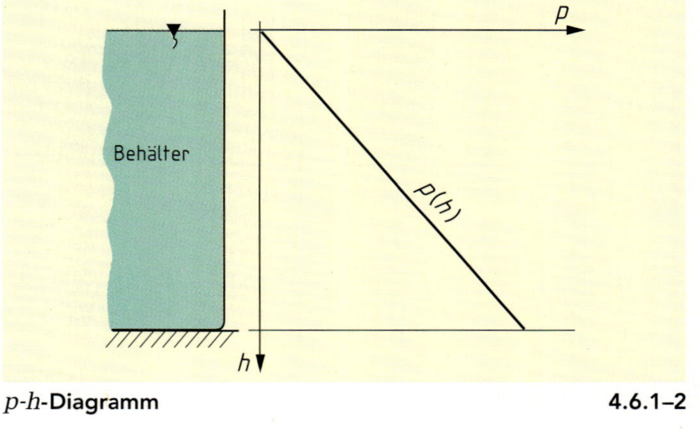

***p*-*h*-Diagramm** **4.6.1–2**

4.6.2 Durch hydrostatischen Druck verursachte Kräfte

Wird ein Körper von einer Flüssigkeit umgeben, so wirkt auf jedes Flächenelement A dieses Körpers infolge des hydrostatischen Drucks p die Kraft $F = p \cdot A$. Dabei wirkt die Kraft $\boldsymbol{F}$ als Normalkraft senkrecht auf die Fläche A. Dies gilt auch für Flächen, die Flüssigkeiten begrenzen.

Durch den hydrostatischen Druck werden sowohl die Schachtwände als auch die Schwimmerwände des im Einführungsbeispiel beschriebenen Schiffshebewerks durch Druckkräfte belastet. Zur Entlastung der Schwimmerwände werden die Schwimmer im Inneren mit Druckluft gefüllt.

Bodendruckkraft F_B

Wirkt auf den horizontalen Boden eines gefüllten Flüssigkeitsbehälters der hydrostatische Druck $p = \rho \cdot g \cdot h$, so erzeugt dieser Druck eine auf die Bodenfläche senkrecht wirkende Bodendruckkraft $\boldsymbol{F}_B$.

Für den Betrag der Bodendruckkraft ergibt sich folgende Gleichung:

$$F_B = p \cdot A = \rho \cdot g \cdot h \cdot A$$

Die Bodendruckkraft $\boldsymbol{F}_B$ hängt lediglich von der Füllhöhe h, der Flüssigkeitsdichte ρ, der Bodenfläche A und der Erdbeschleunigung g ab. Die über der Bodenfläche A lastende Flüssigkeitsmasse spielt für die Größe der Bodendruckkraft F_B keine Rolle. Bei entsprechender Formgebung des Behälters kann der Betrag der Bodendruckkraft F_B größer als der Betrag der Gewichtskraft der über der Bodenfläche A lastenden Flüssigkeitsmenge sein. Die Bodendruckkraft ist nicht von der Form des Gefäßes abhängig (**hydrostatisches Paradoxon**).

Der Angriffspunkt der Bodendruckkraft liegt bei horizontalen Bodenflächen im Flächenschwerpunkt der Bodenfläche.
(Kapitel 2.3.3: Schwerpunkt von Flächen)

Herleitung der Bodendruckkraft F_B

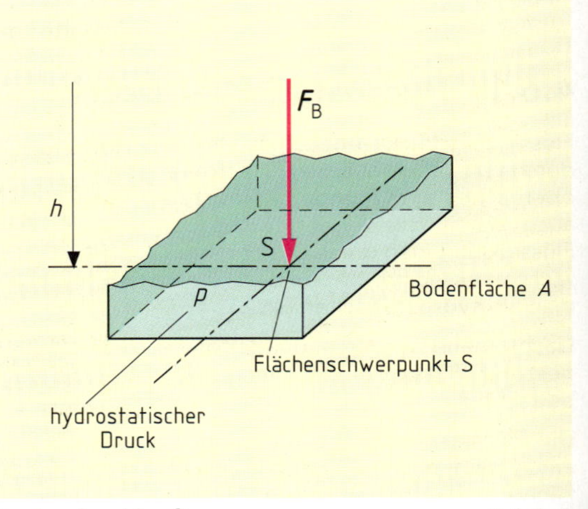

Bodendruckkraft **4.6.2–1**

$F_B = p \cdot A$ Mit $p = \rho \cdot g \cdot h$

folgt: $F_B = \rho \cdot g \cdot A \cdot h$

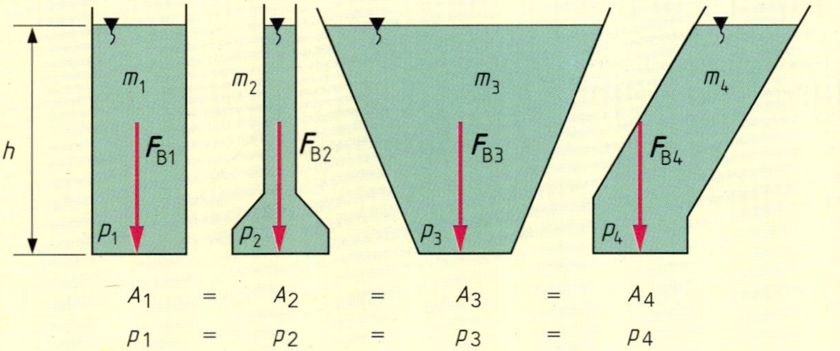

$A_1 = A_2 = A_3 = A_4$

$p_1 = p_2 = p_3 = p_4$

$\rightarrow F_{B1} = F_{B2} = F_{B3} = F_{B4}$

aber: $m_1 \neq m_2 \neq m_3 \neq m_4$

Hydrostatisches Paradoxon **4.6.2–2**

Seitendruckkraft F_S

Bei Seitenwänden nimmt der Druck linear mit zunehmender Wassertiefe h zu.

Zur Berechnung der Seitendruckkraft F_S klappt man gedanklich den sich unter der Flüssigkeitsoberfläche befindenden Seitenwandteil ABCD um 90° nach außen. Dadurch entsteht ein Prisma mit den Eckpunkten ABCDA'B'. Füllt man das Prisma ABCDA'B' in Gedanken mit der Behälterflüssigkeit, so erhält man für die Fläche CDA'B' einen Druckverlauf, der exakt dem an der Behälterseitenwand ABCD entspricht. Die Gewichtskraft des gedachten Flüssigkeitsprismas ABCDA'B' hätte somit denselben Wert wie die auf die Seitenwand wirkende Seitendruckkraft F_S.

$$F_S = \rho \cdot g \cdot l \cdot \frac{h^2}{2}$$

Die Lage der Seitendruckkraft F_S wird durch Bestimmung des Prismenschwerpunkts S ermittelt. Ist der Prismenschwerpunkt S bekannt, kann die Wirklinie der Seitendruckkraft als Lot auf die Seitenwand durch den Prismenschwerpunkt S gekennzeichnet werden. Der Fußpunkt D_p des Lots wird als **Druckmittelpunkt** bezeichnet.

Herleitung der Seitendruckkraft F_B

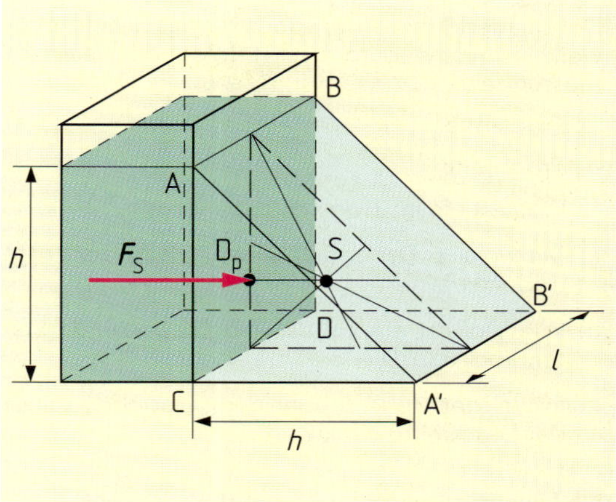

Seitendruckkraft an einer Behälterseitenwand **4.6.2–3**

Die Seitendruckkraft F_S entspricht der Gewichtskraft F_G des „Flüssigkeitsprismas" ABCDA'B'.

$F_S = F_G$ Mit $F_G = m \cdot g$

und $m = \rho \cdot V$

und $V = l \cdot h \cdot \frac{h^2}{2}$

folgt: $F_S = \rho \cdot g \cdot l \cdot \frac{h^2}{2}$

Aufdruckkraft F_P

Taucht ein Körper in eine Flüssigkeit, dann wirkt auf seine Unterseite der von der Eintauchtiefe h abhängige hydrostatische Druck $p = \rho \cdot g \cdot h$. Dieser Druck ruft an der Unterseite des Körpers eine Aufdruckkraft F_D hervor. Der Betrag der Aufdruckkraft F_D errechnet sich als Produkt aus der Unterseitenfläche A und dem Druck p.

$$F_D = p \cdot A = \rho \cdot g \cdot h \cdot A$$

Obige Gleichung gilt auch dann, wenn die Flüssigkeit durch eine unterhalb des Flüssigkeitsspiegels liegende Deckfläche A begrenzt wird.

Beispiel zur Aufdruckkraft F_D

Bei großflächigen Gussformen besteht die Gefahr, dass der Oberkasten durch die Aufdruckkraft abgehoben wird. Aus diesem Grund werden Ober- und Unterkasten miteinander verklammert.

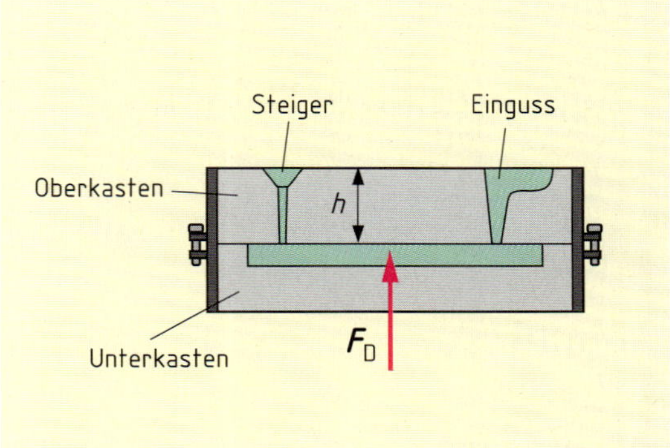

Gussform **4.6.2–4**

4.6.3 Übungen

Lehrbeispiel: Schiffshebewerk

Der quaderförmige Transporttrog des Schiffshebewerks Henrichenburg besitzt folgende Hauptabmessungen:

Troglänge	$l = 93\,\text{m}$
Trogbreite	$b = 12\,\text{m}$
Wassertiefe im Trog	$h = 3\,\text{m}$

a) Mit welcher Bodendruckkraft F_B wird der Trogboden belastet?

b) Wie groß ist die auf das Trogtor wirkende Seitendruckkraft F_S?

c) In welcher Höhe h über dem Trogboden liegt der Druckmittelpunkt?

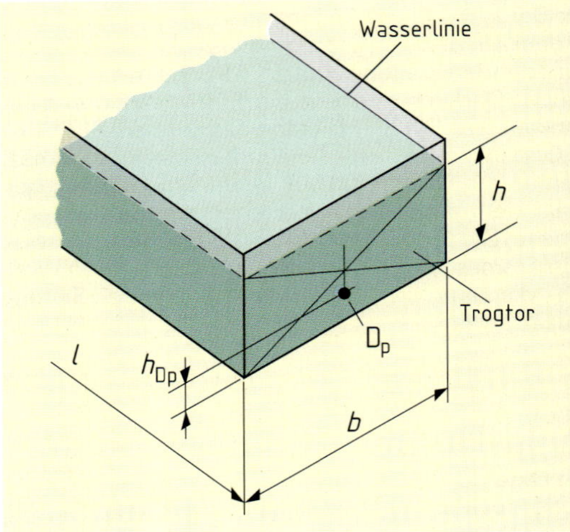

Transporttrog 4.6.3–1

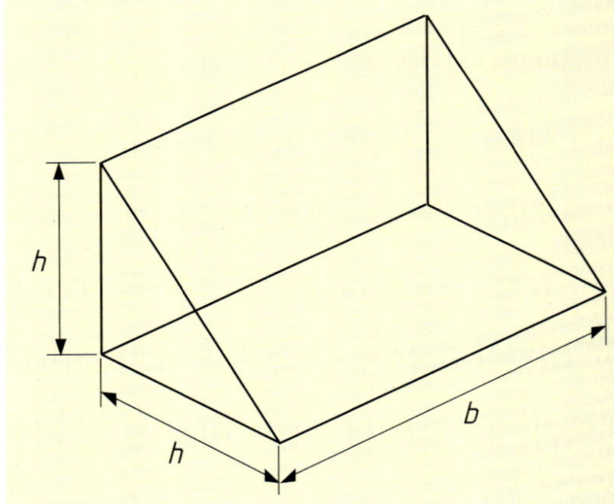

Gedachtes Wasserprisma 4.6.3–2

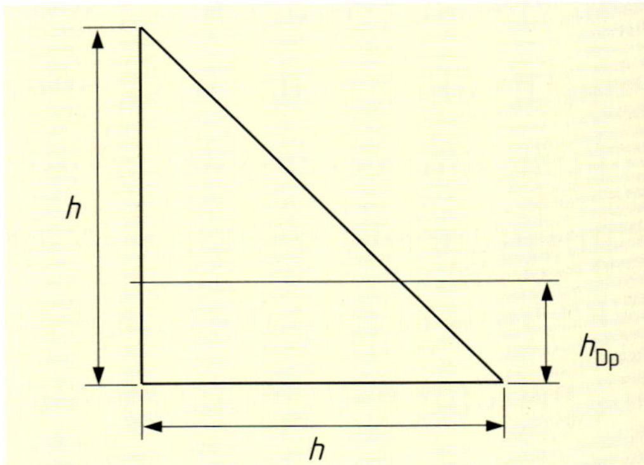

Höhe des Druckmittelpunktes 4.6.3–3

Lösung zu a:

Die Bodendruckkraft errechnet sich als Produkt aus der Bodenfläche A und dem am Boden wirkenden Druck p.

$$F_B = A \cdot p \quad \text{mit} \quad A = l \cdot b$$

$$\text{und} \quad p = \rho \cdot g \cdot h$$

$$\rightarrow F_B = l \cdot b \cdot \rho \cdot g \cdot h$$

$$F_B = 93\,\text{m} \cdot 12\,\text{m} \cdot 1000\,\frac{\text{kg}}{\text{m}^3} \cdot 9{,}81\,\frac{\text{m}}{\text{s}^2} \cdot 3\,\text{m}$$

$$\underline{\underline{F_B = 32{,}84\,\text{MN}}}$$

Da das Wasservolumen quaderförmig ist, entspricht die Bodendruckkraft der Gewichtskraft des Wassers.

Lösung zu b:

Der Betrag der Seitendruckkraft $\boldsymbol{F}_S$ entspricht der Gewichtskraft $\boldsymbol{F}_G$ des gedachten „Wasserprismas".

$$F_S = F_G = \rho \cdot g \cdot V \quad \text{mit} \quad V = h \cdot \frac{h}{2} \cdot b$$

$$\rightarrow F_S = \rho \cdot g \cdot \frac{h^2}{2} \cdot b$$

$$F_S = 1000\,\frac{\text{kg}}{\text{m}^3} \cdot 9{,}81\,\frac{\text{m}}{\text{s}^2} \cdot \frac{3^2\,\text{m}^2}{2} \cdot 12\,\text{m}$$

$$\underline{\underline{F_S = 529{,}74\,\text{kN}}}$$

Lösung zu c:

$$h_{Dp} = \frac{h}{3} = \frac{3\,\text{m}}{3}$$

$$\underline{\underline{h_{Dp} = 1\,\text{m}}}$$

(Kapitel 2.3.3: Flächenschwerpunkte)

Aufgabe 1

Ein quaderförmiger Schwimmtank mit der Grundfläche $A = 3{,}25\,\mathrm{m}^2$ und der Höhe $H = 2{,}2\,\mathrm{m}$ wird mit Öl der Dichte $0{,}8\,\mathrm{kg/dm}^3$ gefüllt. Der Tank ist zunächst mit Ketten auf dem Grund des Wasserbeckens verankert, sodass er bis zu einer Wassertiefe von $h = 1{,}6\ \mathrm{m}$ eintaucht. Die Dicke des Stahlblechs darf vernachlässigt werden!

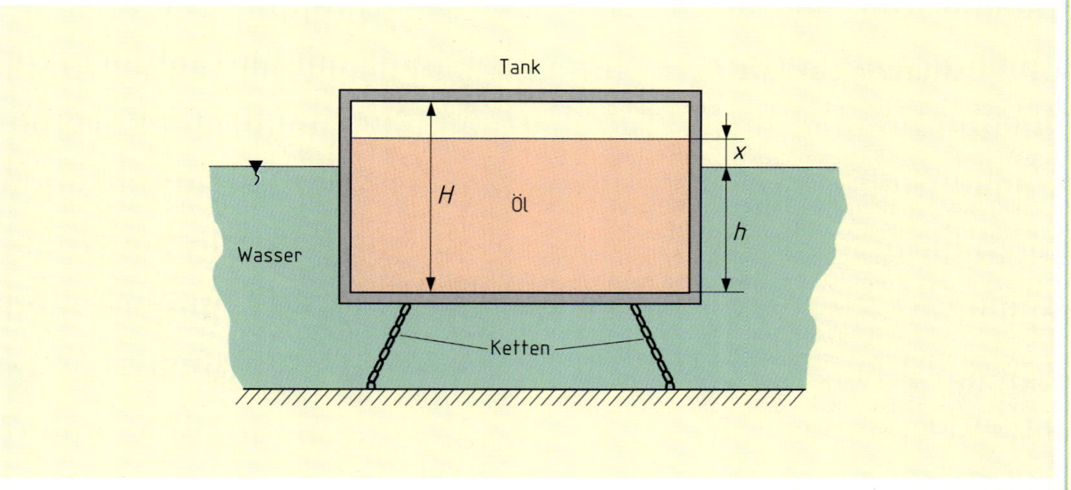

Öltank **4.6.3–4**

a) Bis zu welcher Füllhöhe x über der Wasserlinie darf der Tank mit Öl gefüllt werden, ohne dass bei einem Leck im Boden des Tanks Öl ausläuft?

b) Nachdem der zu 3/4 seines Volumens gefüllte Tank in der oben gezeichneten Lage fest mit dem Untergrund verankert wurde, entsteht $40\,\mathrm{cm}$ unterhalb der Wasserlinie ein Leck. Welche Wassermenge (in kg) strömt in den Öltank?
Der Wasserspiegel des Beckens bleibt dabei konstant.

Aufgabe 2

Mit nebenstehender Gussform wird ein Graugussring gefertigt.

Beim Gießen erzeugt das flüssige Metall mit der Dichte $\rho = 7{,}2\,\mathrm{kg/dm}^3$ eine gegen den Oberkasten wirkende Aufdruckkraft $\boldsymbol{F}_\mathrm{D}$.

Zu berechnen ist das Verhältnis $i = \dfrac{F_\mathrm{D}}{F_\mathrm{G}}$ aus Aufdruckkraft $\boldsymbol{F}_\mathrm{D}$ und Werkstückgewichtskraft $\boldsymbol{F}_\mathrm{G}$.

ρ wird als konstant angenommen.

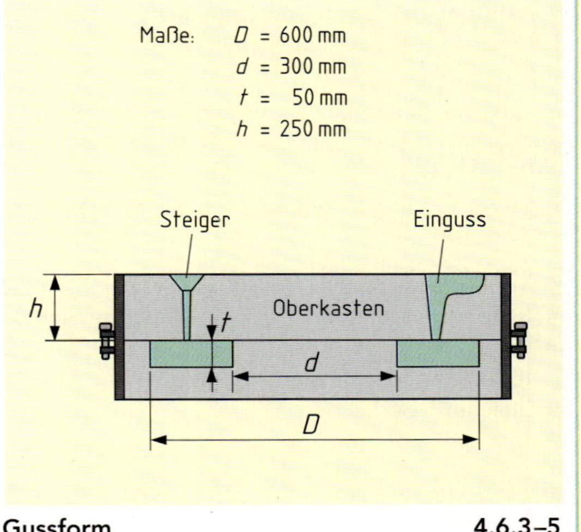

Gussform **4.6.3–5**

4.7 Auftrieb in Flüssigkeiten

Wie im Einführungsbeispiel beschrieben, wird im Schiffshebewerk Henrichenburg/Westfalen das Gewicht des bewegten Transportsystems durch zwei Schwimmer ausgeglichen. Dies wird dadurch erreicht, dass die Schwimmer in den Schwimmerschächten Wasser verdrängen.

4.7.1 Auftriebskraft F_A

Jeder Festkörper erfährt, wenn er sich in einer Flüssigkeit befindet, eine nach oben gerichtete Auftriebskraft F_A. Zur Bestimmung der Auftriebskraft F_A soll zunächst ein quaderförmiger, vollständig eingetauchter Körper betrachtet werden. Aufgrund des hydrostatischen Drucks wirkt auf die Oberseite eine senkrecht nach unten gerichtete Kraft F_1 und auf die Unterseite des Körpers eine senkrecht nach oben gerichtete Kraft F_2. Die auf die Unterseite wirkende Kraft F_2 ist aufgrund des tieferen Eintauchens größer als die auf die Oberseite des Körpers einwirkende Kraft F_1. Der Betrag der nach oben gerichteten resultierenden Auftriebskraft F_A errechnet sich als Differenz aus den Beträgen der Kräfte F_1 und F_1.

$$F_A = F_2 - F_1$$

bzw.

$$F_A = \rho_{Fl} \cdot g \cdot V$$

Archimedes (285 – 212 v.Chr.) formulierte dieses Gesetz folgendermaßen:

Der Auftrieb eines Körpers ist gleich dem Gewicht der verdrängten Flüssigkeitsmenge.

Die auf die Seitenflächen wirkenden Seitenkräfte gleichen sich aus; sie haben bei der Bestimmung der Auftriebskraft F_A keine Bedeutung.

Obige Ausführungen gelten auch für beliebig geformte Körper.

Die scheinbare Gewichtskraft eines eingetauchten Körpers bezeichnet man als **Tauchgewichtskraft F_{GFl}**.

Der Betrag der Tauchgewichtskraft wird mit folgender Gleichung berechnet:

$$F_{GFl} = F_G - F_A$$

■ **Herleitung der Auftriebskraft F_A**

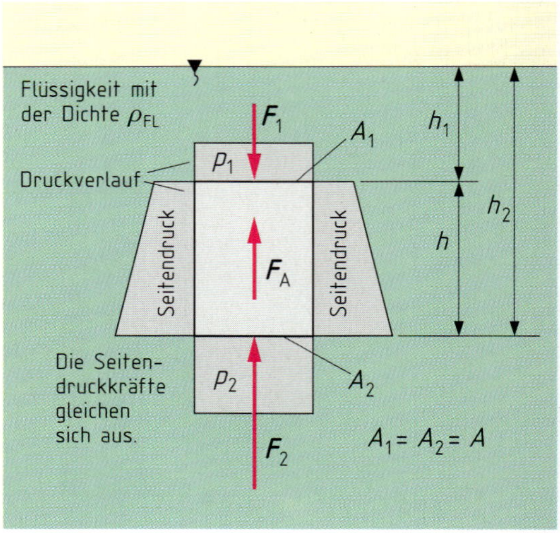

Druckkräfte an einem eingetauchten Körper **4.7.1–1**

Betragsmäßig gilt:

$F_A = F_2 - F_1$ mit $F_2 = p_2 \cdot A$

und $F_1 = p_1 \cdot A$

$\rightarrow F_A = (p_2 - p_1) \cdot A$ mit $p_1 = \rho_{Fl} \cdot g \cdot h_1$

und $p_2 = \rho_{Fl} \cdot g \cdot h_2$

$\rightarrow F_A = (\rho_{Fl} \cdot g \cdot h_2 - \rho_{Fl} \cdot g \cdot h_1)\, A$

$$F_A = \rho_{Fl} \cdot g \underbrace{\underbrace{(h_2 - h_1)}_{h} \cdot A}_{V}$$

$V \leftarrow$ Volumen des eingetauchten Körpers.

$\rightarrow F_A = \rho_{Fl} \cdot g \cdot V$

■ **Herleitung der Tauchgewichtskraft F_{GFl}**

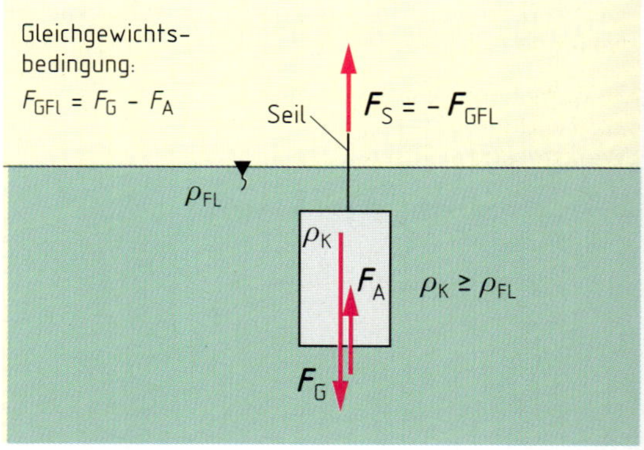

Kräftegleichgewicht an einem eingetauchten Körper **4.7.1–2**

4.7.2 Sinken, Schweben, Steigen, Schwimmen

Neben der Auftriebskraft F_A greift an einem eingetauchten Körper seine Gewichtskraft F_G an. Folgende Fälle werden unterschieden:

	Körperverhalten
$F_G > F_A$	Sinken
$F_G = F_A$	Schweben, Schwimmen
$F_G < F_A$	Steigen

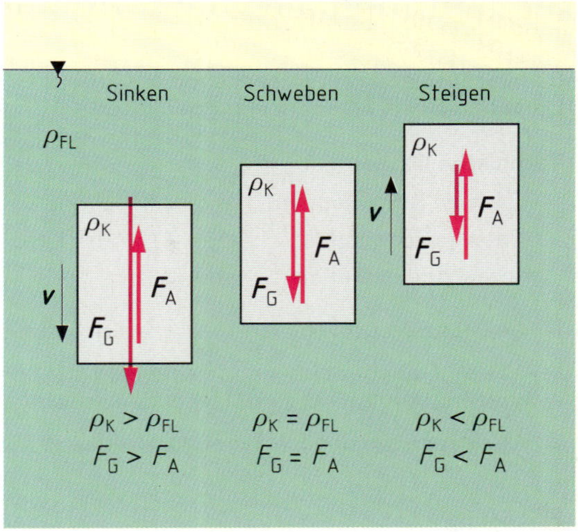

Verhalten eingetauchter Körper 4.7.2–1

Die Gewichtskraft F_G greift im Schwerpunkt des Körpers, die Auftriebskraft F_A im Schwerpunkt der verdrängten Flüssigkeit an. Bei **vollständig** eingetauchten Körpern fallen beide Schwerpunkte zusammen. Ein an der Oberfläche schwimmender Körper verdrängt eine seinem Eigengewicht entsprechende Flüssigkeitsmenge. Da der Körper beim Schwimmen nicht mit seinem gesamten Volumen eintaucht, verdrängt er lediglich das **Eintauchvolumen** V_T. Für den Betrag der Auftriebskraft, die an einem schwimmenden Körper angreift, ergibt sich folgende Gleichung:

$$F_A = \rho \cdot g \cdot V_T$$

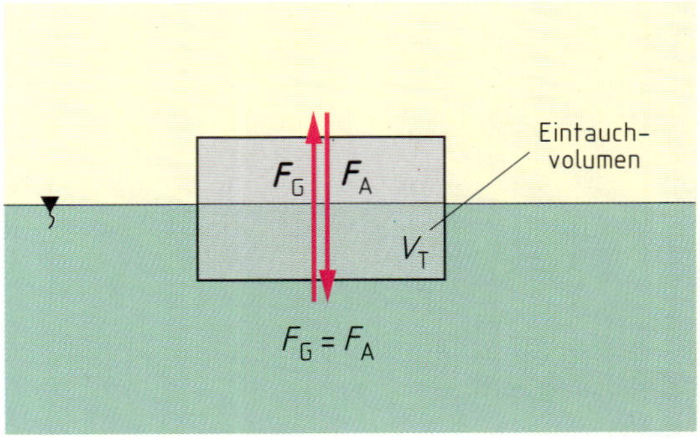

Schwimmender Körper 4.7.2–2

Gerät ein Schiff durch Windkräfte oder Wellenbewegungen in Schräglage, so wird es durch ein von der Auftriebskraft F_A und der Gewichtskraft F_G erzeugtes Drehmoment M aufgerichtet. Schiffe besitzen aus diesem Grund eine stabile Schwimmlage.

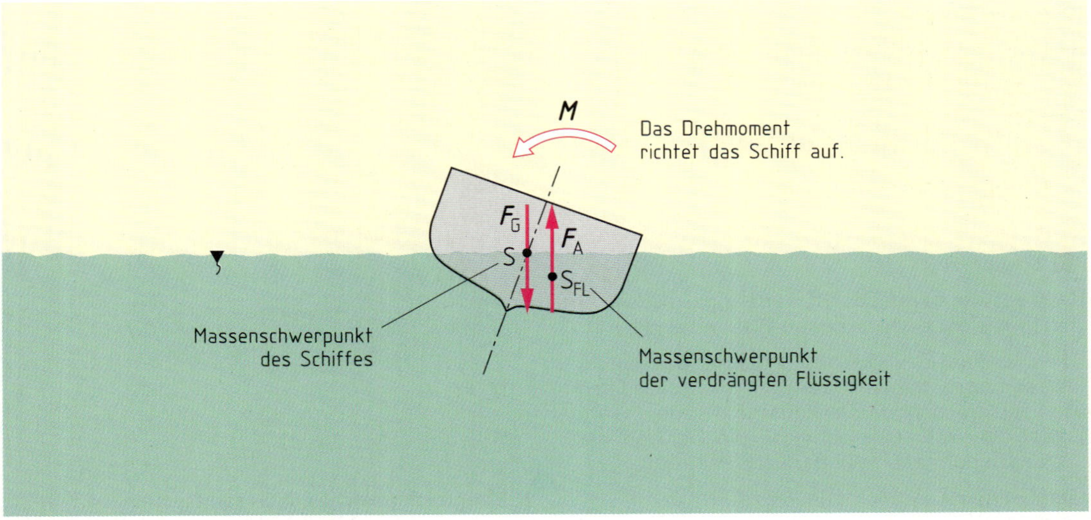

Stabile Schwimmlage eines Schiffs 4.7.2–3

4.7.3 Übungen

Lehrbeispiel: Schiffshebewerk

Beim Schiffshebewerk Henrichenburg wird das Gewicht des bewegten Transportsystems einschließlich Schiff durch zwei Schwimmer ausgeglichen.

Technische Daten:

Volumen je Schwimmer: $V_S = 2{,}5 \cdot 10^3\,\text{m}^3$
Masse je Schwimmer: $m_S = 315 \cdot 10^3\,\text{kg}$
Anzahl der Schwimmer: $n = 2$

a) Welches Eintauchvolumen V_T würde sich aufgrund des Schwimmereigengewichts einstellen?

b) Welche Gesamtmasse m_{ges}, bestehend aus Schwimmer, Trog, Tragstützen und Wasserfüllung, kann bei gerade vollständig eintauchenden Schwimmern getragen werden?

c) Wie ändern sich die Eintauchvolumen der Schwimmer, wenn ein Schiff in den Transporttrog einfährt?

Lösung zu a:

Kräftegleichgewicht am Schwimmer:

$$\boldsymbol{F}_A = -\boldsymbol{F}_G$$

bzw. $F_A = F_G$ mit $F_A = \rho \cdot g \cdot V_T$ und $F_G = m_S \cdot g$

$$\rightarrow \quad \rho \cdot \cancel{g} \cdot V_T = m_S \cdot \cancel{g}$$

$$V_T = \frac{m_s}{\rho} = \frac{315 \cdot 10^3\,\cancel{\text{kg}}\,\text{m}^3}{1 \cdot 10^3\,\cancel{\text{kg}}}$$

$$\underline{\underline{V_T = 315\,\text{m}^3}}$$

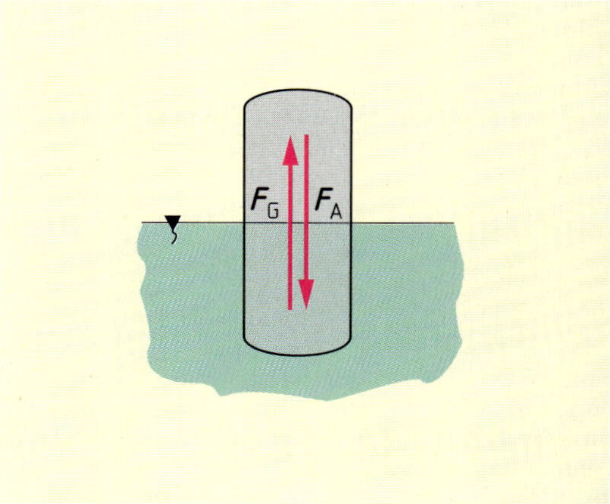

Kräftegleichgewicht am Schwimmer 4.7.3–1

Lösung zu b:

Kräftegleichgewicht am Gesamtsystem:

$$\boldsymbol{F}_A = \boldsymbol{F}_{Gges}$$

bzw. $F_A = F_{Gges}$ mit $F_A = \rho_l \cdot g \cdot 2 \cdot V_S$ und $F_{Gges} = m_{ges} \cdot g$

$$\rightarrow \quad \rho \cdot \cancel{g} \cdot 2 \cdot V_S = m_{ges} \cdot \cancel{g}$$

$$m_{ges} = 1 \cdot 10^3\,\frac{\text{kg}}{\cancel{\text{m}^3}} \cdot 2 \cdot 2{,}5 \cdot 10^3\,\cancel{\text{m}^3}$$

$$\underline{\underline{m_{ges} = 5{,}0 \cdot 10^6\,\text{kg}}}$$

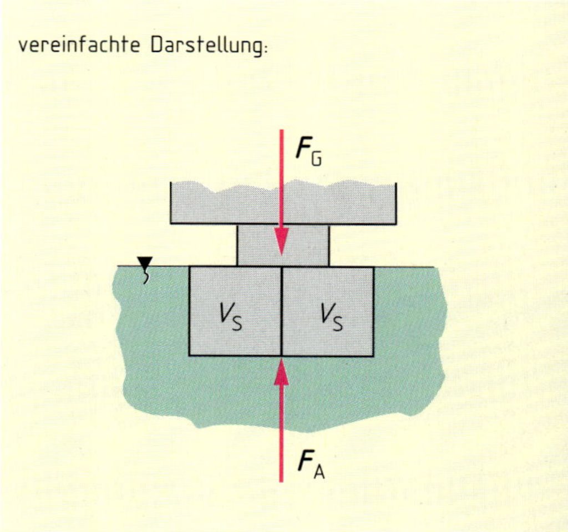

Kräftegleichgewicht am Gesamtsystem 4.7.3–2

Lösung zu c:

Das schwimmende Schiff verdrängt die seinem Eigengewicht entsprechende Wassermenge.

Da die dem Gewicht des Schiffs entsprechende Wassermasse während der Einfahrt des Schiffs in den entsprechenden Kanalabschnitt strömen kann, steigt der Wasserspiegel nicht; die Gesamtmasse des Transportsystems ändert sich also nicht.

Die Eintauchtiefe bleibt unverändert.

Aufgabe 1

Ein U-Boot hat bei gefluteten Ballasttanks eine Wasserverdrängung von $1200\,\mathrm{m}^3$ und eine Gesamtmasse von $1400\,\mathrm{t}$. Die Dichte des Wassers beträgt $1{,}0\,\mathrm{kg/dm}^3$.

a) Welches Volumen muss jeder der beiden Ballasttanks mindestens besitzen, damit das U-Boot bei vollständig mit Luft gefüllten Tanks zu 8/10 seines Volumens eintaucht?

b) Welches Wasservolumen muss in die Ballasttanks einströmen, damit das U-Boot eine Sinkbeschleunigung von $0{,}5\,\mathrm{m/s}^2$ erfährt?

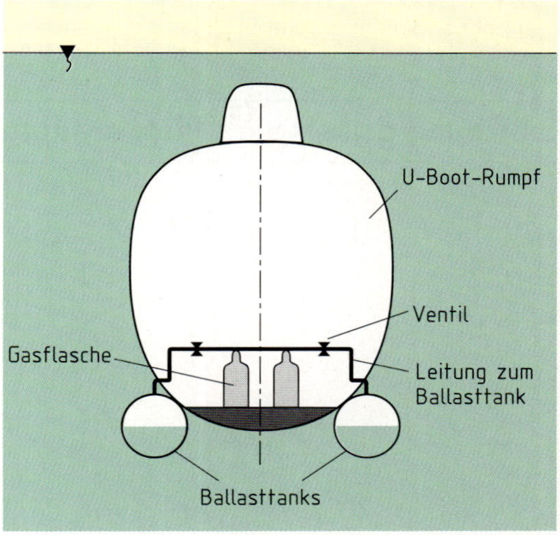

U-Boot **4.7.3 –3**

Aufgabe 2

Die Füllhöhe in einer Regenwasserauffanganlage wird mit einem Schwimmerventil geregelt.

Regenwasserdichte $\rho = 1{,}0\,\mathrm{kg/dm}^3$.

a) Das Zulaufventil wird über einen Schwimmer mit der Masse $m = 20\,\mathrm{g}$ geschlossen. Die Schaltkraft von $F = 2\,\mathrm{N}$ muss bei einer Eintauchtiefe $h = 8\,\mathrm{cm}$ erreicht werden.
Welchen Durchmesser d muss der Schwimmer besitzen?

b) Die erforderliche Eintauchtiefe h des Schwimmers hängt vom Durchmesser d des Schwimmers ab (Masse und Schaltkraft werden nicht verändert).
Es ist die Funktion $h = \mathrm{f}(d)$ aufzustellen und das h-d-Diagramm qualitativ zu skizzieren.

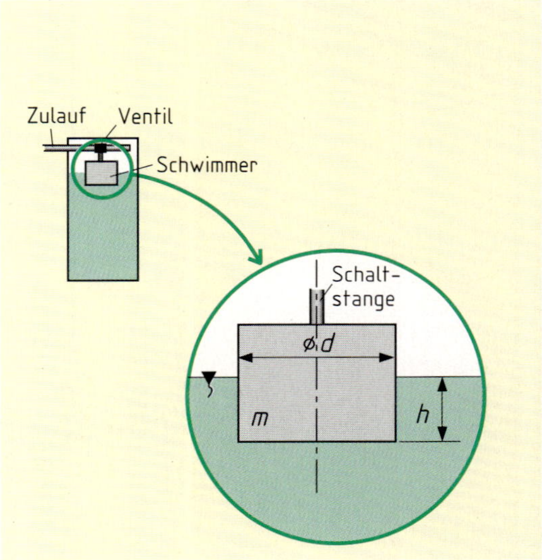

Schwimmerventil **4.7.3–4**

5 Kinematik

In der Kinematik werden die Gesetzmäßigkeiten, welche den Bewegungsabläufen von Körpern zugrunde liegen, behandelt. In der Regel lassen sich die Körper dabei auf Massepunkte reduzieren. Die Ursachen von Bewegungen werden in der Kinematik nicht berücksichtigt.

Einführungsbeispiel: Förderanlage

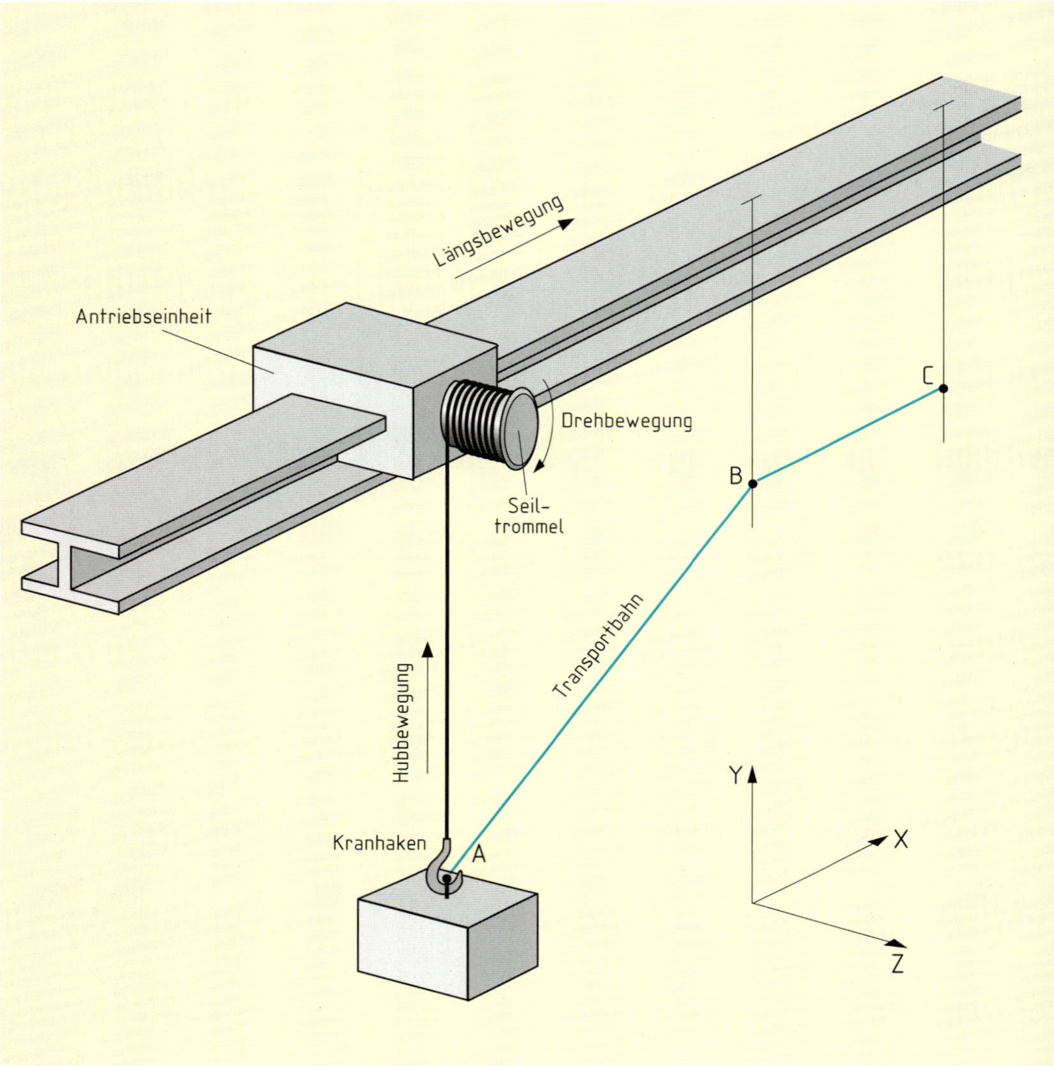

Förderanlage **5–1**

Mit der abgebildeten Förderanlage werden Lasten von Position A über B nach Position C transportiert. Dazu wird der Kranhaken über der Last positioniert und anschließend abgesenkt. Nach dem Einhängen des Kranhakens fährt die Antriebseinheit in Richtung Position B. Durch gleichzeitiges Aufwickeln des Seils bewegt sich die Last auf direktem Wege von A nach B. Beim Erreichen von Position B wird die Drehbewegung der Seiltrommel gestoppt; die Last bewegt sich ohne Höhenänderung von B nach C weiter.

5.1 Einteilung der Bewegungen

Bewegungsarten

In der Kinematik unterscheidet man **geradlinige Bewegungen** von **Drehbewegungen**. Eine geradlinige Bewegung wird als **Translation**, eine Drehbewegung als **Rotation** bezeichnet. Beide Bewegungsarten können sich ungestört überlagern.

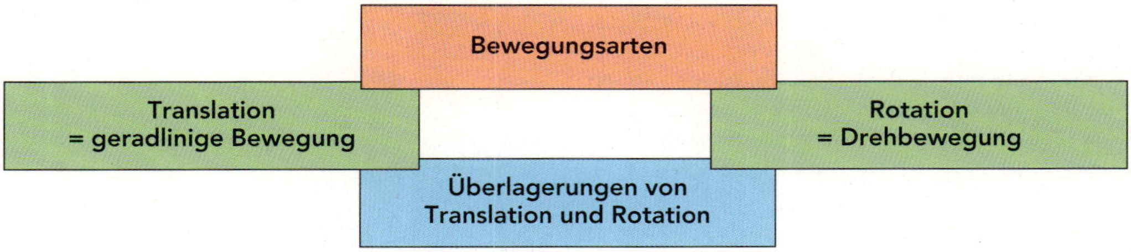

Bewegungsformen

Nachfolgende Bewegungsformen können sowohl bei der Translation als auch bei der Rotation beobachtet werden.

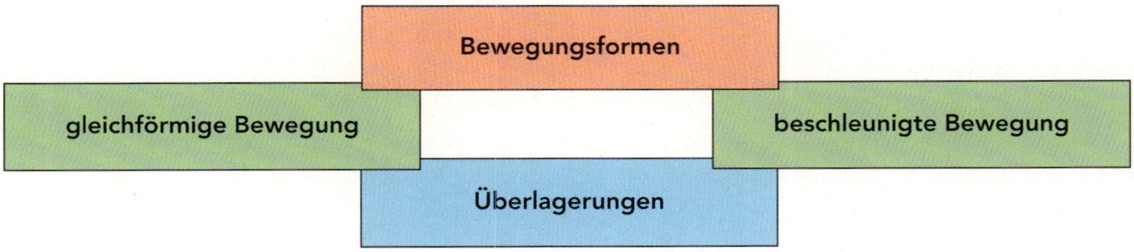

Bewegungsformen	Beispiele aus dem Einführungsbeispiel Förderanlage
● **Gleichförmige Bewegungen**	
Translation: Die Geschwindigkeit ist konstant.	– Die Antriebseinheit der Transportanlage fährt mit gleich bleibender Geschwindigkeit von Position A über B nach C. – Der Kranhaken bewegt sich mit gleich bleibender Bahngeschwindigkeit von Position A nach Position B.
Rotation: Die Drehzahl ist konstant	– Die Seiltrommel rotiert mit gleich bleibender Drehzahl.
● **Beschleunigte Bewegungen**	
Translation: Die Geschwindigkeit ist nicht konstant.	– Die Antriebseinheit beschleunigt aus der Ruhe heraus auf Transportgeschwindigkeit.
Rotation: Die Drehzahl ist nicht konstant.	– Die Seiltrommel wird aus dem Stillstand auf Hubdrehzahl beschleunigt.
● **Überlagerte Bewegungen**	– Löst sich die Last während des Transportes von Position B nach Position C, dann überlagert sich eine gleichförmige horizontale Bewegung mit einer gleichmäßig beschleunigten Bewegung in vertikaler Richtung.

5.2 Translation

5.2.1 Gleichförmige Translation

Behält die Geschwindigkeit $\boldsymbol{v}$ stets denselben Wert und dieselbe Richtung bei, so handelt es sich um eine **gleichförmige geradlinige Bewegung**.

Bei einer gleichförmigen Translation wächst der zurückgelegte Weg linear mit der Zeit. Ein Körper legt dabei in der Zeit $\Delta t = t_2 - t_1$ den Weg $\Delta \boldsymbol{s} = \boldsymbol{s}_2 - \boldsymbol{s}_1$ zurück. Der Quotient aus dem Weg $\Delta \boldsymbol{s}$ und der Zeit Δt ergibt die Geschwindigkeit $\boldsymbol{v}$ des Körpers.

$$\boldsymbol{v} = \frac{\Delta \boldsymbol{s}}{\Delta t} = \frac{\boldsymbol{s}_2 - \boldsymbol{s}_1}{t_2 - t_1}$$

Einheit:

$$[\boldsymbol{v}] = \frac{[\Delta \boldsymbol{s}]}{[\Delta t]} = \frac{\mathrm{m}}{\mathrm{s}}$$

Beginnt der Bewegungsvorgang zur Zeit $t_1 = 0$ an der Stelle $\boldsymbol{s}_1 = 0$, dann gilt:

$$\boldsymbol{v} = \frac{\boldsymbol{s}}{t}$$

Neben der Einheit $[\boldsymbol{v}] = \mathrm{m/s}$ werden für Geschwindigkeiten häufig weitere, ineinander umrechenbare Einheiten verwendet. Bei der spanenden Bearbeitung gibt man Schnittgeschwindigkeiten meist in der Einheit $[\boldsymbol{v}_c] = \mathrm{m/min}$ an.

Zur Weg- und Zeitberechnung wird die Betragsgleichung $v = s/t$ auf die gewünschte Größe umgestellt.

$$s = v \cdot t$$

und

$$t = \frac{s}{v}$$

Aus der Gleichung $s = v \cdot t$ und dem **Geschwindigkeits-Zeit-Diagramm** ist ersichtlich:

Die Fläche unterhalb der $v(t)$-Linie entspricht dem in der Zeit t zurückgelegten Weg $\boldsymbol{s}$.

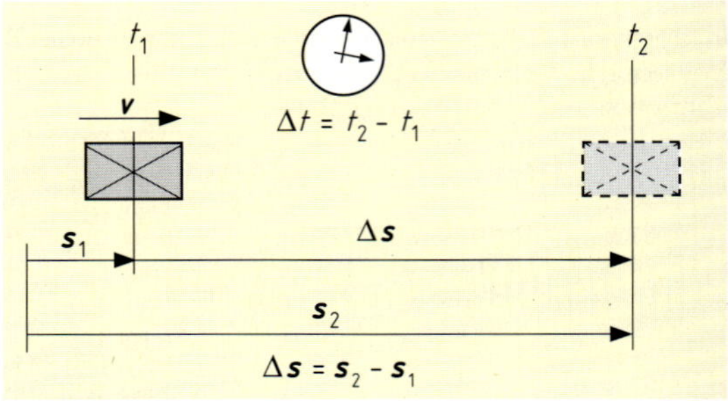

Vektorielle Darstellung einer gleichförmigen Translation **5.2.1–1**

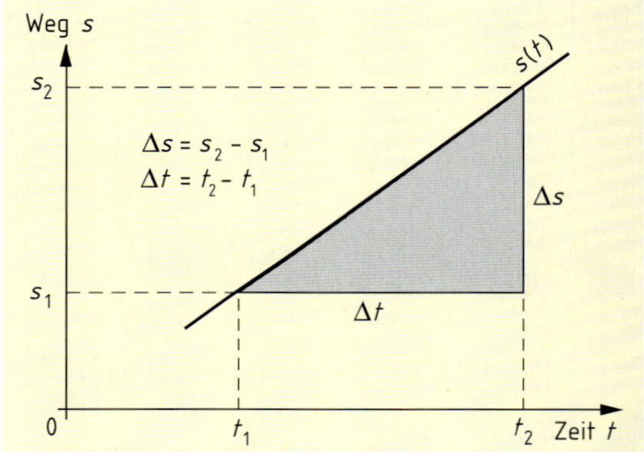

***s-t*-Diagramm einer gleichförmigen geradlinigen Bewegung** **5.2.1–2**

Umrechnungstabelle:

von \ in	m/s	km/h	m/min
m/s	1	·3,6	·60
km/h	÷3,6	1	·0,06
m/min	÷60	÷0,06	1

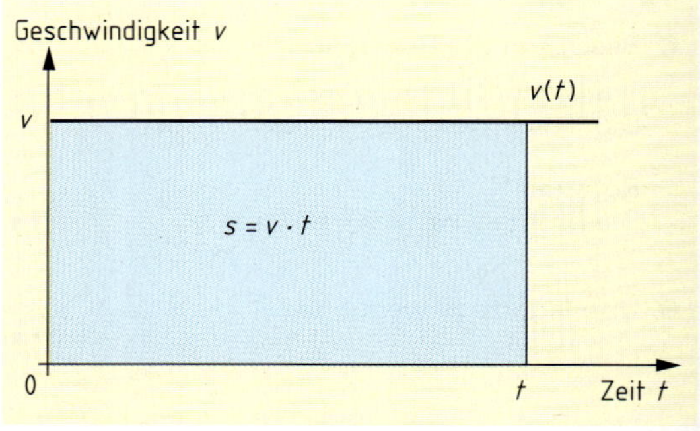

***v-t*-Diagramm einer gleichförmigen geradlinigen Bewegung** **5.2.1–3**

5.2.2 Mittlere Geschwindigkeit

Zur betragsmäßigen Geschwindigkeitsbestimmung ist stets eine **Zeit- und Wegmessung** erforderlich. Die dabei ermittelte Geschwindigkeit stellt einen Durchschnittswert innerhalb der vorgegebenen Wegstrecke $\Delta \boldsymbol{s} = \boldsymbol{s}_2 - \boldsymbol{s}_1$ dar.

Dieser Durchschnittswert wird als **mittlere Geschwindigkeit $\bar{\boldsymbol{v}}$** bezeichnet.

$$\bar{\boldsymbol{v}} = \frac{\Delta \boldsymbol{s}}{\Delta t} = \frac{\boldsymbol{s}_2 - \boldsymbol{s}_1}{t_2 - t_1}$$

Je kleiner dabei $\Delta \boldsymbol{s} = \boldsymbol{s}_2 - \boldsymbol{s}_1$ gewählt wird, desto genauer stimmt die mittlere Geschwindigkeit mit der **Momentangeschwindigkeit** überein.

Beispiel:

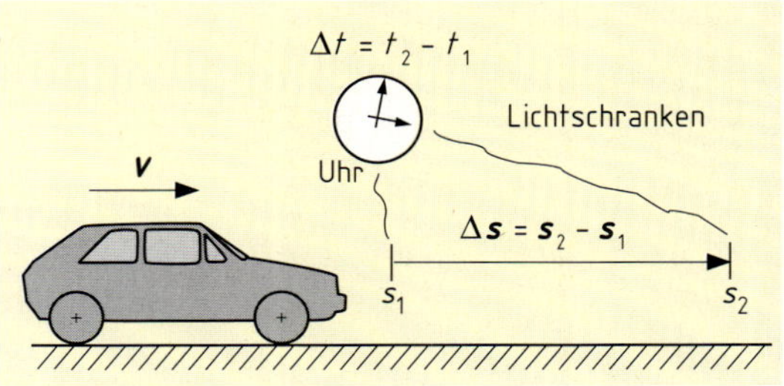

Bestimmung der mittleren Geschwindigkeit eines Pkws **5.2.2–1**

Messwerte:

$\Delta s = 1\,\text{m};\ \Delta t = 0{,}065\,\text{s}$

Mittlere Geschwindigkeit:

$$\bar{v} = \frac{\Delta s}{\Delta t} = \frac{1\,\text{m}}{0{,}065\,\text{s}} = 15{,}38\,\frac{\text{m}}{\text{s}} \qquad \text{mit} \quad 1\,\frac{\text{m}}{\text{s}} = 3{,}6\,\frac{\text{km}}{\text{h}}$$

folgt: $\bar{v} = 55{,}37\,\frac{\text{km}}{\text{h}}$

5.2.3 Gleichmäßig beschleunigte Translation

Ändert sich bei einer geradlinigen Bewegung die Geschwindigkeit $\boldsymbol{v}$, dann liegt eine **beschleunigte Bewegung** vor.

Der Quotient aus der Geschwindigkeitsänderung $\Delta \boldsymbol{v} = \boldsymbol{v}_2 - \boldsymbol{v}_1$ und der dazu benötigten Zeit $\Delta t = t_2 - t_1$ wird als Beschleunigung $\boldsymbol{a}$ bezeichnet.

$$\boldsymbol{a} = \frac{\Delta \boldsymbol{v}}{\Delta t} = \frac{\boldsymbol{v}_2 - \boldsymbol{v}_1}{t_2 - t_1}$$

Einheit:

$$[\boldsymbol{a}] = \frac{[\Delta \boldsymbol{v}]}{[\Delta t]} = \frac{\frac{\text{m}}{\text{s}}}{\text{s}} \qquad \rightarrow [\boldsymbol{a}] = \frac{\text{m}}{\text{s}^2}$$

Bei einer **gleichmäßigen Beschleunigung** wächst die Geschwindigkeit linear mit der Zeit an.

Für diesen Fall besitzt die Beschleunigung stets denselben Wert und dieselbe Richtung; sie ist konstant.

$$\boldsymbol{a} = \text{konst.}$$

Wird aus dem Stillstand heraus auf die Endgeschwindigkeit $\boldsymbol{v}$ beschleunigt, dann vereinfacht sich obige Gleichung:

$$\boldsymbol{a} = \frac{\Delta \boldsymbol{v}}{\Delta t}$$

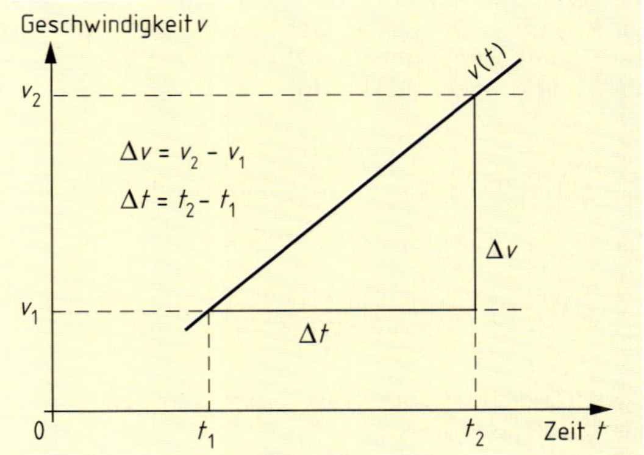

***v-t*-Diagramm einer gleichmäßig beschleunigten Bewegung** **5.2.3–1**

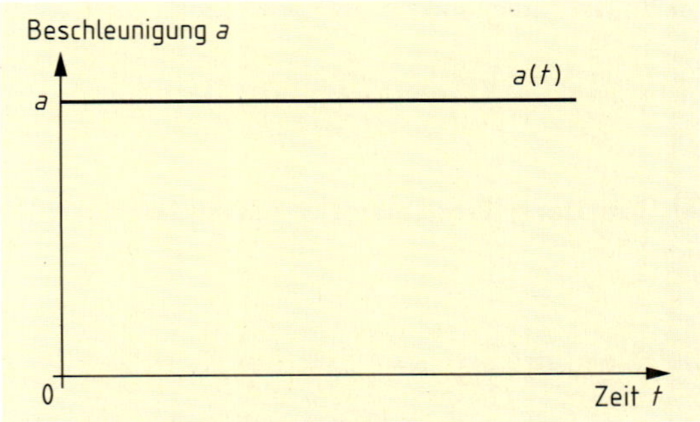

***a-t*-Diagramm einer gleichmäßig beschleunigten Bewegung** **5.2.3–2**

Zur Berechnung der Endgeschwindigkeit und der Beschleunigungszeit ergeben sich folgende Betragsgleichungen:

$$v = a \cdot t$$

und

$$t = \frac{v}{a}$$

Beschleunigungsweg

Die im Geschwindigkeits-Zeit-Diagramm dargestellte $v(t)$-Linie kann als Folge von mittleren Geschwindigkeiten $\boldsymbol{v}$ betrachtet werden. Dabei nimmt der Betrag der mittleren Geschwindigkeit von Zeitintervall zu Zeitintervall jeweils um denselben Betrag $\Delta \boldsymbol{v} = \boldsymbol{v}_n - \boldsymbol{v}_m$ zu. Den Betrag des Beschleunigungswegs s erhält man durch Addition der Rechteckflächen mit den Flächeninhalten $s_n = v_n \cdot t$.

Werden die betrachteten Zeitintervalle Δt immer kleiner, dann geht die „Treppenkurve" in die Gerade $v(t)$ über. Der Betrag des Beschleunigungswegs kann somit direkt über die Dreiecksfläche unter der $v(t)$-Linie berechnet werden.

$$s = \frac{v \cdot t}{2}$$

Mit $v = a \cdot t$ ergibt sich:

$$s = \frac{1}{2} a \cdot t^2$$

Diese Gleichung beschreibt den parabelförmigen Verlauf der $s(t)$-Kurve.

Die bei konstanter Beschleunigung a und vorgegebener Beschleunigungsstrecke s erreichbare Geschwindigkeit v kann mit nebenstehend hergeleiteter Betragsgleichung berechnet werden.

$$v = \sqrt{2 \cdot a \cdot s}$$

Herleitung: Erreichbare Geschwindigkeit

$$v = a \cdot t \quad \rightarrow \quad t = \frac{v}{a} \quad \text{bzw.} \quad t^2 = \frac{v^2}{a^2}$$

Durch Einsetzen in $s = \frac{1}{2} a \cdot t^2$ ergibt sich:

$$s = \frac{1}{2} a \cdot \frac{v^2}{a^2} = \frac{v^2}{2 \cdot a} \quad \rightarrow \quad v = \sqrt{2 \cdot a \cdot s}$$

Beispiel: Freier Fall

Fällt ein Körper im Schwerefeld der Erde aus der Ruhe heraus frei, d.h. im Vakuum lediglich durch seine Gewichtskraft angetrieben, senkrecht nach unten, so spricht man vom „Freien Fall".

Für den „Freien Fall" gelten die Gesetze der gleichmäßig beschleunigten Bewegung mit:

$$\boldsymbol{a} = \boldsymbol{g} = 9{,}81 \text{ m/s}^2$$

(Mitteleuropa)

Fällt ein Körper in Luft, dann sorgt der mit zunehmender Fallgeschwindigkeit größer werdende Luftwiderstand für immer kleiner werdende Geschwindigkeitszuwächse.

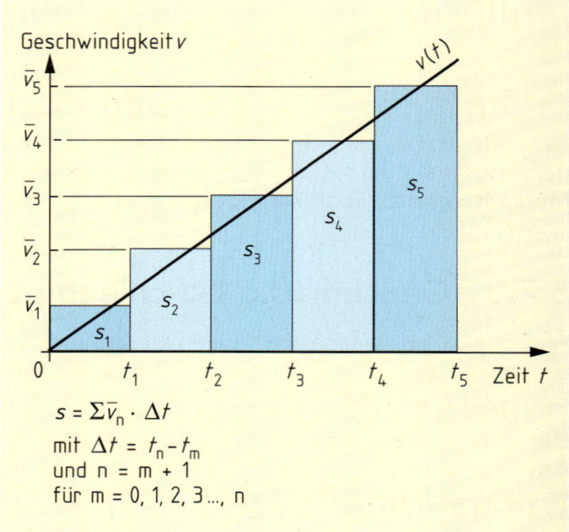

Bestimmung des Beschleunigungswegs 5.2.3–3

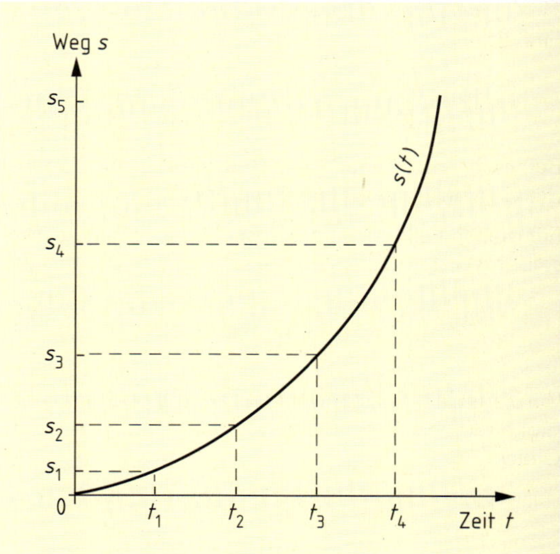

s-t-Diagramm einer gleichmäßig beschleunigten Bewegung 5.2.3–4

5.2.4 Gleichmäßig beschleunigte Translation mit Anfangsgeschwindigkeit

Bei einer nicht aus dem Stillstand erfolgenden Beschleunigung wird der Wert der Beschleunigung $\boldsymbol{a}$ ebenfalls als Quotient aus $\Delta \boldsymbol{v} = \boldsymbol{v}_E - \boldsymbol{v}_A$ und $\Delta t = t_E - t_A$ berechnet.

$$\boldsymbol{a} = \frac{\Delta \boldsymbol{v}}{\Delta t} = \frac{\boldsymbol{v}_E - \boldsymbol{v}_A}{t_E - t_A}$$

Da die Geschwindigkeit linear mit der Zeit zunimmt, kann zur Berechnung der Beschleunigung jedes beliebige Steigungsdreieck im Geschwindigkeits-Zeit-Diagramm verwendet werden.

Die Endgeschwindigkeit $\boldsymbol{v}_E$ errechnet sich durch Bildung der Summe aus Anfangsgeschwindigkeit $\boldsymbol{v}_A$ und Geschwindigkeitszuwachs $\Delta \boldsymbol{v} = \boldsymbol{v}_E - \boldsymbol{v}_A = \boldsymbol{a} \cdot (t_E - t_A)$.

$$\boldsymbol{v}_E = \boldsymbol{v}_A + \boldsymbol{a} \cdot (t_E - t_A)$$

Beginnt die Betrachtung zur Zeit $t_A = 0$, so gilt:

$$\boldsymbol{v}_E = \boldsymbol{v}_A + \boldsymbol{a} \cdot t \quad \text{mit} \quad t_E = t$$

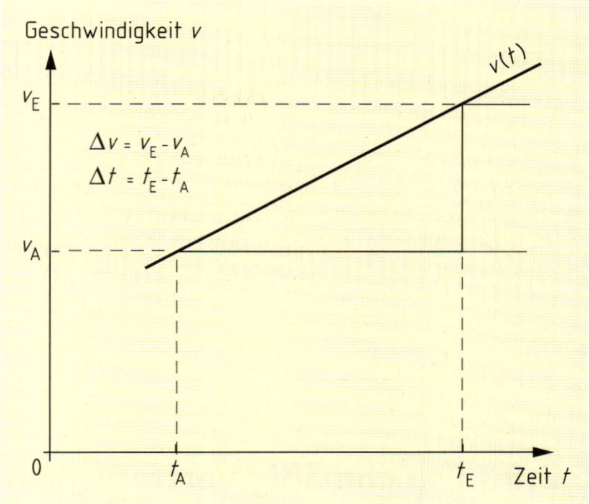

v-t-Diagramm einer beschleunigten Bewegung mit Anfangsgeschwindigkeit 5.2.4–1

Beispiel: Beschleunigung eines Kraftfahrzeugs

Während eines Überholvorganges beschleunigt ein Pkw aus einer Anfangsgeschwindigkeit von $90\,\text{km/h}$ heraus mit einer Beschleunigung von $1{,}5\,\text{m/s}^2$. Nach $10\,\text{s}$ besitzt der Pkw folgende Geschwindigkeit:

$$v_E = v_A + a \cdot t \qquad v_A = \frac{90\,\text{km}}{\text{h}}$$

$$\text{mit } 1\frac{\text{km}}{\text{h}} = \frac{1}{3{,}6}\frac{\text{m}}{\text{s}} \qquad \rightarrow v_A = 25\frac{\text{m}}{\text{s}}$$

$$v_E = 25\frac{\text{m}}{\text{s}} + 1{,}5\frac{\text{m}}{\text{s}^2} \cdot 10\,\text{s}$$

$$v_E = 40\frac{\text{m}}{\text{s}} \qquad \rightarrow v_E = 144\frac{\text{km}}{\text{h}}$$

Beschleunigungsweg

Der Betrag des Beschleunigungswegs kann wiederum über die Fläche unter der $v(t)$-Linie im Geschwindigkeits-Zeit-Diagramm errechnet werden.

Die Gesamtfläche und somit der Gesamtweg s lässt sich in zwei getrennt zu berechnende Teilflächen, s_1 und s_2, zerlegen.

$$s = s_1 + s_2 \qquad \text{Mit} \quad s_1 = v_A \cdot (t_E - t_A)$$

$$\text{und} \quad s_2 = \frac{(v_E - v_A) \cdot (t_E - t_A)}{2}$$

$$\text{folgt:} \quad s = v_A \cdot (t_E - t_A) + \frac{(v_E - v_A) \cdot (t_E - t_A)}{2}$$

$$= v_A \cdot (t_E - t_A) + \frac{v_E \cdot (t_E - t_A)}{2} - \frac{v_A \cdot (t_E - t_A)}{2}$$

$$s = \frac{(v_A + v_E) \cdot (t_E - t_A)}{2}$$

Wird $\boldsymbol{v}_E$ durch $\boldsymbol{v}_E = \boldsymbol{v}_A + \boldsymbol{a}(t_E - t_A)$ ersetzt, ergibt sich zur Berechnung des Betrags des Beschleunigungswegs s aus obiger Gleichung folgende Gleichung:

$$s = v_A \cdot (t_E - t_A) + \frac{1}{2} a \cdot (t_E - t_A)^2$$

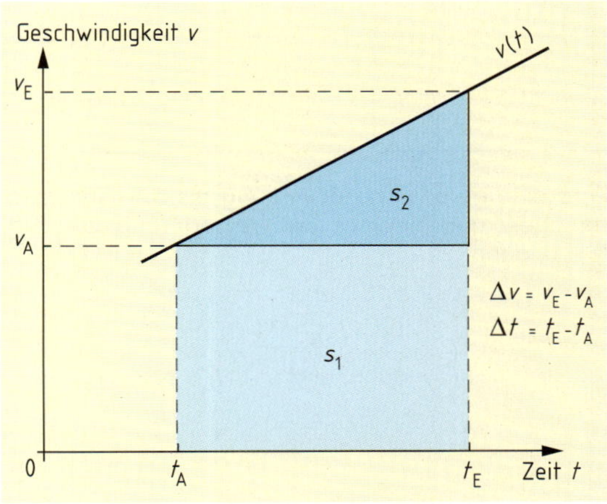

Bestimmung des zurückgelegten Wegs bei einer beschleunigten Bewegung mit Anfangsgeschwindigkeit 5.2.4–2

Beginnt die Betrachtung zur Zeit $t_A = 0$ und mit $t_E = t$, dann gilt:

$$s = v_A \cdot t + \frac{1}{2} a \cdot t^2$$

Selbstverständlich lässt sich der zurückgelegte Weg auch über die Flächenformel für Trapeze bestimmen.

Die innerhalb eines vorgegebenen Beschleunigungswegs Δs erreichbare Endgeschwindigkeit v_E kann bei bekannter Anfangsgeschwindigkeit v_A und bekannter Beschleunigung a mit nebenstehend hergeleiteter Betragsgleichung berechnet werden.

$$v_E = \sqrt{v_A^2 + 2 \cdot a \cdot s}$$

Herleitung: Erreichbare Endgeschwindigkeit

$$v_E = v_A + a \cdot (t_E - t_A) \qquad s = \frac{(v_A + v_E)}{2} \cdot (t_E - t_A)$$

$$\downarrow \qquad\qquad \downarrow$$

$$t_E - t_A = \frac{(v_E - v_A)}{a} \qquad t_E - t_A = \frac{2 \cdot s}{v_A + v_E}$$

Durch Gleichsetzen ergibt sich:

$$\frac{(v_E - v_A)}{a} = \frac{2 \cdot s}{(v_A + v_E)}$$

$$\rightarrow (v_E - v_A) \cdot (v_A + v_E) = 2 \cdot a \cdot s$$

$$v_E^2 - v_A^2 = 2 \cdot a \cdot s$$

$$\rightarrow \quad v_E = \sqrt{v_A^2 + 2 \cdot a \cdot s}$$

5.2.5 Gleichmäßig verzögerte Translation

Bei einer gleichmäßig verzögerten geradlinigen Bewegung nimmt die Geschwindigkeit linear mit der Zeit ab.

Der verzögerte Körper erfährt dabei physikalisch gesehen eine Beschleunigung ins Langsamere. Da bei einer Verzögerung die Beschleunigung a der Geschwindigkeit v entgegenwirkt, muss in den unter 5.2.4 hergeleiteten Gleichungen der Betrag der Beschleunigung a lediglich durch den negativen Betrag $-a$ ersetzt werden.

Es ergeben sich dann folgende Gleichungen:

Endgeschwindigkeit v_E	Verzögerungsweg s
$v_E = v_A - a \cdot (t_E - t_A)$	$s = \frac{(v_A + v_E) \cdot (t_E - t_A)}{2}$
$v_E = \sqrt{v_A^2 - 2 \cdot a \cdot s}$	$s = v_A \cdot (t_E - t_A) - \frac{1}{2} a \cdot (t_E - t_A)^2$

Wird eine geradlinige Bewegung bis zum Stillstand verzögert und beginnt die Verzögerung zur Zeit $t_A = 0$, dann gilt:

$$v_E = 0 \quad \text{und} \quad v_A = v$$

sowie

$$t_A = 0 \quad \text{und} \quad t_E = t$$

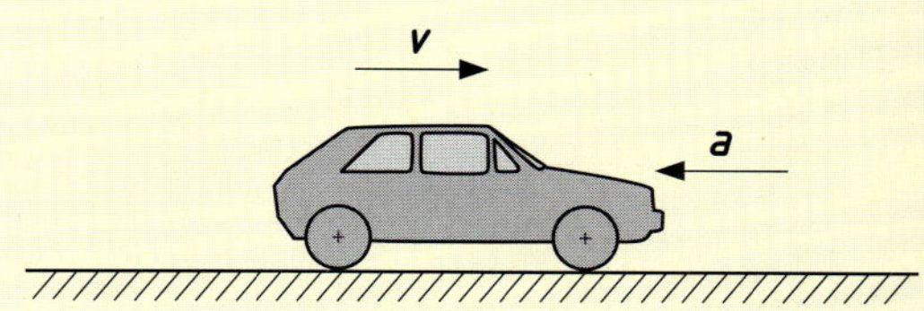

Bei verzögerter Translation wirkt die Beschleunigung der Geschwindigkeit und damit der Bewegungsrichtung entgegen.

Verzögerung eines Fahrzeugs **5.2.5–1**

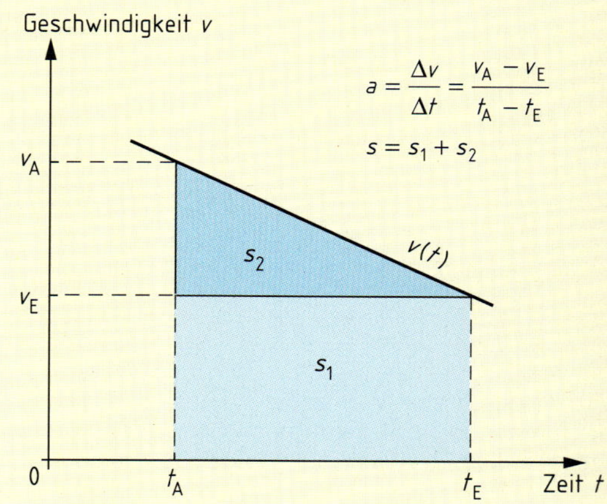

v-t-Diagramm einer gleichmäßig verzögerten Bewegung **5.2.5–2**

Mit diesen Bedingungen ergeben sich für den Betrag des Verzögerungswegs und die Verzögerungszeit folgende neue Gleichungen:

Verzögerungsweg s	Verzögerungszeit t
$s = \frac{v^2}{2 \cdot a}$	$t = \frac{v}{a}$
$s = \frac{v \cdot t}{2}$	$t = \frac{2 \cdot s}{v}$
$s = \frac{1}{2} a \cdot t^2$	$t = \sqrt{\frac{2 \cdot s}{a}}$

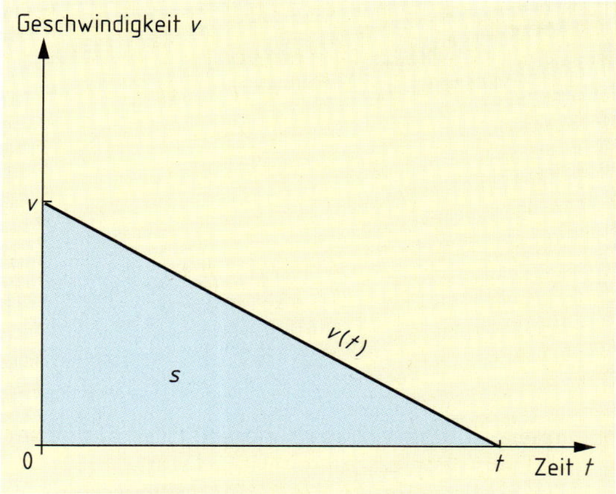

***v-t*-Diagramm einer Verzögerung bis zum Stillstand** **5.2.5–3**

Herleitung: Verzögerungsweg

$v_E = 0;\ v_A = v;\ t_A = 0;\ t_E = t$

1. $v_E = \sqrt{v_A^2 - 2 \cdot a \cdot s}$

   $\rightarrow\ 0 = v^2 - 2 \cdot a \cdot s \qquad \rightarrow s = \frac{v^2}{2 \cdot a}$

2. $s = \frac{(v_A + v_E) \cdot (t_E - t_A)}{2} \qquad \rightarrow s = \frac{v \cdot t}{2}$

3. $s = v_A \cdot (t_E - t_A) - \frac{1}{2} a \cdot (t_E - t_A)^2$

   $\rightarrow\ s = v \cdot t - \frac{1}{2} a \cdot t^2$

   mit $v = a \cdot t \qquad \rightarrow s = \frac{1}{2} a \cdot t^2$

Herleitung: Verzögerungszeit

$v_E = 0;\ v_A = v;\ t_A = 0;\ t_E = t$

1. $v_E = v_A - a \cdot (t_E - t_A)$

   $\rightarrow\ 0 = v - a \cdot t \qquad \rightarrow t = \frac{v}{a}$

2. $s = \frac{(v_A + v_E) \cdot (t_E - t_A)}{2} \qquad \rightarrow t = \frac{2 \cdot s}{v}$

3. $s = v_A \cdot (t_E - t_A) - \frac{1}{2} a \cdot (t_E - t_A)^2$

   $\rightarrow\ s = v \cdot t - \frac{1}{2} a \cdot t^2$

   mit $v = a \cdot t \qquad \rightarrow t = \sqrt{\frac{2 \cdot s}{a}}$

5.2.6 Übungen

Lehrbeispiel 1: Förderanlage

In einem Hochregal werden Werkstücke mit einem Hebezeug entlang der Bahnkurve A B C bewegt. Die Hubgeschwindigkeit beträgt $v_y = 0{,}8\ \mathrm{m/s}$.

Aufgaben:

a) Wie groß ist die Transportgeschwindigkeit v_x während der Bewegung von Position A nach Position B?

b) Nach dem Erreichen von Position B bewegt sich die Laufkatze mit der Geschwindigkeit $v_x = 1{,}0\ \mathrm{m/s}$ in Richtung Position C.

   Wie groß muss die Verzögerung a der Laufkatze sein, damit sie nach 10 s in Position C zum Stillstand kommt?

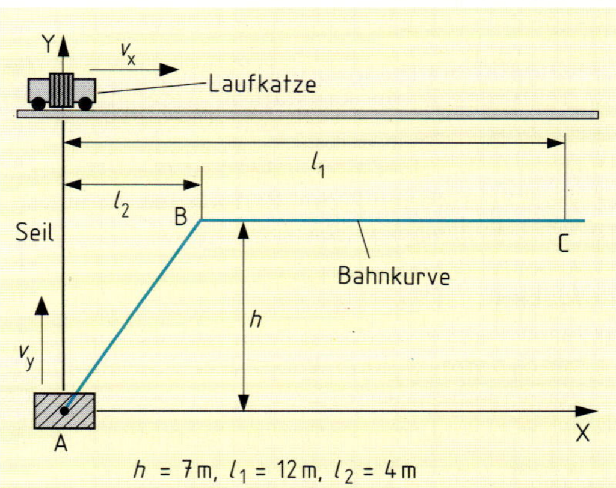

Förderanlage **5.2.6–1**

Lösung:

a) Damit sich die Last auf der vorgegebenen Bahnkurve AB bewegt, müssen die Strecken l_2 und h in gleicher Zeit zurückgelegt werden.

$$t_x = t_y \quad \text{mit} \quad t = \frac{s}{v}$$

$$\rightarrow \quad t_x = \frac{l_2}{v_x} \quad \text{und} \quad t_y = \frac{h}{v_y}$$

$$\frac{l_2}{v_x} = \frac{h}{v_y} \quad \rightarrow \quad v_x = v_y \cdot \frac{l_2}{h} = 0{,}8\,\frac{\text{m}}{\text{s}} \cdot \frac{4\,\text{m}}{7\,\text{m}}$$

$$\underline{\underline{v_x = 0{,}457\,\frac{\text{m}}{\text{s}}}}$$

b) Innerhalb der vorgegebenen Zeit $t = 10\,\text{s}$ findet eine gleichförmige sowie eine gleichmäßig verzögerte Translation bis zum Stillstand statt.
Zur Bestimmung der Verzögerung muss zunächst die Verzögerungszeit t_2 berechnet werden.
Da in einem Geschwindigkeits-Zeit-Diagramm die Fläche unter der $v(t)$-Kurve dem zurückgelegten Weg entspricht, lässt sich die Lösung dieses Problems mithilfe des v-t-Diagramms leicht finden.

$$a = \frac{v}{t_2}$$

Berechnung von t_2:

$$s = s_1 + s_2 = v \cdot t - \frac{v \cdot t_2}{2}$$

$$\rightarrow \quad t_2 = \frac{2 \cdot (v \cdot t - s)}{v}$$

Für die Verzögerung a ergibt sich mit obiger Gleichung:

$$a = \frac{v^2}{2 \cdot (v \cdot t - s)} = \frac{1\,\text{m}^2}{\text{s}^2 \cdot 2 \cdot \left(1\,\frac{\text{m}}{\text{s}} \cdot 10\,\text{s} - 8\,\text{m}\right)}$$

$$\underline{\underline{a = 0{,}25\,\frac{\text{m}}{\text{s}^2}}}$$

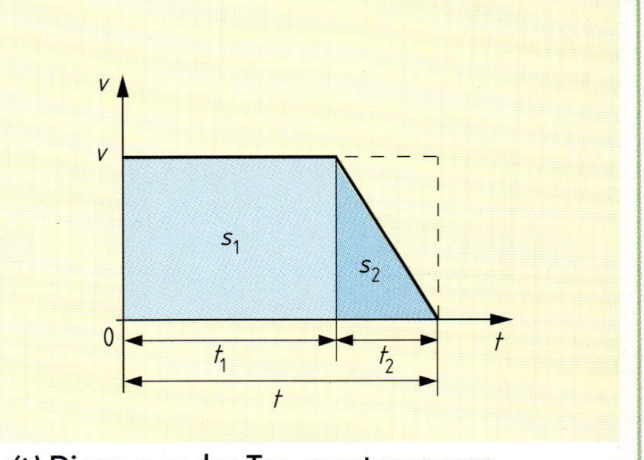

v(t)-Diagramm des Transportvorgangs von B nach C **5.2.6–2**

Lehrbeispiel 2: Autorennen

Während eines Autorennens fährt der Rennwagen mit der Startnummer 1 mit konstanter Geschwindigkeit $v_1 = 180\,\text{km/h}$ an den Boxen vorbei.

Gleichzeitig startet dort der Rennwagen mit der Startnummer 2 mit konstanter Beschleunigung $a_2 = 3{,}8\,\text{m/s}^2$.

Nach Erreichen der Geschwindigkeit $v_2 = 200\,\text{km/h}$ verfolgt Rennwagen 2 den Rennwagen 1 mit konstanter Geschwindigkeit v_2.

Aufgaben:

a) Nach welcher Zeit und innerhalb welcher Fahrstrecke erreicht Rennwagen 2 die Geschwindigkeit $v_2 = 200\,\text{km/h}$?

b) Nach welcher Zeit wird Rennwagen 1 von Rennwagen 2 eingeholt?

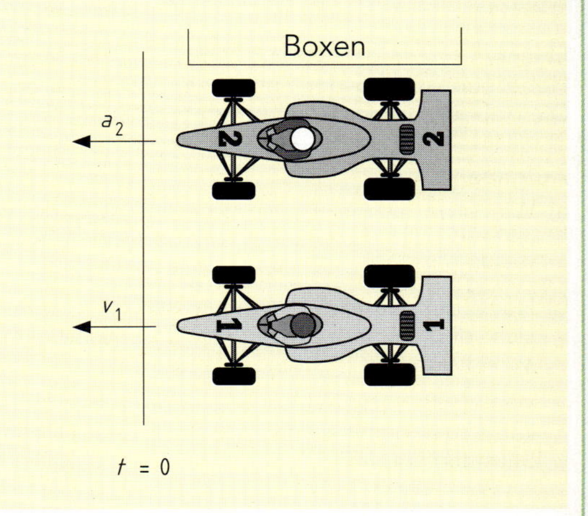

Startsituation von Rennwagen 2 **5.2.6–3**

Lösung:

a) Fahrzeug 2 beschleunigt gleichmäßig.

$$v_2 = a_2 \cdot t \quad \rightarrow \quad t = \frac{v_2}{a_2} \quad \text{mit} \quad v_2 = 200 \cdot 3{,}6 \frac{\text{m}}{\text{s}} = 55{,}56 \frac{\text{m}}{\text{s}}$$

$$t = \frac{55{,}56\ \text{ms}^2}{\text{s} \cdot 3{,}8\ \text{m}} \qquad \underline{\underline{t = 14{,}62\ \text{s}}}$$

b) Hier führt das Geschwindigkeits-Zeit-Diagramm sicher zum richtigen Lösungsansatz.
Fahrzeug 1 ist dann eingeholt, wenn sich beide Fahrzeuge zur gleichen Zeit am selben Ort befinden.

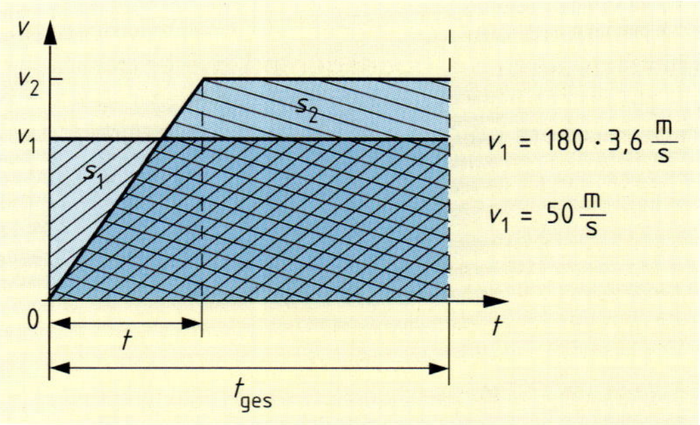

v(t)-Diagramm des Einholvorgangs 5.2.6–4

$$s_1 = s_2 \quad \text{mit} \quad s_1 = v_1 \cdot t_{ges}$$

$$\text{und} \quad s_2 = v_2 \cdot t_{ges} - \frac{v_2 \cdot t}{2}$$

$$\rightarrow v_1 \cdot t_{ges} = v_2 \cdot t_{ges} - \frac{v_2 \cdot t}{2}$$

$$\frac{v_2 \cdot t}{2} = (v_2 - v_1) \cdot t_{ges}$$

$$\rightarrow \quad t_{ges} = \frac{v_2 \cdot t}{2 \cdot (v_2 - v_1)} = \frac{55{,}56 \frac{\text{m}}{\text{s}} \cdot 14{,}62\ \text{s}}{2 \cdot (55{,}56 - 50) \frac{\text{m}}{\text{s}}} \qquad \underline{\underline{t_{ges} = 73{,}1\ \text{s}}}$$

$$s = s_1 = v_1 \cdot t_{ges} = 50 \frac{\text{m}}{\text{s}} \cdot 73{,}1\ \text{s} \qquad \underline{\underline{s = 3655\ \text{m}}}$$

Aufgabe 1

Die zweigleisige Bahnstrecke zwischen Bahnhof A und Bahnhof B hat eine Länge von $s = 80\,\text{km}$.
Exakt um 12.00 Uhr durchfährt der Zug 1 den Bahnhof A mit einer konstanten Geschwindigkeit von $v_1 = 126\,\text{km/h}$ in Richtung Bahnhof B.

Gleichzeitig startet der Zug 2 im Bahnhof B in Richtung Bahnhof A. Dabei beschleunigt Zug 2 mit der Beschleunigung $a = 0{,}125\,\text{m/s}^2$ auf die Geschwindigkeit $v_2 = 90\,\text{km/h}$. Nach Erreichen der Geschwindigkeit v_2 fährt Zug 2 ebenfalls mit konstanter Geschwindigkeit weiter.

a) Nach welcher Zeit erreicht Zug 2 seine Endgeschwindigkeit?

b) Wann und in welcher Entfernung von Bahnhof B begegnen sich beide Züge?

Aufgabe 2

Ein Pkw fährt mit $90\,\text{km/h}$ auf einer geraden Landstraße. Beim Erblicken eines Hindernisses in einer Entfernung von $60\,\text{m}$ leitet der Fahrer eine Vollbremsung ein. Nach einer „Schrecksekunde" von $0{,}8\,\text{s}$ beginnt der eigentliche Bremsvorgang.

a) Wie groß ist der Anhalteweg, wenn das Fahrzeug mit einer Verzögerung von $5\,\text{m/s}^2$ abgebremst wird?

b) Mit welcher Geschwindigkeit fährt der Pkw auf das Hindernis auf?

c) Beim Aufprall auf das Hindernis wird das Vorderteil des Fahrzeugs um $0{,}6\,\text{m}$ zusammengedrückt. Welche mittlere Verzögerung erfährt das Fahrzeug?

5.3 Zusammengesetzte Bewegungen

5.3.1 Überlagerung von zwei gleichförmigen geradlinigen Bewegungen

Zeichnerische Bestimmung der resultierenden Geschwindigkeit $\boldsymbol{v}$

Zur Ermittlung der resultierenden Geschwindigkeit $\boldsymbol{v}$, die sich durch die Überlagerung zweier geradliniger gleichförmiger Geschwindigkeiten $\boldsymbol{v}_1$ und $\boldsymbol{v}_2$ ergibt, addiert man die Geschwindigkeitsvektoren $\boldsymbol{v}_1$ und $\boldsymbol{v}_2$ zeichnerisch durch Aneinanderreihung (Kapitel 1.2.5).

$$\boldsymbol{v} = \boldsymbol{v}_1 + \boldsymbol{v}_2$$

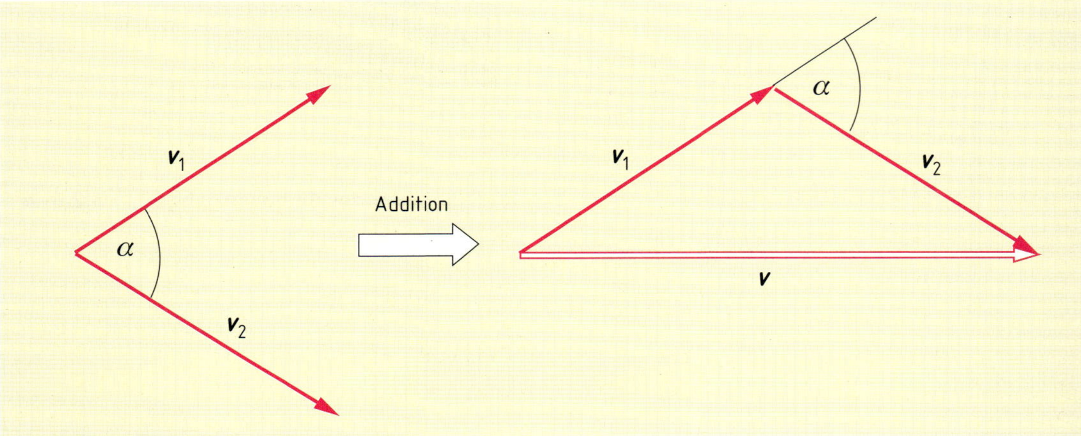

Zeichnerische Addition von Geschwindigkeiten **5.3.1–1**

Trigonometrische Bestimmung der resultierenden Geschwindigkeit

Rechnerisch wird der Betrag der resultierenden Geschwindigkeit $\boldsymbol{v}$ mit folgender aus dem **Cosinussatz** abgeleiteten Gleichung bestimmt (Kapitel 2.2.1).

$$v = \sqrt{v_1^{\,2} + v_2^{\,2} + 2 \cdot v_1 \cdot v_2 \cdot \cos\alpha}$$

Für den Fall, dass die Wirklinien der Geschwindigkeitsvektoren $\boldsymbol{v}_1$ und $\boldsymbol{v}_2$ einen rechten Winkel bilden, reduziert sich die Gleichung auf den **Satz des Pythagoras**.

$$v = \sqrt{v_1^{\,2} + v_2^{\,2}} \qquad \boldsymbol{v}_1 \perp \boldsymbol{v}_2$$

Beispiel:

Der Kranhaken der Transportanlage aus dem Einführungsbeispiel bewegt sich in $t = 60\,\text{s}$ mit konstanter Geschwindigkeit v geradlinig von A nach B. Welchen Betrag hat die Bahngeschwindigkeit v?

$$v_x = \frac{s_x}{t} = \frac{10\,\text{m}}{1\,\text{min}} = 10\,\frac{\text{m}}{\text{min}}$$

$$v_y = \frac{s_y}{t} = \frac{5\,\text{m}}{1\,\text{min}} = 5\,\frac{\text{m}}{\text{min}}$$

$$v = \sqrt{v_x^{\,2} + v_y^{\,2}} = \sqrt{10^2\,\frac{\text{m}^2}{\text{min}^2} + 5^2\,\frac{\text{m}^2}{\text{min}^2}}$$

$$v = 11{,}18\,\frac{\text{m}}{\text{min}}$$

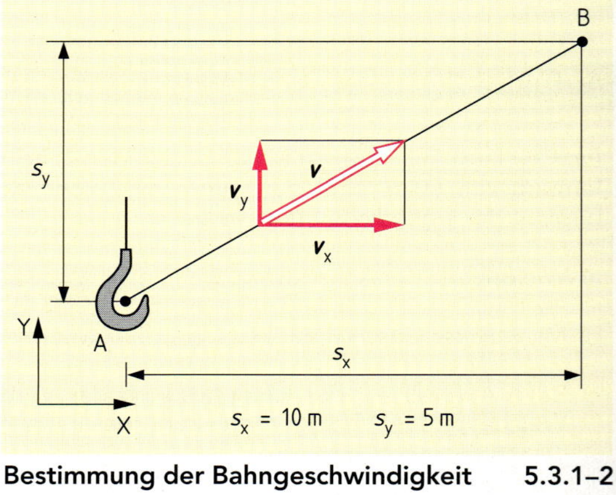

Bestimmung der Bahngeschwindigkeit **5.3.1–2**

5.3.2 Überlagerung einer gleichförmigen und einer gleichmäßig beschleunigten Bewegung

Die Förderanlage aus dem Einführungsbeispiel bewegt eine Last mit konstanter Horizontalgeschwindigkeit $\boldsymbol{v}_X$. Für den Fall, dass sich die Lastverankerung löst, bewegt sich die Last neben der geradlinigen Bewegung im „**Freien Fall**" zu Boden. Beide Bewegungen überlagern sich dabei ungestört.

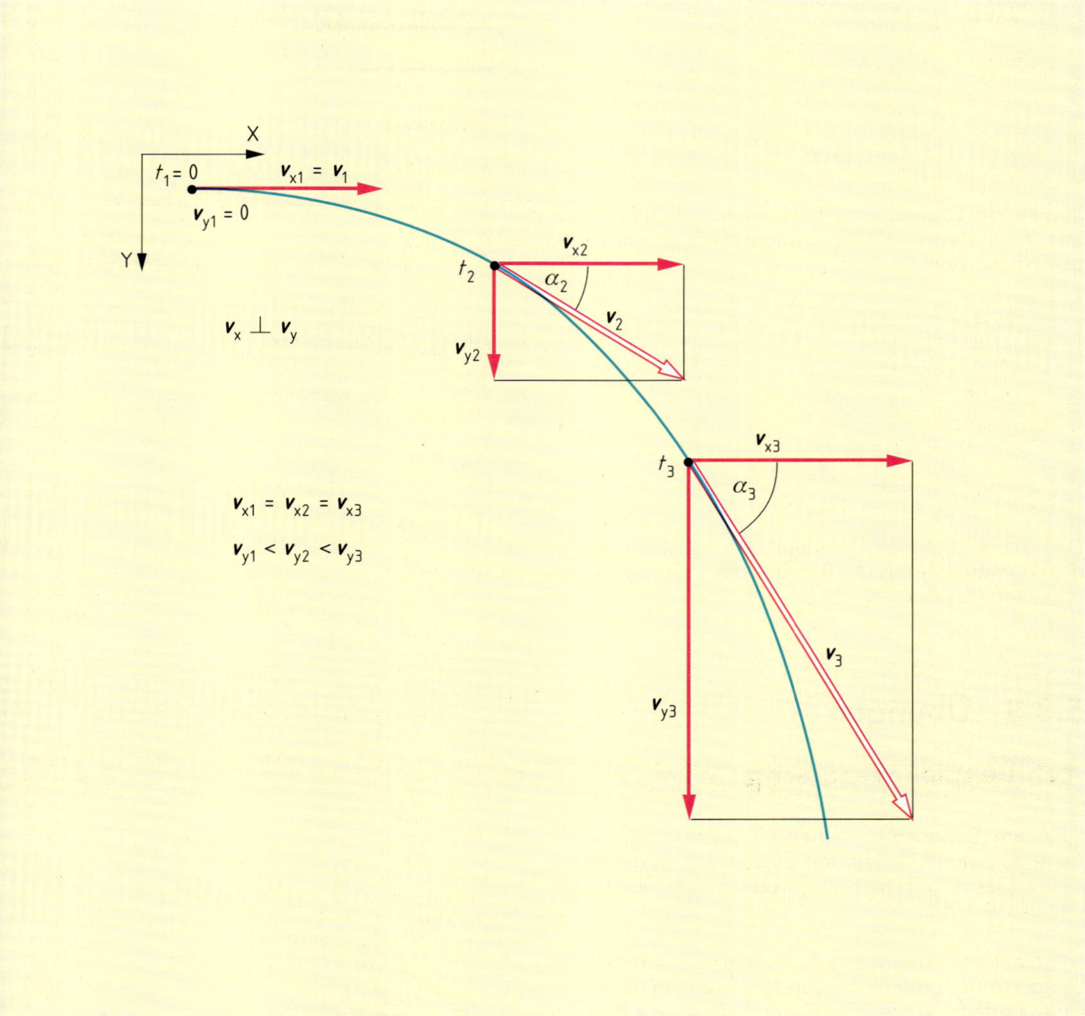

Bahnkurve eines waagrechten „Wurfs" **5.3.2–1**

Für den waagrechten Wurf gilt:

$\boldsymbol{v} = \boldsymbol{v}_X + \boldsymbol{v}_y$

mit

$\boldsymbol{v}_X = \text{konst.}$ und $\boldsymbol{v}_y = \boldsymbol{g} \cdot t$

Da die Geschwindigkeitsvektoren $\boldsymbol{v}_X$ und $\boldsymbol{v}_y$ einen rechten Winkel bilden, kann der Betrag der resultierenden Bahngeschwindigkeit $\boldsymbol{v}$ mit dem Satz des Pythagoras bestimmt werden.

$$v = \sqrt{v_X{}^2 + v_y{}^2} \qquad \text{mit } v_y = g \cdot t$$

$$v = \sqrt{v_X{}^2 + g^2 \cdot t^2}$$

Der sich zur Horizontalen ergebende Richtungswinkel α wird durch folgende Funktion berechnet:

$$\tan \alpha = \frac{v_y}{v_X}$$

Die **Lagekoordinaten** des „geworfenen" Körpers werden mit den Gesetzen der gleichförmigen und der gleichmäßig beschleunigten geradlinigen Bewegung bestimmt.

Beginnt der Bewegungsvorgang zur Zeit $t = 0$ an der Stelle $x = 0$ und $y = 0$ und zeigen die Koordinatenachsen in Richtung der zusammengesetzten Bewegung, gilt für die Beträge von x und y:

$$x = v_x \cdot t$$

$$y = \frac{1}{2} g \cdot t^2$$

Mithilfe der Lagekoordinaten kann für die Bahnkurve des „geworfenen" Körpers folgende Gleichung aufgestellt werden:

$$y = \frac{1}{2} g \cdot t^2 \quad \text{mit} \quad t = \frac{x}{v_x} \quad \text{folgt:}$$

$$y = \frac{g}{2 \cdot {v_x}^2} \cdot x^2$$

$$\text{mit} \quad \frac{g}{2 \cdot {v_x}^2} = \text{konst.}$$

Den parabelförmigen Verlauf der Flugbahn kann man unmittelbar aus der Struktur der Bahngleichung erkennen (Kapitel 1.3).

Beispiel: Beladung eines Behälters

Ein Behälter wird mit Schüttgut beladen.
Die Fördergeschwindigkeit des Transportbandes beträgt $v_x = 4\,\text{m/s}$.

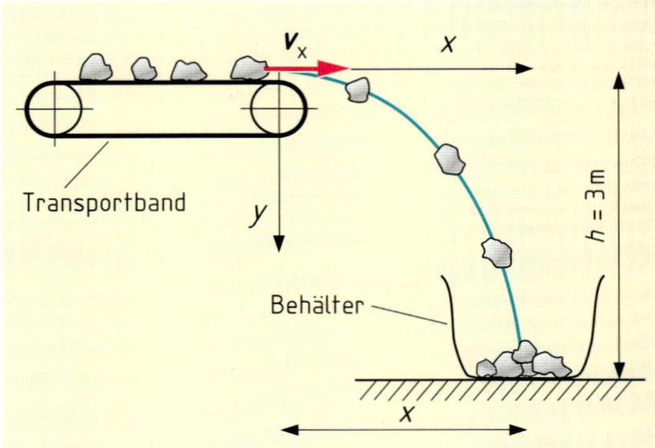

Beladung eines Behälters **5.3.2–2**

Berechnung des Abstandes x des $3\,\text{m}$ tiefer stehenden Behälters:

$$x = v_x \cdot t \qquad y = \frac{1}{2} g \cdot t^2$$

$$\rightarrow \quad t = \sqrt{\frac{2 \cdot y}{g}}$$

$$x = v_x \cdot \sqrt{\frac{2 \cdot y}{g}} = 4\,\frac{\text{m}}{\text{s}} \cdot \sqrt{\frac{2 \cdot 3\,\text{m} \cdot \text{s}^2}{9{,}81\,\text{m}}}$$

$$\underline{\underline{x = 3{,}13\,\text{m}}}$$

5.3.3 Übungen

Lehrbeispiel: Waagrechter Wurf

Ein am Bahndamm stehender Beobachter sieht, wie aus einem fahrenden Zug leichtsinnigerweise eine Getränkeflasche rechtwinklig und horizontal geworfen wird.

In einer Entfernung von $l_1 = 20\,\text{m}$ in Fahrtrichtung und in einer Entfernung von $l_2 = 8\,\text{m}$ vom Bahnkörper entfernt landet die Getränkeflasche auf einer $h = 4\,\text{m}$ unter dem Abwurfpunkt liegenden Wiese.

a) Mit welcher Geschwindigkeit fährt der Zug ?

b) Mit welcher Geschwindigkeit wurde die Getränkeflasche abgeworfen?

c) Unter welchem Winkel α zur Fahrtrichtung verläuft die Flugbahn der Flasche?

d) Mit welcher resultierenden Geschwindigkeit bewegt sich die Flasche aus dem Fenster?

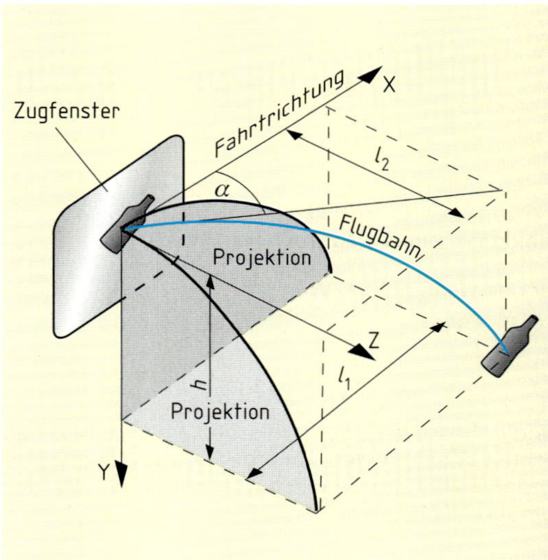

Koordinatensystem des Beobachters **5.3.3–1**

Lösung:

Die Getränkeflasche führt gemäß Bild 5.3.3–1 einen waagrechten Wurf aus. Die Wurfbewegung ist dann abgeschlossen, wenn die Flasche im freien Fall den 4 m tiefer liegenden Boden erreicht.

Die Dauer der Bewegung kann somit über den freien Fall errechnet werden.

$$h = \frac{1}{2} g \cdot t^2 \quad \rightarrow \quad t = \sqrt{\frac{2 \cdot h}{g}}$$

a) Zur Berechnung der Zuggeschwindigkeit wird die Projektion der Wurfparabel in Fahrtrichtung betrachtet.

$$v_x = \frac{l_1}{t} = \frac{l_1}{\sqrt{\frac{2 \cdot h}{g}}} = \frac{20\,\text{m}}{\sqrt{\frac{2 \cdot 4\,\text{m} \cdot \text{s}^2}{9{,}81\,\text{m}}}} = 22{,}15\,\frac{\text{m}}{\text{s}} \qquad v_x = 79{,}7\,\frac{\text{km}}{\text{h}}$$

b) Zur Berechnung der Abwurfgeschwindigkeit in Z-Richtung wird die Projektion der Wurfparabel senkrecht zur Fahrtrichtung betrachtet.

$$v_y = \frac{l_2}{t} = \frac{l_2}{\sqrt{\frac{2 \cdot h}{g}}} = \frac{8\,\text{m}}{\sqrt{\frac{2 \cdot 4\,\text{m} \cdot \text{s}^2}{9{,}81\,\text{m}}}} = 8{,}86\,\frac{\text{m}}{\text{s}} \qquad v_y = 31{,}9\,\frac{\text{km}}{\text{h}}$$

c) Berechnung des Abwurfwinkels.

$$\tan \alpha = \frac{v_y}{v_x} = \frac{8{,}86\,\frac{\text{m}}{\text{s}}}{22{,}15\,\frac{\text{m}}{\text{s}}} = 0{,}4$$

$$\rightarrow \underline{\underline{\alpha = 21{,}8°}}$$

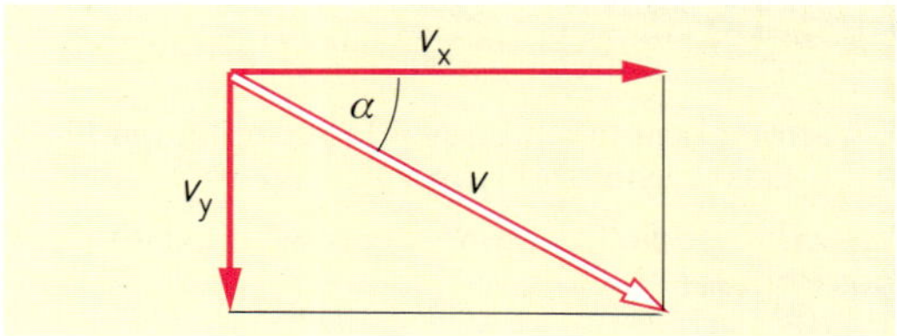

5.3.3–2

d) Die resultierende Abwurfgeschwindigkeit berechnet man mithilfe des Satzes von Pythagoras.

$$v = \sqrt{{v_x}^2 + {v_y}^2} = \sqrt{22{,}15^2\,\frac{\text{m}^2}{\text{s}^2} + 8{,}86^2\,\frac{\text{m}^2}{\text{s}^2}}$$

$$v = 23{,}86\,\frac{\text{m}}{\text{s}}; \qquad \underline{\underline{v = 85{,}9\,\frac{\text{km}}{\text{h}}}}$$

Aufgabe 1

Während einer Zugfahrt bei Regen beobachtet ein Reisender Regentropfenspuren am Fenster.

Die Spuren bilden mit der Waagrechten einen Winkel von $\alpha = 20°$.

a) In welche Richtung fährt der Zug?

b) Die senkrecht nach unten fallenden Regentropfen haben eine Geschwindigkeit von 8 m/s.

Welche Geschwindigkeit besitzt der Zug? (Reibung wird vernachlässigt)

Fenster 5.3.3–3

Aufgabe 2

Ein Wasserbecken wird durch ein waagrechtes Zulaufrohr gefüllt. Das Wasser verlässt die Rohrmündung mit einer Strömungsgeschwindigkeit von $v_x = 6{,}5\,\mathrm{m/s}$.

a) Mit welcher Geschwindigkeit treffen die einzelnen Wasserteilchen auf der $h = 4\,\mathrm{m}$ tiefer liegenden Wasseroberfläche auf?

b) Unter welchem Winkel α zur Horizontalen treffen die Wasserteilchen auf der Wasseroberfläche auf?

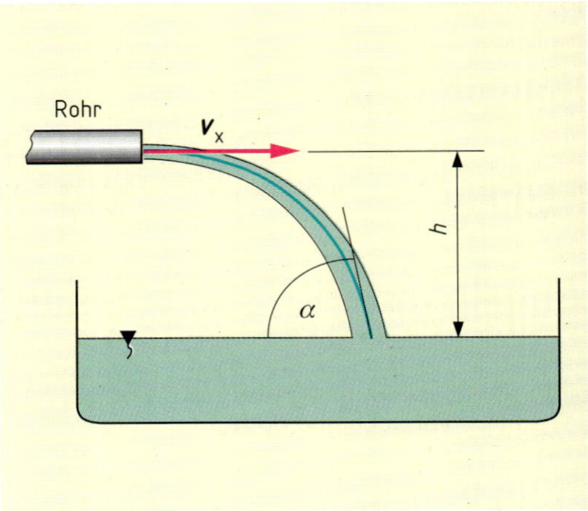

Füllen eines Wasserbeckens **5.3.3–4**

Aufgabe 3

Ein stromabwärts fahrendes Boot besitzt die Geschwindigkeit $v_{ab} = 6{,}2\,\mathrm{m/s}$. Stromaufwärts fährt es mit einer Geschwindigkeit von $v_{auf} = 3{,}8\,\mathrm{m/s}$.

Wie groß ist die Strömungsgeschwindigkeit v_F des Flusses und wie groß ist die Eigengeschwindigkeit v_B des Bootes?

Aufgabe 4

Ein Sportflugzeug fliegt genau von Ost nach West.

Die Eigengeschwindigkeit des Flugzeugs beträgt $v_F = 180\,\mathrm{km/h}$. Der aus S-O wehende Wind hat eine Geschwindigkeit von $v_W = 10\,\mathrm{m/s}$.

a) Unter welchem Winkel α zur Windrichtung muss das Flugzeug Kurs halten?

b) Wie lange braucht das Sportflugzeug für eine $s = 500\,\mathrm{km}$ lange Strecke?

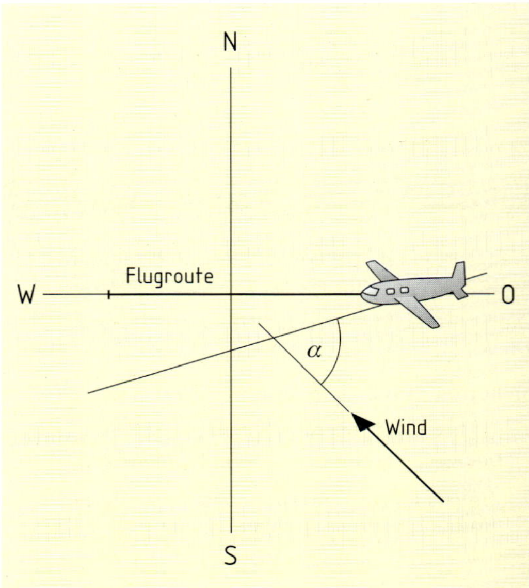

5.3.3–5

5.4 Rotation

5.4.1 Gleichförmige Rotation

Der Kranhaken im Einführungsbeispiel bewegt sich aufgrund der gleichförmigen Rotation der Seiltrommel mit konstanter Hubgeschwindigkeit v nach oben.

Der Betrag der Hubgeschwindigkeit v des Hakens entspricht dabei dem Betrag der **Umfangsgeschwindigkeit** v_u des aufgewickelten Seils.

$$v = v_u$$

Die bei N Seilumdrehungen auf- oder abgewickelte Seillänge s wird wie folgt berechnet:

$$s = d \cdot \pi \cdot N$$

Umfangsgeschwindigkeit v_u

Die Betragsgleichung zur Berechnung der Umfangsgeschwindigkeit v_u erhält man aus:

$v = \dfrac{s}{t}$ mit $s = d \cdot \pi \cdot N$ folgt:

$$v_n = \frac{d \cdot \pi \cdot N}{t}$$

Der Quotient N/t gibt dabei die Anzahl der Umdrehungen pro Zeiteneinheit an und wird als **Drehzahl** oder **Drehfrequenz** n bezeichnet.

$$n = \frac{N}{t} \qquad \text{Einheit: } [n] = \frac{1}{[t]} = \frac{1}{\text{s}}$$

Damit ergibt sich für die Betragsgleichung der Umfangsgeschwindigkeit v_u:

$$v_u = d \cdot \pi \cdot n$$

Ist die Zeit für eine Umdrehung ($N = 1$) bekannt, kann die Umfangsgeschwindigkeit v_u mit folgender Gleichung berechnet werden:

$$v_u = \frac{d \cdot \pi}{T}$$

Wie aus der Gleichung $v_u = d \cdot \pi \cdot n$ ersichtlich, ist die Umfangsgeschwindigkeit v_u sowohl zur Drehzahl n als auch zum Durchmesser d proportional. Die alleinige Angabe der Umfangsgeschwindigkeit lässt noch keinen Schluss auf die Drehzahl zu. Die gleichzeitige Angabe des wirksamen Kreisbahndurchmessers ist notwendig.

Beispiel: Förderanlage

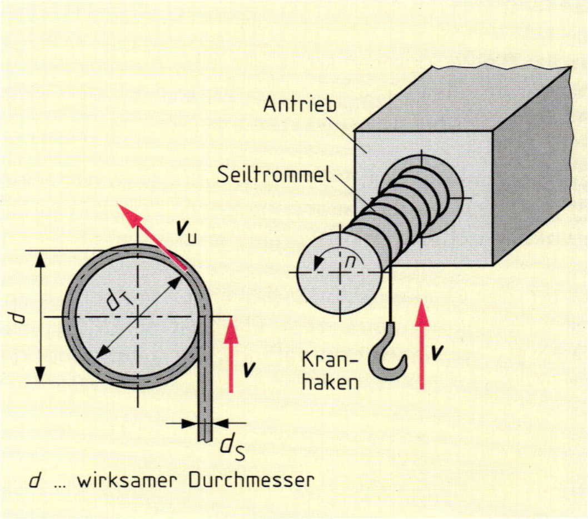

Antriebseinheit mit Seiltrommel **5.4.1–1**

Technische Daten:

Hubhöhe	$h = 10\,\text{m}$
Seiltrommeldurchmesser	$d_T = 200\,\text{mm}$
Seildurchmesser	$d_S = 12\,\text{mm}$
Wirksamer Durchmesser	$d = d_T + d_S$
	$d = 212\,\text{mm}$

Welche Drehzahl ist erforderlich, wenn die Hubbewegung in 30 s beendet sein soll?
Wie groß ist dann die Umfangsgeschwindigkeit v_u?

Benötigte Trommelumdrehungen:

$$N = \frac{S}{d \cdot \pi} = \frac{10\,\text{m}}{0{,}212\,\text{mm} \cdot \pi} \qquad N = 15$$

Erforderliche Drehzahl n:

$$n = \frac{N}{t} = \frac{15}{30\,\text{s}} = 0{,}5\,\frac{1}{\text{s}}$$

$$n = 30\,\frac{1}{\text{min}}$$

Umfangsgeschwindigkeit v_u

$$v_u = \frac{d \cdot \pi \cdot N}{t} = \frac{0{,}212\,\text{mm} \cdot \pi \cdot 15}{30\,\text{s}}$$

$$v_u = 0{,}333\,\frac{\text{m}}{\text{s}}$$

$$v_u = 20\,\frac{\text{m}}{\text{min}}$$

Winkelgeschwindigkeit ω

Rotiert eine Scheibe mit konstanter Drehzahl n, dann besitzen die einzelnen Scheibenteilchen, je nach Abstand zum Scheibenmittelpunkt, unterschiedliche Umfangsgeschwindigkeiten $\boldsymbol{v}_u$.

Trotz dieser unterschiedlichen Umfangsgeschwindigkeiten überstreichen alle Punkte in der Zeit $\Delta t = t_2 - t_1$ gleiche Winkel $\Delta\boldsymbol{\varphi} = \boldsymbol{\varphi}_2 - \boldsymbol{\varphi}_1$.

Zur Beschreibung von Drehbewegungen wird in der Physik neben der Umfangsgeschwindigkeit $\boldsymbol{v}_u$ die **Winkelgeschwindigkeit** ω definiert.

Unter der Winkelgeschwindigkeit ω versteht man den Quotienten aus dem überstrichenen Winkel $\Delta\boldsymbol{\varphi} = \boldsymbol{\varphi}_2 = \boldsymbol{\varphi}_1$ im **Bogenmaß** und der dafür benötigten Zeit $\Delta t = t_2 - t_1$.

$$\boldsymbol{\omega} = \frac{\Delta\boldsymbol{\varphi}}{\Delta t} = \frac{\boldsymbol{\varphi}_2 - \boldsymbol{\varphi}_1}{t_2 - t_1}$$

Einheit : $[\omega] = \frac{1}{s}$

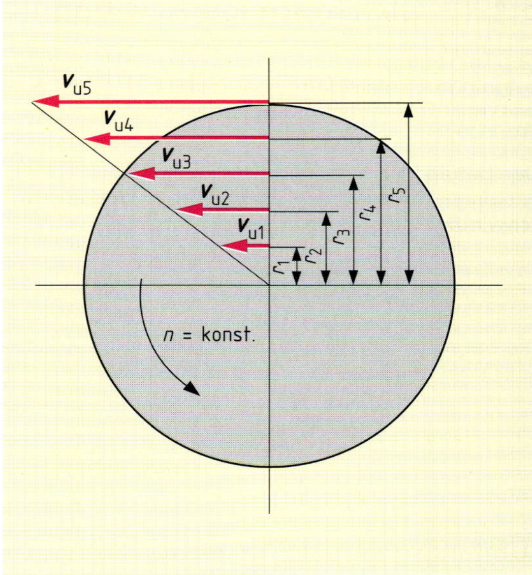

Umfangsgeschwindigkeit v_u in Abhängigkeit vom Radius r **5.4.1–2**

Die **Winkelgeschwindigkeit** ist wie die Geschwindigkeit eine gerichtete Größe, d.h. ein **Vektor**.

Der Vektor gibt sowohl **Drehrichtung** (Rechte-Hand-Regel) als auch den Betrag der Winkelgeschwindigkeit an.

Beginnt die Drehbewegung zur Zeit $t_1 = 0$ bei einem Winkel $\varphi = 0$, dann gilt:

$$\boldsymbol{\omega} = \frac{\boldsymbol{\varphi}}{t}$$

Der Drehwinkel φ im **Bogenmaß** besitzt die definierte „Einheit" Radiant (rad). Die „Einheit" rad stellt jedoch keine echte physikalische Einheit dar. Tatsächlich besitzt der Winkel die Einheit $[\varphi] = 1$.

Dreht sich ein Körper in der Zeit $\Delta t = T$ ein Mal ($N = 1$), dann ergibt sich für den Betrag der Winkelgeschwindigkeit:

$$\omega = \frac{2 \cdot \pi}{T}$$

bzw. mit $n = \frac{1}{T}$

$$\omega = 2 \cdot \pi \cdot n$$

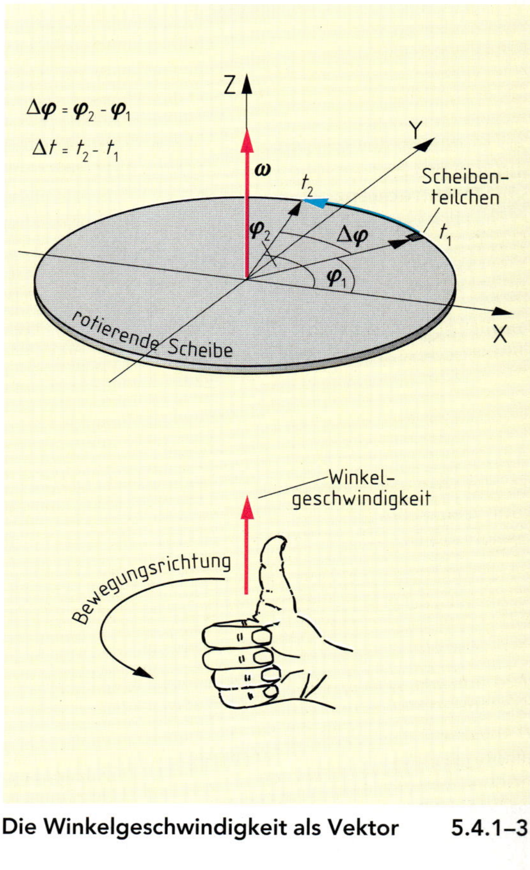

Die Winkelgeschwindigkeit als Vektor **5.4.1–3**

Winkel im Bogenmaß

Der Winkel im Bogenmaß wird definiert als das Verhältnis des von zwei Winkelschenkeln eingeschlossenen Kreisbogens zum Radius.

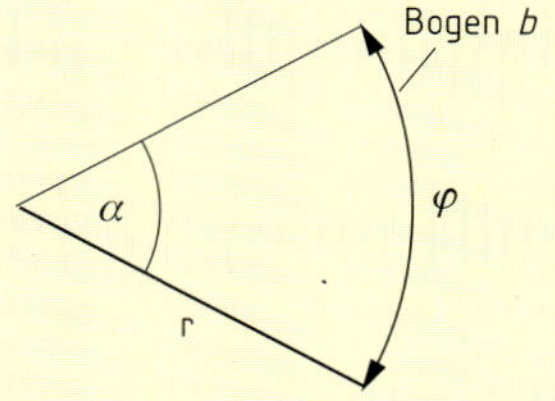

$$\varphi = \frac{b}{r}$$

Einheit:

$$[\varphi] = \frac{[b]}{[r]} = \frac{\text{m}}{\text{m}} = 1$$

Bogenmaß **5.4.1–4**

Winkelgeschwindigkeit ω und Umfangsgeschwindigkeit v_u verhalten sich proportional zur Drehzahl n. Aus diesem Grund lässt sich die betragsmäßige Abhängigkeit zwischen beiden Geschwindigkeiten leicht bestimmen. Da der Geschwindigkeitsvektor $\boldsymbol{v}_u$ und der Bahnradius $\boldsymbol{r}$ stets einen rechten Winkel bilden, gilt:

$$v_u = \omega \cdot r \qquad \text{bzw.} \qquad \omega = \frac{v_u}{r}$$

$$v_u \perp r$$

Umrechnung von Winkelangaben:

$$\varphi = \frac{b}{r} \quad \text{mit} \quad b = \frac{2 \cdot r \cdot \pi \cdot \alpha}{360°}$$

$$\rightarrow \quad \varphi = \frac{2 \cdot \pi \cdot \cancel{r} \cdot \alpha}{\cancel{r} \cdot 360°}$$

$$\varphi = \frac{2 \cdot \pi \cdot \alpha}{360°}$$

α	0°	90°	180°	270°	360°
φ	0	$\frac{\pi}{2}$	π	$\frac{3 \cdot \pi}{2}$	$2 \cdot \pi$

Herleitung: Winkel-/Umfangsgeschwindigkeit

$$v_u = d \cdot \pi \cdot n \qquad \omega = 2 \cdot \pi \cdot n$$

$$\rightarrow \pi \cdot n = \frac{v_u}{d} \qquad \rightarrow \pi \cdot n = \frac{\omega}{2}$$

$$\rightarrow \frac{v_u}{d} = \frac{\omega}{2} \qquad \text{mit} \quad d = 2 \cdot r$$

$$\rightarrow \frac{v_u}{\cancel{2} \cdot r} = \frac{\omega}{\cancel{2}}$$

$$v_u = \omega \cdot r \qquad \text{bzw.} \qquad \omega = \frac{v_u}{r}$$

$$v_u \perp r$$

5.4.2 Übungen

Lehrbeispiel: Kegeldrehen

Nebenstehender Kegelstumpf soll mit einer Drehmaschine gefertigt werden.

a) An einer älteren Maschine ist eine konstante Drehzahl $n = 500\ 1/\text{min}$ eingestellt.

Zwischen welchen Werten liegt die Schnittgeschwindigkeit?

b) Zur schnelleren Fertigung wird eine computergesteuerte Drehmaschine und ein Werkzeug mit oxidkeramischer Schneidplatte eingesetzt.
Mit diesem Werkzeug sind Schnittgeschwindigkeiten von $v_c = 750\,\text{m/min}$ möglich.

Zwischen welchen Werten liegt die Drehzahl der Maschine während der Fertigung des Kegelstumpfs?

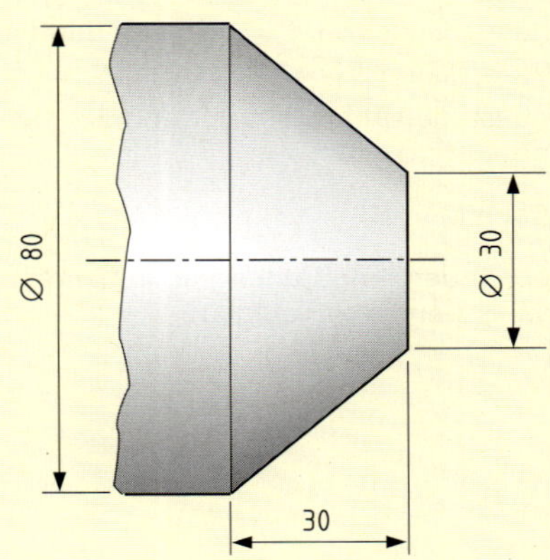

Kegel **5.4.2–1**

Lösung:

a)

$$v_c = d \cdot \pi \cdot n$$

$$v_{c1} = 0{,}08\,\text{m} \cdot \pi \cdot 500\,\frac{1}{\text{min}} \qquad \underline{\underline{v_{c1} = 125{,}6\,\frac{\text{m}}{\text{min}}}}$$

$$v_{c2} = 0{,}03\,\text{m} \cdot \pi \cdot 500\,\frac{1}{\text{min}} \qquad \underline{\underline{v_{c2} = 47{,}12\,\frac{\text{m}}{\text{min}}}}$$

b)

$$v_c = d \cdot \pi \cdot n \qquad \rightarrow n = \frac{v_c}{d \cdot \pi}$$

$$n_1 = \frac{v_c}{d_1 \cdot \pi} = \frac{750\,\text{m}}{\text{min} \cdot 0{,}08\,\text{m} \cdot \pi} \qquad \underline{\underline{n_1 = 2984{,}2\,\frac{1}{\text{min}}}}$$

$$n_2 = \frac{v_c}{d_2 \cdot \pi} = \frac{750\,\text{m}}{\text{min} \cdot 0{,}03\,\text{m} \cdot \pi} \qquad \underline{\underline{n_2 = 7957{,}8\,\frac{1}{\text{min}}}}$$

Aufgabe 1

Aus Festigkeitsgründen darf die Umfangsgeschwindigkeit an den Schaufelspitzen eines Turbinenrades mit dem Durchmesser $d = 1{,}8\ \text{m}$ nicht über den Wert $275\ \text{m/s}$ steigen.

Welche maximale Drehzahl ist möglich?

Aufgabe 2

Wie groß ist die Drehzahl und die Winkelgeschwindigkeit eines Pkw-Rades, wenn der Reifen einen dynamischen Halbmesser von $r_{dyn} = 320\ \text{mm}$ besitzt und das Fahrzeug mit einer Geschwindigkeit von $v = 130\ \text{km/h}$ fährt?

Aufgabe 3

Die als Kugel anzunehmende Erde rotiert mit einer Umdrehungsdauer von $T = 24\ \text{h}$. Der mittlere Erdradius beträgt $r_m = 6371\ \text{km}$.

Wie groß ist die Umfangsgeschwindigkeit und die Winkelgeschwindigkeit:

a) am Äquator?

b) in der auf dem 48. Breitengrad liegenden oberschwäbischen Stadt Saulgau?

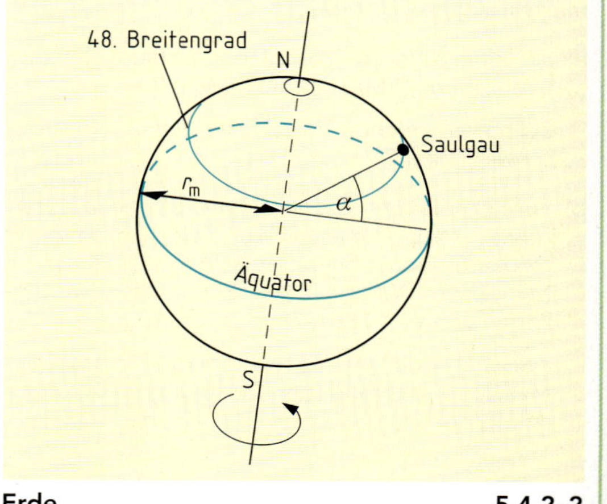

Erde **5.4.2–2**

5.5 Einfache Antriebe

5.5.1 Rollendes Rad

Rollt ein Rad schlupffrei, d.h. ohne zu gleiten, ab, dann ist der Betrag der translatorischen Radnabengeschwindigkeit v_t gleich dem Betrag der Abrollgeschwindigkeit v_u des Rades.

$$v_t = v_u$$

Unter dem **Schlupf** λ versteht man das Verhältnis der Geschwindigkeitsdifferenz $v = v_u - v_t$ zur Umfangsgeschwindigkeit v_u.

$$\lambda = \frac{v_u - v_t}{v_u} \qquad \text{Einheit: } [\lambda] = 1$$

Für ein mit Schlupf abrollendes Rad gilt:

$$v_t = v_u \cdot (1 - \lambda)$$

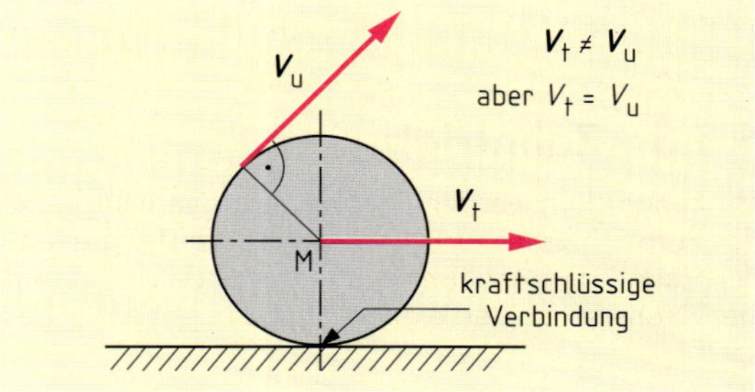

Schlupffrei abrollendes Rad 5.5.1–1

Herleitung: Translationsgeschwindigkeit eines mit Schlupf abrollendes Rades

$$\lambda = \frac{v_u - v_t}{v_u}$$

$$\lambda \cdot v_u = v_u - v_t$$

$$v_t = v_u - \lambda \cdot v_u$$

$$\rightarrow v_t = v_u\,(1 - \lambda)$$

5.5.2 Riementrieb

Beim Riementrieb wird die Drehbewegung der Antriebswelle mit einem Rund-, Flach-, Keil- oder Zahnriemen auf die Abtriebswelle übertragen. Die Drehrichtung von Antriebs- und Abtriebswelle ist dabei gleich.

Bei Rund-, Flach- und Keilriemen muss aufgrund des Kraftschlusses zwischen Riemen und Riemenscheibe mit Gleitreibung, d.h. mit geringen Schlupfverlusten, gerechnet werden.

Beim formschlüssigen Zahnriemen werden Drehbewegungen schlupffrei übertragen. Dies trifft auch für Zahnradtriebe und Kettenradantriebe zu.

Für eine schlupffreie Übertragung gilt:

$$\frac{n_1}{n_2} = \frac{d_2}{d_1} \qquad \text{bzw.} \qquad \frac{\omega_1}{\omega_2} = \frac{d_2}{d_1}$$

Herleitung: Riementrieb

$$v_{u1} = v_R = v_{u2} \quad \text{mit} \quad v_u = d \cdot \pi \cdot n$$

$$\rightarrow d_1 \cdot \pi \cdot n_1 = d_2 \cdot \pi \cdot n_2$$

$$\frac{n_1}{n_2} = \frac{d_2}{d_1}$$

$$\text{mit } \omega = 2 \cdot \pi \cdot n$$

$$\rightarrow \quad d_1 \cdot \omega_1 = d_2 \cdot \omega_2$$

$$\frac{\omega_1}{\omega_2} = \frac{d_2}{d_1}$$

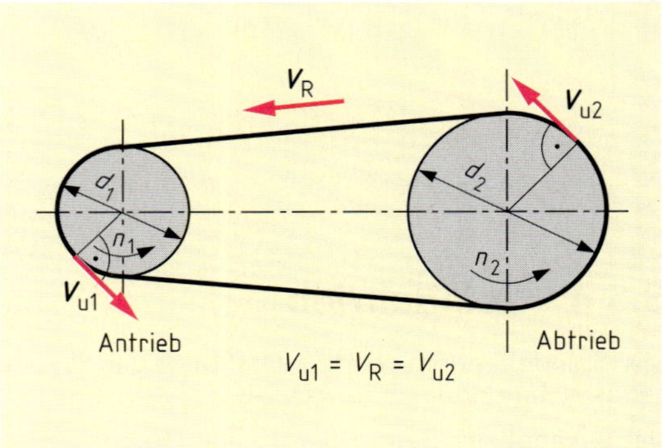

Riementrieb 5.5.2–1

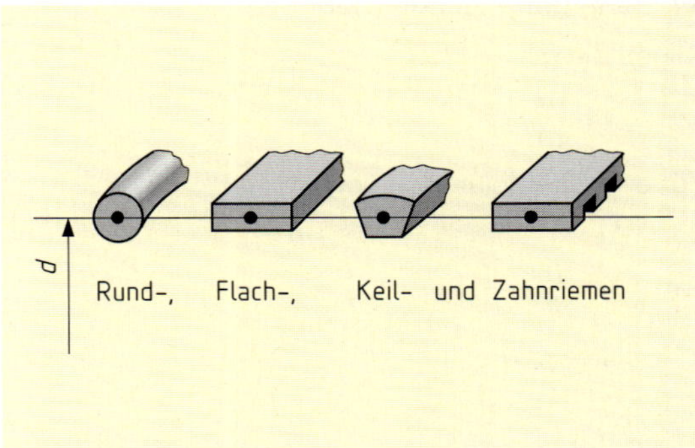

Riemenformen 5.5.2–2

Das Drehzahlverhältnis n_1/n_2 wird als **Übersetzungsverhältnis** i bezeichnet.

$$i = \frac{n_1}{n_2} = \frac{d_2}{d_1} = \frac{\omega_1}{\omega_2} \qquad \text{Einheit: } [i] = 1$$

Übersetzungsverhältnisse

i	$= 1$	> 1	< 1
Übersetzung	—	ins Langsame	ins Schnelle

5.5.3 Zahntrieb

Mit Zahnrädern werden Drehbewegungen aufgrund des Formschlusses zwischen den ineinander greifenden Zahnrädern schlupffrei übertragen.
Der Drehsinn beider Wellen ist dabei entgegengesetzt.

Beim Zahntrieb rollen beide Teilkreisdurchmesser mit gleicher Umfangsgeschwindigkeit aufeinander ab.

Analog zum Riementrieb gilt:

$$\frac{n_1}{n_2} = \frac{d_2}{d_1} = \frac{\omega_1}{\omega_2}$$

Übersetzung beim Zahntrieb:

$$i = \frac{n_1}{n_2} = \frac{d_2}{d_1} = \frac{z_2}{z_1} = \frac{\omega_1}{\omega_2}$$

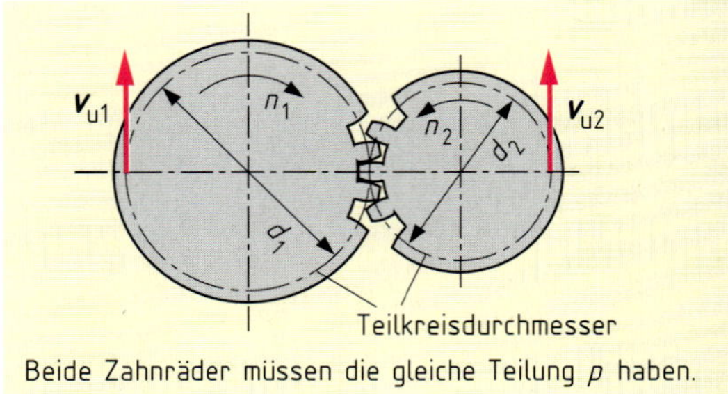

Zahntrieb **5.5.3–1**

Herleitung: Zahnradtrieb

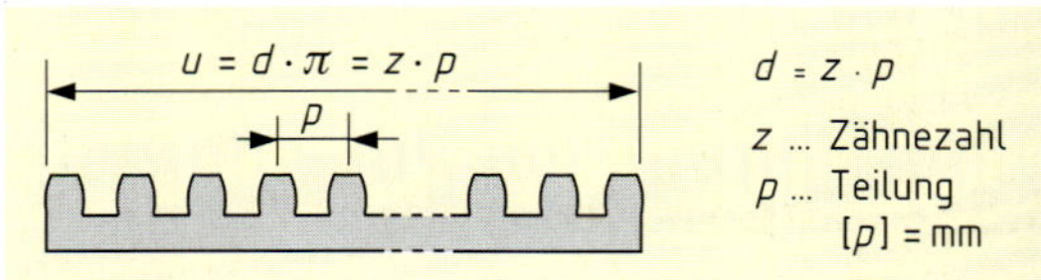

Abgewickelter Umfang **5.5.3–2**

$$v_{u1} = v_{u2} \quad \text{mit} \quad v_u = d \cdot \pi \cdot n$$

$$\rightarrow \quad d_1 \cdot \pi \cdot n_1 = d_2 \cdot \pi \cdot n_2 \quad \text{mit} \quad d \cdot \pi = z \cdot p$$

$$\rightarrow \quad z_1 \cdot \cancel{p} \cdot n_1 = z_2 \cdot \cancel{p} \cdot n_2$$

$$\frac{n_1}{n_2} = \frac{Z_2}{Z_1}$$

5.5.4 Spindeltrieb

Mit Spindeltrieben werden Drehbewegungen in Längsbewegungen umgewandelt.

Dabei hängt der Betrag der axialen Geschwindigkeit v von der Drehzahl n sowie von der Gewindesteigung p der Spindel ab:

$$v = p \cdot n$$

Herleitung: Spindeltrieb

Allgemein gilt:

$$v = \frac{\Delta s}{\Delta t}$$

Für eine Spindelumdrehung ist:

$$\Delta t = T \quad \text{und} \quad \Delta s = p$$

$$\rightarrow \quad v = \frac{p}{T} \quad \text{mit} \quad \frac{1}{T} = n$$

$$\rightarrow v = p \cdot n$$

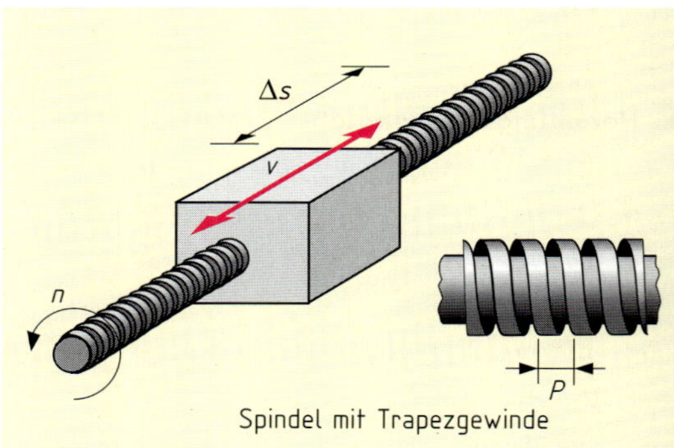

Spindeltrieb **5.5.4–1**

5.5.5 Kurbeltrieb

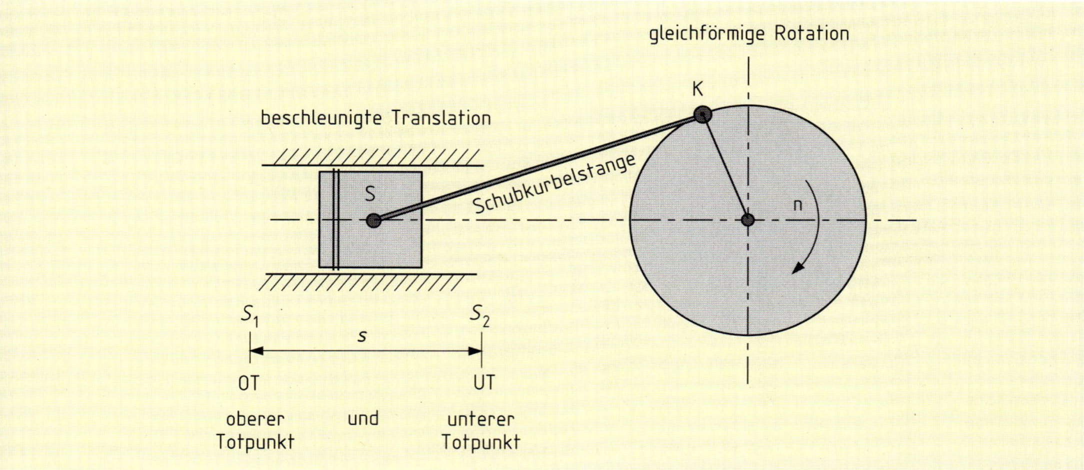

Kurbeltrieb **5.5.5–1**

Mithilfe von Kurbeltrieben werden Drehbewegungen in periodisch hin- und hergehende translatorische Bewegungen umgewandelt.

Bei konstanter Kurbeldrehzahl n führt der Stößel S eine ungleichmäßig beschleunigte bzw. ungleichmäßig verzögerte geradlinige Bewegung aus.

In den Umkehrpunkten S_1 und S_2, auch Totpunkte genannt, ist die Stößelgeschwindigkeit $v = 0$.

Die maximale Stößelgeschwindigkeit v_{max} wird zwischen den Totpunkten erreicht.

Der Betrag der mittleren Geschwindigkeit v wird folgendermaßen berechnet:

$v = \frac{\Delta s}{\Delta t}$ bei einer halben Umdrehung ist:

$$\Delta s = s_2 - s_1 = s$$

und

$$\Delta t = t_2 - t_1 = \frac{T}{2}$$

$\rightarrow \quad v = \frac{s \cdot 2}{T}$ mit $\frac{1}{T} = n$

folgt:

$$v = 2 \cdot s \cdot n$$

In Verbrennungsmotoren gelten grundsätzlich dieselben kinematischen Verhältnisse; dort treibt jedoch der Kolben die Kurbelwelle an.

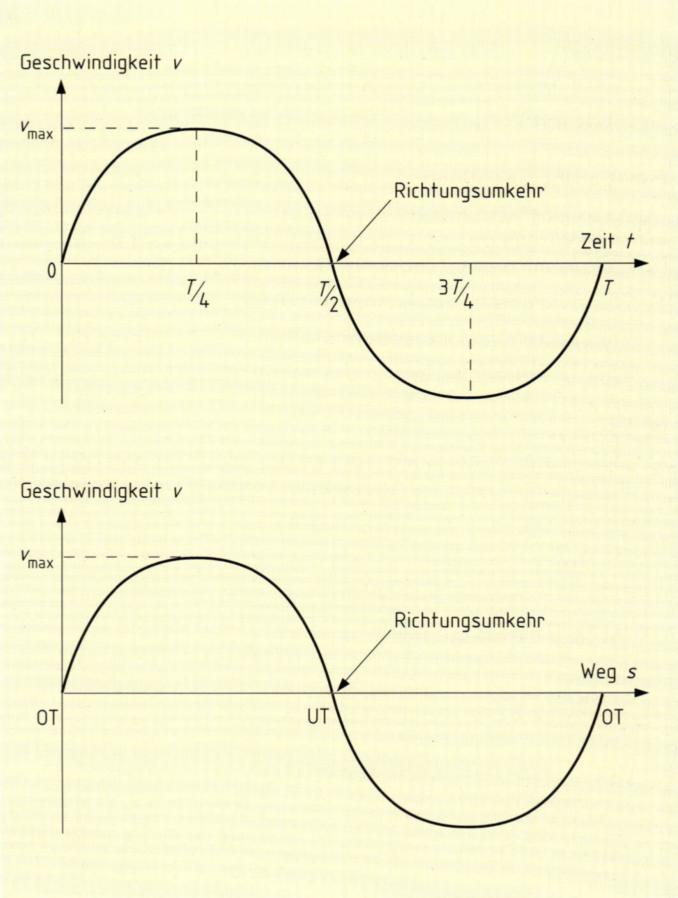

v-t- bzw. v-s-Diagramm eines Kurbeltriebes **5.5.5–2**

5.5.6 Übungen

Lehrbeispiel: Getriebe

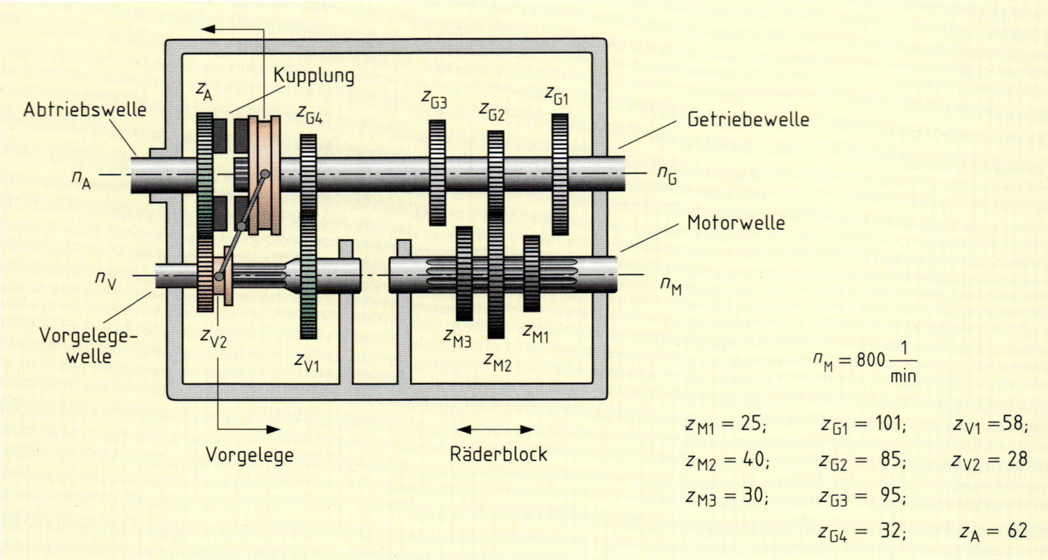

Getriebe mit Vorgelege **5.5.6–1**

Funktionsbeschreibung

Durch axiales Verschieben des Räderblocks lassen sich verschiedene Übersetzungsstufen schalten. Mithilfe von Vorgelege und Kupplung kann die Drehzahl n_2 der Antriebswelle entweder nochmals übersetzt bzw. direkt auf die Abtriebswelle übertragen werden.

a) Wie viele Drehzahlen können geschaltet werden?

b) Wie groß ist das Übersetzungsverhältnis i_V des Vorgeleges?

c) Welche Drehzahlen besitzt die Antriebseinheit in der gezeichneten Stellung (n_2 = ?, n_A = ?)

Lösung:

a) Mithilfe des Räderblocks können 3 Drehzahlen geschaltet werden. Durch das Vorgelege lassen sich diese Drehzahlen nochmals übersetzen → 6 Drehzahlen sind schaltbar.

b) $i_V = \frac{n_G}{n_A}$

mit

$$n_G \cdot z_{G4} = n_V \cdot z_{V1} \quad \rightarrow \quad n_G = n_V \cdot \frac{z_{V1}}{z_{G4}}$$

und

$$n_V \cdot z_{V2} = n_A \cdot z_A \quad \rightarrow \quad n_A = n_V \cdot \frac{z_{V2}}{z_A}$$

$$i_V = \frac{z_{V1} \cdot z_A}{z_{G4} \cdot z_{V2}} = \frac{58 \cdot 62}{32 \cdot 28} \approx 4{,}01$$

c) $$n_M \cdot z_{M2} = n_G \cdot z_{G2} \quad \rightarrow \quad n_G = n_M \cdot \frac{z_{M2}}{z_{G2}} = 800 \frac{1}{min} \cdot \frac{40}{85} \approx 376{,}5 \frac{1}{min}$$

$$n_A = \frac{n_G}{i_V} = \frac{376{,}5}{4{,}01} \frac{1}{min} \qquad \underline{\underline{n_A = 93{,}88 \frac{1}{min}}}$$

Aufgabe 1

Der Motor eines Rennmotorrads besitzt einen Hub von 37 mm. Die höchste Motordrehzahl liegt bei 19 800 Umdrehungen pro Minute.

a) Welche mittlere Geschwindigkeit $\overline{v}$ erreicht der Kolben?

b) Welchen Gesamtweg legt der Kolben bei einer Betriebszeit von 20 Minuten bei Höchstdrehzahl zurück?

Aufgabe 2

Bei einem Kraftfahrzeugmotor werden der Generator und die Wasserpumpe über den nebenstehend abgebildeten Riementrieb angetrieben.

a) Welche Drehzahl n_2 besitzt die Wasserpumpe?

b) Wie groß ist der Durchmesser d_2 der Pumpenscheibe?

c) Mit welcher Drehzahl n_3 dreht der Generator?

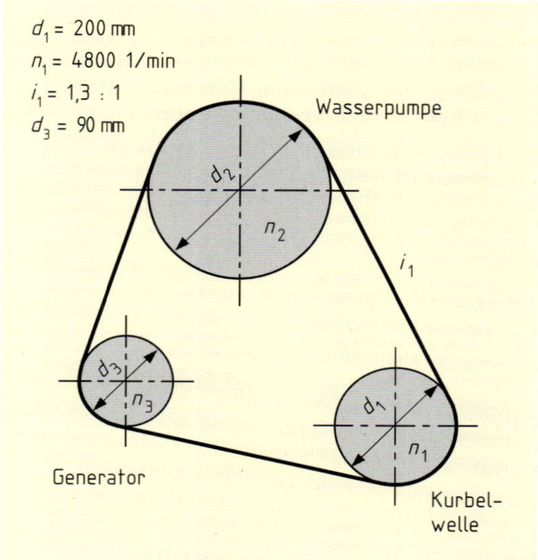

Keilriementrieb eines Verbrennungsmotors **5.5.6–2**

6 Dynamik

In der **Kinematik** wurden Bewegungsvorgänge von Körpern beschrieben. Die **Dynamik** befasst sich dagegen mit den **Ursachen** von Bewegungen.

Einführungsbeispiel: Motorradfahrer

Ein Motorradfahrer fährt mit konstanter Geschwindigkeit auf eine Ampelkreuzung zu. Kurz vor Erreichen der Ampel schaltet diese von Grün zunächst auf Gelb und dann auf Rot.

Der Motorradfahrer bremst ab, wartet auf das Signal „freie Fahrt", gibt Gas, beschleunigt und überquert die Kreuzung. Ein ganz alltäglicher Vorgang, der voller physikalischer Vorgänge steckt:

- Beim Abbremsen des Motorrads nimmt nicht nur die Geschwindigkeit ab, sondern das Motorrad federt vorne ein, es nickt.
- Beim Beschleunigen wird das Motorrad vorne aus den Federn gehoben.
- Eine große Beschleunigung kann zum Durchdrehen des Hinterrades führen. Rollsplitt, der sich auf der Straße befindet, wird dann nach hinten geschleudert.
- Bei einer Kurvenfahrt muss sich der Fahrer, um nicht aus der Kurve getragen zu werden, zur Kurveninnenseite neigen.

Auf welchen physikalischen Gesetzmäßigkeiten basieren diese Beobachtungen?

6–1

6.1 Die Newton'schen Grundgesetze

Mithilfe der im Jahre 1686 von **Isaac Newton** (englischer Physiker, 1643–1727) in den „**Mathematischen Prinzipien der Naturlehre**" formulierten drei Grundgesetzen der Mechanik können obige Beobachtungen erklärt werden.

Erstes Newton'sches Gesetz

Jeder Körper beharrt im Zustand der Ruhe oder der gleichförmigen geradlinigen Bewegung, wenn er nicht durch einwirkende Kräfte gezwungen wird, seinen momentanen Zustand zu ändern. (Trägheitssatz → 2.1.2 Lehrsätze der Statik)

- Um ein Motorrad zu beschleunigen oder abzubremsen, d. h. um seinen Bewegungszustand zu ändern, ist eine **Kraft** notwendig.
- Während eines Beschleunigungs- bzw. Bremsvorgangs verspürt der Motorradfahrer am eigenen Körper das Bestreben, den momentanen Bewegungszustand beizubehalten. Aufgrund der **Trägheit** seiner Körpermasse muss er sich, um nicht auf dem Sitz des Motorrads nach vorne bzw. hinten zu rutschen, am Lenker festhalten.
- Bei einer Fahrt mit konstanter Geschwindigkeit auf ebener Straße sind lediglich die der Bewegung entgegenwirkenden Fahrwiderstandskräfte auszugleichen.

  Durch diesen Ausgleich wirkt keine äußere resultierende Kraft $\boldsymbol{F}_{\text{res}}$ auf das Fahrzeug. Eine Geschwindigkeitsänderung erfolgt somit nicht.

$$\boldsymbol{F}_{\text{res}} = 0 \quad \rightarrow \quad \boldsymbol{a} = 0 \ \text{ bzw. } \ \boldsymbol{v} = \text{konst.}$$

Beispiel: Motorrad

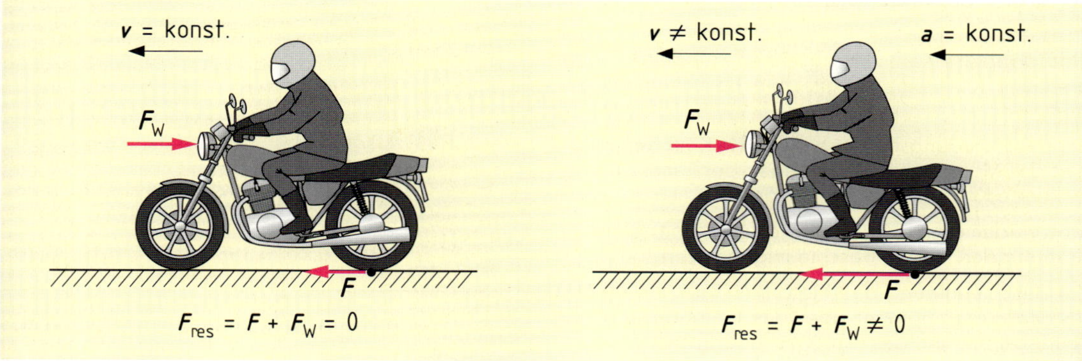

Nicht beschleunigtes und beschleunigtes Motorrad **6.1–1**

Da jede Bewegungsänderung eine Kraft erfordert, stellt sich die Frage: Welche Kraft $\boldsymbol{F}$ ist notwendig, einer gegebenen Masse m eine bestimmte Beschleunigung bzw. Verzögerung $\boldsymbol{a}$ zu erteilen? **Newton** gibt mit seinem zweiten Grundgesetz folgende Antwort:

Zweites Newton'sches Gesetz

Die Änderung der Bewegung eines Körpers ist der einwirkenden Kraft proportional und geschieht in die Richtung, in der die Kraft wirkt.

Wirkt ein und dieselbe Kraft auf Körper unterschiedlicher Massen, so ist die jeweilige Änderung der Bewegung umgekehrt proportional zur Masse des Körpers.

Durch Zusammenfassung obiger Gesetzmäßigkeiten ergibt sich die **Grundgleichung der Mechanik**:

$$\boldsymbol{a} \sim\sim \boldsymbol{F} \quad \text{und} \quad \boldsymbol{a} \sim\sim \frac{1}{m}$$

$$\rightarrow \quad \boldsymbol{a} \sim\sim \frac{\boldsymbol{F}}{m} \quad \text{bzw.} \quad \boldsymbol{a} \sim= \mathrm{C} \cdot \frac{\boldsymbol{F}}{m}$$

Die Proportionalitätskonstante C erhält durch **Definition** den Wert C = 1.

$$\boldsymbol{a} \sim= \frac{\boldsymbol{F}}{m} \quad \text{bzw.} \quad \boldsymbol{F} = m \cdot \boldsymbol{a}$$

Aus der **Grundgleichung der Mechanik** ergibt sich die **Krafteinheit Newton** (N):

1 Newton ist die Kraft, die einem Körper mit der Masse $m = 1\,\mathrm{kg}$ die Beschleunigung $a = 1\,\mathrm{m/s^2}$ erteilt.

Experimentelle Bestätigung der Grundgleichung der Mechanik:

Mithilfe des abgebildeten Versuchsaufbaus wird der Zusammenhang zwischen der beschleunigenden Kraft $\boldsymbol{F}_{G2}$, welche an einem reibungsfrei beweglichen Wagen angreift, und der Beschleunigung $\boldsymbol{a}$, die sie hervorruft, untersucht.

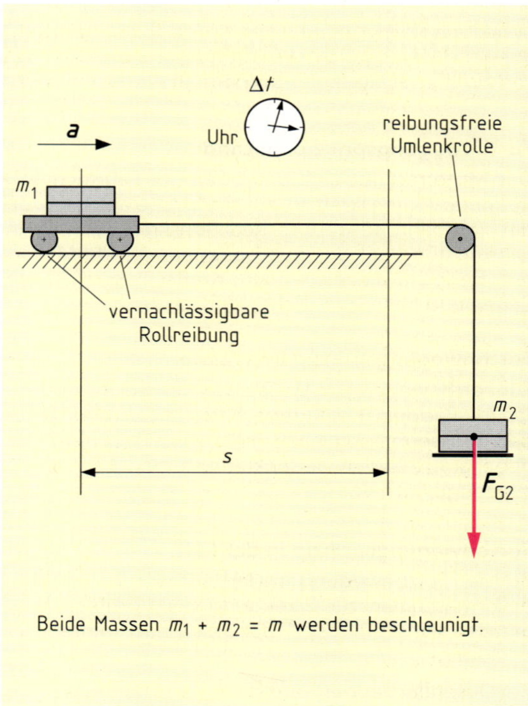

Versuchsaufbau zur Bestimmung der Grundgleichung der Mechanik **6.1–2**

Gemessen wird die Zeit t, die der beschleunigte Wagen für die Wegstrecke $s = 1\,\mathrm{m}$ benötigt. Aus der Zeit t wird der Betrag der Beschleunigung a errechnet.

Die erzielbare Motorradbeschleunigung a hängt von der Größe der Kraft F als auch von ihrer Masse m ab.

Eine doppelte Kraft erzeugt einen doppelten, eine dreifache Kraft einen dreifachen Beschleunigungswert.

Eine in Bewegungsrichtung wirkende Kraft beschleunigt das Motorrad, eine entgegen der Fahrtrichtung wirkende Kraft bremst das Motorrad.

Motorräder doppelter Masse erfahren bei gleicher Kraft nur den halben Beschleunigungswert.

Zur Beschleunigung des Motorads muss ein erhöhtes Motordrehmoment über das Getriebe und die Antriebskette auf das Hinterrad übertragen werden. Dabei übt das Hinterrad auf die Fahrbahn eine nach hinten gerichtete Kraft aus. Diese Kraft wird dann „sichtbar", wenn Rollsplitt entgegen der Fahrtrichtung weggeschleudert wird.

Wie kann eine nach hinten wirkende Kraft das Motorrad in die entgegengesetzte Richtung beschleunigen? Das dritte Newton'sche Gesetz beantwortet diese Frage.

Messtabelle:

Masse $m = m_1 + m_2$	1 kg			2 kg		
Antrieb	F_{G2}	$2F_{G2}$	$4F_{G2}$	F_{G2}	$2F_{G2}$	$4F_{G2}$
Zeit t in s	4,47	3,16	2,24	6,32	4,47	3,16
t^2 in s^2	19,98	9,98	5,02	39,94	19,98	9,98
$a = 2s/t^2$ in m/s^2	0,10	0,20	0,398	0,05	0,10	0,20
$m \cdot a$ in kgm/s^2	0,10	0,20	0,398	0,10	0,20	0,40

Beim Vergleich der Spalten mit gleicher Antriebskraft stellt man fest, dass die errechneten Produkte aus den Massen m und den erzielten Beschleunigungswerten a stets gleich groß sind.

Drittes Newton'sches Gesetz

Wirkt ein Körper A auf einen Körper B mit der Kraft F_A, so greift Körper B mit der gleich großen, aber entgegengesetzt gerichteten Kraft F_B an Körper A an (actio und reactio). **Kraft** und **Gegenkraft** greifen immer an **zwei** verschiedenen Körpern an. (Reaktionssatz → 2.1.2 Lehrsätze der Statik)

Fortbewegungsprinzip an Land

Das Motorrad übt eine entgegen der Fahrtrichtung wirkende Aktionskraft F_A auf die Straße aus. Die von der Fahrbahn ausgeübte Reaktionskraft F_B wirkt in Fahrtrichtung auf das nun beschleunigende Motorrad. Bei nicht ausreichendem Kraftschluss zwischen Reifen und Fahrbahn dreht das Rad durch.

Fortbewegungsprinzip im Wasser

Zur Fortbewegung im Wasser werden bei Ruderbooten mit Paddeln, bei Motorschiffen mit Schiffsschrauben Wassermassen nach hinten beschleunigt. Die dabei auftretenden Gegenkräfte treiben die Wasserfahrzeuge nach vorn.

Fortbewegungsprinzip in der Luft

Bei der Fortbewegung in der Luft werden bei Propellermaschinen zur Erzeugung der Vortriebskräfte mit den Luftschrauben Luftmassen nach hinten beschleunigt.

Bei Düsenflugzeugen wird die in die Triebwerke einströmende Luft erwärmt und zusammen mit den Verbrennungsgasen mit hoher Geschwindigkeit nach hinten ausgestoßen. Die Gegenkräfte sorgen dabei für den notwendigen Vortrieb.

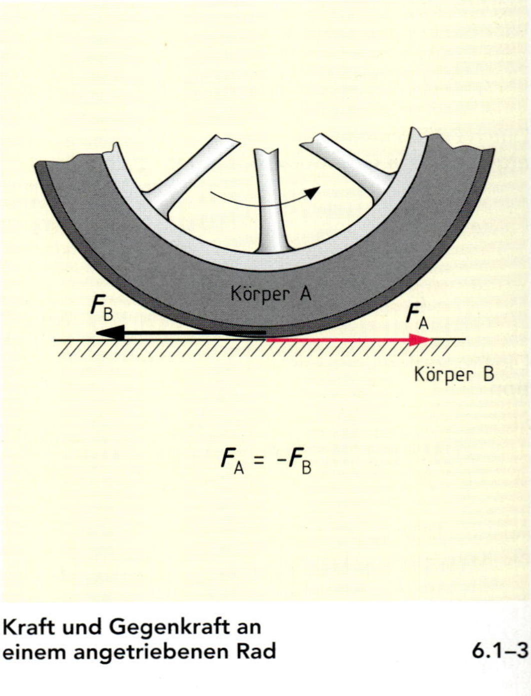

Kraft und Gegenkraft an einem angetriebenen Rad **6.1–3**

6.1.1 Übungen zur Grundgleichung der Mechanik

Lehrbeispiel: Fahrzeugbremsung

Ein Fahrzeug mit der Masse $m = 1200$ kg fährt mit einer Geschwindigkeit von $v = 90$ km/h. Das Fahrzeug soll innerhalb einer Wegstrecke von 65 Metern zum Stehen gebracht werden.

Welche Bremskraft ist dazu erforderlich?

Lösung

$F = m \cdot a$ Mit $a = \dfrac{v^2}{2 \cdot s}$ und $v = 25\,\dfrac{\text{m}}{\text{s}}$

folgt:

$$F = m \cdot \frac{v^2}{2 \cdot s} = 1200\,\text{kg} \cdot \frac{25^2\,\text{m}^{\not 2}}{\text{s}^2 \cdot 2 \cdot 65\,\not\text{m}}$$

$\underline{\underline{F = 5769{,}23\,\text{N}}}$

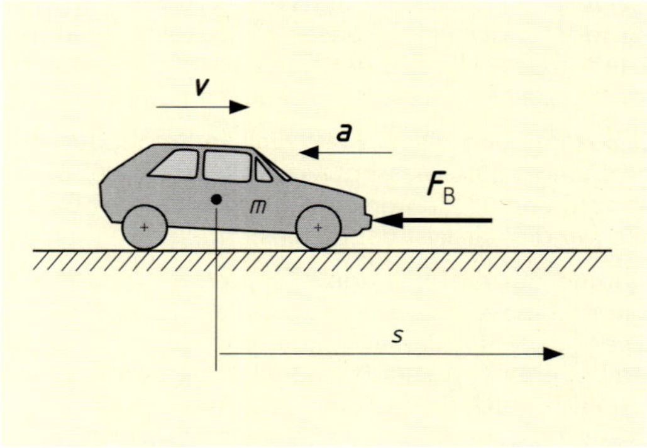

Bremsendes Fahrzeug **6.1–4**

Aufgabe 1

Die Kabine eines Aufzugs hat eine Masse von 1600 kg. Die Anfahrbeschleunigung und die Verzögerung des Aufzugs beträgt $a = 1{,}8\,\text{m/s}^2$.

Wie groß ist die Zugkraft im Aufzugsseil während

a) der Abwärtsbeschleunigung

b) der Fahrt mit konstanter Geschwindigkeit

c) der Verzögerung am Ende der Abwärtsfahrt?

Aufgabe 2

Werkstücke mit der Masse $m = 30\,\text{kg}$ werden mithilfe eines Rollengangs von Transportband A zum $h = 2{,}44\,\text{m}$ tiefer liegenden Transportband B befördert. Die Werkstücke erreichen den um 7° geneigten Rollengang mit einer Geschwindigkeit $v_1 = 1{,}4\,\text{m/s}$.

Während der Abwärtsbewegung erfährt das Werkstück eine Beschleunigung a.

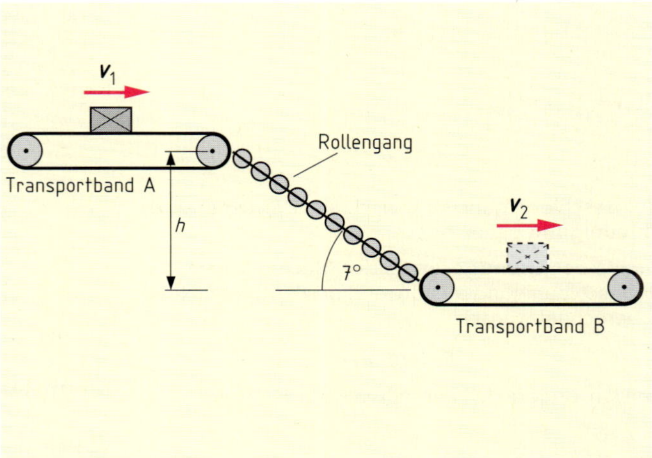

Transport von Werkstücken **6.1–5**

a) Wie groß ist die Beschleunigung a, wenn eine Reibungskraft von $F_R = 12\,\text{N}$ überwunden werden muss?

b) Mit welcher Geschwindigkeit verlässt das Werkstück den Rollengang?

6.2 Zentripetalbeschleunigung und Zentripetalkraft

Durchfährt man mit einem Motorrad einer Kurve, ändert sich fortwährend die **Richtung** der Geschwindigkeit $\boldsymbol{v}$. Da nach dem **ersten Newton'schen Gesetz** jede Geschwindigkeitsänderung eine **Kraft** erfordert, muss während der Kurvenfahrt ständig eine Kraft auf das Motorrad einschließlich Fahrer wirken.

Zur Bestimmung dieser Kraft wird im Folgenden die Bewegung eines Massepunkts auf einer Kreisbahn mit dem Radius r untersucht. Der Betrag der Bahngeschwindigkeit v ist dabei konstant.

Während der Kreisbewegung stehen die Geschwindigkeitsvektoren stets senkrecht auf dem Radius. Bewegt sich der Massepunkt in der Zeit $\Delta t = t_2 - t_1$ vom Bahnpunkt A zum Bahnpunkt B um den Winkel α, so ändert sich die Richtung des Geschwindigkeitsvektors $\boldsymbol{v}_A$ gegenüber $\boldsymbol{v}_B$ ebenfalls um diesen Winkel α. Der Geschwindigkeitsvektor $\boldsymbol{v}_A$ ist in der Zeit Δt in den Geschwindigkeitsvektor $\boldsymbol{v}_B$ übergegangen.

Um vom Geschwindigkeitsvektor $\boldsymbol{v}_A$ zum Geschwindigkeitsvektor $\boldsymbol{v}_B$ zu gelangen, ist eine Geschwindigkeitsänderung $\Delta \boldsymbol{v} = \boldsymbol{v}_B - \boldsymbol{v}_A$ erforderlich.
Der Körper muss dafür eine Beschleunigung $\boldsymbol{a}_Z = \dfrac{\Delta \boldsymbol{v}}{\Delta t}$ erfahren.

Wie aus nebenstehender Skizze ersichtlich, ergibt sich für die Beschleunigung $\boldsymbol{a}_Z$ aufgrund der Ähnlichkeit der Dreiecke AMB und XZY folgende Gleichung:

$$\boldsymbol{a}_Z = \frac{\boldsymbol{v}^2}{r}$$

Einheit: $[a_Z] = \dfrac{[v^2]}{[r]} = \dfrac{\text{m}^2}{\text{m} \cdot \text{s}^2}$

$$[a_Z] = \frac{\text{m}}{\text{s}^2}$$

Mit $v = \omega \cdot r$ folgt:

$$a_Z = \omega^2 \cdot r$$

Die Beschleunigung $\boldsymbol{a}_Z$ wird als **Zentripetalbeschleunigung** bezeichnet.

Mithilfe des **Grundgesetzes der Mechanik** kann die zur Beschleunigung $\boldsymbol{a}_Z$ notwendige **Zentripetalkraft** $\boldsymbol{F}_Z$ berechnet werden.

$$\boldsymbol{F}_Z = m \cdot \boldsymbol{a}_Z$$

Für den Betrag der Zentripetalkraft $\boldsymbol{F}_Z$ ergibt sich:

$$F_Z = m \cdot \frac{v^2}{r}$$

bzw. $$F_Z = m \cdot \omega^2 \cdot r$$

Zentripetalbeschleunigung $\boldsymbol{a}_Z$ und Zentripetalkraft $\boldsymbol{F}_Z$ sind stets zum Zentrum der Kreisbahn gerichtet.

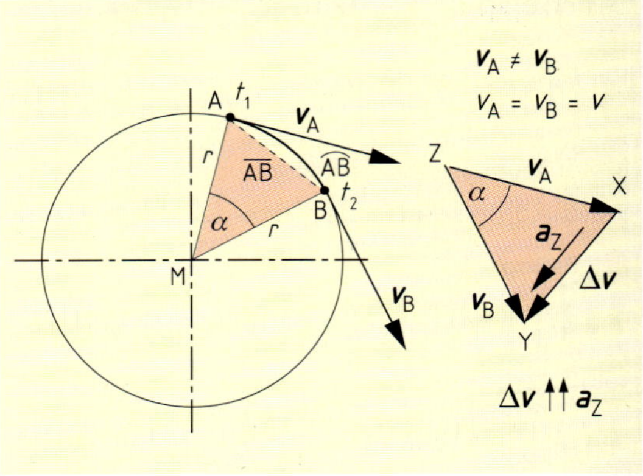

Zentripetalbeschleunigung **6.2–1**

Für kleine $\Delta t = t_2 - t_1$ ergeben sich kleine Winkel α.

$$\rightarrow \widehat{AB} \approx \overline{AB}$$

Aufgrund der Ähnlichkeit der Dreiecke AMB und XZY ergibt sich:

$$\frac{\overline{AB}}{r} = \frac{\Delta v}{v} \quad \text{Mit} \quad \overline{AB} = \widehat{AB} = v \cdot \Delta t$$

$$\text{und} \quad \Delta v = a_Z \cdot \Delta t$$

folgt:

$$\frac{v \cdot \Delta t}{r} = \frac{a_Z \cdot \Delta t}{v} \qquad \rightarrow a_Z = \frac{v^2}{r}$$

Beispiel 1: Kreisender Körper

Ein an einer Schnur befestigter Körper wird auf einer Kreisbahn geschleudert. Die zur Aufrechterhaltung der Bahnkurve notwendige Zentripetalkraft $\boldsymbol{F}_Z$ wirkt dabei über die Schnur auf den Stein. Da die Schnur nur Zugkräfte in Schnurrichtung übertragen kann, muss die Zentripetalkraft $\boldsymbol{F}_Z$ in Richtung Bahnzentrum wirken.

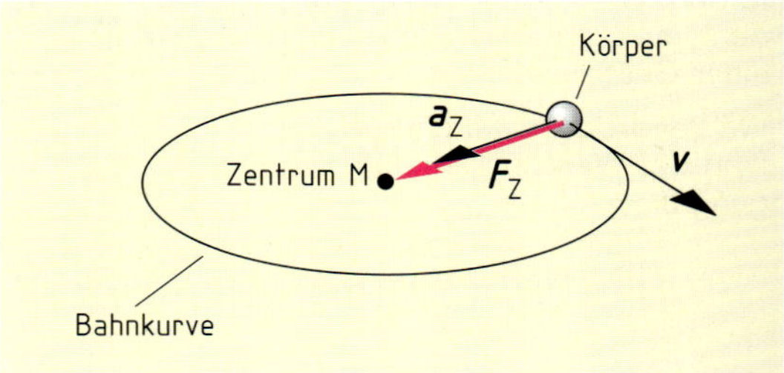

Kreisbewegung eines Körpers **6.2–2**

Beispiel 2: Schleifscheibe

Die Schleifkörner einer rotierenden Schleifscheibe bewegen sich auf Kreisbahnen. Die erforderlichen Zentripetalkräfte werden über die Scheibenbindung übertragen. Bei unzulässig hohen Drehzahlen kann die Bindung die auftretenden hohen Zentripetalkräfte nicht mehr übertragen; die Scheibe platzt.

6.2.1 Übungen zur Zentripetalkraft

Lehrbeispiel: Motorradreifen

Ein in das Profil eines Motorradreifens eingeklemmtes Steinchen wird bei der Rotation des Rades durch Reibungskräfte am Wegfliegen gehindert. Um das Wievielfache der Gewichtskraft des Steinchens müssen die Reibungskräfte größer sein, damit sich das Steinchen bei einer Fahrgeschwindigkeit von $v = 140\ \mathrm{km/h}$ nicht aus dem Reifenprofil löst?

Lösung

Das gesuchte Verhältnis errechnet sich folgendermaßen:

$$i = \frac{F_Z}{F_G} \qquad \text{Mit} \qquad F_Z = m \cdot \frac{v^2}{r}$$

$$\text{und} \qquad F_G = m \cdot g$$

$$\text{und} \qquad v = \frac{140}{3{,}6}\frac{\mathrm{m}}{\mathrm{s}} = 38{,}9\frac{\mathrm{m}}{\mathrm{s}}$$

folgt:

$$i = \frac{m \cdot v^2}{r \cdot m \cdot g} = \frac{38{,}9^2\,\mathrm{m}^2\,\mathrm{s}^2}{\mathrm{s}^2\,0{,}375\,\mathrm{m} \cdot 9{,}81\,\mathrm{m}}$$

$$\underline{\underline{i = 411}}$$

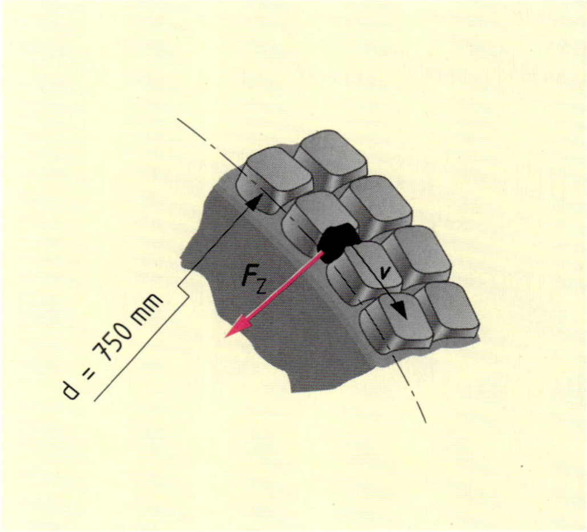

Eingeklemmtes Steinchen **6.2.1–1**

Aufgabe

Ein Hammerwerfer schleudert die Kugel mit der Masse $m = 7{,}257\ \mathrm{kg}$ auf einer Kreisbahn mit dem Radius $r = 120\ \mathrm{cm}$.

Vor dem Abwurf beträgt die maximale Geschwindigkeit $v = 25\ \mathrm{m/s}$.

Wie groß ist die Kraft im Halteseil?

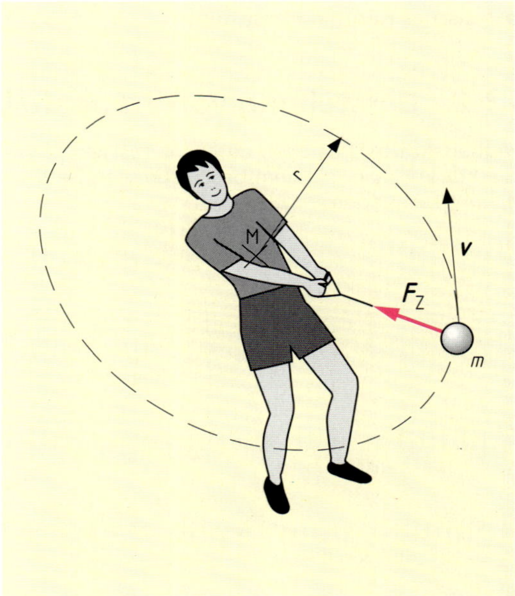

Hammerwerfer **6.2.1–2**

6.3 Trägheitskräfte

6.3.1 Bezugssysteme

Zur Beschreibung von Bewegungsvorgängen im Raum muss ein Bezugssystem eingeführt werden. Bezugssysteme besitzen einen **Ursprung** (Nullpunkt) und drei nicht parallele **Raumachsen** (Richtungen). Meist wird das **Kartesische Koordinatensystem** mit senkrecht aufeinander stehenden Raumachsen gewählt. Als Bezugssystem kann die Erde, aber auch jedes andere System dienen. Ein bestimmtes Bezugssystem wird nicht bevorzugt.

Für die Beschreibung eines physikalischen Problems wird das jeweils günstigste Bezugssystem gewählt. In zwei sich mit **konstanter** Geschwindigkeit zueinander bewegenden Bezugssystemen werden auftretende Kräfte in gleicher Größe und Richtung gemessen. Durch die Messung von Kräften kann somit nicht festgestellt werden, welches System sich bewegt.

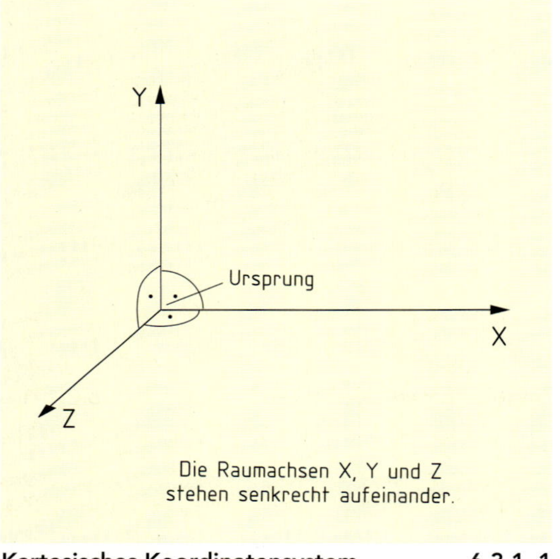

Kartesisches Koordinatensystem **6.3.1–1**

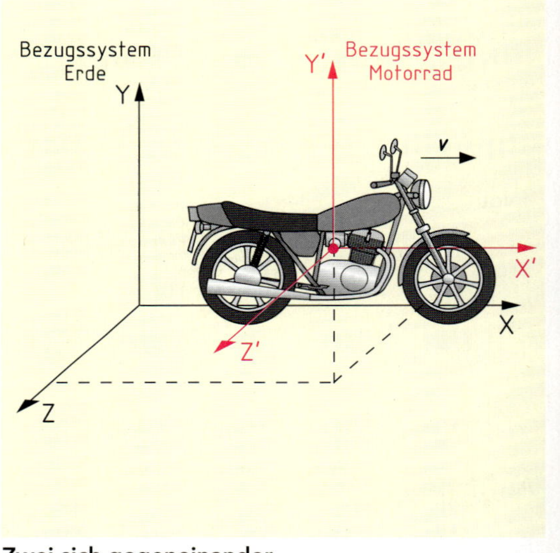

Zwei sich gegeneinander bewegende Bezugssysteme **6.3.1–2**

6.3.2 Entstehung von Trägheitskräften

Trägheitskräfte entstehen dadurch, dass ein physikalischer Vorgang in einem beschleunigten Bezugssystem beschrieben wird.

Im Gegensatz zu Trägheitskräften beruhen **Nahwirkungskräfte** auf direkter Wechselwirkung zwischen Körpern.

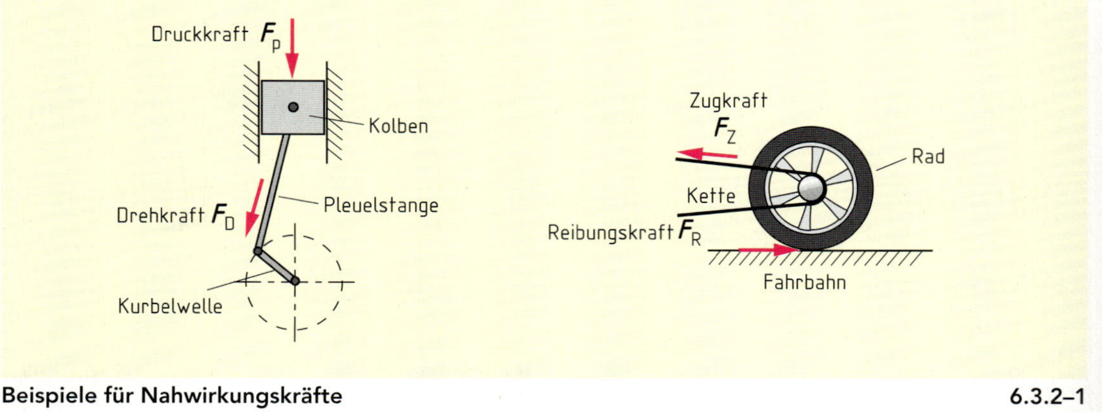

Beispiele für Nahwirkungskräfte **6.3.2–1**

Beispiel: S-Bahn-Waggon

In einem stehenden S-Bahn-Waggon befindet sich ein Kofferkuli. Sowohl ein in der S-Bahn sitzender Beobachter als auch ein auf dem Bahnsteig stehender Beobachter können den Kofferkuli sehen.
Für den auf dem Bahnsteig stehenden Beobachter bildet der Bahnhof mit seinen Geleisen, also die Erde, das Bezugssystem. Der Reisende betrachtet die S-Bahn als sein Bezugsytem. Solange sich die S-Bahn gegenüber dem Bahnhof in Ruhe befindet, beobachten beide den Kofferkuli als ruhend. Setzt sich die S-Bahn jedoch **beschleunigt** in Bewegung, beobachten beide Personen **unterschiedliche** Vorgänge.

Beobachtungen des außen stehenden Betrachters:

Während der Beschleunigung bleibt der Kofferkuli gegenüber dem Bahnhof in Ruhe. Die Ortskoordinaten des Kofferkulis bleiben innerhalb des Bezugssystems Bahnhof erhalten.

Erklärung: Aufgrund der Trägheit und vernachlässigbarer Reibung bleibt der Kofferkuli in Ruhe.

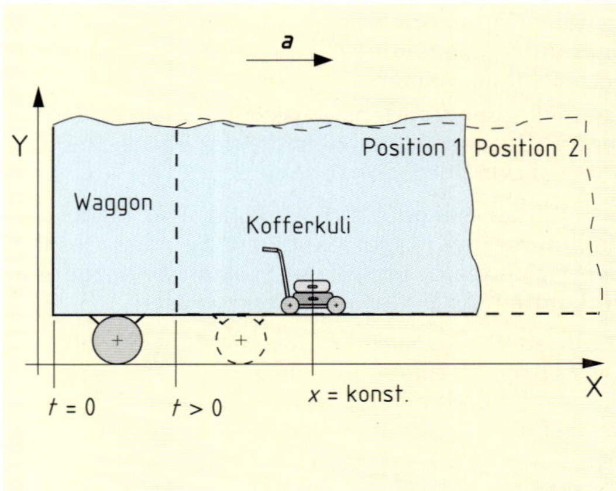

Ruhendes Bezugssystem **6.3.2–2**

Beobachtungen des mitfahrenden Betrachters:

Während der Beschleunigung des Waggons entfernt sich der Kofferkuli. Innerhalb des beschleunigten Bezugssystems Waggon ändert der Kofferkuli seine Koordinaten.

Erklärung: Auf den Kofferkuli wirkt eine beschleunigende, der Beschleunigungsrichtung des Waggons entgegengerichtete Kraft $\boldsymbol{F}_T$.

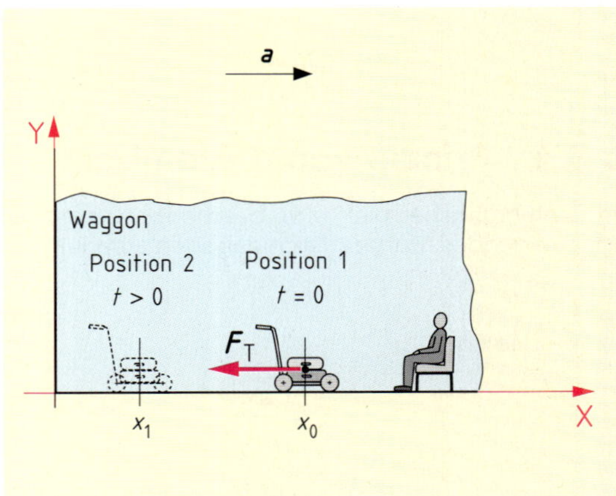

Beschleunigtes Bezugssystem **6.3.2–3**

Zusammenfassung:

In einem beschleunigten Bezugssystem erfahren alle Körper eine der Beschleunigung $\boldsymbol{a}$ **entgegenwirkende** Trägheitskraft $\boldsymbol{F}_T$. Die Trägheitskraft $\boldsymbol{F}_T$ ist proportional zur Beschleunigung und proportional zur Größe der Masse.

$$\boldsymbol{F}_T = -m \cdot \boldsymbol{a}$$

Soll ein Körper gegenüber einem beschleunigten System in Ruhe bleiben, müssen die auftretenden Trägheitskräfte durch äußere Kräfte ausgeglichen werden.

Selbstverständlich verspürt auch der mitbeschleunigte Beobachter am eigenen Körper eine der Beschleunigungsrichtung entgegenwirkende Trägheitskraft. Wird diese Trägheitskraft über Reibungskräfte zwischen Beobachter und Sitz ausgeglichen, so bleibt der Beobachter im Bezugssystem Waggon in Ruhe.

6.3.3 Rotierendes Bezugssystem

Zur Beschreibung von Kreisbewegungen werden zweckmäßigerweise rotierende, d. h. sich drehende Bezugssysteme eingeführt. Wie in 6.2 dargestellt, muss zur Aufrechterhaltung einer kreisförmigen Bahnkurve ständig eine zum Zentrum der Kreisbahn hinwirkende Zentripetalkraft auf den kreisenden Körper einwirken.

Wird die Zentripetalkraft $\boldsymbol{F}_Z$ mit einem im Zentrum der Kreisbahn befestigten Seil auf den sich bewegenden Körper übertragen, so kann die Zentripetalkraft durch einen in das Seil eingebauten Kraftmesser „sichtbar" gemacht werden.

Ein mitkreisender, d. h. ein sich innerhalb des rotierenden Bezugssystems befindender Beobachter beschreibt den Vorgang wie folgt:

Der Körper befindet sich in Ruhe. Die durch den Kraftmesser angezeigte Zugkraft $\boldsymbol{F}_Z$ muss deshalb durch eine gleich große, der Seilkraft $\boldsymbol{F}_Z$ **entgegenwirkende** Kraft $\boldsymbol{F}_{ZT}$ ausgeglichen werden.

Die Kraft $\boldsymbol{F}_{ZT}$ bezeichnet man als **Zentrifugalkraft.** Da $\boldsymbol{F}_{ZT}$ nur in einem beschleunigten Bezugssystem auftritt, handelt es sich bei ihr um eine **Trägheitskraft.** Für den Betrag der Zentrifugalkraft F_{ZT} ergibt sich:

$$F_{ZT} = m \cdot \frac{v^2}{r}$$

und

$$F_{ZT} = m \cdot \omega^2 \cdot r$$

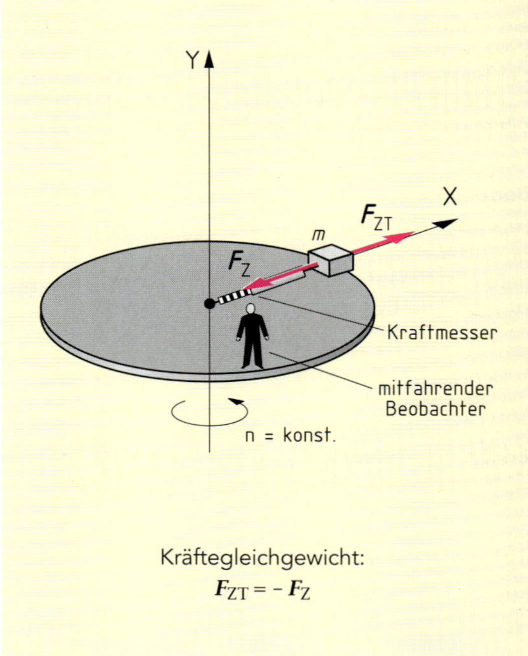

Rotierendes Bezugssystem **6.3.3–1**

Der mitkreisende Beobachter verspürt selbst eine nach außen wirkende Zentrifugalkraft. Kompensiert er diese Kraft nicht, dann fällt er unweigerlich vom sich drehenden Körper.

6.3.4 Prinzip von d'Alembert

Im Einführungsbeispiel wird beschrieben, dass ein abbremsendes Motorrad vorne einfedert, ein beschleunigendes Motorrad sich dagegen aufbäumt.

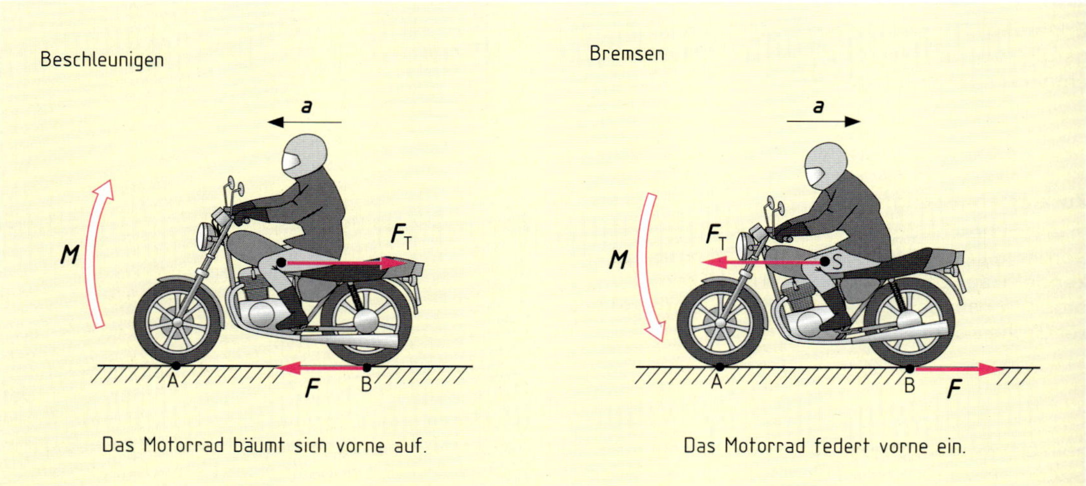

Trägheitskräfte und deren Wirkungen **6.3.4–1**

Zur Erzeugung des dafür notwendigen Drehmoments ist in beiden Fällen eine im Schwerpunkt des Motorrads angreifende Kraft erforderlich. Da diese Kräfte nur bei Geschwindigkeitsänderungen auftreten, muss es sich dabei um Trägheitskräfte handeln.

Wird ein Körper beschleunigt, d.h., findet eine Änderung seines Bewegungszustands statt, dann ist dafür eine Kraft erforderlich. Aufgrund dieser beschleunigenden Kraft befindet sich der Körper in **keinem** Gleichgewichtszustand. Dieses Ungleichgewicht bereitet bei der Lösung dynamischer Probleme mitunter erhebliche Schwierigkeiten.
Um diesen Schwierigkeiten zu entgehen, entwickelte der französische Gelehrte **d'Alembert** (1717–1788) ein Verfahren, mit welchem dynamische Probleme auf statische Probleme zurückgeführt werden. Das **d'Alembert'sche Prinzip** soll am Beispiel eines beschleunigenden Motorrads erläutert werden.

Das beschleunigende Motorrad wird zunächst **freigemacht.** Mit den auf das Motorrad wirkenden Kräften lässt sich wegen der Beschleunigungskraft kein geschlossener Kräftezug bilden. Der Kräftezug kann jedoch durch Hinzufügen einer Kraft, welche den Betrag und die entgegengesetzte Richtung der Beschleunigungskraft besitzt, geschlossen werden. Die hinzuzufügende Kraft entspricht der während der Beschleunigung auf das Motorrad im Gesamtschwerpunkt wirkenden Trägheitskraft $\boldsymbol{F}_T$.

Durch Hinzufügen der Trägheitskraft $\boldsymbol{F}_T$ wird der Gleichgewichtszustand erreicht. Das Dynamikproblem kann nun mit den Gesetzen der Statik (Kapitel 2) gelöst werden.

Lösungsschritte zum Prinzip von d'Alembert

1. Körper freimachen → Lageskizze der Kräfte.
2. Die **Richtung der Bewegungsänderung** und die **Trägheitskraft** $\boldsymbol{F}_T = m \cdot \boldsymbol{a}$ im Gesamtschwerpunkt, entgegen der Richtung der Bewegungsänderung, in die Lageskizze eintragen.
3. Gleichgewichtsbedingungen der Statik anwenden.

$$\Sigma \boldsymbol{F}_x = 0$$
$$\Sigma \boldsymbol{F}_y = 0$$
$$\Sigma \boldsymbol{M}_{BP} = 0$$

BP … Bezugspunkt

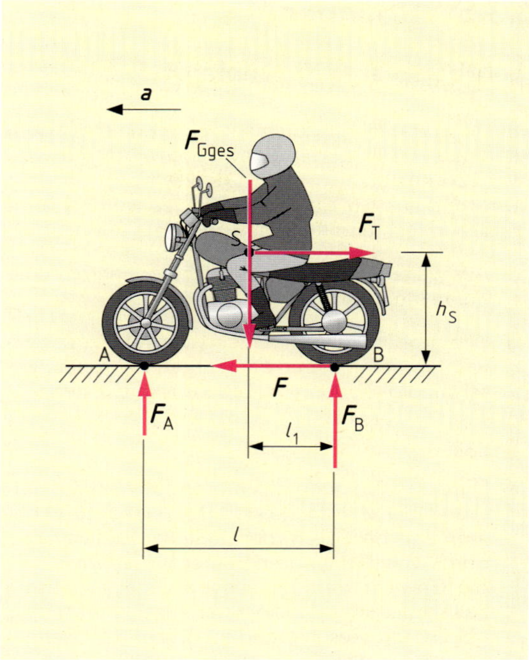

Lageskizze eines beschleunigenden Motorrads **6.3.4–2**

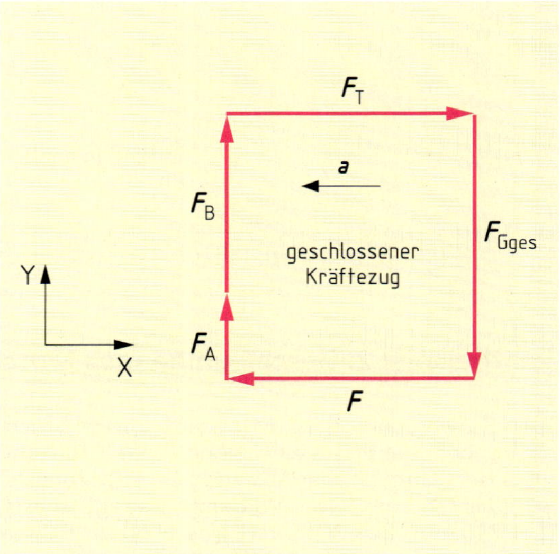

Krafteckskizze nach d'Alembert für ein beschleunigendes Motorrad **6.3.4–3**

Gleichgewichtsbedingungen:

$\Sigma \boldsymbol{F}_x = 0 \quad \rightarrow \quad \boldsymbol{F}_T + \boldsymbol{F} = 0$ Mit $\boldsymbol{F}_T = -m \cdot \boldsymbol{a}$

folgt: $-m \cdot \boldsymbol{a} + \boldsymbol{F} = 0$

$\Sigma \boldsymbol{F}_y = 0 \quad \rightarrow \quad \boldsymbol{F}_A + \boldsymbol{F}_B + \boldsymbol{F}_{Gges} = 0$

$\Sigma \boldsymbol{M}_B = 0 \quad \rightarrow \quad -F_A \cdot l + F_{Gges} \cdot l_1 - F_T \cdot h_s = 0$

6.3.5 Übungen

Lehrbeispiel 1: Kurvenfahrt

Ein Motorradfahrer durchfährt eine Kurve mit dem Radius $r = 180$ m mit einer Geschwindigkeit von $v = 120$ km/h.
Um nicht aus der Kurve getragen zu werden neigt er sich in Richtung Kurveninnenseite.

a) Aus welchem Grund muss sich der Fahrer in die Kurve legen?

b) Wie groß muss der Neigungswinkel α zur Senkrechten sein, damit der Fahrer bei einer Geschwindigkeit von $v = 120$ km/h nicht stürzt?

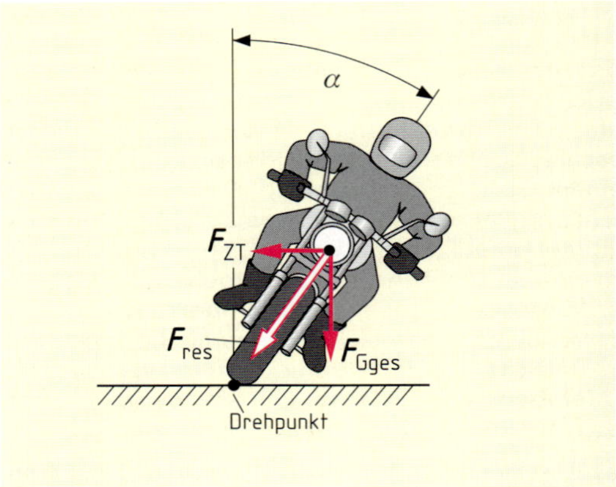

Kurvenfahrt **6.3.5–1**

Lösung:

a) Durch die Neigung des Motorrads wird das aufgrund der Zentrifugalkraft F_{ZT} erzeugte Drehmoment bezüglich der Reifenaufstandsfläche durch das Gegendrehmoment, erzeugt durch die Gewichtskraft F_G, ausgeglichen. In diesem Fall verläuft die Wirklinie der aus F_{ZT} und F_{Gges} gebildeten Resultierenden durch den Reifenaufstandspunkt.

b) Aus nebenstehendem Kräfteplan ergibt sich:

$$\tan\alpha = \frac{F_{ZT}}{F_G} \quad \text{Mit} \quad F_{ZT} = m \cdot \frac{v^2}{r}$$

$$\text{und} \quad F_G = m \cdot g$$

folgt:

$$\tan\alpha = \frac{\cancel{m} \cdot v^2}{r \cdot \cancel{m} \cdot g} \qquad v = \frac{120\,\text{m}}{3{,}6\,\text{s}} = 33{,}33\,\frac{\text{m}}{\text{s}}$$

$$\tan\alpha = \frac{v^2}{r \cdot g} = \frac{33{,}33^2\,\cancel{\text{m}^2}\,\cancel{\text{s}^2}}{\cancel{\text{s}^2}\,180\,\cancel{\text{m}} \cdot 9{,}81\,\cancel{\text{m}}} \quad \rightarrow \quad \underline{\underline{\alpha = 32°}}$$

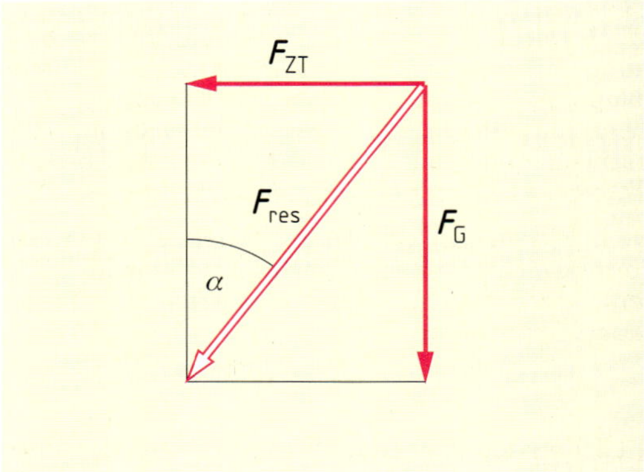

Kräfteplan **6.3.5–2**

Lehrbeispiel 2: Beschleunigendes Motorrad

Der Schwerpunkt eines Motorrads einschließlich Fahrer befindet sich in einer Höhe von $h = 485$ mm über der Fahrbahn. Der Abstand des Schwerpunkts vom Hinter- sowie vom Vorderrad beträgt jeweils $l = 710$ mm. Das Motorrad einschließlich Fahrer besitzt eine Masse von $m = 200$ kg.

Während eines Beschleunigungsvorgangs auf ebener Strecke wird das Vorderrad um 20 % entlastet.

a) Wie groß war die Beschleunigung?

b) Mit welcher Kraft wurde das Motorrad beschleunigt?

c) Wie groß muß der Reibwert zwischen Reifen und Fahrbahn mindestens sein, damit die erforderliche Antriebskraft auf die Straße übertragen werden kann?

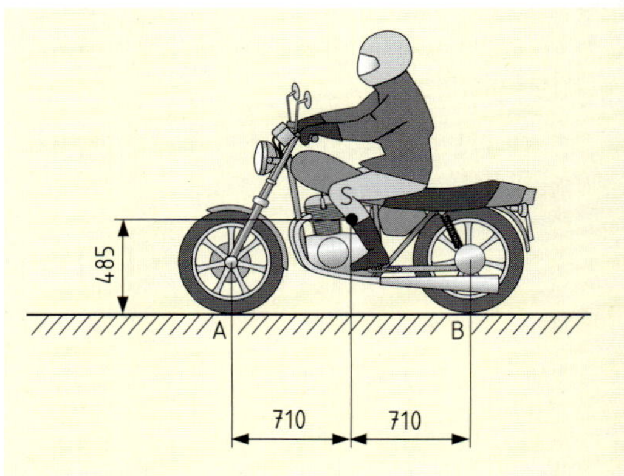

Beschleunigendes Motorrad **6.3.5–3**

Lösung:

a) Da sich der Schwerpunkt des Motorrads einschließlich Fahrer genau zwischen den Achsen befindet, besitzen die Achskräfte F_A und F_B im Zustand der Ruhe den gleichen Wert.

$\Sigma F_y = 0$

$$F_A = F_B = \frac{1}{2} F_G = \frac{m \cdot g}{2}$$

$$F_A = F_B = \frac{200\,\text{kg} \cdot 9{,}81\,\text{m}}{\text{s}^2 \cdot 2}$$

$$F_A = F_B = \underline{981\,\text{N}}$$

Da die Vorderachse durch die Beschleunigung um 20 % entlastet wird, muss die Hinterachse im selben Maß zusätzlich belastet werden. Die bei der Beschleunigung auftretende Trägheitskraft F_T ist der beschleunigenden Kraft F entgegengesetzt. Beide Kräfte sind vom Betrag her gleich.

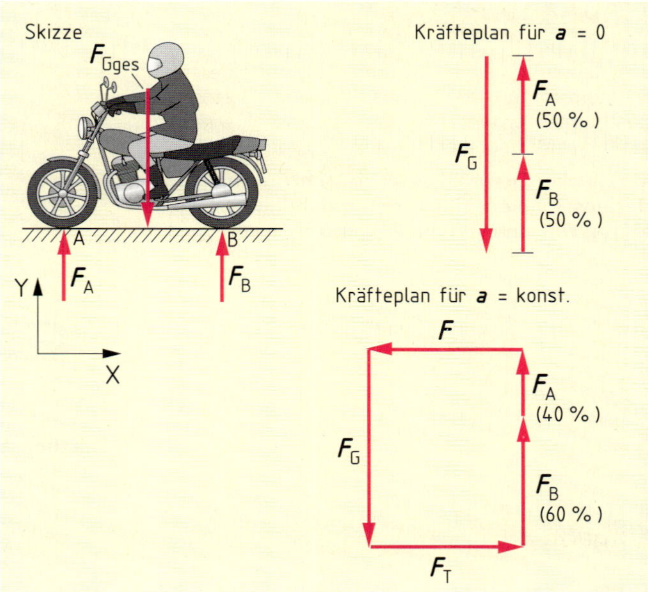

6.3.5–4

Zur Berechnung der Beschleunigung a wird das Motorrad zunächst freigemacht.

Durch Bildung des Momentengleichgewichts bezüglich des Reifenaufstandspunktes am Hinterrad ergibt sich:

$\Sigma M_B = 0$

$\rightarrow \quad -F_T \cdot h - F_A \cdot 2 \cdot l + F_{Gges} \cdot l = 0$

Mit $F_T = m \cdot a$

und $F_A = 0{,}4\,m \cdot g$ und $F_{Gges} = m \cdot g$

folgt: $-\not{m} \cdot a \cdot h - 0{,}4 \cdot \not{m} \cdot g \cdot 2 \cdot l + \not{m} \cdot g \cdot l = 0$

$- a \cdot h = - g \cdot l + 0{,}8 \cdot g \cdot l$

$$a = \frac{g \cdot l \cdot (1 - 0{,}8)}{h} = \frac{9{,}81\frac{\text{m}}{\text{s}^2} \cdot 0{,}71\,\text{m} \cdot 0{,}2}{0{,}485\,\text{m}}$$

$$\underline{\underline{a = 2{,}87\,\frac{\text{m}}{\text{s}^2}}}$$

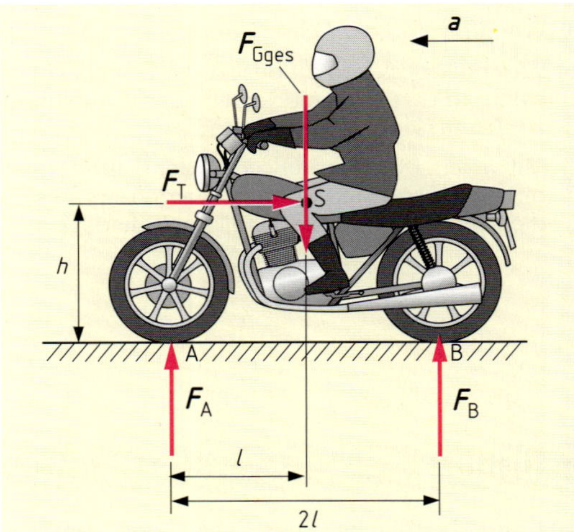

Freigemachtes Motorrad 6.3.5–5

b) Aus der Krafteckskizze folgt: $F = F_T \quad \rightarrow \quad F = m \cdot a$

$$F = 200\,\text{kg} \cdot 2{,}87\,\frac{\text{m}}{\text{s}^2} \quad \rightarrow \quad \underline{\underline{F = 574\,\text{N}}}$$

c) Grenzfall:
Antriebskraft F = maximale Haftreibungskraft F_{R0}

$F = F_{R0}$

Mit $F = m \cdot a$

und $F_{R0} = \mu_0 \cdot F_N$

und $F_N = 0{,}6 \cdot m \cdot g$

$\rightarrow \quad \not{m} \cdot a = \mu_0 \cdot 0{,}6 \cdot \not{m} \cdot g$

$$\mu_0 = \frac{a}{0{,}6 \cdot g} = \frac{2{,}87\,\frac{\text{m}}{\text{s}^2}}{0{,}6 \cdot 9{,}81\,\frac{\text{m}}{\text{s}^2}}$$

$$\rightarrow \quad \underline{\underline{\mu_0 = 0{,}488}}$$

Aufgabe 1

Die Leistung eines Motors soll mithilfe einer Bremstrommel mit umlaufendem Bremsband bestimmt werden. Die Bremstrommel wird von innen mit Wasser gekühlt.

Mit welcher Drehzahl muss die Bremstrommel mindestens rotieren, damit sich das Kühlwasser ringförmig von innen an die Trommel anlegt?

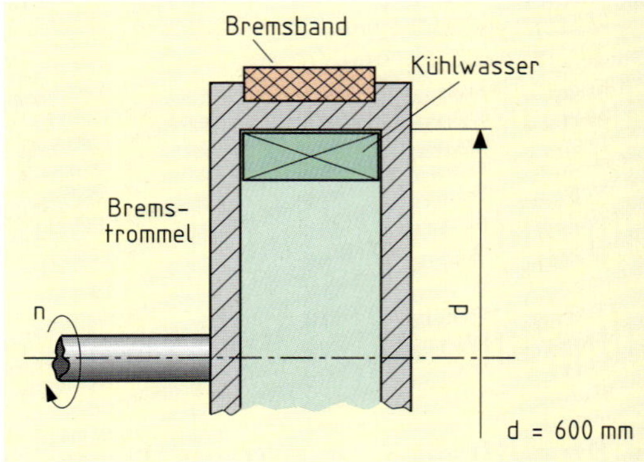

Leistungsbestimmung **6.3.5–6**

Aufgabe 2

Ein Gabelstapler besitzt einschließlich Fahrer die Masse $m = 2140{,}7$ kg. Die zu transportierende Last hat die Masse 1500 kg.

a) Wie groß sind die Achskräfte?

b) Welche Kippsicherheit besitzt der Gabelstapler, wenn die Last mit einer Beschleunigung $a = 0{,}5\ \mathrm{m/s^2}$ angehoben wird?

c) Mit welcher Verzögerung darf der Gabelstapler ohne zu kippen abgebremst werden, wenn sich die Last in der höchsten Stellung befindet?

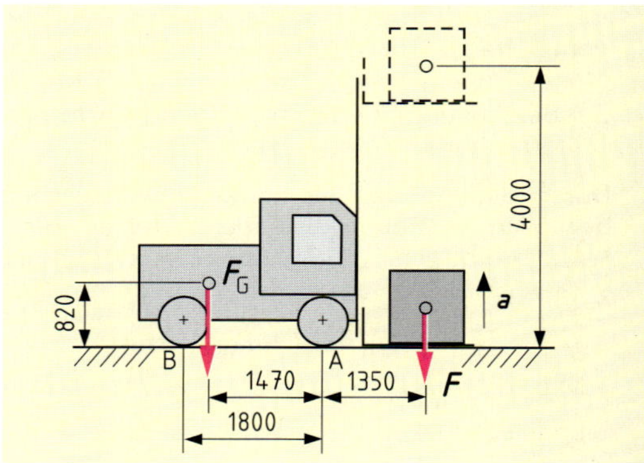

Gabelstapler **6.3.5–7**

Aufgabe 3

Aus dem Testbericht eines Fahrzeuges stammen folgende Angaben:

Beschleunigung 0—100 km/h: 10,3 s

Bremsweg bei Vollbremsung aus v = 100 km/h: 41,1 m

Federrate einer Vorderradfeder: 0,24 kN/cm

a) Wie groß sind die Achskräfte bei der Beschleunigung?

b) Wie groß sind die Achskräfte bei einer Vollbremsung?

c) Wie tief federt die Vorderachse bei einer Vollbremsung ein?

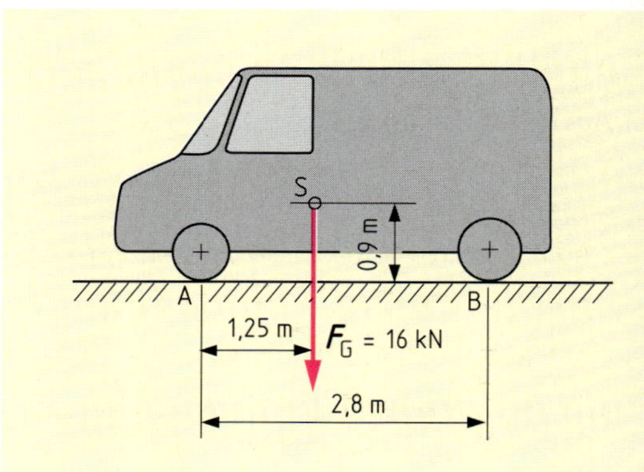

Testfahrzeug **6.3.5–8**

7 Arbeit, Leistung, Energie

Einführungsbeispiel: Dieselramme

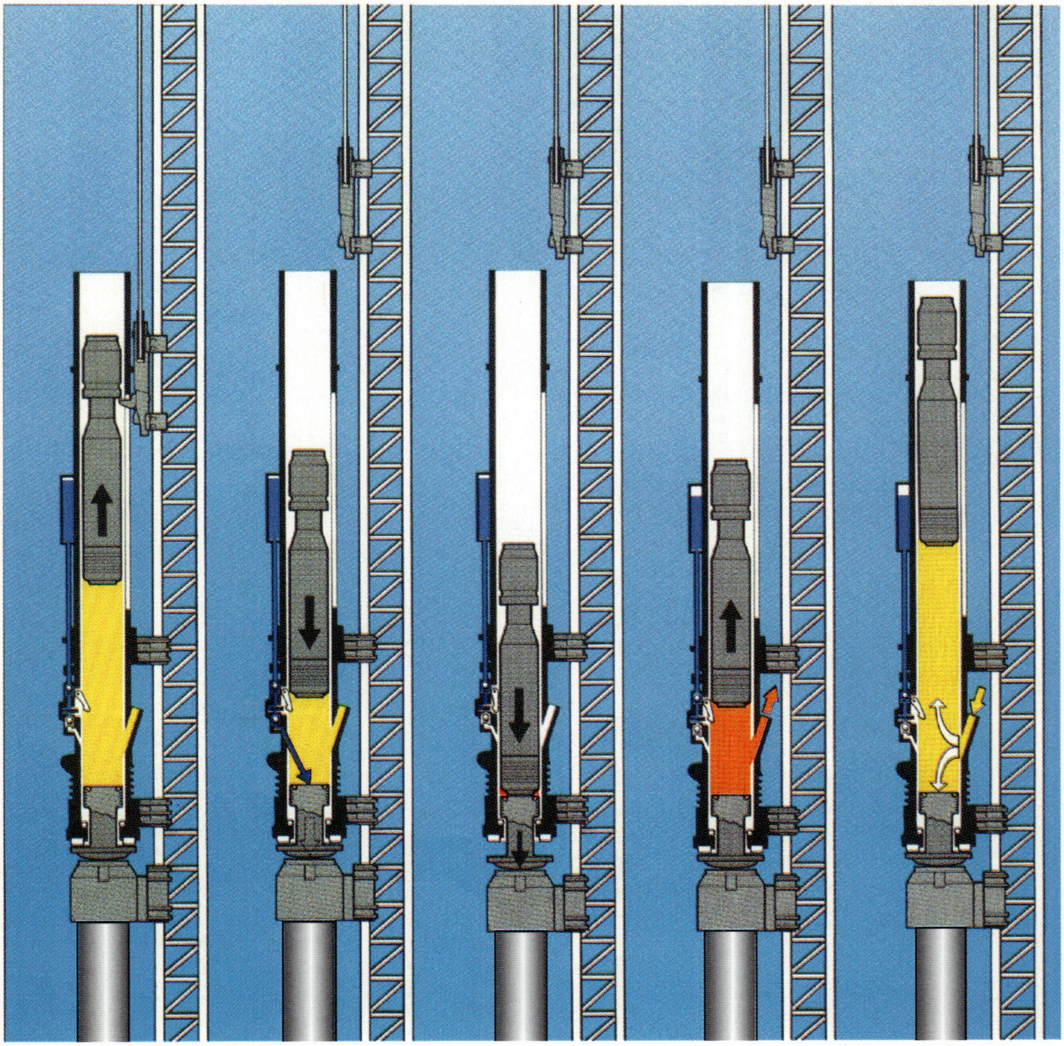

Dieselramme 7–1

Dieselrammen sind Vorrichtungen, die im Erdbau zum Einschlagen von Pfählen und Spundwandbohlen eingesetzt werden. Das Wirkprinzip entspricht dem eines Hammers beim Einschlagen von Nägeln. Zunächst wird das kolbenförmige Schlaggewicht gegen die Schwerkraft angehoben, es wird **Arbeit** verrichtet. Diese Hubarbeit ist im Schlaggewicht als **Energie** gespeichert. Nach dem Ausklinken fällt das Schlaggewicht nach unten und schlägt auf das auf dem Rammgut aufsitzende Schlagstück. Durch die Übertragung der Bewegungsenergie des Schlaggewichts auf das Rammgut wird dieses in den Boden getrieben. Während der Abwärtsbewegung des Schlaggewichts spritzt man eine genau dosierte Menge Dieselöl auf die Schlagstückoberfläche. Das beim Aufschlag des Schlaggewichts fein zerstäubte Dieselöl entzündet sich an der komprimierten heißen Luft. Die dabei freiwerdende Verbrennungsenergie wirft den Kolben wieder hoch. Während des Hochspringens des Kolbens werden die Verbrennungsgase über den Auspuff durch Frischluft ausgespült. Je größer die Schlagzahl, desto höher ist die **Leistung** der Ramme.

7.1 Mechanische Arbeit

Der physikalische Arbeitsbegriff entwickelte sich aus dem Studium einfacher Maschinen wie **Hebel, Rolle, Schiefe Ebene** und **Flaschenzug.** Mithilfe dieser Geräte kann beispielsweise ein Körper mit großer Gewichtskraft durch eine kleinere Kraft angehoben werden. Die zum Anheben notwendige Kraft verkleinert sich je nach Aufbau des Geräts um einen bestimmten Faktor. Gleichzeitig vergrößert sich der Kraftweg gegenüber dem Lastweg um denselben Faktor. Umgekehrt kann durch ein Mehr an Kraft Weg „gewonnen" werden. Bei Vernachlässigung der Reibung gibt es eine **physikalische Größe**, die in beiden Fällen erhalten bleibt.

Diese physikalische Größe wird als **mechanische Arbeit** bezeichnet.

Definition:

Die mechanische Arbeit W ist das Produkt aus der in Wegrichtung wirkenden Kraft F_s und dem dabei zurückgelegten Weg s.

$$W = F_s \cdot s \quad \text{für} \quad \boldsymbol{F_s} \uparrow\uparrow \boldsymbol{s}$$

Einheit: $[W] = \text{N} \cdot \text{m} = \text{J (Joule)} = \dfrac{\text{kg} \cdot \text{m}^2}{\text{s}^2}$

Verläuft die Kraftrichtung unter dem Winkel α zur Wegrichtung, dann gilt:

$$W = F_s \cdot s = F \cdot s \cdot \cos\alpha$$

Aus der Betragsgleichung $W = F_s \cdot s$ und dem Kraft-Weg-Diagramm ist ersichtlich, dass die Fläche unterhalb der $F(s)$-Linie der verrichteten Arbeit entspricht. Dies gilt auch dann, wenn es sich bei der $F(s)$-Linie nicht um eine zur s-Koordinate parallele Gerade handelt.

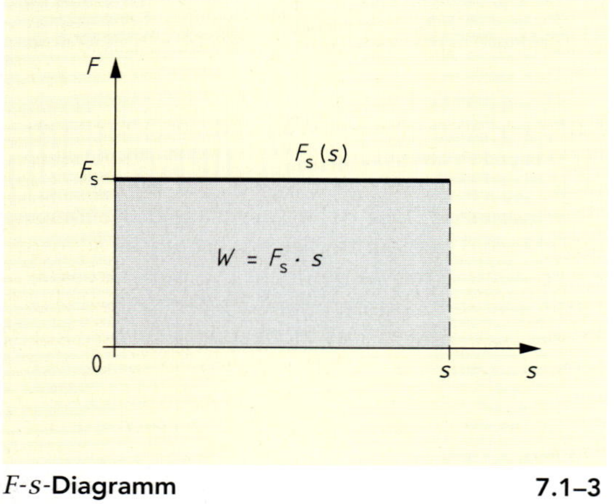

F-s-**Diagramm** **7.1–3**

Beispiel: Flaschenzug

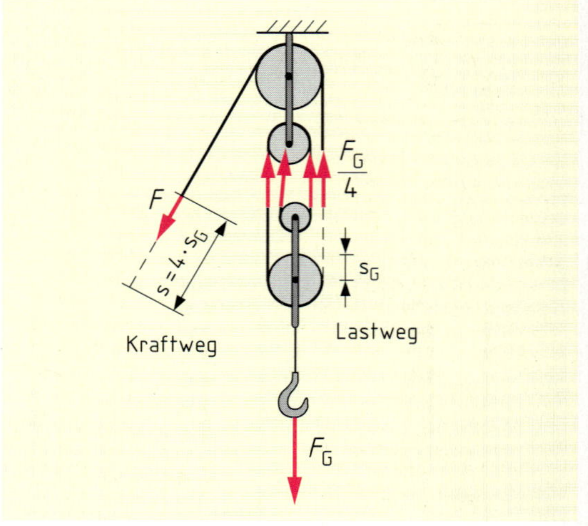

Flaschenzug **7.1–1**

Bei einem aus vier Rollen bestehenden Flaschenzug gilt unter Vernachlässigung der Flaschenzugbauteile:

$$F = \frac{F_G}{4} \quad \text{und}$$
$$s = 4 \cdot s_G$$
$$\rightarrow \; F \cdot s = \frac{F_G}{4} \cdot 4 \cdot s_G$$
$$F \cdot s = F_G \cdot s_G$$

Goldene Regel der Mechanik

Was an Kraft gespart wird, muss am Weg zugesetzt werden.

Arbeit W bei nicht in Wegrichtung wirkender Kraft F

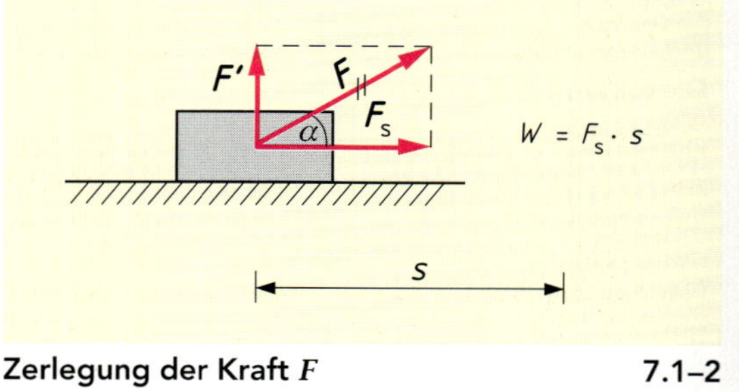

Zerlegung der Kraft F **7.1–2**

$$F_S = F \cdot \cos\alpha$$

$$\rightarrow \quad W = F \cdot s \cdot \cos\alpha$$

Die senkrecht zur Wegrichtung wirkende Kraftkomponente F' verrichtet keine mechanische Arbeit.

7.1.1 Arbeitsformen

Hubarbeit W_H

Ein Körper wird mit gleich bleibender Geschwindigkeit senkrecht auf die Höhe h angehoben. Dazu ist eine Kraft erforderlich, welche die Gewichtskraft $\boldsymbol{F}_G$ des Körpers gerade kompensiert.

$$\boldsymbol{F}_s = -\boldsymbol{F}_G \qquad \text{d.h. } \boldsymbol{F}_s \uparrow\downarrow \boldsymbol{F}_G$$

Die Hubarbeit W_H errechnet man mit folgender Gleichung:

$$W_H = F_G \cdot h = m \cdot g \cdot h$$

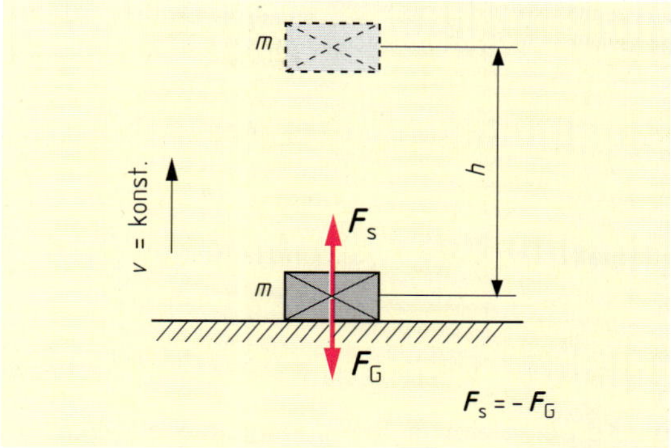

Senkrechtes Heben einer Last **7.1.1–1**

$$\boldsymbol{F}_s = -\boldsymbol{F}_G$$

$$W_H = F_s \cdot s \quad \text{Mit} \quad F_s = F_G \cdot m \cdot g \quad \text{und} \quad s = h$$

folgt: $W_H = m \cdot g \cdot h$

Ein Körper soll schräg über eine reibungsfreie **Schiefe Ebene** auf die Höhe h gezogen werden. Die dazu erforderliche Zugkraft hängt von der Masse des Körpers und dem Steigungswinkel der Schiefen Ebene ab. Je kleiner der Steigungswinkel, desto kleiner ist die erforderliche Zugkraft. Da sich der Transportweg mit kleiner werdendem Steigungswinkel im selben Maß vergrößert, ergibt das Produkt aus Kraft mal Weg wieder die bekannte Hubarbeitsformel (Goldene Regel der Mechanik).

Die Hubarbeit ist unabhängig davon, auf welchem Weg der Körper angehoben wird.

$$W_H = F_s \cdot s = F_G \cdot h$$

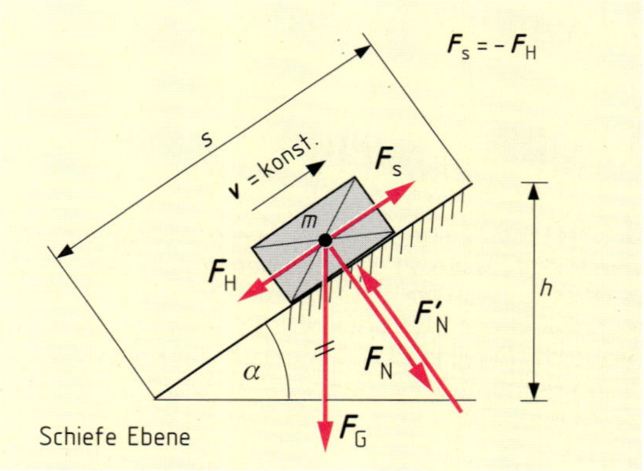

Reibungsfreies Heben auf der Schiefen Ebene **7.1.1–2**

Erforderliche Zugkraft F_S:

$$\boldsymbol{F}_s = -\boldsymbol{F}_H \quad \rightarrow \quad F_s = F_H = F_G \cdot \sin\alpha$$

$$F_s = m \cdot g \cdot \sin\alpha$$

Weglänge s: $\quad s = \dfrac{h}{\sin\alpha}$

Für die Arbeit ergibt sich:

$$W_H = F_s \cdot s = m \cdot g \cdot \sin\alpha \cdot \frac{h}{\sin\alpha} = m \cdot g \cdot h$$

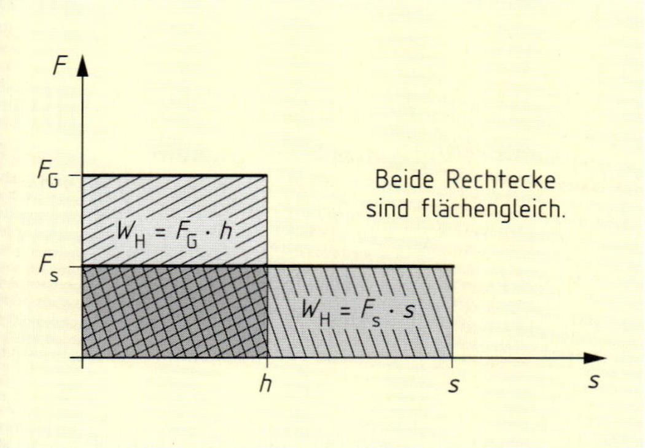

***F-s*-Diagramm** **7.1.1–3**

Reibungsarbeit W_R

Wird ein Körper auf einer ebenen Unterlage mit konstanter Geschwindigkeit $\boldsymbol{v}$ bewegt, ist zur Überwindung der Reibung eine der Reibungskraft $\boldsymbol{F}_R$ entgegenwirkende Kraft $\boldsymbol{F}_s$ erforderlich.

$$\boldsymbol{F}_s = -\boldsymbol{F}_R \qquad \boldsymbol{F}_s \uparrow\downarrow \boldsymbol{F}_R$$

Für die zu verrichtende Reibungsarbeit W_R gilt:

$$W_R = \mu \cdot F_N \cdot s$$

Ein Körper bleibt in Ruhe, wenn die einwirkende Kraft nicht ausreicht, die maximale Haftreibung zwischen Körper und Unterlage zu überwinden. Aufgrund der dann fehlenden Ortsveränderung wird keine Reibungsarbeit verrichtet.

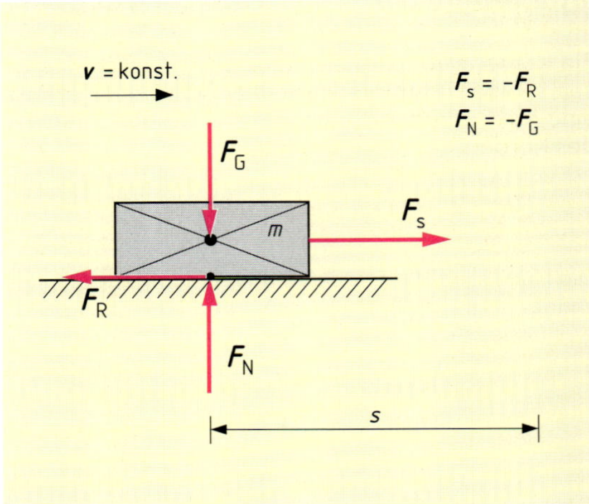

Reibungsarbeit beim Verschieben eines Körpers in der Ebene **7.1.1–4**

$\boldsymbol{F}_s = -\boldsymbol{F}_R$

$W_R = F_s \cdot s$ Mit $F_s = F_R$

und $F_R = \mu \cdot F_N$

folgt: $W_R = \mu \cdot F_N \cdot s$

Verschiebearbeit W_V

Mithilfe eines Kolbens wird in einem Zylinder ein Gas bzw. eine Flüssigkeit gegen einen konstanten Druck p_e verschoben. Dazu ist eine der Druckkraft $\boldsymbol{F}_p$ entgegenwirkende Kolbenkraft $\boldsymbol{F}_s$ erforderlich. Die Größe der Druckkraft F_p hängt von der Kolbenfläche A und dem im Zylinder wirkenden Druck p_e ab. Bei gleich bleibender Kolbengeschwindigkeit v gilt:

$$\boldsymbol{F}_s = -\boldsymbol{F}_p \qquad \boldsymbol{F}_s \uparrow\downarrow \boldsymbol{F}_p$$

Für die Verschiebearbeit W_V ergibt sich unter Vernachlässigung der Reibung:

$$W_V = p_e \cdot V \qquad p_e = \text{konst.}$$

Herleitung der Verschiebearbeit
(unter Vernachlässigung der Reibung)

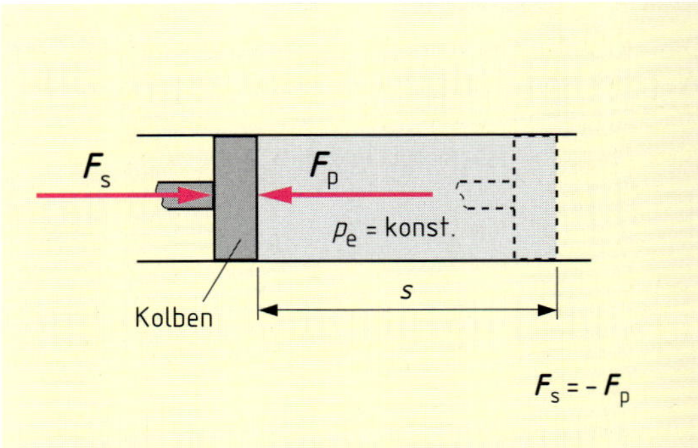

Zylinder mit reibungsfrei beweglichem Kolben **7.1.1–5**

$\boldsymbol{F}_s = -\boldsymbol{F}_p$

$W_V = F_s \cdot s$ Mit $F_s = F_p$

und $F_p = p_e \cdot A$

folgt: $W_V = p_e \cdot \underbrace{A \cdot s}_{V}$

V… verschobenes Volumen

$\rightarrow \quad W_V = p_e \cdot V$

Spannarbeit W_S

Beim Spannen einer Feder hängt der Betrag der erforderlichen Spannkraft F_S vom Spannweg s ab. Bei linearen Federn steigt die Spannkraft F_S gemäß dem **Hooke'schen Gesetz** mit zunehmendem Spannweg s linear an.

$$F_S = D \cdot s$$

Die Proportionalitätskonstante D wird **Federkonstante** oder auch **Federrate** genannt.

Einheit: $[D] = \frac{\mathrm{N}}{\mathrm{m}}$

Da auch in diesem Fall die verrichtete Arbeit der Fläche unter der F_S (s)-Linie im F-s-Diagramm entspricht, ergibt sich für die Spannarbeit folgende Gleichung:

$$W_S = \frac{1}{2} D \cdot s^2$$

Herleitung der Spannarbeit

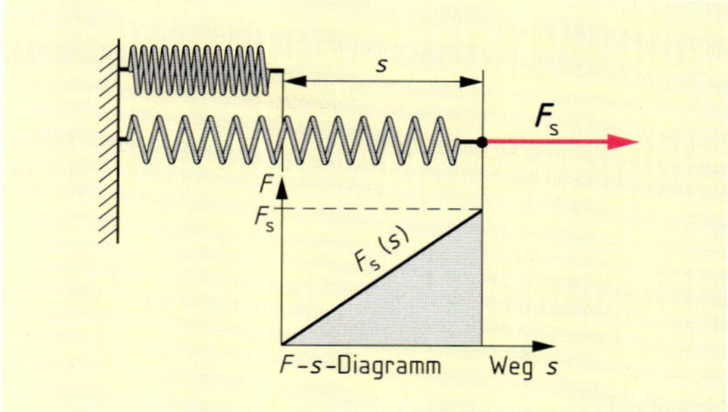

Spannen einer Feder **7.1.1–6**

$W_S = \frac{1}{2} F_S \cdot s$ Mit $F_S = D \cdot s$

gilt: $W_S = \frac{1}{2} D \cdot s \cdot s$ $W_S = \frac{1}{2} D \cdot s^2$

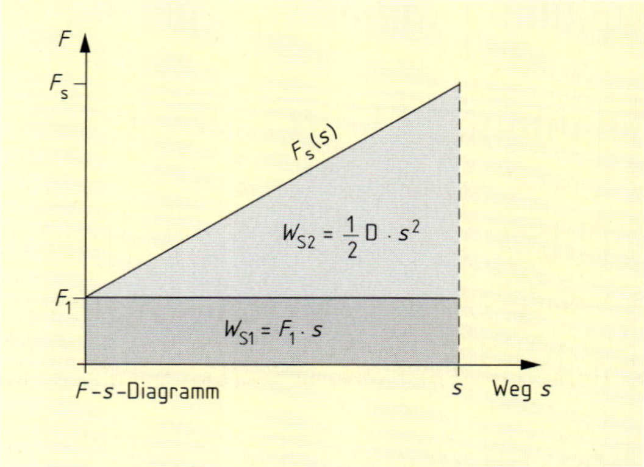

Spannarbeit einer vorgespannten Feder **7.1.1–7**

$W_S = W_{S1} + W_{S2}$ Mit $W_{S1} = F_1 \cdot s$ und $W_{S2} = \frac{1}{2} D \cdot s^2$

gilt: $W_S = \left(F_1 + \frac{1}{2} D \cdot s\right) \cdot s$

Formänderungsarbeit W_S

Auf Zug belastete Maschinenelemente wie Schrauben, Stäbe, Seile usw. verhalten sich im elastischen Bereich wie lineare, sehr harte Federn. Bei der Bestimmung der Formänderungsarbeit kann bei elastischer Verformung daher auf die Gleichung der Spannarbeit zurückgegriffen werden. Die **Federkonstante** D hängt sowohl von den Werkstoffeigenschaften als auch von den Abmessungen des Bauteils ab. Die Werkstoffeigenschaften werden aus dem im Zugversuch ermittelten **Spannungs-Dehnungs-Diagramm** (Kapitel 3.1.5, Das Hook'sche Gesetz) ermittelt. Bei bekannter Querschnittsfläche A und Ausgangslänge l kann für den elastischen Be-

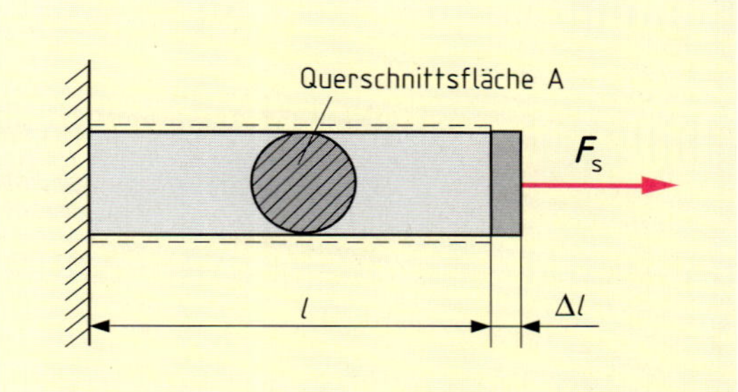

Zugstab **7.1.1–8**

reich das **Kraft-Verlängerungs-Diagramm** erstellt werden. Aus diesem Diagramm und den daraus resultierenden Ableitungen ergibt sich die Proportionalitätskonstante D zu:

$$D = \frac{A \cdot E}{l}$$

Die Formänderungsarbeit wird mit folgender Gleichung berechnet:

$$W_S = \frac{A \cdot E}{2 \cdot l} \cdot \Delta l^2$$

Für die Formänderungsarbeit ergibt sich aus dem Kraft-Verlängerungs-Diagramm eine weitere gleichwertige Gleichung:

$$W_S = \frac{F_s^2 \cdot l}{2 \cdot A \cdot E}$$

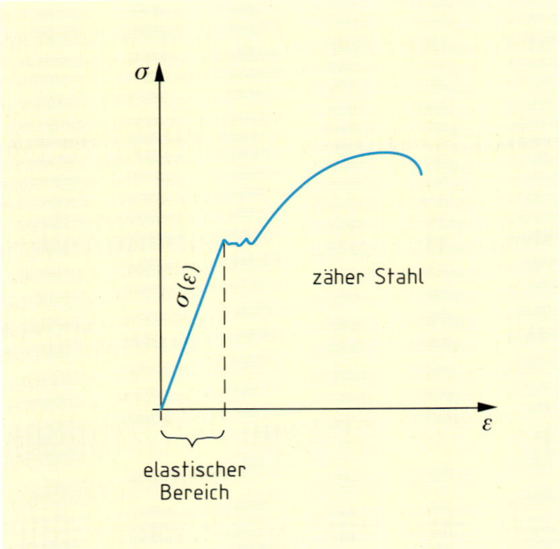

Spannungs-Dehnungs-Diagramm **7.1.1–9**

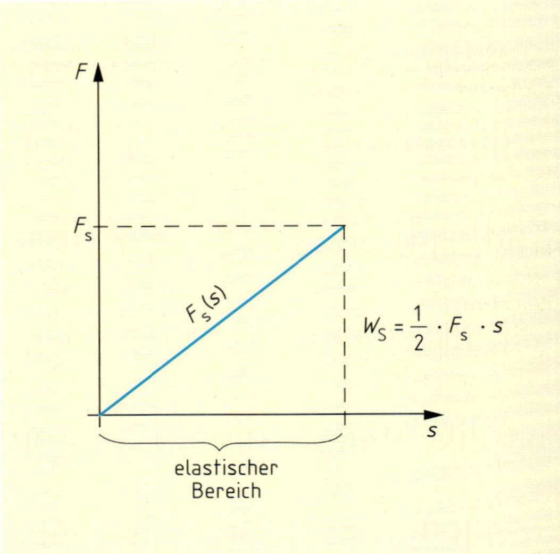

Kraft-Verlängerungs-Diagramm **7.1.1–10**

Herleitung: Formänderungsarbeit bei einem auf Zug belasteten Stab

Die Zugspannung errechnet sich nach:

$$\sigma = \frac{F}{A} = E \cdot \varepsilon$$

E ... E-Modul
ε ... Dehnung

$$\rightarrow \quad F = A \cdot E \cdot \varepsilon \qquad \text{Mit} \quad \varepsilon = \frac{\Delta l}{l}$$

folgt: $$F = \frac{A \cdot E}{l} \cdot \Delta l \quad \rightarrow \quad \Delta l = \frac{l \cdot F}{A \cdot E}$$

Durch den Vergleich mit $F = D \cdot s$ ergibt sich:

$$D = \frac{A \cdot E}{l}$$

Analog zur Spannarbeit gilt für die Formänderungsarbeit:

$$W_S = \frac{1}{2} D \cdot s^2 \quad \rightarrow \quad W_S = \frac{A \cdot E}{2 \cdot l} \cdot \Delta l^2$$

bzw.

$$W_S = \frac{1}{2} F \cdot s \quad \rightarrow \quad W_S = \frac{1}{2} \cdot F_s \cdot \frac{l \cdot F_s}{A \cdot E}$$

$$W_S = \frac{F_s^2 \cdot l}{2 \cdot A \cdot E}$$

Beschleunigungsarbeit W_A

Zur gleichmäßigen Beschleunigung eines Körpers ist eine konstante, auf den Körper in Beschleunigungsrichtung einwirkende Kraft $\boldsymbol{F}_S$ erforderlich. Da die Beschleunigungskraft $\boldsymbol{F}_S$ entlang des Beschleunigungswegs s wirkt, wird während der Beschleunigung Arbeit verrichtet. Um einen Körper der Masse m aus der Ruhe heraus auf eine Geschwindigkeit $\boldsymbol{v}$ zu beschleunigen, ist folgende Beschleunigungsarbeit notwendig:

$$W_B = \frac{1}{2} m \cdot v^2$$

Dabei ist es gleichgültig, ob die Geschwindigkeit $\boldsymbol{v}$ aufgrund einer großen Kraft auf kurzem Weg oder durch eine kleine Kraft auf langem Weg erreicht wird (Goldene Regel der Mechanik). Zu beachten ist, dass sich die zum Erreichen der Geschwindigkeit $\boldsymbol{v}$ erforderliche Arbeit proportional zum Quadrat dieser Geschwindigkeit verhält. Zum Erreichen einer doppelten Geschwindigkeit ist demnach eine vierfache Beschleunigungsarbeit erforderlich.

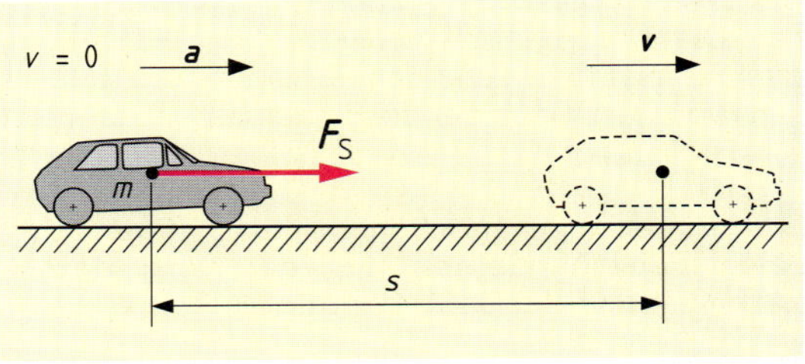

Beschleunigendes Fahrzeug **7.1.1–11**

Beschleunigungskraft: $F_S = m \cdot a$

Beschleunigungsweg: $s = \frac{1}{2} a \cdot t^2$

$$\rightarrow \quad W_B = F_S \cdot s = m \cdot a \cdot \frac{1}{2} a \cdot t^2$$

$$W_B = \frac{1}{2} m \cdot a^2 \cdot t^2$$

Mit $v = a \cdot t$ gilt:

$$W_B = \frac{1}{2} m \cdot v^2$$

Dreharbeit W_{rot}

Das zum Drehen einer Kurbelachse notwendige Drehmoment $\boldsymbol{M}$ wird mit folgender Betragsgleichung berechnet:

$$M = F_u \cdot r \qquad \text{für} \qquad F_u \perp r$$

Die notwendige Kurbelkraft F_u steht dabei immer **senkrecht** auf dem Radius r der von der Kurbel beschriebenen Kreisbahn. Die Wirklinie der Kurbelkraft besitzt in allen Kurbelpositionen die Richtung einer Kreisbahntangente.

Die während der Drehung mit konstanter Kurbelkraft F_u verrichtete Dreharbeit W_{rot} (Rotationsarbeit) errechnet sich als Produkt aus dem Betrag des Drehmoments M und dem Betrag des überstrichenen Drehwinkels φ im Bogenmaß.

$$W_{rot} = M \cdot \varphi$$

Herleitung: Dreharbeit

Bei konstantem Betrag der Kurbelkraft F_u ergibt sich für die Dreharbeit:

$$W_{rot} = F_u \cdot s$$

Bei Angabe des Drehwinkels im Bogenmaß gilt:

$$s = r \cdot \varphi \quad \rightarrow W_{rot} = F_u \cdot s \cdot \varphi$$

Mit $F_u \cdot r = M$ folgt: $W_{rot} = M \cdot \varphi$

Bei z-facher Kurbelumdrehung gilt:

$$W_{rot} = M \cdot 2 \cdot \pi \cdot z$$

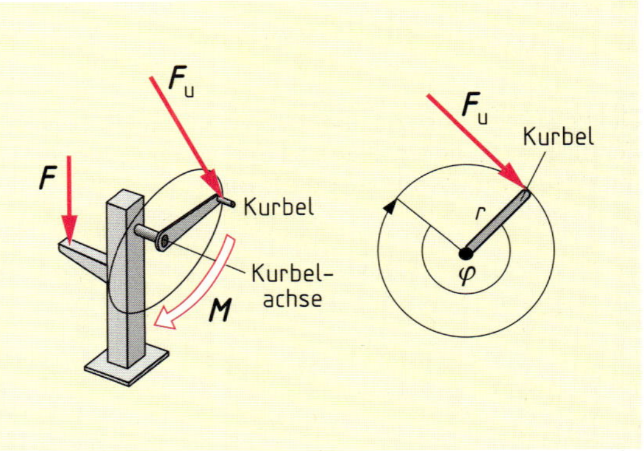

Wagenheber **7.1.1–12**

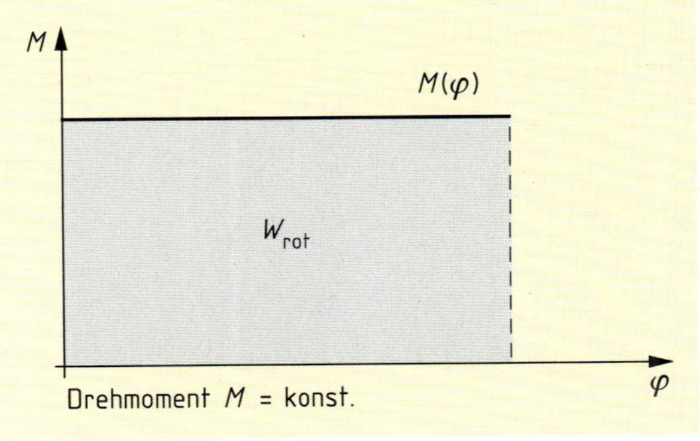

M–φ-**Diagramm** **7.1.1–13**

7.2 Mechanische Leistung

Die Leistung der im Einführungsbeispiel beschriebenen Dieselramme ist sowohl von der Schlagzahl, dem Schlaggewicht und dem Schlaggewichtshub als auch von der Zeit, in der die Eintreibarbeit verrichtet wird, abhängig.

Unter der mechanischen Leistung P versteht man den Quotienten aus der verrichteten Arbeit W und der dafür benötigten Zeit t.

$$P = \frac{W}{t}$$

Einheit:

$$[P] = \frac{\text{Nm}}{\text{s}} = \frac{\text{J}}{\text{s}} = \text{W (Watt)} = \frac{\text{kg} \cdot \text{m}^2}{\text{s}^3}$$

Die Einheit der Leistung wird nach dem englischen Ingenieur und Naturforscher James Watt (1736–1819) benannt.

Wird in obiger Gleichung die Arbeit W durch das Produkt aus $W = F_s \cdot s$ ersetzt, ergibt sich zur Berechnung der mechanischen Leistung folgende Gleichung:

$$P = \frac{F_s \cdot s}{t} = F_s \cdot v$$

Die Leistung hängt nicht nur von der Kraft F_s in Wegrichtung ab, sondern auch von der Geschwindigkeit v, mit welcher die Kraft ausgeübt wird.

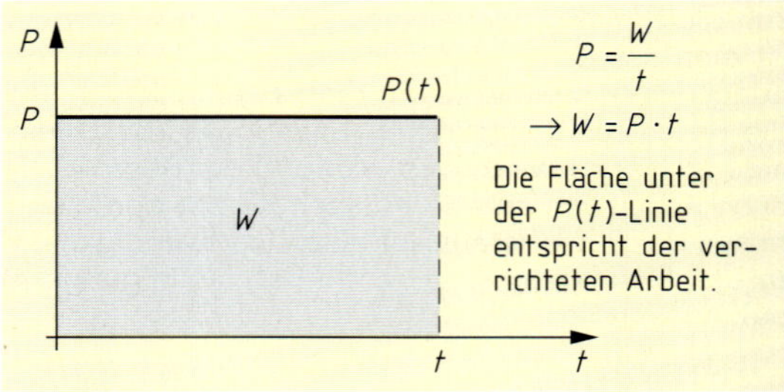

P-t-**Diagramm** **7.2–1**

Leistungsermittlung mit dem Bremsband

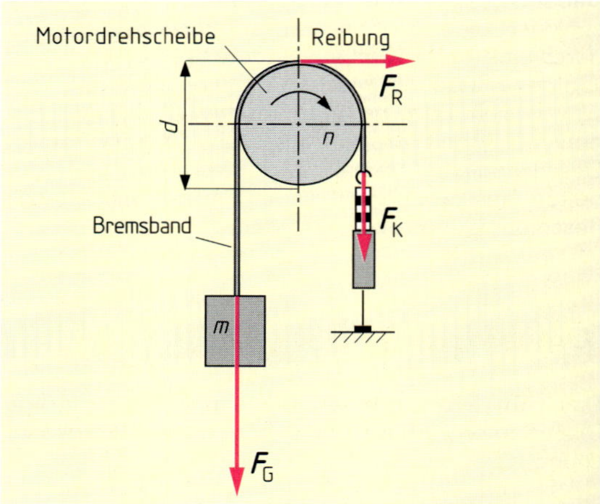

Prüfstand zur Leistungsermittlung **7.2–2**

Am Bremsband herrscht Kräftegleichgewicht:

$F_R + F_K = F_G$

Die abgegebene Motorleistung ist gleich der am Bremsband verrichteten Reibleistung.

$P = F_R \cdot v$ Mit $v = d \cdot \pi \cdot n$

folgt: $P = F_R \cdot d \cdot \pi \cdot n$

7.2.1 Durchschnittsleistung

Bei nicht konstanter Leistungsabgabe errechnet sich die **Durchschnittsleistung** $\overline{P}$ aus der verrichteten **Gesamtarbeit** W und der dafür benötigten **Gesamtzeit** t:

$$\overline{P} = \frac{W}{t}$$

Bestimmung der Durchschnittsleistung

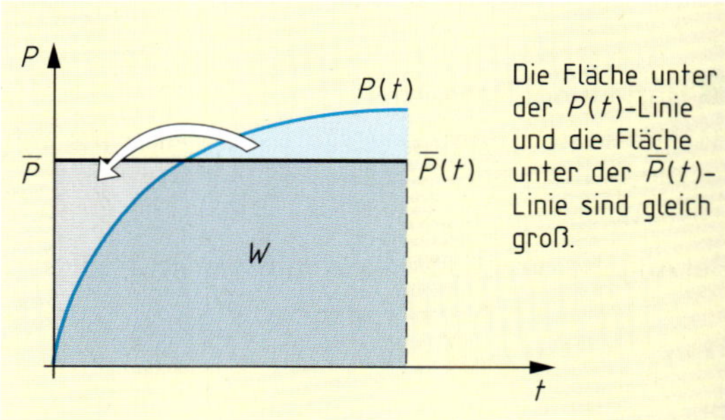

P-t-**Diagramm** **7.2.1–1**

7.2.2 Drehleistung P_{rot}

Bei der Dimensionierung von Werkzeugmaschinenantrieben ist der während des Betriebs erforderliche Leistungsbedarf ausschlaggebend. Je größer die auftretenden Schnittkräfte und je höher die gewünschten Drehzahlen werden, desto leistungsfähiger muss der Maschinenantrieb sein. Entsprechend der Leistungsermittlung bei geradlinigen Bewegungen errechnet sich die momentane Drehleistung P_{rot} als Produkt aus dem während der Drehung wirkenden Drehmoment M und der Winkelgeschwindigkeit ω.

$$P_{rot} = M \cdot \omega$$

Beispiel: Drehmaschine

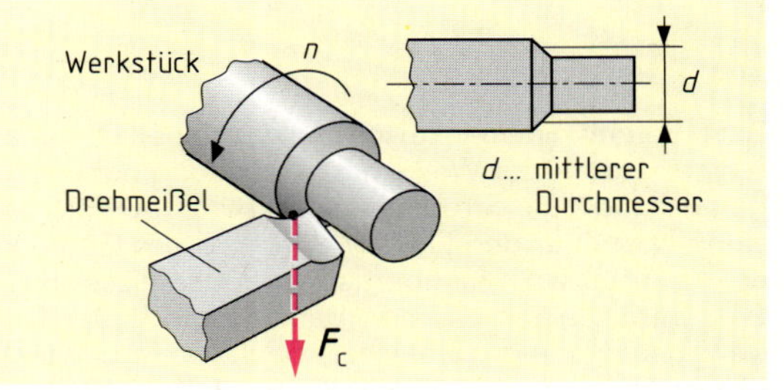

Schnittkraft am Drehmeißel **7.2.2–1**

Die Vorschubkraft und die damit verbundene Vorschubleistung bleiben unberücksichtigt. Für die Drehleistung ergibt sich:

$$P_{rot} = F_c \cdot v_u$$

Mit $v_u = d \cdot \pi \cdot n$ und $d = 2 \cdot r$

folgt: $P_{rot} = F_c \cdot r \cdot 2 \cdot \pi \cdot n$

Mit $F_c \cdot r = M$ und $2 \cdot \pi \cdot n = \omega$

folgt: $P_{rot} = M \cdot \omega$

7.2.3 Wirkungsgrad

Damit eine Drehmaschine Zerspanungsarbeit verrichten kann, muss ihr zunächst von außen Arbeit zugeführt werden. Während der Bewegung der Maschinenteile treten Reibungsverluste auf. Die gegen die Reibung verrichtete Reibungsarbeit geht dabei als Wärme in die Maschinenteile und in das Werkstück über. Diese Reibungsarbeit ist für die Werkstückbearbeitung verloren, d. h., die von der Maschine noch verrichtbare Arbeit ist gegenüber der aufgenommenen Arbeit um diesen Betrag verringert.

Unter dem **Wirkungsgrad** η versteht man den **Quotienten** aus der **abgegebenen Arbeit** W_{ab} und der zuvor **aufgenommenen Arbeit** W_{zu}.

$$\eta = \frac{W_{ab}}{W_{zu}}$$

Einheit: $[\eta] = \frac{J}{J} = 1$

Bei **gleichzeitiger** Arbeitsauf- und Arbeitsabgabe kann der Wirkungsgrad auch als Verhältnis von abgegebener Leistung P_{ab} zur aufgenommenen Leistung P_{zu} errechnet werden.

Aufgrund unvermeidlicher Verluste ist die abgegebene Arbeit W_{ab} bzw. die abgegebene Leistung P_{ab} stets kleiner als die zugeführte Arbeit W_{zu} bzw. die zugeführte Leistung P_{zu}. Für den Wirkungsgrad ergibt sich daraus stets ein Wert kleiner 1.

$$\eta < 1$$

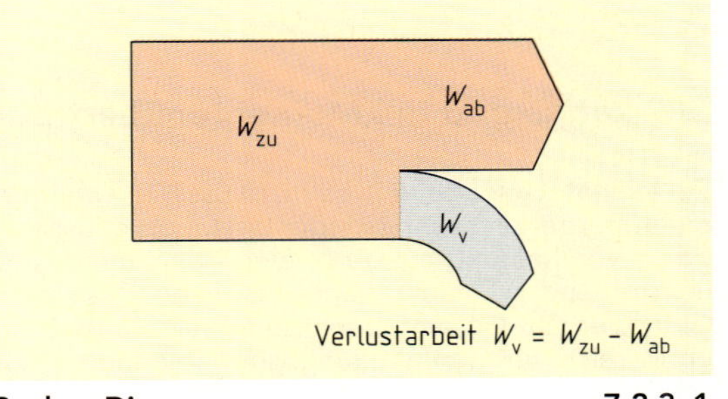

Sankey-Diagramm **7.2.3–1**

Spannen und Entspannen einer Feder

Eine gespannte Feder kann die beim Spannen gespeicherte Arbeit während des Entspannens nahezu vollständig abgeben.

$$W_{zu} \approx W_{ab}$$

Entspannt sich die zuvor in der Zeit t_{zu} langsam gespannte Feder mit hoher Geschwindigkeit, d. h. innerhalb einer sehr kurzen Zeit t_{ab}, gilt:

$$P_{zu} = \frac{W_{zu}}{t_{zu}} \quad \text{und} \quad P_{ab} = \frac{W_{ab}}{t_{ab}}$$

mit $t_{zu} \gg t_{ab}$

folgt: $P_{zu} \ll P_{ab}$

Zur Berechnung des Wirkungsgrads η **muss** bei **nicht gleichzeitiger** Arbeitsaufnahme und Arbeitsabgabe das Verhältnis $\eta = W_{ab} / W_{zu}$ gebildet werden.

Die Verlustleistung P_V berechnet man als Differenz aus der zugeführten Leistung P_{zu} und der abgeführten Leistung P_{ab}.

$$P_V = P_{zu} - P_{ab}$$

Beim Betrieb einer elektrisch angetriebenen Drehmaschine wird die zur Werkstückbearbeitung notwendige Leistung dem Stromnetz entnommen. Diese Leistung wird über den Elektromotor und das Getriebe an die Arbeitsspindel übertragen. Jedes dieser Bauteile besitzt einen eigenen Wirkungsgrad. Der Gesamtwirkungsgrad sämtlicher Bauteile wird durch Multiplikation der Einzelwirkungsgrade berechnet.

$$\eta_{ges} = \eta_1 \cdot \eta_2 \cdot \eta_3 \cdot \ldots \eta_n$$

Da der Wert jedes Einzelwirkungsgrads kleiner als 1 ist, muss der Wert des Gesamtwirkungsgrads η_{ges} kleiner als der kleinste Einzelwirkungsgrad sein.

Zusammenhang zwischen Verlustleistung und Wirkungsgrad

$\eta = \frac{P_{ab}}{P_{zu}}$ Aus $P_V = P_{zu} - P_{ab}$ folgt: $P_{ab} = P_{zu} - P_V$

$\rightarrow \quad \eta = \frac{P_{zu} - P_V}{P_{zu}} \qquad \eta = 1 - \frac{P_V}{P_{zu}}$

Ermittlung des Gesamtwirkungsgrads η_{ges} aus den Teilwirkungsgraden η_1 und η_2

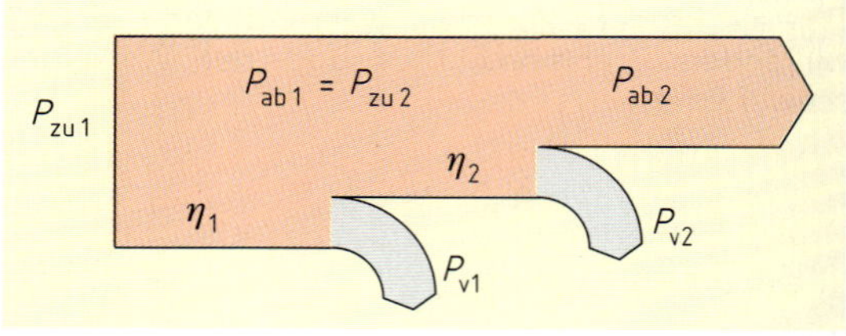

Sankey-Diagramm **7.2.3–2**

Gesamtwirkungsgrad $\eta_{ges} = \frac{P_{ab2}}{P_{zu1}}$

$\eta_1 = \frac{P_{ab1}}{P_{zu1}} \qquad \eta_2 = \frac{P_{ab2}}{P_{zu2}}$

mit $P_{ab1} = P_{zu2}$

$P_{ab1} = \eta_1 \cdot P_{zu1} \quad = \quad \frac{P_{ab2}}{\eta_2} = P_{zu2}$

$\rightarrow \quad \eta_1 \cdot \eta_2 = \frac{P_{ab2}}{P_{zu1}} \quad = \quad \eta_{ges}$ bzw. $\eta_{ges} = \eta_1 \cdot \eta_2$

Wirkungsgrad bei Momentenübertragung

Bei einem Getriebe mit formschlüssiger Drehmomentübertragung kann sich der Leistungsverlust aufgrund von Reibung nur durch eine Abnahme des zu übertragenden Drehmoments auswirken. Besitzt ein Getriebe ein Gesamtübersetzungsverhältnis i, so ergibt sich für den Wirkungsgrad folgende Gleichung:

$$\eta = \frac{M_{ab}}{M_{zu} \cdot i}$$

Sind der Wirkungsgrad η, das Gesamtübersetzungsverhältnis i und das zugeführte Drehmoment M_{zu} bekannt, kann das abgegebene Drehmoment M_{ab} durch Umstellen obiger Gleichung berechnet werden.

$$M_{ab} = M_{zu} \cdot \eta \cdot i$$

Selbstverständlich lässt sich auch das zuzuführende Drehmoment M_{zu} durch geeignete Umstellung obiger Gleichung berechnen.

$$M_{zu} = \frac{M_{ab}}{\eta \cdot i}$$

Beispiel: Getriebewirkungsgrad

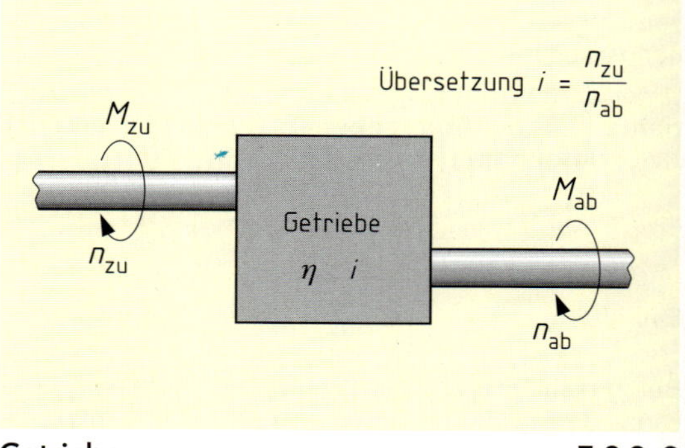

Getriebe **7.2.3–3**

Allgemein gilt: $\eta = \frac{P_{ab}}{P_{zu}}$

Mit $P_{ab} = M_{ab} \cdot 2 \cdot \pi \cdot n_{ab}$

und $P_{zu} = M_{zu} \cdot 2 \cdot \pi \cdot n_{zu}$

ergibt sich: $\eta = \frac{M_{ab} \cdot \cancel{2 \cdot \pi} \cdot n_{ab}}{M_{zu} \cdot \cancel{2 \cdot \pi} \cdot n_{zu}} = \frac{M_{ab}}{M_{zu} \cdot i}$

7.3 Mechanische Energie

Unter mechanischer **Energie** versteht man die Fähigkeit eines Körpers oder eines Systems aus mehreren Körpern, Arbeit zu verrichten. Energie ist eine **Zustandsgröße**, der Begriff Arbeit beschreibt dagegen einen Vorgang.

Energie = Arbeitsvermögen

Wegen des engen Zusammenhangs zwischen mechanischer Energie und mechanischer Arbeit besitzen beide Größen das **gleiche Formelzeichen** und die **gleichen Einheiten**.

$$[\text{Arbeit}] = [\text{Energie}] = [W] = \text{Nm} = \text{J} = \text{Ws}$$

Grundsätzlich werden **potentielle Energien** und **kinetische Energien** unterschieden.

Potentielle Energie

Unter **potentieller Energie** versteht man das Arbeitsvermögen eines Körpers, welches er aufgrund seiner **Lage** oder aufgrund der **Anordnung seiner Teile** besitzt.

Beispiel: Spannen einer Feder

Beim Spannen einer Feder werden die Werkstoffteilchen im Innern aus ihrer Gleichgewichtslage bewegt. Durch das Bestreben, in diese Gleichgewichtslage zurückzukehren, kann die Feder die zuvor aufgebrachte Spannarbeit wieder abgeben.

Übersicht über potentielle Energien:

Arbeit (Vorgang)	**Energie** (Zustand)	**Gleichung**
Hubarbeit	Energie der Lage	$W_{pot} = m \cdot g \cdot h$
Spannarbeit	Spannenergie	$W_S = \frac{1}{2} F \cdot s \quad ; \quad W_S = \frac{1}{2} D \cdot s^2$
Formänderungsarbeit		$W_S = \frac{A \cdot E}{2 \cdot l} \cdot \Delta l^2 \quad ; \quad W_S = \frac{F_S^{\,2} \cdot l}{2 \cdot A \cdot E}$

Kinetische Energie

Unter **kinetischer Energie** versteht man das Arbeitsvermögen, welches ein Körper aufgrund seiner **Bewegung** besitzt.

Arbeit (Vorgang)	**Energie** (Zustand)	**Gleichung**
Beschleunigungsarbeit	Energie der Bewegung	$W_{kin} = \frac{1}{2} m \cdot v^2$

Im Kapitel 9: **Energiebilanzen** werden Energieumwandlungen ausführlich behandelt.

7.4 Übungen

Lehrbeispiel 1: Dieselramme

Die im Einführungsbeispiel dargestellte Dieselramme besitzt folgende technischen Daten:

Gesamtmasse Dieselbär	$m_{ges} =$	$1800\ \text{kg}$
Schlaggewicht	$m =$	$600\ \text{kg}$
Energie pro Schlag	$W_{min} =$	$9\,600\ \text{Nm}$
	$W_{max} =$	$17\,100\ \text{Nm}$

a) Der gesamte Dieselbär wird mit einer Winde in der Zeit $t = 60\ \text{s}$ auf eine Arbeitshöhe von $h = 12\ \text{m}$ angehoben.
Welche Leistung nimmt der Windenmotor bei einem Gesamtwirkungsgrad von $\eta = 0{,}88$ auf?

b) Zwischen welchen Werten h_{min} und h_{max} liegt der Arbeitshub des Schlaggewichts, wenn 95% der potentiellen Energie in Schlagenergie übergehen?

c) Das Rammgut dringt bei maximaler Schlagenergie W_{max} pro Schlag $s = 100\ \text{mm}$ tief in die Erde ein. Welche durchschnittliche Widerstandskraft übt die Erde gegen das Eindringen aus?

Lösung:

a)

$$\eta = \frac{P_{ab}}{P_{zu}} \quad \rightarrow \quad P_{zu} = \frac{P_{ab}}{\eta}$$

Mit $P_{ab} = \frac{W_H}{t}$ und $W_H = m_{ges} \cdot g \cdot h$ folgt:

$$P_{zu} = \frac{m_{ges} \cdot g \cdot h}{t \cdot \eta} = \frac{1800\,\text{kg} \cdot 9{,}81\,\text{m} \cdot 12\,\text{m}}{s^2 \cdot 60\,\text{s} \cdot 0{,}88}$$

$$P_{zu} = 4013{,}2\ \text{W}$$

$$\underline{\underline{P_{zu} = 4{,}0132\ \text{kW}}}$$

b) Allgemein gilt:

$W_{ab} = \eta \cdot W_{zu}$ Mit $\eta = 0{,}95$ und $W_{zu} = m \cdot g \cdot h$ folgt:

$$W_{ab} = \eta \cdot m \cdot g \cdot h$$

für die Höhe h ergibt sich:

$$h = \frac{W_{ab}}{\eta \cdot m \cdot g}$$

$$\rightarrow h_{min} = \frac{W_{min}}{\eta \cdot m \cdot g} = \frac{9600\ \text{Nm} \cdot s^2\ \text{kg} \cdot \text{m}}{0{,}95 \cdot 600\ \text{kg} \cdot 9{,}81\ \text{m}\ s^2}$$

$$\underline{\underline{h_{min} = 1{,}72\ \text{m}}}$$

$$\rightarrow h_{max} = \frac{W_{max}}{\eta \cdot m \cdot g} = \frac{17100\ \text{Nm} \cdot s^2\ \text{kg} \cdot \text{m}}{0{,}95 \cdot 600\ \text{kg} \cdot 9{,}81\ \text{m}\ s^2}$$

$$\underline{\underline{h_{min} = 3{,}06\ \text{m}}}$$

c)

$$W_{max} = F \cdot s$$

$$\rightarrow F = \frac{W_{max}}{s} = \frac{17100\ \text{Nm}}{0{,}1\ \text{m}}$$

$$\underline{\underline{F = 171\ \text{kN}}}$$

Lehrbeispiel 2: Gasfeder

Für die abgebildete Gasfeder wurde nachfolgendes Kraft-Weg-Verhalten experimentell bestimmt:

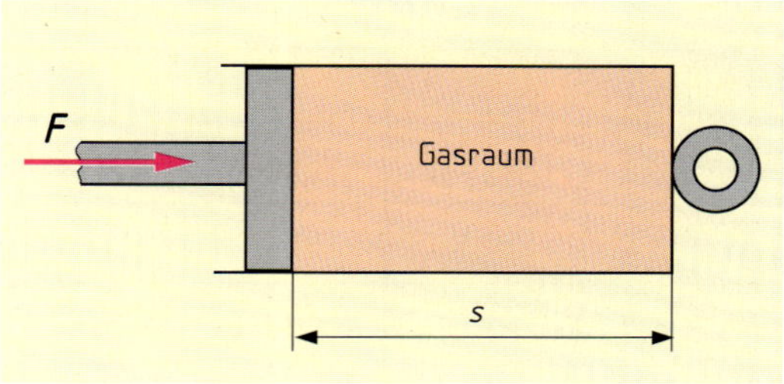

Gasfeder **7.4–1**

Wertetabelle:

s in cm	40	35	30	25	20	15	10
F in N	87,5	100,00	116,67	140,00	175,00	233,00	350,00

a) Die Kennlinie der Gasfeder ist in ein $F(s)$-Diagramm einzuzeichnen.

b) Die Fläche unter der $F(s)$-Linie entspricht der beim Spannen verrichteten Arbeit.
Die verrichtete Arbeit ist näherungsweise durch die Einbeschreibung von Rechtecken **und** mithilfe der **Simpson'schen Regel** zu berechnen.

Lösung:

a) Die Gasfeder zeigt kein lineares, sondern ein progressives Verhalten. Je stärker die Gasfeder zusammengedrückt wird, desto härter wird sie.

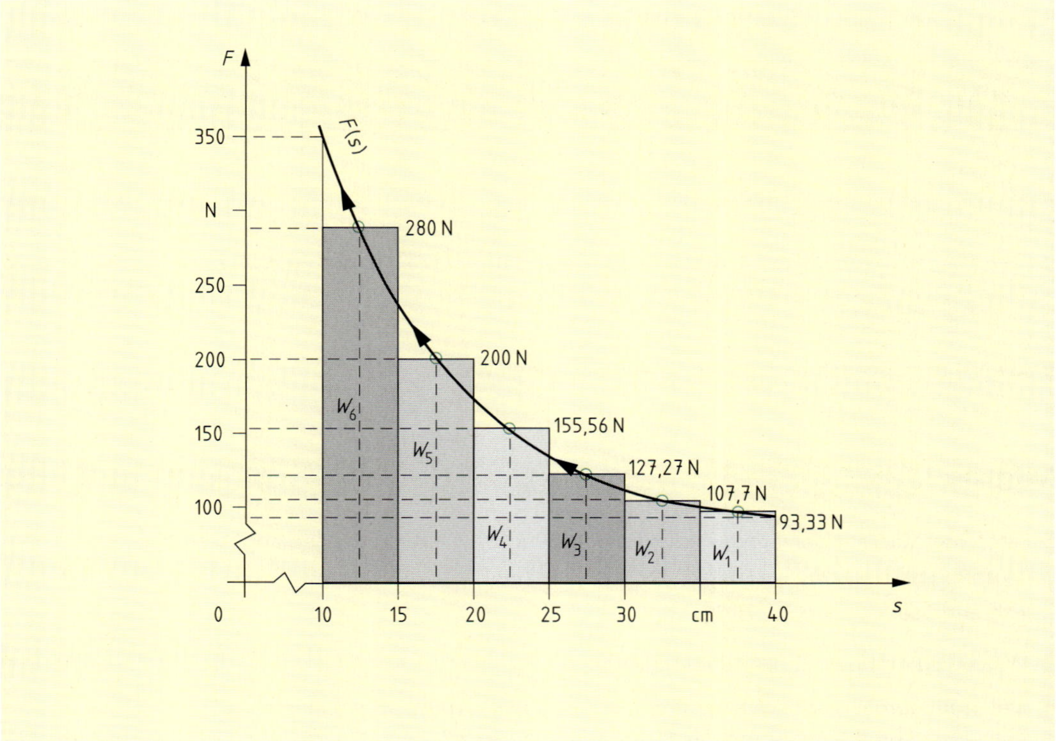

F-*s*-**Diagramm** **7.4–2**

b) Die Zwischenwerte, d. h. die Höhen der ins Diagramm eingezeichneten Rechtecke können aus dem Diagramm abgelesen werden. Die „Teilarbeiten" ergeben sich durch Multiplikation der Zwischenwerte mit der Rechteckbreite $\Delta s = 5$ cm.

Streifen n		1	2	3	4	5	6
s_n	in cm	37,5	32,5	27,5	22,5	17,5	12,5
F_n	in N	93,33	107,70	127,27	155,56	200,00	280,00
$W_n = F_n \cdot \Delta s$	in J	4,67	5,39	6,36	7,78	10,00	14,00

Durch die Addition der „Teilarbeiten" ergibt sich die Gesamtarbeit W_{ges}.

$$W_{ges} = \Sigma W_n = W_1 + W_2 + W_3 + W_4 + W_5 + W_6$$

$$= 4{,}67\,\text{J} + 5{,}39\,\text{J} + 6{,}36\,\text{J} + 7{,}78\,\text{J} + 10{,}00\,\text{J} + 14{,}00\,\text{J}$$

$$\underline{\underline{\mathbf{W_{ges} = 48{,}2\,J}}}$$

Mithilfe der **Simpson'schen Regel** lassen sich Flächeninhalte beliebig geformter Flächen ermitteln. Dazu teilt man die zu berechnende Fläche in eine gerade Anzahl (n = 2, 4, 6, … , n) Streifen der Streifenbreite *h* ein.

Für die Fläche ergibt sich dann:

$$A \approx \frac{h}{3} \cdot (y_0 + 4y_1 + 2y_2 + 4y_3 + \ldots + 4y_{n-1} + y_n) \qquad \text{Simpson'sche Regel}$$

Je größer die Anzahl der Streifen gewählt wird, desto genauer ist das Verfahren.

Für obigen Fall ergibt sich mit $h = s = 0{,}05$ m und $y_n = F_n$:

F_0	F_1	F_2	F_3	F_4	F_5	F_6
87,5	100,00	116,67	140,00	175,00	233,00	350,00

$$\rightarrow W_{ges} \approx \frac{0{,}05}{3}\,\text{m} \cdot (87{,}5 + 4 \cdot 100 + 2 \cdot 116{,}67 + 4 \cdot 140 + 2 \cdot 175 + 4 \cdot 233 + 350)\,\text{N}$$

$$\underline{\underline{W_{ges} \approx 48{,}54\,\text{J}}}$$

Beide Näherungsverfahren ergeben nahezu denselben Wert.

Aufgabe 1

Ein Motorrad wird aus der Geschwindigkeit $v = 120$ km/h bis zum Stillstand abgebremst.

Motorradmasse $m_M = 250$ kg

Fahrermasse $m_F = 75$ kg

a) Welche Bremsarbeit ist dazu erforderlich?

b) Der Bremsvorgang ist nach einer Bremsstrecke von $s = 100$ m abgeschlossen.
Mit welcher Bremskraft wurde das Motorrad abgebremst?

Aufgabe 2

In einem Industriebetrieb werden Lasten mittels eines Aufzuges transportiert. Der Lastenkorb ist über das Aufzugseil mit dem Ausgleichsgewicht verbunden. Der zwischen den Umlenkrollen angebrachte Antrieb wirkt direkt auf das Aufzugseil.

Technische Daten:

Lastkorbmasse	$m_1 = 300\,\mathrm{kg}$
Masse des Ausgleichsgewicht	$m_2 = 280\,\mathrm{kg}$
Wirkungsgrad pro Umlenkrolle	$\eta_U = 0{,}96$
Wirkungsgrad des Antriebs	$\eta_A = 0{,}75$

Wie groß ist die Leistungsaufnahme des Antriebs, wenn eine Last $m_L = 120$ kg mit konstanter Geschwindigkeit von $v = 3{,}5$ m/s nach oben transportiert wird?

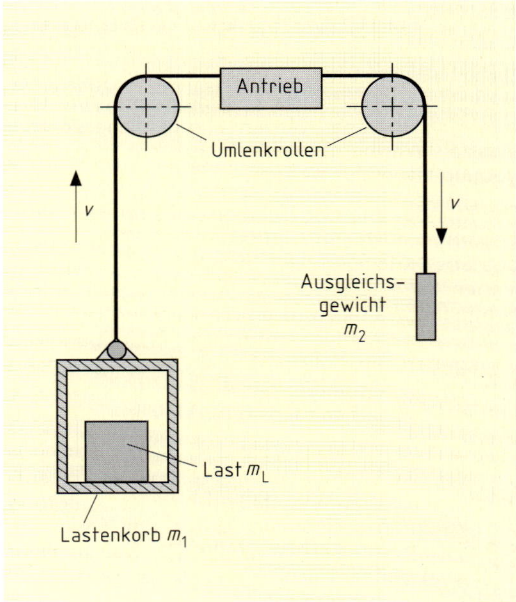

Lastenaufzug **7.4–3**

Aufgabe 3

Der abgebildete Hochbehälter dient in einem Industriebetrieb zur Bevorratung von Brauchwasser.

Technische Daten:

Motorleistung	$P_{zu} = 2{,}65\,\mathrm{kW}$
Motorwirkungsgrad	$\eta_n = 0{,}85$
Pumpenwirkungsgrad	$\eta_P = 0{,}8$

Wie viel Liter Brauchwasser können in einer Stunde in den Hochbehälter gepumpt werden?

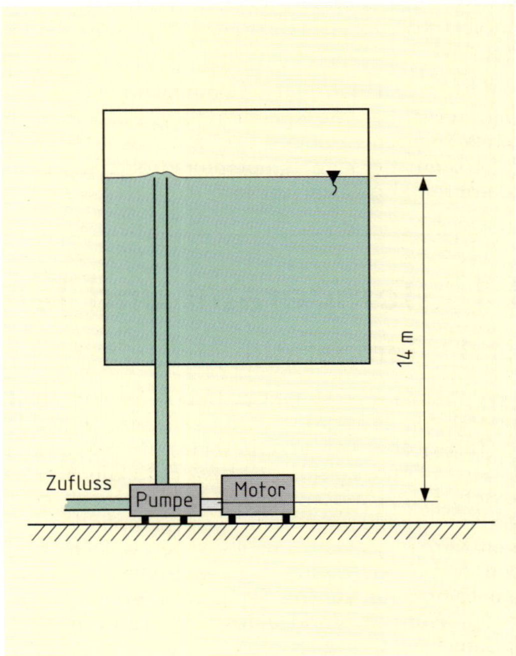

Hochbehälter **7.4–4**

8 Wärmelehre

Einführungsbeispiel: Kühlung eines Verbrennungsmotors

Die in einem Verbrennungsmotor frei werdende Energie kann lediglich zu einem Teil zur Fortbewegung genutzt werden. Die restliche Energie muss als **Wärme** über das Kühlsystem an die Umgebung abgeführt werden.

Die Zylinder und der Zylinderkopf sind dazu doppelwandig ausgeführt, sodass während des Motorbetriebs Kühlflüssigkeit durch die Hohlräume fließen kann. Die von der Kühlflüssigkeit aufgenommene Wärme wird an die während der Fahrt durch den Kühler strömende Umgebungsluft abgegeben. Im Stillstand und bei Langsamfahrt erzeugt ein temperaturgesteuerter, elektrisch angetriebener Lüfter den erforderlichen Kühlluftstrom.

Da sich die Kühlflüssigkeit bei Erwärmung ausdehnt, ist ein Überlaufgefäß erforderlich. Aufgrund der Volumenausdehnung steigt der Druck im Kühlsystem um $200\,\mathrm{hPa} \ldots 300\,\mathrm{hPa}$, was zu einer Erhöhung der Kühlflüssigkeitssiedetemperatur auf ca. $104\,°\mathrm{C} \ldots 108\,°\mathrm{C}$ führt.

Ein in das Kühlsystem eingebauter Thermostat sorgt für das schnelle Erreichen der optimalen Betriebstemperatur. Dazu schließt der Thermostat den Kühlkreislauf kurz, d. h., zunächst fließt keine Flüssigkeit durch den Kühler. Mit steigender Kühlflüssigkeitstemperatur gibt der Thermostat einen immer größeren Leitungsquerschnitt zum Kühler frei.

Um Motorschäden durch Überhitzung zu vermeiden, misst man die Kühlmitteltemperatur mithilfe eines Temperaturfühlers. Die gemessene Temperatur kann über eine Temperaturanzeige im Armaturenbrett abgelesen werden.

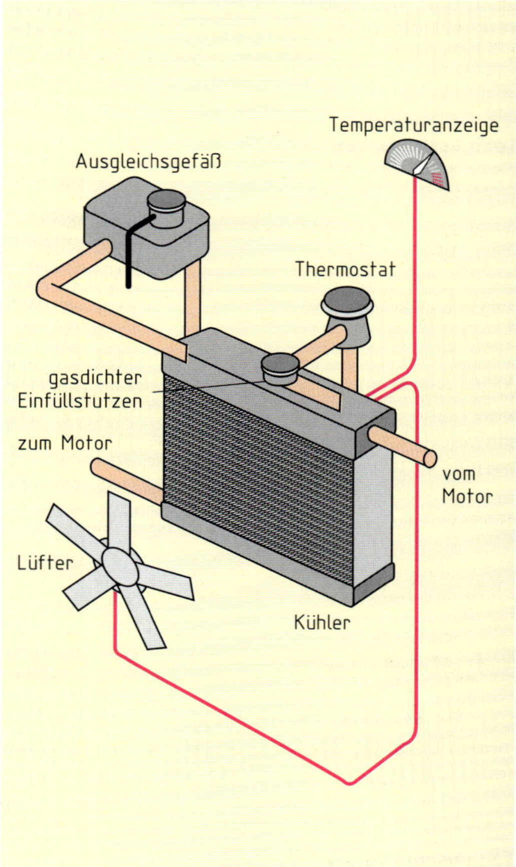

Kfz-Kühlsystem **8–1**

8.1 Temperatur und Temperaturmessung

8.1.1 Temperatur

In der Wärmelehre kommt zu den in der Mechanik eingeführten Basisgrößen Länge, Masse und Zeit die **Basisgröße Temperatur** hinzu. Temperaturen werden in **Grad Celsius** (°C) bzw. in **Kelvin** (K) gemessen. Durch besondere Hautsinnesorgane nehmen wir Wärme und Kälte wahr. Empfinden wir einen Körper als warm, so schreiben wir ihm eine hohe, empfinden wir ihn dagegen als kalt, eine niedere Temperatur zu. Die Temperatur kann als Maß für den **Wärmezustand eines Körpers** bezeichnet werden.

Bei der Betrachtung des inneren Aufbaus von Körpern stellt man fest, dass die Eigenbewegungen der Atome bzw. der Moleküle mit steigender Temperatur heftiger werden.

Die Temperatur eines Körpers kann somit auch als **Maß für die Bewegungsenergie** seiner Grundbausteine gedeutet werden.

Flüssigkeitsmoleküle schwingen mit zunehmender Temperatur ebenfalls stärker und die Stöße untereinander werden heftiger. Bei Gasen erhöht sich mit steigender Temperatur die mittlere Geschwindigkeit der Moleküle.

Auswirkungen einer Temperaturerhöhung auf:

● Festkörper

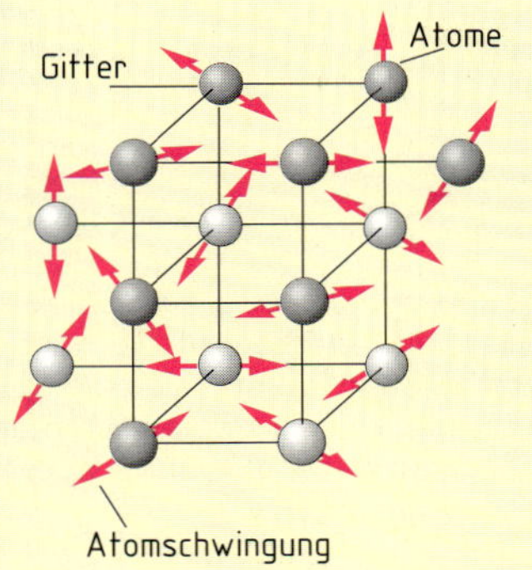

Die Amplitude der schwingenden Atome nimmt zu. Atome oder Moleküle von Festkörpern schwingen mit steigender Temperatur heftiger um ihre Ruhelage.

Kristallgitter **8.1.1–1**

● Flüssigkeiten

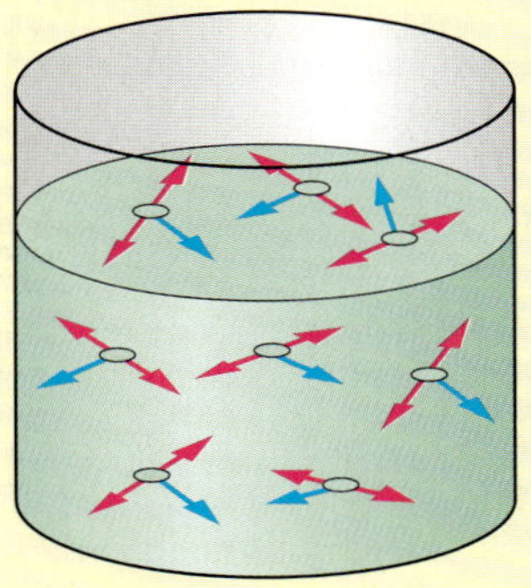

Die mittlere Geschwindigkeit und die Amplitude der Eigenschwingungen aller Flüssigkeitsteilchen erhöht sich mit steigender Temperatur.

Flüssigkeitsteilchen **8.1.1–2**

● Gase

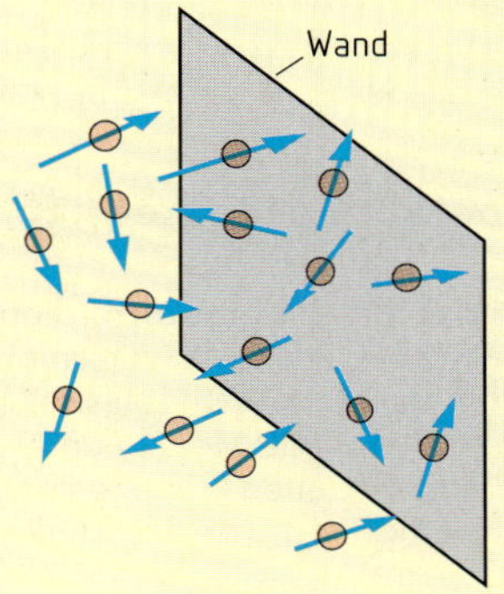

Die mittlere Geschwindigkeit der Gasteilchen erhöht sich.

Gasteilchen **8.1.1–3**

8.1.2 Temperaturmessung

Zur **Temperaturmessung** sind alle Körpereigenschaften, welche in gesetzmäßiger Weise von der Temperatur abhängen, geeignet.

Temperaturabhängige Eigenschaften:

- Länge eines Stabs
- Volumen einer Flüssigkeit
- Druck in einem Gas
- elektrischer Widerstand eines Metalldrahts
- Thermospannung zwischen zwei Metallen
- Strahlung, die von einem Körper ausgeht

Flüssigkeitsthermometer

Zur erstmaligen Festlegung einer Temperaturskala wurde die Wärmeausdehnung von Quecksilber herangezogen.

Mit zunehmender Temperatur dehnt sich Quecksilber, das sich in einem Reservoir befindet, aus und steigt als Quecksilberfaden in einem dünnen Glasrohr auf. Die Länge des Fadens ist ein Maß für die Temperatur.

Als Grundlage der **Celcius-Skala** wurde der Schmelzpunkt von Eis sowie der Siedepunkt reinen Wassers bei einem Atmosphärendruck von $1013\,\text{hPa}$ (Normaldruck) gewählt. Dem Schmelzpunkt wurde die Temperatur $0\,°\text{C}$, dem Siedepunkt die Temperatur $100\,°\text{C}$ zugesprochen.

Zwischen $0\,°\text{C}$ und $100\,°\text{C}$ ist die Skala in hundert gleiche Teile geteilt. Mit der sich ergebenden Teilung kann die Skala nach oben und unten erweitert werden. Der Einsatzbereich von Quecksilberthermometern ist durch den Erstarrungspunkt bei $-38{,}8\,°\text{C}$

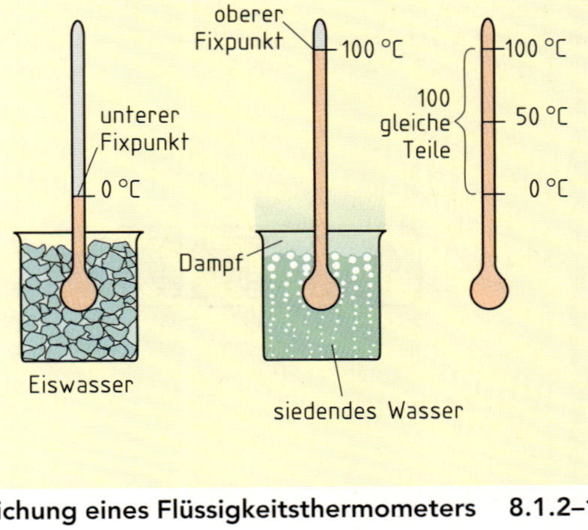

Eichung eines Flüssigkeitsthermometers **8.1.2–1**

und den Siedepunkt bei +357 °C begrenzt. Der Siedepunkt von Quecksilber lässt sich mithilfe einer unter hohem Druck stehenden Stickstofffüllung erhöhen. Mit solchen Thermometern können Temperaturen bis 700 °C gemessen werden. Flüssigkeitsthermometer werden je nach gewünschtem Temperaturmessbereich auch mit Alkohol, Toluol und Pentan gefüllt. Unregelmäßigkeiten in der Wärmeausdehnung werden durch eine nichtlineare Skala oder durch ein speziell geformtes Steigrohr ausgeglichen. Um Messfehler zu vermeiden, sollte während der Temperaturmessung die gesamte Flüssigkeitssäule der gleichen Temperatur ausgesetzt sein.

Bimetallthermometer

In **Bimetallthermometern** dient zur Temperaturmessung ein aus zwei verschiedenen Metallen zusammengesetzter Bimetallstreifen. Bei Erwärmung dehnen sich beide Metalle unterschiedlich stark aus; der Bimetallstreifen krümmt sich. Je größer die Temperaturerhöhung, desto stärker die Krümmung. Wird ein Bimetallstreifen spiralförmig aufgewickelt und befindet sich das sich stärker ausdehnende Metall an der Außenseite, dann krümmt sich die Spirale bei einer Temperaturerhöhung stärker. Bimetalle werden häufig als **Thermostate**, d. h. als temperaturabhängige Schalter, eingesetzt.

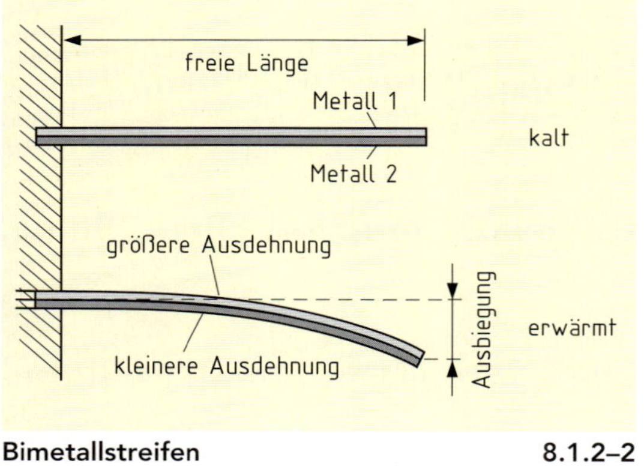

Bimetallstreifen 8.1.2–2

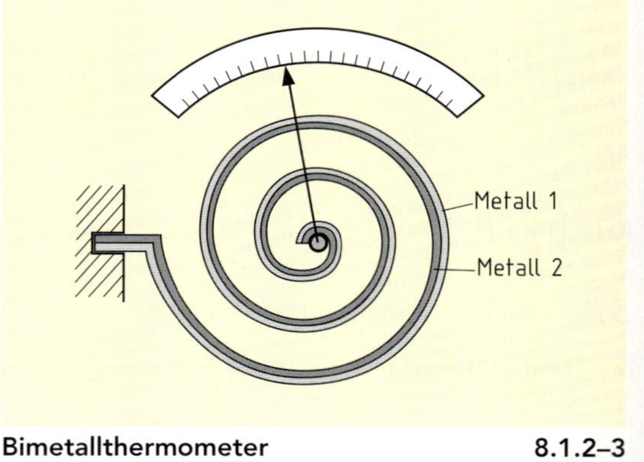

Bimetallthermometer 8.1.2–3

Elektrisches Widerstandsthermometer

Der elektrische Widerstand von Metallen und Halbleitern ist temperaturabhängig. Diese Temperaturabhängigkeit wird beispielsweise zur Messung der Kühlflüssigkeitstemperatur im Kühlsystem eines Verbrennungsmotors ausgenutzt. Ändert sich der elektrische Widerstand eines Leiters, dann ändert sich bei konstanter Spannung der durch den Leiter fließende Strom entsprechend. Damit die Messung nicht durch die Stromwärme verfälscht wird, muss der durch den Messfühler fließende Strom klein gehalten werden. Ein in den Stromkreis eingebauter Strommesser, der mit einer nach der Kennlinie des Leiters in °C geeichten Skala versehen ist, dient zum Ablesen der Temperatur. Da zwischen Messstelle und Messwertanzeige ein großer räumlicher Abstand möglich ist, eignen sich Widerstandsthermometer als **Fernthermometer**.

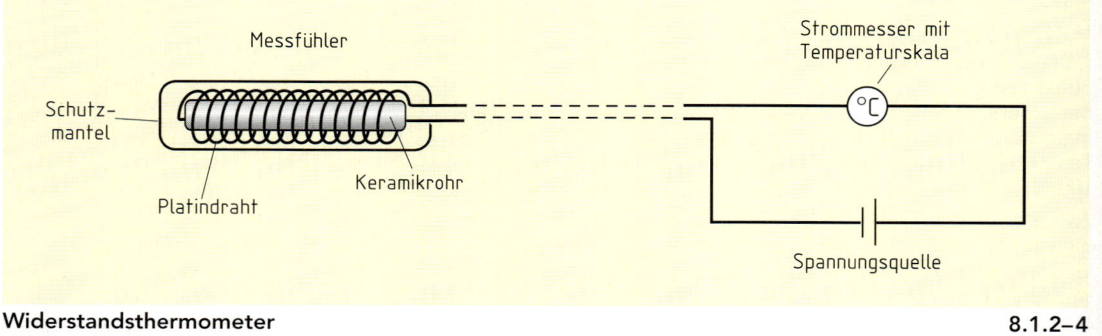

Widerstandsthermometer 8.1.2–4

Thermoelement

Thermoelemente bestehen aus zwei an einem Ende verlöteten oder verschweißten unterschiedlichen Metalldrähten.

Wird die Verbindungsstelle über die Umgebungstemperatur erwärmt, entsteht zwischen den freien Enden eine Spannung. Diese **Thermospannung** ist von der verwendeten Metallpaarung abhängig und steigt proportional mit der Temperaturerhöhung an.

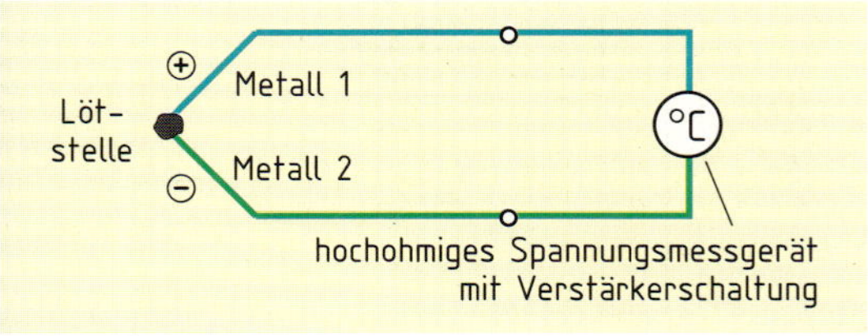

Thermoelement **8.1.2–5**

Typische Thermopaare:

Paarung (+/–)	Messbereich in °C	Thermoempfindlichkeit
Rh/Pt	-50 ... +1700°C	10ηV/K
NiCr/Ni	-270 ... +1300°C	40ηV/K
Fe/Konstantan	-200 ... +600°C	54ηV/K

Der Einsatzbereich von Thermoelementen erstreckt sich, je nach Metallpaarung, über einen Temperaturbereich von –270 °C bis +1700 °C. Bei genauen Messungen benutzt man eine definierte Vergleichsstelle. Gegenüber Widerstandsthermometern zeichnen sich Thermoelemente durch ihre große Empfindlichkeit aus. Thermoelemente nehmen aufgrund ihrer kleinen Masse sehr schnell die Messtemperatur an; sie besitzen eine geringe thermische Trägheit.

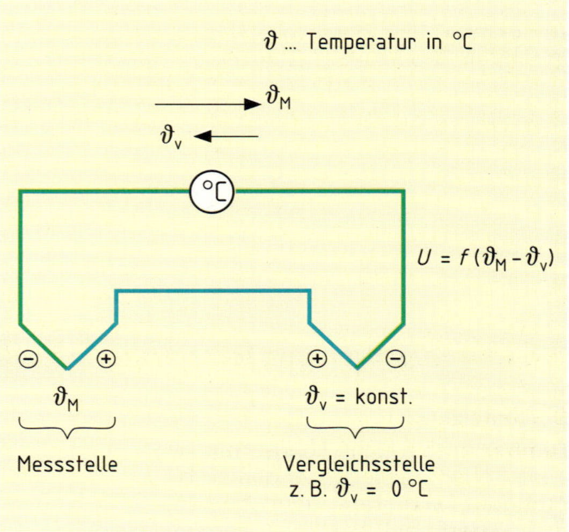

Thermoelement mit Vergleichsstelle **8.1.2–6**

Strahlungspyrometer

Thermoelemente und andere Berührungsthermometer versagen im Dauerbetrieb bei hohen **Temperaturen**. Zur Messung hoher Temperaturen werden **Strahlungspyrometer** eingesetzt.

Strahlungspyrometer messen die vom Messobjekt ausgehende **Wärmestrahlung.** Sie erlauben damit eine **berührungsfreie** Temperaturmessung.

● Gesamtstrahlungspyrometer

Gesamtstrahlungspyrometer messen **sämtliche** von einem Körper ausgehende **Wellenlängen.** Mithilfe eines optischen Systems bündelt man einen ausgeblendeten Strahl auf ein empfindliches Thermoelement. Die am Thermoelement erzeugte Thermospannung wird gemessen und an einem in °C geeichten Spannungsmesser angezeigt. Zur Erhöhung der Empfindlichkeit können mehrere Thermoelemente zu einer **Thermosäule** hintereinander geschaltet werden.

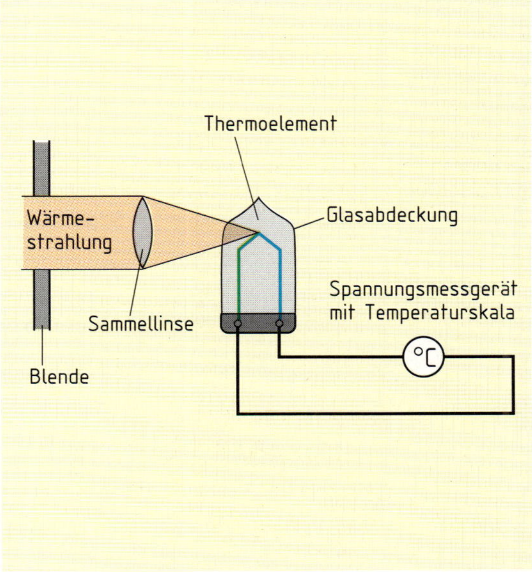

Gesamtstrahlungspyrometer **8.1.2–7**

● **Teilstrahlungspyrometer**

Teilstrahlungspyrometer vergleichen innerhalb eines durch einen Farbfilter begrenzten Spektralbereichs die Leuchtkraft eines heißen Körpers mit der Leuchtkraft einer Spezialglühlampe. Die Helligkeit der Lampenglühwendel lässt sich durch Verändern des Lampenstroms der Helligkeit des zu messenden Körpers anpassen. Der durch die Lampe fließende Strom stellt ein Maß für die Temperatur des Körpers dar. Die Temperatur wird durch einen in °C geeichten Strommesser angezeigt.

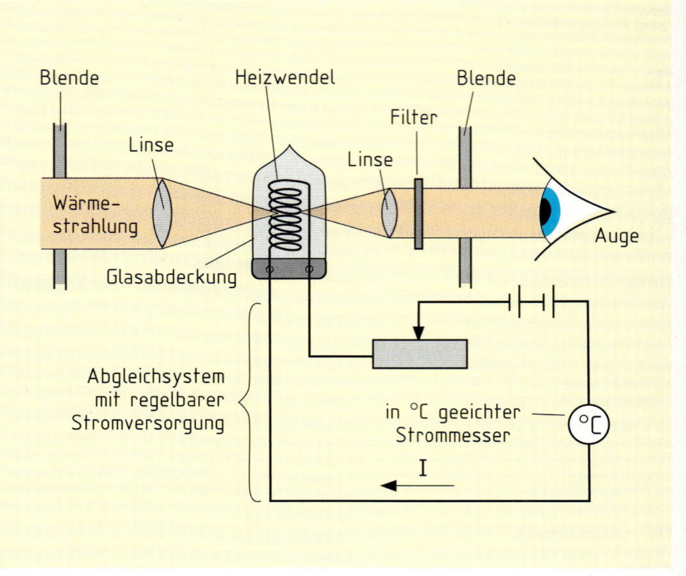

Teilstrahlungspyrometer 8.1.2–8

Sonderverfahren zur Temperaturmessung

● **Schmelzkegel**

Temperaturbereiche können mit ca. 4 cm hohen, schiefstehenden, dreikantigen Pyramiden oder Kegeln, sog. **Segerkegel**, bestimmt werden. Segerkegel bestehen aus Silikatgemischen und erweichen je nach Zusammensetzung bei unterschiedlichen Temperaturen. Zur Temperaturbestimmung bringt man drei Segerkegel mit benachbarten Erweichungstemperaturen in den Messraum. Neigt sich eine Kegelspitze bis zum Boden, so wurde deren Testtemperatur erreicht.

Mit diesem Verfahren lassen sich Temperaturen im Bereich zwischen 600 bis 2000 °C auf ±20 °C genau bestimmen.

Segerkegel 8.1.2–9

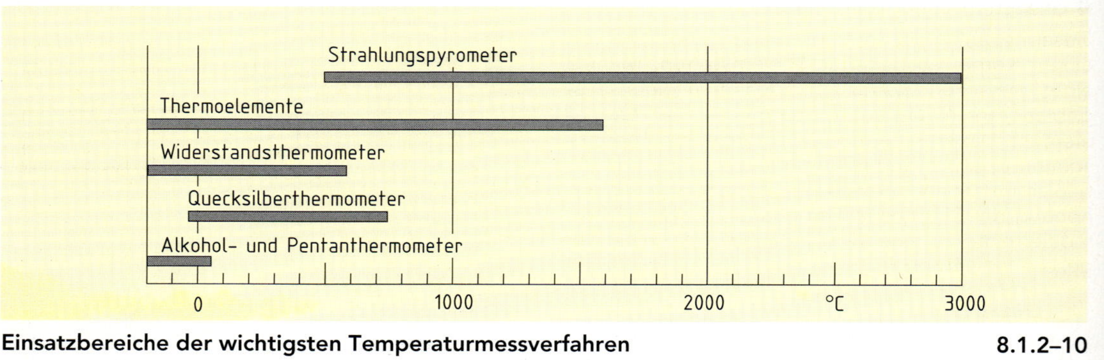

Einsatzbereiche der wichtigsten Temperaturmessverfahren 8.1.2–10

8.2 Wärmeausdehnung

Nahezu alle Körper dehnen sich mit zunehmender Temperatur aus. Bei Abkühlung auf Ausgangstemperatur schrumpfen diese Körper wieder um dasselbe Maß. Der Vorgang der Wärmeausdehnung ist **reversibel,** d.h. umkehrbar.
In der Technik spielen Wärmeausdehnungen eine bedeutende Rolle. Beispiele für Wärmeausdehnungen:

- Das Kühlsystem eines Fahrzeugs muss zur Aufnahme des Ausdehnungsvolumens der Kühlflüssigkeit über ein Ausgleichsgefäß verfügen.
- Spurkränze von Schienenfahrzeugrädern werden im warmen, ausgedehnten Zustand auf den kalten Radkörper aufgezogen. Aufgrund der Abkühlung pressen sich die Spurkränze dann fest auf die Radkörper.
- Wellen werden nur an einem Ende fest gelagert und haben an dem anderen Ende ein Loslager. Dadurch können bei Temperaturschwankungen keine Wärmespannungen im Material entstehen.
- Fahrzeugauspuffanlagen sind großen Temperaturschwankungen ausgesetzt. Sie sind mit flexiblen Elementen am Fahrzeugunterboden befestigt.

8.2.1 Längenausdehnung fester Körper

Die Länge eines Stabes nimmt mit steigender Temperatur zu. Die Längenzunahme erfolgt über einen gewissen Temperaturbereich meist linear und ist sowohl von der Ausgangslänge l_0 bei $\vartheta_0 = 0\,°\mathrm{C}$ als auch von der Temperaturänderung $\Delta\vartheta$ abhängig.

Für verschiedene Stoffe ergeben sich bei sonst gleichen Bedingungen unterschiedliche Längenänderungen. Die stoffabhängige Ausdehnung wird durch den **Längenausdehnungskoeffizienten** α beschrieben.

Für die **Verlängerung** Δl und die **Endlänge** l eines Stabes ergibt sich:

$$\Delta l = l - l_0 = l_0 \cdot \alpha \cdot \Delta\vartheta$$

$$l = l_0\,(1 + \alpha \cdot \Delta\vartheta)$$

mit $\Delta\vartheta = \vartheta - \vartheta_0$

Der **Längenausdehnungskoeffizient** α gibt die Längenänderung bezogen auf die Ausgangslänge $l_0 = 1\,\mathrm{m}$ bei einer Temperaturerhöhung von $\Delta\vartheta = 1\,\mathrm{K}$ an.

$$\alpha = \frac{\Delta l}{l_0 \cdot \Delta\vartheta}$$

Einheit: $[\alpha] = \frac{\mathrm{m}}{\mathrm{mK}} = \frac{1}{\mathrm{K}}$

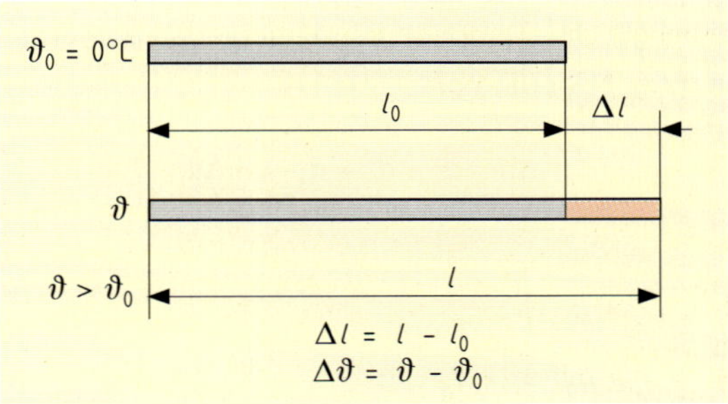

Längenausdehnung eines Stabes **8.2.1–1**

Bestimmung der Längenausdehnung eines Stabes

Die Verlängerung Δl ist proportional zur

Anfangslänge l_0	$\Delta l \sim l_0$
Temperaturerhöhung $\Delta\vartheta$	$\Delta l \sim \Delta\vartheta$
$\rightarrow$	$\Delta l \sim l_0 \cdot \Delta\vartheta$

Mit der Proportionalitätskonstanten α gilt:

$$\Delta l = \alpha \cdot l_0 \cdot \Delta\vartheta$$

Bestimmung der Endlänge:

$$l = l_0 + \Delta l$$

$$\rightarrow\; l = l_0 + \alpha \cdot l_0 \cdot \Delta\vartheta$$

$$l = l_0\,(1 + \alpha \cdot \Delta\vartheta)$$

Erwärmung eines Stabes von ϑ_1 auf ϑ_2
mit $\vartheta_2 > \vartheta_1 > 0\,°\mathrm{C}$

Da sich die Proportionalitätskonstante α auf eine Anfangstemperatur von $0\,°\mathrm{C}$ bezieht, muss zunächst die Länge l_0 bestimmt werden.

$$l_1 = l_0 \cdot (1 + \alpha \cdot \Delta\vartheta_1) \quad \rightarrow \quad l_0 = \frac{l_1}{1 + \alpha \cdot \Delta\vartheta_1}$$

Mit $\Delta\vartheta_1 = \vartheta_1 - 0\,°\mathrm{C} = \vartheta_1$ ***folgt :***

$$l_0 = \frac{l_1}{1 + \alpha \cdot \vartheta_1}$$

Besitzt ein Stab zu Beginn der Ausdehnung nicht die Temperatur $\vartheta_0 = 0\,°C$ und damit nicht die Anfangslänge l_0, so muss die Stablänge zunächst auf diese Anfangsbedingung zurückgerechnet werden.

Da der Wert des Längenausdehnungskoeffizienten α jedoch sehr klein ist, gelten folgende **Näherungsgleichungen**:

$$\Delta l = l_2 - l_1 = l_1 \cdot \alpha \cdot \Delta\vartheta$$

$$l_2 = l_1\,(1 + \alpha \cdot \Delta\vartheta)$$

Bei Erwärmung **kreisförmiger** Bauteile nimmt deren Durchmesser zu.

Die Durchmesseränderung entspricht dabei der Längenänderung, welche ein Stab aus gleichem Material bei gleicher Temperaturänderung erfahren würde.

In guter Näherung gilt:

$$\Delta d = d_2 - d_1 = d_1 \cdot \alpha \cdot \Delta\vartheta$$

$$d_2 = d_1\,(1 + \alpha \cdot \Delta\vartheta)$$

mit $\Delta\vartheta = \vartheta_2 - \vartheta_1$

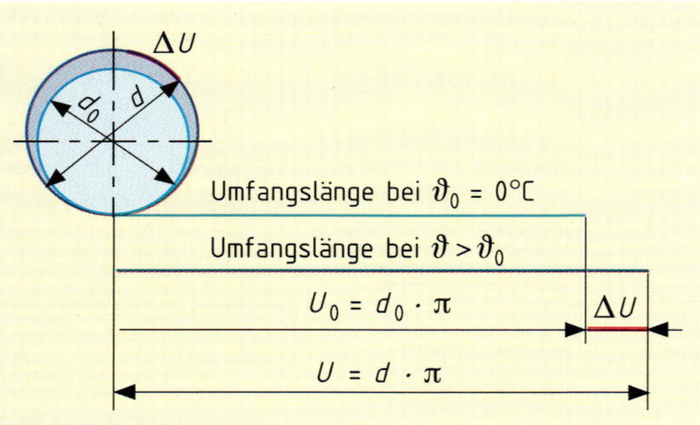

Durchmesseränderung eines Rundkörpers 8.2.1–2

Für die Länge l_2 bei der Temperatur ϑ_2 ergibt sich:

$l_2 = l_0\,(1 + \alpha \cdot \Delta\vartheta_2)$ Mit $\Delta\vartheta_2 = \vartheta_2 - 0\,°C = \vartheta_2$ folgt:

$$l_2 = \frac{l_1}{1 + \alpha \cdot \vartheta_1} \cdot (1 + \alpha \cdot \vartheta_2)$$

Für kleine Werte von $\alpha \cdot \vartheta_1$ gilt: $\frac{1}{1 + \alpha \cdot \vartheta_1} \approx 1 - \alpha \cdot \vartheta_1$

$\rightarrow l_2 = l_1\,(1 - \alpha \cdot \vartheta_1)\,(1 + \alpha \cdot \vartheta_2)$

Durch Ausmultiplizieren erhält man:

$$l_2 = l_1(1 + \alpha \cdot \vartheta_2 - \alpha \cdot \vartheta_1 - \underbrace{\alpha^2 \cdot \vartheta_1 \cdot \vartheta_2}_{0})$$

Da α sehr klein ist, geht der Ausdruck $\alpha^2 \cdot \vartheta_1 \cdot \vartheta_2$ gegen null.

$$l_2 = l_1 \cdot (1 + \alpha \cdot \underbrace{[\vartheta_2 - \vartheta_1]}_{\Delta\vartheta})$$

$$l_2 = l_1\,(1 + \alpha \cdot \Delta\vartheta)$$

bzw.:

$$\Delta l = l_2 - l_1 = l_1 + l_1 \cdot \alpha \cdot \Delta\vartheta - l_1$$

$$\Delta l = l_1 \cdot \alpha \cdot \Delta\vartheta$$

Beide Gleichungen sind Näherungsgleichungen.

Analog zur Längenausdehnung eines Stabs gilt:

$$U = U_0\,(1 + \alpha \cdot \Delta\vartheta)$$

Mit $U = d \cdot \pi$ und $U_0 = d_0 \cdot \pi$:

$$d \cdot \pi = d_0 \cdot \pi\,(1 + \alpha \cdot \Delta\vartheta)$$

$\rightarrow$ $d = d_0\,(1 + \alpha \cdot \Delta\vartheta)$

Mit $\Delta d = d - d_0$ ergibt sich:

$$\Delta d = d_0 \cdot \alpha \cdot \Delta\vartheta$$

Mittlere Längenausdehnungskoeffizienten α zwischen $0\,°C$ und $100\,°C$ in K^{-1}			
Celluloid	0,0001000	Stahl	0,0000120
Polyvinylchlorid	0,0000780	Gusseisen	0,0000104
Blei	0,0000290	Platin	0,0000090
Zink	0,0000270	Glas	0,0000085
Zinn	0,0000230	Porzellan	0,0000045
Elektron	0,0000240	Holz, quer zur Faser	0,0000030 … 0,0000060
Aluminium	0,0000240	Holz, parallel zur Faser	0,0000002 … 0,0000006
Messing	0,0000184	Invar (Ni-Fe-Legierung)	0,0000016
Kupfer	0,0000165	Quarzglas	0,0000005

8.2.2 Wärmespannungen

Sind Bauteile Temperaturschwankungen unterworfen, muss die Wärmeausdehnung bei deren Konstruktion unbedingt berücksichtigt werden.

Im Falle einer Nichtberücksichtigung können **Wärmespannungen**, die bis zur Zerstörung des Bauteils führen, auftreten. Bei **elastischer Werkstoffbeanspruchung** gilt:

$$\sigma = E \cdot \alpha \cdot \Delta\vartheta$$

Einheit: $[\sigma] = \frac{N}{mm^2} = MPa$

Auftretende Wärmespannungen sind lediglich vom Material und der Temperaturänderung abhängig. Bauteillänge und Bauteilquerschnitt haben keinen Einfluss auf die Wärmespannungen.

Bei langen schlanken Bauteilen besteht bei hoher thermischer Belastung Knickgefahr.

Herleitung der Wärmespannungsgleichung

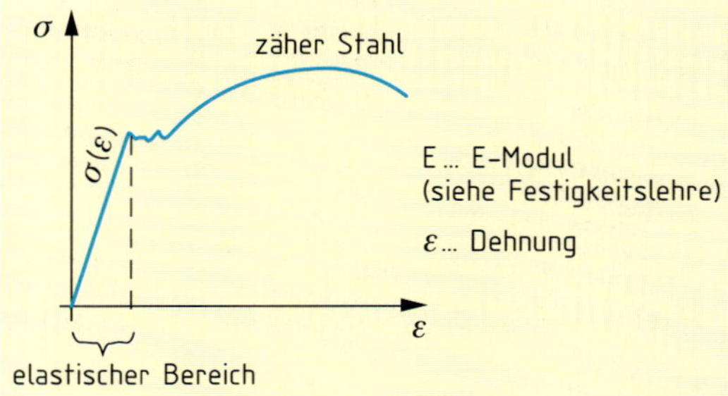

Spannungs-Dehnungs-Diagramm **8.2.2–1**

Aus dem im Zugversuch ermittelten Spannungs-Dehnungs-Diagramm (Kapitel 3.1.5 und 3.1.7) ergibt sich für den elastischen Bereich:

$$\sigma = E \cdot \varepsilon$$

Mit $\varepsilon = \frac{\Delta l}{l_1}$ und $\Delta l = l_1 \cdot \alpha \cdot \Delta\vartheta$ gilt:

$$\sigma = E \cdot \frac{\cancel{l_1} \cdot \alpha \cdot \Delta\vartheta}{\cancel{l_1}}$$

$$\sigma = E \cdot \alpha \cdot \Delta\vartheta$$

Die hergeleitete Gleichung gilt sowohl für Zug- als auch für Druckbeanspruchung.

8.2.3 Volumenausdehnung von festen Körpern und von Flüssigkeiten

Wie im **Einführungsbeispiel** gesehen, dehnen sich neben festen Stoffen auch Flüssigkeiten bei Erwärmung aus.

Gegenüber festen Stoffen ist die Wärmeausdehnung von Flüssigkeiten wesentlich größer. Deshalb benötigt die im Leitbeispiel beschriebene Fahrzeugkühlanlage zur Aufnahme der sich ausgedehnten Kühlflüssigkeit einen zusätzlichen Ausgleichsbehälter.

Bei Flüssigkeitsthermometern dehnt sich die Thermometerflüssigkeit ebenfalls stärker als das sie einschließende Glasrohr aus. Die erwärmte Thermometerflüssigkeit steigt aufgrund der leichten Verschiebbarkeit ihrer Moleküle in der Kapillare auf.

Für die **Volumenausdehnung** ergeben sich mit den Gesetzen der Längenausdehnung in guter Näherung folgende Gleichungen:

$$\Delta V = V_2 - V_1 = V_1 \cdot 3 \cdot \alpha \cdot \Delta\vartheta$$

und

$$V_2 = V_1 (1 + 3 \cdot \alpha \cdot \Delta\vartheta)$$

Der **Volumenausdehnungskoeffizient** $3 \cdot \alpha$ gibt die Volumenzunahme pro Kubikmeter Ausgangsvolumen und pro Kelvin Temperaturerhöhung an.

$$3 \cdot \alpha = \frac{\Delta V}{V_1 \cdot \Delta\vartheta}$$

Einheit: $[3 \cdot \alpha] = \frac{m}{mK} = \frac{1}{K}$

Die Volumenausdehnung ist unabhängig davon, ob es sich um einen Voll- oder Hohlkörper handelt.

Der **Volumenausdehnungskoeffizient für Flüssigkeiten** wird mit γ bezeichnet.

Herleitung der Volumenausdehnungsgleichung

Ausgangsvolumen bei 0 °C:

$V_0 = l_0 \cdot b_0 \cdot h_0$

Bei Erwärmung dehnt sich der Körper in allen drei Dimensionen aus.

$V = l \cdot b \cdot h$

Mit $l = l_0\,(1 + \alpha \cdot \Delta\vartheta)$ $\qquad \Delta\vartheta = \vartheta - \vartheta_0$

$b = b_0\,(1 + \alpha \cdot \Delta\vartheta)$

$h = h_0\,(1 + \alpha \cdot \Delta\vartheta)$ folgt:

$V = l_0\,(1 + \alpha \cdot \Delta\vartheta) \cdot b_0\,(1 + \alpha \cdot \Delta\vartheta) \cdot h_0\,(1 + \alpha \cdot \Delta\vartheta)$

$$V = \underbrace{l_0 \cdot b_0 \cdot h_0}_{V_0} \cdot \underbrace{(1 + \alpha \cdot \Delta\vartheta)^3}_{(1 + 3 \cdot \alpha \cdot \Delta\vartheta + \underbrace{3 \cdot \alpha^2 \cdot \Delta\vartheta^2}_{\approx 0} + \underbrace{\alpha^3 \cdot \Delta\vartheta^3}_{\approx 0})}$$

Näherungsweise gilt:

$V = V_0\,(1 + 3 \cdot \alpha \cdot \Delta\vartheta)$

Für die Volumenzunahme ergibt sich:

$\Delta V = V_0 \cdot 3 \cdot \alpha \cdot \Delta\vartheta$

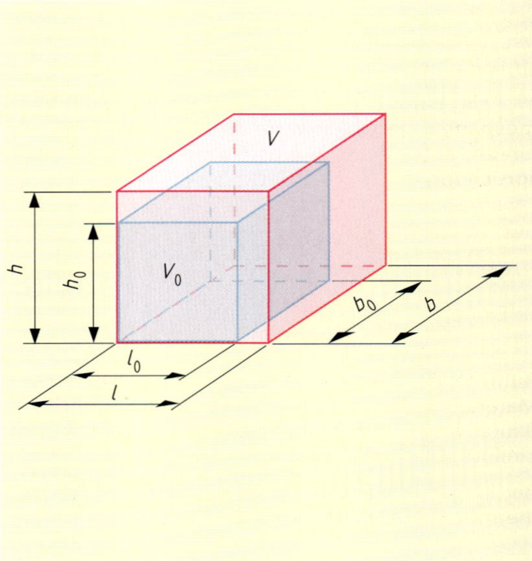

Volumenausdehnung eines Quaders 8.2.3–1

Dichteänderung

Da die Masse m eines Körpers bei Erwärmung konstant bleibt, sich das Volumen V aber ändert, ändert sich auch die Dichte ρ des Körpers bzw. der Flüssigkeit.

$\rho_1 \cdot V_1 = m = \rho_2 \cdot V_2$

Mit $\qquad V_2 = V_1\,(1 + 3 \cdot \alpha \cdot \Delta\vartheta)$

und $\qquad \Delta\vartheta = \vartheta_2 - \vartheta_1$ folgt:

$\rho_1 \cdot V_1 = \rho_2 \cdot V_1\,(1 + 3 \cdot \alpha \cdot \Delta\vartheta)$

$$\rho_2 = \frac{\rho_1}{1 + 3 \cdot \alpha \cdot \Delta\vartheta}$$

Anomalie des Wassers

Bei Erwärmung zeigt Wasser im Gegensatz zu anderen Stoffen ein abweichendes Verhalten.

Wasser besitzt bei 4 °C seine größte Dichte. Die Wärmeausdehnung erfolgt nicht linear.

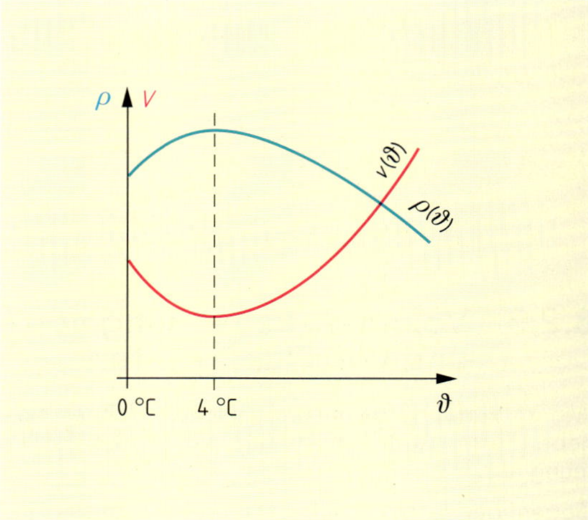

ρ-ϑ-Diagramm von Wasser 8.2.3–2

Volumenausdehnungskoeffizienten γ von Flüssigkeiten in K^{-1}			
Kraftstoffe (Diesel, Benzin)	0,00100	Glycerin	0,00050
Alkohol	0,00110	Quecksilber	0,00018
Benzol	0,00120	Wasser bei 10 °C	0,00009
Petroleum	0,00092	Wasser bei 20 °C	0,00020
Öl	0,00070	Wasser bei 30 °C	0,00030
Schwefelsäure	0,00055	Wasser bei 40 °C	0,00039

8.2.4 Übungen zur Längen- und Volumenausdehnung

Lehrbeispiel 1: Reguliergestänge

In ein Reguliergestänge aus Stahl werden zur Temperaturkompensation Zwischenstäbe aus Zink eingebaut.

$$\alpha_{Zn} = 2{,}7 \cdot 10^{-5} \frac{1}{K}$$

$$\alpha_{St} = 1{,}2 \cdot 10^{-5} \frac{1}{K}$$

a) Um welches Maß Δc dehnt sich der Stahlstab C mit $c = 0{,}9$ m bei einer Temperaturerhöhung um 80 K aus?

b) Welches Maß a muss jeder Zinkstab haben, wenn die Längenausdehnung der Stahlstäbe C und B gerade kompensiert werden soll?

$b = 1{,}0$ m, $c = 0{,}9$ m

c) Welches Maß $(c + b)$ und a müssen die Stäbe besitzen, wenn der Abstand $x = 1200$ mm betragen soll?

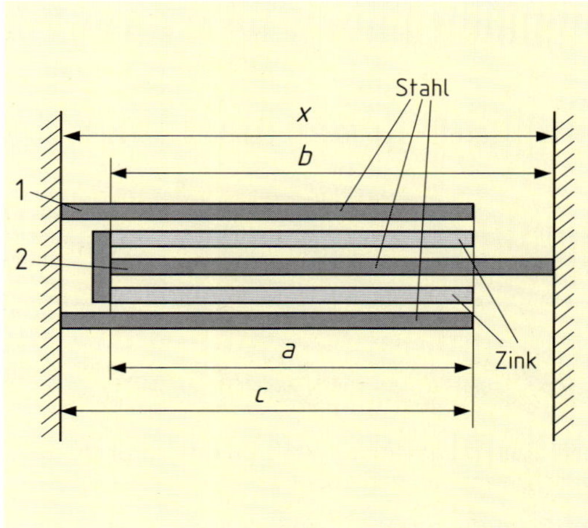

8.2.4–1

Lösung:

a) In guter Näherung gilt:

$$\Delta c = c \cdot \alpha \cdot \Delta\vartheta \quad \rightarrow \quad \Delta c = 0{,}9\text{ m} \cdot 1{,}2 \cdot 10^{-5} \frac{1}{°C} \cdot 80\text{ °C}$$

$$\Delta c = 8{,}64 \cdot 10^{-4}\text{ m}$$

Die Verlängerung beträgt 0,864 mm.

b) Die Summe der Verlängerungen von Stab C und Stab B muss durch die Verlängerung von Stab A ausgeglichen werden.

$$\rightarrow \Delta c + \Delta b = \Delta a \quad \text{mit} \quad \Delta c = c \cdot \alpha_{St} \cdot \Delta\vartheta$$

$$\Delta b = b \cdot \alpha_{St} \cdot \Delta\vartheta$$

$$\Delta a = a \cdot \alpha_{Zn} \cdot \Delta\vartheta$$

$$\rightarrow \quad c \cdot \alpha_{St} \cdot \cancel{\Delta\vartheta} + b \cdot \alpha_{St} \cdot \cancel{\Delta\vartheta} = a \cdot \alpha_{Zn} \cdot \cancel{\Delta\vartheta}$$

d. h., die Kompensation erfolgt bei allen Temperaturänderungen.

$$\rightarrow \quad a = \frac{\alpha_{St} \cdot (c + b)}{\alpha_{Zu}} = \frac{1{,}2 \cdot 10^{-5} \frac{1}{°C} \cdot 1{,}9\text{m}}{2{,}7 \cdot 10^{-5} \frac{1}{°C}} = 0{,}844\text{m}$$

Die Länge eines Zinkstabes muss $a = 0{,}844$ m betragen.

c) Aus der Zeichnung ist ersichtlich:

$$c - a + b = x$$

$$\text{bzw.} \quad c + b - a = x \qquad \text{Mit} \quad a = \frac{\alpha_{St} \cdot (c + b)}{\alpha_{Zn}} \quad \text{(siehe b)}$$

$$\rightarrow \quad c + b - \frac{(c + b) \cdot \alpha_{St}}{\alpha_{Zn}} = x$$

$$(c + b) \cdot \left(1 - \frac{\alpha_{St}}{\alpha_{Zn}}\right) = x$$

$$\rightarrow \quad (c+b) = \frac{x}{1-\frac{\alpha_{St}}{\alpha_{Zn}}} = \frac{1200\,\text{mm}}{1-\frac{1{,}2\cdot 10^{-5}\,\cancel{K^{-1}}}{2{,}7\cdot 10^{-5}\,\cancel{K^{-1}}}} = 2160\,\text{mm}$$

Die Gesamtlänge der Stahlstäbe B und C beträgt

$$\underline{b+c = 2160\,\text{mm}}$$

Somit ergibt sich für die Länge *a* des Zinkstabes A:

$$a = c+b-x$$
$$= 2160\,\text{mm} - 1200\,\text{mm}$$
$$\underline{\underline{a = 960\,\text{mm}}}$$

Lehrbeispiel 2: Fahrzeugkühlung

Das Kühlsystem eines Verbrennungsmotors hat bei 18 °C ein Fassungsvermögen (einschließlich Ausgleichsbehälter) von 10,5 Liter.

Bei einer Betriebstemperatur von 97 °C darf der Ausgleichsbehälter bis auf 0,75 Liter gefüllt sein.

Wie viel Liter Kühlflüssigkeit dürfen bei 18 °C eingefüllt werden?

Motorwerkstoff: Al-Si-Legierung mit $\alpha = 0{,}000024\,\frac{1}{\text{K}}$

Kühlflüssigkeit: $\gamma = 0{,}00043\,\frac{1}{\text{K}}$

Lösung:

Berechnung des Fassungsvermögens bei $\vartheta_2 = 97\,°\text{C}$:

$$V_2 = V_1\,(1 + 3\cdot\alpha\cdot\Delta\vartheta) \quad \text{mit} \quad \Delta\vartheta = \vartheta_2 - \vartheta_1$$
$$= 97\,°\text{C} - 18\,°\text{C} = 79\,°\text{C}$$

$$V_2 = 10{,}5\,\ell\cdot\left(1+3\cdot 0{,}000024\,\frac{1}{°\text{C}}\cdot 79\,°\text{C}\right)$$

$$\underline{V_2 = 10{,}56\,\ell}$$

Berechnung des Flüssigkeitsvolumens bei $\vartheta_2 = 97\,°\text{C}$:

$$V_{F2} = V_2 - 0{,}75\,\ell$$
$$= 10{,}56\,\ell - 0{,}75\,\ell = 9{,}81\,\ell$$
$$V_{F2} = 9{,}81\,\ell$$

Da V_{F2} das Volumen der Flüssigkeit im ausgedehnten Zustand ist, gilt:

$$V_{F2} = V_{F1}\,(1 + \gamma\cdot\Delta\vartheta)$$

$$\rightarrow V_{F1} = \frac{V_{F2}}{1+\gamma\cdot\Delta\vartheta} = \frac{9{,}81\,\ell}{1+0{,}00043\,\frac{1}{°\text{C}}\cdot 79\,°\text{C}}$$

$$\underline{\underline{V_{F1} = 9{,}49\,\ell}}$$

Aufgabe 1

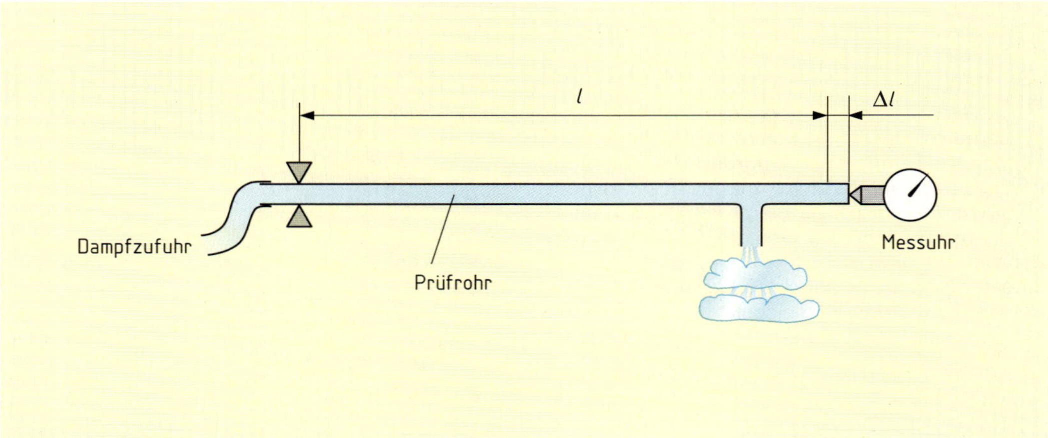

Längenausdehnung **8.2.4–2**

Zur Bestimmung des Längenausdehnungskoeffizienten von Kupfer spannt man ein Kupferrohr mit der Länge l an einem Ende fest ein. Anschließend lässt man Wasserdampf durch das Rohr strömen, sodass sich dieses von Raumtemperatur ϑ_R auf die Siedetemperatur ϑ_S des Wassers erwärmt. Die Längenänderung Δl wird mithilfe einer Messuhr bestimmt.

Messwerte:

$l = 600{,}00\,\text{mm}$ $\quad\vartheta_R = 18\,°\text{C}$

$\Delta l = 0{,}81\,\text{mm}$ $\quad\vartheta_S = 100\,°\text{C}$

Welchen Wert besitzt der Längenausdehnungskoeffizient von Kupfer?

Aufgabe 2

Das Volumen eines Dieseltanks aus Stahl beträgt bei 22 °C genau 75 Liter. Welcher Hohlraum muss beim Füllen mit Diesel bei 22 °C gelassen werden, wenn mit einer Temperaturerhöhung auf 60 °C zu rechnen ist und kein Diesel überlaufen darf?

8.2.5 Zustandsänderung von Gasen

Im Einführungsbeispiel wurde festgestellt, dass aufgrund der Erwärmung der Kühlflüssigkeit und der damit verbundenen Volumenausdehnung ein Überlaufgefäß notwendig ist. Bei kaltem Motor ist dieser nach außen dichte Behälter teilweise mit Luft gefüllt. Diese Luft wird während des Motorbetriebs durch die sich ausdehnende Kühlflüssigkeit erwärmt und verdichtet. Dabei bleibt keine der **Zustandsgrößen Volumen, Druck** und **Temperatur** konstant.

Soll der Zusammenhang zwischen **zwei** Zustandsgrößen untersucht werden, muss die dritte Zustandsgröße zunächst **konstant** gehalten werden.

Zustandsänderungen bei konstantem Druck werden als **isobar,** bei konstantem Volumen als **isochor** und bei konstanter Temperatur als **isotherm** bezeichnet.

Zustands-änderung	isobar	isochor	isotherm
konstante Größe	p	V	ϑ
variable Größen	V, ϑ	p, ϑ	V, p

Isobare Zustandsänderung

In einem durch einen reibungsfrei beweglichen Kolben abgeschlossen Zylinder befindet sich ein Gas mit der Temperatur $\vartheta_0 = 0\,°C$, dem Volumen V_0 und dem Druck p_0.

Bei Erwärmung vergrößert sich das Gasvolumen mit zunehmender Temperatur. Aufgrund der Volumenzunahme verschiebt sich der reibungsfrei bewegliche Kolben. Der Druck p_0 bleibt konstant. Analog zur Volumenausdehnung von Flüssigkeiten und Festkörpern ergibt sich für Gase, die von der Anfangstemperatur ϑ_0 auf die Endtemperatur ϑ erwärmt werden, folgende Gleichung:

$$V = V_0\,(1 + \gamma \cdot \Delta\vartheta) \qquad \text{für } p = \text{konst.}$$

Dieses Gesetz wird nach dem französischen Physiker und Chemiker **Gay-Lussac** (1778–1850) benannt.

Bemerkenswerterweise hat der Volumenausdehnungskoeffizient γ für alle Gase denselben Wert.

$$\gamma = 3{,}66 \cdot 10^{-3}\,\frac{1}{\mathrm{K}} = \frac{1}{273{,}15\,\mathrm{K}}$$

Nach dem **Gesetz von Gay-Lussac** wird das Volumen eines Gases bei $-273{,}15\,°C$ null. Für Temperaturen $\vartheta < -273{,}15\,°C$ würden sich negative Volumen ergeben. Da negative Volumen physikalisch unsinnig sind, muss die tiefste Temperatur bei $-273{,}15\,°C$ liegen. Diesen tiefsten Temperaturpunkt bezeichnet man als **absoluten Nullpunkt.**

Der absolute Nullpunkt stellt den Ausgangspunkt einer neuen Temperaturskala dar. In der nach **Kelvin** (Lord Kelvin, englischer Forscher und Erfinder, 1824–1907) benannten Skala werden Temperaturen mit T bezeichnet. Die Einheit ist das Kelvin.

$$[T] = \mathrm{K}$$

Die Einteilung der **Kelvinskala** ist gleich der Einteilung der **Celsiusskala.** Beide Skalen sind lediglich gegeneinander verschoben. Temperaturdifferenzen werden in der Regel in Kelvin angegeben.

Mit nachfolgender Umrechnungsbeziehung können Maßzahlen von der Celsius- in die Kelvinskala umgerechnet werden:

$$\{T\} = \{\vartheta\} + 273{,}15$$

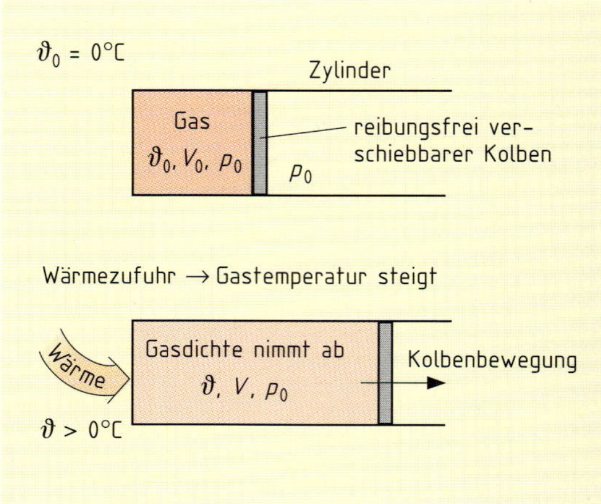

Isobare Zustandsänderung 8.2.5–1

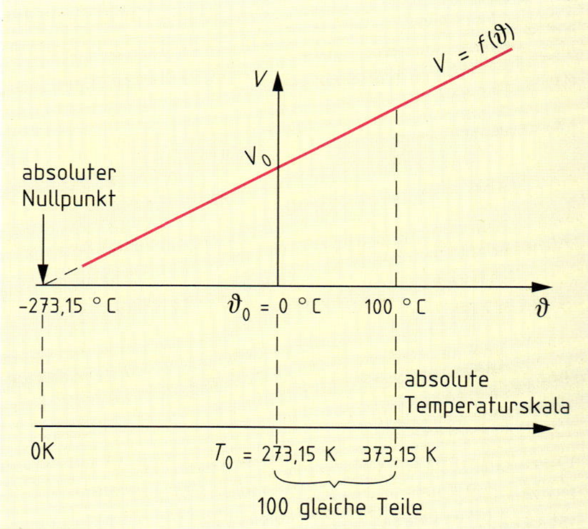

V-ϑ-Diagramm 8.2.5–2

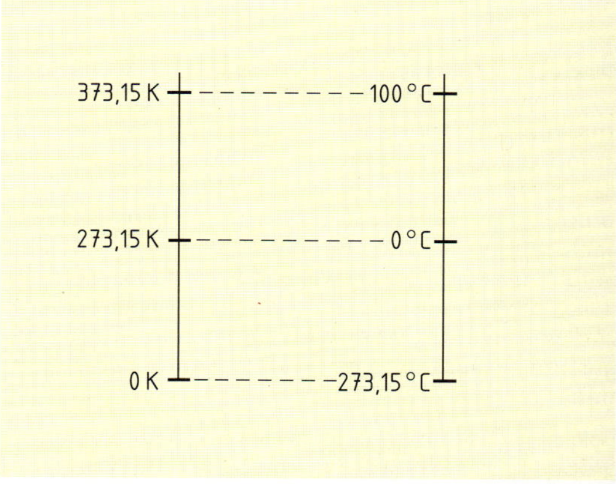

Vergleich von Kelvin- und Celsius-Skala 8.2.5–3

Beispiele zur Umrechnung von Temperaturen

Grad Celsius in Kelvin	Kelvin in Grad Celsius
$\vartheta = 20°C$	$T = 418{,}27 K$
$\{T\} = \{\vartheta\} + 273{,}15$	$\{\vartheta\} = \{T\} - 273{,}15$
$\{T\} = 20 + 273{,}15$	$\{\vartheta\} = 418{,}27 - 273{,}15$
$\{T\} = 293{,}15$	$\{\vartheta\} = 145{,}12$
$\rightarrow T = 293{,}15 K$	$\rightarrow \vartheta = 145{,}12°C$

Problematik des absoluten Nullpunkts:
Bei sehr niederen Temperaturen verflüssigen sich Gase. Die entstandenen Flüssigkeiten gehorchen jedoch nicht dem Gesetz von Gay-Lussac. Der durch Extrapolation gewonnene theoretische absolute Nullpunkt wurde bis heute noch nicht erreicht. Experimente der Tieftemperaturphysik deuten jedoch auf die Richtigkeit dieses Werts hin.

Unter Berücksichtigung der absoluten Temperaturskala lässt sich das **Gesetz von Gay-Lussac** folgendermaßen darstellen:

$$\frac{V_1}{T_1} = \frac{V_2}{T_2} \qquad \text{für } p = \text{konst.}$$

Dies bedeutet:

Wird der Druck einer eingeschlossenen Gasmenge konstant gehalten, dann ergibt der Quotient aus Gasvolumen und absoluter Gastemperatur für diese Gasmenge stets denselben Wert.

Dieser Wert hängt von der Ausgangstemperatur T und dem Ausgangsvolumen V ab.

Geometrische Herleitung des Gesetzes von Gay-Lussac

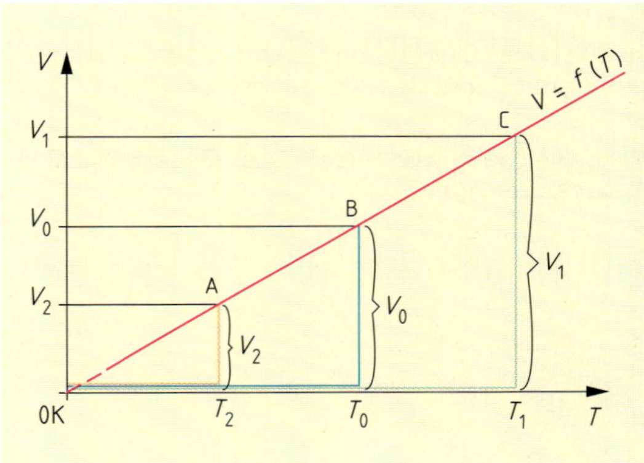

V-T-**Diagramm** **8.2.5–4**

Die Dreiecke $A\,0K\,T_2$, $B\,0K\,T_0$ und $C\,0K\,T_1$ sind ähnlich.

$$\rightarrow \qquad \frac{V_2}{T_2} = \frac{V_0}{T_0} = \frac{V_1}{T_1}$$

Isochore Zustandsänderung

Gase, die sich in einem geschlossenen starren Behälter befinden, besitzen bei allen Temperaturen das gleiche Volumen. Bei Erwärmung steigt der Gasdruck, bei Abkühlung des Gases nimmt der im Behälter wirkende Druck ab.

Nachfolgende Gleichung beschreibt den Zusammenhang zwischen Druck und Temperatur:

$$p = p_0\,(1 + \beta \cdot \Delta\vartheta) \qquad \text{für } p = \text{konst.}$$

p_0 ist der Druck bei $\vartheta_0 = 0°C$.

Die Größe β wird als **isochorer Spannungskoeffizient** bezeichnet. Der isochore Spannungskoeffizient ist für alle Gase gleich groß und besitzt den Wert:

$$\beta = 3{,}66 \cdot 10^{-3}\,\frac{1}{K} = \frac{1}{273{,}15\,K}$$

Verhalten von Gasen bei konstantem Volumen

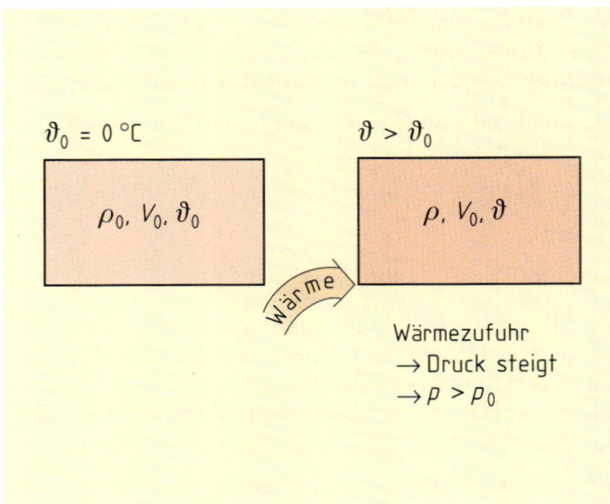

Isochore Zustandsänderung **8.2.5–5**

Wie leicht zu erkennen ist, stimmen der spezifische Spannungskoeffizient β und die Volumenausdehnungszahl γ von Gasen nach Betrag und Einheit überein.

Aus diesem Grund kann obige Funktion $p = f(\vartheta)$ analog zur Volumenausdehnungsgleichung in folgende Form umgewandelt werden:

$$\frac{p_1}{T_1} = \frac{p_2}{T_2} \qquad \text{für } V = \text{konst.}$$

Dies bedeutet:

Der Quotient aus Druck p und absoluter Temperatur T einer Gasmenge ergibt bei konstantem Volumen stets denselben Wert.

Der Wert des Quotienten hängt von der Ausgangstemperatur T und dem Ausgangsdruck p des Gases ab.

Diese Gleichung wird ebenfalls als **Gesetz von Gay-Lussac** bezeichnet.

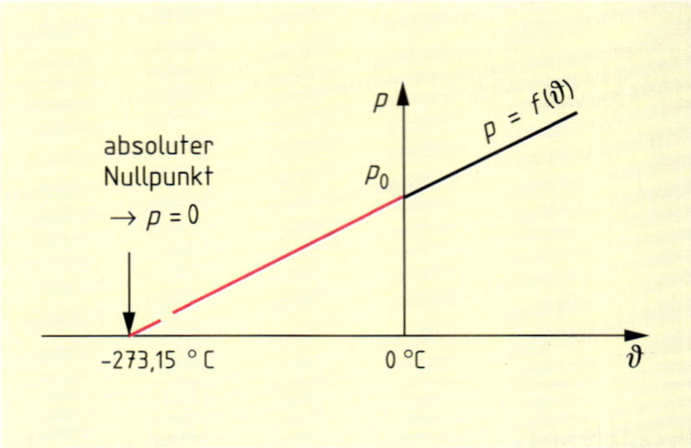

p-ϑ-**Diagramm** **8.2.5–6**

Druckverlauf bei konstantem Volumen

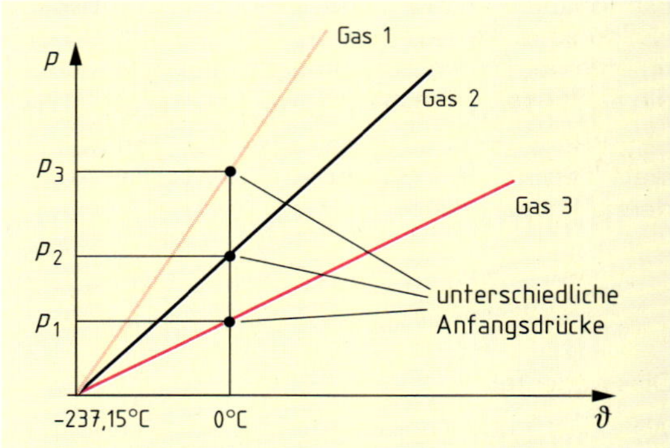

Druckverlauf eines Gases bei verschiedenen Anfangsdrücken p_0 in Abhängigkeit von der Temperatur. Alle Geraden schneiden sich bei $\vartheta = -273{,}15\,°C$ im absoluten Temperatur-Nullpunkt.

p-ϑ-**Diagramm** **8.2.5–7**

Isotherme Zustandsänderung

Wie bereits erwähnt, wird eine Gasmenge neben ihrer Masse vollständig durch die **Zustandsgrößen Volumen, Druck und Temperatur** beschrieben.

Die Gesetze von Gay-Lussac erklären folgende Gesetzmäßigkeiten:

$V = f(T)$ für $p =$ konst.

und

$p = f(T)$ für $V =$ konst.

Nachfolgend soll der Zusammenhang zwischen Druck p und Volumen V einer konstanten Gasmenge bei gleich bleibender Temperatur T untersucht werden. Zustandsänderungen, die bei **konstanter Temperatur** ablaufen, bezeichnet man als **isotherm.**

Durch Verdichtung eines Gases auf die Hälfte seines Ausgangsvolumens steigt der Gasdruck auf den doppelten Wert des Ausgangsdrucks.

Isotherme Verdichtung einer Gasmenge

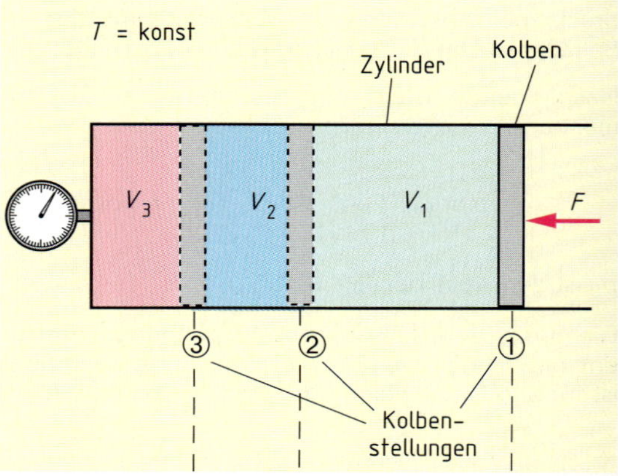

Versuchsaufbau **8.2.5–8**

Wird das zuvor verdichtete Gas erneut auf die Hälfte seines Volumens komprimiert, dann verdoppelt sich der Gasdruck ein weiteres Mal. Beim Entspannen des Gases zeigt sich das umgekehrte Gasverhalten.

Dies bedeutet:

$$p \sim \frac{1}{V}$$

bzw.: $p \cdot V = \text{konst.}$

Bei konstanter Temperatur und gleich bleibender Gasmenge ergibt das Produkt aus Gasdruck und Gasvolumen für eine bestimmte Gasmenge stets denselben Wert.

Das nach **Boyle und Mariotte** (Robert Boyle, englischer Physiker und Chemiker, 1627–1691; Edme Mariotte, französischer Physiker 1620–1684) benannte Gesetz lautet:

$$p_1 \cdot V_1 = p_2 \cdot V_2 \qquad \text{für } T = \text{konst.}$$

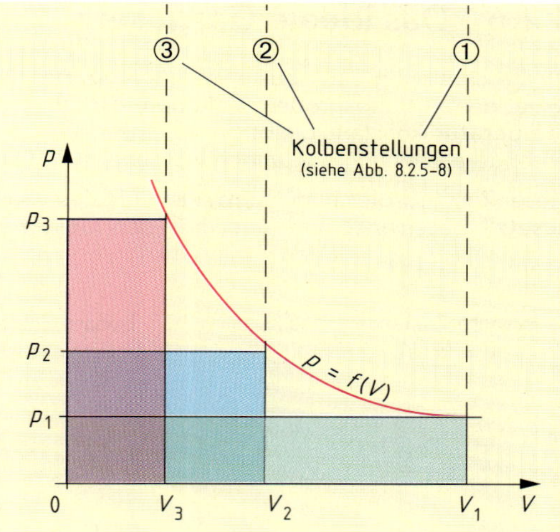

Wertetabelle

Kolbenstellung	①	②	③
V	V_1	$V_1/2$	$V_1/4$
p	p_1	$2 \cdot p_1$	$4 \cdot p_1$

$p_1 \cdot V_1 = p_2 \cdot V_2 = p_3 \cdot V_3 \rightarrow$ flächengleiche Rechtecke

p-V-**Diagramm** **8.2.5–9**

Zusammenhang zwischen Druck und Dichte:
Durch das Verdichten ändert sich die Masse des Gases nicht.

$m = \text{konst.}$

Mit $m = \rho \cdot V$ folgt: $\rho_1 \cdot V_1 = \rho_2 \cdot V_2$

Mit $V_2 = \frac{p_1 \cdot V_1}{p_2}$ ergibt sich $\rho_1 \cdot V_1 = \rho_2 \cdot \frac{p_1 \cdot V_1}{p_2}$

$\rightarrow \rho_2 = \rho_1 \cdot \frac{p_2}{p_1}$

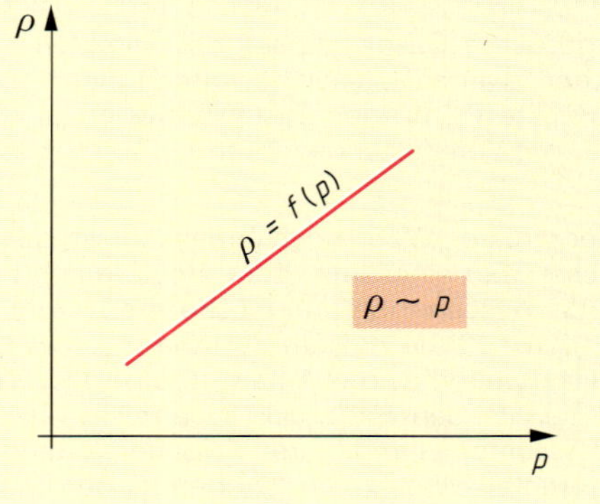

ρ-p-**Diagramm** **8.2.5–10**

8.2.6 Das ideale Gasgesetz

Zur Beschreibung einer Zustandsänderung, bei der keine der Zustandsgrößen **Volumen, Druck** und **Temperatur** konstant bleibt, muss eine neue, umfassendere Gleichung gefunden werden.

Diese Zustandsgleichung wird als **„Ideales Gasgesetz"** bezeichnet und kann aus den **Gesetzen von Gay-Lussac** und dem **Gesetz von Boyle und Mariotte** abgeleitet werden.

Zum besseren Verständnis sind die bereits bekannten Gasgesetze nachfolgend in einer Übersicht zusammengestellt.

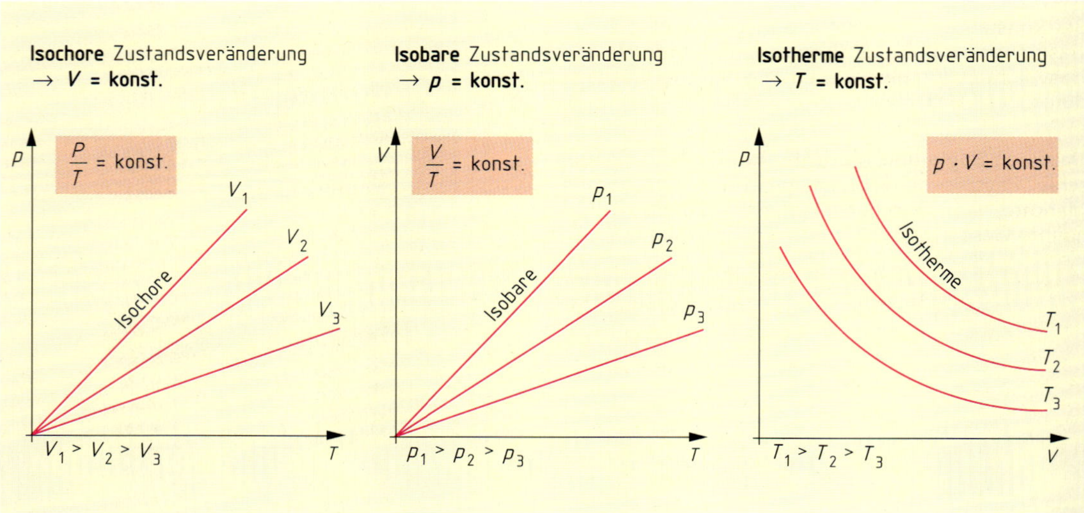

Übersicht über die Zustandsänderungen eines idealen Gases **8.2.6–1**

Zur gleichzeitigen Darstellung aller drei Zustandsgrößen Druck, Volumen und Temperatur eines Gases muss auf ein räumliches, d. h. dreidimensionales Schaubild zurückgegriffen werden. Alle einnehmbaren Gaszustände liegen in diesem Diagramm auf einer durch **Isobaren, Isochoren** und **Isothermen** aufgespannten gewölbten **Fläche.**

Das gesuchte Gasgesetz soll den direkten „Weg" zwischen zwei auf dieser gewölbten Fläche liegenden Punkte P_1 mit den Zustandsgrößen p_1, V_1, T_1 und P_2 mit den Zustandsgrößen p_2, V_2, T_2 beschreiben.

Da der direkte „Weg" noch unbekannt ist, geht man zunächst auf einer mit dem Boyle-Mariott'schen Gesetz beschreibbaren **Isothermen** zum Zwischenpunkt ZP. In diesem Zwischenzustand besitzt das Gas weiterhin die Anfangstemperatur T_1, hat aber bereits den Enddruck p_2 erreicht. Das Ausgangsvolumen nimmt im Zwischenzustand den unbekannten Wert V' an. Da bereits der Enddruck p_2 erreicht ist, geht man auf einer **Isobaren** bis zum Endzustand mit den Zustandsgrößen p_2, V_2 und T_2 weiter.

Kurven im p-V-T-Diagramm:

Isothermen	→	Hyperbeln in den p-V-Ebenen
Isobaren	→	Geraden in den V-T-Ebenen
Isochoren	→	Geraden in den p-T-Ebenen

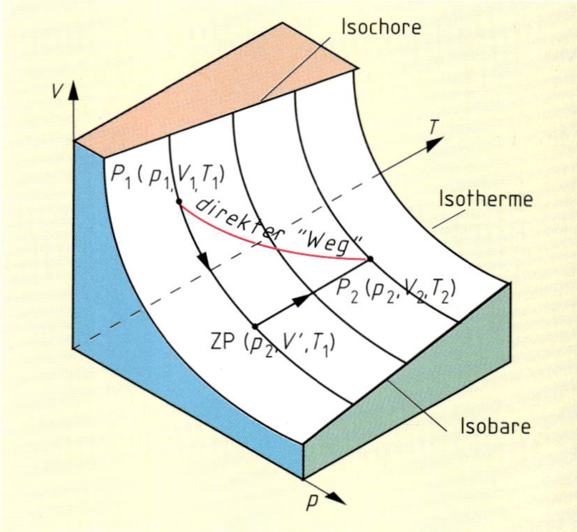

p-V-T-Diagramm **8.2.6–2**

Die nebenstehende Herleitung liefert die **erste Form des idealen Gasgesetzes:**

$$\frac{p_1 \cdot V_1}{T_1} = \frac{p_2 \cdot V_2}{T_2}$$

Das Produkt aus Gasdruck und Gasvolumen, dividiert durch die absolute Temperatur ergibt demzufolge für eine bestimmte Gasmenge stets denselben Wert:

$$\frac{p \cdot V}{T} = \mathrm{C}$$

bzw.

$$p \cdot V = \mathrm{C} \cdot T$$

Aus dieser Gleichung lässt sich eine weitere Form des idealen Gasgesetzes ableiten.

Werden die Zustandsgrößen p, V, T einer bestimmten Gasmenge geändert, so muss obiger Zusammenhang weiterhin Bestand haben. Verdoppelt man die Masse einer Gasmenge bei gleich bleibendem Druck und unveränderter Temperatur, so muss sich das Volumen ebenfalls verdoppeln.

Aus diesem Grund muss die Konstante C proportional zur Masse m des Gases sein.

Daraus folgt die **zweite Form des idealen Gasgesetzes:**

$$\mathrm{C} = m \cdot R_S$$

bzw.

$$p \cdot V = m \cdot R_S \cdot T$$

Die Konstante R_S ist von der Gasart abhängig und wird **als spezifische Gaskonstante** bezeichnet.

Grenzen des idealen Gasgesetzes

Mit dem idealen Gasgesetz lässt sich das Verhalten von Gasen nur dann hinreichend genau beschreiben, wenn die Gastemperatur genügend weit von der Verflüssigungstemperatur entfernt ist. Das ideale Gasgesetz beschreibt diesen Verflüssigungspunkt nicht. Ferner ergibt sich aus dem idealen Gasgesetz, dass das Volumen eines Gases bei der Temperatur von 0 K verschwindet. Dies widerspricht der Wirklichkeit, da alle Gase aus Atomen oder Molekülen aufgebaut sind und deshalb schon über ein Eigenvolumen verfügen.

Durch die Einführung von Korrekturfaktoren, die für jedes Gas experimentell bestimmt werden müssen, lässt sich auch das Verhalten bei tiefen Temperaturen berechnen.

Da in der Technik meist Temperaturen weit über dem Verflüssigungspunkt berücksichtigt werden, kann an dieser Stelle auf die Behandlung der Zustandsgleichung realer Gase (van der Waal'sche Zustandsgleichung) verzichtet werden.

Herleitung des idealen Gasgesetzes

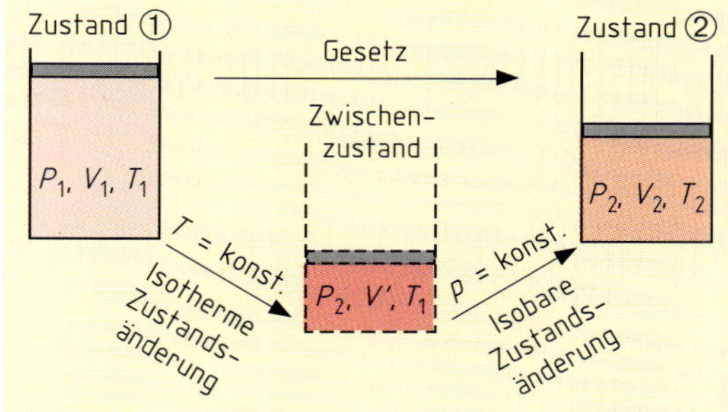

Zustandsänderung über einen Zwischenzustand **8.2.6–3**

$$p_1 \cdot V_1 = p_2 \cdot V' \qquad \frac{V'}{T_1} = \frac{V_2}{T_2}$$

$$\rightarrow \; V' = \frac{p_1 \cdot V_1}{p_2} \qquad \rightarrow \; V' = \frac{V_2 \cdot T_1}{T_2}$$

$$\frac{p_1 \cdot V_1}{p_2} = \frac{V_2 \cdot T_1}{T_2}$$

Durch Umstellen erhält man:

$$\frac{p_1 \cdot V_1}{T_1} = \frac{p_2 \cdot V_2}{T_2}$$

Spezifische Gaskonstanten R_S in $\frac{\mathrm{J}}{\mathrm{kg} \cdot \mathrm{K}}$			
Acethylen	320	Kohlenmonoxid	297
Ammoniak	488	Luft	287
Argon	208	Methan	519
Butan	143	Neon	412
Chlor	216	Propan	189
Chlorwasserstoff	228	Propen	198
Ethan	277	Schwefeldioxid	130
Ethen	297	Stickstoff	297
Helium	2078	Wasserdampf	461
Kohlendioxid	189	Wasserstoff	4125

8.2.7 Übungen zum idealen Gasgesetz

Lehrbeispiel 1: Druckkammer

Im Inneren einer Druckkammer mit dem Volumen $V = 6\,\mathrm{m}^3$ herrscht bei einer Temperatur von $20\,°\mathrm{C}$ ein Druck von $220\,\mathrm{kPa}$. Der Luftdruck beträgt $1\,\mathrm{bar}$.

a) Durch die Kammerheizung erwärmt sich die geschlossene Druckkammer im Inneren.

Bei welcher Temperatur im Inneren der Druckkammer öffnet das Überdruckventil, wenn dieses bei einem Überdruck von $250\,\mathrm{kPa}$ anspricht?

b) Bei einem Überdruck von $200\,\mathrm{kPa}$ (Kammertemperatur = Umgebungstemperatur) wird der Dichtungsgummi der Kammertür undicht, sodass die Luft langsam aus der Kammer entweichen kann (T = konst.).

Wie viel Liter Luft vom Umgebungszustand ($100\,\mathrm{kPa}$, $20\,°\mathrm{C}$) strömen aus der Druckkammer?

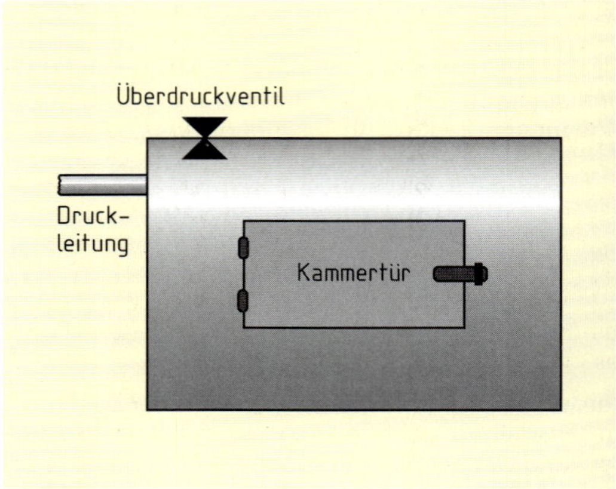

Druckkammer **8.2.7–1**

Lösung:

a) Da das Volumen bei der Zustandsänderung konstant bleibt, handelt es sich um eine isochore Zustandsänderung.

V = konst.

Aus $\dfrac{p_1}{T_1} = \dfrac{p_2}{T_2}$ folgt: $T_2 = \dfrac{p_2}{p_1} \cdot T_1 = \dfrac{250\ \mathrm{kPa}}{220\ \mathrm{kPa}} \cdot 293{,}15\ \mathrm{K}$

$$\underline{\underline{T_2 = 333{,}13\ \mathrm{K}}}$$

Das Überdruckventil öffnet bei ca. $60\,°\mathrm{C}$.

b) Da die Temperatur konstant bleibt, handelt es sich um eine isotherme Zustandsveränderung.

T = konst.

Aus $p_1 \cdot V_1 = p_1 \cdot V_1$ folgt: $V_2 = \dfrac{p_1 \cdot V_1}{p_2} = \dfrac{200\ \mathrm{kPa} \cdot 6\ \mathrm{m}^3}{100\ \mathrm{kPa}} = 12\ \mathrm{m}^3$

Das Gas nimmt nach dem Entspannen das Volumen $V_2 = 12\,\mathrm{m}^3$ ein.

Von diesem Volumen verbleiben $V_1 = 6\,\mathrm{m}^3$ im Behälter.

$$\rightarrow\ V_{\mathrm{aus}} = V_2 - V_1 = 6\ \mathrm{m}^3$$

$$\underline{\underline{V_{\mathrm{aus}} = 6\ \mathrm{m}^3}}$$

Lehrbeispiel 2: Pressluftflasche

Die Pressluftflasche eines Tauchers hat ein Volumen von 10 Liter. Bei einer Temperatur von $20\,°\mathrm{C}$ beträgt der Flaschendruck $15\,000\,\mathrm{kPa}$.

a) Das Ventil der Pressluftflasche wird unter Wasser bei einem Druck von $300\,\mathrm{kPa}$ geöffnet. Die Temperatur beträgt dort $12\,°\mathrm{C}$. Wie viel Liter Luft strömen aus?

b) Welche Luftmasse verbleibt bei geöffnetem Ventil in der Flasche?

Lösung:

a) Unter Wasser dehnt sich die Luft bei 12 °C auf einen Druck von 300 kPa aus.

$$\frac{p_1 \cdot V_1}{T_1} = \frac{p_2 \cdot V_2}{T_2}$$

mit
$p_1 = 15\,000\,\text{kPa}$
$p_2 = 300\,\text{kPa}$
$T_1 = 293{,}15\,\text{K}$
$T_2 = 285{,}15\,\text{K}$
$V_1 = 0{,}01\,\text{m}^3$

$$\rightarrow \quad V_2 = \frac{p_1 \cdot V_1 \cdot T_2}{T_1 \cdot p_2}$$

$$V_2 = \frac{15\,000\ \text{kPa} \cdot 0{,}01\text{m}^3 \cdot 285{,}15\ \text{K}}{293{,}15\ \text{K} \cdot 300\ \text{kPa}}$$

$$V_2 = 0{,}486\ \text{m}^3$$

Die Luft dehnt sich auf ein Volumen von V_2 = 486 Liter aus. Da 10 Liter in der Flasche verbleiben, beträgt das Ausströmvolumen

$$\underline{\underline{V_{\text{aus}} = V_2 - V_1 = 476\ \text{Liter}}}$$

b) Mit der zweiten Form des allgemeinen Gasgesetzes lässt sich die in der Flasche verbleibende Luftmasse berechnen.

$$p \cdot V = m \cdot \text{R}_\text{s} \cdot T$$

$$\rightarrow \quad m = \frac{p \cdot V}{\text{R}_\text{s} \cdot T}$$

$$m = \frac{300\,000\ \text{Pa} \cdot 0{,}01\ \text{m}^3\,\text{kg} \cdot \text{K} \cdot \text{N}}{\text{m}^2\ 287\text{J} \cdot 285{,}15\ \text{K}}$$

$$\underline{\underline{m = 0{,}0367\ \text{kg}}}$$

mit: $\text{R}_\text{s} = 287 \frac{\text{J}}{\text{kg} \cdot \text{K}}$
$p = 300\ \text{kPa}$
$V = 0{,}01\ \text{m}^3$
$T = 285{,}15\ \text{K}$

Aufgabe 1

Ein Druckkessel dient in einem Betrieb als Vorratsbehälter für Druckluft.

Das Volumen des Behälters beträgt $V = 240\ \ell$.

Aus Sicherheitsgründen ist der Druckbehälter mit einem Überdruckventil ausgestattet.

a) Dem Druckkessel sollen $V_1 = 600\ \ell$ Druckluft mit dem Überdruck $p_e = 300\,\text{kPa}$ entnommen werden (T = konst.).
Wie groß ist der erforderliche Fülldruck p_B?

b) Das Überdruckventil öffnet bei einem **absoluten** Druck $p_{abs} = 1500\,\text{kPa}$.
Bei 20 °C steht der Behälter unter dem Druck $p = 1200\,\text{kPa}$.
Um welche Temperaturdifferenz kann sich der Behälter bis zum Öffnen des Überdruckventils erwärmen?

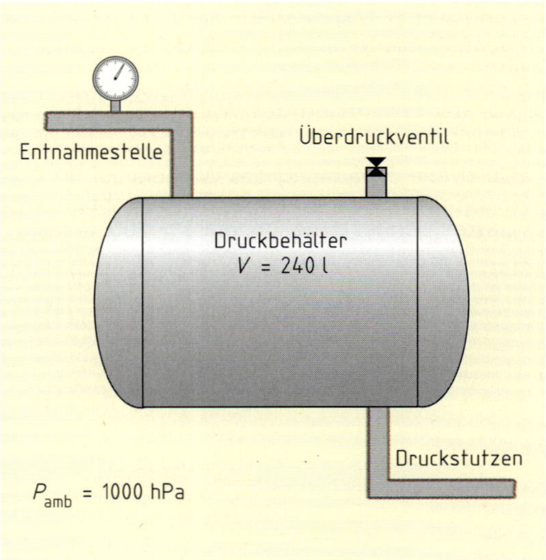

Druckkessel **8.2.7–2**

Aufgabe 2

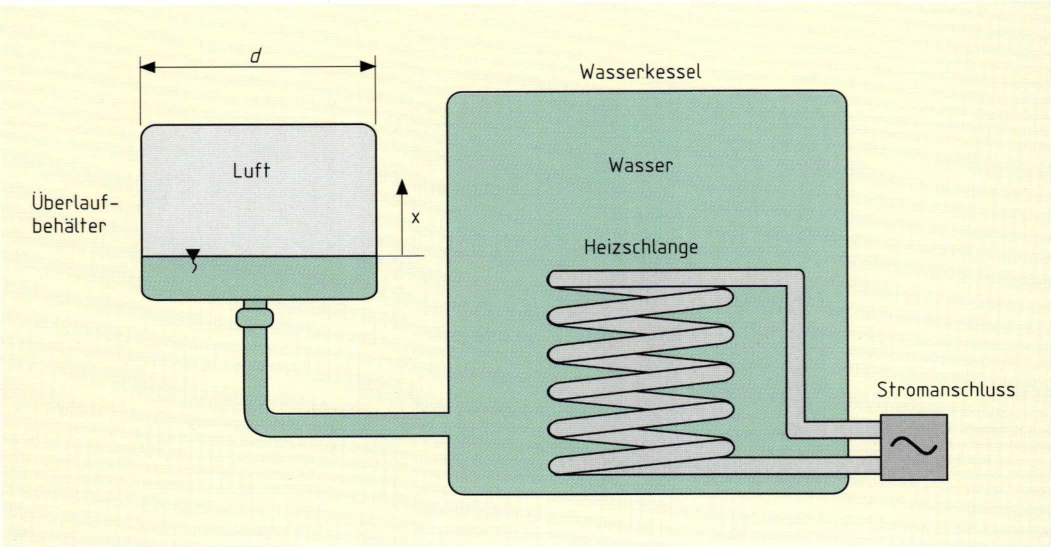

Warmwasserkessel **8.2.7–3**

In einem Warmwasserkessel aus Stahl wird mittels einer elektrischen Heizschlange Wasser erhitzt.

Technische Daten:

Kesselfüllvolumen bei 10 °C	$V = 1500\,l$
Durchmesser des Überlaufbehälters bei 10 °C	$d = 400\,mm$
Längenausdehnungszahl von Stahl	$\alpha_{St} = 0{,}000012\,K^{-1}$
Volumenausdehnungszahl von H_2O	$\gamma_W = 0{,}00018\,K^{-1}$

a) Das sich im Kessel befindende Wasser wird von 10 °C auf 90 °C erwärmt.

Um welches Maß x steigt der Flüssigkeitsspiegel in dem unter Druck stehenden Überlaufbehälter, wenn Wassertemperatur = Kesselwandtemperatur = Überlaufbehältertemperatur vorausgesetzt wird?

b) Vor der Erwärmung des Wassers (10 °C) befindet sich das Gas im Ausgleichsbehälter unter einem Druck von $p_1 = 1{,}5 \cdot 10^5\,Pa$.

Durch die Erwärmung des Wassers auf 90 °C verringert sich das Volumen des Gases um 1/4 seines ursprünglichen Volumens. Zu berechnen ist der Gasdruck p_2 im Ausgleichsbehälter, wenn die Gastemperatur dabei ebenfalls auf 90 °C steigt.

8.3 Wärme

Die bei der Verbrennung von Kraftstoff in einem Motor frei werdende Wärme kann, wie im Einführungsbeispiel beschrieben, nur zum Teil in Fahrzeugbewegung umgesetzt werden. Ein großer Teil der Wärme muss über das Kühlsystem an die Umgebungsluft abgeführt werden. Die von der Kühlflüssigkeit aufgenommene Wärme, die mit einer Erhöhung der mittleren Geschwindigkeit der einzelnen Flüssigkeitsteilchen gleichzusetzen ist, führt zu einer Erhöhung der Kühlflüssigkeitstemperatur.

Sowohl die kinetische Energie des Fahrzeugs als auch die mittlere Bewegungsenergie der Kühlflüssigkeitsteilchen werden durch die Verbrennungswärme erhöht.

Wärme ist eine Form der Energie.

8.3.1 Wärmemenge

Bei der Auslegung einer Fahrzeugkühlung ist es notwendig zu wissen, welche Kühlflüssigkeitsmenge erforderlich ist, um die bei der Verbrennung des Kraftstoffs anfallende überschüssige Wärme aufzunehmen und abzuführen. Dabei darf die Kühlflüssigkeit eine vorgegebene Höchsttemperatur nicht überschreiten. Die **Wärmemenge** ΔQ, die von Körpern bei einer Erwärmung von ϑ_1 auf ϑ_2 aufgenommen wird, ist zur Temperaturänderung $\Delta\vartheta = \vartheta_2 - \vartheta_1$ als auch zur Masse m des Körpers proportional.

Durch Zusammenfassung beider Proportionalitäten und durch Einführung einer Proportionalitätskonstanten, der **spezifischen Wärmekapazität** c, ergibt sich folgende Gleichung:

$$\Delta Q = m \cdot c \cdot \Delta\vartheta$$

bzw. $$\Delta Q = m \cdot c \cdot (\vartheta_2 - \vartheta_1)$$

Einheit: $[Q] = \mathrm{J}$ (Joule)

(James Prescott Joule, englischer Privatgelehrter, 1818–1889)

Da die Wärmemenge die Einheit der Energie besitzt, ergibt sich für die **spezifische Wärmekapazität** durch Umstellen obiger Gleichung folgende Einheit:

$$[c] = \frac{[\Delta Q]}{[m] \cdot [\Delta\vartheta]} = \frac{\mathrm{J}}{\mathrm{kg} \cdot \mathrm{K}} \quad \text{bzw.} \quad [c] = \frac{\mathrm{kJ}}{\mathrm{kg} \cdot \mathrm{K}}$$

Die spezifische Wärmekapazität c gibt die Wärmemenge an, die benötigt wird, einen Körper der Masse $m = 1\,\mathrm{kg}$ um die Temperaturdifferenz $\Delta\vartheta = 1\,\mathrm{K}$ zu erwärmen.

Da die spezifischen Wärmekapazitäten temperaturabhängig sind, wird meist mit Mittelwerten gerechnet.

Wasser fällt im Vergleich zu anderen Stoffen durch seine hohe spezifische Wärmekapazität auf. Gegenüber anderen Stoffen kann Wasser, ohne sich selbst dabei stark zu erwärmen, sehr viel an Wärme aufnehmen.

Aus diesem Grund ist Wasser sowohl eine ideale Kühlflüssigkeit als auch ein hervorragender Wärmespeicher.

Bestimmung der spezifischen Wärmekapazität von Wasser

Mit einer elektrisch betriebenen Heizspirale der Leistung P wird einer abgewogenen Wassermasse m während der Zeit t elektrische Energie zugeführt. Dadurch steigt die Wassertemperatur von ϑ_1 auf ϑ_2.

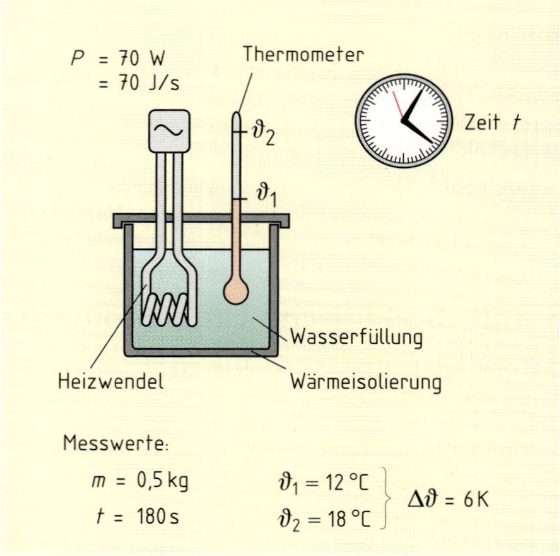

Versuchsaufbau und Messwerte **8.3.1–1**

Versuchsauswertung

Die vom Wasser aufgenommene Wärmemenge ΔQ ist gleich der von der Heizspirale abgegebenen elektrischen Energie.

$$\Delta Q = W_{\mathrm{el}}$$

$$\rightarrow \quad m \cdot c \cdot \Delta\vartheta = P \cdot t$$

$$\rightarrow c = \frac{P \cdot t}{m \cdot \Delta\vartheta} = \frac{70\ \mathrm{J} \cdot 180\ \mathrm{s}}{\mathrm{s}\ 0{,}5\mathrm{kg} \cdot 6\mathrm{k}}$$

$$c = 4200 \frac{\mathrm{J}}{\mathrm{kg} \cdot \mathrm{K}}\ ; \quad c = 4{,}2 \frac{\mathrm{kJ}}{\mathrm{kg} \cdot \mathrm{K}}$$

Genauere Messungen ergeben für Wasser

$$c = 4{,}182 \frac{\mathrm{kJ}}{\mathrm{kg} \cdot \mathrm{K}}$$

Spezifische Wärmekapazitäten c in kJ/kgK							
Flüssigkeiten		**Metalle**		**andere feste Stoffe**		**Gase** (bei konst. Druck)	
Wasser	4,19	Aluminium	0,89	Eis (–30 °C ... 0 °C)	2,0	Wasserstoff	14,3
Alkohol	2,43	Stahl	0,48 ... 0,67	Erdreich	1,3 ... 2,5	Helium	5,2
Glycerin	2,39	Nickel	0,44	Mauerwerk	0,8 ... 2,0	Wasserdampf	1,9
Aceton	2,18	Messing	0,39	Holz	1,0 ... 1,7	Stickstoff	1,05
Petroleum	2,13	Kupfer	0,38	Porzellan	0,92	Luft	1,0
Benzol	1,72	Silber	0,23	Glas	0,8	Sauerstoff	0,92
Öl	1,9 ... 2,1	Platin	0,134	Gummi	1,4 ... 2,1	Kohlendioxid	0,84
Quecksilber	0,138	Blei	0,13	Kork	1,7 ... 2,1	Chlor	0,5

Hinweis:

Bis zum Jahre 1968 wurde die **Kalorie** als Wärmemengeneinheit verwendet. Da die Kalorie in seltenen Fällen noch Anwendung findet, sei nachfolgende Definition gegeben:

Unter 1 cal versteht man die Wärmemenge, die benötigt wird, um ein Kilogramm reines Wasser von 14,5 °C auf 15,5 °C, also um $\Delta\vartheta = 1\,\text{K}$ zu erwärmen.

Hinweis:

Joule und Kalorie

Zwischen den Energieeinheiten Joule und Kalorie besteht folgende Beziehung:

$$1\,\text{cal} = 4{,}182\,\text{J}$$

$$1\,\text{J} = 0{,}239\,\text{cal}$$

8.3.2 Spezifische Umwandlungsenergien

Bei der Festlegung der Celcius-Skala verwendet man zur Bestimmung des unteren Fixpunkts ($\Delta\vartheta_u = 0\,°\text{C}$) ein Gemisch aus Eis und Wasser; zur Bestimmung des oberen Fixpunkts ($\Delta\vartheta_o = 100\,°\text{C}$) ein Gemisch aus Wasser und Dampf. Je nach Temperatur kann Wasser also in drei verschiedenen Zustandsformen, **Aggregatzustände** genannt, vorliegen. Dies gilt auch für andere Stoffe.

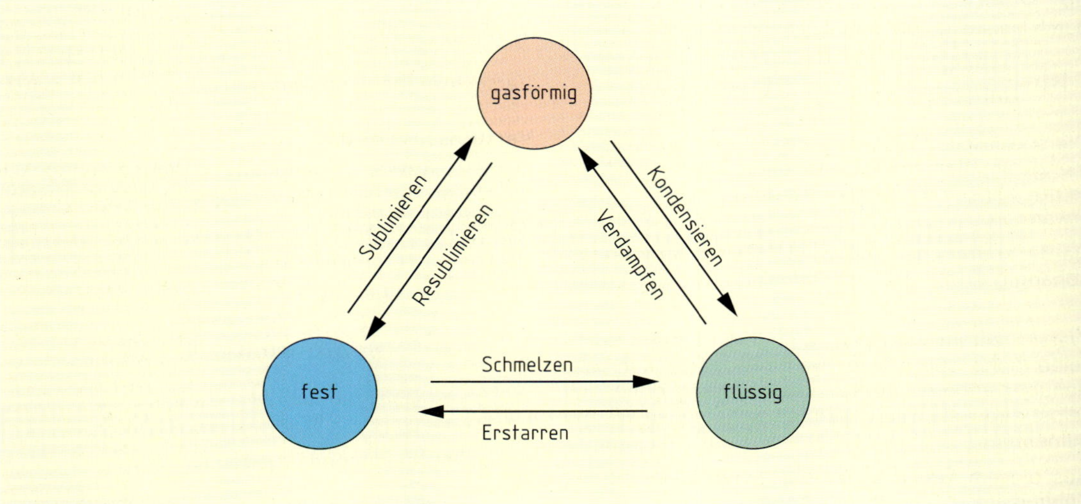

Aggregatzustandsänderungen **8.3.2–1**

Schmelzen und Erstarren

Um das **Schmelzen** zu untersuchen, führt man einem Festkörper stetig Wärme zu. Dabei erwärmt sich dieser Körper entsprechend seiner spezifischen Wärmekapazität. Nach Erreichen einer bestimmten Temperatur erfolgt, trotz weiterer Wärmezufuhr, kein weiterer Temperaturanstieg; der Körper beginnt zu schmelzen. Dies bedeutet, der Körper geht Teil für Teil vom festen in den flüssigen Aggregatzustand über. Die Übergangstemperatur wird als **Schmelztemperatur** bzw. **Schmelzpunkt** ϑ_S bezeichnet.

Die während des Schmelzens zugeführte Wärme dient zum Aufschmelzen des Körpers und wird als **Schmelzwärme** ΔQ_S bezeichnet. Da die Schmelzwärme direkt proportional zur Masse ist, ergibt sich durch Einführung einer Proportionalitätskonstanten folgende Gleichung:

$$\Delta Q_S = q \cdot m$$

Die Proportionalitätskonstante q wird als **spezifische Schmelzwärme** bezeichnet. Sie besitzt die Einheit:

$$[q] = \frac{[\Delta Q]}{[m]} = \frac{\mathrm{J}}{\mathrm{kg}} \quad \text{bzw.} \quad [q] = \frac{\mathrm{kJ}}{\mathrm{kg}}$$

Die spezifische Schmelzwärme gibt somit die Wärmemenge an, die zum Aufschmelzen der Masse $m = 1\,\mathrm{kg}$ eines bestimmten Stoffes erforderlich ist. Nach Beendigung des Schmelzvorgangs steigt die Temperatur gemäß der spezifischen Wärmekapazität der Flüssigkeit.

Durch Wärmeentzug nimmt die Temperatur einer Flüssigkeit entsprechend ihrer spezifischen Wärmekapazität ab. Nach Erreichen der Erstarrungstemperatur erfolgt, trotz weiterem Wärmeentzug, keine weitere Temperaturabnahme; der Körper beginnt zu erstarren.

Erstarrungspunkt = Schmelzpunkt

Die während des Schmelzens zugeführte Schmelzwärme wird beim Erstarren wieder vollständig abgegeben.

Schmelzwärme = Erstarrungswärme

Dies bedeutet, der Vorgang des Schmelzen ist **reversibel.**

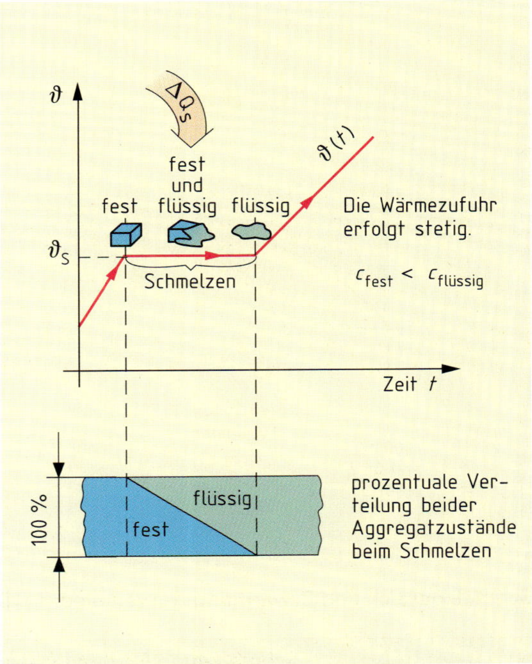

Temperaturverlauf und prozentuale Verteilung der Aggregatzustände beim Schmelzen 8.3.2–2

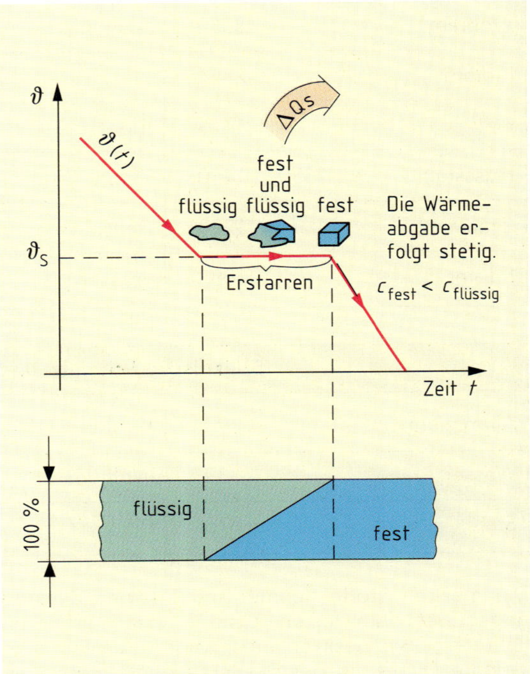

Temperaturverlauf und prozentuale Verteilung der Aggregatzustände beim Erstarren 8.3.2–3

Schmelzbereich

Nicht alle Stoffe haben einen festen Schmelzpunkt. Stoffe ohne festen Schmelzpunkt werden mit steigender Temperatur allmählich weicher.

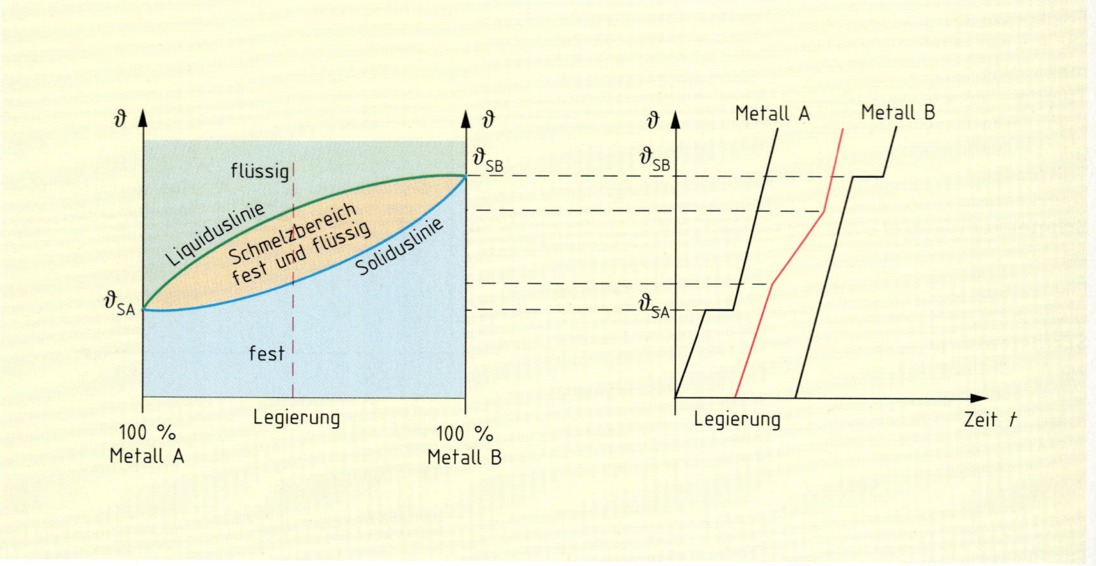

Schmelzbereich und Erwärmungskurven einer Legierung aus zwei Metallen **8.3.2–4**

Schmelz- und Erstarrungstemperaturen bei 1,013 bar in °C					
Kohlenstoff (Graphit)	3540	Silber	960	Seewasser	–2,5
Wolfram	3380	Aluminium	658	Glycerin	–19
Iridium	2454	Zink	419	Quecksilber	–38,9
Platin	1773	Blei	327	Toluol	–94,5
Flussstahl	1350 ... 1450	Zinn	232	Äther	–118
Graustahl	1200	Benzol	5,5	Stickstoff	–210
Kupfer	1083	Wasser	0	Sauerstoff	–219

Spezifische Schmelz- und Erstarrungswärme in kJ/kg					
Aluminium	397	Kupfer	205	Stickstoff	25,5
Wasser	333	Wolfram	193	Sauerstoff	13,8
Stahl	276	Blei	26,4	Quecksilber	11,7

Die meisten Stoffe nehmen im flüssigen Zustand gegenüber dem festen Zustand einen größeren Raum ein. Sie besitzen im flüssigen Zustand eine kleinere Dichte. In der Gießereitechnik muss deshalb das Schwinden der erstarrenden Metalle (je nach Metall bis zu 2,5 %) bei der Herstellung von Gießformen berücksichtigt werden. Im Gegensatz dazu dehnt sich Wasser bei der Erstarrung aus. Dies hat zur Folge, dass beispielsweise Fahrzeugkühler ohne ausreichenden Frostschutz beim Gefrieren der Kühlflüssigkeit platzen.

Sieden und Kondensieren

Beim Erwärmen einer Flüssigkeit steigt die Temperatur gemäß ihrer spezifischen Wärmekapazität an. Bei einer bestimmten Temperatur, der **Siedetemperatur** ϑ_D, geht die Flüssigkeit Teil für Teil in den gasförmigen Zustand über. Dies bedeutet, in der Erwärmungskurve ergibt sich ein Haltepunkt. Die während des Verdampfens zugeführte Wärme bezeichnet man als **Verdampfungswärme** ΔQ_D.

$$\Delta Q_D = r \cdot m$$

Die Proportionalitätskonstante r heißt **spezifische Verdampfungswärme** und besitzt wie die spezifische Schmelzwärme die Einheit:

$$[r] = \frac{[\Delta Q_D]}{[m]} = \frac{J}{kg} \quad \text{bzw.} \quad [r] = \frac{kJ}{kg}$$

Der Siedepunkt und die spezifische Verdampfungswärme eines Stoffs hängen sehr stark vom herrschenden Außendruck ab. Mit steigendem Druck liegt der Siedepunkt höher, mit sinkendem Druck liegt er tiefer.

Da mit zunehmender geographischer Höhe der Atmosphärendruck abnimmt, sinkt die Siedetemperatur entsprechend.

Kühlt man Dampf auf Siedetemperatur ab, so kondensiert er. Im Falle des Kondensierens wird diese Temperatur als **Kondensationspunkt** bezeichnet.

Siedepunkt = Kondensationspunkt

Die während des Verdampfens aufgenommene **Verdampfungswärme** wird beim Kondensieren wieder vollständig freigesetzt. Sie wird als **Kondensationswärme** bezeichnet.

Kondensationswärme = Verdampfungswärme

Der Siedevorgang ist **reversibel.**

Beispiel: Destillation

Aufgrund unterschiedlicher Siedepunkte lassen sich Flüssigkeitsgemische destillieren, d. h. trennen.

Die Destillationstemperatur liegt zwischen den Flüssigkeitssiedepunkten.

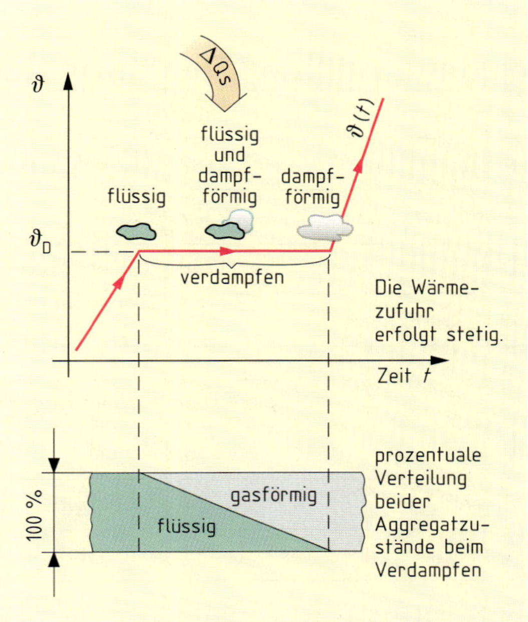

Temperaturverlauf und prozentuale Verteilung beider Aggregatzustände beim Verdampfen 8.3.2–5

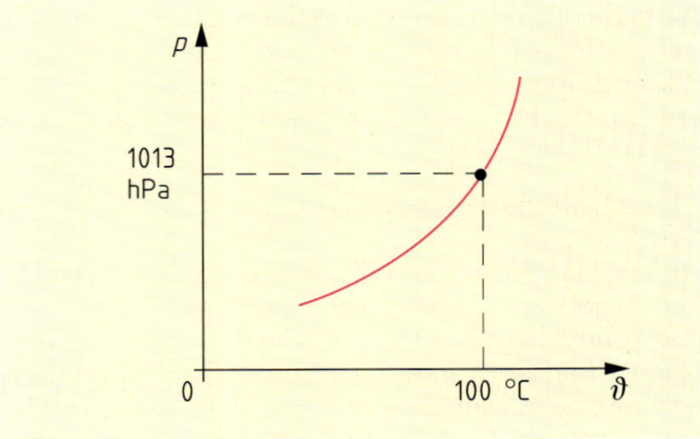

Siedepunkt von Wasser in Abhängigkeit des Drucks 8.3.2–6

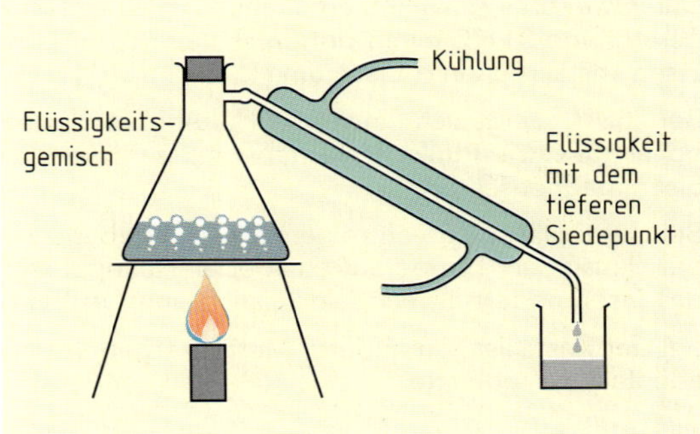

Destilliereinrichtung 8.3.2–7

Siedepunkte bei 1,013 bar in °C					
Wolfram	5900	Glycerin	290	Sauerstoff	–183
Graphit	4350	Wasser	100	Argon	–186
Stahl	2800	Benzol	80	Luft	–191
Kupfer	2582	Alkohol	78	Stickstoff	–196
Aluminium	2327	Äther	35	Wasserstoff	–253
Blei	1750	Kohlendioxid (Sublimation)	–78	Helium	–269
Quecksilber	375				

Spezifische Verdampfungswärme r bei 1,013 bar in kJ/kg					
Wasser	2256	Äther	377	Stickstoff	199
Alkohol	854	Quecksilber	284	Wasserstoff	465
Benzol	393	Sauerstoff	213	Helium	25

Verdunsten

Auch bei Temperaturen unterhalb des Siedepunkts gehen Teile einer Flüssigkeit in den gasförmigen Zustand über. Dieser Verdunstungsvorgang verläuft um so rascher, je höher die Temperatur und je größer die Flüssigkeitsoberfläche ist. Die zum Verdunsten notwendige Energie entspricht der Verdampfungswärme und wird sowohl der Flüssigkeit als auch der unmittelbaren Umgebung entzogen.

Kristallisationsenergie

Nimmt man von reinem Eisen eine Abkühlungskurve auf, ergeben sich mehrere Haltepunkte. Der erste Haltepunkt liegt bei 1536 °C. Bei dieser Temperatur erstarrt reines Eisen unter Abgabe der Kondensationswärme. Ist alles Eisen erstarrt, sinkt die Temperatur weiter. Bei 1401°C zeigt sich ein weiterer Haltepunkt. Bei dieser Temperatur kristallisiert das δ-Eisen unter Wärmeabgabe in γ-Eisen um.

Durch weiteres Abkühlen erhält man bei einer Temperatur von 911°C einen dritten Haltepunkt. Das γ-Eisen kristallisiert in α-Eisen um.

Bei 768 °C zeigt sich ein vierter Haltepunkt, der so genannte **Curie-Punkt**. Unterhalb dieses Punktes ist Eisen magnetisch.

Bei der Erwärmung von reinem Eisen ergeben sich bei denselben Temperaturen wieder Haltepunkte; das Eisen ändert erneut seinen kristallinen Aufbau.

Bei der Kristallisation anderer Metalle ergeben sich ebenfalls Haltepunkte.

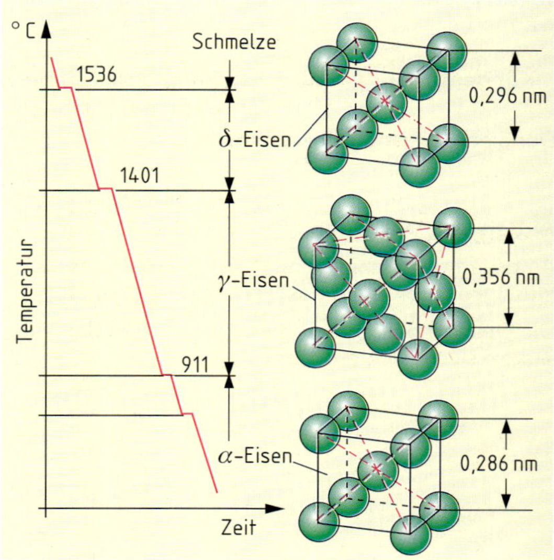

Abkühlungskurve und Kristallarten von Reineisen **8.3.2–8**

8.3.3 Übungen zur Wärme

Lehrbeispiel 1: Fahrzeugkühlung

Der Kühlkreislauf eines Fahrzeugmotors besitzt ein Fassungsvermögen von $V = 10{,}5$ Liter.

Kühlflüssigkeit : Glykol/Wasser (1:1) $c = 3{,}56\,\frac{\text{kJ}}{\text{kg}\cdot\text{K}}$

$\rho = 1{,}05\,\frac{\text{kg}}{\text{dm}^3}$

a) Welche Wärmemenge kann die Kühlflüssigkeit bei einer Erwärmung um $78\,\text{K}$ aufnehmen?

b) Auf welche Höhe könnte man ein Fahrzeug mit der Masse $m = 1200\,\text{kg}$ anheben, wenn die durch die Kühlflüssigkeit aufgenommene Energie zur Verfügung stehen würde?

Lösung:

a) Da die aufnehmende Wärmemenge proportional zur Masse ist, muss diese zunächst berechnet werden.

$$m = \rho \cdot V$$

$$m = 1{,}05\,\frac{\text{kg}}{\cancel{\text{dm}^3}} \cdot 10{,}5\,\cancel{\text{dm}^3}$$

$$m = 11{,}025\,\text{kg}$$

Für die Wärmemenge ergibt sich:

$$\Delta Q = m \cdot c \cdot \Delta\vartheta$$

$$\Delta Q = 11{,}025\,\cancel{\text{kg}} \cdot 3{,}56\,\frac{\text{kJ}}{\cancel{\text{kg}}\cdot\cancel{\text{K}}} \cdot 78\,\cancel{\text{K}}$$

$$\underline{\underline{\Delta Q = 3061{,}42\,\text{kJ}}}$$

b) Die vom Kühlwasser aufgenommene Wärmemenge entspricht der verrichtbaren Hubarbeit. (Kapitel 7.1.1)

$$\Delta Q = W_{\text{H}}$$

$$\Delta Q = m \cdot g \cdot h \quad \rightarrow \quad h = \frac{\Delta Q}{m \cdot g} = \frac{3061420\,\cancel{\text{J}}\,\cancel{\text{s}^2}\,\cancel{\text{N}}\text{m}}{1200\,\cancel{\text{kg}} \cdot 9{,}81\,\cancel{\text{m}}}$$

$$\underline{\underline{h = 260\ \text{m}}}$$

Das Fahrzeug könnte **theoretisch** auf eine Höhe von $260\,\text{m}$ angehoben werden.

Lehrbeispiel 2: Gefrierschrank

In einem Gefrierschrank mit der Wärmekapazität $C = 800\,\text{J/K}$ werden $5\,\text{kg}$ Wasser von der Temperatur $+20\,°\text{C}$ zu Eis mit der Temperatur $-18\,°\text{C}$ gefroren. Das Wasser befindet sich in einem Kupfergefäß mit der Masse $m = 800\,\text{g}$.

a) Es ist ein qualitatives Temperatur-Zeit-Diagramm zu zeichnen.

b) Wie lange dauert der Gefriervorgang, wenn das Gerät über eine Kühlleistung von $P = 450\,\text{W}$ verfügt?

Hinweis: Die Abkühlung der Luft im Inneren des Gefriergerätes bleibt unberücksichtigt.

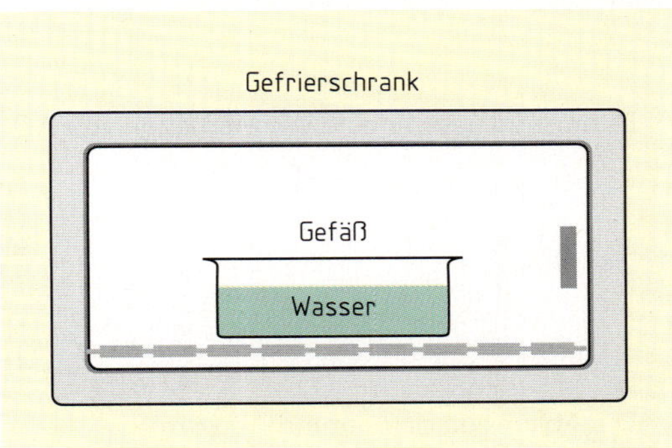

Gefrierschrank **8.3.3–1**

Lösung:

a) Bei 0 °C erstarrt das Wasser.

→ Haltepunkt

Nach dem Erstarren erfolgt die Abkühlung schneller.

→ $c_{Eis} < c_{Wasser}$

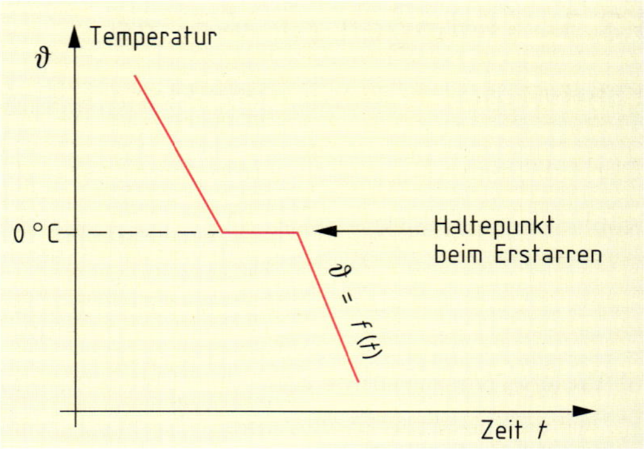

ϑ-t-**Diagramm** **8.3.3–2**

b) Berechnung der Wärme, die insgesamt entzogen werden muss.

- Gefrierschrank:

$$\Delta\vartheta_G = \vartheta_1 - \vartheta_2 = 20\,°C - (-18\,°C)$$
$$\Delta\vartheta_G = 38\,K$$
$$\Delta Q_G = C \cdot \Delta\vartheta_G$$
$$\Delta Q_G = 800\,\frac{J}{K} \cdot 38\,K \quad \rightarrow \quad \Delta Q_G = 30{,}4\ kJ$$

- Kupfergefäß:

$$\Delta\vartheta_{Cu} = \Delta\vartheta_G = 38\,K$$
$$c_{Cu} = 0{,}383\,\frac{kJ}{kg \cdot K}$$
$$\Delta Q_{Cu} = m_{Cu} \cdot c_{Cu} \cdot \Delta\vartheta_{Cu}$$
$$\Delta Q_{Cu} = 0{,}8\,kg \cdot 0{,}383\,\frac{kJ}{kg \cdot K} \cdot 38\,K \quad \rightarrow \quad \Delta Q_{Cu} = 11{,}64\,kJ$$

- Wasser/Eis:

$$\Delta\vartheta_W = 20\,°C\,;\ \Delta\vartheta_E = 18\,K$$
$$c_W = 4{,}19\,\frac{kJ}{kg \cdot K}\,;\ c_E = 2{,}1\,\frac{kJ}{kg \cdot K}$$
$$\Delta Q_W = m_W \cdot c_W \cdot \Delta\vartheta_W$$
$$\Delta Q_W = 5\,kg \cdot 4{,}19\,\frac{kJ}{kg \cdot K} \cdot 20\,K \quad \rightarrow \quad \Delta Q_W = 419{,}0\ kJ$$
$$\Delta Q_S = m_W \cdot q \quad \text{mit} \quad q = 334\,\frac{kJ}{kg}$$
$$\Delta Q_S = 5\,kg \cdot 334\,\frac{kJ}{kg} \quad \rightarrow \quad \Delta Q_S = 1670{,}0\ kJ$$
$$\Delta Q_E = m_W \cdot c_E \cdot \Delta\vartheta_E$$
$$= 5\,kg \cdot 2{,}1\,\frac{kJ}{kg \cdot K} \cdot 18\,K \quad \rightarrow \quad \Delta Q_E = 189{,}0\ kJ$$

$$\Sigma\Delta Q = 2320{,}0\ kJ$$

Es muss insgesamt eine Wärmemenge von $\Delta Q = 2320\,kJ$ entzogen werden.

Berechnung der Abkühlzeit:

Aus $P = \frac{W}{t} = \frac{\Delta Q}{t}$ folgt: $t = \frac{\Delta Q}{P} = \frac{2320 \cdot 10^3\,Nm \cdot s}{450\,Nm}$

$$\underline{\underline{t = 5155{,}6\,s}}$$

Die Abkühlzeit dauert rund 1 h 26 min.

Aufgabe 1

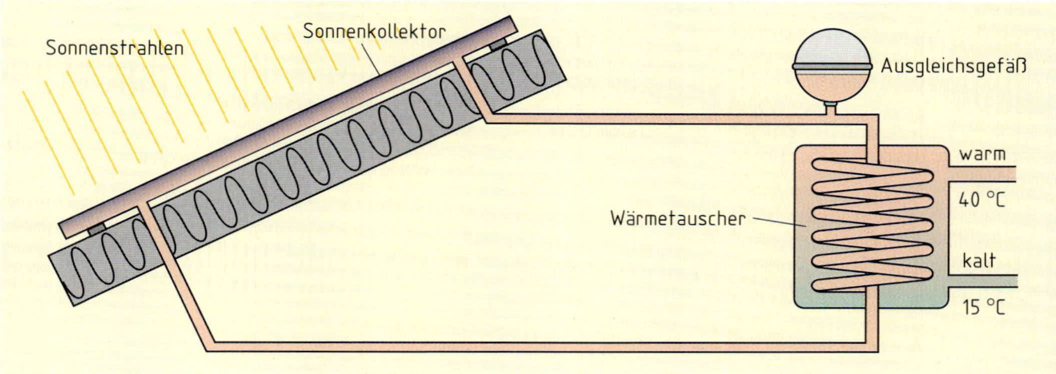

Sonnenkollektor **8.3.3–3**

Die abgebildete Sonnenkollektoranlage dient zur Herstellung von warmem Wasser.
Der Sonnenkollektor hat eine Wirkfläche von $A = 6\ \mathrm{m}^2$. Der Wirkungsgrad der Anlage beträgt 80 %.

a) Welche Wärmeenergie kann der Sonnenkollektor bei einer durchschnittlichen Flächenleistung der Sonneneinstrahlung von $0{,}125\ \mathrm{kW/m^2}$ in einer Stunde aufnehmen?

b) Wie viel Liter Wasser von $40\,°\mathrm{C}$ können der Anlage stündlich entnommen werden, wenn das kalte Wasser mit $15\,°\mathrm{C}$ zufließt?

Aufgabe 2

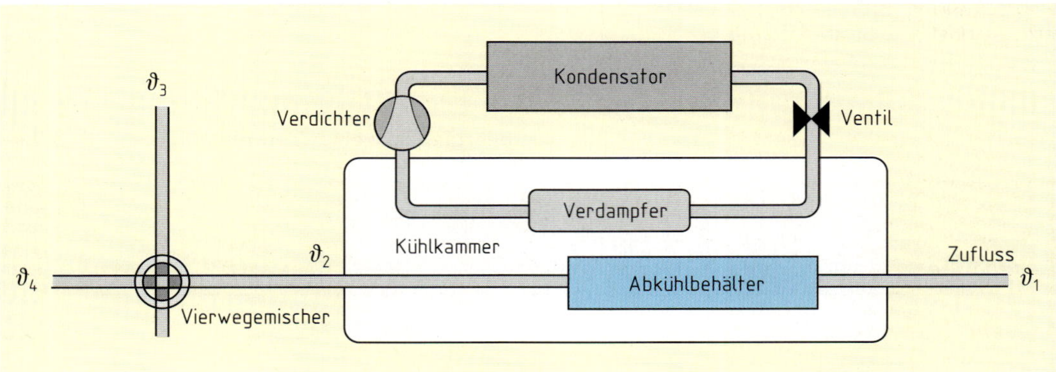

Abkühlanlage **8.3.3–4**

In einer Kühlkammer wird Terpentinöl von der Temperatur ϑ_1 auf die Temperatur ϑ_2 abgekühlt.
Dazu wird das Terpentinöl langsam durch den sich in der Abkühlkammer befindenden Abkühlbehälter geleitet.
Die Kühlkammer und das Terpentinöl werden durch das Verdampfen von Frion 21 heruntergekühlt.

Terpentinöl: $\rho_\mathrm{T} = 0{,}855\ \mathrm{kg/dm^3}$

$c_\mathrm{T} = 1{,}8\ \mathrm{kJ/(kg \cdot K)}$

Frion 21: $r = 242\ \mathrm{kJ/kg}$

Wie viel Frion 21 muss im Verdampfer pro Minute verdampft werden, damit 10 Liter Terpentinöl in einer Minute um $50\,°\mathrm{C}$ abgekühlt werden können?

Der Wirkungsgrad der Anlage beträgt 80 %.

8.3.4 Wärmequellen

In einem Verbrennungsmotor wird Wärme wie in den meisten technischen Prozessen durch **Verbrennung** erzeugt. Unter einer Verbrennung versteht man die chemische Reaktion eines Brennstoffs (Kohlenstoff, Wasserstoff, Kohlenwasserstoffe) mit Sauerstoff. Der Verbrennungsvorgang ist eine **Oxidation**, die stark **exotherm**, d.h. unter Freisetzung von Wärme, abläuft.

Als Brennstoffe dienen feste, flüssige und gasförmige Stoffe. Die bei der Verbrennung erzeugte Wärme ist proportional zur verbrannten Stoffmenge bzw. zum verbrannten Stoffvolumen (Gase).

$$Q_W = m \cdot H \quad \text{bzw.} \quad Q_W = V \cdot H$$

Die Proportionalitätskonstante H wird als **Heizwert** bezeichnet und besitzt die Einheit

$$[H] = \frac{[Q_W]}{[m]} = \frac{J}{kg} \quad \text{bzw.} \quad [H] = \frac{kJ}{kg}$$

oder

$$[H] = \frac{[Q_W]}{[V]} = \frac{J}{m^3} \quad \text{bzw.} \quad [H] = \frac{kJ}{m^3}$$

Der Heizwert gibt diejenige Wärmemenge an, die bei der Verbrennung der Masse $m = 1\,kg$, bei gasförmigen Stoffen von dem Volumen $V = 1\,m^3$ des entsprechenden Brennstoffs freigesetzt wird. der Heizwert H ist eine Stoffkonstante.

Verbrennungsvorgang

Sollen Feststoffe oder Flüssigkeiten entzündet werden, so muss der Brennstoff zunächst verdampft werden.

→ Energiezufuhr

Bei Gasen ist nur die erforderliche Zündenergie zuzuführen.

Die entstehenden Verbrennungsprodukte haben gegenüber den Ausgangsstoffen einen geringeren Energiegehalt.

→ Energie"gewinn"

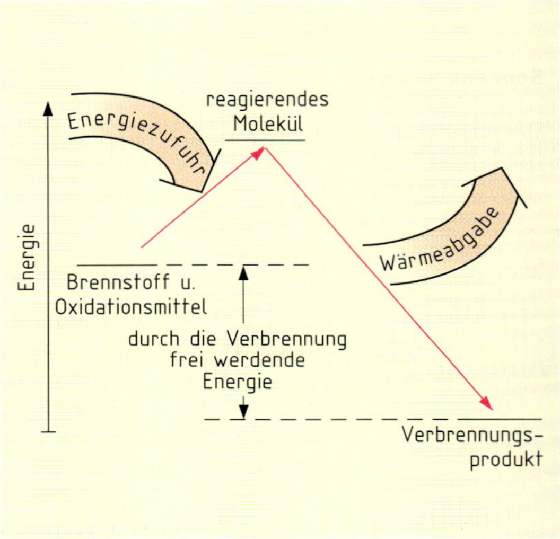

Energiebilanz einer Verbrennung **8.3.4–1**

Heizwerte H einiger Brennstoffe					
Feste Stoffe	kJ/kg	**Flüssige Stoffe**	kJ/kg	**Gase** (bei 0 °C u. 1013 hpa)	kJ/m³
Anthrazit	35 000 ... 36 000	Oktan	44 600	Propan	94 000
Holzkohle	31 000	Benzin	42 000 ... 43 500	Acetylen	57 000
Steinkohle	30 000 ... 35 000	Dieselkraftstoff	41 500 ... 42 000	Flüssiggas (in kJ/kg)	46 500
Koks	28 000	Petroleum	40 000 ... 42 000	Erdgas	35 000 ... 36 000
Braunkohle (Brikett)	16 500 ... 20 000	Benzol	40 000 ... 41 000	Stadtgas	14 500 ... 17 000
Holz (trocken)	14 500 ... 17 000	Heizöl	38 000 ... 41 000	Kohlenoxid	12 500
Torf (trocken)	14 500 ... 16 000	Spiritus	26 000 ... 27 000	Wasserstoff	10 100

Lehrbeispiel: Warmwasserbereiter

Das durch die Heizschlange fließende kalte Wasser wird mit einem Gasbrenner erhitzt.

Heizwert des Gases $H = 16\,500\,\text{kJ/m}^3$

Welches Gasvolumen in m^3 muss verbrannt werden, damit 200 Liter Wasser von $16\,°\text{C}$ auf $80\,°\text{C}$ erwärmt werden können, wenn der Wirkungsgrad des Warmwasserbereiters 65 % beträgt?

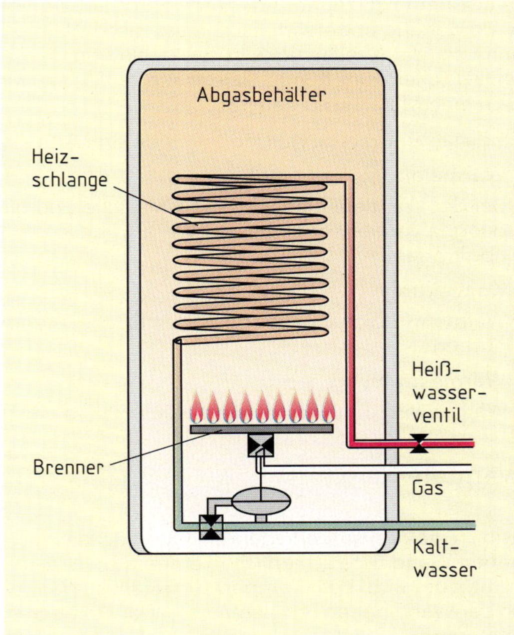

Warmwasserbereiter **8.3.4–2**

Lösung:

Zur Erhitzung des Wassers wird folgende Wärmemenge benötigt:

$$\Delta Q = m \cdot c \cdot \Delta\vartheta \qquad \text{mit} \qquad m = \rho \cdot V$$

$$\Delta\vartheta = \vartheta_2 - \vartheta_1$$

$$c = 4{,}19 \frac{\text{kJ}}{\text{kg} \cdot \text{K}}$$

$$\rightarrow \Delta Q = \rho \cdot V \cdot c \cdot (\vartheta_2 - \vartheta_1)$$

$$\Delta Q = 1000 \frac{\text{kg}}{\text{m}^3} \cdot 0{,}2\,\text{m}^3 \cdot 4{,}19 \frac{\text{kJ}}{\text{kg} \cdot \text{K}} \cdot (80 - 16)\,\text{K}$$

$$\Delta Q = 53632\,\text{kJ}$$

Zur Erzeugung dieser Wärmemenge muss unter Berücksichtigung des Wärmewirkungsgrads folgendes Gasvolumen verbrannt werden:

$$\Delta Q = Q_W = V \cdot H \cdot \eta$$

$$\rightarrow V = \frac{Q_W}{H \cdot \eta} \qquad \text{Mit} \qquad H = 16500 \frac{\text{kJ}}{\text{m}^3}$$

und $\eta = 0{,}65$ ergibt sich:

$$V = \frac{53632\,\text{kJ} \cdot \text{m}^3}{16500\,\text{kJ} \cdot 0{,}65}$$

$$\underline{\underline{V = 5\,\text{m}^3}}$$

8.3.5 Wärmeausbreitung

Die in einem Fahrzeugmotor durch Verbrennung von Kraftstoff entstandene überschüssige Wärme wird an die Umgebung abgeführt. Dazu muss diese Wärme zunächst durch die Zylinderwände geleitet werden, um dann von der Kühlflüssigkeit oder direkt von der Umgebungsluft aufgenommen zu werden. Die von der Kühlflüssigkeit zum Kühler transportierte Wärme wird vor der Übertragung an die Umgebungsluft erneut durch eine Metallwand geleitet.

Wie dieses Beispiel zeigt, sind folgende drei Arten der Wärmeübertragung zu unterscheiden:

- **Wärmeleitung**
  Bei der Wärmeleitung wird die kinetische Energie der einzelnen Werkstoffteilchen in Form von Schwingungen von einem ortsfesten Werkstoffteilchen (Atom oder Molekül) zum nächsten ortsfesten Teilchen übertragen.
- **Konvektion**
  Wärme wird von einer strömenden Flüssigkeit oder einem strömenden Gas aufgenommen und abtransportiert.
- **Wärmestrahlung**
  Wärme wird ohne materiellen Träger durch elektromagnetische Wellen an die Umgebung abgegeben.

Wärmeleitung

Besitzen die gegenüberliegenden Oberflächen einer **ebenen Wand** unterschiedliche Temperaturen, dann strömt aufgrund des **Temperaturgefälles** Wärme von der Wand höher Temperatur zur Wand niederer Temperatur.

Die dabei strömende Wärme ist proportional zur Temperaturdifferenz, zur Fläche A der Wand sowie zur Zeit t. Mit zunehmender Wanddicke wird das Temperaturgefälle und die pro Zeiteinheit durch die Wand fließende Wärmemenge kleiner. Dies bedeutet, die strömende Wärme ist umgekehrt proportional zur Dicke l der Wand.

Bei **konstantem** Temperaturgefälle gilt:

$$Q \sim \Delta\vartheta$$

$$Q \sim A$$

$$Q \sim t$$

$$Q \sim \frac{1}{l}$$

$$Q = \lambda \cdot \frac{A \cdot \Delta\vartheta \cdot t}{l} \qquad \Delta\vartheta = \text{konst.}$$

Die Proportionalitätskonstante λ wird als **Wärmeleitfähigkeit** bezeichnet. Für die werkstoffabhängige Wärmeleitfähigkeit ergibt sich folgende Einheit:

$$[\lambda] = \frac{[Q]\cdot[l]}{[A]\cdot[\Delta\vartheta]\cdot[t]} = \frac{\not{J}\cdot \not{m}}{m^{\not{2}}\cdot K \cdot \not{s}} = \frac{W}{m \cdot K}$$

Die Wärmeleitfähigkeit λ gibt diejenige Wärmemenge an, die durch eine Wand mit der Dicke $l = 1\,\text{m}$ und der Fläche $A = 1\,\text{m}^2$ bei einem Temperaturunterschied von $\Delta\vartheta = 1\,\text{K}$ zwischen den gegenüberliegenden Seiten in der Zeit $t = 1\,\text{s}$ von der wärmeren zur kälteren Seite fließt.

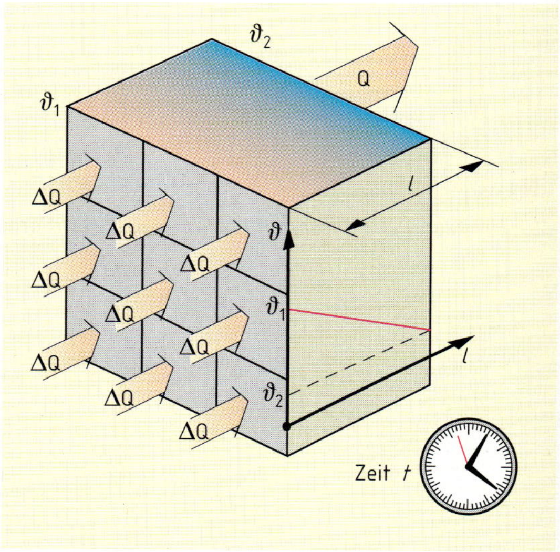

Wärmeleitung durch eine ebene Wand 8.3.5–1

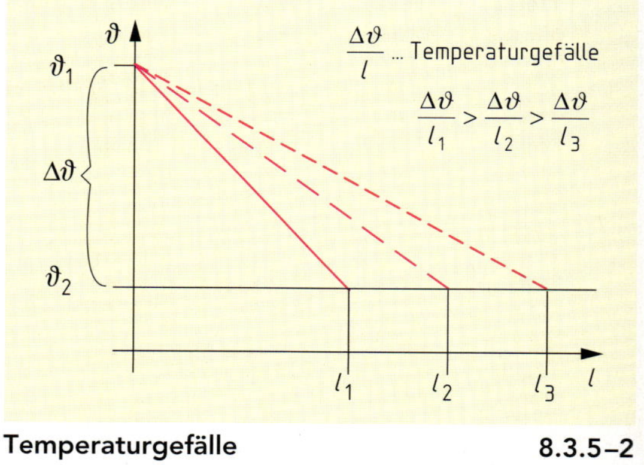

Temperaturgefälle 8.3.5–2

Je homogener ein Werkstoff aufgebaut ist, desto besser ist seine Wärmeleitfähigkeit. Gegenüber reinen Metallen leiten Legierungen aufgrund ihres ungleichmäßigeren Gefüges Wärme weniger gut. Mineralische Werkstoffe leiten Wärme deutlich schlechter und eignen sich dadurch als Bau- und Isolationsmaterial. Gase sind noch bessere Wärmeisolatoren. Das gilt auch für gashaltige Werkstoffe wie Styropor und andere geschäumte Materialien.

Wärmeleitfähigkeit λ bei 20 °C in W/(mK)					
Silber	411	Blei	35	Ziegelmauerwerk	0,9 ... 0,7
Kupfer	395 ... 370	Granit, Basalt	3,2 ... 2,7	Hochlochziegel	0,8 ... 0,7
Aluminium	230 ... 200	Kalk-, Sandstein	2,6 ... 1,75	Hohlblocksteine	0,6 ... 0,4
Zink	115 ... 110	Kesselstein	2,3 ... 0,3	Ton- und Lehmboden	1,2 ... 0,9
Messing	115 ... 80	Eis	2,2 ... 2,2	Sandboden	1,2 ... 0,9
Nickel	58	Beton	1,5 ... 0,8	Gummi	0,25 ... 0,12
Stahl	45 ... 35	Porzellan	1,0 ... 0,9	Kunststoffe	0,35 ... 0,12
Stahl (hochlegiert)	30 ... 15	Glas	1,0 ... 0,7	Wasser	0,6

Wärmeleitfähigkeit λ von Gasen und Wärmeschutzstoffen in W/(mK)					
Gase	ϑ (°C)	λ	**Schutzstoffe**	ρ (kg/dm^3)	λ
Wasserdampf	100	0,025	Porenbeton	0,6	0,23
Kohlendioxid	0	0,015	Leichtbauplatten	0,4	0,09
Luft	–30	0,021	Kork-, Strohplatten	0,2	0,06
(ruhend, Schichtdicke unter 5 mm)	0	0,023	Glaswolle	0,36	0,06
	50	0,028	Hartschaumstoff	0,03	0,035
	100	0,031	Kunststoff	0,95 ... 1,2	0,175 ... 0,30
	Schichtdicke d (cm)	λ	Baumwolle	0,08	0,05
Zirkulierende Luft $0\,°C < \vartheta < 50\,°C$	0,5	0,05	Holz (trocken)	0,5	0,15
	1	0,07	Holz (feucht)	0,7 ... 0,9	0,25 ... 0,35
	2	0,12			
	5	0,30	Schnee (frisch)	0,1	0,05
	10	0,60			
	15	0,92	Schnee (festgetreten)	0,6	bis 1,2
	20	1,40			

Wärmeübergang

Soll Wärme, die sich in einer strömenden Flüssigkeit oder einem strömenden Gas befindet, durch eine **ebene Wand** abgeleitet werden, muss diese Wärme zunächst von der Flüssigkeit oder dem Gas auf die feste Wand übergehen. In diesem Fall spricht man von **Wärmeübergang.**

Bei der Betrachtung des Temperaturverlaufs in der Nähe des Übergangs stellt man fest, dass die Temperatur nahe der Wand steil abfällt. Näherungsweise kann angenommen werden, dass an der Wand eine dünne ruhende Grenzschicht von der Dicke l_i anliegt, durch welche die Wärme geleitet werden muss.

Dies bedeutet, der Wärmeübergang lässt sich auf die Gesetzmäßigkeiten der Wärmeleitung zurückführen.

$$\Delta Q = \lambda \cdot \frac{A \cdot \Delta\vartheta_i \cdot t}{l_i}$$

mit $\Delta\vartheta_i = \vartheta_i - \vartheta_1$

Der Quotient λ / l_i wird zusammengefasst und als **Wärmeübergangskoeffizient** α bezeichnet. Der Wert des Wärmeübergangskoeffizienten hängt vom Medium, seiner Bewegung und der Oberfläche des festen Körpers ab.

$$\Delta Q = \alpha \cdot A \cdot \Delta\vartheta_i \cdot t$$

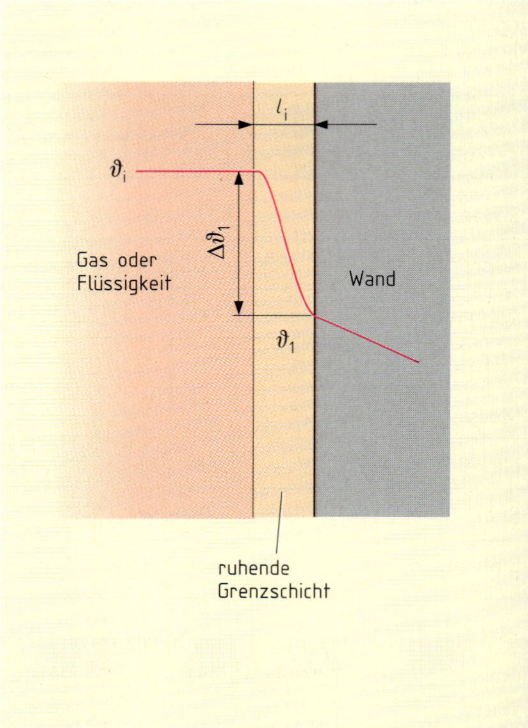

Temperaturverlauf beim Wärmeübergang 8.3.5–3

Wärmeübergangskoeffizienten α in W/(m²K)							
Wasser bei 20 °C			**Flüssigkeiten** ruhend, bei 20 °C		**Luft** bei $\Delta\vartheta$	waagrechte Trennfläche	senkrechte Trennfläche
ruhend	$v = 0$	300 ... 600	Quecksilber	3500	5 K	5	4
langsam strömend	$v < 1$ m/s	2500 ... 5000	Alkohol	175	10 K	6	5
strömend	$v > 1$ m/s	5000 ... 7000	Petroleum	120	20 K	7	6
			Öl (leicht flüssig)	30	50 K	9	7
			Glycerin	18	100 K	11	8

Wärmedurchgang

Von **Wärmedurchgang** spricht man, wenn Wärme von einem Gas oder einer Flüssigkeit auf eine feste Wand übergeht, durch die Wand geleitet und dann wieder von einem Gas oder einer Flüssigkeit aufgenommen wird.

Dies bedeutet, ein Wärmedurchgang besteht mindestens aus zwei Wärmeübergängen und einem Wärmeleitvorgang.

Für nebenstehenden Wärmedurchgang ergibt sich folgender Gesamttemperaturunterschied:

$$\Delta\vartheta = \vartheta_i - \vartheta_a = \Delta\vartheta_i + \Delta\vartheta_w + \Delta\vartheta_a$$

Da sich Wärme in keiner Schicht speichern kann, muss sie vollständig durch alle Schichten hindurchgehen.

Für die Teilbereiche gilt:

Grenzschicht 1:

$$\Delta Q = \alpha_i \cdot A \cdot \Delta\vartheta_i \cdot t \quad \rightarrow \quad \Delta\vartheta_i = \frac{\Delta Q}{\alpha_i \cdot A \cdot t}$$

Wand:

$$\Delta Q = \lambda \cdot \frac{A \cdot \Delta\vartheta_W}{l} \cdot t \quad \rightarrow \quad \Delta\vartheta_W = \frac{l \cdot \Delta Q}{\lambda \cdot A \cdot t}$$

Grenzschicht 2:

$$\Delta Q = \alpha_a \cdot A \cdot \Delta\vartheta_a \cdot t \quad \rightarrow \quad \Delta\vartheta_a = \frac{\Delta Q}{\alpha_a \cdot A \cdot t}$$

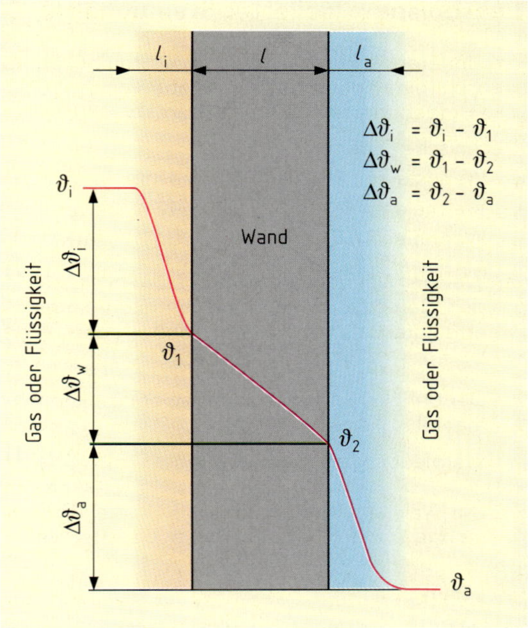

Temperaturverlauf bei einem Wärmedurchgang **8.3.5–4**

Durch Addition der einzelnen Temperaturdifferenzen erhält man folgende Gleichung:

$$\Delta\vartheta = \vartheta_i - \vartheta_a = \frac{\Delta Q}{\alpha_i \cdot A \cdot t} + \frac{l \cdot \Delta Q}{\lambda \cdot A \cdot t} + \frac{\Delta Q}{\alpha_a \cdot A \cdot t} = \frac{\Delta Q}{A \cdot t} \cdot \left(\frac{1}{\alpha_i} + \frac{l}{\lambda} + \frac{1}{\alpha_a}\right)$$

mit $\frac{1}{\alpha_i} + \frac{l}{\lambda} + \frac{1}{\alpha_a} = \frac{1}{k}$

folgt: $\Delta\vartheta = \frac{\Delta Q}{A \cdot k \cdot t}$

bzw.

$$\Delta Q = k \cdot A \cdot \Delta\vartheta \cdot t$$

k wird als **Wärmedurchgangskoeffizient** bezeichnet und besitzt folgende Einheit:

$$[k] = \frac{[Q]}{[A] \cdot [\Delta\vartheta] \cdot [t]} = \frac{\mathrm{J}}{\mathrm{m^2 \cdot K \cdot s}} \quad \text{bzw.} \quad [k] = \frac{\mathrm{kJ}}{\mathrm{m^2 \cdot K \cdot s}}$$

Der Wärmedurchgangskoeffizient k gibt diejenige Wärmemenge an, die durch eine Wand mit der Fläche $A = 1\,\mathrm{m^2}$ bei einem Temperaturunterschied von $\Delta\vartheta = 1\,\mathrm{K}$ zwischen den gegenüberliegenden Seiten in der Zeit $t = 1\mathrm{s}$ von der wärmeren zur kälteren Seite fließt. Besteht die Trennwand aus mehreren Schichten, so errechnet man den k-Wert bzw. den Reziprokwert $1/k$ nach folgender Formel:

$$\frac{1}{k} = \frac{1}{\alpha_i} + \frac{l_1}{\lambda_1} + \frac{l_2}{\lambda_2} + \ldots + \frac{1}{\alpha_a}$$

bzw.

$$\frac{1}{k} = \frac{1}{\alpha_i} + \Sigma\frac{l}{\lambda} + \frac{1}{\alpha_a}$$

Je kleiner der k-Wert, desto weniger Wärme fließt durch die Wand. Für einen Fahrzeugkühler muss der k-Wert möglichst hoch, für ein Isolierfenster möglichst klein sein.

8.3.6 Übungen zur Wärmeausbreitung

Lehrbeispiel: Isolierter Stahlbehälter

Im Inneren eines zylindrischen Stahlbehälters herrscht eine konstante Temperatur von $\vartheta_i = 0\,°C$. Die Umgebungstemperatur beträgt $\vartheta_a = 20\,°C$.

Technische Daten:

Wandstärke	$d_W = 4\,mm$
Wärmeleitfähigkeit	$\lambda_{Stahl} = 47\,W/(mK)$
Wärmeleitfähigkeit	$\lambda_{Filz} = 0{,}07\,W/(mK)$

a) Welche Wärmemenge strömt pro Sekunde in den Behälter, wenn die Wärmeübergangskoeffizienten für innen und außen den Wert $\alpha_i = \alpha_a = 7\,W/(m^2K)$ besitzen?

b) Der Behälter wird außen mit einem starken Filzmantel isoliert, $d_F = 14\,mm$.

Wärmeübergangskoeffizienten $\alpha_a = 6\,\frac{W}{m^2 \cdot K}$

Um welchen Wert reduziert sich die Wärmemenge, die pro Sekunde in den Behälter fließt?

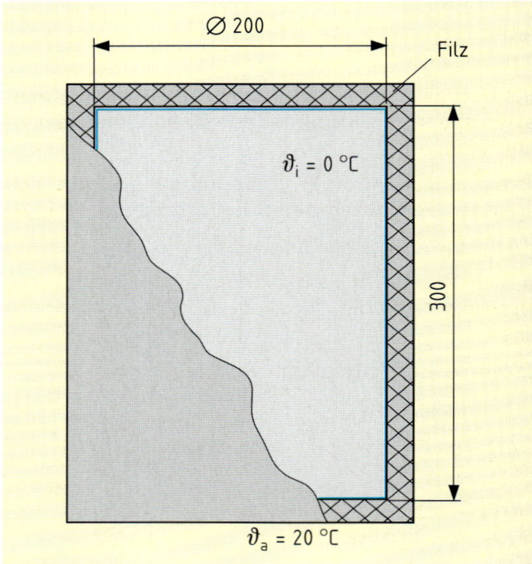

Isolierter Stahlbehälter 8.3.6–1

Lösung:

a) $\Delta Q_1 = k_1 \cdot A \cdot \Delta\vartheta \cdot t$

Mit $\frac{1}{k_1} = \frac{1}{\alpha_i} + \frac{d_W}{\lambda_H} + \frac{1}{\alpha_a} = \frac{1\,m^2 \cdot K}{7\,W} + \frac{0{,}004\,m \cdot m \cdot K}{47\,W} + \frac{1\,m^2 \cdot K}{7\,W} \quad \rightarrow \quad k_1 = 3{,}5\,\frac{W}{m^2 \cdot K}$

und $A = \frac{d^2 \cdot \pi}{4} \cdot 2 + d \cdot \pi \cdot h = \frac{0{,}2^2\,m^2 \cdot \pi}{4} \cdot 2 + 0{,}2\,m \cdot \pi \cdot 0{,}3\,m \quad \rightarrow \quad A = 0{,}25\,m^2$

folgt: $\Delta Q_1 = 3{,}5\,\frac{W}{m^2 \cdot K} \cdot 0{,}25\,m^2 \cdot 20\,K \cdot 1\,s = 17{,}5\,\frac{J \cdot s}{s} \qquad \underline{\underline{\Delta Q_1 = 17{,}5\,J}}$

b) $\Delta Q_2 = k_2 \cdot A \cdot \Delta\vartheta \cdot t$

mit $\frac{1}{k_2} = \frac{1}{\alpha_i} + \frac{d_W}{\lambda_{St}} + \frac{d_F}{\lambda_{Filz}} + \frac{1}{\alpha_a}$

$= \frac{1\,m^2 \cdot K}{7\,W} + \frac{0{,}004\,m \cdot m \cdot K}{47\,W} + \frac{0{,}014\,m \cdot m \cdot K}{0{,}007\,W} + \frac{1\,m^2 \cdot K}{6\,W} \quad \rightarrow \quad k_2 = 1{,}962\,\frac{W}{m^2 \cdot K}$

$\Delta Q_2 = 1{,}962\,\frac{W}{m^2 \cdot K} \cdot 0{,}25\,m^2 \cdot 20\,K \cdot 1\,s \qquad \Delta Q_2 = 9{,}81\,J$

Aufgrund der Isolierung reduziert sich die Wärmemenge pro Sekunde um $\Delta Q = \Delta Q_1 - \Delta Q_2 = \underline{\underline{7{,}69\,J}}$

Aufgabe

Ein mit 400 °C warmem Öl vollständig gefüllter Wärmespeicher hat eine Gesamtoberfläche von $A = 75\,m^2$.

Zu berechnen ist der pro Stunde auftretende Wärmeverlust, wenn die Außentemperatur 25 °C beträgt und die Innentemperatur als konstant betrachtet wird.

Der k-Wert der Speicherwand beträgt $k = 0{,}028\,W/(m^2K)$.

9 Energiebilanzen

Einführungsbeispiel: Windkraftanlage

Babylonische und ägyptische Quellen lassen vermuten, dass unsere Vorfahren bis in das zweite Jahrhundert vor Christus zurückreichend, Naturkräfte – im wesentlichen Wasser und Wind – zur Unterstützung der eigenen Muskelkraft zur Be- und Entwässerung von Ackerland eingesetzt haben.

Mit der Erfindung der Dampfmaschine, der Verbrennungsmotoren sowie der Erzeugung von Elektrizität aus Öl, Gas, Kohle und Kernenergie verlor die Windenergie zusehends an Bedeutung. Aufgeschreckt durch die knapper werdenden Ölvorräte und die Zunahme des CO_2-Gehalts der Luft, hat die Windenergie – vor allem in den Küstengebieten – in den letzten Jahren an Bedeutung gewonnen.

Windenergie lässt sich zum Antrieb von mechanischen Wasser-, Öl- oder Luftpumpen bzw. zum Antrieb von Elektrogeneratoren und Wärmepumpen nutzen. Speichern lässt sich die Windenergie in Form von potentieller Energie mittels Wasser in einem Wasserturm bzw. Druckluft in einem Kompressorbehälter oder als elektrische Energie in Akkumulatoren. Bei mechanischen Wärmepumpen wird die Bewegungsenergie des Wassers oder der Luft über ein verdampfendes Kältemittel in Wärmeenergie umgewandelt. Bedauerlicherweise laufen alle Energieumwandlungsprozesse mit mehr oder minder großen Energieverlusten ab.

Windkraftanlage 9–1

9.1 Energiesatz der Mechanik

Mechanische Energie kann in Form von **potentieller** und **kinetischer Energie** vorliegen (Kapitel 7.3).

Mechanische Energieformen:

Arbeit	**Verschiebearbeit**		**Beschleunigungsarbeit**
	Hubarbeit	Spannarbeit	
Energie	**potentielle Energie**		**kinetische Energie**
	Lageenergie	Spannenergie	
Gleichung	$W_{pot} = m \cdot g \cdot h$	$W_s = \frac{1}{2} D \cdot s^2$	$W_{kin} = \frac{1}{2} m \cdot v^2$

Durch Zufuhr von Arbeit wird die Energie eines **physikalischen Systems** vergrößert. Verrichtet ein System Arbeit, so verringert sich seine Energie. Findet weder eine Zu- noch eine Abfuhr von Arbeit statt, dann spricht man von einem **abgeschlossenen System.** Damit ein System abgeschlossen ist, dürfen innerhalb des Systems nur **konservative,** also Energie erhaltende Kräfte wirken.

Innerhalb eines abgeschlossenen Systems ist die Gesamtenergie, d. h. die Summe aus potentieller und kinetischer Energie konstant.

Der **Energiesatz der Mechanik** lautet:

$$W_{pot} + W_{kin} = W_{ges} = \text{konst.}$$

Der **Energiesatz** ist ein nicht beweisbarer **Erfahrungssatz**. Er gilt nur deshalb, weil alle aus ihm gezogenen Schlußfolgerungen durch die Erfahrung bestätigt werden.

In der Technik gibt es keine rein mechanischen Vorgänge, weil infolge **dissipativer** Reibungskräfte ein Teil der mechanischen Energie in Wärme umgewandelt wird.

Wärmeenergie ist für ein System nicht vollständig verloren, da sie die **Innere Energie,** d. h. die Bewegung von Atomen bzw. Molekülen des Systems, erhöht. Wärmeenergie kann in den Energiesatz einbezogen werden, jedoch verlässt man dann die reine Mechanik.

Wird Wärme als weitere Energieform einbezogen, dann muss der Energiesatz zum **Energieerhaltungssatz** erweitert werden.

Der Energiebegriff und der Energiesatz nehmen in der Physik eine zentrale Stellung ein. Bei der nachfolgenden Beschreibung von Schwingungs- und Strömungsvorgängen wird deshalb immer wieder auf diesen Erfahrungssatz zurückgegriffen.

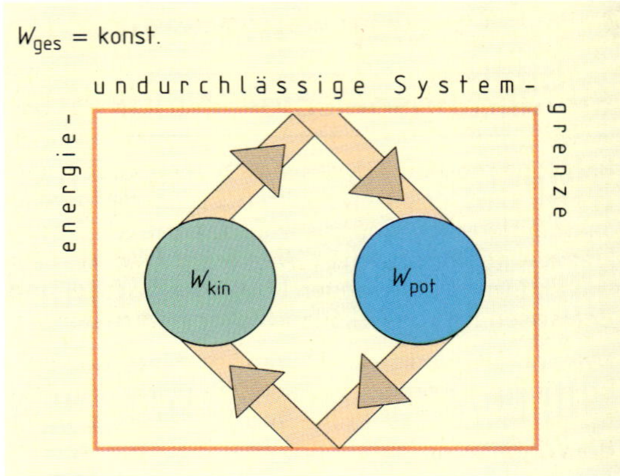

Energetisch abgeschlossenes System **9.1–1**

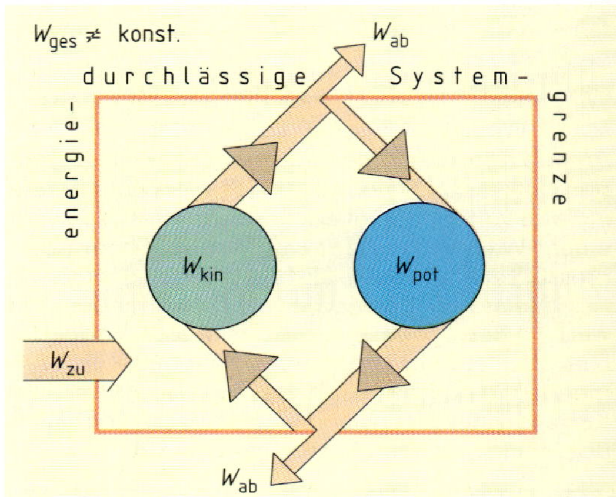

Energetisch nicht abgeschlossenes System **9.1–2**

Erklärung:
Dissipation [lat.]; Übergang einer umwandelbaren Energieform in Wärmeenergie.

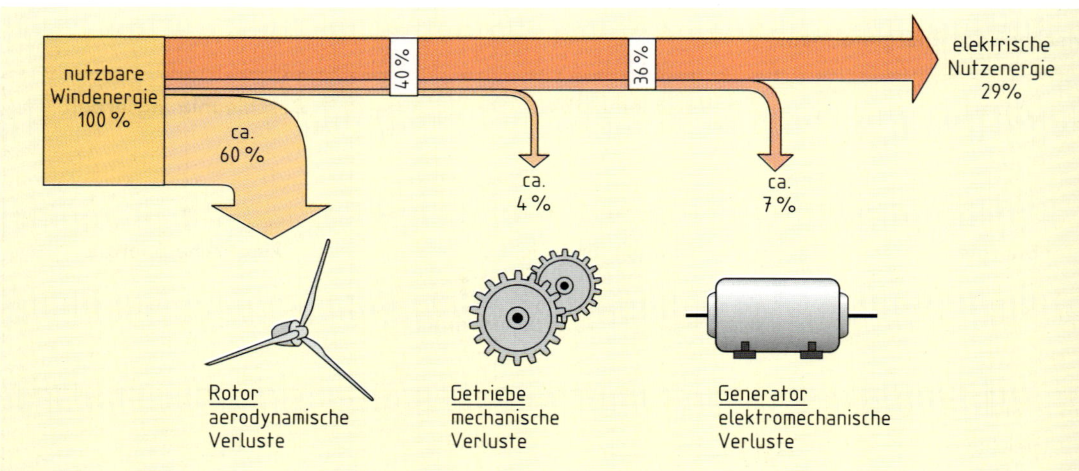

Verlustquellen einer Windkraftanlage **9.1–3**

9.1.1 Übungen zum Energiesatz

Lehrbeispiel: Frei fallender Körper

Ein auf die Höhe H angehobener Körper wird mit der Anfangsgeschwindigkeit $v_1 = 0$ losgelassen. Für den ohne Reibungsverluste nach unten fallenden Körper wurde in der Kinematik für die Geschwindigkeit v folgende Gleichung aufgestellt:

$$v = \sqrt{2 \cdot g \cdot h}$$

Diese Gleichung ist mit Hilfe des Energiesatzes herzuleiten.

Lösung:

Die Gesamtenergie ist während der Bewegung stets gleich groß.

$$W_{ges} = W_{pot1} = W_{pot2} + W_{kin2}$$

Allg. gilt: $W_{pot} = m \cdot g \cdot h$ und $W_{kin} = \frac{1}{2} m \cdot v^2$

$$\rightarrow \cancel{m} \cdot g \cdot H = \cancel{m} \cdot g \cdot s + \frac{1}{2} \cancel{m} v^2$$

Die Fallgeschwindigkeit ist von der Masse m des Körpers unabhängig.

$$g \cdot H = g \cdot s + \frac{1}{2} v^2$$

$$g \cdot H - g \cdot s = \frac{v^2}{2}$$

$$g\,(H - s) = \frac{v^2}{2} \quad \text{mit } (H - s) = h$$

$$g \cdot h = \frac{v^2}{2} \quad \text{bzw.} \quad \underline{\underline{v = \sqrt{2 \cdot g \cdot h}}}$$

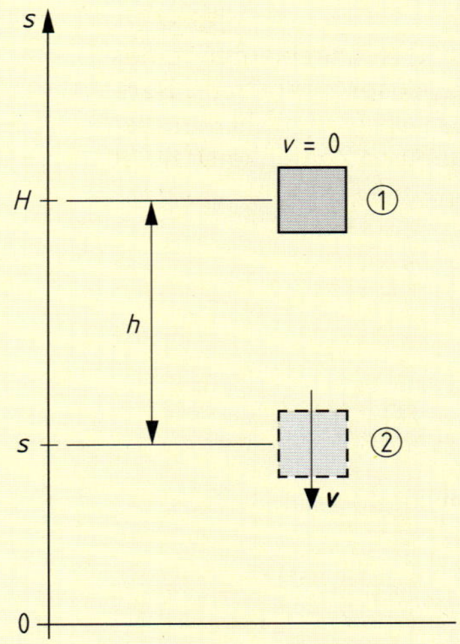

	Position ①	Position ②
W_{kin}	0	$1/2\ m \cdot v^2$
W_{pot}	$m \cdot g \cdot H$	$m \cdot g \cdot s$

Freifallender Körper **9.1.1–1**

Aufgabe

Mit dem Kerbschlag-Biegeversuch werden die Zähigkeitseigenschaften von Werkstoffen untersucht. Als Prüfmaschine verwendet man ein Pendelschlagwerk.

Der Pendelhammer mit der Masse $m = 30$ kg wird in Position 1 ausgeklinkt und fällt auf einer Kreisbahn nach unten. Nach dem Zerschlagen der Probe schwingt der Pendelhammer weiter in Position 2.

Welche Energiemenge wurde zum Zerschlagen der Probe benötigt, wenn der Pendelhammer in der Höhe $h = 1{,}2$ m ausgeklinkt wird und nach dem Zerschlagen der Probe auf die Höhe $h_1 = 0{,}5$ m durchschwingt?

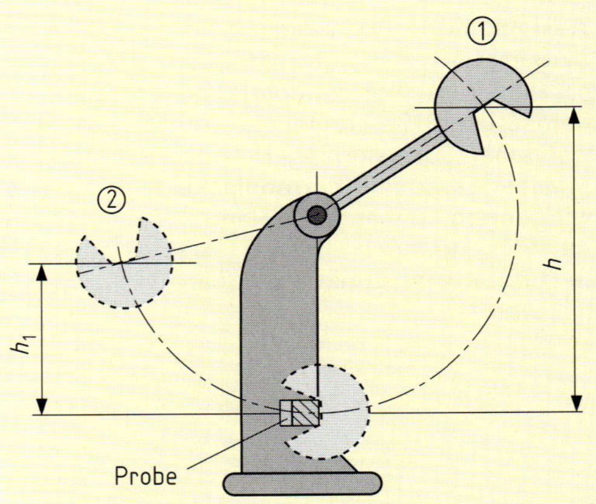

Pendelhammer **9.1.1–2**

9.2 Mechanische Schwingungen

Als mechanische Schwingung wird jeder sich **periodisch** wiederholende Bewegungsablauf eines Körpers bezeichnet.

Die Zeit für das Durchlaufen eines Bewegungszykluses nennt man **Periodendauer** T. Die Anzahl n der Schwingungen pro Zeiteinheit t heißt **Frequenz** f.

$$f = \frac{n}{t}$$

Einheit: $[f] = \frac{1}{s}$

Für eine Schwingung gilt:

$$f = \frac{1}{T}$$

In der Natur sind Schwingungen die häufigste Bewegungsart von Körpern. Schwingungen wirken sich in der Technik vielfach negativ aus. Aus diesem Grund ist die Vermeidung von Schwingungen meist wichtiger als deren technische Erzeugung.

Schwingungen können sehr vielfältige Schwingungsformen annehmen. Häufig bedient man sich zur Beschreibung von mechanischen Schwingungen eines **Weg-Zeit-Diagramms**.
Dabei wird der momentane Ort, d. h. die **Auslenkung** in Abhängigkeit der Schwingungszeit t dargestellt. Auf Grund der zum Teil komplizierten mathematischen Beschreibung von mechanischen Schwingungen werden nachfolgend nur **harmonische Schwingungen** behandelt. Harmonische Schwingungen können mit **Sinus- und Kosinusfunktionen** dargestellt werden.

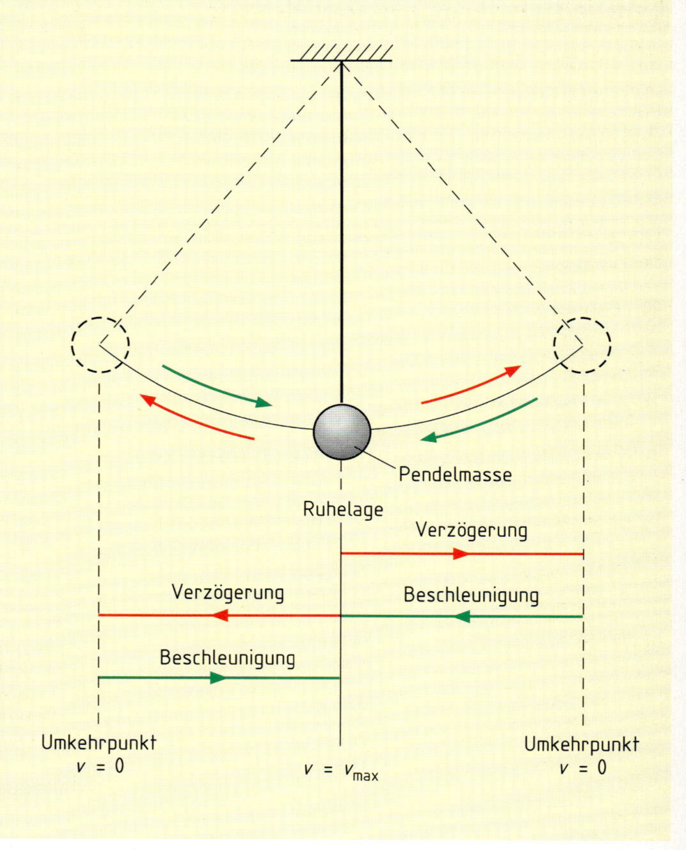

Bewegungsablauf einer Pendelschwingung **9.2–1**

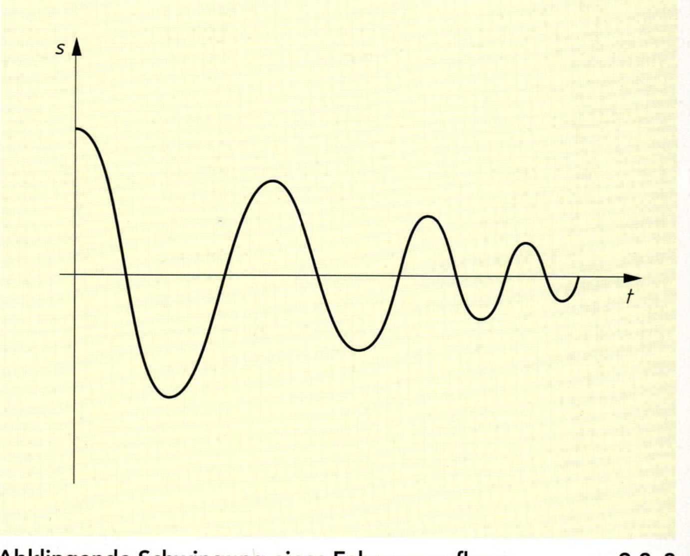

Abklingende Schwingung eines Fahrzeugaufbaus **9.2–2**

9.2.1 Mathematische Beschreibung einer harmonischen Schwingung

In der Technik kommen häufig **Feder-Masse-Schwinger** vor. Nach einmaliger Energiezufuhr durch Anstoßen führen diese vertikale Schwingungen um ihre Gleichgewichtslage aus. Zeichnet man die Bewegung der schwingenden Masse mit Hilfe einer Schreibeinrichtung auf und beginnt man die Aufzeichnung beim Durchgang durch die Gleichgewichtslage, ergibt sich für die zeitabhängige Auslenkung $s = f(t)$ eine **Sinuskurve**. Die zeitabhängige Auslenkung wird auch **Elongation** genannt.

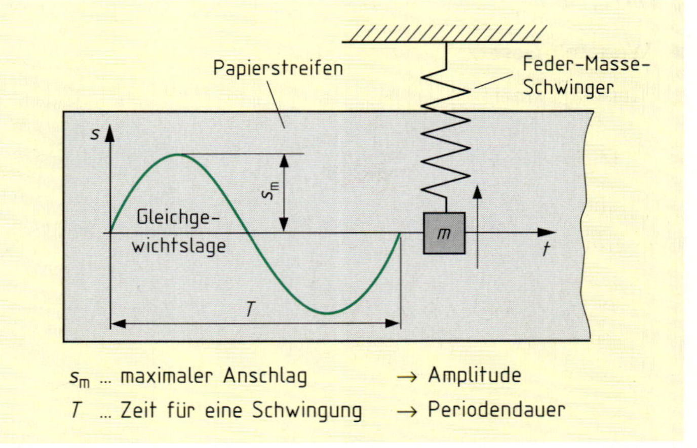

Bewegungsablauf eines Feder-Masse-Schwingers **9.2.1–1**

Bewegt sich ein Körper auf einer Kreisbahn, und wird diese Körperbewegung gemäß nebenstehender Anordnung auf eine Wand projiziert, so führt der Körperschatten eine dem Bewegungsablauf der schwingenden Masse entsprechende Bewegung aus.

Ist die Periodendauer des Feder-Masse-Schwingers gleich der Umlaufdauer des Körpers und ist der Radius der Kreisbahn gleich der maximalen Auslenkung s_m der schwingenden Masse, dann verlaufen beide Bewegungen vollkommen synchron.

Aus diesem Grund lässt sich der Bewegungsablauf einer harmonischen Schwingung direkt mit dem einer Kreisbewegung vergleichen.

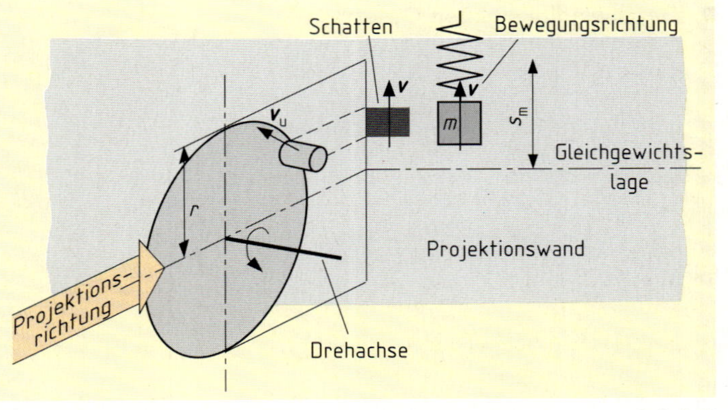

Vergleich von Kreisbewegung und Schwingung **9.2.1–2**

Bestimmung der Bewegungsgleichungen

Nachfolgende Darstellung zeigt eine Momentaufnahme zur Zeit t.

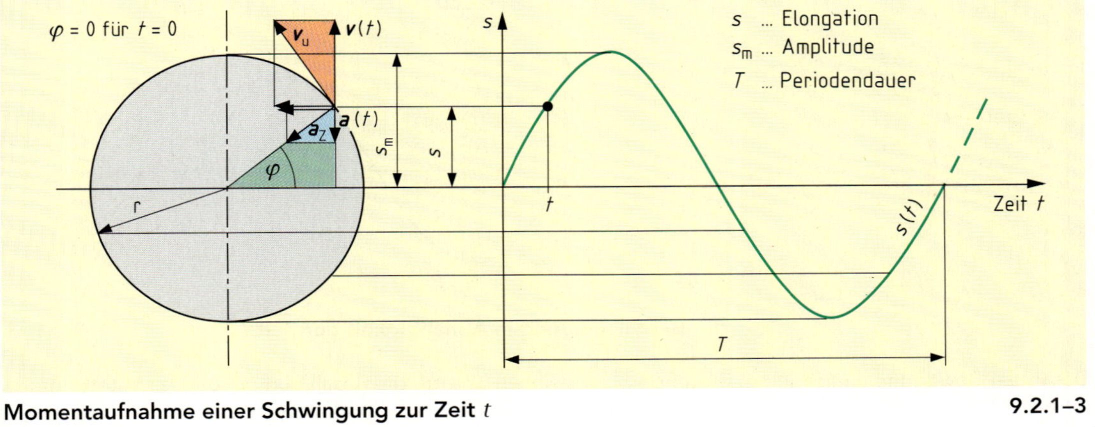

Momentaufnahme einer Schwingung zur Zeit t **9.2.1–3**

Von der Kreisbewegung (Kapitel 5.4) sind folgende Betragsgleichungen bekannt:

$$\varphi = \omega \cdot t; \quad \omega = \frac{2\pi}{T}; \quad \omega = 2\pi \cdot f; \quad v_u = \frac{2\pi}{T} \cdot r; \quad a_z = \frac{v_u^2}{r}$$

- **Weg-Zeit-Gesetz:**

$$s(t) = s_m \cdot \sin\varphi$$

Mit $\varphi = \omega \cdot t$

und $\omega = \frac{2\pi}{T}$

folgt:

$$s(t) = s_m \cdot \sin\frac{2\pi}{T} \cdot t$$

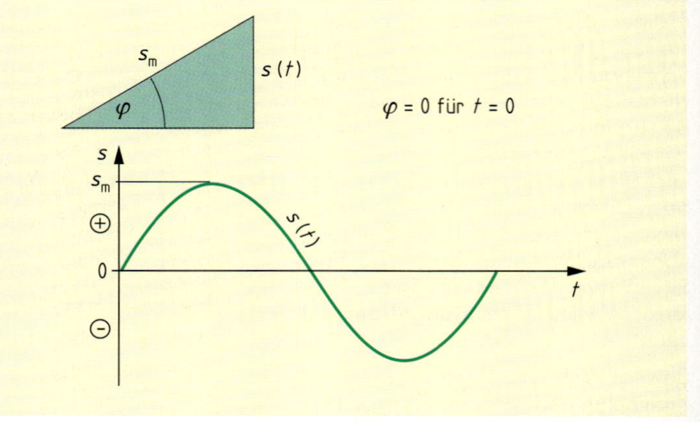

Elongation in Abhängigkeit der Zeit t **9.2.1–4**

- **Geschwindigkeits-Zeit-Gesetz:**

$$v(t) = v_u \cdot \cos\varphi$$

Mit $v_u = \frac{2\pi}{T} \cdot s_m$

und $\varphi = \omega \cdot t$

und $\omega = \frac{2\pi}{T}$

folgt:

$$v(t) = \frac{2\pi}{T} \cdot s_m \cdot \cos\frac{2\pi}{T} \cdot t$$

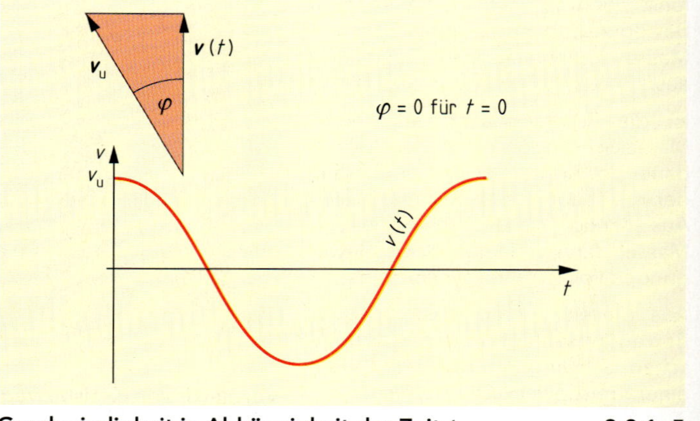

Geschwindigkeit in Abhängigkeit der Zeit t **9.2.1–5**

- **Beschleunigungs-Zeit-Gesetz:**

$$a(t) = -a_z \cdot \sin\varphi$$

Mit $a_z = \frac{v_u^2}{s_m}$

und $v_u = \frac{2\pi}{T} \cdot s_m$

und $\varphi = \omega \cdot t$

und $\omega = \frac{2\pi}{T}$

folgt:

$$a(t) = -s_m \cdot \left(\frac{2\pi}{T}\right)^2 \cdot \sin\frac{2\pi}{T} \cdot t$$

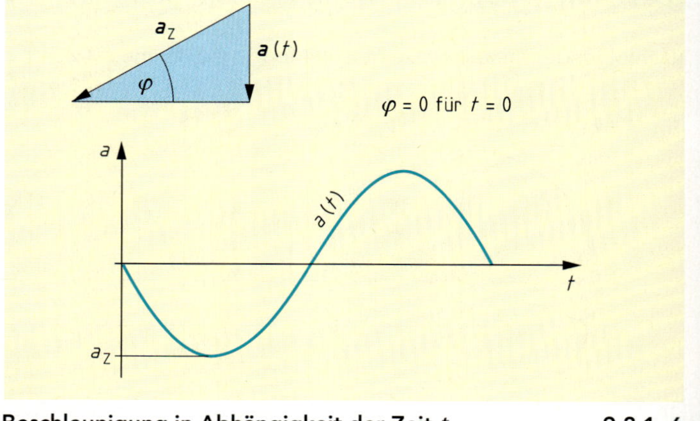

Beschleunigung in Abhängigkeit der Zeit t **9.2.1–6**

Das in der Bewegungsgleichung auftretende Minuszeichen besagt, die Beschleunigung $\boldsymbol{a}(t)$ ist stets entgegengesetzt zur jeweiligen Elongation $\boldsymbol{s}(t)$ gerichtet.

Bestimmung der Rückstellkraft $F(t)$

Den **linearen** Zusammenhang zwischen der Beschleunigung $a(t)$ und der Elongation $s(t)$ eines schwingenden Körpers erkennt man leicht durch Vergleich der Funktionen $s = f(t)$ und $a = f(t)$:

$$a(t) = -\left(\frac{2\pi}{T}\right)^2 \cdot s(t)$$

Die Rückstellkraft $F(t)$, welche die Beschleunigung des schwingenden Körpers hervorruft, kann mit Hilfe der **Newton'schen Grundgleichung** $F = m \cdot a$ bestimmt werden. Es ergibt sich folgende zeitabhängige Betragsgleichung:

$$F(t) = -m \cdot \left(\frac{2\pi}{T}\right)^2 \cdot s(t)$$

Ein lineares Kraftgesetz ist somit Bedingung jeder harmonischen Schwingung.

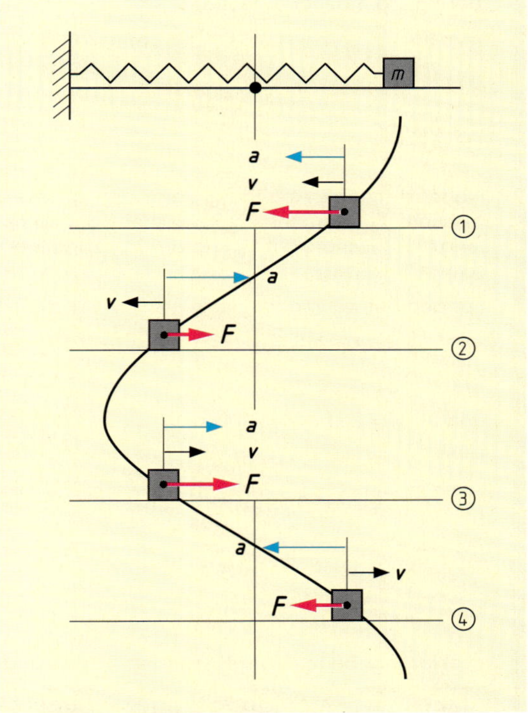

Vier Momentaufnahmen einer Schwingungsbewegung **9.2.1–7**

9.2.2 Übungen zu den Bewegungsgleichungen von harmonischen Schwingungen

Lehrbeispiel: Schieberantrieb einer Verpackungsmaschine

Der Schieber einer Verpackungsmaschine wird über eine Kurbel angetrieben. Dazu ist das freie Kurbelende gleitend in der Führung des Schiebers gelagert. Durch die Drehung der Kurbel führt der Schieber horizontale harmonische Schwingungen aus.

Antriebsdrehzahl $n = 210 \dfrac{1}{\text{min}}$

a) Wie groß ist die Periodendauer der Schieberschwingung?

b) Welche Horizontalgeschwindigkeit besitzt der Schieber bei folgenden Kurbelstellungen?

$\alpha = 15°; 30°; 45°; 60°; 90°.$

c) Wie lautet die Bewegungsgleichung $v_H(t)$?

d) Es ist das $v_H(t)$-Diagramm zu zeichnen.

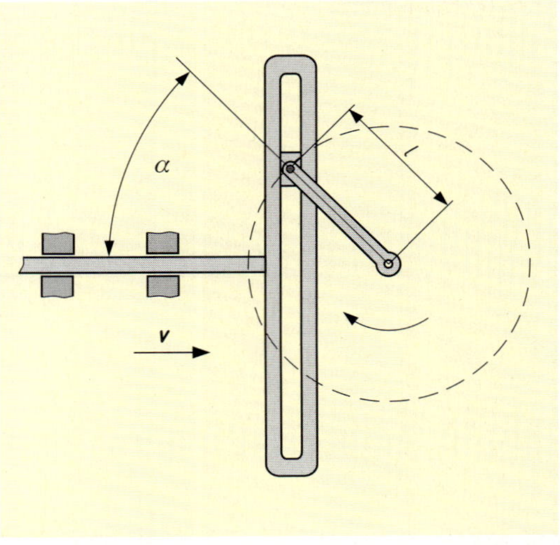

Schieberantrieb **9.2.2–1**

Lösung:

a) Der Zusammenhang zwischen der Drehzahl und der Periodendauer T lautet:

$$n = \frac{1}{T} \quad \rightarrow \quad T = \frac{1}{n} = \frac{1}{210\,\frac{1}{\text{min}}} = \frac{1\,\text{min}}{210} = \frac{60\text{ s}}{210}$$

$$\underline{\underline{T = 0{,}286\,\text{s}}}$$

b) Nebenstehende Abbildung zeigt den geometrischen Zusammenhang zwischen der Umfangsgeschwindigkeit v_u und der Horizontalgeschwindigkeit v_H.

Für den Betrag von v_H gilt:

$$v_H = v_u \cdot \sin\alpha$$

Mit $\quad v_u = \alpha \cdot \pi \cdot n$

und $\quad d = 2 \cdot r$

folgt: $\quad v_H = 2 \cdot \pi \cdot r \cdot n \cdot \sin\alpha$

$$= 2 \cdot \pi \cdot 0{,}18\,\text{m} \cdot \frac{210}{60\,\text{s}} \cdot \sin\alpha$$

$$v_H = 3{,}958\,\frac{\text{m}}{\text{s}} \cdot \sin\alpha$$

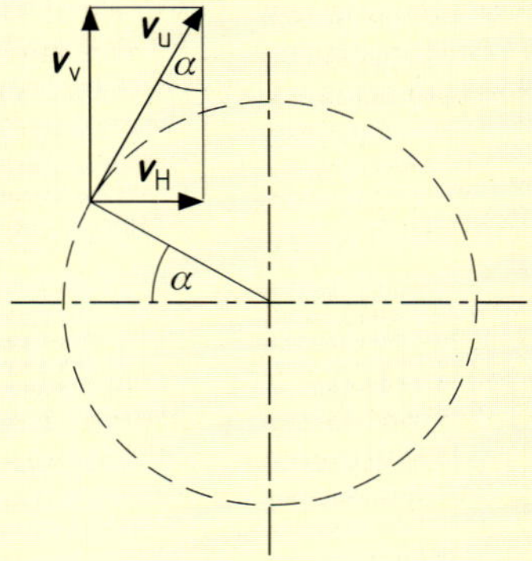

Zusammenhang zwischen Umfangsgeschwindigkeit v_u und Horizontalgeschwindigkeit v_H **9.2.2–2**

Für die vorgegebenen Winkel ergeben sich die in der Tabelle aufgeführten Horizontalgeschwindigkeiten.

α in °	15°	30°	45°	60°	90°
v_H in m/s	1,025	1,979	2,799	3,428	3,958

c) Die Bewegungsgleichung lässt sich aus oben aufgeführten Gleichung $v_H(\alpha)$ ableiten:

$v_H = 2\pi \cdot r \cdot n \cdot \sin\alpha \qquad$ Mit $\quad \alpha = \omega \cdot t \quad$ und $\quad \omega = \frac{2\pi}{T} = 2\pi \cdot n \qquad$ folgt: $\quad \alpha = 2\pi \cdot n \cdot t$

$$\underline{\underline{v_H = 2\pi \cdot r \cdot n \cdot \sin(2\pi \cdot n \cdot t)}}$$

d) $v_H(t)$-Diagramm

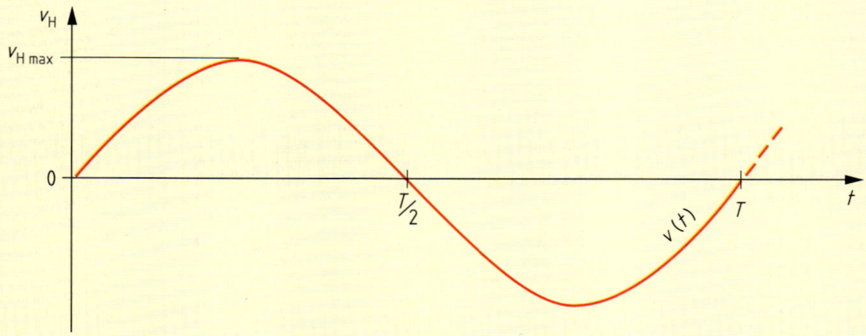

9.2.2–3

Aufgabe 1

Das nebenstehend abgebildete ungedämpfte Feder-Masse-System wird durch einen Stoß auf das Gehäuse zu harmonischen Schwingungen angeregt.

Dabei schwingt der Körper mit der Masse $m = 500$ g zur Zeit $t = 0$ durch die Gleichgewichtslage. Die Amplitude der Schwingung beträgt $s_m = 4{,}5$ cm. Die maximale Geschwindigkeit des Schwingers wird mit $v_{max} = 0{,}2$ m/s gemessen.

a) Wie groß ist die Periodendauer der Schwingung?

b) Mit welcher maximalen und mit welcher minimalen Kraft wird das Federsystem belastet?

c) Welche Energie wurde dem System durch den Stoß zugeführt?

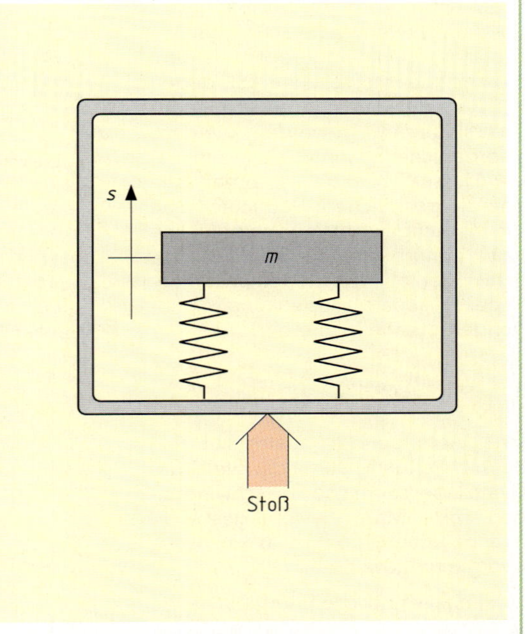

Ungedämpftes Feder-Masse-System **9.2.2–4**

Aufgabe 2

Mit einem Oszilloskop wurde das Geschwindigkeitsverhalten eines harmonisch schwingenden mechanischen Schwingers aufgezeichnet.

Die maximale Geschwindigkeit des Schwingers beträgt $v_{max} = 2{,}8$ m/s, die Schwingungsdauer ist $T = 0{,}8$ s.

Für den mechanischen Schwinger ist aus den gegebenen Werten zu berechnen:

a) die Amplitude,

b) die maximale Beschleunigung,

c) die Geschwindigkeit zur Zeit $t = 0{,}48$ s, wenn der Schwinger die Ruhelage zur Zeit $t = 0$ durchläuft.

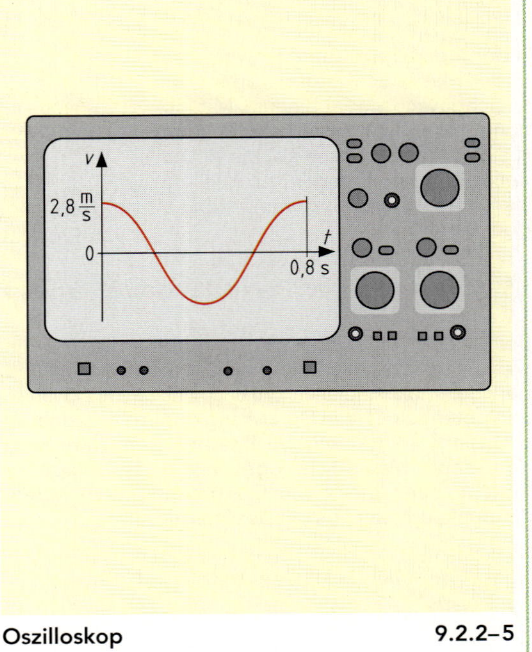

Oszilloskop **9.2.2–5**

9.2.3 Energieumwandlung bei ungedämpften mechanischen Schwingungen

Soll ein Feder-Masse-Schwinger zu Schwingungen angeregt werden, muss seine Masse zunächst gegen die Rückstellkraft aus der Gleichgewichtslage bewegt werden. Die dazu erforderliche Spannarbeit ist im Feder-Masse-Schwinger als potentielle Energie gespeichert. Betrachtet man die Gleichgewichtslage als Nullniveau, dann besitzt der Feder-Masse-Schwinger mit der Federkonstanten D bei maximaler Auslenkung s_m folgende potentielle Energie:

$$W_{pot\,max} = \frac{1}{2} D \cdot s_m^2$$

Eine Viertelperiode später hat sich beim Durchgang durch die Gleichgewichtslage sämtliche im schwingenden Feder-Masse-System gespeicherte potentielle Energie in kinetische Energie umgewandelt.

Maximale kinetische Energie:

$$W_{kin\,max} = \frac{1}{2} m \cdot v_{max}^2$$

Da für ungedämpfte Schwingungen der Energiesatz Gültigkeit besitzt, gilt:

$$W_{pot\,max} = W_{kin\,max}$$

Aufgrund der Trägheit schwingt der Feder-Masse-Schwinger über die Gleichgewichtslage hinaus. Mit abnehmender Geschwindigkeit nimmt die kinetische Energie ab, die potentielle Energie dagegen zu. Die Gesamtenergie des Systems bleibt jedoch erhalten.

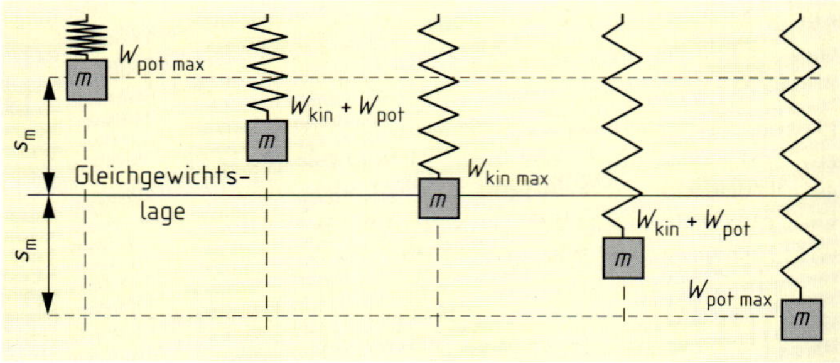

Energiebetrachtungen an einem Feder-Masse-Schwinger 9.2.3–1

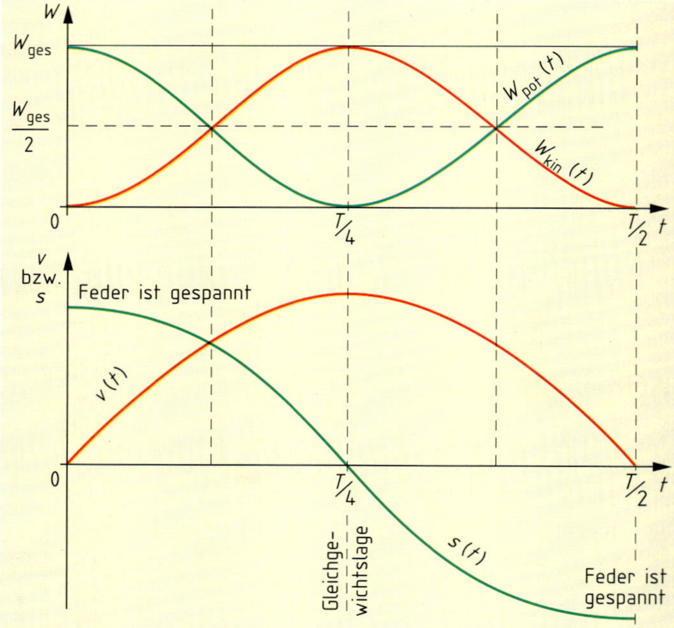

Potentielle und kinetische Energie in Abhängigkeit von Elongation und Geschwindigkeit 9.2.3–2

Bestimmung der Periodendauer eines Feder-Masse-Schwingers

Beim Feder-Masse-Schwinger pendelt die Energie zwischen potentieller und kinetischer Energie hin und her. Bei maximaler Auslenkung besitzt das System rein potentielle, beim Durchgang durch die Gleichgewichtslage rein kinetische Energie. Betrachtet man den Feder-Masse-Schwinger als abgeschlossenes System, dann bleibt die Gesamtenergie zu jedem Zeitpunkt erhalten. Es gilt der Energiesatz:

$$W_{kin} + W_{pot} = W_{kin\,max} = W_{pot\,max} = W_{ges}$$

Da die während der Schwingung stets in Richtung Gleichgewichtslage wirkende Rückstellkraft F proportional zur Auslenkung s ist, also einem linearen Kraftgesetz gehorcht, kann die Periodendauer T mit Hilfe der Gesetze der harmonischen Schwingung bestimmt werden. Für die Periodendauer T ergibt sich:

$$T = 2\pi \sqrt{\frac{m}{D}}$$

Je grösser die schwingende Masse und je weicher die Feder, desto grösser ist die Periodendauer T. Zur Berechnung der Periodendauer eines aus mehreren Federn zusammengeschalteten Schwingers, muss zunächst die Gesamtfederkonstante D_{ges} ermittelt werden.

Herleitung der Periodendauer T

Betrag der Rückstellkraft:

$$F = D \cdot s$$

Energiesatz:

$$W_{\text{pot max}} = W_{\text{kin max}}$$

Mit $W_{\text{pot max}} = \frac{1}{2} D \cdot s_{\text{m}}^2$

und $W_{\text{kin max}} = \frac{1}{2} m \cdot v_{\text{max}}^2$

sowie mit $v(t) = \frac{2\pi}{T} \cdot s_{\text{m}} \cdot \underbrace{\cos \frac{2\pi}{T} \cdot t}$

bzw. $v_{\text{max}} = \frac{2\pi}{T} \cdot s_{\text{m}} \cdot 1$

folgt: $\cancel{\frac{1}{2}} D \cdot \cancel{s_{\text{m}}^2} = \cancel{\frac{1}{2}} \cdot m \cdot \frac{4\pi^2}{T^2} \cdot \cancel{s_{\text{m}}^2}$

$$T = 2\pi \cdot \sqrt{\frac{m}{D}}$$

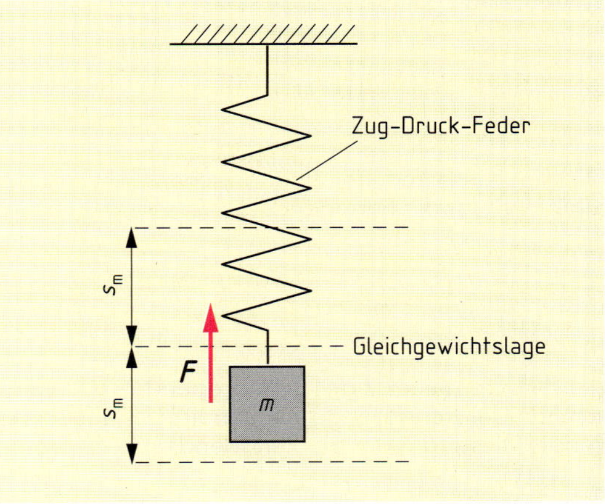

Federpendel 9.2.3–3

Federkombinationen

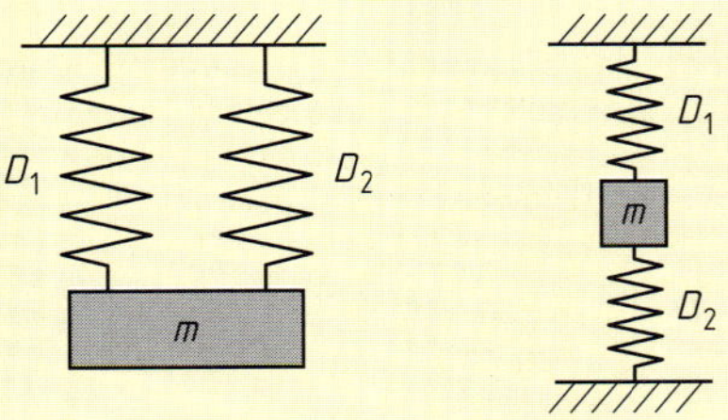

$$D_{\text{ges}} = D_1 + D_2$$

allg. gilt: $D_{\text{ges}} = \Sigma D_n$

Parallelschaltung 9.2.3–4

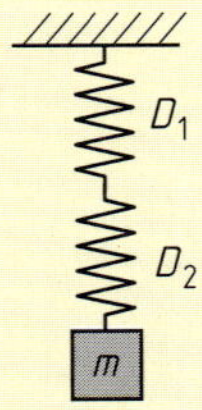

$$\frac{1}{D_{\text{ges}}} = \frac{1}{D_1} + \frac{1}{D_2}$$

allg. gilt: $\frac{1}{D_{\text{ges}}} = \Sigma \frac{1}{D_n}$

Reihenschaltung 9.2.3–5

Schwerependel

Schwerependel bestehen aus einem Pendelkörper mit der Masse m, welcher an einem Faden der Länge l aufgehängt ist. Durch Auslenkung des Pendelkörpers wird diesem potentielle Energie zugeführt. Die ausgelenkte Pendelmasse erfährt auf Grund ihrer Gewichtskraft $\boldsymbol{F}_{\text{G}}$ eine Rückstellkraft $\boldsymbol{F}$. Diese Rückstellkraft ist stets zur Gleichgewichtslage gerichtet. Schwingt die Pendelmasse aufgrund der Trägheit über die Gleichgewichtslage hinaus, dann dreht sich die Richtung der Rückstellkraft um 180°; sie ist wieder zur Gleichgewichtslage gerichtet. Den Betrag der vom Auslenkwinkel φ abhängigen Rückstellkraft F erhält man durch vektorielle Zerlegung der Gewichtskraft $\boldsymbol{F}_{\text{G}}$. Dabei wird $\boldsymbol{F}_{\text{G}}$ in die horizontale Rückstellkraft $\boldsymbol{F}$ und die in Fadenrichtung wirkende Fadenkraft $\boldsymbol{F}_{\text{F}}$ zerlegt. $\boldsymbol{F}_{\text{F}}$ spannt lediglich den Faden und nimmt deshalb keinerlei Einfluss auf die Pendelbewegung. Für kleine Auslenkwinkel φ gilt annähernd ein lineares Kraftgesetz; es handelt sich somit um eine harmonische Schwingung.

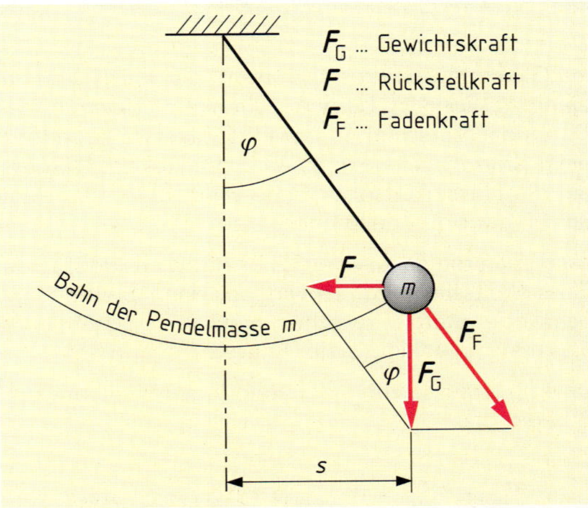

Fadenpendel 9.2.3–6

Betrachtet man den Schwinger als abgeschlossenes System, dann gilt der Energiesatz:

$$W_{pot} + W_{kin} = W_{pot\,max} = W_{kin\,max} = W_{ges}$$

Mit den Gesetzen der harmonischen Schwingung ergibt sich für die Periodendauer T:

$$T = 2\pi\sqrt{\frac{l}{g}}$$

Die Periodendauer T des Schwerependels ist lediglich von der Pendellänge l abhängig. Je länger das Pendel, desto grösser die Periodendauer.

Herleitung der Periodendauer T

Aus der Geometrie ergibt sich:

$$\sin\varphi = \frac{s}{l} \qquad \textbf{und} \qquad \tan\varphi = \frac{F}{F_G}$$

Für kleine Winkel gilt: $\sin\varphi \approx \tan\varphi$

$$\rightarrow \quad \frac{s}{l} = \frac{F}{F_G} \qquad \text{bzw.} \quad F = \frac{F_G}{l}\cdot s$$

Mit $F_G = m \cdot g$ ergibt sich:

$$F = \frac{m\cdot g}{l}\cdot s$$

$$\rightarrow \quad F = D\cdot s \qquad \text{mit} \quad \frac{m\cdot g}{l} = D = \text{konst.}$$

Für kleine Winkel φ gehorcht die Rückstellkraft $\boldsymbol{F}$ einem linearen Kraftgesetz.
Ein Schwerependel führt deshalb harmonische Schwingungen aus.

Betracht man das Schwerependel als abgeschlossenes System, dann gilt der Energiesatz:

$$W_{pot\,max} = W_{kin\,max}$$

$$\frac{1}{2}D\cdot s_m^2 = \frac{1}{2}m\cdot v_m^2 \quad \text{Mit} \quad D = \frac{m\cdot g}{l}$$

$$\text{und} \quad v_{max} = \frac{2\pi}{T}\cdot s_m$$

folgt: $$\frac{1}{2}\cdot\frac{m\cdot g}{l}\cdot s_m^2 = \frac{1}{2}m\cdot\frac{4\pi^2}{T^2}\cdot s_m^2$$

$$\rightarrow \quad T = 2\pi\cdot\sqrt{\frac{l}{g}}$$

Flüssigkeitsschwingung im U-Rohr

Im Gleichgewichtszustand steht die Flüssigkeit in einem U-Rohr in beiden Schenkeln gleich hoch. Durch das Verschieben der Flüssigkeitssäule mittels einer Kraft $\boldsymbol{F}$, welche in einem Schenkel des U-Rohrs auf die Flüssigkeitsoberfläche wirkt, führt man dem Schwinger potentielle Energie zu.

Lässt man die so aus dem Gleichgewicht gebrachte Flüssigkeitssäule frei schwingen, dann pendelt die Schwingerenergie zwischen maximaler potentieller und maximaler kinetischer Energie hin und her.

Unter Vorraussetzung der Reibungsfreiheit gilt der Energiesatz:

$$W_{pot} + W_{kin} = W_{pot\,max} = W_{kin\,max} = W_{ges}$$

Da sich die stets zur Gleichgewichtslage hingerichtete Rückstellkraft $\boldsymbol{F}$ proportional zur Auslenkung s verhält, kann die Periodendauer T mit Hilfe der Gesetze der harmonischen Schwingung bestimmt werden.

Für die Periodendauer T ergibt sich:

$$T = 2\pi\cdot\sqrt{\frac{l}{2\cdot g}}$$

Die Periodendauer T hängt nur von der Länge l der Flüssigkeitssäule ab. Art und Masse der Flüssigkeit haben keinen Einfluss auf die Periodendauer T.

Herleitung der Periodendauer T

Die Rückstellkraft F ergibt sich aus der Gewichtskraft F_G der Flüssigkeitssäule und der Länge l.

$F = F_G = m_l \cdot g$ Mit $m_l = \rho \cdot V_l$ und $V_l = A \cdot 2 \cdot s$

folgt: $F = \underbrace{g \cdot \rho \cdot A \cdot 2}_{\text{Proportionalitätskonstante } D} \cdot s$

Auf Grund des linearen Kraftgesetzes und dem Energiesatz ergibt sich:

$W_{pot\,max} = W_{kin\,max}$

$\rightarrow \frac{1}{2} D \cdot s_m^2 = \frac{1}{2} m \cdot v_{max}^2$ Mit $D = g \cdot \rho \cdot A \cdot 2$

und $v_{max} = \frac{2\pi}{T} \cdot s_m$

und $m = \rho \cdot A \cdot L$

ergibt sich: $\frac{1}{2} \cdot g \cdot \rho \cdot A \cdot 2 \cdot s_m^2 = \frac{1}{2} \rho \cdot A \cdot L \cdot \frac{4\pi^2}{T^2} \cdot s_m^2$

Durch Umstellen obiger Gleichung erhält man für die Periodendauer:

$$T = 2\pi \cdot \sqrt{\frac{L}{2 \cdot g}}$$

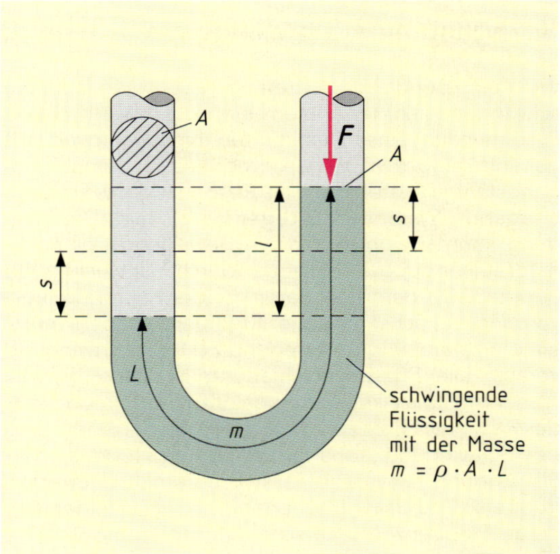

U-Rohr **9.2.3–7**

9.2.4 Gedämpfte mechanische Schwingungen

Bei jedem mechanischen Schwingungsvorgang treten mehr oder weniger starke Reibkräfte auf. Dadurch wird dem Schwinger stetig mechanische Energie entzogen, d. h. in Wärme umgewandelt. Auf Grund dieses Energieverlustes nimmt auch die Amplitude des Schwingers ab; die Schwingung ist **gedämpft**. Die Abklinggeschwindigkeit hängt sowohl von der Größe der Reibkraft als auch von der Masse des Schwingers ab. Ein Schwinger mit großer Masse hat mehr an Energie gespeichert und kann deshalb mehr an Energie durch Reibung verzehren; d. h. ein massereicher Schwinger schwingt länger. Erfolgt die Dämpfung durch eine konstante Reibkraft, dann nimmt die Amplitude von Schwingung zu Schwingung linear, d.h. stets um den selben Betrag ab. Wird der Schwinger durch eine geschwindigkeitsabhängige Reibkraft gedämpft, so nimmt die Amplitude exponentiell ab. Für diesen Fall erfolgt auch eine Erhöhung der Periodendauer. Bei sehr großer Dämpfung kommt nach der Auslenkung der Schwingermasse keine Schwingung zustande, der Schwinger kehrt lediglich in seine Ruhelage zurück.

Um eine ungedämpfte Schwingung zu erhalten, muss der schwingenden Masse während einer Periode gerade die Energie zugeführt werden, die sie in dieser Zeit durch Reibung verliert. Dazu benötigt man einen periodisch wirkenden Antrieb, dessen Frequenz mit der des Schwingers übereinstimmt.

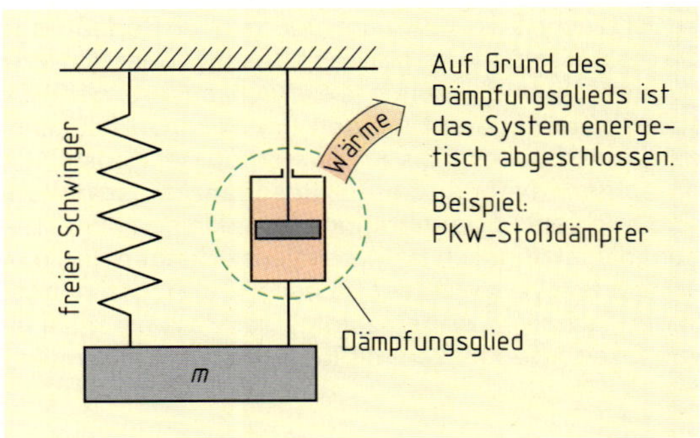

Mechanischer Schwinger mit Dämpfungsglied **9.2.4–1**

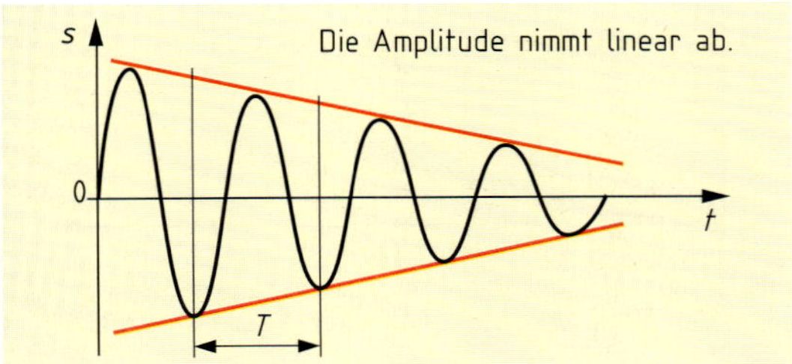

Abklingende Schwingung bei konstanter Reibung **9.2.4–2**

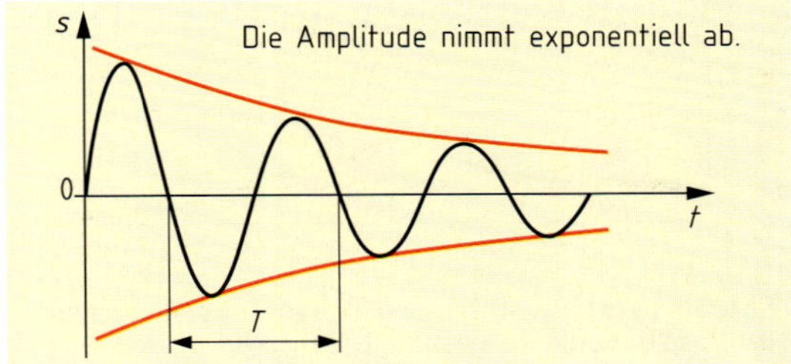

Abklingende Schwingung bei geschwindigkeitsabhängiger Reibung **9.2.4–3**

9.2.5 Erzwungene Schwingung

Erregung einer erzwungenen Schwingung

Wirkt eine periodisch auftretende äußere Kraft auf ein schwingungsfähiges System ein, so schwingt dieses System nach einer bestimmten Einschwingzeit mit der ihm aufgezwungenen Frequenz f. Das schwingungsfähige System wird als **Resonator**, das kraftaufbringende System als **Erreger** bezeichnet. Die Erregung kann sowohl durch die Bewegung der Resonatoraufhängung, als auch durch Unwuchtkräfte erfolgen. Da dem Resonator vor dem Schwingungsvorgang zunächst Energie zugeführt werden muss, eilt die zeitabhängige Erregung $F(t)$ der Schwingung voraus. Die Phasenverschiebung ist dabei sowohl vom Verhältnis Erregerfrequenz f zu Eigenfrequenz f_0 des Resonators, als auch von der Höhe der Dämpfung der Schwingung abhängig. Die Amplitude s_m der Schwingung hängt ebenfalls vom Verhältnis Erregerfrequenz f zu Eigenfrequenz f_0 ab. Je weniger sich beide Frequenzen unterscheiden, desto größer wird die Amplitude.

Erregung von erzwungenen Schwingungen

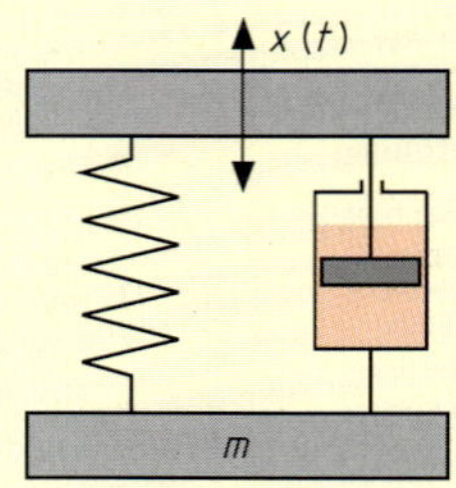

Beispiel: Fahrendes Kraftfahrzeug auf einer Holperstrecke

Periodische Bewegung einer Resonatoraufhängung 9.2.5–1

Resonanz

Ist die Erregerfrequenz f gleich der Eigenfrequenz f_0, dann tritt **Resonanz** auf. Bei fehlender Dämpfung wächst die Amplitude im Resonanzfall immer weiter an. Da jede Schwingung aufgrund von Reibungskräften jedoch gedämpft ist, wächst die Amplitude nur so lange an, bis die Reibungsverluste genau der durch den Erreger zugeführten Energie entsprechen.

In der Technik ist Resonanz von großer Bedeutung. Da die meisten mechanischen Konstruktionen schwingungsfähig sind, können sie durch äußere periodische Kräfte angeregt werden. Im Resonanzfall kann das „Aufschaukeln" bis zur Zerstörung der Konstruktion führen. Neben diesen **Resonanzkatastrophen** sind auch ständige Vibrationen mit kleinen Amplituden, die letztendlich zu Materialermüdungen und unerwartetem Versagen der Bauteile führen, gefürchtet. In der Technik muss demzufolge das Zusammenfallen von Erregerfrequenzen mit Resonanzfrequenzen vermieden werden, bzw. die Übereinstimmung von Erregerfrequenz und Resonanzfrequenz darf nur kurzzeitig sein, sodass ein Aufschaukeln der Amplitude gar nicht erst zustande kommen kann.

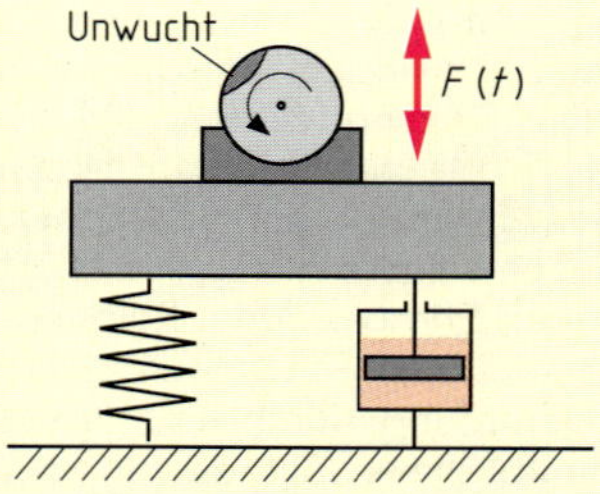

Beispiel: Das Gehäuse einer Maschine wird durch die Unwucht des Antriebsmotors zum Schwingen gebracht.

Periodisch auftretende Unwuchtkräfte 9.2.5–2

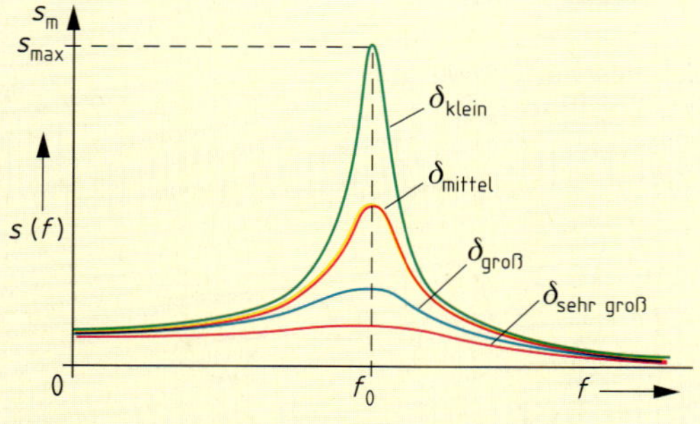

Durch eine starke Dämpfung δ kann das Anwachsen der Amplitude im Resonanzfall unterdrückt werden.

Amplitude $s(f)$ einer erzwungenen Schwingung für verschiedene Dämpfungen 9.2.5–3

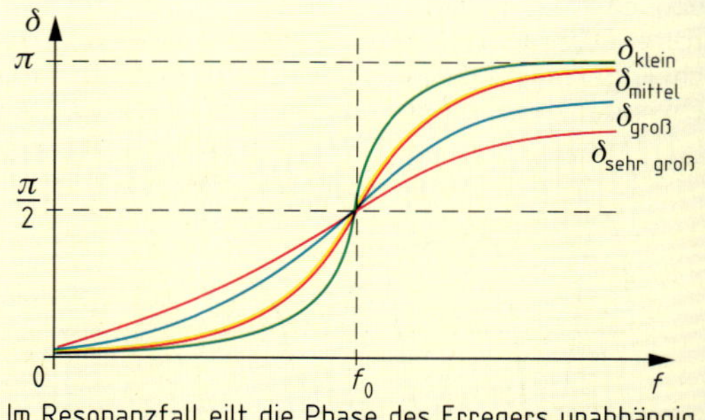

Im Resonanzfall eilt die Phase des Erregers unabhängig von der Dämpfung der Phase des Resonators um 90° voraus.

Phasenverschiebung $\delta(f)$ einer erzwungenen Schwingung für verschiedene Dämpfungen 9.2.5–4

9.2.6 Übungen zu Energieumwandlungen bei ungedämpften mechanischen Schwingungen

Lehrbeispiel 1: Ungedämpft schwingender Beschleunigungsaufnehmer

Der Beschleunigungsaufnehmer einer Messeinrichtung besteht aus einer einseitig hochkant eingespannten elastischen Blattfeder, an deren Ende eine Masse $m = 5\,\text{g}$ angebracht ist.

Zur Bestimmung der Federkonstanten D wird der Aufnehmer bezüglich seiner Längsachse um 90° gedreht, wodurch sich die Feder aufgrund der Gewichtskraft der Masse m um $s = 4\,\text{mm}$ durchbiegt.

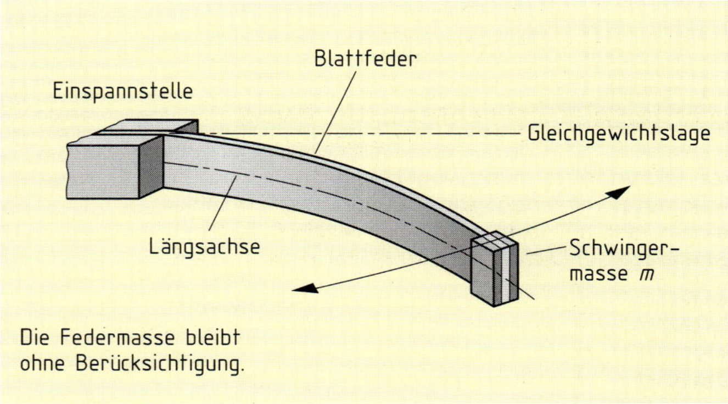

Beschleunigungsaufnehmer **9.2.6–1**

a) Wie groß ist die Periodendauer T des Messaufnehmers?

b) Mit welcher Geschwindigkeit schwingt die Masse durch die Gleichgewichtslage, wenn sie zuvor um $s_m = 5\,\text{mm}$ ausgelenkt wurde.

d) Welche kinetische Energie besitzt der Schwinger beim Durchgang durch die Ruhelage?

Lösung:

a) Unter Voraussetzung der Reibungsfreiheit gilt der Energiesatz:

$$W_{\text{kin max}} = W_{\text{pot max}} \qquad \text{Mit} \quad W_{\text{kin max}} = \frac{1}{2} m \cdot v_{\max}^2$$

$$\text{folgt:} \quad \frac{1}{2} m \cdot v_{\max}^2 = \frac{1}{2} D \cdot s_m^2 \qquad \text{und} \quad W_{\text{pot max}} = \frac{1}{2} D \cdot s_m^2$$

Bestimmung von $v_{\max}$:

Für harmonische Schwingungen gilt folgendes $v(t)$-Gesetz:

$$v(t) = \frac{2\pi}{T} \cdot s_m \cdot \cos \frac{2\pi}{T} \cdot t$$

$$\rightarrow v_{\max} = \frac{2\pi}{T} \cdot s_m$$

Bestimmung von D:

Für die Federkonstante D ergibt sich:

$$F = D \cdot s$$

$$\rightarrow \quad D = \frac{F}{s} \qquad \text{mit} \qquad F = m \cdot g$$

$$D = \frac{m \cdot g}{s}$$

$$\frac{1}{2} m \cdot \frac{4\pi^2}{T^2} \cdot s_m^2 = \frac{1}{2} \cdot \frac{m \cdot g}{s} \cdot s_m^2$$

$$\rightarrow \quad T = 2\pi \cdot \sqrt{\frac{s}{g}} \qquad T = 2\pi \cdot \sqrt{\frac{4 \cdot 10^3\,\text{m}\,\text{s}^2}{9{,}81\,\text{m}}} \qquad \underline{\underline{T = 0{,}127\,\text{s}}}$$

b)

$$v_{max} = \frac{2\pi}{T} \cdot s_m$$

$$= \frac{2\pi}{0{,}127\,s} \cdot 0{,}005\ m$$

$$v_{max} = 0{,}247\,\frac{m}{s}$$

c)

$$W_{kin\,max} = \frac{1}{2}\,m \cdot v_{max}^2$$

$$= \frac{1}{2} \cdot 0{,}005\ kg \cdot 0{,}247^2\,\frac{m^2}{s^2}$$

$$W_{kin\,max} = 0{,}525 \cdot 10^{-4} J$$

Lehrbeispiel 2: Dichtebestimmung

Zur Dichtebestimmung von Flüsigkeiten werden Aräometer verwendet. Ein Aräometer ist ein Senkkörper, der am langen, dünnen oberen Teil mit einer nach der Dichte geeichten Skala versehen ist.

Je kleiner die Dichte der Flüssigkeit, desto weiter taucht das Aräometer ein.

Die Dichte der Flüssigkeit kann auch über die Periodendauer des in Schwingung versetzten Aräometers bestimmt werden.

Welcher Zusammenhang besteht zwischen der Flüssigkeitsdichte ρ und der Periodendauer T?

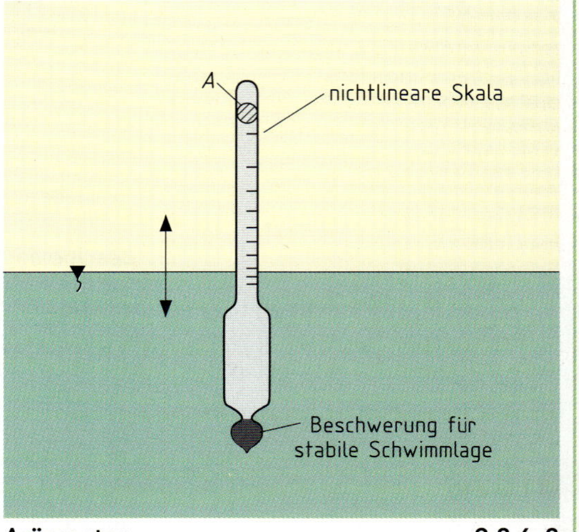

Aräometer **9.2.6–2**

Lösung:

Wird ein Aräometer über seine Gleichgewichtslage hinaus um das Maß x in eine Flüssigkeit eingetaucht, dann erfährt es aufgrund des zusätzlichen Auftriebs eine nach oben gerichtete Rückstellkraft.

Für die Rückstellkraft ergibt sich:

$$F = \Delta F_A = \rho \cdot g \cdot \Delta V \qquad \text{Mit } \Delta V = A \cdot x$$

folgt: $F = \rho \cdot g \cdot A \cdot x$

Da sich die Rückstellkraft proportional zur Auslenkung verhält, führt das Aräometer nach dem Loslassen harmonische Schwingungen aus.

Unter Vernachlässigung der Reibung ergibt sich aus dem Energiesatz:

$$W_{kin\,max} = W_{pot\,max} \qquad \text{Da} \quad W_{kin\,max} = \frac{1}{2}\,m \cdot v_{max}^2 \quad \text{und} \quad W_{pot\,max} = \frac{1}{2}\,D \cdot s_m^2$$

gilt: $\frac{1}{2}\,m \cdot v_{max}^2 = \frac{1}{2}\,D \cdot s_m$ ***mit*** $v_{max} = \frac{2\pi}{T} \cdot s_m$ ***und*** $D = \rho \cdot g \cdot A$

ergibt sich: $\frac{1}{2}\,m \cdot \frac{4\pi^2}{T^2} \cdot s_m^2 = \frac{1}{2}\,\rho \cdot g \cdot A \cdot s_m^2$

$$\rightarrow \quad T = 2\pi\sqrt{\frac{m}{\rho \cdot g \cdot A}}$$

Zur Dichtebestimmung wird die Gleichung nach ρ umgestellt. $\rho = \frac{m \cdot 4 \cdot \pi^2}{g \cdot A \cdot T^2}$

Lehrbeispiel 3: Erzwungene Fahrzeugschwingungen

Die Folgen defekter Schwingungsdämpfer auf das Fahrverhalten eines Pkw's sollen auf einer Teststrecke mit Querwellen demonstriert werden.

Das Testfahrzeug hat ein Leergewicht von $m_L = 1180$ kg und wird für den Test mit einem Zusatzgewicht von $m_Z = 270$ kg beladen. Der Testfahrer hat eine Masse von $m_F = 80$ kg. Durch das Zusatzgewicht senkt sich die Karosserie um $s = 7{,}5$ cm ab.

Bei welcher Geschwindigkeit kommt das Fahrzeug in Resonanzschwingungen, wenn der Abstand der Querwellen $l = 8$ m beträgt?

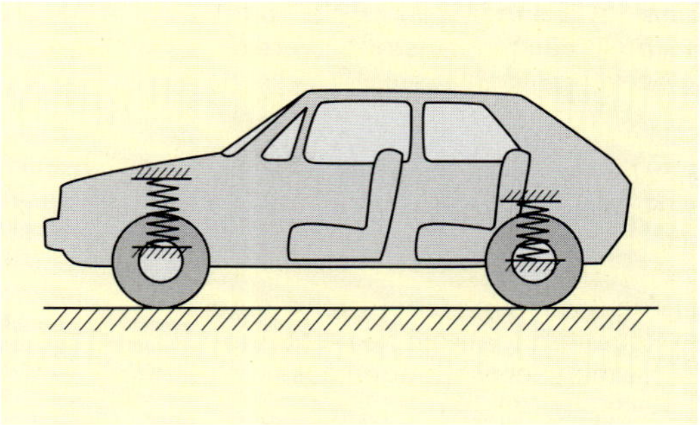

Schwingungsdämpfer im Pkw **9.2.6–3**

Lösung:

Das Fahrzeug stellt einen Feder-Masse-Schwinger mit der Periodendauer T dar.
Werden die Querwellen im zeitlichen Abstand der Periodendauer T überfahren, dann tritt Resonanz auf.

Für einen Feder-Masse-Schwinger gilt:

$$T = 2\pi \cdot \sqrt{\frac{m}{D}} \qquad \text{Mit} \qquad m = m_L + m_Z + m_F$$

$$\text{und} \qquad D = \frac{F}{s}, \quad F = m_Z \cdot g \quad \rightarrow \quad D = \frac{m_Z \cdot g}{s}$$

folgt: $$T = 2\pi \sqrt{\frac{(m_L + m_Z + m_F) \cdot s}{m_Z \cdot g}}$$

Resonanzbedingung: In der Zeit T muss die Wegstrecke l zurückgelegt werden.

Berechnung der Geschwindigkeit, bei der Resonanz auftritt:

$$v = \frac{s}{t} \qquad \text{Mit} \qquad s = l$$

$$\text{und} \qquad t = T = 2\pi \sqrt{\frac{(m_L + m_Z + m_F) \cdot s}{m_Z \cdot g}}$$

ergibt sich: $$v = \frac{l \cdot \sqrt{m_Z \cdot g}}{2\pi \sqrt{(m_L + m_Z + m_F) \cdot s}}$$

$$v = \frac{8\,\text{m} \cdot \sqrt{270\,\text{kg} \cdot 9{,}81\,\text{m/s}^2}}{2\pi \sqrt{(1180 + 270 + 80)\,\text{kg} \cdot 0{,}075\,\text{m}}}$$

$$v = 6{,}12\,\text{m/s}$$

$$\underline{\underline{v \approx 22\,\text{km/h}}}$$

Aufgabe 1

Ein Lkw wird mit der Masse $m_L = 2{,}0$ t beladen. Der Lkw-Aufbau mit der Masse $m_A = 900$ kg senkt sich dadurch um $s = 6$ cm ab.

a) Mit welcher Frequenz schwingt der Aufbau des beladenen Lkw?

b) Mit welcher Schwingungsdauer schwingt der unbeladene Aufbau?

Aufgabe 2

Eine zylinderförmige Boje führt nach einmaligem Anstoßen vertikale Schwingungen aus.

a) Wie lautet die Gleichung für die Schwingungsdauer T?

b) Aus welchem Grund führt eine kugelförmige Boje keine harmonischen Schwingungen aus?

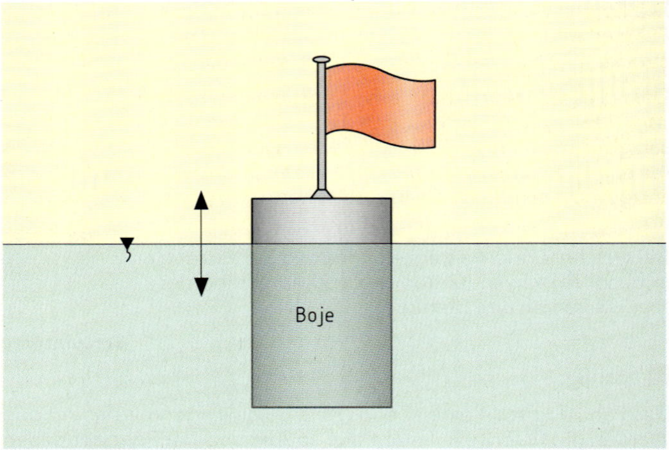

Zylinderförmige Boje **9.2.6–4**

Aufgabe 3

Der federnd aufgehängte Fahrkartenentwerter eines Stadtbusses besitzt die Masse $m = 6\,\text{kg}$. Bei einer Motordrehzahl von 720 Umdrehungen pro Minute gerät er in Resonanzschwingungen.

Welche Federkonstante in N/mm besitzt die Aufhängung?

9.3 Strömungen in Flüssigkeiten und Gasen

Mit Windkraftanlagen kann die in strömender Luft vorhandene kinetische Energie nutzbar gemacht werden. Der Rotor einer Windkraftanlage dient dabei als Energiewandler, d. h., die Windenergie wird mit Hilfe des Rotors in Rotationsenergie umgewandelt. Diese Rotationsenergie wird dann zum Antrieb von Generatoren, Pumpen etc. an der sich drehenden Rotorwelle abgenommen.

Bevor die Wirkungsweise des Rotors beschrieben werden kann, sind zunächst einige Grundlagen der Strömungsmechanik zu behandeln.

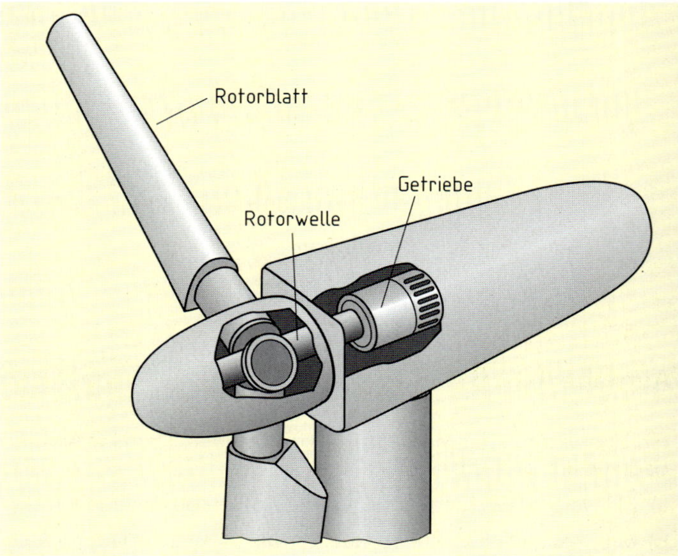

Windkraftanlage (vereinfachte Darstellung) **9.3–1**

9.3.1 Grundüberlegungen zu strömenden Flüssigkeiten und Gasen

Bewegen sich Flüssigkeiten oder Gase relativ zu einem festen Objekt, dann spricht man von einer **Strömung**. Strömungen sind nur aufgrund der freien Verschiebbarkeit der Flüssigkeits- bzw. Gasteilchen möglich. Ursachen von Strömungen sind:

- **die Schwerkraft**,
- **Bewegungen,**
- **Druckdifferenzen**.

Bei strömenden Flüssigkeiten ändert sich die Dichte aufgrund von Druckunterschieden nicht. Gase, deren Dichten stark vom Druck abhängen, verhalten sich bei kleinen Strömungsgeschwindigkeiten wie Flüssigkeiten; sie werden aufgrund der bei Strömungen auftretenden Druckunterschieden, nicht verdichtet. Strömungsgeschwindigkeiten gelten als klein, wenn sie nicht mehr als 30 % der im Gas herrschenden Schallgeschwindigkeit betragen.

Strömende Flüssigkeiten und Gase dürfen als dichtebeständig betrachtet werden. Strömende Flüssigkeiten und Gase werden auch als **Fluide** bezeichnet.

Um die Bewegung von Fluiden beobachten zu können, muss man sie sichtbar machen. Bei Flüssigkeiten gelingt dies durch die Zugabe von Farbstoffen oder kleinsten Schwebeteilchen, bei Gasen durch Rauch oder Nebel.

Die Erfahrung zeigt, daß die **Zähigkeit**, d. h. die innere Reibung einer Flüssigkeit und eines Gases so klein ist, dass sie in guter Näherung vernachlässigt werden kann. Vernachlässigt man zusätzlich die Reibung an den Wandungen des umströmten Körpers, dann spricht man von einer **idealen Strömung**.

Ideale Strömungen bilden die Grundlage aller weiteren Betrachtungen. In den Fällen, in denen Reibung zu berücksichtigen ist, werden in die zuvor erhaltenen Gleichungen der idealen Strömung Korrekturfaktoren eingefügt.

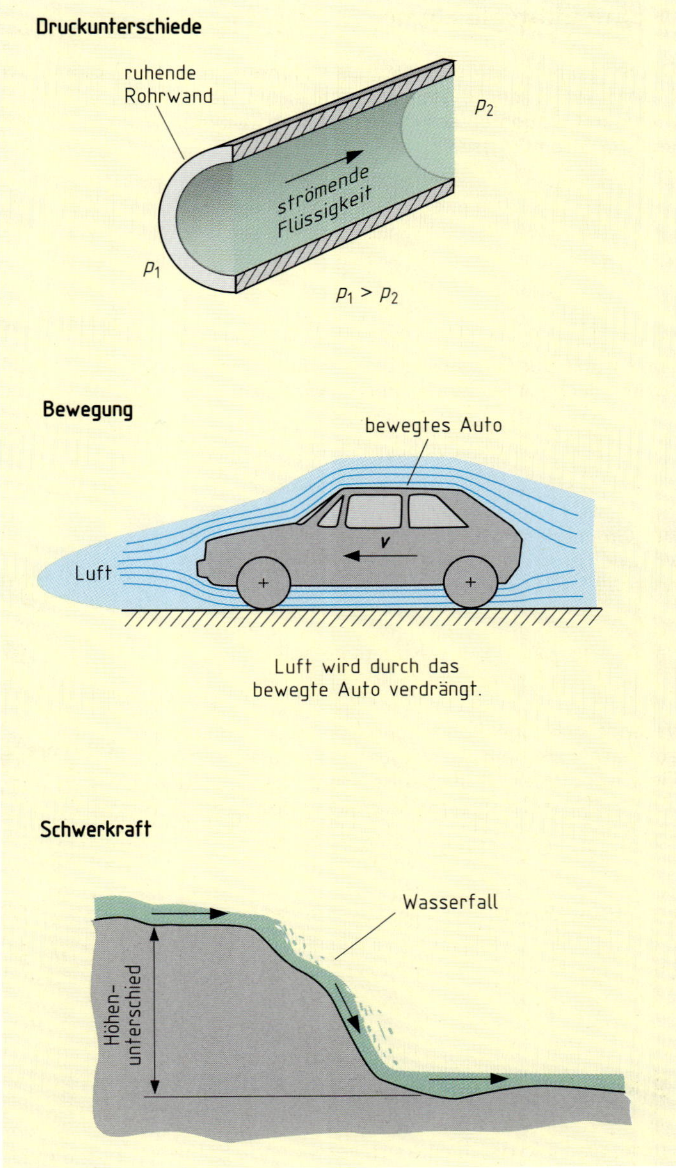

Ursachen von Strömungen **9.3.1–1**

Schallgeschwindigkeiten in Gasen $[c] = \frac{m}{s}$ (bei 0°C; 1013 hPa)			
Acetylen	327	Sauerstoff	315
Kohlendioxid	258	Stadtgas	450
Luft	332	Wasserstoff	1286

9.3.2 Ideale Strömung

Kontinuitätsgleichung

Die Stärke einer Strömung wir als **Volumenstrom** Q bezeichnet. Unter einem Volumenstrom versteht man den Quotienten aus dem Strömungsvolumen V und der Strömungszeit t.

$$Q = \frac{V}{t}$$

Einheit: $[Q] = \frac{m^3}{s}$

Für ein mit der Geschwindigkeit v durch die Querschnittsfläche A fließendes Fluid ergibt sich:

$$Q = A \cdot v$$

Auf Grund der Inkompressibilität des Fluids ist der Volumenstrom Q in einem sich verengenden Rohr an jeder Stelle gleich groß.

$$A_1 \cdot v_1 = A_2 \cdot v_2 \qquad \text{Kontinuitätsgleichung}$$

Verengt sich eine Rohrleitung vom Querschnitt A_1 auf den Querschnitt A_2, so muss das zunächst mit der Geschwindigkeit v_1 fließende Fluid sich im Querschnitt A_2 mit der Geschwindigkeit v_2 bewegen.

Volumenstrom durch eine Rohrleitung

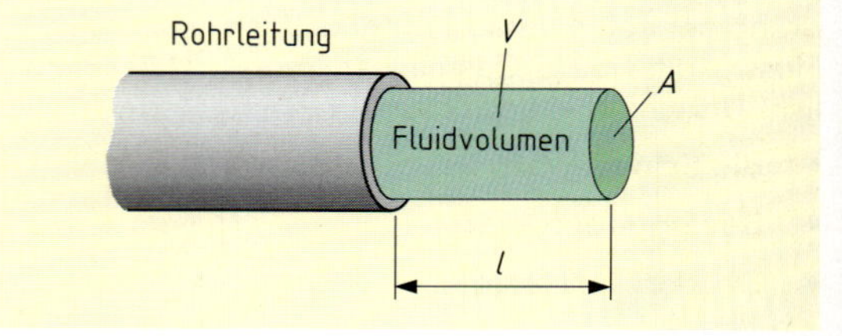

Rohrleitung **9.3.2–1**

$$Q = \frac{V}{t} \qquad \text{Mit } V = A \cdot l \quad \text{und } l = v \cdot t$$

folgt: $Q = \frac{A \cdot v \cdot t}{t}$ $\qquad Q = A \cdot v$

Strömung durch ein sich verengendes Rohr

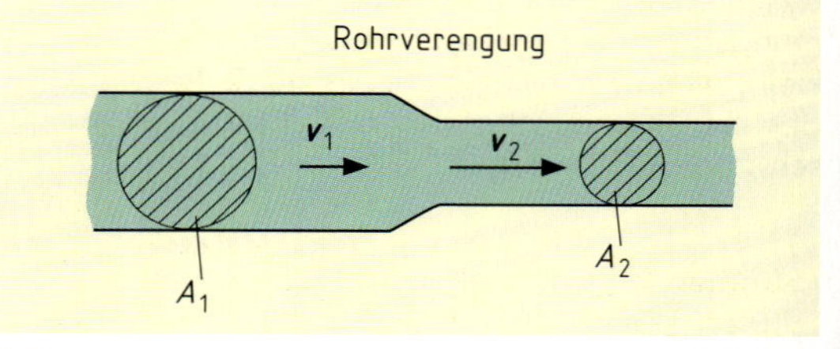

Rohrverengung **9.3.2–2**

$$Q_1 = Q_2$$

$\rightarrow \qquad A_1 \cdot v_1 = A_2 \cdot v_2$

Für kreisrunde Querschnitte gilt:

$$A = \frac{d^2 \cdot \pi}{4}$$

$\rightarrow \qquad \frac{d_1^2 \cdot \pi}{4} \cdot v_1 = \frac{d_2^2 \cdot \pi}{4} \cdot v_2$

$$d_1^2 \cdot v_1 = d_2^2 \cdot v_2$$

Bernoulli'sche Gleichung

Strömt ein Fluid durch eine sich verengende Rohrleitung, dann müssen die einzelnen Fluidteilchen gemäß der Kontinuitätsgleichung auf eine höhere Geschwindigkeit beschleunigt werden.

Die zur Beschleunigung erforderliche Kraft kann nur aus einem Druckunterschied zwischen weitem und engen Rohrquerschnitt herrühren, d. h. der Druck im engen Querschnitt muss kleiner als im weiten Querschnitt sein.

Stellt man sich vor, beide Drücke werden durch zwei mitbewegte Kolben erzeugt, so erkennt man, dass der Kolben im weiten Querschnitt gegenüber dem Kolben im engen Querschnitt zur Verschiebung eines bestimmten Volumens V eine größere Arbeit (Kapitel 7.1.1) verrichten muss. Die Differenz aus beiden Verschiebearbeiten entspricht bei einer reibungsfreien Strömung der Zunahme der kinetischen Energie des entsprechenden Fluidvolumens.

$$\Delta W_V = p_1 \cdot V - p_2 \cdot V = \Delta W_{kin}$$

Aus dem **Energiesatz** ergibt sich folgende Gleichung:

$$p_1 \cdot V + \frac{1}{2} m \cdot v_1^2 = p_2 \cdot V + \frac{1}{2} m \cdot v_2^2$$

Handelt es sich um eine Strömung mit Gefälle, dann muss obige Gleichung um den jeweiligen Anteil der potentiellen Energie erweitert werden. Für eine nicht horizontale Strömung erhält man folgende Gleichung:

$$p_1 \cdot V + \frac{1}{2} m \cdot v_1^2 + m \cdot g \cdot h_1 = p_2 \cdot V + \frac{1}{2} m \cdot v_2^2 + m \cdot g \cdot h_2$$

Dividiert man diese Gleichung durch das Volumen V, erhält man die nach **Bernoulli** (Daniel Bernoulli, 1700–1782, schweizer Mathematiker und Physiker) benannte Gleichung:

$$p_1 + \frac{1}{2} \rho \cdot v_1^2 + \rho \cdot g \cdot h_1 = p_2 + \frac{1}{2} \rho \cdot v_2^2 + \rho \cdot g \cdot h_2$$

Wie leicht zu erkennen ist, stellt die Bernoulli'sche Gleichung eine **Druckbilanz** dar.

Der Druck p wird als **statischer Druck**, die Größe $^1/_2 \rho v^2$ als **dynamischer Druck** p_{dyn} oder auch als Staudruck und die Größe g_{h} als **hydrostatischer Druck** p_{h} bezeichnet.

Zusammenfassend kann festgestellt werden:
An jedem Ort einer idealen, reibungsfreien Strömung ist die Summe aus statischem Druck p, dynamischen Druck p_{dyn} und hydrostatischem Druck p_{h} gleich dem Gesamtdruck p_0.

$$p_0 = p + p_{\text{dyn}} + p_{\text{h}}$$

In der Strömungsmechanik nimmt die Bernoulli'sche Gleichung eine zentrale Rolle ein.

Herleitung der Bernoulli'schen Gleichung

Auf Grund der Inkompressibiltät eines Fluids gilt:

$V_1 = V_2 = V$ und $m_1 = m_2 = \mathrm{m}$

Bestimmung der Verschiebearbeiten W_{V1} und W_{V2} in den Querschnitten ① und ②:

$F_1 = p_1 \cdot A_1$ $\qquad$ $F_2 = p_2 \cdot A_2$

Mit $W_{\text{V}} = F \cdot s$ ergibt sich:

$$W_{\text{V1}} = p_1 \cdot \underbrace{A_1 \cdot s_1}_{V_1 = V} \qquad W_{\text{V2}} = p_2 \cdot \underbrace{A_2 \cdot s_2}_{V_2 = V}$$

$$W_{\text{V1}} = p_1 \cdot V \qquad W_{\text{V2}} = p_2 \cdot V$$

Differenz aus beiden Verschiebearbeiten:

$$\Delta W_{\text{V}} = W_{\text{V1}} - W_{\text{V2}} = p_1 \cdot V - p_2 \cdot V$$

Die Differenz der Verschiebearbeiten entspricht dem Zuwachs der kinetischen Energie

$$\Delta W_{\text{V}} = \Delta W_{\text{kin}}\,;\; \Delta W_{\text{kin}} = \frac{1}{2} m \left(v_2^2 - v_1^2\right)$$

$$\rightarrow \qquad p_1 \cdot V - p_2 \cdot V = \frac{1}{2} m \cdot v_2^2 - \frac{1}{2} m \cdot v_1^2$$

$$p_1 \cdot V + \frac{1}{2} m \cdot v_1^2 = p_2 \cdot V + \frac{1}{2} m \cdot v_2^2$$

Für Rohrströmungen mit Gefälle muss die Energiebilanz der horizontalen Strömungen um die jeweilige potentielle Energie erweitert werden.

$$p_1 \cdot V + \frac{1}{2} m \cdot v_1^2 + m \cdot g \cdot h_1 = p_2 \cdot V + \frac{1}{2} m \cdot v_2^2 + m \cdot g \cdot h_2$$

Dividiert man obige Gleichung durch das Volumen V, dann ergibt sich mit $\rho = \dfrac{m}{V}$

$$\frac{p_1 \cdot \cancel{V}}{\cancel{V}} + \frac{1}{2} \frac{\overset{\rho}{\cancel{m}} \cdot v_1^2}{\cancel{V}} + \frac{\overset{\rho}{\cancel{m}} \cdot g \cdot h_1}{\cancel{V}} = \frac{p_2 \cdot \cancel{V}}{\cancel{V}} + \frac{1}{2} \frac{\overset{\rho}{\cancel{m}} \cdot v_2^2}{\cancel{V}} + \frac{\overset{\rho}{\cancel{m}} \cdot g \cdot h_2}{\cancel{V}}$$

$$p_1 + \frac{1}{2} \rho \cdot v_1^2 + \rho \cdot g \cdot h_1 = p_2 + \frac{1}{2} \rho \cdot v_2^2 + \rho \cdot g \cdot h_2$$

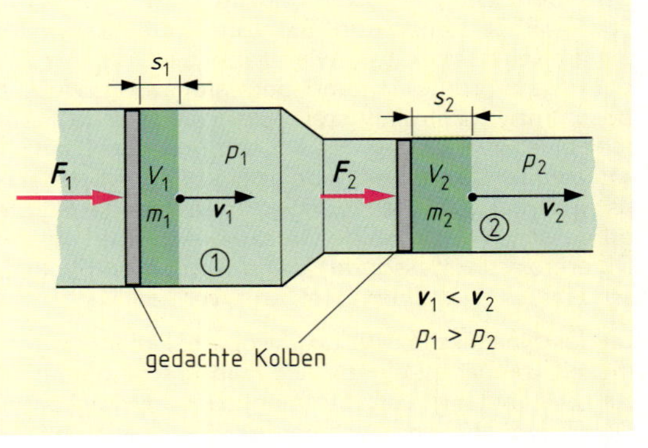

Horizontale Rohrströmung 9.3.2–3

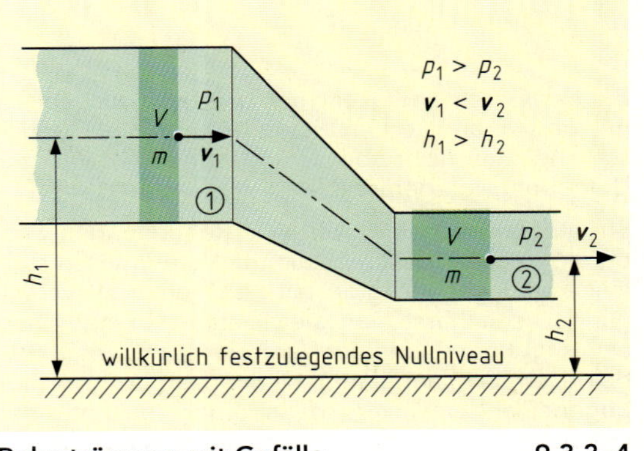

Rohrströmung mit Gefälle 9.3.2–4

Druckbezeichnungen:

p … statischer Druck

$p_{\text{dyn}} = \frac{1}{2} \rho \cdot v^2$ … dynamischer Druck

$p_{\text{h}} = \rho \cdot g \cdot h$ … hydrostatischer Druck

Druckmessung in Strömungen und ihre Anwendung

Die Messung des **statischen** Drucks p sowie des **dynamischen** Drucks p_{dyn} erfolgt mit in die Strömung eingebrachten **Drucksonden**. Um die Strömung nicht zu beeinträchtigen, muss der Durchmesser der Sonde im Vergleich zum Querschnitt der Strömung klein sein. Die Oberfläche, der Sonde muss während der Messung parallel zu den Strömungslinien stehen.

Zur Messung des **Gesamtdrucks** p_0 werden **Pitot-Rohre** eingesetzt.
Die nach ihrem Erfinder benannte Drucksonde besitzt eine axiale Messbohrung. Das strömende Fluid wird vor der mit einem Druckmessgerät (Kapitel 4.3) verbundenen axialen Bohrung bis zum Stillstand abgebremst; der an der Öffnung gemessene Gesamtdruck p_0 ist dann gleich der Summe aus statischem Druck p und dynamischen Druck p_{dyn}.

Der dynamische Druck p_{dyn} wird mit einem nach dem deutschen Physiker **Prandtl** (Ludwig Prandtl, 1875–1953) benannten Staurohr gemessen. Der dynamische Druck p_{dyn} wird dabei als Differenz aus dem Gesamtdruck p_0 und dem statischen Druck p bestimmt. Konstruktiv stellt das Prandtl'sche Staurohr eine Erweiterung des Pitot-Rohres dar. Der Gesamtdruck p_0 wird über eine axiale Bohrung, der statische Druck p über Bohrungen im Mantel der Sonde gemessen. Wirken beide Drücke gleichzeitig auf ein Differenzdruckmessgerät, dann kann der dynamische Druck p_{dyn} direkt bestimmt werden.

Da der dynamische Druck p_{dyn} von der Fluidgeschwindigkeit v abhängt, eignen sich Prandtl'sche Staurohre zur Bestimmung von Strömungsgeschwindigkeiten. Der Zusammenhang zwischen der Druckdifferenz Δp und der Strömungsgeschwindigkeit v lautet:

$$\rightarrow\ v = \sqrt{\frac{2 \cdot \Delta p}{\rho}}$$

Bei der Geschwindigkeitsmessung von Flugzeugen mit dem Prandtl'schen Staurohr wird die Fluggeschwindigkeit nicht über Grund, sondern relativ zur Umgebungsluft gemessen.

Strömungsgeschwindigkeiten in Rohrleitungen werden mit **Venturidüsen** bestimmt. Venturidüsen stellen strömungsgünstig gestaltete Querschnittsverengungen dar. Misst man gleichzeitig den statischen Druck im Rohr und in der Verengung, und lässt man beide Drücke an einem Differenzdruckmessgerät gegeneinander wirken, dann erhält man mit der Gleichung nach Bernoulli für die im Rohr vorhandene Strömungsgeschwindigkeit v folgende Gleichung:

$$v = \sqrt{\frac{2 \cdot \Delta p}{\rho\left(\frac{d^4}{d_v^4} - 1\right)}}$$

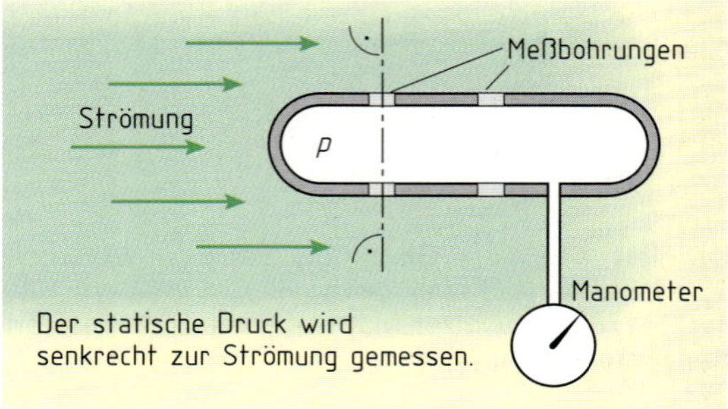

Drucksonde zur Messung des statischen Drucks p 9.3.2–5

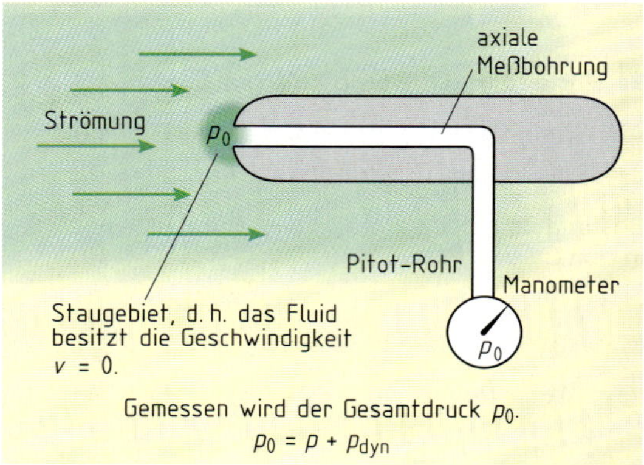

Staurohr nach Pitot 9.3.2–6

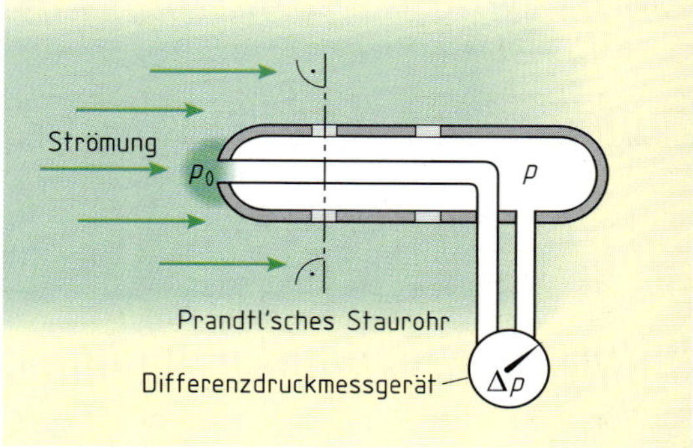

Staurohr nach Prandtl 9.3.2–7

Bestimmung der Strömungsgeschwindigkeit mit dem Staurohr nach Prandtl

$$\Delta p = p_0 - p$$

$$\Delta p = \left(p + \frac{1}{2}\rho v^2\right) - p$$

$$\Delta p = \frac{1}{2}\rho v^2$$

$$\rightarrow\ v = \sqrt{\frac{2 \cdot \Delta p}{\rho}}$$

Bestimmung der Strömungsgeschwindigkeit mit der Venturidüse

Nach Bernoulli gilt:

$$p + \frac{1}{2}\rho \cdot v^2 = p_V + \frac{1}{2}\rho \cdot v_V^2$$

$$\rightarrow \qquad \Delta p = p - p_V = \frac{1}{2}\rho \left(v_V^2 - v^2\right)$$

Aus $v \cdot d^2 = v_V \cdot d_V^2$ folgt:

$$v_V = v \cdot \frac{d^2}{d_V^2} \qquad \text{bzw.} \qquad v_V^2 = v^2 \cdot \frac{d^4}{d_V^4}$$

Oben eingesetzt:

$$\Delta p = \frac{1}{2}\rho \left(v^2 \cdot \frac{d^4}{d_V^4} - v^2\right) \qquad \Delta p = \frac{1}{2}\rho v^2 \left(\frac{d^4}{d_V^4} - 1\right)$$

Für die Strömungsgeschwindigkeit ergibt sich:

$$v = \sqrt{\frac{2 \cdot \Delta p}{\rho\left(\frac{d^4}{d_V^4} - 1\right)}}$$

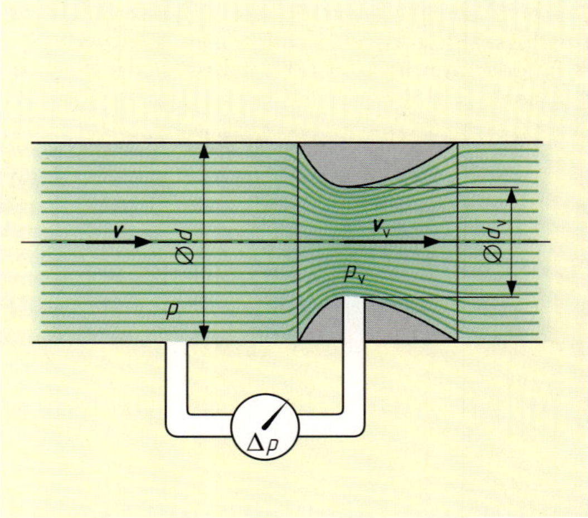

Venturidüse **9.3.2–8**

Weitere Anwendungen der Bernoulli'schen Gleichung

- **Ausfluss aus Gefäßen**

In einem großen, mit Flüssigkeit gefüllten Behälter befindet sich in der Tiefe h unterhalb des Flüssigkeitsspiegels eine Öffnung. Durch diese Öffnung kann die Flüssigkeit ausströmen. Die Ausflussgeschwindigkeit der Flüssigkeit wird mit Hilfe der Bernoulli'schen Gleichung berechnet. Da die Querschnittsfläche des Behälters gegenüber der Ausflussöffnung wesentlich größer ist, kann das Absinken des Flüssigkeitsspiegels vernachlässigt werden. Die Absinkgeschwindigkeit der Flüssigkeitsoberfläche ist dann $v_0 = 0$. Legt man die Bezugsebene in Höhe der Ausflußöffnung und geht man davon aus, dass der Luftdruck an der Ausflussöffnung gleich dem Luftdruck an der Flüssigkeitsoberfläche ist, dann gilt folgende Gleichung:

$$v = \sqrt{2 \cdot g \cdot h}$$

Die Ausflussgeschwindigkeit v ist demzufolge so groß, als ob die Flüssigkeit die Höhe h frei durchfallen hätte.

Für den ausfliessenden Volumenstrom ergibt sich:

$$Q = A \cdot \sqrt{2 \cdot g \cdot h}$$

Herleitung der Ausflussgleichung

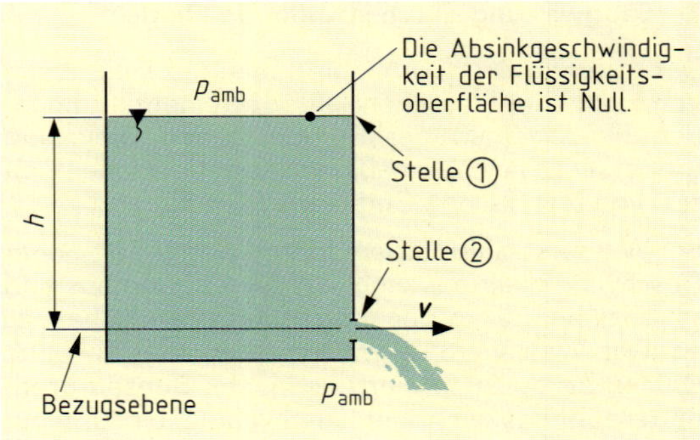

Ausflussgefäß **9.3.2–9**

Druckbilanz nach Bernoulli

$$p_1 + \frac{1}{2}\rho \cdot v_1^2 + \rho \cdot g \cdot h_1 = p_2 + \frac{1}{2}\rho \cdot v_2^2 + \rho \cdot g \cdot h_2$$

Zusammenstellung:

	Stelle ①	Stelle ②
Statischer Druck	p_{amb}	p_{amb}
Geschwindigkeit	0	v
Höhe	h	0

$$\rightarrow \quad \not{\rho} \cdot g \cdot h = \frac{1}{2}\not{\rho} \cdot v^2$$

$$\rightarrow \quad v = \sqrt{2 \cdot g \cdot h}$$

Für den Volumenstrom Q ergibt sich mit $Q = A \cdot v$

$$Q = A \cdot \sqrt{2 \cdot g \cdot h}$$

In der Realität ist der ausfließende Volumenstrom stark von der Form der Ausströmöffnung abhängig. Dieser Sachverhalt wird in der Technik durch die **Ausflusszahl** μ berücksichtigt. Die effektive Ausströmgeschwindigkeit v_{eff} berechnet sich folgendermaßen:

$$v_{\text{eff}} = \mu \cdot \sqrt{2 \cdot g \cdot h}$$

Für den effektiven Volumenstrom Q_{eff} ergibt sich:

$$Q_{\text{eff}} = \mu \cdot A \cdot \sqrt{2 \cdot g \cdot h}$$

Ausflusszahl

Einschnürverluste und die Reduzierung der Ausflussgeschwindigkeit werden durch die Ausflusszahl μ berücksichtigt.

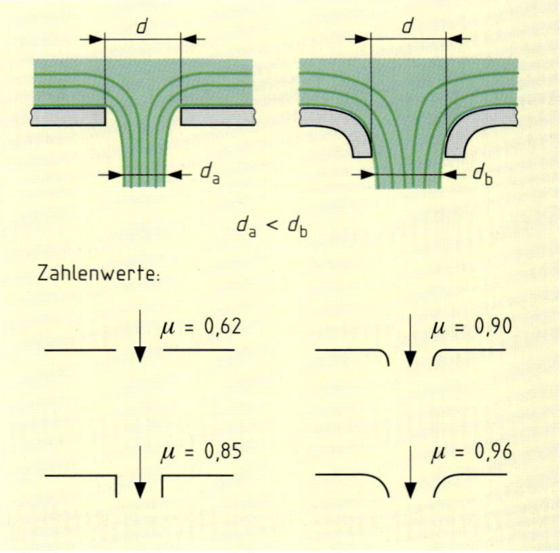

Wirkung verschiedener Ausflussformen 9.3.2–10

● Saugwirkung durch strömende Fluide

Der statische Druck in einem ruhenden Fluid ist im Vergleich zum statischen Druck in einem strömenden Fluid gemäß der Bernoulli'schen Gleichung größer. Diese Gesetzmäßigkeit findet bei einer Vielzahl von technischen Geräten Anwendung.

Bei **Wasserstrahlpumpen** strömt Wasser mit hoher Geschwindigkeit aus einer Rohrverengung aus und saugt dabei das in der Umgebung befindliche Gas an. Mit Wasserstrahlpumpen lassen sich absolute Drücke bis zu 20 hPa erzeugen. Bei **Bunsen-Brennern** saugt das mit hoher Geschwindigkeit aus einer Düse ausströmende Brenngas den zur vollständigen Verbrennung notwendigen Luftsauerstoff durch Öffnungen im Brennrohr an. Bei **Schweißbrennern** saugt der ausströmende Sauerstoff nach gleichem Prinzip Acetylengas an.

In Verbrennungsmotoren strömt während des Ansaugtakts die zur Verbrennung notwendige Luftmenge durch den Ansaugkanal. Mit Hilfe eines **Venturirohrs** wird der Querschnitt des Ansaugkanals im sogenannten **Vergaser** verengt.

Diese Verengung hat eine Erhöhung der Strömungsgeschwindigkeit und eine damit verbundene Absenkung des statischen Drucks zur Folge. An der engsten Stelle des Venturieinsatzes befindet sich das Kraftstoffaustrittsrohr. Durch den Druckunterschied zwischen Schwimmergehäuse und Venturirohr wird der Kraftstoff durch den Luftstrom mitgerissen und fein zerstäubt.

Anwendungen der Saugwirkung strömender Fluide

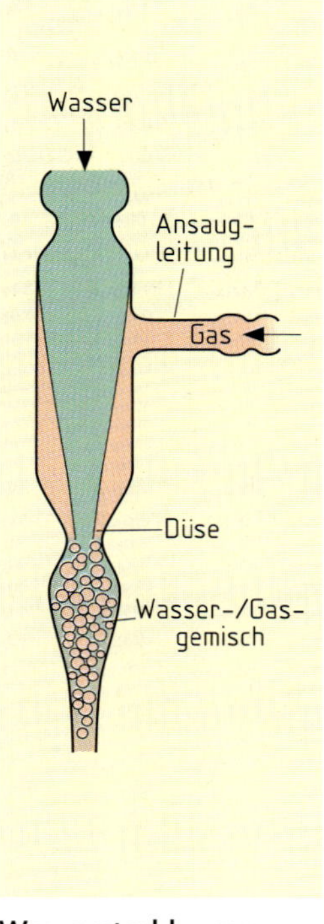

Wasserstrahlpumpe 9.3.2–11

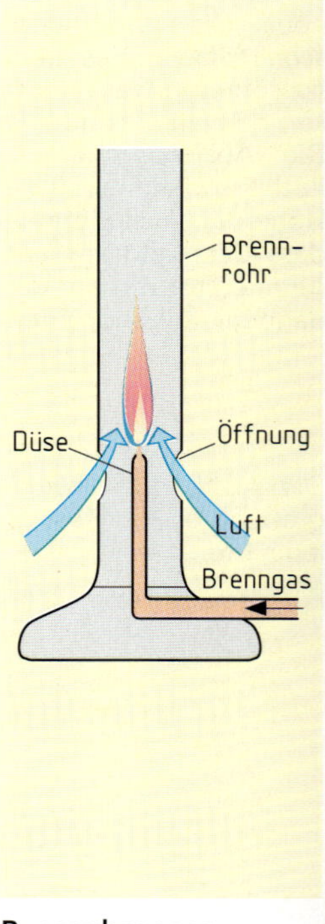

Bunsenbrenner 9.3.2–12

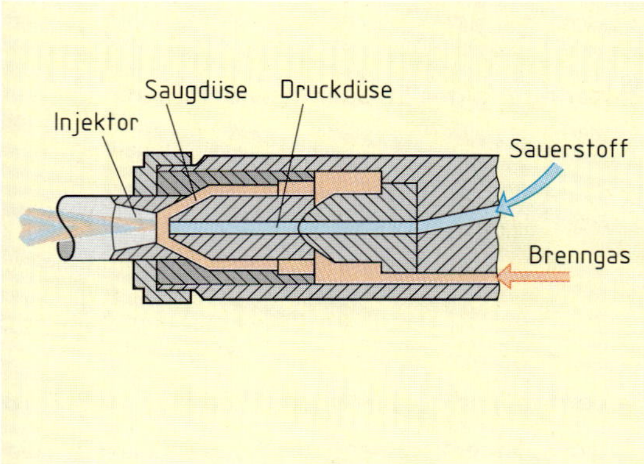

Injektordüse eines Schweißbrenners 9.3.2–13

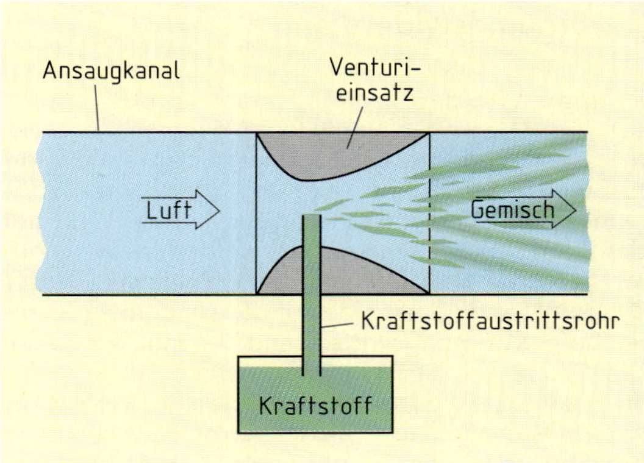

Vergaser eines Verbrennungsmotors 9.3.2–14

Auftrieb an Tragflächen

Wird eine Tragfläche angeströmt, dann ruft das Tragflächenprofil neben einer **Potentialströmung** eine zusätzliche, die Tragfläche umströmende **Zirkulationsströmung** hervor. An der Oberseite der Tragfläche ergibt sich aufgrund dieser Zirkulationsströmung gegenüber der Unterseite eine höhere resultierende Strömungsgeschwindigkeit. Nach Bernoulli ist damit der statische Druck auf die Tragflächenoberseite kleiner als auf die Tragflächenunterseite. Durch den Druckunterschied erfährt die umströmte Tragfläche eine nach oben gerichtete **dynamische Auftriebskraft**.

Die **Rotorblätter einer Windkraftanlage** ähneln in der Profilform einer Flugzeugtragfläche. Neben dem einfachen Widerstandsprinzip wirken auch aerodynamisch erzeugte Antriebskräfte auf die Rotorblätter ein. Die Drehzahl eines Rotors lässt sich unter anderem durch die Größe der Antriebskräfte regeln. Dazu werden Windkraftanlagen mit automatischen Rotorblattverstellungen zur Regelung der aerodynamisch erzeugten Antriebskräfte ausgerüstet.

Strömungsverhältnisse an Tragflächen

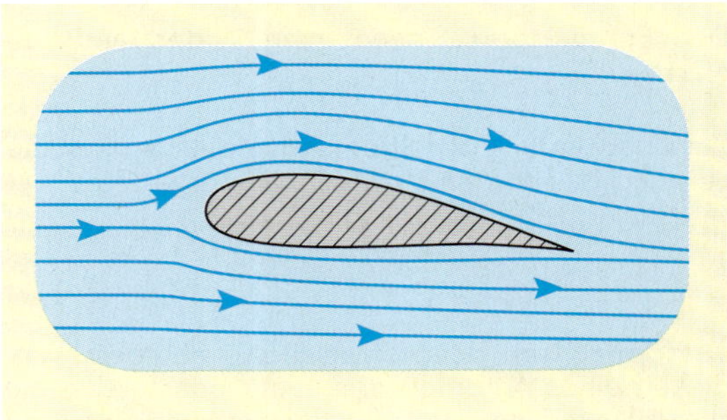

Potentialströmung 9.3.2–15

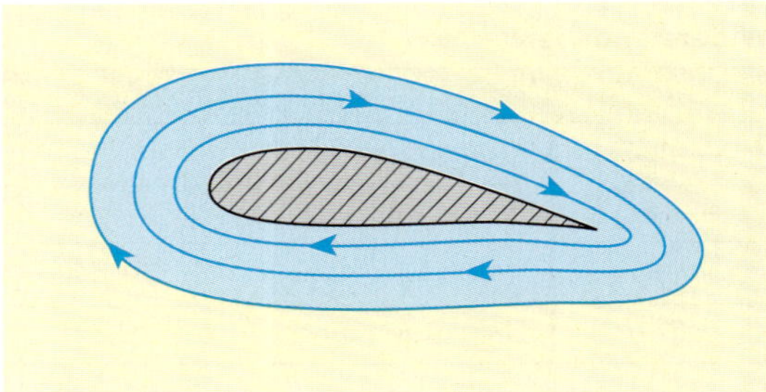

Zirkulationströmung 9.3.2–16

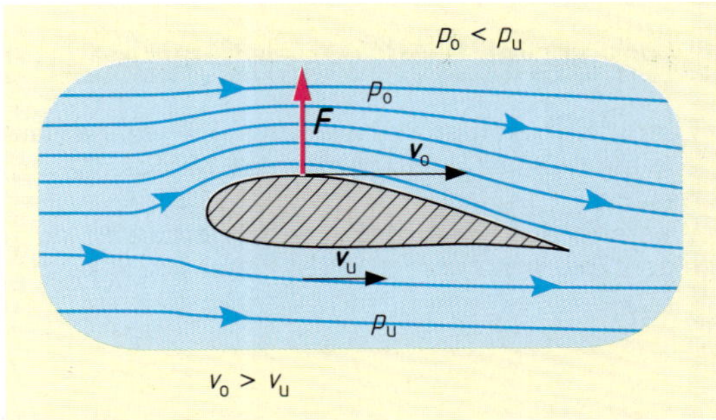

Resultierende Strömung 9.3.2–17

Strömumgswiderstand

Strömt ein Fluid gegen ein Hindernis oder bewegt sich das Hindernis in einem Fluid, dann entsteht hinter dem Hindernis eine von der Form abhängige **turbulente Strömung**. Aufgrund der höheren Strömungsgeschwindigkeiten in den Wirbeln wirkt auf der Rückseite des umströmten Hindernis ein kleinerer statischer Druck als auf die Vorderseite. Dieser Druckunterschied hat eine auf das Hindernis wirkende Kraft, **Strömungswiderstand** genannt, zur Folge. Die Größe des Strömungswiderstands ist von der Strömungsgeschwindigkeit v, der Dichte des Fluids, der Querschnittsfläche A_0 des Körpers als auch von der Form des Körpers abhängig. Der Strömungswiderstand F_W berechnet sich nach folgender Gleichung:

$$F_W = \frac{1}{2} \rho \cdot c_W \cdot A_0 \cdot v^2$$

Den Formfaktor c_W nennt man **Widerstandsbeiwert.**

Einheit: $[c_W] = 1$

Zur Überwindung des Strömungswiderstands ist die Leistung P_W erforderlich. Mit $P = F \cdot v$ ergibt sich:

$$P_W = \frac{1}{2} \rho \cdot c_W \cdot A_0 \cdot v^3$$

Verdoppelt sich beispielsweise die Fahrgeschwindigkeit eines Automobils, so verachtfacht sich die zur Überwindung des Luftwiderstands erforderliche Leistung.

Herleitung des Strömungswiderstands F_W

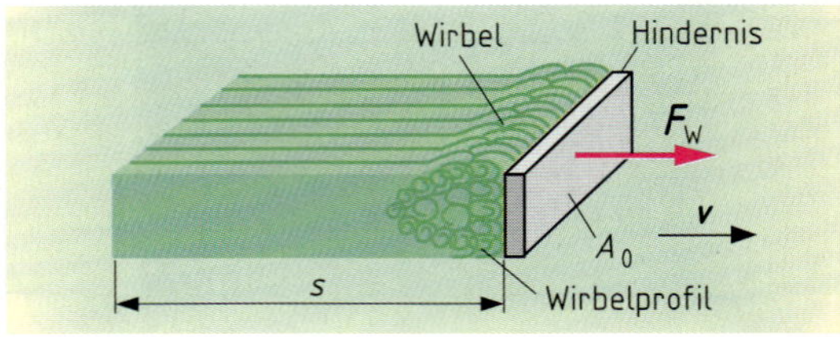

Bewegtes Hindernis in einem Fluid **9.3.2–18**

Wird das Hindernis entlang des Wegs s durch ein Fluid gezogen, so muss folgende Arbeit verrichtet werden.

$$W = F_W \cdot s$$

Die verrichtete Arbeit steckt dann als kinetische Energie W_{kin} in den Wirbeln.

$$W_{kin} = \frac{1}{2} m v^2$$

$$\rightarrow \; F_W \cdot s = \frac{1}{2} m v^2 \quad \text{mit } m = \rho \cdot V \quad \text{und } V = A_0 \cdot s$$

$$\rightarrow \; F_W \cdot s = \frac{1}{2} \rho \cdot A_0 \cdot s \cdot v^2$$

$$F_W = \frac{1}{2} \rho \cdot A_0 \cdot v^2$$

Je nach Hindernisform ist die Querschnittsfläche A der Wirbelstraße größer oder kleiner als die Querschnittsfläche A_0 des Hindernisses.
Dieser Umstand wird durch einen Korrekturfaktor, den Widerstandsbeiwert c_W, berücksichtigt.

$$\rightarrow \; F_W = \frac{1}{2} \rho \cdot c_W \cdot A_0 \cdot v^2$$

Widerstandsbeiwerte:

Körper		c_W	Körper		c_W
	Kreisplatte	1,5		Zylinder, quer	0,6–1,0
	quadr. Platte	1,1		Kugel	0,3–0,5
	Halbkugel, hohl	1,34		Spitzzylinder	ca. 0,2
	Halbkugel, rund	0,34		Stromlinienform	0,06

9.3.3 Übungen zur Strömungsmechanik

Lehrbeispiel 1: Feuerwehrschlauch

Zur Brandbekämpfung werden Feuerwehrschläuche mit nebenstehend skizziertem Mundstück eingesetzt.
Während des Löschvorgangs liefert der Schlauch einen Volumenstrom $Q = 17{,}22$ Liter pro Sekunde.

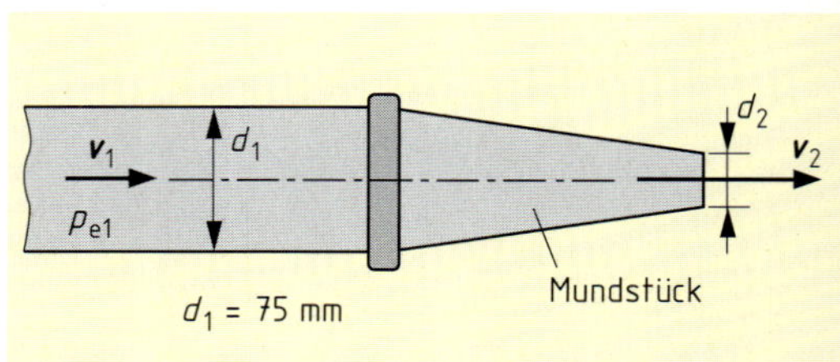

Feuerwehrschlauch-Mundstück **9.3.3–1**

a) Zu berechnen ist die Strömungsgeschwindigkeit v_1 und das Wasservolumen V, welches in einer Zeit von $t = 30$ Minuten aus dem Mundstück ausströmt.

b) Die Ausströmgeschwindigkeit v_2 ist vom Durchmesser d_2 des Mundstücks abhängig.

Zu skizzieren ist ein **qualitatives** v_2-d_2-Diagramm.

Welchen Wert d_2 besitzt das Mundstück bei einer Ausströmgeschwindigkeit $v_2 = 55$ m/s?

c) Welcher Überdruck p_{e1} muss im Schlauchinneren wirksam sein, damit das Wasser mit einer Geschwindigkeit von $v_2 = 55$ m/s ausströmt ?

Lösung:

a) Für den Volumenstrom Q gilt: $Q = A_1 \cdot v_1$ Mit $A_1 = \frac{d_1^2 \cdot \pi}{4}$

folgt: $Q = \frac{d_1^2 \cdot \pi}{4} \cdot v_1$

Durch Umstellen erhält man:

$$v_1 = \frac{4 \cdot Q}{d_1^2 \cdot \pi} = \frac{4 \cdot 17{,}22\ \text{dm}^3}{0{,}75^2\ \text{dm}^2 \cdot \text{s} \cdot \pi} = 39 \frac{\text{dm}}{\text{s}}$$

bzw. $\underline{\underline{v_1 = 3{,}9 \frac{\text{m}}{\text{s}}}}$

Berechnung des in der Zeit $t = 30$ min ausgeströmten Volumens:

$$V = Q \cdot t$$
$$= 0{,}01722 \frac{\text{m}^3}{\not{s}} \cdot 60 \not{s} \cdot 30$$
$$\underline{\underline{V = 31\ \text{m}^3}}$$

b) Aus der Kontinuitätsgleichung ergibt sich:

$$v_1 \cdot d_1^2 = v_2 \cdot d_2^2$$
$$\rightarrow \quad v_2 = \frac{v_1 \cdot d_1^2}{d_2^2} \qquad \text{bzw.} \qquad v_2 \sim \frac{1}{d_2^2}$$

Obige Beziehung ergibt nebenstehendes qualitatives v_2-d_2-Diagramm.

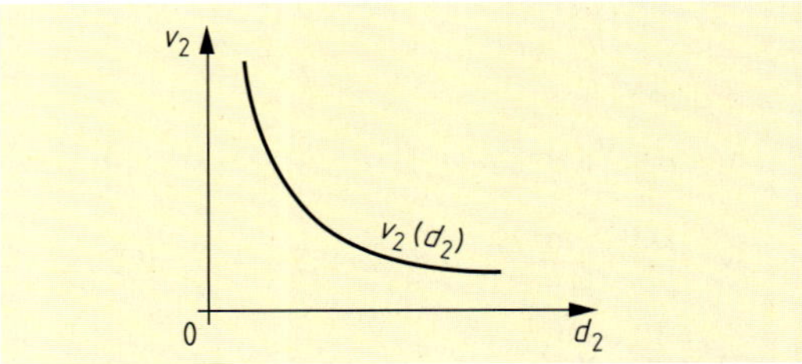

v_2-d_2-**Diagramm** **9.3.3–2**

Durch Umstellen obiger Gleichung lässt sich der gesuchte Durchmesser d_2 berechnen.

$$d_2 = d_1 \sqrt{\frac{v_1}{v_2}} = 75\ \text{mm} \sqrt{\frac{3{,}9}{55}}$$
$$\underline{\underline{d_2 = 20\ \text{mm}}}$$

c) Bei einer horizontalen Strömung reduziert sich die Bernoulli'sche Gleichung auf:

$$p_1 + \frac{1}{2}\rho \cdot v_1^2 = p_2 + \frac{1}{2}\rho \cdot v_2^2 \qquad \text{mit} \qquad \Delta p = P_{e1} = P_1 - P_2$$
$$\rightarrow \quad p_{e1} = \frac{1}{2}\rho\left(v_2^2 - v_1^2\right)$$
$$= \frac{1}{2} \cdot 1000 \frac{\text{kg}}{\text{m}^3}\left(55^2 - 3{,}9^2\right)\frac{\text{m}^2}{\text{s}^2}$$
$$= 1504895\ \text{Pa}$$
$$\underline{\underline{p_{e1} = 1505\ \text{kPa}}}$$

Lehrbeispiel 2: Vorratsbehälter

Ein Vorratsbehälter für Flüssigkeiten kann über den Ablassstutzen A entleert werden.

Um die Flüssigkeit im Vorratsbehälter auf konstanter Höhe h zu halten, wird der Behälter über das Zulaufrohr B gefüllt.

Ausflusszahl am Stutzen A: $\mu = 0{,}8$

$d_1 = 40$ mm $\quad h = 4$ m

$d_3 = 40$ mm $\quad x = 5$ m

Dichte der Flüssigkeit $\quad \rho = 0{,}78\ \text{g/cm}^3$

a) Zu berechnen ist das in einer Stunde aus dem Behälter ausfließende Volumen in Liter.

b) An der Stelle B soll die Strömungsgeschwindigkeit im Zuflussrohr den Wert $v_{\text{Bmax}} = 9{,}3$ m/s nicht überschreiten.

Wie groß muß der Durchmesser d_2 mindestens gewählt werden?

c) Welchen Überdruck p_e muss die Pumpe erzeugen, damit die Füllhöhe im Behälter konstant gehalten werden kann?

Die Reibung ist bei allen Teilaufgaben zu vernachlässigen!

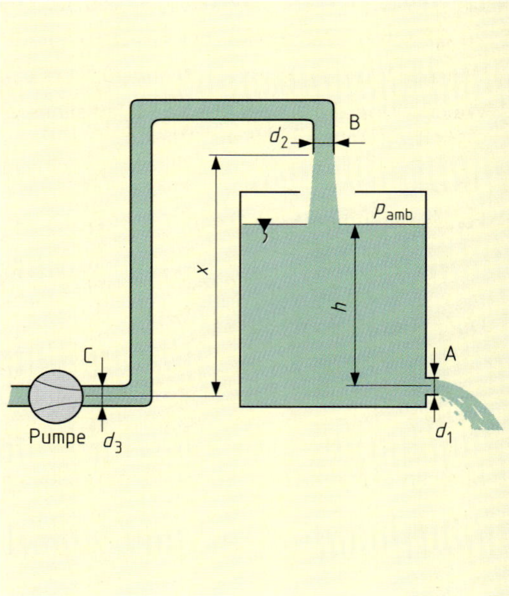

Vorratsbehälter **9.3.3–3**

Lösung:

a) Für das ausfließende Volumen gilt:

$V = Q \cdot t$ Mit $Q = A \cdot v_A$

und $A = \dfrac{d_1^2 \cdot \pi}{4}$

und $v_A = \mu \cdot \sqrt{2 \cdot g \cdot h}$

ergibt sich:

$$V = d_1^2 \cdot \frac{\pi}{4} \cdot \mu \cdot \sqrt{2 \cdot g \cdot h} \cdot t$$

$$V = \frac{0{,}04^2\ \text{m}^2 \cdot \pi}{4} \cdot 0{,}8\ \sqrt{2 \cdot 9{,}81 \cdot 4}\ \frac{\text{m}}{\text{s}} \cdot 3600\,\text{s}$$

$$\underline{\underline{V = 32{,}06\ \text{m}^3}}$$

b) Da der Füllstand konstant gehalten werden soll, muss der Volumenstrom bei A gleich dem Volumenstrom bei B sein.

$Q_A = Q_B$ (Kontinuitätsgleichung)

$\rightarrow d_1^2 \cdot v_A = d_2^2 \cdot v_B$ mit $v_A = \mu \cdot \sqrt{2 \cdot g \cdot h}$

und $v_B = v_{\text{Bmax}}$

folgt: $d_2 = d_1 \sqrt{\dfrac{\mu \cdot \sqrt{2 \cdot g \cdot h}}{v_{\text{Bmax}}}}$

$$d_2 = 40\ \text{mm} \sqrt{\frac{0{,}8 \cdot \sqrt{2 \cdot 9{,}81 \cdot 4}\ \frac{\text{m}}{\text{s}}}{9{,}3\ \frac{\text{m}}{\text{s}}}}$$

$$\underline{\underline{d_2 = 35\ \text{mm}}}$$

c) Für die nicht horizontale Strömung gilt:

$$p_C + \frac{1}{2}\rho v_C^2 + \rho \cdot g \cdot h_C = p_B + \frac{1}{2}\rho v_B^2 + \rho \cdot g \cdot h_B$$

	B	C
P	P_{amb}	$P_{amb} + P_e$
v	v_{Bmax}	$v_C + v_A$
h	x	0

$$\rightarrow p_C - p_B = p_e = \frac{1}{2}\rho\left(v_B^2 - v_C^2\right) + \rho \cdot g \cdot x$$

$$p_e = \frac{1}{2}\rho\left(v_{\text{Bmax}}^2 - \mu^2 \cdot 2 \cdot g \cdot h\right) + \rho \cdot g \cdot x$$

$$= \frac{1}{2} \cdot 780\,\frac{\text{kg}}{\text{m}^3}\left(9{,}3^2\,\frac{\text{m}^2}{\text{s}^2} - 0{,}8^2 \cdot 2 \cdot 9{,}81\,\frac{\text{m}}{\text{s}^2} \cdot 4\,\text{m}\right)$$

$$+ 780\,\frac{\text{kg}}{\text{m}^3} \cdot 9{,}81\,\frac{\text{m}}{\text{s}^2} \cdot 5\,\text{m}$$

$$\underline{\underline{p_e = 52{,}4\ \text{kPa}}}$$

Aufgabe 1

Eine Lagerhalle mit den Maßen $60\,m \cdot 24\,m \cdot 3\,m$ wird mit dem unten abgebildeten Rohrleitungssystem belüftet.
Dabei wird der Luftstrom von einem rechteckigen Querschnitt mittels eines Hosenrohrs auf zwei kreisrunde Querschnitte mit gleichem Durchmesser verteilt.

Dichte der Luft: $\rho_L = 1{,}2\ kg/m^3$

Abmessungen des rechteckigen Rohrs:
$L = 60\ cm$, $l = 40\ cm$

a) Wie groß ist die Strömungsgeschwindigkeit v_1 des Luftstroms im rechteckigen Rohrquerschnitt, wenn die Luft in der Lagerhalle pro Stunde einmal ausgetauscht wird.

b) Zur Überwachung der Strömungsgeschwindigkeit v_1 im rechteckigen Querschnitt wird oben abgebildete Messeinrichtung verwendet.
Zu berechnen ist der Druckunterschied Δp für eine Strömungsgeschwindigkeit von $v = 5\ m/s$.

c) Wie groß ist der kleinstmögliche Innendurchmesser d der kreisrunden Rohre, wenn die Strömungsgeschwindigkeit in den kreisrunden Rohren den doppelten Wert der Geschwindigkeit im rechteckigen Rohr annimmt.

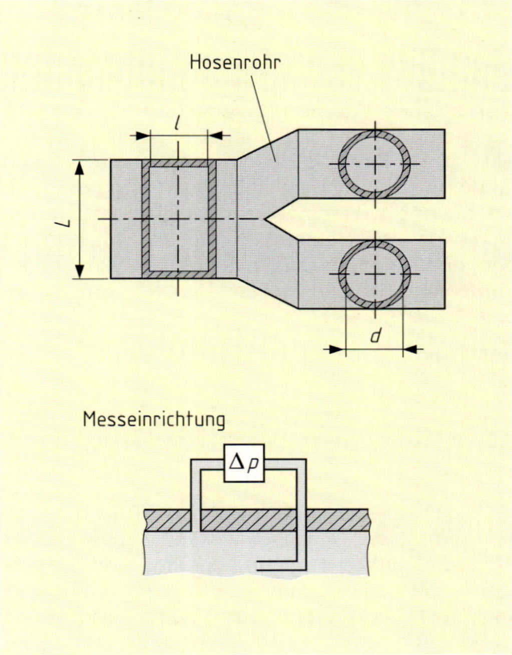

Rohrleitungssystem **9.3.3–4**

Aufgabe 2

In einem Modellwindkanal werden Versuche zur Strömungsmechanik durchgeführt.

Dichte der Luft: $\rho_L = 1{,}25\ kg/m^3$

Dichte der Manometerflüssigkeit: $\rho_F = 0{,}88\ kg/dm^3$

a) Zu Versuchszwecken herrscht im Versuchsraum des Modellwindkanals eine Strömungsgeschwindigkeit von $70\ km/h$. Wie groß ist die Strömungsgeschwindigkeit im weiten Teil des Windkanals.

b) Zur Messung der Strömungsgeschwindigkeit im Versuchsraum wird ein Feinmanometer eingesetzt.
Als Messsonde wird ein Prandtl'sches Staurohr zur Messung des Staudrucks verwendet.
Zu berechnen ist der Anstieg y der Messflüssigkeit im 7° geneigten Messschenkel bei einer Strömungsgeschwindigkeit von $70\ km/h$.

c) Zur Kontrolle der Strömungsgeschwindigkeit im Versuchsraum wird ein Druckdifferenzmessgerät eingesetzt.

Wie groß ist der Differenzdruck in hPa, der sich bei einer Versuchsgeschwindigkeit von $70\ km/h$ (im Versuchsraum) einstellt.

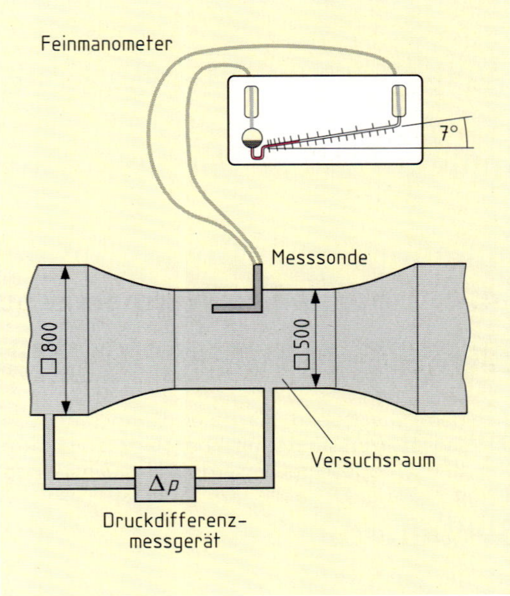

Modellwindkanal **9.3.3– 5**

9.4 Wärmemischungen

9.4.1 Wärmeenergiebilanzen

Mehrere Stoffe, die unterschiedliche Temperaturen besitzen und miteinander in Kontakt stehen, tauschen solange Wärme untereinander aus, bis sich eine gemeinsame **Mischungstemperatur** eingestellt hat. Da während des Wärmeaustauschs keine Wärme in eine andere Energieart umgewandelt wird, bleibt die Gesamtwärmeenergie konstant. Die Summe der Wärmeenergien, welche von Körpern abgegeben wird, ist somit gleich der Summe der Wärmeenergien, die von anderen Körpern aufgenommen wird.

Daraus folgt:

$$\Sigma \Delta Q_{ab} = \Sigma \Delta Q_{auf}$$

Ändert sich der Aggregatzustand eines Stoffes während einer Wärmemischung, dann sind die entsprechenden Umwandlungswärmen in der Energiebilanz zu berücksichtigen. Bei Wärmemischungen die nicht in einem abgeschlossenen System ablaufen, muss die an die Umgebung abgegebene **Verlustwärme** Q_v in die Energiebilanz einbezogen werden.

Die Bilanz lautet dann:

$$\Sigma \Delta Q_{ab} = \Sigma \Delta Q_{auf} + \Delta Q_v$$

Bestimmung der Mischungstemperatur von Flüssigkeiten

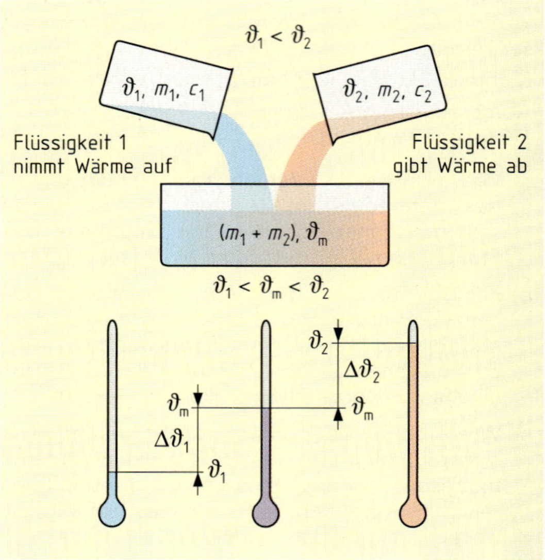

Mischungsvorgang **9.4.1–1**

Energiebilanz:

$\Delta Q_{ab} = \Delta Q_{auf}$ da $\Delta Q = m \cdot c \cdot \Delta\vartheta$

$\rightarrow m_1 \cdot c_1 \cdot \Delta\vartheta_1 = m_2 \cdot c_2 \cdot \Delta\vartheta_2$ Mit $\Delta\vartheta_1 = \vartheta_m - \vartheta_1$

und $\Delta\vartheta_2 = \vartheta_2 - \vartheta_m$

folgt: $m_1 \cdot c_1 (\vartheta_m - \vartheta_1) = m_2 \cdot c_2 \cdot (\vartheta_2 - \vartheta_m)$

$$m_1 \cdot c_1 \cdot \vartheta_m - m_1 \cdot c_1 \cdot \vartheta_1 = m_2 \cdot c_2 \cdot \vartheta_2 - m_2 \cdot c_2 \cdot \vartheta_m$$

$$m_1 \cdot c_1 \cdot \vartheta_m + m_2 \cdot c_2 \cdot \vartheta_m = m_2 \cdot c_2 \cdot \vartheta_2 + m_1 \cdot c_1 \cdot \vartheta_1$$

$$\vartheta_m (m_1 \cdot c_1 + m_2 \cdot c_2) = m_2 \cdot c_2 \cdot \vartheta_2 + m_1 \cdot c_1 \cdot \vartheta_1$$

$$\vartheta_m = \frac{m_1 \cdot c_1 \cdot \vartheta_1 + m_2 \cdot c_2 \cdot \vartheta_2}{m_1 \cdot c_1 + m_2 \cdot c_2}$$

9.4.2 Übungen zu Wärmemischungen

Lehrbeispiel: Ölhärtebad

In einem Ölhärtebad mit einer Temperatur von 60 °C sollen Werkstücke mit einer Härtetemperatur von 800 °C abgeschreckt werden. Das Ölhärtebad ist mit 250 Liter Öl gefüllt.

Stoffwerte des Öls:

$$\rho_{öl} = 0{,}92 \text{ g/cm}^3$$

$$c_{öl} = 1{,}88 \text{ kJ/kgK}$$

a) Zu berechnen ist die Stahlmasse in kg, die gehärtet werden kann, wenn die Temperatur des Bades nicht über 80 °C steigen soll.

Das Bad wird dabei nicht abgekühlt.

$$c_{St} = 0{,}502 \text{ kJ/kgK}$$

b) Das Härteöl wird in dem abgebildeten Ölkühler um eine Temperaturdifferenz von 10 K abgekühlt.

Dabei erwärmt sich die Kühlluft (ρ_L 1,25 kg/m^3; c_L = 1,0 kJ/kgK) um eine Temperaturdifferenz von 30 K. Welches Luftvolumen ist erforderlich, wenn ein Ölvolumen von 400 ℓ um 10 °C abgekühlt werden soll.

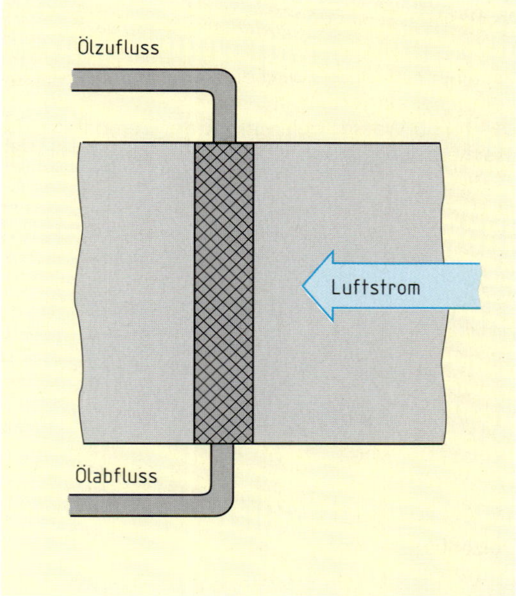

Ölkühler **9.4.2–1**

Lösung:

a) $\Delta Q_{ab} = \Delta Q_{auf}$ Mit $\Delta Q_{ab} = m_{st} \cdot c_{st} \cdot \Delta\vartheta_{st}$

und $\Delta Q_{auf} = m_{öl} \cdot c_{öl} \cdot \Delta\vartheta_{öl}$

folgt: $m_{st} \cdot c_{st} \cdot \Delta\vartheta_{st} = m_{öl} \cdot c_{öl} \cdot \Delta\vartheta_{öl}$

$m_{öl} = \rho_{öl} \cdot V$

$\Delta\vartheta_{öl} = (80\text{–}60)\text{ K} = 20\text{ K}$

$\Delta\vartheta_{st} = (800\text{–}80)\text{ K} = 720\text{ K}$

$$m_{st} = \frac{m_{öl} \cdot c_{öl} \cdot \Delta\vartheta_{öl}}{c_{st} \cdot \Delta\vartheta_{st}}$$

$$m_{st} = \frac{\rho_{öl} \cdot V \cdot c_{öl} \cdot \Delta\vartheta_{öl}}{c_{st} \cdot \Delta\vartheta_{st}}$$

$$= \frac{920\text{ kg} \cdot 0{,}25\text{ m}^3 \cdot 1{,}88\text{ kJ} \cdot 20\text{ K} \cdot \text{kgK}}{\text{m}^3 \cdot \text{kgK} \cdot 0{,}502\text{ kJ} \cdot 720\text{ K}}$$

$$\underline{\underline{m_{st} = 23{,}93\text{ kg}}}$$

b) $\Delta\vartheta_{öl} = 10\text{ K}$ $\Delta\vartheta_L = 30\text{ K}$

$\Delta Q_{Luft} = \Delta Q_{Öl}$

Die von der Luft aufgenommene Wärme ist gleich der vom Öl abgegebenen Wärme.

$m_L \cdot c_L \cdot \Delta\vartheta_L = m_{Öl} \cdot c_{Öl} \cdot \Delta\vartheta_{Öl}$

$m_L = V_L \cdot \rho_L$

$m_{Öl} = V_{Öl} \cdot \rho_{Öl}$

$V_L \cdot \rho_L \cdot c_L \cdot \Delta\vartheta_L = V_{Öl} \cdot \rho_{Öl} \cdot c_{Öl} \cdot \Delta\vartheta_{Öl}$

$$V_L = \frac{V_{öl} \cdot \rho_{öl} \cdot c_{öl} \cdot \Delta\vartheta_{öl}}{\rho_L \cdot c_L \cdot \Delta\vartheta_L}$$

$$V_L = \frac{0{,}4\text{ m}^3 \cdot 920\text{ kg} \cdot 1{,}88\text{ kJ} \cdot 10\text{ K m}^3 \cdot \text{kgK}}{\text{m}^3 \cdot \text{kgK} \cdot 1{,}25\text{ kg} \cdot 1{,}0\text{ kJ} \cdot 30\text{ K}}$$

$$\underline{\underline{V_L = 184{,}5\text{ m}^3}}$$

Aufgabe 1

Bei einer Heizanlage wird die Temperatur des zu den Heizkörpern fließenden Wassers mit einem Vierwegemischer eingestellt.
Das heiße Wasser gelangt mit der Temperatur von $\vartheta_1 = 60\,°C$ zum Mischer. Das vom Heizkörper zum Mischer zurückfließende Wasser hat eine Temperatur von $\vartheta_2 = 25\,°C$.

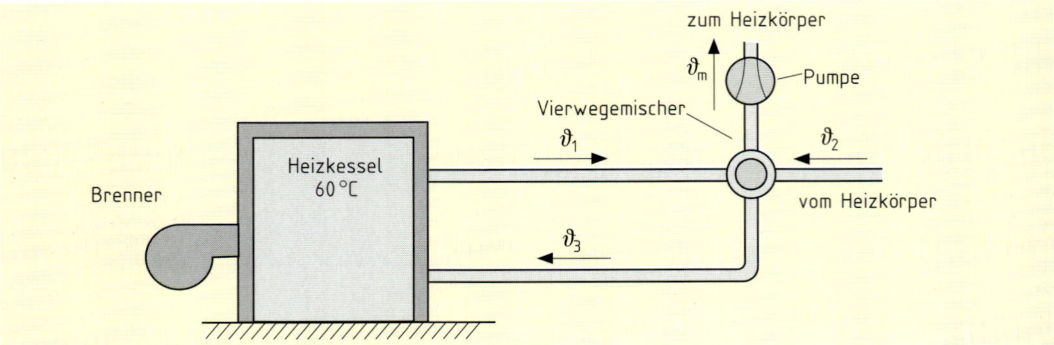

Heizanlage **9.4.2– 2**

a) Welches Mischungsverhältnis von heißem Wasser zu kaltem Wasser (Massenverhältnis m_W/m_K) ist notwendig, wenn die Mischungstemperatur ϑ_m des Wassers zum Heizkörper $50\,°C$ betragen soll.

b) Wie hoch ist die Rücklauftemperatur ϑ_3, wenn das Mischungsverhältnis aus Teilaufgabe a) $m_W/m_K = 5/2$ beträgt.

Aufgabe 2

In einem Abschreckbad mit dem Ölvolumen $V = 1000\,\text{Liter}$ werden Werkstücke der Werkstückmasse $m = 38\,\text{kg}$ abgeschreckt. Das Öl hat eine Dichte $\rho_{Öl} = 0{,}918\,\text{kg/dm}^3$, eine spezifische Wärmekapazität $c_{Öl} = 1{,}45\,\text{kJ/kgK}$ sowie eine Anfangstemperatur $\vartheta_{Öl} = 60°C$. Die Werkstücke haben eine Temperatur von $\vartheta_W = 700\,°C$. Die spezifische Wärmekapazität des Werkstückwerkstoffs beträgt $c_{WS} = 0{,}48\,\text{kJ/kgK}$. Die Wärmekapazität des Behälters bleibt unberücksichtigt.

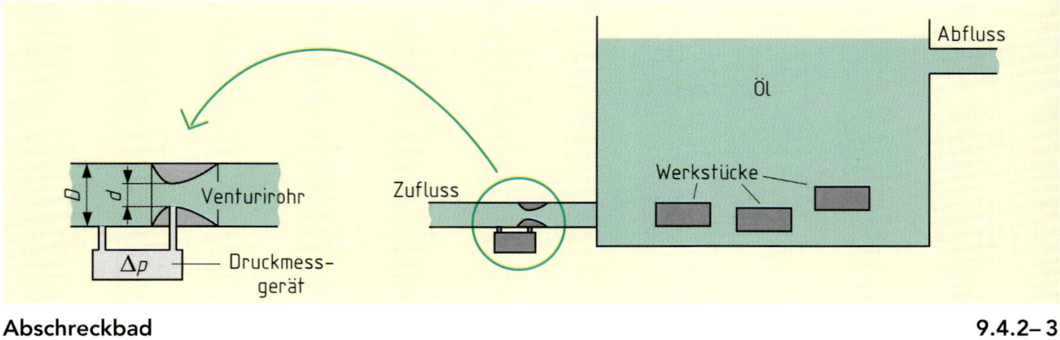

Abschreckbad **9.4.2– 3**

a) Wieviele Werkstücke können in dem Ölbad abgeschreckt werden, wenn die Öltemperatur um nicht mehr als $80\,°C$ steigen darf?

b) Das Ölbad soll durch den Zufluss von Öl der Temperatur $\vartheta = 10°C$ konstant auf $\vartheta_{Öl} = 60°C$ gehalten werden. Welches Ölvolumen muss dem Behälter in 30 Minuten zugeführt werden, wenn in dieser Zeit 5 Werkstücke von $700°C$ auf $60°C$ abgeschreckt werden?

c) Zur Kontrolle der Zuflussgeschwindigkeit befindet sich im Zufluss ein Venturieinsatz mit den Maßen $D = 30\,\text{mm}$ und $d = 15\,\text{mm}$. Welchen Differenzdruck zeigt das zwischen Zuflusssrohr und Venturieinsatz eingebaute Druckdifferenzmessgerät, wenn innerhalb von 30 Minuten ein Volumen von $V = 877\,\text{Liter}$ durch den Zufluss fließt?

9.5 Kreisprozesse

Die zu Beginn des Kapitels besprochene Energieerzeugung mittels Windkraftanlagen spielt im Verhältnis zur gesamten Energieerzeugung derzeit noch eine untergeordnete Rolle. In Deutschland erfolgt die Stromerzeugung zu rund 85 % aus Kohle und Kernkraft; weniger als 1 % der Gesamtenergieerzeugung entfällt auf regenerative Energie aus Sonne und Wind. Die bei der Stromerzeugung aus Kohle und Kernbrennstoff freiwerdende Wärmeenergie wird zunächst mit einer **Wärmekraftmaschine** (Turbine) in mechanische und dann in einem Generator in elektrische Energie umgewandelt.

In **Verbrennungsmotoren**, wie sie auch in Kraftfahrzeugen eingesetzt werden, wird die im Kraftstoff steckende chemische Energie zunächst durch Verbrennung in Wärme und dann in mechanische Energie umgewandelt. Die Umwandlung in mechanische Energie erfolgt jedoch nur teilweise, eine vollständige Umwandlung ist in Wärmekraftmaschinen nicht möglich. Die nutzbare mechanische Energie errechnet sich als Differenz aus zugeführter und abgeführter Wärme:

$$W = Q_{zu} - Q_{ab}$$

Arbeitet eine Wärmekraftmaschine periodisch, d. h. wird nach einer Reihe von Zustandsänderungen der ursprüngliche Ausgangszustand wieder erreicht, so spricht man von einem **Kreisprozess**.

Werden die Zustandsänderungen eines Kreisprozesses in einem p-V-Diagramm dargestellt, ergibt sich ein in sich geschlossener Kurvenzug. Die durch den Kurvenzug eingeschlossene Fläche entspricht der während eines Zyklus verrichteten Arbeit.

Bei **Wärmekraftmaschinen** wird der Kurvenzug stets rechtsherum durchlaufen (Rechtsprozess). Dagegen durchlaufen **Kältemaschinen** bzw. **Wärmepumpen** einen Linksprozess; mechanische Energie wird in Wärmeenergie umgewandelt.

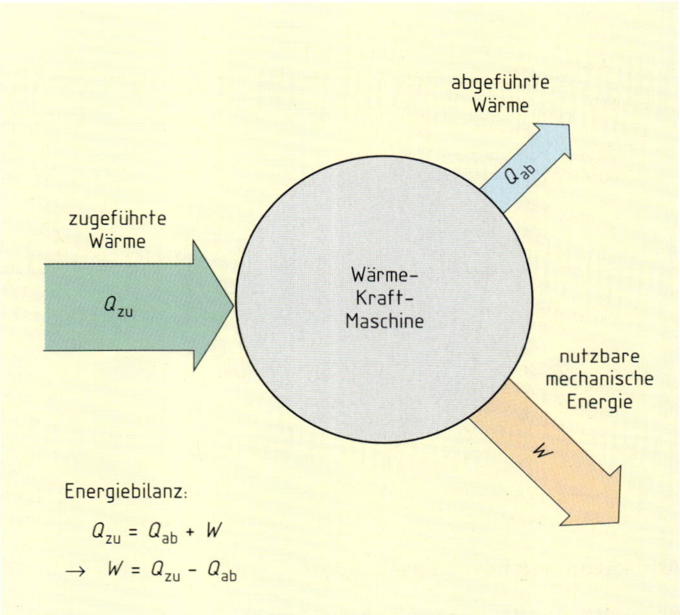

Energie-Schema einer Wärmekraftmaschine **9.5–1**

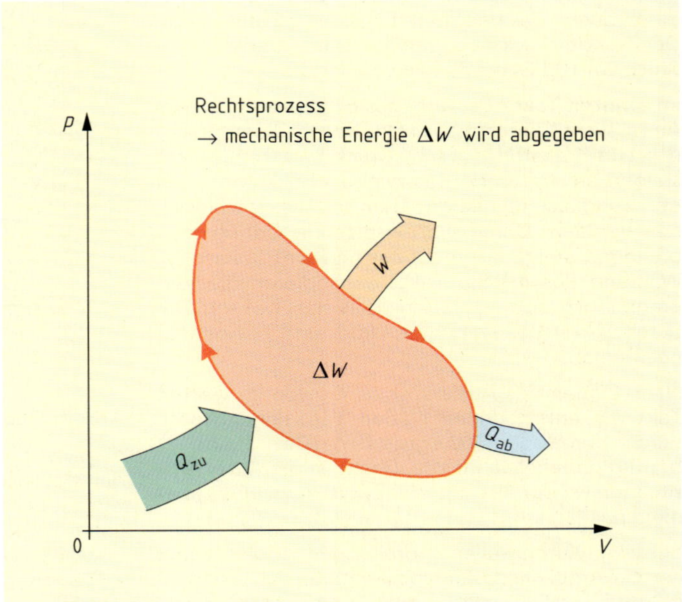

***V*-*p*-Diagramm einer Wärmekraftmaschine** **9.5–2**

9.5.1 Verbrennungsmotoren

Verbrennungsmotoren sind **Kolbenmaschinen**, bei denen in einem Zylinder durch Verbrennung eines Luft-Kraftstoffgemisches Wärme erzeugt und in mechanische Energie umgewandelt wird. Je nach Verbrennungsverfahren unterscheidet man zwischen **Otto-** und **Dieselmotoren**.

Otto-Viertaktmotor

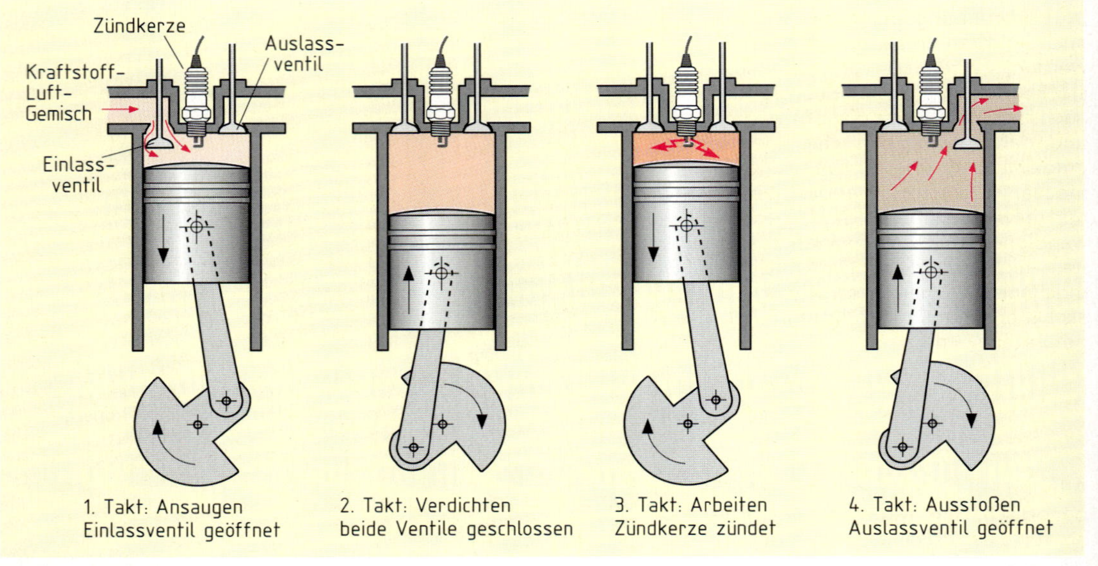

Arbeitsvorgang beim Viertaktmotor **9.5.1–1**

Beim **Otto-Viertaktmotor** läuft ein Arbeitszyklus in vier Takten ab. Während des **ersten Takts** wird durch die Bewegung des Kolbens Luft-Kraftstoffgemisch durch das geöffnete Einlassventil angesaugt. Der Zylinderdruck ist gegenüber dem Atmosphärendruck um 10 kPa bis 20 kPa vermindert.

Im **zweiten Takt** ist sowohl das Einlass- als auch das Auslassventil geschlossen. Der Kolben komprimiert das Luft-Kraftstoffgemisch; Druck und Temperatur steigen an. Am Ende des zweiten Takts entzündet der Zündkerzenfunke das Gemisch bei geschlossenen Ventilen. Durch die einsetzende Gemischverbrennung steigen Temperatur und Druck stark an. Während des **dritten Takts** expandieren die Verbrennungsgase und verschieben den Kolben. Dadurch wird Arbeit verrichtet; Druck und Temperatur nehmen ab.

Nach Öffnen des Auslassventils werden im **vierten Takt** die entstandenen heißen Verbrennungsgase durch den Kolben ausgestoßen. Der Staudruck beträgt dabei etwa 20 kPa. Damit ist die Ausgangssituation wieder erreicht, der Zyklus kann erneut beginnen.

Bei zwei Kurbelwellenumdrehungen erfolgt damit nur ein Arbeitstakt. Zur Überwindung der „Leertakte" und der Totpunkte dient ein energiespeicherndes Schwungrad. Bei Mehrzylindermotoren folgen

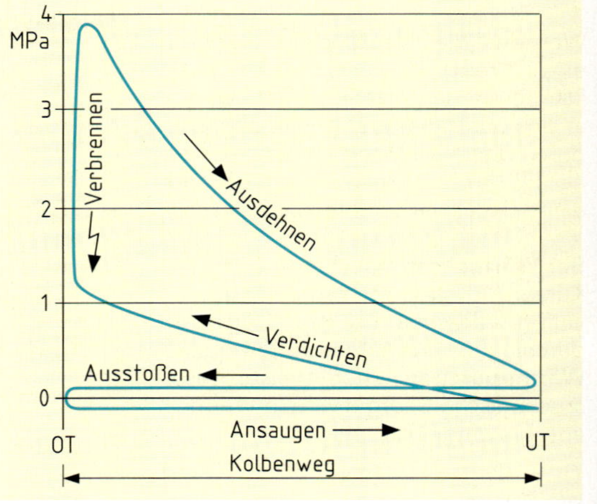

Arbeitsdiagramm eines Ottomotors **9.5.1–2**

die Arbeitstakte in geringeren Abständen, so dass der Motorlauf mit zunehmender Zylinderzahl ruhiger wird. Idealisiert man den ablaufenden Kreisprozeß unter Vernachlässigung des Ladungswechsels und unter Berücksichtigung der während eines Versuchs aufgenommenen Drücke, so kann der Kreisprozeß gemäß nebenstehendem Diagramm vereinfacht dargestellt werden. Die durch den Linienzug eingeschlossene Fläche, welche die Nutzarbeit des Motors darstellt, lässt sich dann mit Hilfe von numerischen Verfahren (Kapitel 7.4) näherungsweise als Differenz aus Expansionsarbeit $W_{3,4}$ und Kompressionsarbeit $W_{1,2}$ errechnen.

$$W = W_{3,4} - W_{1,2}$$

Die Nutzarbeit W lässt sich auch als Differenz aus zugeführter Wärme Q_{zu} und abgeführter Wärme Q_{ab} bestimmen.

$$W = Q_{zu} - Q_{ab}$$

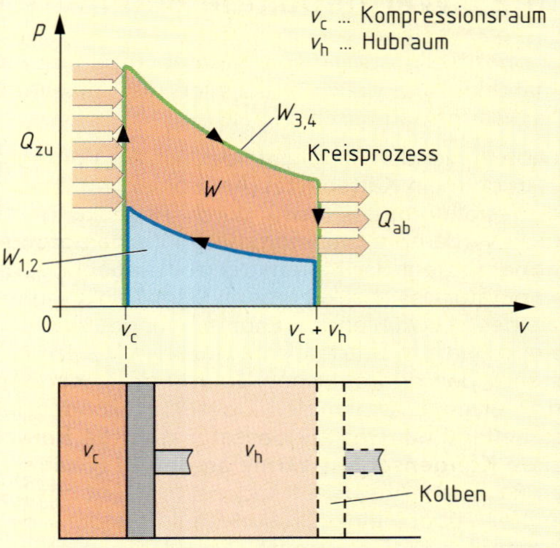

Idealisiertes V-p-Diagramm eines Ottomotors **9.5.1–3**

Die Nutzarbeit kann durch Bestimmung der innerhalb des Linienzugs liegenden „Fläche" bestimmt werden.

$$W = W_{3,4} - W_{1,2}$$

Die Energiebilanz ergibt:

$$Q_{zu} = W + Q_{ab} \quad \rightarrow W = Q_{zu} - Q_{ab}$$

Dieselmotor

Der prinzipielle Aufbau eines Dieselmotors entspricht dem des Otto-Viertaktmotors. Beim **ersten Takt** wird reine Luft angesaugt. Diese Luft wird während des **zweiten Takts** auf 3 MPa - 5,5 MPa verdichtet. Aufgrund der Kompression steigt die Lufttemperatur auf 700 °C bis 900 °C an. Dadurch entzündet sich der zu Beginn des **dritten Takts** fein zerstäubt in den Zylinderraum eingespritzte Dieselkraftstoff selbst. Die Einspritzung und die damit verbundene Verbrennung verläuft so, dass der Druck während der im Gegensatz zum Otto-Viertaktmotor langsamer verlaufenden Verbrennung konstant bleibt (Gleichdruckverbrennung). Nach dem dritten, dem eigentlichen Arbeitstakt, folgt der **vierte Takt**, bei dem die Verbrennungsgase ausgestoßen werden. Die durch den Linienzug des Kreisprozesses eingeschlossene Fläche stellt wie beim Otto-Viertaktmotor die abgegebene Nutzarbeit W dar. Aus diesem Grund kann die Nutzarbeit mit den vom Otto-Viertaktmotor bereits bekannten Gleichungen berechnet werden:

$$W = W_{3,4} - W_{1,2}$$

und

$$W = Q_{zu} - Q_{ab}$$

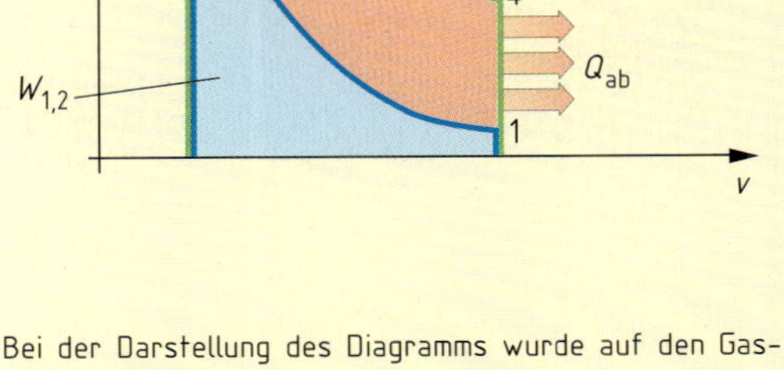

Bei der Darstellung des Diagramms wurde auf den Gaswechsel verzichtet.

Idealisiertes V-p-Diagramm eines Dieselmotors **9.5.1–4**

9.5.2 Wärmepumpe und Kältemaschine

Der prinzipielle Aufbau von Wärmepumpe und Kältemaschine sind gleich und stellen die Umkehrung einer Wärmekraftmaschine dar.

Im abzukühlenden Raum befindet sich ein **Verdampfer**, in dem ein **Kältemittel** (Ammoniak, Kohlendioxid, Tetrafluorethan, usw.) durch Absenkung des Drucks verdampft. Die erforderliche **Verdampfungswärme** entzieht das Kältemittel der Umgebung; die Temperatur des abzukühlenden Raums sinkt. Außerhalb des abzukühlenden Raums befindet sich eine Pumpe, die sowohl den Unterdruck im Verdampfer als auch den erforderlichen Überdruck im **Kondensator** erzeugt. Durch den Überdruck kondensiert das Kältemittel. Der Kondensator gibt die freiwerdende **Kondensationswärme** an den zu erwärmenden Raum ab. Aus dem Kondensator fließt das Kältemittel über ein Drosselventil wieder dem Verdampfer zu. Ein erneuter Ablauf des Kreisprozesses kann beginnen.

Nach dem Energiesatz ergibt sich:

$$Q_{ab} = Q_{zu} + W$$

Die aufgewendete Arbeit W entspricht der durch den Linienzug des Kreisprozesses eingeschlossenen Fläche.

Die aufzuwendende Arbeit kann selbstverständlich durch eine Windkraftanlage aufgebracht werden. Die durch eine Windkraftanlage transportierte Wärme dient dann Heiz- oder Kühlzwecken.

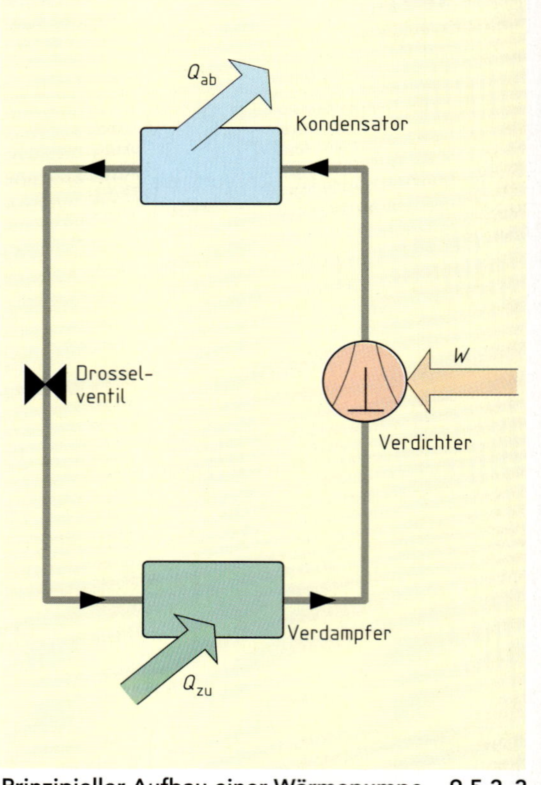

Prinzipieller Aufbau einer Wärmepumpe 9.5.2–2

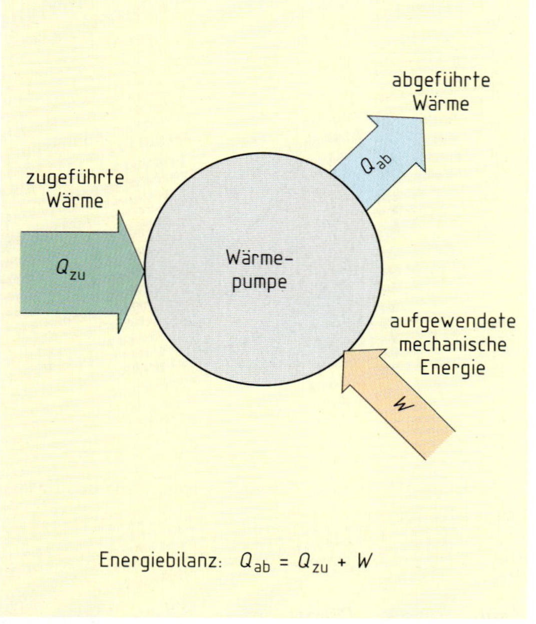

Energie-Schema einer Wärmepumpe 9.5.2–1

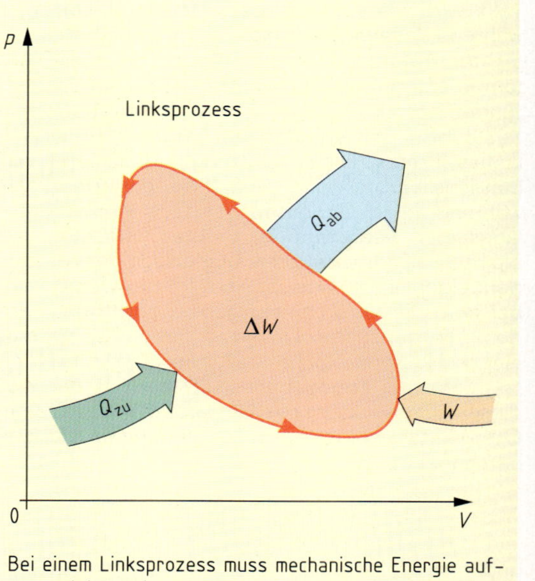

V-p-Diagramm einer Wärmepumpe 9.5.2–3

10 Optik

Einführungsbeispiel: Laser in der Materialbearbeitung

Laser sind **Lichtquellen**, welche ein sehr energiereiches, stark gebündeltes Licht einer bestimmten Wellenlänge aussenden. Laser eignen sich zur unterschiedlichsten Bearbeitung einer Vielzahl von Werkstoffen:

- Schneiden
- Schweißen
- Härten
- Markieren
- Beschriften

Zur exakten Strahlführung kann ein Laserstrahl mittels **Linsen** aufgeweitet, verengt oder fokussiert werden. Umlenken lassen sich Laserstrahlen durch **Spiegel** und **Prismen**. Die Strahlführung kann bei einigen Lasern auch mittels Glasfaserkabel erfolgen.

Nebenstehend ist der Grundaufbau eines Geräts zur Beschriftung von Werkstücken abgebildet.

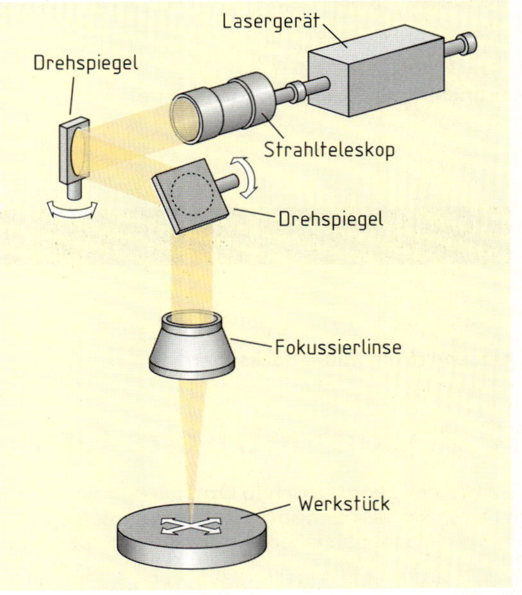

Lasergerät/Grundaufbau **10–1**

10.1 Lichtquellen

Unter **Lichtquellen** versteht man Körper, die Licht aussenden. Meist handelt es sich dabei um **glühende Festkörper** oder **heiße Gase**.

Da die Entstehung von Licht immer an Materie gebunden ist, liegt der Schluss nahe, dass Licht durch Wechselwirkungen zwischen einzelnen Atomen oder Molekülen bzw. durch Vorgänge innerhalb der Atome des leuchtenden Körpers entsteht.

Bevor Körper Licht abstrahlen können, muss ihnen Energie zugeführt werden. Diese Energie wird zunächst in Wärme umgewandelt. Die dadurch angeregten Atome oder Moleküle strahlen aufgrund ihrer gegenseitigen Wechselwirkungen ein von der Körpertemperatur abhängiges, **kontinuierliches Lichtspektrum** ab. Je heißer die Lichtquelle, desto weißer und heller strahlt sie.

Werden Gase durch Stöße mit Elektronen (elektr. Gasentladung) zur Aussendung von Licht angeregt, dann erhält man ein für das entsprechende Atom charakteristisches **Linienspektrum**. Im Linienspektrum sind gegenüber einem **kontinuierlichen Spektrum** nur bestimmte Farben, d. h. nur bestimmte **Wellenlängen** vertreten (Abb. 10.1–3 und 10.1–4).
Laserlicht besteht dagegen nur aus einer Wellenlänge.

Lichtquellen sind selbstleuchtende Körper.
Beispiele: Sonne, Fixsterne, Glühlampen, Kerzenflamme …

Nicht selbstleuchtende Körper sind nur dann zu sehen, wenn sie auffallendes Licht zurückwerfen.
Licht ist nur dann zu sehen, wenn es unmittelbar ins Auge fällt.

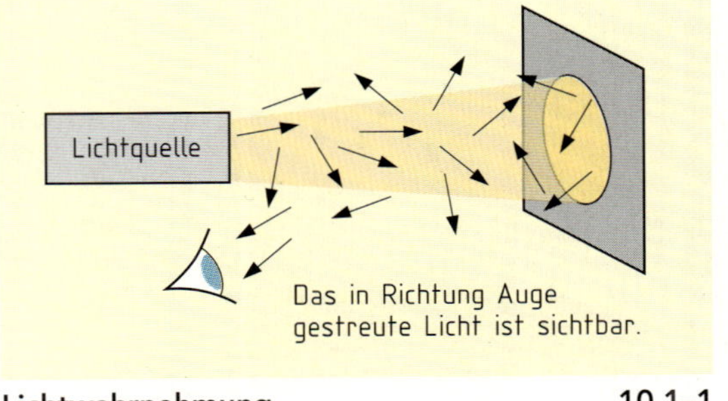

Lichtwahrnehmung **10.1–1**

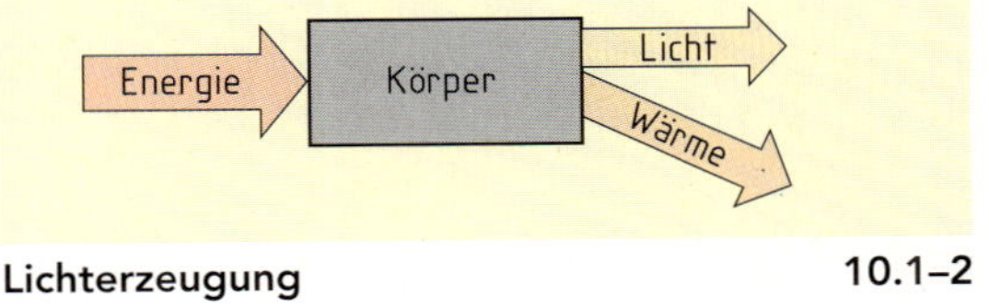

Lichterzeugung **10.1–2**

Kontinuierliches Spektrum der Sonne 10.1–3

Linienspektrum von Quecksilber 10.1–4

10.2 Geometrische Optik

Mit Hilfe der **geometrischen Optik** lassen sich Sachverhalte, wie sie bei optischen Instrumenten auftreten, vereinfacht darstellen.

Dazu werden Lichtquellen auf Punkte reduziert; schmale geradlinige Lichtbündel stellt man als geometrische **Strahlen** dar. Lichtstrahlen können somit als Bahnen des Lichts betrachtet werden. Sich schneidende Lichtstrahlen beeinflussen sich gegenseitig nicht.

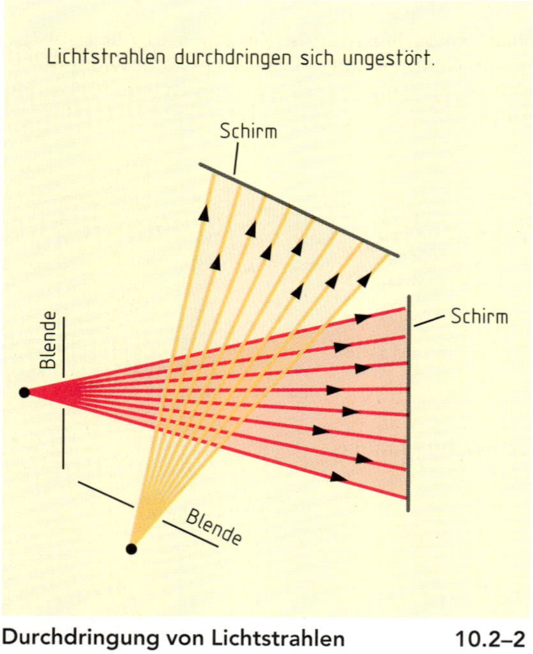

Durchdringung von Lichtstrahlen 10.2–2

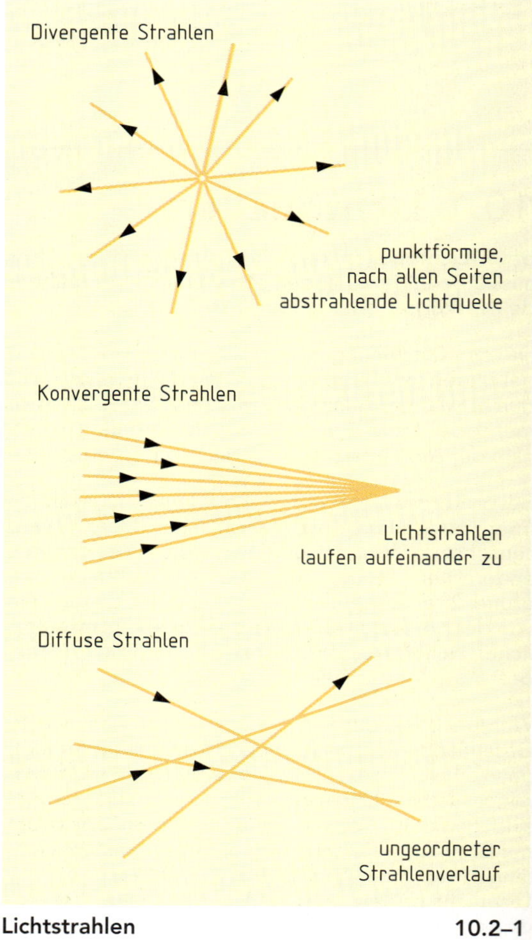

Lichtstrahlen 10.2–1

10.2.1 Optisches Bild

Eine **Blende** mit großer Öffnung, die von einer punktförmigen Lichtquelle beleuchtet wird, erzeugt auf einem Schirm, der sich hinter der Blende befindet, einen Lichtfleck. Dieser Lichtfleck besitzt die vergrößerte Form der Blende.

Befindet sich eine ausgedehnte, d. h. nicht punktförmige Lichtquelle vor einer Blende mit kleiner Öffnung, so wird die Lichtquelle als **Bild** auf einem hinter der Blende liegenden Schirm abgebildet.

Dieses Bild steht auf dem Kopf und ist seitenverkehrt.

Die Größe B des Bildes hängt von der Gegenstandsgröße G, dem Abstand g zwischen Gegenstand und Blende sowie dem Abstand b zwischen Blende und Schirm ab.

Es ergibt sich folgende **Abbildungsgleichung**:

$$\frac{B}{G} = \frac{b}{g} = \beta$$

Das Verhältnis von Bildgröße B zu Gegenstandsgröße G bezeichnet man als **Abbildungsmaßstab** β.

Vertauscht man Gegenstand G mit Bild B, dann wechselt der Lichtstrahl seinen Richtungssinn.

Der Lichtweg ist umkehrbar.

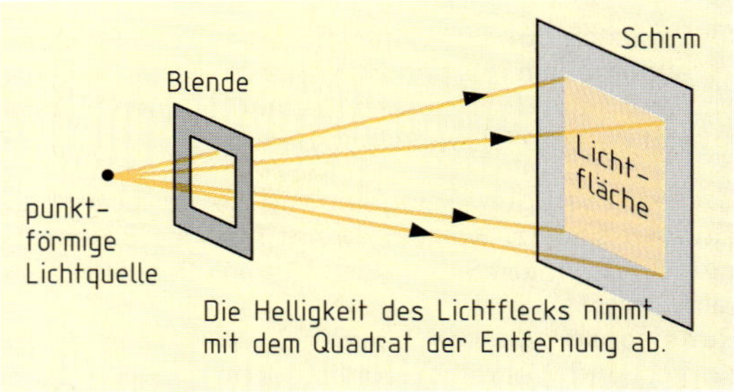

Blendenwirkung einer punktförmigen Lichtquelle **10.2.1–1**

Prinzip der Lochkamera

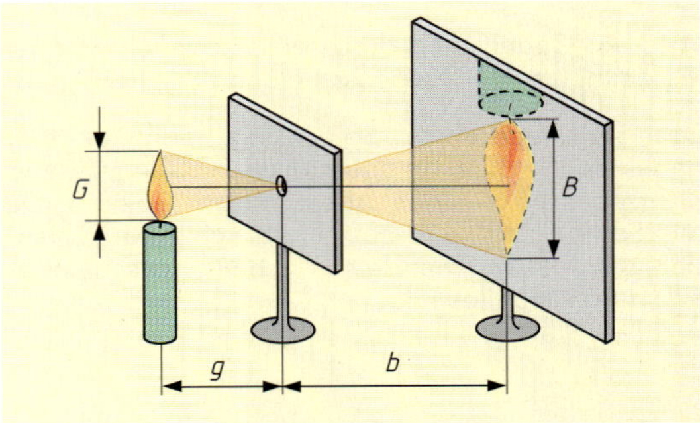

Entstehung eines optischen Bildes **10.2.1–2**

Nach dem **Strahlensatz** der Geometrie gilt:

$$\frac{\frac{G}{2}}{g} = \frac{\frac{B}{2}}{b} \quad \rightarrow \quad \frac{G}{g} = \frac{B}{b} \quad \text{bzw.} \quad \frac{B}{G} = \frac{b}{g}$$

10.2.2 Reflexion

Das auf eine Fläche fallende Licht wird, je nach Reflexionsgrad, zum Teil oder auch vollständig reflektiert.

Rauhe Flächen reflektieren nach allen Seiten, d. h. **diffus.** Ebene Flächen reflektieren Licht regelmäßig. **Einfallender Lichtstrahl, reflektierter Lichtstrahl und Einfallslot liegen in einer Ebene.**

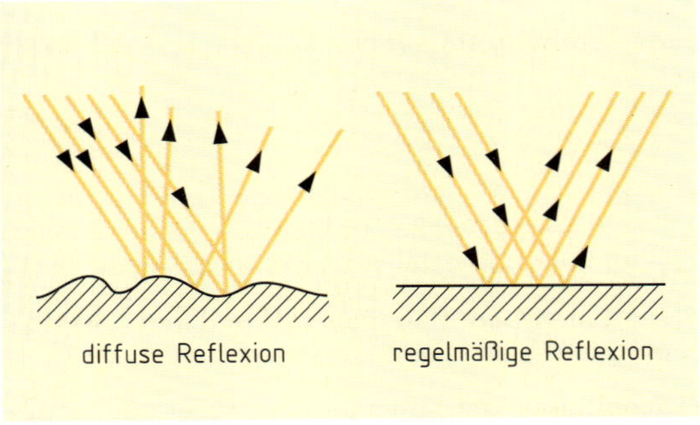

Reflexionsarten **10.2.2–1**

Der zum Lot hin gemessene **Einfallswinkel** α ist gleich dem zum Lot hin gemessenen **Reflexionswinkel** α'.

$$\alpha = \alpha'$$

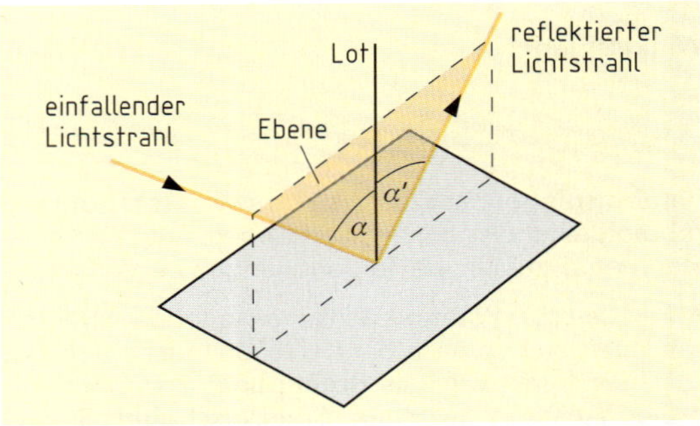

Reflexionsgesetz **10.2.2–2**

Ebener Spiegel

Oberflächen, die Licht reflektieren, heißen **Spiegel.** Im allgemeinen werden dazu geschliffene, polierte und auf ihrer Rückseite mit einer dünnen Silberschicht belegte Glasscheiben benutzt.

Bei hochwertigen Spiegeln, wie sie in optischen Geräten benutzt werden, bringt man als Beschichtungsmetall meist Silber oder Aluminium auf Glaskeramik auf.
Reflexionsgrade von bis zu 99,5% werden durch Kupfer- und Wolframspiegel erreicht.

Sollen Laserstrahlen hoher Intensität durch Spiegel reflektiert werden, so müssen diese aufgrund der hohen thermischen Belastung zum Schutz ihrer Oberfläche mit Wasser gekühlt werden.

Wird ein Gegenstand durch einen ebenen Spiegel abgebildet, so sind Gegenstand und Bild gleich groß.

Das **seitenverkehrte** Spiegelbild befindet sich dabei hinter dem Spiegel. Bild und Gegenstand besitzen den gleichen Abstand zum Spiegel. Da das Spiegelbild nicht auf einem Schirm aufgefangen werden kann, handelt es sich um ein scheinbares, d. h. **virtuelles** Bild.

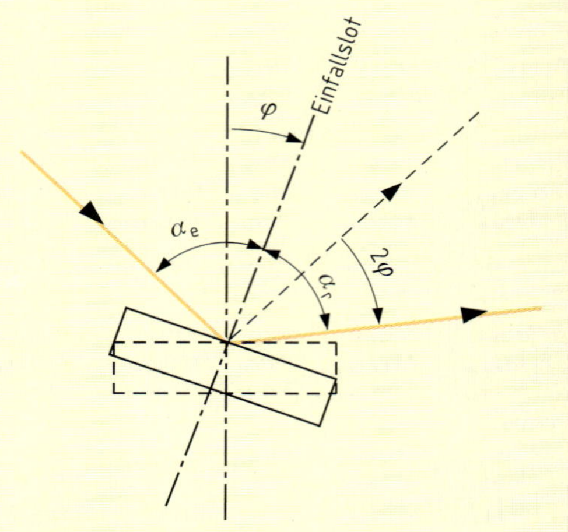

Wird der Spiegel um den Winkel φ gedreht, so wird der Lichtstrahl um den doppelten Wert dieses Winkels, d. h. 2φ, von seiner ursprünglichen Richtung abgelenkt.

Drehspiegel **10.2.2–3**

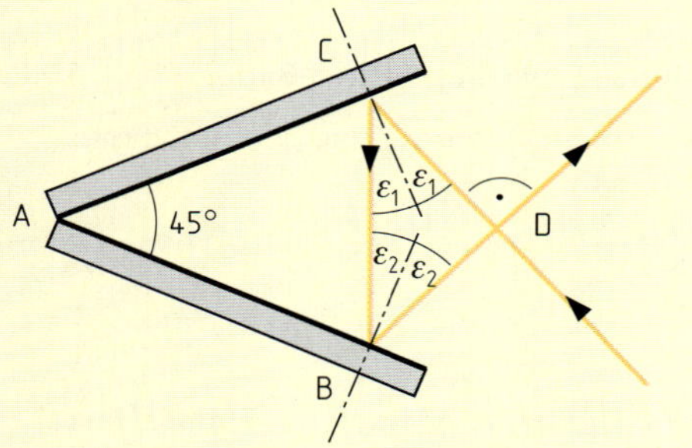

In der Vermessungstechnik werden zur Abtragung von rechten Winkeln Winkelspiegel mit einer Öffnung von 45° eingesetzt.
Einfallender Strahl und zweimal reflektierter Strahl bilden stets einen Winkel von 90°.

Winkelspiegel **10.2.2–4**

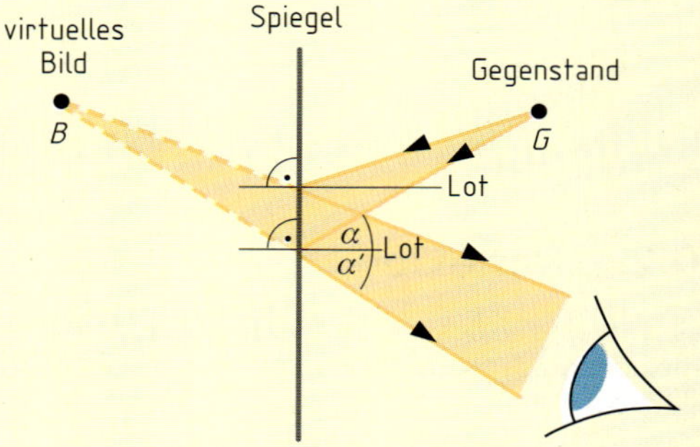

Hinter dem Spiegel entsteht ein virtuelles Bild.

Bildentstehung am ebenen Spiegel **10.2.2–5**

Gekrümmte Spiegel

Parabolspiegel besitzen die Form von **Rotationsparaboloiden** und sind innen verspiegelt. Aufgrund ihrer Geometrie zeigen sie folgendes ideales Verhalten:

- Parallel zur Rotationsachse einfallende Strahlen schneiden sich nach der Reflexion in einem Punkt. Dieser Punkt wird als **Brennpunkt** F bezeichnet. Der Abstand zwischen **Spiegelscheitel** S und Brennpunkt F heißt **Brennweite** f.
- Durch den Brennpunkt verlaufende Strahlen reflektieren als **Parallelstrahlen**. Sie verlaufen nach einer Reflexion parallel zur optischen Achse.
- Die durch den Mittelpunkt M gehenden **Mittelpunktstrahlen** reflektieren in sich selbst.
- **Scheitelpunktstrahlen** werden symetrisch zur optischen Achse des Spiegels reflektiert.

Einfacher herzustellende **sphärische Spiegel** (Teil einer Kugelschale) zeigen für **achsnahe** Strahlen gleiches Verhalten.

Zur Fokussierung von Laserstrahlen (Parallelstrahlen) eignen sich sowohl sphärische als auch parabolische Spiegel. Gehen mehrere Strahlen vom gleichen Punkt eines Gegenstands G aus, dann schneiden sie sich nach der Reflexion alle wieder in einem gemeinsamen Bildpunkt B. Der Abstand zwischen **Spiegelscheitel** S und **Gegenstand** G heißt **Gegenstandsweite** g, der zwischen **Bildpunkt** B und **Spiegelscheitel** S **Bildweite** b.

Da ein Bildpunkt durch den Schnittpunkt zweier Strahlen vollständig beschrieben wird, genügt zur Konstruktion von Bildpunkten der Verlauf von zwei Strahlen.

Für **Hohlspiegel** gelten folgende **Abbildungsgesetze**:

$$\frac{B}{G} = \frac{b}{g}$$

$$\frac{1}{f} = \frac{1}{g} + \frac{1}{b}$$

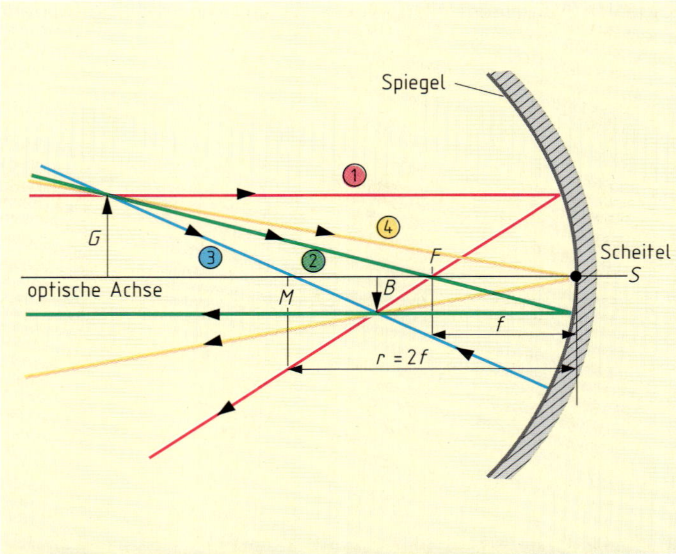

Strahl	vor der Reflexion	nach der Reflexion
①	Parallelstrahl	Brennpunktstrahl
②	Brennpunktstrahl	Parallelstrahl
③	Mittelpunktstrahl	Mittelpunktstrahl
④	Scheitelpunktstrahl	Reflexion wie am ebenen Spiegel

Strahlenverlauf am Parabol- und sphärischen Spiegel 10.2.2–6

Herleitung der Abbildungsgleichungen

Aufgrund der Ähnlichkeit der jeweils gleichfarbig angelegten Dreiecke ergibt sich:

$$\frac{G}{B} = \frac{g}{b} \quad \text{und} \quad \frac{G}{B} = \frac{g-2f}{2f-b}$$

$$\rightarrow \frac{g}{b} = \frac{g-2f}{2f-b}$$

bzw. $g(2f-b) = b(g-2f)$

$$\rightarrow 2f \cdot g - g \cdot b = g \cdot b - 2bf$$

$$2f \cdot g + 2b \cdot f = 2g \cdot b \quad | :2 \cdot f \cdot g \cdot b$$

$$\frac{\cancel{2f} \cdot \cancel{g} \cdot 1}{\cancel{2f} \cdot \cancel{g} \cdot b} + \frac{\cancel{2b} \cdot \cancel{f} \cdot 1}{\cancel{2f} \cdot g \cdot \cancel{b}} = \frac{\cancel{2g} \cdot \cancel{b} \cdot 1}{\cancel{2}f \cdot \cancel{g} \cdot \cancel{b}}$$

$$\rightarrow \frac{1}{b} + \frac{1}{g} = \frac{1}{f}$$

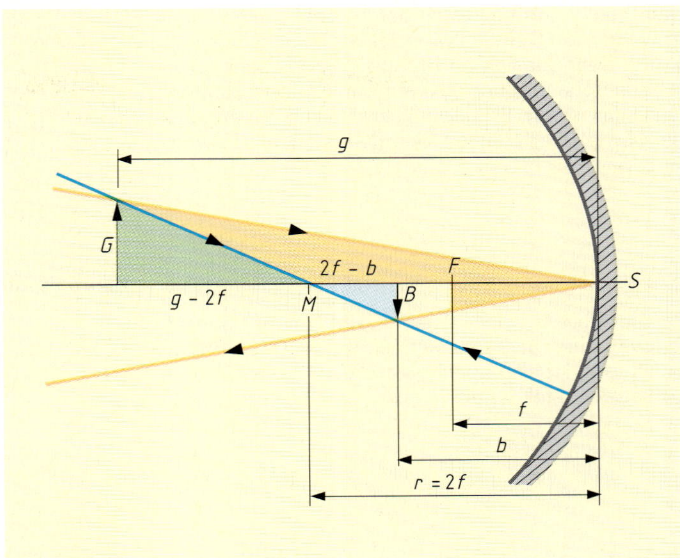

Strahlenverlauf am Hohlspiegel 10.2.2–7

Folgende Zusammenstellung zeigt die fünf Hauptfälle der Bildentstehung mit Parabol- bzw. sphärischen Spiegeln.

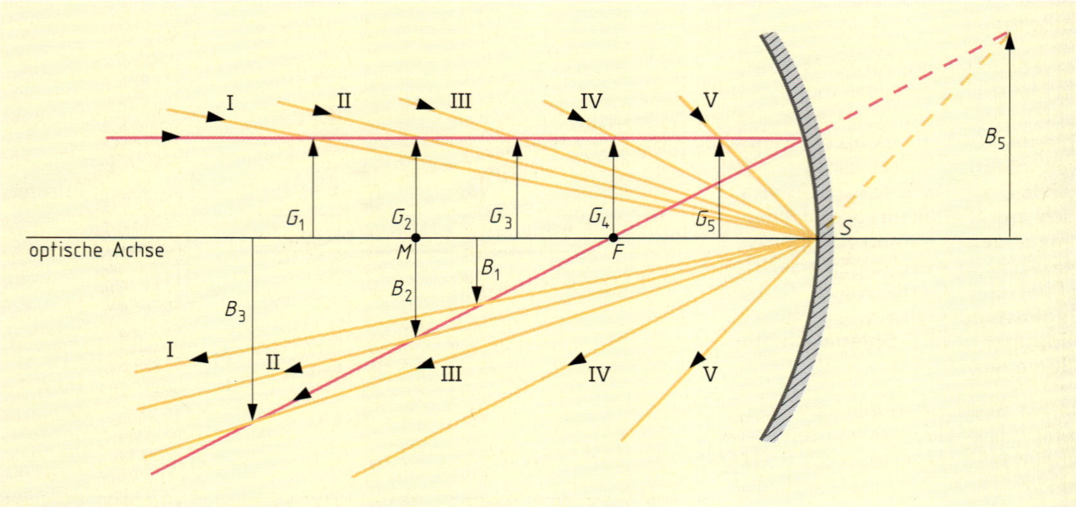

Die fünf Hauptfälle der Bildentstehung am Hohlspiegel **10.2.2–8**

Hauptfall	Gegenstandsweite g	Bildweite g	Abbildungsmaßstab β	Bildart
I	$g > 2f$	$2f > b > f$	$\beta < 1$	umgekehrt u. reell
II	$g = 2f$	$b = 2f$	$\beta = 1$	umgekehrt u. reell
III	$2f > g > f$	$b > f$	$\beta > 1$	umgekehrt u. reell
IV	$g = f$	alle reflektierten Strahlen verlaufen parallel		→**kein Bild**
V	$g < f$	b ist negativ	$\beta > 1$	aufrecht u. **virtuell**

Hauptfall IV findet unter anderem bei Scheinwerfern Anwendung. Der Glühwendel einer Scheinwerferlampe befindet sich im Brennpunkt des Scheinwerferreflektors. Strahlen, die auf den Reflektor auftreffen, sind somit Brennpunktstrahlen. Sie verlassen den Scheinwerfer nach der Reflexion als Parallelstrahlen.

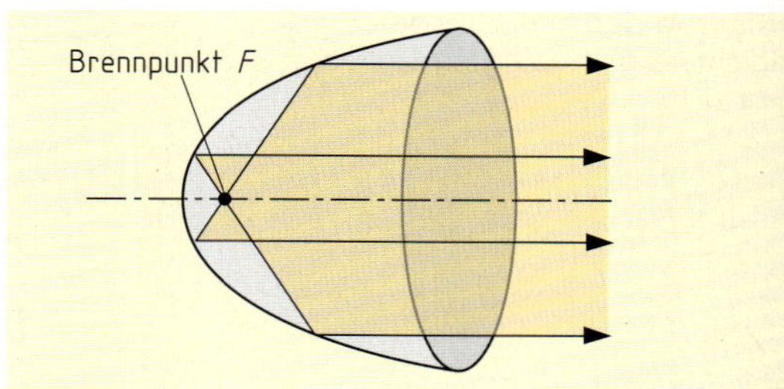

Paraboloidförmiger Reflektor **10.2.2–9**

Parallelstrahlen, die auf einen Hohlspiegel auftreffen, verlaufen nach der Reflexion durch den Brennpunkt des Hohlspiegels. Auf diese Weise können Lichtstrahlen fokussiert werden.

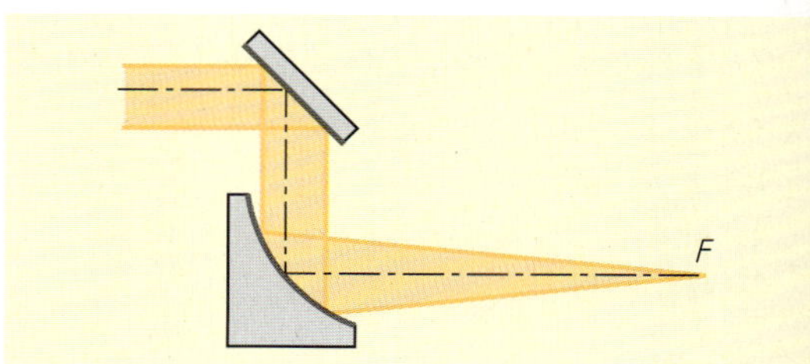

Fokussiereinrichtung mit einem Hohlspiegel **10.2.2–10**

Kein reelles Bild erhält man bei **Wölbspiegeln**. Sie liefern stets aufrechte, verkleinerte, virtuelle, seitenrichtige und hinter dem Spiegel liegende Bilder.

Da Wölbspiegel einen großen Raumbereich erfassen, eignen sie sich unter anderem als Autorückspiegel und als Straßenspiegel zur Erhöhung der Verkehrssicherheit an unübersichtlichen Kurven und Kreuzungen.

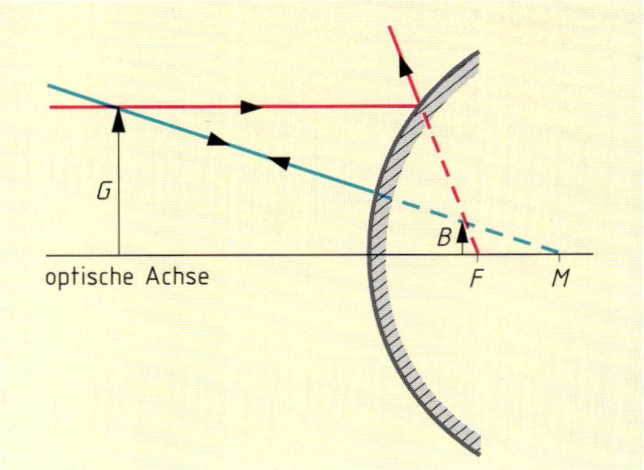

Wölbspiegel **10.2.2–11**

10.2.3 Übungen zur Reflexion

Lehrbeispiel: Parallelverschiebung eines Laserstrahls

Ein Laserstrahl wird durch zweimalige Reflexion an zwei parallelen Planspiegeln parallel um das Maß y verschoben.

Spiegelstellung: $\alpha = 30°$

a) Wie groß ist das Maß a für einen Strahlabstand von $y = 50\,\text{mm}$?

b) Zur Justierung des Laserstrahls kann der untere Spiegel in x-Richtung verschoben werden.

Um welches Maß muss der Spiegel verschoben werden, wenn der Strahlabstand y um $25\,\text{mm}$ vergrößert werden soll?

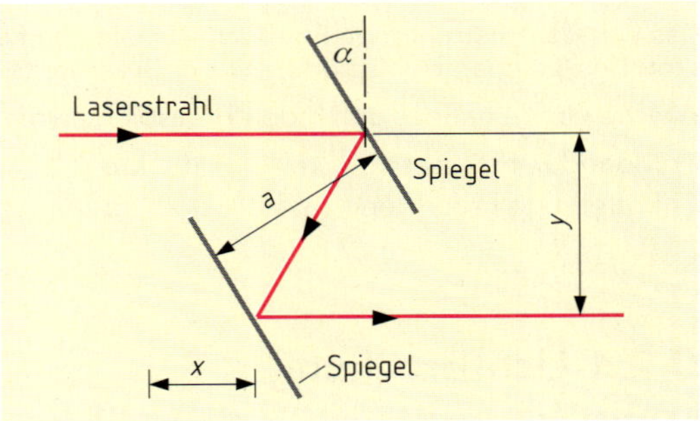

Zweifach reflektierter Laserstrahl **10.2.3–1**

Lösung:

a) Aus der Geometrie ergeben sich zwei Dreiecke mit gemeinsamer Hypotenuse und gleichen Winkeln

→ Beide Dreiecke sind gleich.

→ Der Strahlabstand y ist gleich dem Spiegelabstand a.

$$\underline{\underline{a = y = 50\,\text{mm}}}$$

b) Aus nebenstehender Skizze ergibt sich:

$$\tan 30° = \frac{\frac{x}{2}}{25\,\text{mm}} = \frac{x}{2 \cdot 25\,\text{mm}}$$

$$\rightarrow \quad x = 2 \cdot 25\,\text{mm} \cdot \tan 30°$$

$$\underline{\underline{x = 28{,}87\,\text{mm}}}$$

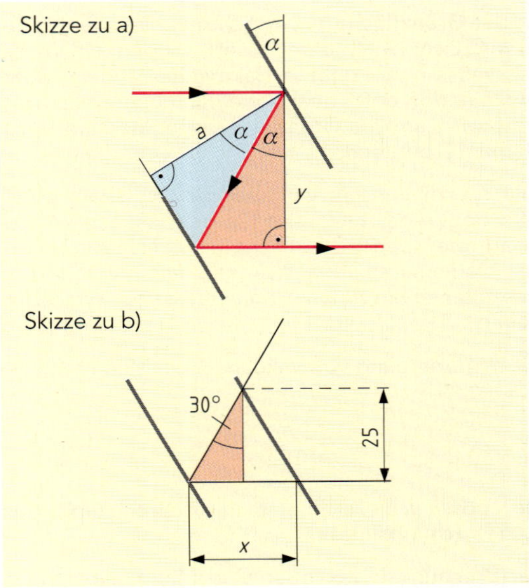

10.2.3–2

Aufgabe 1

Ein Lichtstrahl soll mit einem Drehspiegel um $120°$ von seiner ursprünglichen Richtung abgelenkt werden.

Der Einstellwinkel α ist zu berechnen.

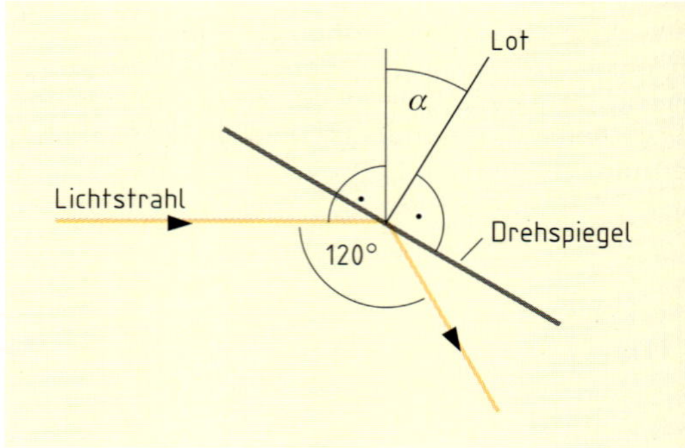

Ablenkung eines Lichtstrahls **10.2.3–3**

Aufgabe 2

Das von dem Astronomen Friedrich Wilhelm Herschel in den Jahren 1785–1790 gefertigte Spiegelteleskop besitzt einen Hohlspiegel mit der Brennweite von rund $11\ \mathrm{m}$.

Welche Größe hat das durch den Hohlspiegel vom Mond entworfene Bild?

Monddurchmesser	$d = \quad 3\,500\ \mathrm{km}$
Entfernung Erde/Mond	$s = 384\,000\ \mathrm{km}$

10.2.4 Lichtbrechung

Brechungsgesetz

An der **Grenzfläche** zweier lichtdurchlässiger Medien wird Licht nicht nur reflektiert, sondern ein Großteil dieses Lichts geht in das zweite Medium über und läuft dort unter geänderter Richtung weiter; das Licht wird an der Grenzfläche von Medium 1 zu Medium 2 gebrochen.

Fällt ein im Vakuum verlaufender Lichtstrahl unter dem gegen das Einfallslot hin gemessenen Winkel α_1 auf die ebene Oberfläche eines lichtdurchlässigen Mediums, so verläuft er innerhalb dieses Mediums unter einem zum Lot hin gemessenen Winkel α_2 weiter.

Für den Übergang von Vakuum in ein Medium gilt:

$$\frac{\sin\alpha_1}{\sin\alpha_2} = n$$

Die Grösse n bezeichnet man als **Brechzahl** oder auch **Brechungsindex.**

Der Brechungsindex n ist eine Materialkonstante (Tabelle auf folgender Seite). Je größer n, desto stärker wird das Licht gebrochen .

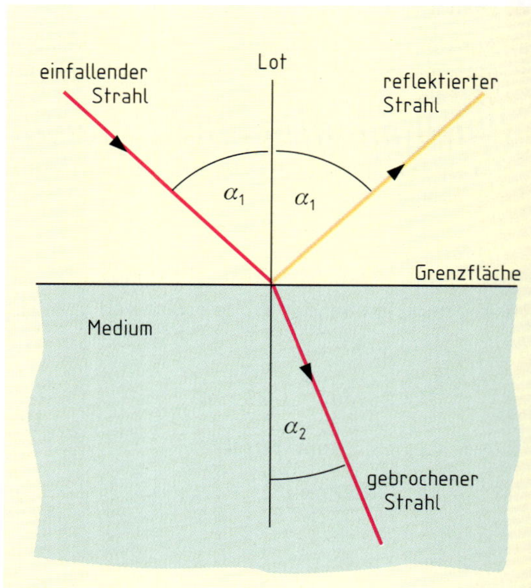

Lichtbrechung **10.2.4–1**

Brechzahlen

Substanz	Brechungsindex n
Vakuum	1,00000
Luft	1,00027 (1013 hPa)
Wasser	1,333
Diamant	2,4173
Kronglas	1,464 ... 1,610
Flintglas	1,613 ... 1,922

Bei einem Übergang von einem Medium 1 in ein Medium 2 gilt sinngemäß:

$$\frac{\sin\alpha_1}{\sin\alpha_2} = \frac{n_2}{n_1}$$

Bei zwei Stoffen unterschiedlicher Brechzahl bezeichnet man den mit der größeren Brechzahl als **optisch dichter,** den mit dem kleineren als **optisch dünner.**

Für Übergänge vom optisch dünnen zum optisch dichten Medium gilt:

$n_1 < n_2$ → **Das Licht wird zum Lot hin gebrochen.**

Für Übergänge vom optisch dichten zum optisch dünnen Medium gilt:

$n_1 > n_2$ → **Das Licht wird vom Lot weggebrochen.**

Für den Fall $n_1 > n_2$ gibt es einen Winkel α_G, **Grenzwinkel** genannt, zu dem ein Brechungswinkel $\alpha_2 = 90°$ gehört.

Aus dem Brechungsgesetz folgt:

$$\frac{\sin\alpha_G}{\sin 90°} = \frac{n_2}{n_1} \qquad \text{Mit} \quad \sin 90° = 1 \quad \text{gilt:}$$

$$\sin\alpha_G = \frac{n_2}{n_1}$$

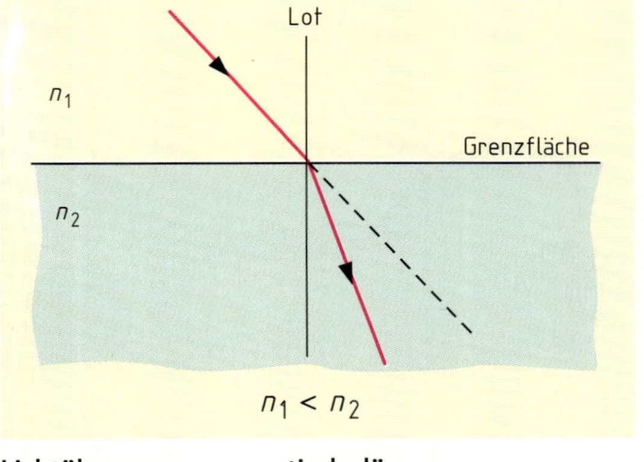

Lichtübergang vom optisch dünnen zum optisch dichten Medium **10.2.4–3**

Beispiel: Glasplatte

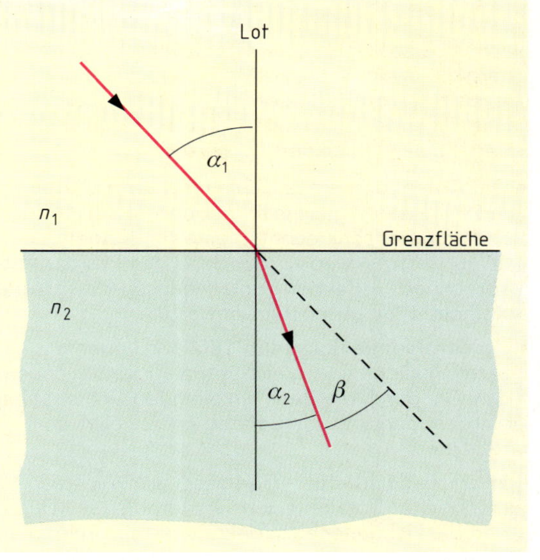

Lichtablenkung **10.2.4–2**

Ein in Luft verlaufender Lichtstrahl trifft unter einem Winkel von 45° auf eine ebene Glasplatte mit der Brechzahl $n = 1{,}55$.

Um welchen Winkel wird der Lichtstrahl abgelenkt?

$$\beta = \alpha_1 - \alpha_2$$

$$\text{Mit:} \quad \frac{\sin\alpha_1}{\sin\alpha_2} = \frac{n_2}{n_1}$$

$$\text{folgt:} \quad \sin\alpha_2 = \frac{n_1 \cdot \sin\alpha_1}{n_2} = \frac{1{,}00 \cdot \sin 45°}{1{,}55} \qquad \alpha_2 = 27{,}14°$$

Somit ergibt sich:

$$\beta = 45° - 27{,}14°$$

$$\underline{\underline{\beta = 17{,}86°}}$$

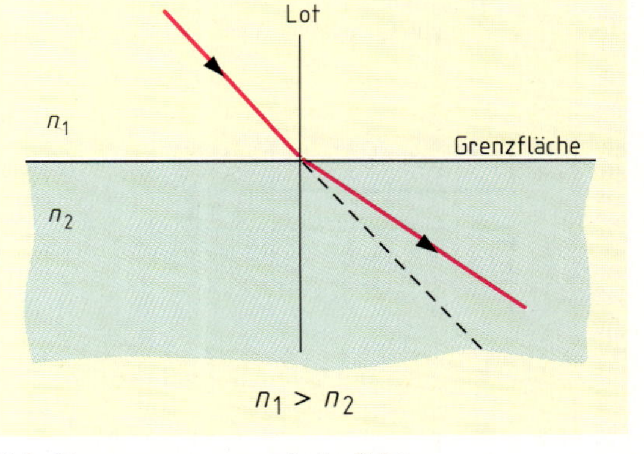

Lichtübergang vom optisch dichten zum optisch dünnen Medium **10.2.4–4**

Totalreflexion

Nach Überschreiten des **Grenzwinkel** α_G ist ein Übergang in ein dünneres Medium nicht mehr möglich. Es tritt **Totalreflexion** ein. Das auf die Grenzfläche fallende Licht wird dann an dieser, einem Spiegel gleich, reflektiert.

- Die **Ablenkung** eines Lichtstrahls **um 90°** gelingt mit Hilfe eines gleichseitigen und rechtwinkligen Prismas. Der senkrecht auf eine der Katheten einfallende Strahl wird an der Basis des Prismas entsprechend reflektiert und verlässt die zweite Kathete ohne gebrochen zu werden.
- Zur **Strahlumlenkung um 180°** wird ebenfalls ein rechtwinkliges und gleichseitiges Prisma verwendet. Die durch die Basis einfallenden Lichtstrahlen werden dann an den Katheten jeweils um 90° reflektiert.
- In einem **Lichtleiter** (Glasfaser) wird Licht durch mehrfache Totalreflexion weitergeleitet. Dabei darf der Lichtleiter auch gekrümmt sein. Führt man die Lichtleiter sehr dünn aus, so erhält man biegsame Fasern, die sich auch zur rasterförmigen Bildübertragung eignen.
  Dabei dürfen sich die zu einem Bündel zusammengefassten Fasern nicht berühren. Sie müssen optisch isoliert werden.

Laserstrahlen geringer Leistung, wie Sie vielfach in der Medizin Anwendung finden, lassen sich problemlos durch Glasfaserkabel führen.

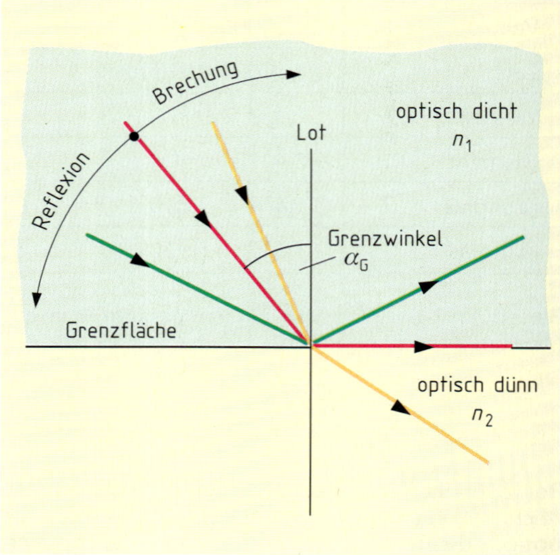

Totalreflexion **10.2.4–5**

Beispiel: Grenzwinkelbestimmung
Übergang Glas ($n_1 = 1{,}5$)/Luft ($n_2 = 1{,}00$)

$$\sin \alpha_G = \frac{n_2}{n_1} = \frac{1}{1{,}5} = 0{,}667$$

$$\rightarrow \underline{\underline{\alpha_G = 41{,}8^\circ}}$$

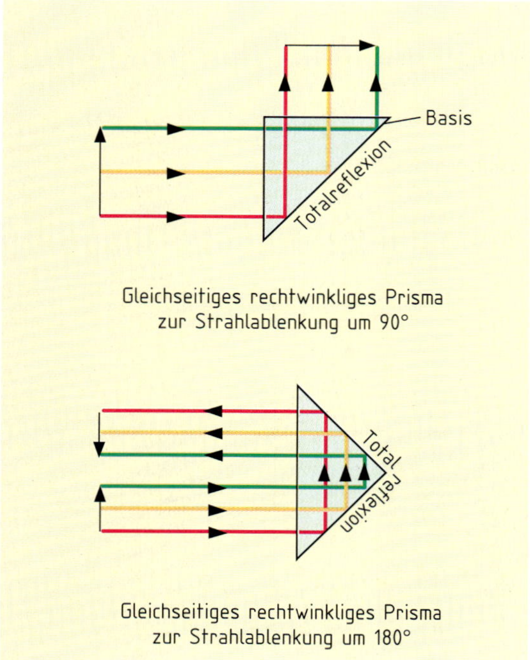

Strahlablenkung mit rechtwinkligen Prismen **10.2.4–6**

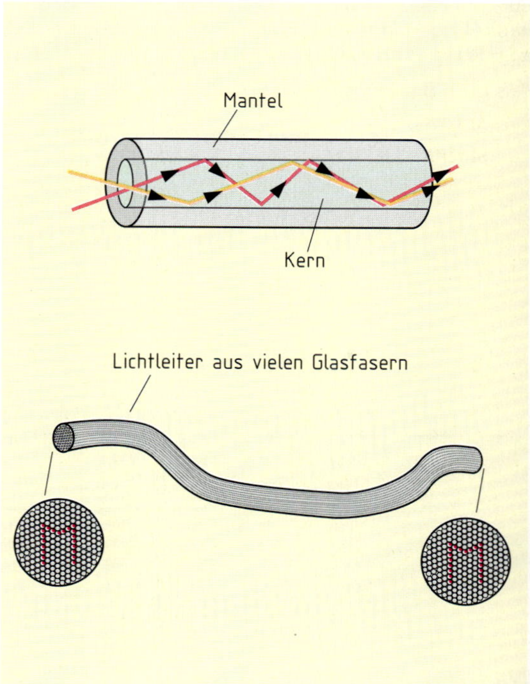

Glasfasern zur Lichtleitung **10.2.4–7**

Dispersion

Fällt Sonnenlicht (weißes Licht) auf eine weiße Fläche, so erscheint der beleuchtete Fleck weiß. Bringt man ein Prisma in den Strahlengang, dann wird der weiße Fleck in ein farbiges Band aufgefächert.

Grund der Zerlegung ist die von der Farbe des Lichts abhängige Brechzahl n eines Stoffs.

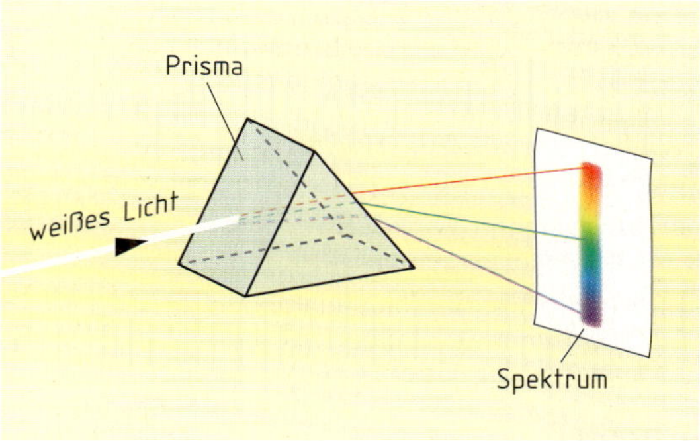

Dispersion **10.2.4–8**

10.2.5 Übungen zur Lichtbrechung

Lehrbeispiel: Lichtleitung mit Glasfasern

Nebenstehende Abbildung zeigt einen Abschnitt einer Glasfaser. Damit kein Licht aus der Glasfaser austreten kann, muss dieses an der Glasfaserwand reflektiert werden.

Brechzahlen : $n_{\text{Luft}} = 1{,}0$

$n_{\text{Glas}} = 1{,}56$

a) Für welchen Einfallswinkel erfolgt an der Grenzfläche Glas/Luft Totalreflexion?

b) Für eine Glasfaser mit dem Durchmesser $d = 1\,\text{mm}$ ist der erforderliche Radius R zu berechnen, sodass gerade sämtliches Licht an der Grenzfläche Glas/Luft reflektiert wird.

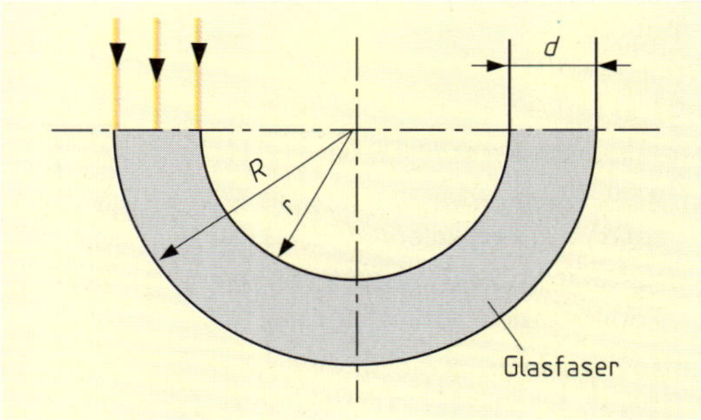

Glasfaserabschnitt **10.2.5–1**

Lösung:

a)

$$\sin\alpha_{\text{G}} = \frac{n_2}{n_1}$$

$$\sin\alpha_{\text{G}} = \frac{1{,}0}{1{,}56} = 0{,}641$$

$$\underline{\underline{\alpha_{\text{G}} = 39{,}9^\circ}}$$

b) Wie aus nebenstehener Abbildung ersichtlich herrschen für den innersten Lichtstrahl bezüglich der Lichtbrechung die schlechtesten Bedingungen.
Wird der innerste Strahl total reflektiert, so werden alle anderen Strahlen ebenfalls reflektiert.

Es gilt:

$$\sin\alpha_{\text{G}} = \frac{n_{\text{Luft}}}{n_{\text{Glas}}} = \frac{r}{R} \qquad \text{Mit} \quad r = R - d$$

erhält man:

$$\frac{n_{\text{Luft}}}{n_{\text{Glas}}} = \frac{R-d}{R}$$

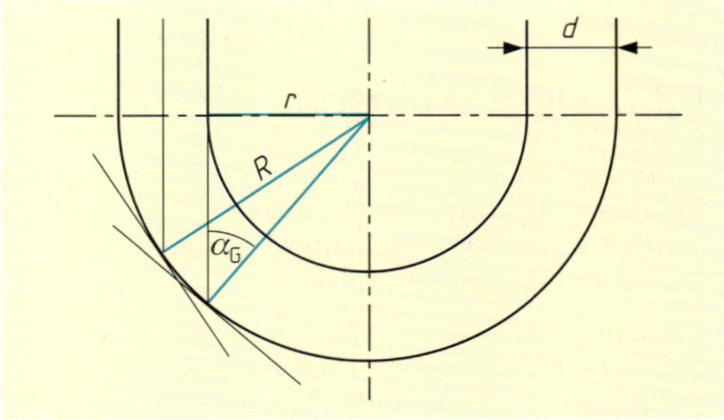

Skizze zur Radiusberechnung **10.2.5–2**

Durch Umstellen ergibt sich:

$$n_{\text{Luft}} \cdot R = n_{\text{Glas}}(R-d)$$

$$n_{\text{Luft}} \cdot R = n_{\text{Glas}} \cdot R - n_{\text{Glas}} \cdot d$$

$$n_{\text{Glas}} \cdot R - n_{\text{Luft}} \cdot R = n_{\text{Glas}} \cdot d$$

$$R = \frac{n_{\text{Glas}} \cdot d}{n_{\text{Glas}} - n_{\text{Luft}}} = \frac{1{,}56 \cdot 1\,\text{mm}}{1{,}56 - 1}$$

$$\underline{\underline{R = 2{,}8\,\text{mm}}}$$

Aufgabe 1

Eine planparallele Glasplatte mit $d = 25$ mm Dicke und der Brechzahl $n_G = 1{,}51$ wird mit einem ausgeblendeten Lichtstrahl unter dem Winkel $\alpha = 30°$ zur Horizontalen angestrahlt.

a) Um welchen Winkel β wird der Lichtstrahl abgelenkt?

b) Wie groß ist der Parallelabstand x zwischen einfallendem und ausfallendem Strahl?

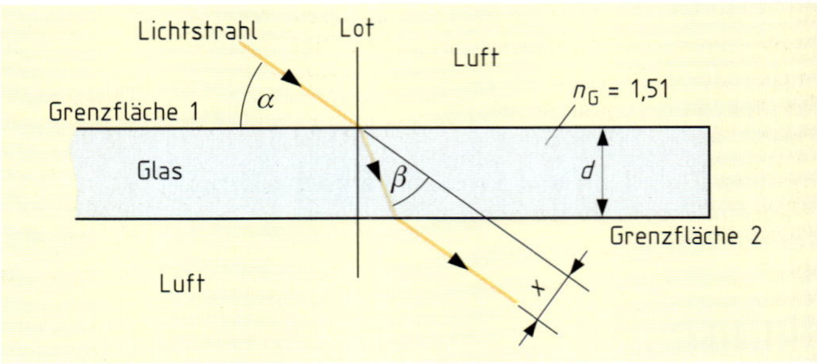

Angestrahlte Glasplatte **10.2.5–3**

Aufgabe 2

Ein Unterwasserscheinwerfer ist in einem Wasserbecken unter einem Winkel von $\alpha_1 = 40°$ zur Vertikalen montiert.

$n_{Luft} = 1{,}0$

$n_{Wasser} = 1{,}33$

Strahldurchmesser $D = 8$ cm

a) Zu berechnen ist der Ausfallwinkel α_2 zur Vertikalen.

b) Bei welchem Auftreffwinkel tritt Totalreflexion auf?

c) Zu berechnen ist die Strahldicke d in Luft, wenn der Lichtstrahl unter dem Winkel $\alpha_1 = 40°$ auf die Grenzfläche Wasser/Luft trifft.

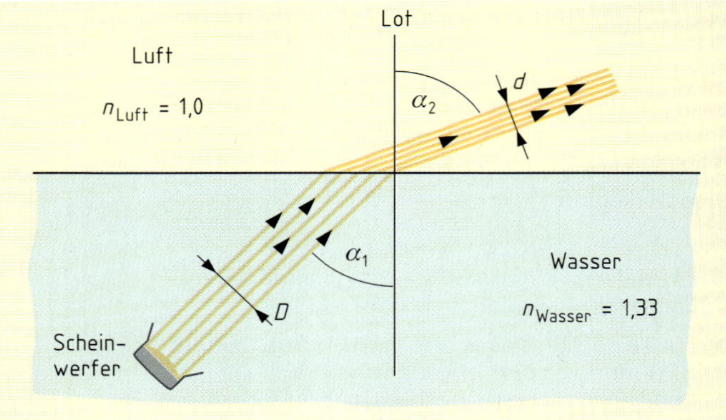

Scheinwerfer **10.2.5–4**

10.2.6 Dünne Linsen

Wie im Leitbeispiel „Laser in der Materialbearbeitung" beschrieben, können Linsen zur Fokussierung von Laserstrahlen eingesetzt werden.

Als **Linsen** bezeichnet man lichtdurchlässige Körper, welche von zwei Kugelflächen bzw. von einer Kugel- und einer Planfläch begrenzt werden.

Die Verbindungslinie der Kugelflächenmittelpunkte M_1 und M_2 stellt die Achse der Linse dar.

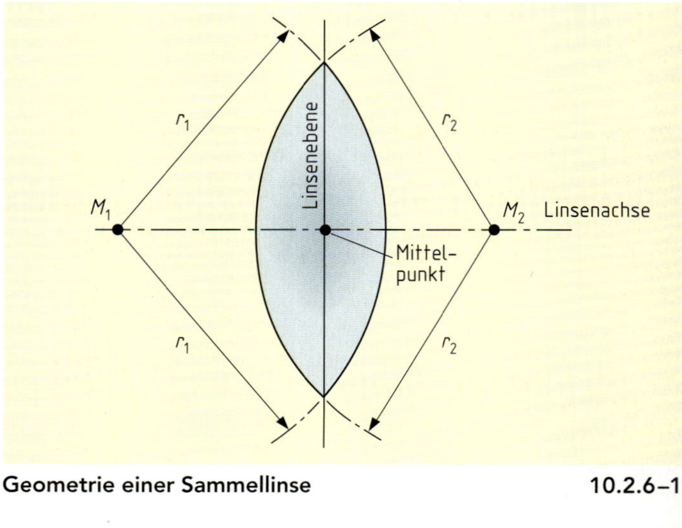

Geometrie einer Sammellinse **10.2.6–1**

Linsenformen

Die Krümmung der Linsenflächen ist für die Brechung der auftretenden Lichtstrahlen und somit für die Abbildungseigenschaften der Linse entscheidend.

Sammellinsen
Sammellinsen werden auch als **Konvexlinsen** bezeichnet. Sie sind in der Mitte **dicker** als am Rand.

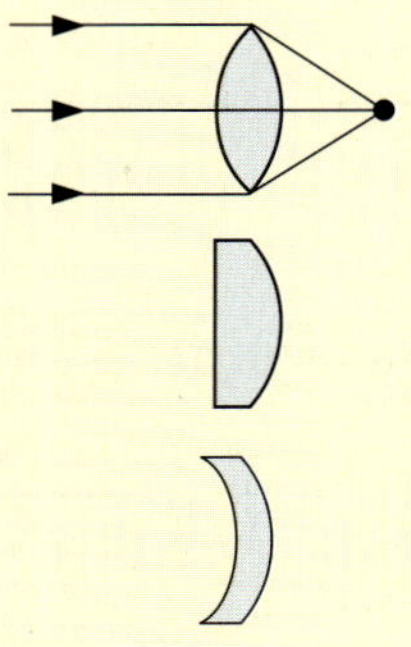

Sammellinsen 10.2.6–2

Zerstreuungslinsen
Zerstreuungslinsen werden auch als **Konkavlinsen** bezeichnet. Sie sind in der Mitte **dünner** als am Rand.

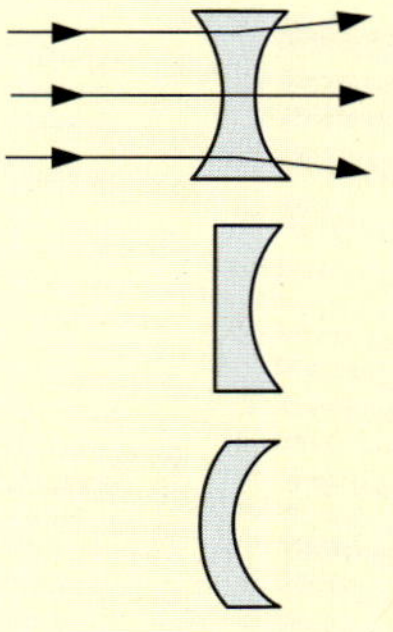

Zerstreuungslinsen 10.2.6–3

Fresnel'sche Stufenlinse

Werden großflächige Linsen mit großer Brennweite benötigt, setzt man **Stufenlinsen** aus Kunststoff ein. Solche Linsen findet man beispielsweise in Tageslichtprojektoren.

Fresnelsche Stufenlinsen (Augustin Jean Fresnel, französischer Physiker, 1788–1827) wurden ursprünglich für Leuchttürme erfunden, da Glaslinsen gleicher optischer Eigenschaften aufgrund ihrer großen Dicke im Mittenbereich das Licht zu stark absorbieren würden.

Zusätzlich würde der Mittelbereich einer solchen Glaslinse durch hohe thermische Spannungen belastet.

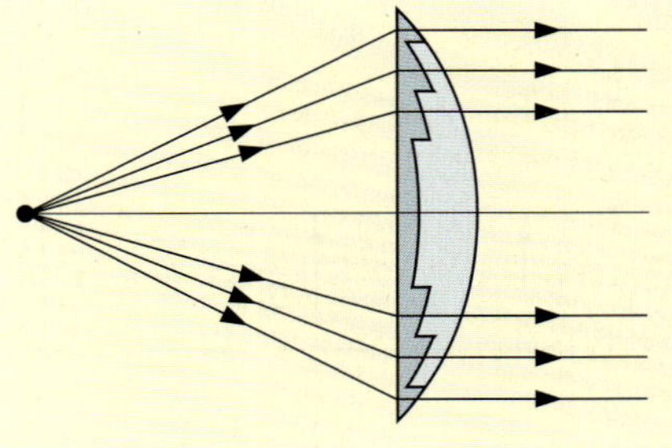

Strahlenverlauf bei einer Fresnel'schen Stufenlinse 10.2.6–4

Strahlenverlauf und Bildkonstruktion bei Sammellinsen

Ein durch eine Linse verlaufender Lichtstrahl wird an der Grenzfläche Luft/Glas sowie an der Grenzfläche Glas/Luft gebrochen.

Parallel zur Linsenachse einfallende Strahlen schneiden sich nach dem Linsendurchgang in einem gemeinsamen Punkt. Diesen Punkt bezeichnet man als **Brennpunkt** F. Der Abstand zwischen Linsenebene und Brennpunkt F heißt **Brennweite** f.

Durch einen Brennpunkt einfallende Strahlen verlaufen nach dem Linsendurchgang parallel zur Linsenachse. Durch den Linsenmittelpunkt gehende Strahlen behalten bei dünnen Linsen ihre ursprüngliche Richtung bei.

Zur Bildkonstruktion werden **Parallel-, Brennpunkt-** und **Mittelpunktstrahlen** verwendet. Da ein Bildpunkt durch den Schnittpunkt zweier Strahlen vollständig beschrieben wird, kann man sich bei der Konstruktion von Bildpunkten auf zwei Strahlen beschränken.

Selbstverständlich tragen alle anderen Strahlen ebenfalls zur Bildentstehung bei.

Für Sammellinsen gelten folgende **Abbildungsgesetze**:

$$\frac{G}{B} = \frac{g}{b}$$

$$\frac{1}{f} = \frac{1}{g} + \frac{1}{b}$$

Herleitung der Abbildungsgleichungen

Aufgrund der Ähnlichkeit der jeweils gleichfarbig angelegten Dreiecke ergibt sich:

$$\frac{G}{B} = \frac{g}{b} \quad \text{und} \quad \frac{G}{B} = \frac{g-f}{f}$$

$$\rightarrow \quad \frac{g}{b} = \frac{g-f}{f} \quad \text{bzw.} \quad \frac{g}{b} = \frac{g}{f} - \frac{f}{f} \quad | :g$$

$$\rightarrow \quad \frac{g}{b \cdot g} = \frac{g}{f \cdot g} - \frac{f}{f \cdot g}$$

$$\frac{1}{b} = \frac{1}{f} - \frac{1}{g}$$

oder $$\frac{1}{f} = \frac{1}{g} + \frac{1}{b}$$

Dioptrie

Den Kehrwert der Brennweite f bezeichnet man als Brechkraft D. Ihre Einheit ist Dioptrie.

$$D = \frac{1}{f}$$

$$\text{Einheit:} \quad [D] = \frac{1}{\text{m}} = \text{dpt (Dioptrie)}$$

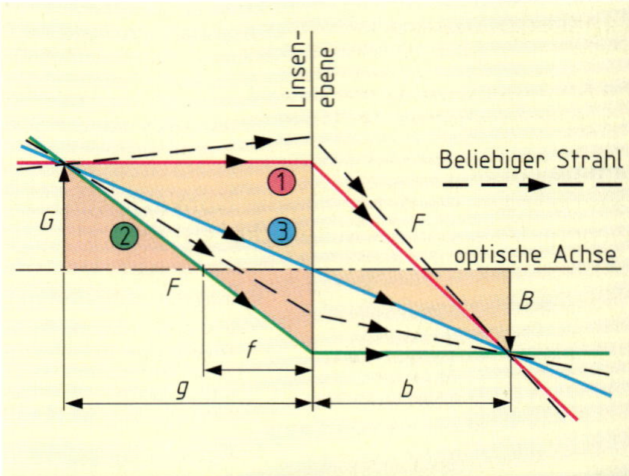

Strahl	vor der Brechung	nach der Brechung
①	Parallelstrahl	Brennpunktstrahl
②	Brennpunktstrahl	Parallelstrahl
③	Mittelpunktstrahl	Mittelpunktstrahl

Konstruktion des von einer Sammellinse entworfenen Bildes **10.2.6–5**

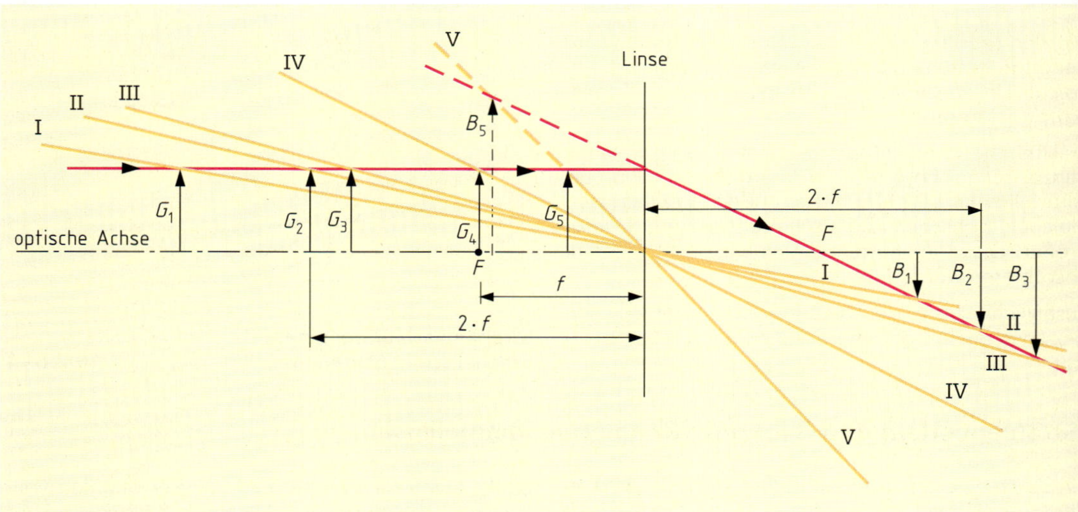

Die fünf Hauptfälle der Bildentstehung bei Sammellinsen. **10.2.6–6**

Hauptfall	Gegenstandsweite g	Bildweite g	Abbildungsmaßstab β	Bildart
I	$g > 2f$	$2f > b > f$	$\beta < 1$	umgekehrt u. reell
II	$g = 2f$	$b = 2f$	$\beta = 1$	umgekehrt u. reell
III	$2f > g > f$	$b > f$	$\beta > 1$	umgekehrt u. reell
IV	$g = f$	alle gebrochenen Strahlen verlaufen parallel		→ **kein Bild**
V	$g < f$	b ist negativ	$\beta > 1$	aufrecht u. **virtuell**

Strahlenverlauf und Bildkonstruktion an einer Konkavlinse

Zerstreuungslinsen sind wie Sammellinsen ebenfalls von zwei Kugelflächen begrenzt. Die Krümmungsmittelpunkte der Kugelflächen befinden sich bei Zerstreuungslinsen im Gegensatz zu Sammellinsen auf der Seite der entsprechenden Linsenfläche.

Parallel zur optischen Achse einfallende Strahlen werden so gebrochen, als kämen sie von dem auf der gegenüberliegenden Seite liegenden Brennpunkt F.

In Richtung auf den gegenüberliegenden Brennpunkt einfallende Strahlen verlaufen nach der Brechung parallel zur optischen Achse.

Aus diesem Grund besitzt die Brennweite f bei Zerstreuungslinsen einen negativen Zahlenwert. Die **Brechkraft** D ist ebenfalls negativ.

Die mit Zerstreuungslinsen erzeugten Bilder sind stets verkleinert und virtuell. Diese virtuellen Bilder liegen auf der Linsenseite, auf der sich auch der abgebildete Gegenstand befindet.

Die für die Sammellinsen hergeleiteten **Abbildungsgleichungen** gelten auch für **Zerstreuungslinsen**. Dabei ist bei der Zerstreuungslinse für die Bildweite b und für die Brennweite f der Wert stets **negativ** einzusetzen.

$$\frac{G}{B}=\frac{g}{b}$$

$$\frac{1}{f}=\frac{1}{g}+\frac{1}{b} \qquad b<0 \quad f<0$$

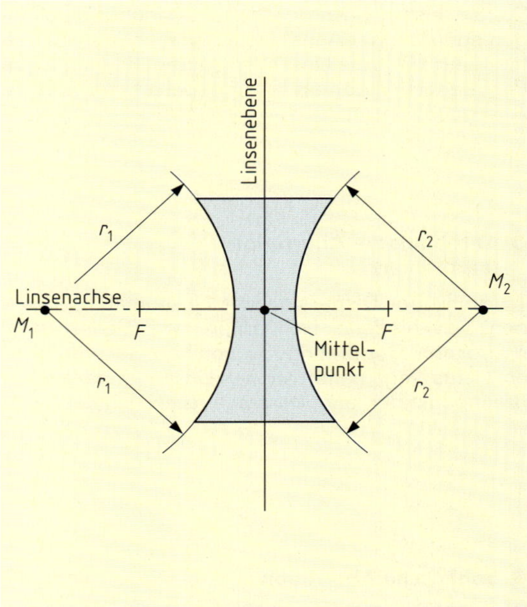

Geometrie einer Zerstreuungslinse 10.2.6–7

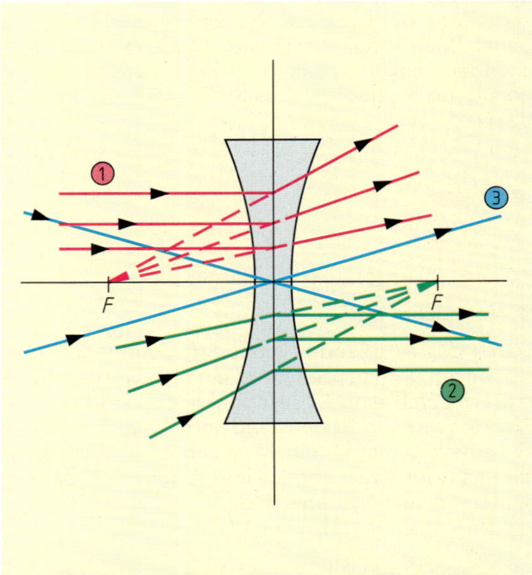

Strahl	vor der Brechung	nach der Brechung
①	Parallelstrahl	Brennpunktstrahl
②	Brennpunktstrahl	Parallelstrahl
③	Mittelpunktstrahl	Mittelpunktstrahl

Strahlenverlauf bei einer Zerstreuungslinse 10.2.6–8

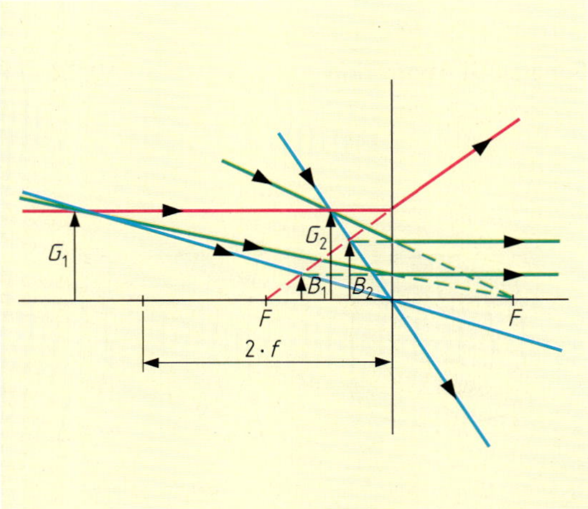

$g > 2f$ → verkleinertes, aufrechtes, virtuelles Bild

$g < f$ → verkleinertes, aufrechtes, virtuelles Bild

Konstruktion des von einer Zerstreuungslinse entworfenen Bildes 10.2.6–9

Linsenfehler

Da die bisher besprochenen Abbildungsgleichungen nur unter der Annahme achsnaher Strahlen gelten, sind die von Linsen erzeugten Bilder in den Randbereichen oftmals farbig, unscharf und verzerrt.

● **Chromatische Aberration (Farbfehler)**

Aufgrund der **Dispersion** des Linsenmaterials werden verschiedene Lichtfarben verschieden stark gebrochen. Der Brennpunkt von kurzwelligem blauen Lichts liegt näher an der Linsenebene als der Brennpunkt des langwelligeren roten Lichts.

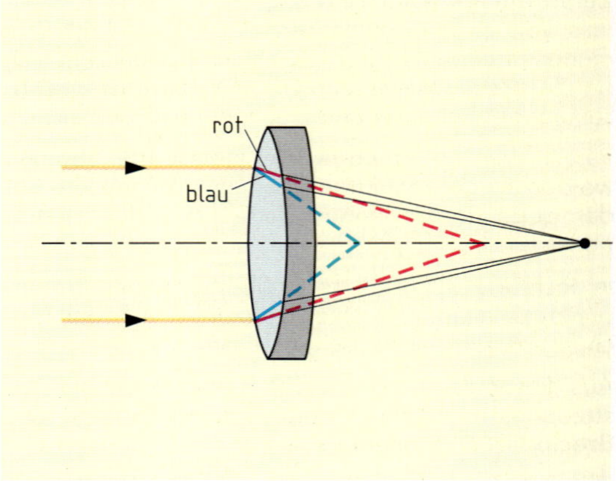

Chromatische Aberration und Korrektur mit einer Konkavlinse **10.2.6–10**

● **Sphärische Aberration**

Die durch die Randzone der Linse gehenden Strahlen werden stärker gebrochen. Der Brennpunkt achsferner Strahlen liegt näher an der Linsenebene. Jede Zone der Linse hat also einen anderen Brennpunkt. Man erhält unscharfe Bilder. Bilder hinreichender Schärfe erhält man nur dann, wenn ein genügend ausgeblendetes Strahlenbündel verwendet wird.

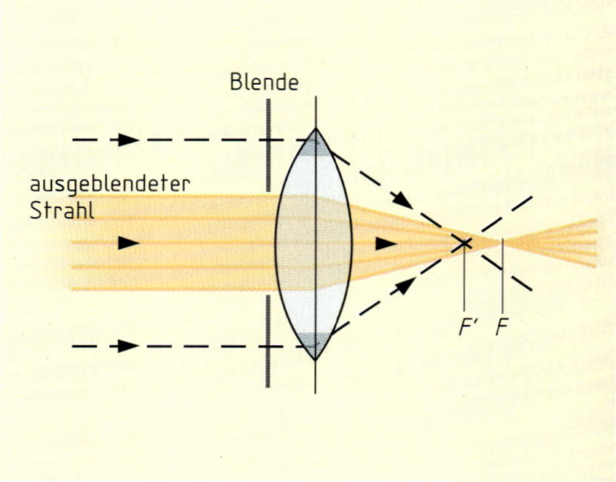

Sphärische Aberration **10.2.6–11**

● **Verzeichnung**

Durch das Ausblenden eines Strahlenbündels entstehen Verzeichnungen. Wird ein rechtwinkliges Gitternetz durch eine Linse abgebildet, und liegt die Blende zwischen Gegenstand und Linse, so wird das Gitternetz tonnenförmig verzeichnet. Wird die Blende nach der Linse angeordnet, ergibt sich ein kissenförmig verzeichnetes Bild.

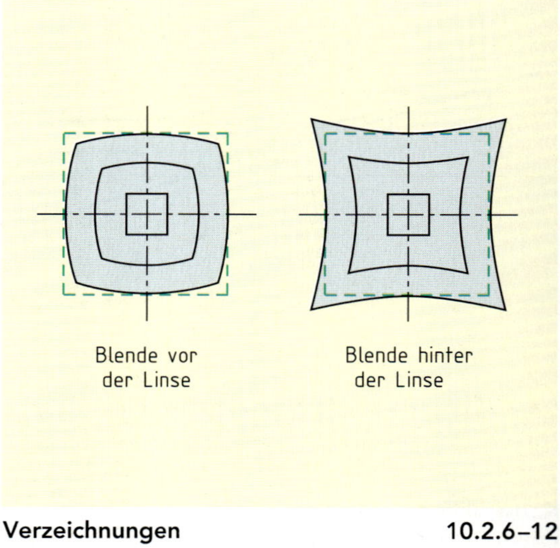

Verzeichnungen **10.2.6–12**

Linsenfehler lassen sich durch die Kombination von Linsen, d. h. durch Linsensysteme weitgehend korrigieren.

10.2.7 Übungen zu Linsenabbildungen

Lehrbeispiel: Lichtstrahlverengung

Ein Laserlichtstrahl vom Durchmesser $d_1 = 5\,\text{mm}$ soll auf den Durchmesser $d_2 = 2{,}5\,\text{mm}$ verengt werden. Zur Verfügung stehen zwei Konvexlinsen unterschiedlicher Brennweiten. Der Abstand der Linsenebenen beträgt $50\,\text{mm}$.

Welche Brennweiten f_1 und f_2 besitzen die Konvexlinsen?

Lösung:

Aus der Geometrie ergibt sich:

$$\frac{\frac{d_1}{2}}{f_1} = \frac{\frac{d_2}{2}}{f_2}$$

bzw. $\frac{d_1}{f_1} = \frac{d_2}{f_2}$ Mit $f_2 = l - f_1$

folgt: $\frac{d_1}{f_1} = \frac{d_2}{l - f_1}$

Durch Umstellen der Gleichung erhält man:

$$d_1(l - f_1) = f_1 \cdot d_2$$

$$d_1 \cdot l - d_1 \cdot f_1 = f_1 \cdot d_2$$

$$f_1(d_1 + d_2) = d_1 \cdot l$$

$$f_1 = \frac{d_1 \cdot l}{d_1 + d_2} = \frac{5\,\text{mm} \cdot 50\,\text{mm}}{5\,\text{mm} + 2{,}5\,\text{mm}}$$

$$\underline{\underline{f_1 = 33{,}3\,\text{mm}}}$$

$$f_2 = 50\,\text{mm} - 33{,}3\,\text{mm}$$

$$\underline{\underline{f_2 = 16{,}7\,\text{mm}}}$$

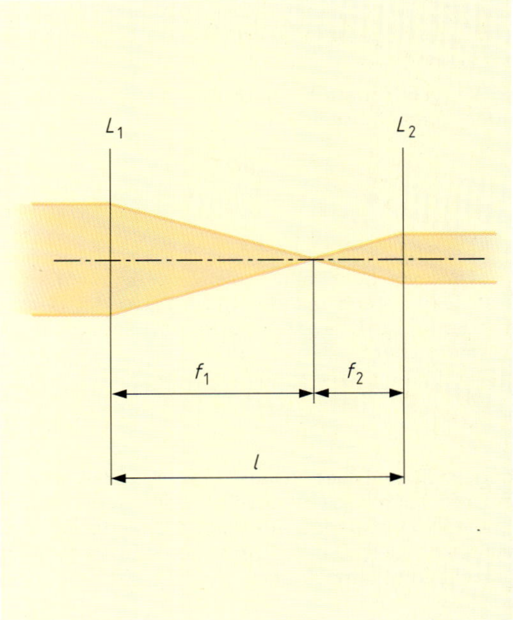

Laserlichtstrahl **10.2.7–01**

Aufgabe 1

Eine Konvexlinse liefert von einem $g = 50\,\text{cm}$ entfernten Gegenstand ein Bild in der Entfernung $b = 75\,\text{cm}$. Welche Größe B hat das Bild, wenn der Gegenstand $G = 8\,\text{cm}$ hoch ist?

Aufgabe 2

Um die Brennweite einer Sammellinse zu bestimmen, bildet man mit ihr einen Gegenstand der Größe G ab. Das dabei entstehende Bild ist 3,5 mal größer als der Gegenstand. Verschiebt man die Linse um $10\,\text{mm}$, dann ergibt sich vom gleichen Gegenstand ein 2,5 mal so großes Bild.

Wie groß ist die Brennweite?

10.2.8 Optische Instrumente

Lupe

Die **Lupe**, auch **Vergrößerungsglas** genannt, ist das einfachste optische Instrument. Es besteht aus einer Sammellinse. Durch eine Lupe wird das Bild eines Gegenstands auf der Netzhaut des Auges vergrößert abgebildet.

Das Bild auf der Netzhaut ist um so größer, je größer der Sehwinkel ε, unter dem man den Gegenstand sieht, ist. Mit zunehmendem Abstand zwischen Auge und Gegenstand wird das Bild auf der Netzhaut kleiner.

Die **Vergrößerung** V für optische Instrumente ist folgendermaßen definiert:

$$V = \frac{\tan \varepsilon'}{\tan \varepsilon}$$

Einheit $[V] = 1$

Der Tangens des Sehwinkels ε, unter dem man einen Gegenstand mit der Größe G in der deutlichen Sehweite s_0 sieht, wird durch folgende Gleichung errechnet:

$$\tan \varepsilon_0 = \frac{G}{s_0}$$

Bringt man den Gegenstand G in die Brennebene der Linse, kann das virtuelle Bild B des Gegenstands G mit völlig entspanntem Auge im Unendlichen betrachtet werden. Der Tangens des Sehwinkels wird dann wie folgt berechnet:

$$\tan \varepsilon_\infty = \frac{G}{f}$$

Für die Vergrößerung V ergibt sich:

$$V_\infty = \frac{\tan \varepsilon_\infty}{\tan \varepsilon_0} = \frac{s_0}{f}$$

Durch die Verkleinerung des Abstands g zwischen Gegenstand G und Lupe kann das Bild des Gegenstands in der deutlichen Sehweite s_0 erzeugt werden.

Der Tangens des Sehwinkels ist dann:

$$\tan \varepsilon = \frac{B}{s_0}$$

Für die **Vergrößerung** V_0 erhält man folgende Gleichung:

$$V_0 = \frac{\tan \varepsilon}{\tan \varepsilon_0} = 1 + \frac{b}{f}$$

Die Vergrößerung einer Lupe ist somit umso größer, je kürzer ihre Brennweite ist.

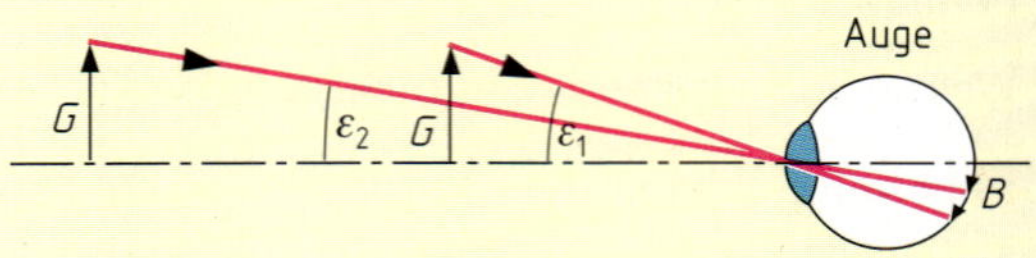

Je weiter ein Gegenstand G vom Auge entfernt ist, desto kleiner werden der Sehwinkel ε und das Bild B auf der Netzhaut.

Sehwinkel und Bildgröße **10.2.8–1**

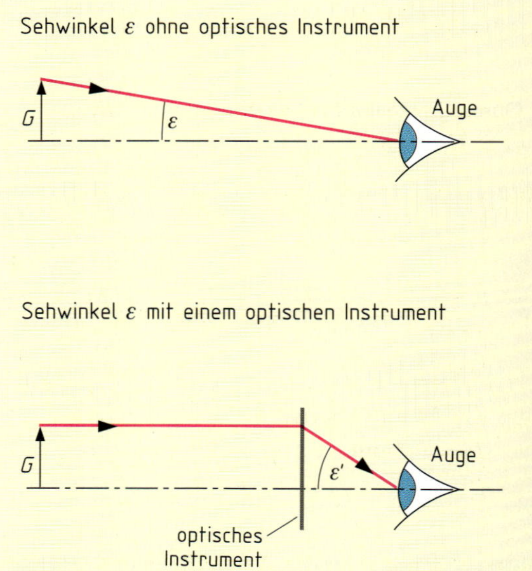

Vergrößerung eines optischen Instruments **10.2.8–2**

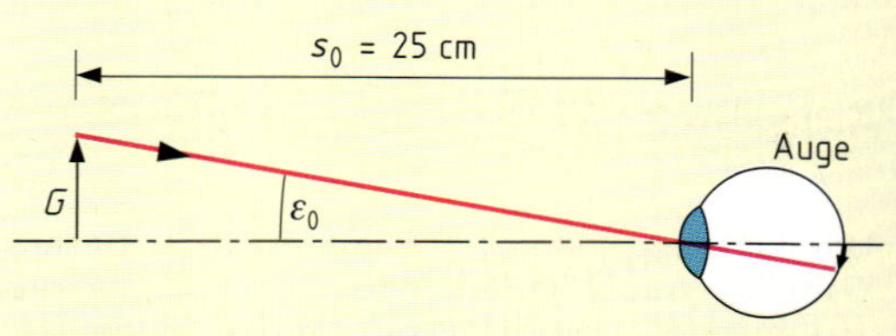

Die deutliche Sehweite liegt bei einem normalsichtigen Auge bei s_0 = 25 cm.

Deutliche Sehweite s_0 **10.2.8–3**

Vergrößerung einer Lupe

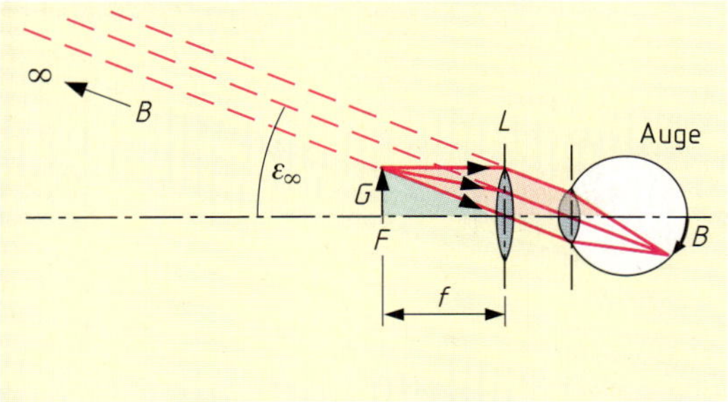

Gegenstand im Brennpunkt der Lupe 10.2.8–4

$$V_\infty = \frac{\tan\varepsilon_\infty}{\tan\varepsilon_0} \quad \text{Mit } \tan\varepsilon_\infty = \frac{G}{f} \quad \text{und } \tan\varepsilon_0 = \frac{G}{s_0}$$

$$\rightarrow V_\infty = \frac{\frac{G}{f}}{\frac{G}{s_0}} = \frac{G}{f}\cdot\frac{s_0}{G}$$

$$V_\infty = \frac{s_0}{f}$$

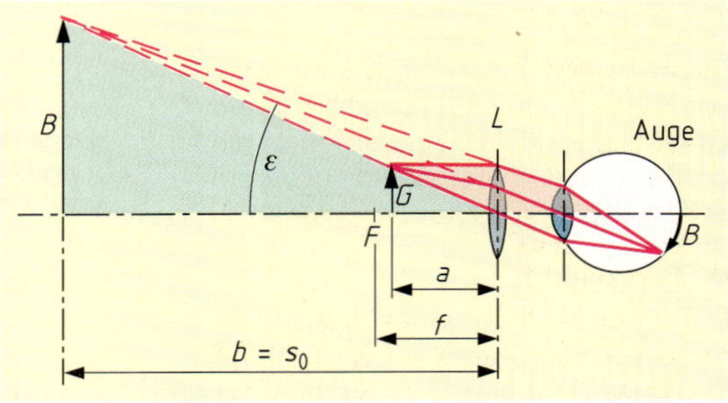

Gegenstand innerhalb der einfachen Brennweite 10.2.8–5

$$V_0 = \frac{\tan\varepsilon}{\tan\varepsilon_0} \quad \tan\varepsilon = \frac{B}{s_0} \quad \text{und } \tan\varepsilon_0 = \frac{G}{s_0}$$

$$\rightarrow V_0 = \frac{\frac{B}{s_0}}{\frac{G}{s_0}} = \frac{B}{G} = \frac{b}{g}$$

Aus $\frac{1}{g} = \frac{1}{f} + \frac{1}{b}$

folgt: $g = \frac{f \cdot b}{f + b}$

$$\rightarrow V_0 = 1 + \frac{b}{f}$$

Fotokamera

Eine Fotokamera besteht im einfachsten Fall aus einem Gehäuse, in dem sich der Film befindet und einer Sammellinse, dem **Objektiv.**

Das Objektiv bildet den zu photografierenden Gegenstand auf dem Film ab. Um die Abbildungsfehler einer Linse auszugleichen, werden bei hochwertigen Objektiven mehrlinsige Systeme verwendet. Zum Einstellen der Schärfe kann das Objektiv relativ zur Filmebene verschoben werden. Dabei wird die Bildweite b der jeweiligen Gegenstandsweite g angepasst. Die gängigste Objektivbrennweite beträgt $f = 50\,\text{mm}$. Der Abbildungswinkel hat dann einen Wert von rund 45°.

Zur ausreichenden Belichtung des Films, d. h. zur Erlangung einer optimalen photochemischen Umsetzung in der lichtempfindlichen Schicht des Films, ist eine bestimmte Lichtmenge je Fläche notwendig. Sie wird von der Belichtungsdauer und dem Durchmesser des in die Kamera gelangenden Lichtbündels bestimmt. Die Belichtungsdauer wird über den **Verschluss,** der Durchmesser des Strahlbündels über die **Blende** vorgewählt. Blende und Verschluss befinden sich im Objektiv.

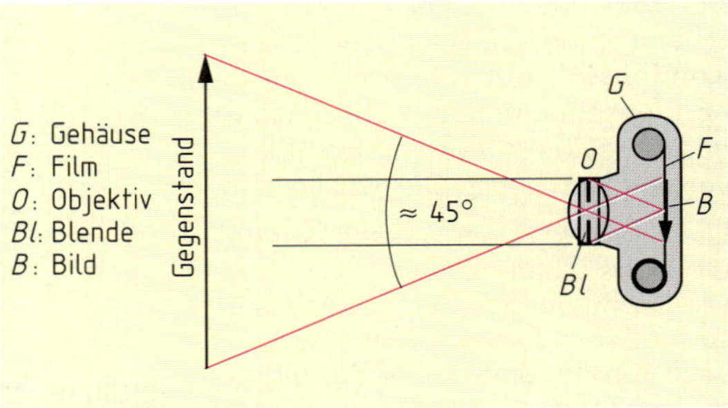

Aufbau einer Fotokamera mit Normalobjektiv 10.2.8–6

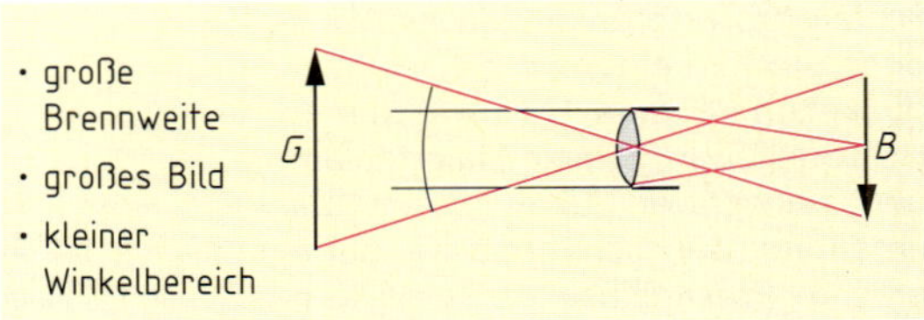

Kamera mit Teleobjektiv 10.2.8–7

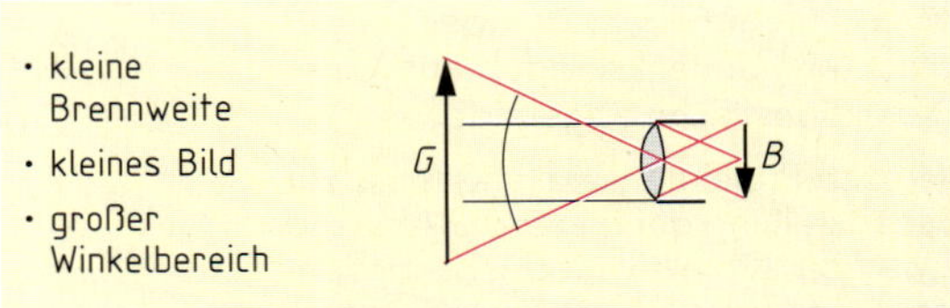

Kamera mit Weitwinkelobjektiv 10.2.8–8

Mit Hilfe von Projektoren kann man von einem kleinen, durchsichtigen Gegenstand (Dia, Schreibfolie) ein großes und aufrechtes Bild auf einem Schirm erzeugen.

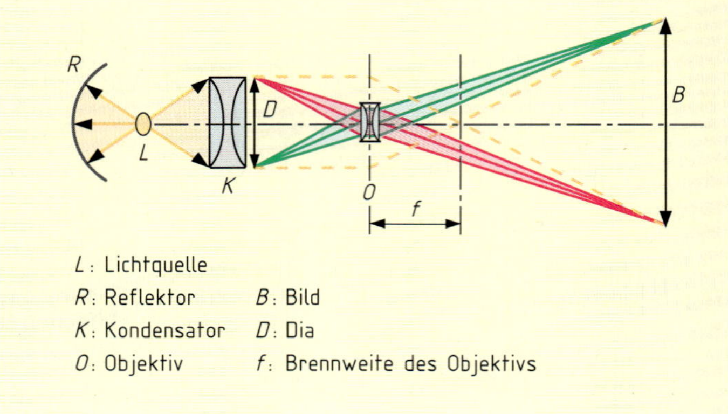

Aufbau eines Diaprojektors 10.2.8–9

● **Diaprojektor**

Der Grundaufbau eines Diaprojektors entspricht dem einer Kamera. Die durchsichtigen Dias werden mit einer lichtstarken Lampe durchleuchtet und mittels eines mehrlinsigen Objektivs auf einem Schirm bzw. einer Projektionsleinwand abgebildet.

Um einen möglichst großen Teil des von der Lichtquelle ausgestrahlten Lichts zu nutzen, verwendet man nachfolgend beschriebene spezielle Beleuchtungsvorrichtung.

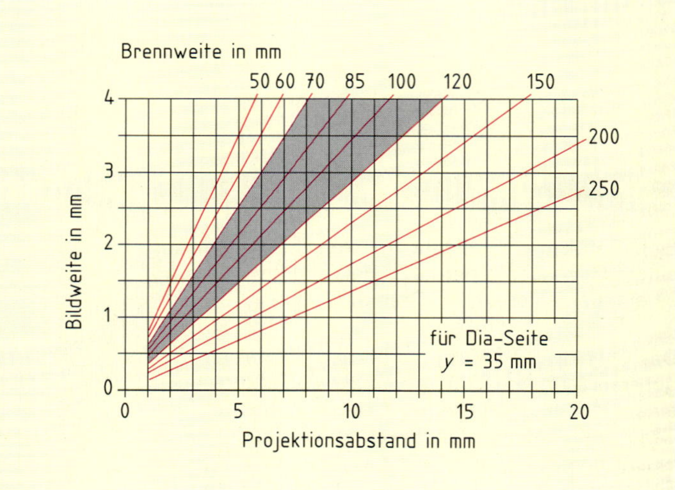

Zusammenhang zwischen Bildgröße, Projektionsabstand und Brennweite eines Objektivs **10.2.8–10**

Die Projektionslampe wird im Mittelpunkt eines Hohlspiegels positioniert. Das in Richtung Spiegel abgestrahlte Licht wird dabei so reflektiert, dass es wie das in Richtung Dia abgestrahlte Licht auf den zwischen Lampe und Dia angeordneten **Kondensor** trifft. Der mehrlinsige Kondensor richtet das Licht zunächst parallel aus, um es dann leicht konvergent durch das Dia abzulenken.

Das Bild wird durch Verschieben des Objektivs scharf gestellt.
Die Größe des projezierten Bildes ist sowohl vom Projektionsabstand, als auch von der Brennweite des Objektivs abhängig.

● **Schreibprojektor**

Schreibprojektoren dienen zur Abbildung großer Felder (Folien) in unverdunkelten Räumen. Dazu werden als Lichtquellen lichtstarke Halogenlampen verwendet. Eine unmittelbar unterhalb der Schreibfläche angebrachte **Fresnellinse** dient als Kondensor. Der durchsichtige Gegenstand wird über ein Objektiv und einen unmittelbar darüber angebrachten Umlenkspiegel auf einer Projektionsfläche abgebildet.

Je nach Projektionsabstand muss zur Scharfstellung der Bilder der Abstand zwischen Objektiv und abzubildendem Gegenstand entsprechend eingestellt werden.

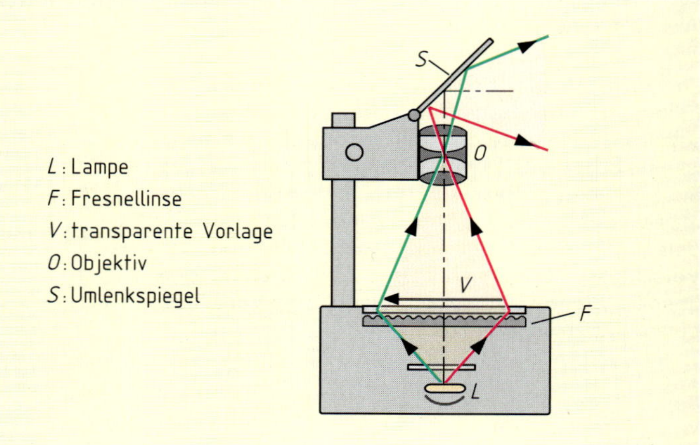

Aufbau eines Schreibprojektors **10.2.8–11**

10.2.9 Übungen zu optischen Instrumenten

Lehrbeispiel: Diaprojektor

Mit einem einfachen Diaprojektor, dessen Objektiv aus einer Bikonvexlinse der Brennweite $f = 80\,\text{mm}$ besteht, wird ein Dia der Bildgröße $24\,\text{mm} \times 36\,\text{mm}$ auf eine Leinwand projiziert. Der Abstand von Linsenebene und Leinwand beträgt $3{,}85\,\text{m}$

Wie groß ist die Bildprojektion?

Lösung:

Aus $\frac{B}{G} = \frac{b}{g}$ folgt: $B = \frac{G \cdot b}{g}$

Bestimmung der Gegenstandsweite g:

Aus $\frac{1}{f} = \frac{1}{g} + \frac{1}{b}$ ergibt sich: $\frac{1}{g} = \frac{1}{f} - \frac{1}{b}$

$$\frac{1}{g} = \frac{b-f}{f \cdot b}$$

$$g = \frac{f \cdot b}{b-f}$$ oben eingesetzt: $$B = G\frac{b(b-f)}{f \cdot b} = G\frac{(b-f)}{f}$$

Für $G_1 = 24\,\text{mm}$:

$$\rightarrow B_1 = \frac{24\,\text{mm}\,(3850\,\text{mm} - 80\,\text{mm})}{80\,\text{mm}}$$

$$\underline{\underline{B_1 = 1131\,\text{mm}}}$$

Für $G_2 = 36\,\text{mm}$:

$$\rightarrow B_2 = \frac{36\,\text{mm}\,(3850\,\text{mm} - 80\,\text{mm})}{80\,\text{mm}}$$

$$\underline{\underline{B_2 = 1696{,}5\,\text{mm}}}$$

Aufgabe 1

Eine Lupe hat bei einer deutlichen Sehweite $s_0 = 25\,\text{cm}$ eine 6-fache Vergrößerung.

Welche Dioptrienzahl besitzt die Lupe?

Aufgabe 2

Mit einem Schreibprojektor werden Buchstaben mit der Höhe $3\,\text{mm}$ auf einer Leinwand $15\,\text{mm}$ hoch scharf abgebildet.

Der Abstand des Projektors zur Leinwand beträgt $2\,\text{m}$.

a) Welche Brennweite besitzt das Objektiv?

b) Welcher Abstand g zwischen Vorlage und Objektiv muss für eine scharfe Abbildung eingestellt werden?

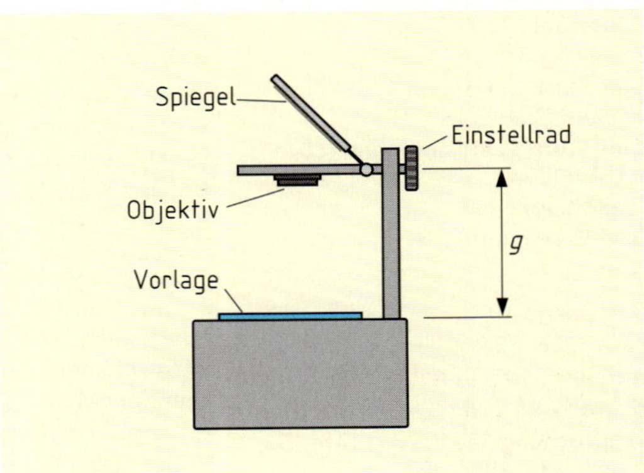

Schreibprojektor **10.2.9–1**